国家出版基金项目
NATIONAL PUBLICATION FOUNDATION

中国社会科学院近代史研究所中华民国史研究室
总编 李 新

# 中华民国史

# 人物传

## 第八卷

李 新 孙思白 朱信泉 赵利栋
严如平 宗志文 熊尚厚 娄献阁 主编

中 华 书 局

# 第八卷目录

## Z

载　沣 …………………………………………… 汪仁泽(八/4757)
载　涛 …………………………………………… 汪仁泽(八/4762)
臧式毅 …………………………………………… 张志强(八/4767)
曾俊臣 …………………………………………… 伍志安(八/4772)
曾　朴 …………………………………………… 杨天石(八/4776)
曾　琦 …………………………………………… 李义彬(八/4779)
曾虚白 …………………………………………… 熊尚厚(八/4788)
曾养甫 …………………………………………… 杨　斌(八/4792)
曾毓隽 ………………………………… 邵桂花　陈志新(八/4796)
曾昭抡 …………………………………………… 陈志新(八/4802)
曾昭燏 ………………………………… 倪　波　沈道初(八/4808)
詹大悲 …………………………………………… 徐玉珍(八/4811)
詹天佑 …………………………………………… 李希泌(八/4816)
张百麟 …………………………………………… 周春元(八/4821)
张本政 …………………………………………… 左域封(八/4826)
张伯苓 …………………………………………… 宗志文(八/4831)
张大千 …………………………………………… 王　震(八/4836)
张道藩 …………………………………………… 冯祖贻(八/4843)
张东荪 …………………………………………… 左玉河(八/4848)
张发奎 ………………………………… 熊尚厚　陈宁生(八/4856)
张　钫 …………………………………………… 张友仁(八/4863)

张凤翙 …………………………………………………… 张应超(八/4869)
张福来 …………………………………………………… 张学继(八/4874)
张辅忠 …………………………………………………… 汪仁泽(八/4879)
张国淦 ………………………………………… 丁贤俊 杜春和(八/4883)
张恨水 …………………………………………………… 宗志文(八/4887)
张季鸾 …………………………………………………… 熊尚厚(八/4893)
张 继 …………………………………………………… 黄德昭(八/4898)
张嘉璈 …………………………………………………… 江绍贞(八/4902)
张 謇 …………………………………………………… 朱信泉(八/4910)
张景惠 ………………………………………… 赵长碧 张 欣(八/4916)
张静江 …………………………………………………… 沈荆唐(八/4923)
张敬尧 …………………………………………………… 范春荣(八/4929)
张絅伯 …………………………………………………… 汪仁泽(八/4936)
张君劢 …………………………………………………… 江绍贞(八/4940)
张开儒 …………………………………………………… 孙代兴(八/4946)
张 澜 …………………………………………………… 宗志文(八/4952)
张岚峰 …………………………………………………… 邢汉三(八/4960)
张厉生 ………………………………………… 经盛鸿 朱正标(八/4965)
张灵甫 …………………………………………………… 沈荆唐(八/4972)
张鸣岐 …………………………………………………… 王学庄(八/4976)
张默君 ………………………………………… 侯 爽 李援朝(八/4981)
张难先 …………………………………………………… 方正伦(八/4987)
张培爵 …………………………………………………… 沈庆生(八/4993)
张 群 …………………………………………………… 严如平(八/4997)
张 榕 ………………………………………… 武育文 黎 光(八/5008)
张绍曾 …………………………………………………… 陈宁生(八/5013)
张申府 …………………………………………………… 萧 良(八/5019)
张石川 …………………………………………………… 陈 野(八/5022)

张士秀 …………………………………… 张天政 邸　娜(八/5028)
张文光 ………………………………………………… 王学庄(八/5035)
张西曼 ………………………………………………… 张小曼(八/5038)
张啸林 …………………………………… 朱剑良 许维之(八/5046)
张学良 ………………………………………………… 张友坤(八/5051)
张　勋 ………………………………………………… 李宗一(八/5065)
张耀曾 ………………………………………………… 钱益民(八/5070)
张一麐 ………………………………………………… 李晚成(八/5078)
张永福 ………………………………………………… 陈　民(八/5086)
张钰哲 ………………………………………………… 史全生(八/5090)
张元济 ………………………………………………… 熊尚厚(八/5095)
张云山 ………………………………………………… 郑自毅(八/5101)
张　贞 ………………………………………………… 萧　林(八/5106)
张振武 ………………………………………………… 钟碧容(八/5112)
张振勋 ………………………………………………… 熊尚厚(八/5116)
张镇芳 ………………………………………………… 张学继(八/5121)
张知本 ………………………………………………… 汪　洪(八/5127)
张之江 ………………………………………………… 宗志文(八/5134)
张志让 ………………………………………………… 汪仁泽(八/5139)
张治中 ………………………………………………… 余湛邦(八/5144)
张竹平 ………………………………………………… 许小青(八/5151)
张自忠 ………………………………………………… 沈荆唐(八/5160)
张宗昌 ………………………………………………… 黄德昭(八/5165)
张作霖 …………………………………… 黎　光 孙继武(八/5170)
张作相 …………………………………… 丘　琴 姜克夫(八/5180)
章伯钧 ………………………………………………… 周天度(八/5187)
章鸿钊 ………………………………………………… 李建初(八/5194)
章乃器 ………………………………………………… 周天度(八/5200)

章士钊 …………………………………………… 白吉庵(八/5207)
章太炎 …………………………………………… 陈旭麓(八/5214)
章锡琛 …………………………………………… 顾大勇(八/5225)
章宗祥 …………………………………………… 郑则民(八/5233)
赵秉钧 …………………………………………… 李宗一(八/5240)
赵戴文 …………………………………………… 陈宝珠(八/5246)
赵登禹 …………………………………………… 陈　民(八/5250)
赵棣华 …………………………………………… 董丽颖(八/5256)
赵凤昌 …………………………………………… 陈时伟(八/5262)
赵恒惕 …………………………………………… 周　斌(八/5272)
赵　伸 …………………………………………… 李希泌(八/5280)
赵　声 …………………………………………… 黄德昭(八/5283)
赵寿山 …………………………………………… 徐乃杰(八/5287)
赵　倜 …………………………………………… 邢汉三(八/5294)
赵燏黄 …………………………………………… 钱听涛(八/5298)
赵元任 …………………………………………… 熊尚厚(八/5303)
赵紫宸 …………………………………………… 寿祝衡(八/5307)
郑伯昭 …………………………………………… 陈曾年(八/5311)
郑洞国 …………………………………………… 沈荆唐(八/5316)
郑介民 …………………………………………… 马振犊(八/5322)
郑螺生 …………………………………………… 陈　民(八/5328)
郑汝成 …………………………………………… 汪小平(八/5331)
郑孝胥 …………………………………………… 陈贞寿(八/5336)
郑毓秀 …………………………………… 李援朝　侯　爽(八/5341)
郑正秋 …………………………………………… 张　洁(八/5347)
郑振铎 …………………………………………… 陈福康(八/5352)
钟荣光 …………………………………… 李　坚　余齐昭(八/5358)
周宝箴 …………………………………………… 张钧陶(八/5363)

周凤岐 …………………………………… 汪仁泽 陈光贻(八/5366)
周佛海 ………………………………………………… 闻少华(八/5370)
周鲠生 ………………………………………………… 虞崇胜(八/5380)
周谷城 ………………………………………………… 汪仁泽(八/5385)
周建人 …………………………………… 罗幼娟 邵桂花(八/5389)
周瘦鹃 ………………………………………………… 史全生(八/5395)
周西成 ………………………………………………… 范同寿(八/5399)
周信芳 ………………………………………………… 李仲明(八/5404)
周星棠 ………………………………………………… 徐凯希(八/5410)
周学熙 ………………………………………………… 朱信泉(八/5416)
周至柔 ………………………………………………… 颜　平(八/5425)
周钟岳 ………………………………………………… 谢本书(八/5431)
周自齐 ………………………………………………… 张树勇(八/5437)
周作民 …………………………………… 徐国懋 洪葭管(八/5443)
周作人 ………………………………………………… 萧栋梁(八/5448)
朱葆三 ………………………………………………… 陆志濂(八/5453)
朱光潜 ………………………………………………… 宗志文(八/5458)
朱家宝 ………………………………………………… 黄有成(八/5462)
朱家骅 ………………………………………………… 林　泽(八/5466)
朱经农 ………………………………………………… 娄献阁(八/5471)
朱培德 ………………………………………………… 胡训珉(八/5476)
朱庆澜 …………………………………… 丘　琴 姜克夫(八/5486)
朱　瑞 ………………………………………………… 朱宗震(八/5493)
朱绍良 ………………………………………………… 赵建群(八/5498)
朱惺公 ………………………………………………… 任嘉尧(八/5506)
朱蕴山 ………………………………………………… 刘秋阳(八/5510)
朱执信 ………………………………………………… 尚明轩(八/5515)
朱志尧 ………………………………………………… 朱文炜(八/5520)

朱自清 …………………………………………… 娄献阁(八/5526)
诸文绮 …………………………………………… 汪仁泽(八/5532)
竺可桢 …………………………………………… 阎　铁(八/5536)
庄银安 …………………………………………… 陈　民(八/5544)
邹　鲁 …………………………………………… 闻少华(八/5547)
邹　容 …………………………………………… 尚明轩(八/5554)
邹韬奋 …………………………………………… 宗志文(八/5559)
左舜生 …………………………………………… 李义彬(八/5568)

《中华民国史人物传》第一至八卷目录索引 …………………… (八/5575)

# 载　　沣

汪仁泽

载沣，号伯涵，别署静云、闲园。姓爱新觉罗，满洲皇族，正黄旗人。生于1883年2月12日（清光绪九年正月初五）。父亲奕譞是清朝道光帝旻宁的第七子，封醇贤亲王。旻宁死后继位的奕詝，帝号咸丰，是载沣的伯父。继咸丰即位的载淳，帝号同治，是载沣的堂兄。同治无嗣，死后由载沣的同父异母兄载湉入继，帝号光绪。光绪亦无子，死后即由载沣的儿子溥仪入继，是为宣统帝。

载沣两岁时受封为不入八分辅国公，七岁晋封镇国公。次年（1890年）父死，他虽是排行第五，因长、三、四兄皆早亡，二兄载湉已入继帝位，故得袭父爵受封醇亲王。

载沣的嫡母，即奕譞的正福晋是慈禧太后胞妹，载沣虽是侧福晋刘佳氏所生，仍受到特殊关注。载沣的婚姻即是由慈禧太后作主，将她身边美貌能干的养女、瓜尔佳氏荣禄的女儿指婚配给他，婚后生子溥仪。

1901年《辛丑条约》签订后，德国要求清政府派皇室特使为驻华公使克林德（Klemens August von Ketteler）在义和团运动中被杀事，赴德赔礼道歉。同年5月，十九岁的载沣奉派到达柏林，备受礼遇。他见德皇室权势颇盛，就治国之道请教接待他的威廉·亨利亲王（Prince Heinrich of Prussia，又译显理亲王），亲王答以：欲使皇室强盛，必先集中兵权；欲使国家富强，必须重视武备。载沣深以为然，铭记心中。11月任京旗都统。1907年，奉命在军机处学习行走。1908年1月任军机大臣。

1908年11月，光绪帝和慈禧太后同时病重，慈禧太后在福昌殿病榻前召见军机大臣张之洞、世续和载沣等人商议光绪帝死后的立嗣事。慈禧太后意立冲龄的溥仪为帝，由载沣监国摄政；而张之洞、世续等担心这样则会出现光绪的皇后隆裕（西太后的侄女）重演垂帘听政的局面，主张径立载沣为帝继位。西太后认为同治、光绪已是兄弟相继，再立载沣，三代皆属昆弟传承，古无前例，实不相宜，坚持立溥仪为嗣，即作定议。慈禧原以为载沣生性懦弱，顺从听话，此后作为太皇太后虽不便再垂帘听政，但有驯服的载沣摄政，大权仍握在自己手中。翌日，慈禧自知病情垂危，深虑载沣无力负此重任，因此在临终前又下一道遗诏：以后军国大事，摄政王当秉承隆裕太后意旨办理。

光绪帝、慈禧太后相继死后，12月2日，载沣扶着三岁的溥仪登基。摄政后，载沣每天在乾清宫听政，第一件事是经过皇族集团的共同商议，决心除去心腹之患袁世凯。袁原是靠出卖维新运动而博得西太后的宠信，光绪帝也因此而被囚禁至死。袁得悉西太后已死，载沣当摄政王后，逃至天津躲避。此时清皇族的一些少年亲贵主张将袁杀掉。载沣与张之洞密商，张闻言即慌忙跪在地上叩头说："现今刚遭国丧，不宜骤杀旧臣。"①载沣密电北方第四镇统制吴凤岭、第六镇统制赵国贤征求意见，回电都认为袁的羽翼已成，遍及各镇，如果操之过急，反会画虎不成反类犬，不如先免其职，以免发生兵变，影响朝廷安危。12月5日，载沣下谕以袁"现患足疾，步行维艰"为由，"着即开缺，回籍养疴"。接着又采取了一系列的措施，同年12月，成立由摄政王亲率的禁卫军，将近畿各省的新军一律划归中央直辖；成立海军部和军咨府；设立贵胄学堂，专收满人，培养高级军事人才。1909年，载沣代皇帝任全国海陆军大元帅，宣布统一全国军政大权。任用满人载泽、毓朗、善耆等掌执训建新军事务；任命铁良、凤山为江宁、广州将军，荫昌为陆军大臣。派

---

① 据张之洞回忆，当时由于他的多次力救，袁世凯才免于一死。参阅许同莘编《张文襄公年谱》，商务印书馆1947年版。

其弟载洵、载涛分赴欧美考察陆海军，回国后任命载洵为海军部大臣，载涛为军咨府大臣，并代载沣统率禁卫军。

载沣为了掩盖皇族集权，1909年3月，下诏重申预备立宪，命令各省“切实筹办宪政”，务必当年成立谘议局。1911年4月，载沣以监国摄政王名义宣布裁撤军机处和旧内阁，任命奕劻组织责任内阁，出任第一届内阁总理大臣，受到立宪派的颂扬。5月8日，清政府发表新内阁的人选，顿使舆论大哗。新内阁阁员十三人中满人占八人，满人中皇族又占五人，舆论指责为“皇族内阁”。各省谘议局竞相上书要求撤销“不合乎君主立宪各国之公例”的“皇族内阁”。都察院御史也上本奏请实行内阁官制章程，认为皇族不宜参与内阁。载沣下旨：组阁为皇帝特权，非议员所能干预。朝廷用人，审时度势，一秉大公。尔臣民等，均当懔遵钦定宪法大纲，不得率行干请，以符君主立宪之本旨。立宪派的幻想泯灭，与清政府矛盾加深，清政府陷于空前的孤立。内阁名单也反映了清廷统治集团内部的纷争紊乱。自从载沣监国以来，由于隆裕太后才干远逊慈禧太后，不能统驭全局，载沣又驽骀无能，形成皇族内部分成数派，竞相争权夺利，互不退让的局面。载沣原想集中军政大权，加强皇室地位，至此反演成各派新贵揽权谋私、钩心斗角的严重形势，无法制止，实非载沣始料所及。

此时，载沣又以“筹办立宪新政”为名，加征田赋钱粮、苛捐杂税。以1911年清廷的预算为例，岁入白银达二亿九千六百九十六万两之多，较之二十年前(1891年)的八千九百五十万两，猛增三倍。而与清初顺治、康熙年间比较，更高达十倍。阶级矛盾更形激化，各地反清武装起义连续不断；满族亲贵、地方大员屡遭暗杀。1910年3月，汪精卫、黄树中等在北京银锭桥谋炸载沣未果。此时，清政府又制造了“铁路国有”事件。激起了广东、湖南、湖北、四川等省人民如火如荼的保路运动，成为辛亥革命的导火线。1911年10月10日，爆发了武昌起义，12日，载沣急命荫昌率领北洋新军南下镇压，讵料新军是袁世凯培植的武装，非荫昌所能指挥。此时列强认为如欲在华继续维持统治，必须另找“强有力”的代理人，他们选中了袁世凯。武昌起义的次日起便大造舆论，叫嚷“非袁莫属”，“非袁则亡”。清廷内部也以元老重臣奕劻为代表，力促起用袁世凯。但袁世凯乘机要挟，于10月下旬提出要他出山必须接受由他组织责任内阁，委他指挥水陆各军的全权等六条苛刻条件，清廷由于皇族载泽等人的强烈反对而予以拒绝，形成僵局。10月29日，山西省宣布独立；同日，新军第二十镇统制张绍曾发表通电，要求立即召开国会，否则将向北京进军，并调集军队，准备进入通州、南苑一带。载沣等人闻讯惶恐万分，准备逃命承德。此时皇族会议以不用袁世凯指日可亡、如用袁世凯或不亡为由，听袁一意孤行。10月30日，载沣被迫下罪己诏，解散皇族内阁。被解除了“监国摄政王”的载沣以醇亲王的名义退归藩邸。接着袁世凯又演出了一幕逼宫闹剧，1912年2月12日，清帝溥仪正式下诏退位，从此结束了1644年入关以来二百六十八年清王朝的统治。

载沣在摄政前期还想有所作为，后来由于上受隆裕的掣肘，下有亲贵的争权，加上素性疏懒怕事，心情日趋消沉，他对政事表现得出乎意料的冷漠。有次东三省总督锡良和湖广总督瑞澂因事进京，同时入觐，载沣只寻常地慰劳数言后就不开口了。瑞澂还想再讲几句，载沣却感到厌烦，对瑞澂说：“你的痰疾还没好吗？”表示怕噜苏①。另一次，出使日本的大臣汪大燮，因获得面陈，语词激昂，而载沣充耳不闻，无动于衷。稍息，向汪出示挂表说：“已经十点钟了。”②示意要他退出。载沣解职回府那天对妻子说：“从今天起我可回家抱小孩了！”③其妻见他若无其事的轻松神态，气得大哭一场。

民国成立后，载沣受到供给一切生活费用和保护其私产等优待。

① 胡思敬：《国闻备乘》卷4“监国之黯”，上海书店1997年版。

② 胡思敬：《国闻备乘》卷4“监国之黯”。

③ 溥杰：《醇亲王府的生活》，中国人民政治协商会议全国委员会文史资料研究委员会编《文史资料选辑》第26辑，中华书局1962年版。

1917 年 7 月，张勋复辟，载沣曾参与其事。1924 年 10 月，冯玉祥发动北京政变进驻北京，11 月 5 日下令免去溥仪帝号，修改优待条款，溥仪被迫迁出紫禁城，移居醇王府，载沣曾到处奔走争取复号还宫，未果。1932 年，溥仪在日本帝国主义扶持下至东北充当伪满洲国的傀儡皇帝，载沣并未随行，但此后醇王府的一切开支则由伪满"内廷"拨付。1934 年 7 月，载沣曾至长春看望溥仪，小住月余，但始终拒绝担任任何伪职。此后他以皇族遗老身份，寓居平、津两地，1951 年 2 月 3 日，病逝于北京。

# 载　涛

汪仁泽

载涛，姓爱新觉罗，别名埜云，满族正黄旗人。1887 年 6 月 23 日（清光绪十三年五月初三）生于北京醇王府。父亲奕譞是道光帝旻宁的第七子，咸丰帝奕詝的胞弟，封醇贤亲王，载涛是奕譞的第七子。载淳继咸丰即位，年号同治，是载涛的堂兄弟。同治死后无嗣，由奕譞的第二子，载涛的同父异母兄载湉（奕譞的正福晋、慈禧太后之妹叶赫那拉氏所生）继位，年号光绪。载涛及其胞兄载沣、载洵都是奕譞的侧福晋刘佳氏所生。

载涛四岁时（清光绪十六年正月）受封二等镇国将军。同年十一月奕譞死，载沣袭封醇亲王爵位，载涛晋封为不入八分辅国公①。十一岁时奉慈禧太后之命，出继堂伯父贝子②奕谟为嗣子，奕譞夫妇因懿旨不能违抗而痛失爱子，生母刘佳氏更由此而受刺激，导致精神失常。五年后奕谟因细故得罪慈禧③，复奉懿旨将载涛改嗣堂叔父钟端郡王奕詥为继子，袭贝勒爵位④，迁入龙头井贝勒府。奕谟夫妇则因既失嗣子，又受此侮辱，不久相继病死。

载涛少年时喜爱骑术，1904 年至 1906 年进陆军贵胄学堂学习，丰

① 引自《清史稿》诸王列传，中华书局 1977 年版。

② 引自《清史稿》诸王列传。

③ 奕谟平时轻视慈禧，曾用诗画讥讽之，为慈禧所悉，因而受谴。

④ 引自《清史稿》诸王列传。

富了对军马训练和育选良种等知识。1908年10月,慈禧、光绪相继病亡,溥仪冲龄即位,年号宣统,由其父载沣摄政当国。11月朝命载涛加郡王衔,并与毓朗、铁良等人被任为宫廷守卫门禁,总司稽察。12月,清廷拟建人数众多的禁卫军,载涛等复被任为专司训练禁卫军大臣,负责筹建工作。不久载涛奉派赴法国索米骑兵学校进修。1909年(宣统元年)1月清廷罢斥袁世凯后,5月设军咨处,派载涛为管理军咨处事务,以便使皇族宗亲掌管陆军。次年1月,载涛奉命赴日、美、英、法、德、意、奥、俄八国考察陆军。4月载涛被特任为专使大臣,往英国伦敦悼唁英王爱德华七世(Edward VII)逝世。7月回国,向清廷建议仿效欧美各国,专设军法处审理军人犯罪案件,获准。1910年4月,清廷颁令改军咨处为军咨府,任命毓朗、载涛为军咨大臣。为了进一步削弱北洋派的势力,载涛改变陆军部尚书铁良只任用满人以抵制的做法,重用非北洋的留日优秀军事学员吴禄贞、张绍曾等担任镇统制一级的高级将领,但却为革命党人得以在北方发展势力提供了机会。翌年4月,清政府公布"皇族内阁"名单后,各地革命浪潮不断高涨。闰六月,清廷拟调集禁卫军及近畿各镇(师)的军队,在永平府举行大操练,以显示武装震慑力量,任命军咨大臣载涛代摄政王载沣为监军。

1911年10月,武昌起义爆发,永平大操计划被迫取消,下谕载涛督率禁卫各军守备京畿。此时清廷内部对各地起义民军态度形成和战两派,隆裕太后召集御前会议听取意见,和战双方各执己见,相持不下,载涛则始终未发一言。此时隆裕难于决断,转而向跪伏于地的载涛问道:"你是管陆军的,你知道咱们的兵怎么样?"载涛急忙叩头答称:"奴才练过兵,却从未打过仗。"隆裕默然,稍后才说:"你们先下去吧!"会议也就到此草草结束①。10月14日,清廷被迫起用袁世凯,袁建议清皇室大臣应率先带兵出征南方,为各地清军做表率。载涛闻讯,惊恐万状,自动交出兵权,请求解除一切军职。不久由袁世凯的心腹徐世昌继

① 爱新觉罗・溥仪:《我的前半生》,群众出版社1964年版,第44页。

任军咨大臣，冯国璋接替禁卫军统领。

1912年1月，中华民国临时政府在南京成立，革命风暴席卷全国，清廷面对土崩瓦解的局势，召集王公、亲贵会议，商讨对策。会上奕劻提议接受民国方面优待皇室的条件，自动退位而保亲贵们的人身安全。载涛和其兄载洵以及铁良、良弼、善耆、毓朗等人表示反对，并决议组织"宗社党"，对抗革命力量。不久，宗社党的中坚分子良弼遇刺身亡，载涛等犹如惊弓之鸟，人人自危。2月清帝溥仪被迫下诏退位。3月隆裕太后传谕解散宗社党。此后载涛停止了政治活动，深居简出，依靠"清室优待条件"所规定的"清室家用补助条例"拨给的补助费，在王府内过着骑马学戏、养花玩鸟的遗老寓公生活。1917年3月，北洋政府总统黎元洪给予镶黄旗蒙古都统的头衔。是年7月，张勋拥溥仪复辟，封载涛为复辟朝廷的禁卫军司令，直至复辟失败。次年10月，徐世昌继任北洋政府总统，加载涛将军衔①。

1924年，冯玉祥回师北京发动政变，逐溥仪出宫，修改对逊清皇室的优待条例，取消皇族的生活补助。载涛的经济来源被断绝后，虽辞去了大批仆佣紧缩开支，但仍有子女、保姆、管家等三十余口人的生活须维持，因此卖去了龙头井豪华的府宅，迁居山老胡同。

1931年"九一八"事变后，日本帝国主义侵占我国东北地区。1932年国民政府成立"国难会议"，载涛被聘为该会委员。同年3月，日本侵略者扶植溥仪为"执政"，在长春成立伪满洲国傀儡政权，1933年3月改称"满洲帝国"，立溥仪为"皇帝"，载涛曾被接往"新京"朝贺，但他拒绝出任伪职。1945年夏，日本投降前夕，伪华北政务委员会委员长王揖唐曾专程登门邀载涛"出山"收拾残局，遭载涛拒绝。

抗战胜利后，载涛的经济状况更加困难，一度靠出租余屋的房租收入度日，后因物价飞涨，继又将山老胡同的院子卖掉，搬进自己过去的马房居住。但是生活还是难以为继，在北京解放的前一年里，只得每天

① 爱新觉罗·溥仪：《我的前半生》，第112页。

早起，从家中挑些破旧衣物，到德胜门外摆地摊卖破烂，勉强使一家人得以玉米面糊口度日①。

1949年新中国成立后，根据载涛的特长，1950年8月10日，中央人民政府人民革命军事委员会委任他为中国人民解放军炮兵司令部马政局顾问，委任令是由军委主席毛泽东签发的。他接到后热泪盈眶，百感交集，激动地说："知我者，毛主席"，"毛主席真伟大"，"在我有生之年一定要报毛主席知遇之恩"，"新中国诞生了，我载涛也新生了"②。马政局的任务是指导军马的驯养训练，培育和选择优良种马供应部队需用。接事后他施展所长，勤奋工作。当时的军马场都远在边疆地区，年过花甲的载涛除提出不少有价值的建议外，还不辞劳累地走遍东北的牡丹江和西北的青海、甘肃、新疆等地的军马场，进行视察和指导；向当地的指战员讲授驯马及选种配育等技术，备受欢迎，对军马场的建设工作作出了一定的贡献。他还根据亲身经历撰写了一些回忆录，为研究清末历史留下宝贵的资料。他的子女与孙辈也由人民政府安排了工作，获得了新的生活。

1954年，载涛以满族代表身份，当选全国人民代表大会代表及全国政协委员、政协民族组副组长。1956年10月，年近古稀的载涛申请加入中国国民党革命委员会，他对家属说："我也要革命。"在他的申请书上介绍人李济深、张联棻作了如下的表述："本表申请人虽系清代贵族，从辛亥革命后，已为平民化。解放以后首先加入全国政协，任马政局顾问，对改良马种的建议尤多献替。后又膺选为人代大会满族代表，有代表性，思想上有进步要求，特为介绍加入我党组织。"③1957年3

① 王乃文口述、辛芳整理：《从"皇叔"到全国人民代表——爱新觉罗·载涛外传》连载之六，刊于《团结报》1983年9月10日第7版。

② 王乃文口述、辛芳整理：《从"皇叔"到全国人民代表——爱新觉罗·载涛外传》连载之八，刊于《团结报》1983年9月24日第7版。

③ 王乃文口述、辛芳整理：《从"皇叔"到全国人民代表——爱新觉罗·载涛外传》连载之八。

月，他接受国家领导人的嘱托，曾至东北抚顺战犯管理所看望正在改造中的侄子溥仪，临别再三叮嘱“一定要好好学习，好好改造，争取早日成为新人”①。

1969年秋，载涛得偏瘫病后卧床不起，1970年9月2日在京病逝，遗体火化后骨灰安放在八宝山革命公墓。

① 王乃文口述、辛芳整理：《从“皇叔”到全国人民代表——爱新觉罗·载涛外传》连载之三，刊于《团结报》1983年8月13日第7版。

# 臧式毅

张志强

臧式毅，字奉久。1885年12月29日（清光绪十一年十一月二十四日）生于奉天城南前三道岗子村（今辽宁省沈阳市苏家屯区沙河乡）。祖籍山东诸城。清嘉庆年间，其曾祖携家到辽东谋生，父亲做过乡塾教师，伯父臧耀臣曾任铁岭银冈书院山长，对臧式毅影响较大。

臧式毅幼年丧父，家境贫寒，他与两个妹妹由寡母抚养。臧式毅聪明好学，常习诗文。十五岁时，被伯父带往铁岭，入银冈书院，开始读“四书”、“五经”。该书院后来改称学堂，臧式毅在铁岭求学多年，读完了小学和中学。

1904年日俄战争爆发，整个辽东半岛都成为侵略者角逐的战场，沙河会战就发生在臧的家乡。臧式毅战后回乡看到战争洗劫的惨景，不胜感慨。1905年秋考入保定陆军速成学堂。

1907年，臧式毅考取了留日官费生，初入振武学校，两年后转入陆军士官学校骑兵科第九期学习。当时革命党人在日本十分活跃，很多留日学生同情革命，臧与革命党也有接触，他深感清政府腐败无能，列强对中国的侵略不断加深，决心努力学习，报效国家。

1911年辛亥革命爆发时，不少留日学生中止学业回国参加革命，臧式毅与一些革命同学相约返国，参加苏浙联军攻打南京的战斗。其后由于对革命派内部上海与武昌之争感到失望，甚至对建立南京临时政府也缺乏热情，便返回日本继续学业。

1914年，臧式毅毕业归国，到保定陆军军官学校任教。不久，经其六叔援引，被安排在参谋本部上校科长沈鸿烈处当参谋。

1918年，奉军南下援湘，孙烈臣部入关，臧式毅离沈来投，随军去湖南，后又参加直皖战争。1920年，孙烈臣任黑龙江省督军，臧升任公署中校参谋。臧式毅以青年老成，办事认真，受到上司的赏识。

1921年，孙烈臣转任吉林省督军，臧式毅被提升为上校参谋兼卫队团长。1923年12月，又担任公署参谋长。吉林与苏联、朝鲜毗邻，不免发生界务纠纷，其他如维持社会治安以及指导金场、珠场、草场等方面事务繁多，时孙烈臣患病无力理事，常由臧代为执行。

第一次奉直战争以后，张作霖欲整军经武，准备再度入关，命孙烈臣参与陆军整理，孙不久病故。从1924年6月起臧式毅接任东北陆军整理处参谋长，因办事干练，得到张作霖、张学良父子的赞许。当时奉系势力除了元老派之外，还有新派的士官系和陆大系之分，臧派系色彩不明显，与杨宇霆、于珍同是留日士官生，过从甚密。

第二次直奉战争之后，奉系势力急剧扩张。1925年9月，杨宇霆出任江苏督办，臧亦随同前往南京，任省署参谋长。同年10月，奉浙战争爆发，奉军北撤。杨宇霆与省长郑谦闻讯先逃。臧式毅及奉军第八师师长丁喜春被敌军扣留，未及撤退之奉军被缴械。半年后臧才获释回奉。臧返奉时，正值郭松龄反奉失败之后，张作霖积极筹划再度兴兵入关，但感到经济力量不足，而财政厅长王永江又决然辞职，臧被任命为辽宁财政厅厅长，主要负责解决军费等问题。他拟就了《东北金融财政整理意见报告书》，对东北经济积弊、奉票毛荒、币制混乱、外国势力干扰、战费沉重诸项都有所分析，并提出具体改进办法。

1926年，奉军以“讨赤”为名开进关内。12月1日，张作霖在天津宣布就任安国军总司令之职，臧式毅作为公署参议被委为奉军留守总司令，负责后方勤务及地方治安工作，常往来奉天与京津之间，为张作霖筹集粮饷等。

1928年6月4日晨，张作霖在皇姑屯被日本关东军设伏炸伤，当日死亡。因时局严峻，奉方决定“密不发丧”。臧式毅等一面派人去保定向张学良密报一切，请张速归；一面终日在“帅府”（张作霖私宅）办公，要求上下人等一切如常，照例给大帅点菜，上饭，送鸦片烟，有人来看望大帅，也由医官或臧代见，代谢。当时日本人曾登上城头（南门脸）用望远镜窥视帅府动静，未发现破绽。臧式毅日夜“值班”，有时他出了前门，上车回家，假装下班，绕了几圈又从后门进入府内。张学良返回沈阳后，除向臧表示谢意外，还要他负责对日交涉及料理张作霖的丧事等，他样样办得认真妥善，颇得张学良的欢心。

张作霖死后，奉系内部新旧两派明争暗斗终于酿成了1929年初的“杨常事件”。张学良枪杀了杨宇霆、常荫槐之后，把臧式毅找来，要他分别通知杨、常两家，并负责善后。随后安排臧接替杨宇霆出任奉天兵工厂督办。

1930年，臧式毅出任辽宁省政府委员兼省政府主席。同年，张学良率大部东北军入关参与蒋、冯、阎大战，臧又受命为后方留守总司令。

1931年“九一八”事变后，日本关东军猛烈炮轰东北军北大营和东塔机场。留守沈阳的臧式毅执行“不抵抗政策”，冀图通过外交途径解决。当日，他给日本驻沈阳总领事馆打电话乞求和平，并去“大和旅馆”与日本代表谈判，结果徒劳。次日，日军开进城内，臧在家里邀东北军留守参谋长荣臻等开会，决定向在北平的张学良和在锦州的“辅帅”张作相请示办法，又决定驻北大营的东北军官兵向东大营集结后撤向东山，部分军政官员撤退关内。正当他们开会之时，臧家门前已经发现日军，他让荣臻化装出走，向张学良报告。荣臻劝臧同往，他以身为一省之长，守职有责，在未接到上级命令不能擅离职守为由而拒绝。不久，臧被日军软禁。

日本最初在沈阳实行军事统治，旋又操纵汉奸赵欣伯、袁金铠等“名流”拼凑“奉天地方自治维持会”，后改名为“辽宁省地方维持委员会”。日军以赵、袁的影响力不足，于是极力拉拢臧式毅，于12月13日将臧释放。在日本关东军司令官本庄繁的授意下，由赵欣伯出面，迫省商会各委员签名请愿，促臧出山。臧于12月16日就任伪奉天省长。臧以伪省政府名义，诬指活动在辽西地区的义勇军为“土匪”，具函给日军司令部，请求出兵“讨伐”。

1932年1月起，日本多次在沈阳等地召开“建国幕僚会议”，具体策划成立伪满洲国。臧式毅较能领会日本的意图，坚持实行“立宪共和制”。16日，在有臧与张景惠、熙洽、马占山四人参加的“四巨头会议”上，赵欣伯、于冲汉抛出板垣征四郎预先拟就的制造伪满洲国计划。次日，组成伪东北行政委员会，臧为六委员之一。该会于18日通电声称“从此与党国政府脱离关系，东北各区完全独立”。3月9日，溥仪在长春就任伪满洲国执政，在就职的仪式上，由臧式毅和张景惠代表授印。随后臧被任命为伪民政部总长，仍兼伪奉天省长。

1934年，伪满实行帝制，改元“康德”，臧式毅被授勋一位。此后，臧逐渐不为日本主子所宠信。1935年5月，改任伪参议府议长，兼伪立法院宪法制度调查委员、国道会议副议长等闲职，他的日常活动也受到日本宪兵的监视。臧颇为苦闷，竟以吸食鸦片自遣。

1940年，汪伪政权成立后，日本帝国主义为进一步加强同各伪组织的联系，牢固确立其主奴关系，炮制了一个“日满华共同宣言”，规定汪伪承认伪满洲国；伪满、日本也决意与汪伪加强“友谊”。臧式毅曾作为伪满的代表赴南京签字，并出席宴会，发表演说。

1945年8月15日，日本侵略者战败投降，伪满洲国随之垮台。伪满首脑多随日本关东军司令部逃往通化。17日，张景惠、臧式毅、熙洽等在大栗子举行参议府紧急会议，通过了伪满皇帝“退位诏书”。随后他们又赶回长春，筹划成立“治安维持会”，妄图以地方政权实体的地位与苏军谈判。20日，苏军解放长春，30日将臧等逮捕，随即押往苏联。

1950年7月31日，由我国政府将臧式毅等引渡回国，以战犯罪关押于抚顺战犯管理所。1956年11月13日，臧病死于狱中。

## 主要参考资料

日本外务省情报部、东亚同文会合编：《现代中华民国满洲帝国人名鉴》,明立印刷株式会社 1939 年版。

(伪满洲国)国务院总务厅人事处编纂:《满洲国官吏录》,1935 年和 1937 年版。

《辽宁省职员录》,1931 年 6 月版。

园田一龟著,黄惠泉、刁英华译:《新中国人物志》,上海良友图书公司 1930 年版。

姜念东等:《伪满洲国史》,吉林人民出版社 1980 年版。

爱新觉罗·溥仪:《我的前半生》,群众出版社 1980 年版。

辽宁省劳改局档案资料。

孙邦主编:《伪满人物》,吉林人民出版社 1993 年版。

# 曾俊臣

伍志安

曾俊臣，名臣勋，号正然，1888年9月6日（清光绪十四年八月初一）出生于四川威远县。祖父曾怀伦，经营黄荆沟煤炭厂和染坊。父曾本灿继承祖业，后破产，家道中落。曾俊臣幼年寄食自流井外祖家，九岁入族叔经营之盐井当学徒，出师后任帮账、采购，深得东家信任。二十岁左右被派驻泸州做庄客，代井灶采购粮食和代盐商转运盐巴，并与小贩胡绍章合做贩运食糖生意，不几年即赚进数百两银子。

1912年曾俊臣辞去庄客工作，自营荣记粮店，由妻、舅坐柜，自任采购。当时军阀混战，泸州城经常被围，粮食供应紧张，粮价暴涨。他善观风色，每经一场战乱即获得一次暴利，不两年即积资万两。1914年，他开设了一家泸州最大的餐馆“大餐楼”，又于1920年与胡绍章等合伙经营复兴荣盐号，并在重庆设分号。这时，曾结识了从德国留学归来的税西恒，在税的实业救国思想影响下，曾与税一道，联合泸州士绅温小泉、梁云程、申焕荣、龙少文等，创办泸州济和发电厂，由税西恒任工程师，骆景瞻任副工程师，向德国进口一套水力发电机设备，成为四川第一个水力发电厂。曾还介绍税、骆两人为自流井盐井改用蒸汽机代替牛拉天车，轰动一时。

1920年泸州为滇军控制，曾俊臣开设的“大餐楼”为滇军、商会经常聚会之所。他遂广交各界名流。泸州诗人朱清长组织“蚨蝶会”诗社，社址也设在大餐楼，半月集会一次。曾不会做诗，却免费供应饭酒。1924年，因重庆复兴荣分号经营不力，他将泸州总号迁往重庆。

盐税历来为军阀筹饷的一项庞大收入，而盐商又要利用军阀保持其专销特权，因此，他们相互利用，狼狈为奸。曾俊臣擅长交际，会巴结逢迎，1925 年被同业举为重庆盐帮公所会长，专办交际。当时刘湘占据重庆，派陈国栋为盐运使。曾对他们百般逢迎，每天在复兴荣盐号以烟(鸦片)酒嫖赌、吃喝玩乐结交。曾与主管地方财政、税收、军需等部门的大小官僚和驻防军阀交往密切，除吃喝玩乐外，为他们筹垫军饷也十分卖力，从而深获有关各方面信任。他曾在同业中自夸说："在刘甫公(刘湘号甫澄)面前，我犯了事，该杀头的，关三个月可以了事；该关三个月的，打个哈哈就算了！"到 1928 年，复兴荣经营楚岸盐额(即食盐由重庆运销湖北)先后已达三百余傤(一傤为九万三千六百斤)，一度成为盐业大户。

1930 年王缵绪兼任四川盐运使，敲诈盐帮期票十余万元，反咬盐商行贿。刘湘派甘典夔调查，曾俊臣作了如实反映，事虽不了了之，从此王对曾怀恨在心。王本系西充帮盐商后台，在盐商竞争中，他有意卡住重庆盐帮三百多傤盐巴运不出去，使复兴荣损失惨重，不到半年竟亏损三十几万两银子，以致破产。

1931 年曾俊臣担任潘昌猷经营的复楚盐号宜昌、沙市分号经理，并自营糖业，获利甚厚。随后，淮盐与川盐争夺楚岸市场，川盐失利，曾俊臣返渝，开设富丰盐号，经营小量楚岸盐和糖。

1935 年，曾俊臣招引了刘湘的财政大员甘典夔在富丰盐号入股。甘常约一些地方权贵在盐号寻欢作乐。曾从而结识了以后担任四川禁烟总局局长的李春江。曾趁当时国民政府招商机会，与李春江、石竹轩(万县大烟商)三人合组"鑫记"土行，石竹轩任董事长，曾俊臣为总经理，李春江、甘典夔为后台，专营鸦片外销。该行先在川黔各产区收购鸦片，集中于重庆加工，再运往汉口、宜昌、沙市一带销售，从一年几百担、千把担做到几千担货。由于赚钱顺手，后来一年最多曾达一二万担，账面资金总额有时扩大到二三千万元，各地存货总额最高时超过一万担，几乎造成了垄断之势。鑫记经营两年多，获暴利达二百万元。曾俊臣由是被推举为重庆特业公会会长。刘航琛担任四川省财政厅长期间，1937年实行鸦片“统收统销”办法，由官方垄断，鑫记随之停业。但官营招致各方反对，曾俊臣复于1938年与川西恶霸地主周云章、江津帮的王政平等十余家土行合并，组成“庆康”，继续扩大经营鸦片。为寻找靠山，曾等进一步笼络各方权贵，每日备办珍馐异馔，伴以娼妓，供他们纵情享乐。当时国民政府大员贺国光、夏斗寅、何成濬、徐源泉等常为庆康的座上客。由于利用了地方军阀、国民党大员和封建势力的关系，庆康在全国开设四十余处分庄，控制了大部分鸦片内销，获利甚巨。到1939年，最大外销市场汉口已沦陷，加之股东间意见分歧，国民政府又宣布烟土冻结，不准承运，庆康至此收手。曾前后经营鸦片四五年，共获暴利五六百万元。

重庆的香烟供应原本由上海等地运进，抗战期间货源中断，由滇缅路运进的英国烟数量少价格高。曾俊臣乃与留法学生邓起人、原庆康协理李懋卿等集资十万元，开办蜀益烟草公司，聘请上海来川的工程师、技师十余人，到香港购卷烟纸，到许昌购烟叶，以五部卷烟机投入生产。出产的十支装主力舰牌香烟，由于质量较好，曾畅销一时，获利甚丰。不久官僚资本集团把持的南洋兄弟烟草公司和华福烟厂、湖北帮的大汉烟厂、贵州帮的大通烟厂相继迁渝，重庆卷烟业发展日盛，市场竞争激烈。更有甚者，战后美国香烟充斥市场，蜀益势孤力单，终于在1948年倒闭。

1941年由于法币贬值，国民政府发行“美金公债”、“美金储蓄券”、“黄金储蓄券”，当时美金官价为二十比一，黑市价近四百比一。曾俊臣认为有利可图，先后购进美金储蓄券四十万元、美金公债二十万元、黄金储蓄券数千两。不久，果然市场债券行情上涨，曾获得暴利。

抗战胜利后，重庆胜利银行总经理王政平因投机黄金多头失败破产，曾俊臣以二十万元“美金储蓄券”用“蜀益”名义顶进胜利银行，自任总经理。以后由于债券投机失败，又逢甘典夔经营的通惠银行倒闭，吃了大笔倒账；加以货币不断贬值，市场混乱，胜利银行受到影响，难以维持,终于关门歇业。

中华人民共和国成立后,曾俊臣参加重庆市工商联活动,并撰述工商史料。1964 年 7 月 6 日,曾因病在重庆去世。

## 主要参考资料

曾俊臣:《经营“特业”五年述略》,中国民主建国会重庆市委员会编《重庆工商史料选辑》第 1 辑,1962 年版。

# 曾　朴

杨天石

曾朴字孟朴，又字籀斋，笔名东亚病夫，晚清著名谴责小说《孽海花》的作者。1872年3月1日（清同治十一年正月二十二日）生于江苏常熟一个官僚地主大家庭。1891年考中举人，第二年在北京参加会试未中，他的父亲替他出钱捐了个内阁中书。1895年冬进入北京同文馆特班学习法文。次年以所著《补〈汉书艺文志〉》及《补〈汉书艺文志〉考证》献给翁同龢，很受赏识①。同年，应考总理各国事务衙门，没有录取，“决心舍弃仕途，别寻发展的途径”②。

1898年，曾朴在上海经江标介绍，结识福州船政局船厂厂长陈季同。陈在法国侨居多年，熟悉法国文学。他常去陈处请教，此后三四年内，读了不少法国文学和哲学书籍，自谓“因此发了文学狂，昼夜不眠，弄成了一场大病”③。

1900年1月，慈禧太后立载漪之子溥儁为大阿哥，准备废弃光绪皇帝，曾朴曾经参与联名电谏④。1903年因受人怂恿，和一杨姓丝商共同经营蚕丝，不久即因外丝倾销而破产。次年，与同乡徐念慈等在上海共同开办小说林书店，出版创作小说及东西洋小说译本。夏秋之间，

---

① 《翁同龢日记》光绪二十二年三月二十八日。

② 《曾孟朴年谱》，魏绍昌编：《孽海花资料》，中华书局上海编辑所1962年版，第161页。

③ 《复胡适之》，《真美善》半月刊第1卷第12期。

④ 张鸿：《籀斋先生哀辞》，《曾公孟朴纪念文集》，常熟曾氏自刊本，第1—2页。

从友人金天翮手里接过未完成的小说《孽海花》六回，加以点窜修改并续作。三个月工夫，完成二十回，于1905年初分为初集、二集出版。

金天翮写作《孽海花》的时候，拒俄运动正在高涨，他以清廷曾经出使俄国的洪钧为主角，洪妾傅彩云(即赛金花)为配角，计划写入"中俄交涉、帕米尔界约事件、俄国虚无党事件、东三省事件、广西事件，以至今俄国复据东三省止"，称为"政治小说"①。曾朴接手以后，声称要以"名妓赛金花为主人，纬以近三十年新旧社会之历史"，"一切琐闻轶事，描写尽情"，并改称"历史小说"②。曾朴写出的小说，删去了金天翮原作中拒俄和反清的内容，以主要篇幅揭露清朝达官名士们的腐朽生活。书中虽然也写到了革命党人，但理想和热情则倾注在光绪皇帝和改良派身上；对列强侵略中国也表示了不满，但在具体描写时又美化了帝国主义分子。在艺术上，曾朴把数十年来所见所闻的政治时事、掌故传说，都加以穿插剪裁，围绕女主人公的生平情节展开，自称是蟠曲回旋，时收时放，东西交错，不离中心的"一朵珠花"③。关于这一点，鲁迅曾评之为"结构工巧，文采斐然"④。

1907年，曾朴出版《小说林》月刊，陆续发表《孽海花》第二十一回至第二十五回。1908年因资金困难，书店停歇。同年，曾朴加入预备立宪公会。第二年，应两江总督端方聘，任财政文案⑤。一年后，以候补知府分发浙江，任绿营营产局会办。辛亥革命后，参加张謇的共和党，当选为江苏省议员。1914年以后，长期任江苏官产处处长，曾以财力支持过陈其美、钮永键的反袁活动。1924年底任江苏财政厅长，四个月后离去。1926年直系军阀孙传芳占据江苏，曾朴任政务厅长，不

---

① 魏绍昌编:《孽海花资料》，第134页。

② 魏绍昌编:《孽海花资料》，第134页。

③ 魏绍昌编:《孽海花资料》，第130页。

④ 鲁迅:《中国小说史略》，《鲁迅全集》第9卷，人民文学出版社1973年版，第445页。

⑤ 曾达文、曾朴纂修:《海虞曾氏家谱》，常熟曾氏义庄1924年排印本。

足一年称病辞职。

1927 年,曾朴和长子曾虚白一起在上海开设真美善书店,联络胡适、徐志摩、邵洵美等一批文人,想造成一种"法国风沙龙的空气"①。11 月,刊行《真美善》杂志,标榜艺术至上和趣味主义,宣称要使它"做成一切人共同的享受"②;经过修改的《孽海花》第二十一回至第二十五回和续作第二十六回至第三十五回即发表在该杂志上。按原先设想,曾朴是准备写到戊戌变法及其以后的民主革命运动的,后来又曾企图写到 1900 年或 1901 年,以赛金花和瓦德西的所谓"浪漫史"作全书的总结,但实际上写到甲午战争后便停止了。

1928 年,曾朴对《孽海花》作了修改。由于思想上的退化,此次修改偏重于艺术技巧的提高,对原作中批判科举制度等某些有意义部分又作了删削。1931 年,由真美善书店出版,称为三十回本。同年 7 月,《真美善》杂志停刊,曾朴迁回常熟,在其父亲经营的私人园林虚霩村居里莳花种竹。1935 年 6 月 23 日病故。

曾朴的著作除《孽海花》外,还有自传体小说《鲁男子》,分六部,计划仿效法国作家巴尔扎克的《人间喜剧》和左拉的《卢贡·马加尔家传》,集许多各自独立的小说而成一有系统的集合体,表现从清末同治、光绪年代到北伐战争时期的"社会变迁横断面"③,但实际上只完成了第一部:《恋》。此外,还翻译过雨果、左拉、莫里哀等人的作品多种。

① 魏绍昌编:《孽海花资料》,第 179 页。
② 《编者小言》,《真美善》半月刊第 2 卷第 6 期。
③ 曾虚白:《赛金花与小凤仙》,《东方杂志》复刊第 8 卷第 1 号。

# 曾　琦

李义彬

曾琦是中国青年党的主要创始人。原名昭琮，及长，因慕韩琦之为人，改名琦，字慕韩。1892年9月25日（清光绪十八年八月初五）生于四川省隆昌县响石镇涟鱼荡的一个富宦家庭。其父曾友三清末在广西做小官，全家迁居桂林。曾琦幼年时在家中受的是封建传统教育，1908年春考入桂林中学堂读书。不久，因其父母相继去世，遂与其兄变卖家业，扶榇返回祖籍四川。1909年春，入成都高等学堂分设中学肄业，与王光祈、魏时珍、周太玄、李劼人等同学。后转入法政学堂读书。课余为报章撰述评论，《成都商报》曾聘他为主笔。辛亥革命前后，曾执笔于《成都商会公报》、《四川公报》，并在重庆创办《民国新报》、《群报》。

1913年7月，孙中山发动“二次革命”。曾琦赴重庆，追随熊克武、杨庶堪参加讨袁之役，事败潜回隆昌。

1914年曾琦至上海，入震旦学院习法文，与同学左舜生、李璜等相识订交。

1916年春，曾琦东渡日本，先入东京东亚高等预备学校补习日文，秋后入东京中央大学攻读宪法及行政法。留日期间，与易君左等二十余名中国留日学生创办“华瀛通信社”，为国内报刊撰稿。1917年7月，张勋复辟帝制，康有为参与其事。是时正在日本房州避暑的曾琦，曾致信梁启超，劝梁慎于出处，继续提倡国家主义。

1918年夏，中国留日学生因反对《中日共同防敌军事协定》，纷纷罢学归国。曾琦哀叹“人生最不幸之事，莫过于中途辍学”①。但在广大留日学生纷纷回国的爱国潮流推动下，亦于6月25日回到北京。不久即与王光祈、李大钊等发起组织“少年中国学会”，经一年筹备，于翌年7月11日正式成立，其宗旨是“本科学的精神，为社会的活动，以创造少年中国”②。不久，曾琦离京赴沪，执笔于学生救国会主办的《救国日报》。其间，受业于章太炎，章为他讲说《易经要旨》和《佛学大纲》等。

1919年“五四”爱国运动兴起，曾琦抱同情态度。北京学生的爱国热情给他以深刻影响。7月1日他在写给留法的周太玄、李璜的信中说：“我在上海前后病了三个月，真是奄奄无有生气，直到5月4日，北京学生痛击卖国贼的消息传来，我如饮了一付兴奋剂……马上就启程北上，视察学界情形。……我到京后，接洽学界许多青年同志，精神上非常愉快，又亲眼看见6月3、4、5日北京政府捕拿学生二千余人，囚在译学馆的一班爱国青年，前仆后继，再接再厉之精神，觉得国家前途一线光明，全系于此。”③是年8月下旬，曾琦从上海乘船去法国留学。在法期间，他一面读书，一面与周太玄、李璜等人组织“巴黎通信社”，充当上海《新闻报》特约记者，为该报撰写通讯稿件。

五四运动后，“少年中国学会”开始分化。李大钊等学会中的左翼分子，力图把这个成员复杂、宗旨笼统的学会，改造成一个信仰马克思主义、从事革命活动的团体。曾琦作为这个学会中右翼势力的代表，反对李大钊等人的主张。他从法国写信给国内的同伙左舜生说：“宣言本会为纯粹的学术团体，只许个人本其专长为社会的活动，不许个人为政治活动。”④同时，他在给王光祈的信中还表示要“研究蒲鲁东学说，择

---

① 沈云龙辑：《曾慕韩(琦)先生日记选》，《近代中国史料丛刊》第2辑，台北文海出版社1966年影印版，第22页。

② 《少年中国学会规约》，少年中国学会编：《少年中国学会周年纪念册》，1920年印行，第33页。

③ 《少年中国》月刊第1卷第1期(1919年7月1日)。

④ 《少年中国》月刊第2卷第3期(1920年9月15日)。

要撰述稿件寄回国内”①,企图抵制马克思主义在中国的传播。

1923年12月2日,曾琦组织留法学生中一些国家主义的信徒,在巴黎郊区玫瑰村召开中国青年党成立会议,被选为党务主任。会上通过了曾琦起草的《中国青年党建党宣言》。《宣言》标榜青年党的宗旨是:“对外,则以力争中华民国之独立与自由为旗帜”,“对内,则以推倒祸国殃民之军阀,实现全民政治为信条”②。曾琦还在《宣言》中攻击马克思主义的阶级斗争和无产阶级专政的学说,说它不适合中国国情。1924年4月20日,青年党在巴黎哲人大厅召开第一次全体大会,到会五十二人,曾琦被选为委员长。中国青年党建立后,曾琦等人竭力破坏旅法中国共产党人的革命活动,其矛头首先指向国共合作。他唆使党徒邬傅如盗窃了中国共产党一份关于实行国共合作的文件。他亲自拿着这份文件面见旅法的国民党人王宠惠、蔡元培、郑毓秀等,极力反对国共两党合作。又托谢持之婿曹任远将此文件密转其岳父,为国民党右派反对孙中山先生的联俄、联共、扶助农工三大政策提供炮弹。后来他回国后,与谢持“约定内外夹攻”,反对国共合作。

曾琦旅欧五年,其间曾到德国、比利时短暂停留,大部分时间住在法国。1924年9月,他和李璜、张梦九一起回到上海。他先后在大夏、同济、法政、学艺等大学任教,但主要精力还是用在青年党的活动上。是年10月10日,他与李璜、张梦九以及国内的国家主义分子左舜生、陈启天(左、陈均在上海中华书局供职)、余家菊等在上海创办《醒狮》周报,作为青年党的喉舌。曾琦任总编辑,左舜生任总经理。曾琦在《醒狮》上发表多篇文章,宣扬国家主义,攻击马克思列宁主义,辱骂中国共产党和苏联。

为了反对和抵制段祺瑞的“善后会议”,从1924年下半年起,中国

---

① 《少年中国》月刊第1卷第11期(1920年5月15日)。

② 沈云龙辑:《曾慕韩(琦)先生遗著》,《近代中国史料丛刊》第68辑,台北文海出版社1971年影印版,第8页。

共产党发起了一个国民会议运动，把废除不平等条约作为这个运动的主要内容。曾琦反对国民会议运动，甚至攻击国民会议运动是“乘机煽动，别有用心”，表示“吾人固万不能符合也”①。

这年冬天，孙中山从广州北上，途经上海时，曾琦由谢持介绍往见，劝孙“中止联俄容共”政策，两人“辩论良久，不欢而散”②。

1925年3月12日，孙中山在北京逝世。曾琦借机攻击孙中山的三大政策，反对国共合作，说共产党员以个人身份加入国民党，使得国民党“失却海外华侨之同情”，“失却绅商阶级之同情”，“遂致已入党者时起冲突，未入党者裹足不前”③。

为了反抗帝国主义无理屠杀我国工人，在中国共产党领导下，这年5月30日，上海工人罢工，学生罢课，商人罢市。五卅运动的烈火迅速燃遍全国，给帝国主义以沉重打击。曾琦反对中国共产党对群众反帝爱国运动的领导，反对工人举行罢工斗争。他在《醒狮》周报上公开主张“今后之工会，宜由工人自行组织，不必让共产党人参加其间”，“所有工会之一切言论机关，只以拥护工人本身利益，及提倡工人爱国为限，不宜让共产党人主持笔政，借以宣传赤化”，“在军阀未倒，外患未销以前，工人只宜参加‘全民革命’，不可侈谈‘阶级斗争’”，“非万不得已时，不宜轻用罢工手段”④。

1926年夏，青年党在上海召开第一次全国代表大会，曾琦被选为中央执行委员会委员长。青年党建立后，其党名长期保密，对外活动以“中国国家主义青年团”名义出现，又因标榜国家主义，所以被称为国家主义派。随着革命形势的迅猛发展，曾琦等人散布的谬论受到马克思主义者和国民党左派人士的揭露和批判，其真实面目逐渐被人们识破。

---

① 《醒狮》周报第15号(1925年1月17日)。

② 沈云龙辑:《曾慕韩(琦)先生日记选》,第111页。

③ 曾琦:《挽孙中山先生》,《醒狮》周报第24号(1925年3月21日)。

④ 曾琦:《为上海总工会鸣不平》,《醒狮》周报第51号(1925年9月26日)。

一度被蒙蔽的青年纷纷觉醒，声明脱离国家主义派。自称为“风起云涌”的国家主义派，呈现土崩瓦解之势。曾琦后来在回顾这段历史时供认，“由(民国)十三年秋迄十六年春，愚虽居沪滨，而时复漫游大江南北，讲演不下数百次，为文不下千余篇，意在醒青年之迷梦，存国家之元气。顾虽瘏口哓音而终莫能挽此既倒之狂澜”①。

严酷的事实，使曾琦认识到“空言反共无效，非武力不可”②。于是他就投靠各地封建军阀，“奖励同志研究军事。一面由同志之有学识者，参加国内制造军事人才之机关，如云南讲武堂，金陵军官学校，担任教授，灌输国家思想，借以养成大批反共军人，与共产党为最后之奋斗”③。从1926年起，他派出一批重要党徒与各地军阀勾结。他本人则时而回故乡勾结四川军阀，时而到山东依附韩复榘。

1926年7月北伐战争开始后，曾琦拼命反对。他说：“此次北伐，不惟无直抵黄龙之望，抑且有根本动摇之忧”，“世人虽震其声威，而予则敢断言其必败”④。他的诅咒没能阻止北伐战争的胜利进军，到1926年末，北伐军打败了吴佩孚和孙传芳，进抵长江流域，严重威胁了北洋军阀的反动统治。北伐军所到之处，废除了北洋军阀的所谓五色国旗，代之以青天白日满地红旗帜。于是曾琦又掀起了一个所谓拥护“五色国旗”的运动，成立“拥护五色国旗大同盟”，发表《保护五色国旗宣言》。

1927年1月，曾琦离开上海，到了北洋军阀统治的中心北京。4月6日，李大钊在北京被奉系军阀逮捕，许多人积极进行营救，而当年同为“少年中国学会”创始人的曾琦则成了军阀杀害李大钊的帮凶。他“亲自拜见奉系巨头，谓李大钊乃共产党唯一无二之首领，杀之共产党

---

① 《醒狮》周报第223—225期合刊(1930年10月10日)。

② 中国青年党党史委员会纂：《曾慕韩先生(琦)年谱日记》，1983年版。

③ 中国青年党党史委员会纂：《曾慕韩先生(琦)年谱日记》。

④ 《醒狮》周报第98期(1926年8月29日)。

势力必消灭，机会不可失”①。

曾琦一再煽动蒋介石背叛革命，破坏统一战线，屠杀共产党人。北伐前夕，蒋介石搞“整理党务案”时，《醒狮》周报就煽动蒋介石与共产党“一刀两断，用武力排斥共产党”②。北伐进军途中，曾琦“希望国民党……绝对不容党内有跨党分子，毅然开除共产党，以免内起萧墙之祸，外贻赤化之讥”③。“四一二”政变时，他对蒋介石“对付共产党之采取严厉手段，尤深赞其勇敢”，还提醒蒋介石，“开除共产党后，勿遽认为祸患已绝。须知共产党之基础本在下而不在上。仅仅罢免一二高级军官，逮捕三数领袖人物，何以制共产党之死命？”④煽动蒋介石向广大工农群众开刀。

“四一二”以后，蒋介石和青年党在反共反革命上本来已完全一致，但由于蒋坚持一党专政，排斥异己，在一个时期内拒不承认青年党，所以他们在一段时间里还没有能够合流起来。因此，曾琦在“四一二”以后继续反共的同时，也曾反对蒋介石的“党治”。

1927 年 9 月，曾琦去日本。不久，蒋介石亦“下野”来到日本。在日期间，陪同蒋介石的陈铭枢曾到横滨晤见曾琦，调解蒋介石与青年党的关系。因蒋只准青年党员以个人名义加入国民党，坚持不承认青年党，故调解未成。是年冬，曾由日归国，先后到北平、香港、天津、山东等地，依附地方实力派，从事反对革命的活动。在天津，他极力拉拢梁启超，欲拥梁为领袖组织新党。在山东，他令其党徒组成法西斯式特务组织“特别侦谍队”，协助韩复榘缉捕共产党人，破坏革命活动。

---

① 孙永年：《青年党外传》，原载《文萃》第 45 期，引自新华社编辑：《狐群狗党现形记》，东北书店 1948 年版，第 25 页。

② 《醒狮》周报第 92 期（1926 年 7 月 18 日）。

③ 《吾人对于国民党之真正态度》，《醒狮》周报第 106 期（1926 年 10 月 16 日）。

④ 《国共两党决裂后吾人对国民党之态度》，《醒狮》周报第 129 期（1927 年 4 月 23 日）。

1931年"九一八"事变后,曾琦代表青年党"撰《一致对外与一党专政》一文,载于天津《大公报》,主张政党休战",提出不论国民党之反应如何,中国青年党先自实行(一)停止对国民党之革命行动;(二)停止对国民党之攻击言论[①]。蒋介石在"九一八"事变后召集国难会议时,曾琦等青年党的几个负责人均在被邀之列。只因对会议内容、地点、仪式有分歧,曾等未去出席。

1934年10月红军开始长征时,"流寓湖南"的曾琦,策动湘桂川地方军队对红军"截堵迎击,并坚壁清野,严阵以待"。不久,他返回四川,支持四川军阀进攻川陕红军。还支持李璜回川组织"安抚委员会",协助刘湘、邓锡侯、杨森等围攻川陕革命根据地。

1936年前后,蒋介石与曾琦信息往还,蒋多次表示要见曾。当年冬,曾派李璜赴洛阳祝贺蒋介石的五十寿辰,并劝蒋中止西安之行,以防张学良、杨虎城发生"腋肘之变"。蒋"围剿"红军心切,未采纳曾、李的建言[②]。不久蒋在西安被张、杨扣留。西安事变和平解决后,曾于1936年12月25日从太原致电蒋介石,表示慰问,他竟把蒋的获释说成是由于"积旬日之呼号,动十万之师旅"的结果。1937年1月8日,曾到浙江奉化面谒蒋介石,"长谈两次,建议数项"[③]。

1937年"七七"事变爆发后,蒋介石于7月15日召开庐山谈话会,曾琦代表青年党出席。他在16日的会议上发言,呼吁国民党结束训政,实施宪政。1938年,国民党当局成立国民参政会,曾被聘为参政员。1941年夏,曾赴香港。同年10月,中国民主政团同盟成立,曾与梁漱溟合办民主政团同盟的机关报《光明报》。在港期间,日本驻港领事通过国社党驻港负责人对曾琦进行诱降,汉奸汪精卫亦与青年党的

① 曾琦:《五年来朝野协力之回顾》,柳下编《十八年来之中国青年党》,成都国魂书店1941年版。

② 李璜:《学钝室回忆录》,台北传记文学出版社1978年版。

③ 曾琦:《五年来朝野协力之回顾》,柳下编《十八年来之中国青年党》。

骨干分子关楚璞密谈，拟委任曾为南京汪伪政府铨叙部长。1941年12月，香港陷落，曾在日本驻港领事保护下，乘敌舰潜往沦陷区上海。汪精卫又劝曾出任考试院副院长。曾本人未公开担任伪职，但青年党的一部分人却公开投敌叛国，它的几个重要成员（如赵毓松、李守黑）曾在汪伪政权中担任部长，曾本人也曾经从敌伪手中领取过经费①。1944年冬，曾琦移居日寇统治下的华北。日本投降后，蒋介石把他从太原接回四川，参加青年党第十次全国代表大会。曾在这次会上被选为青年党的主席。

1946年1月10日，政治协商会议在重庆召开。曾琦代表青年党出席，主张“国民党还政于民，共产党还军于国”。同年11月，青年党撕下“在野”与“第三势力”的外衣，参加蒋介石召开的国民大会，曾琦被指定为主席团主席。1947年4月，曾代表青年党与蒋介石、张君劢（民社党）等签署“共同施政纲领”，正式参加南京国民政府，任国府委员。为此，曾赋诗道“亡命江湖廿四秋，朝堂初入泪交流”②，对蒋感激涕零。

1947年夏，蒋介石要对共产党下“讨伐令”。曾琦向蒋介石建议“不如实际上总动员以征剿之，而形式上之讨伐令则从缓发，俟其明目张胆，组织伪政府时，再从而大伸天讨。犹之刘先主之讨曹魏，明知其迟早终必篡汉，仍待曹丕僭号称尊，始行讨伐”③。这一献策得到蒋介石的鼓励和嘉奖。1948年元旦，蒋授予他一等卿云勋章。他则又向国民党政府献策：严格保甲制度，在各地组织“老年队”、“青年队”、“妇女队”、“儿童队”④，以切断共产党与人民群众的联系。他一再强调“军民如何互相配合，实为当前剿匪之要旨”⑤。

---

① 延安《解放日报》1946年5月6日第1版。

② 沈云龙辑：《曾慕韩（琦）先生日记选》，第120页。

③ 沈云龙辑：《曾慕韩（琦）先生日记选》，第176页。

④ 《与段之桓论组训民众书》，《青年中国》周报第67期（1948年9月5日）。

⑤ 《曾琦谈剿共要旨》，《中华时报》1948年4月14日。

1948年3月,曾琦参加蒋介石召开的所谓“行宪国大”。4月19日,代表青年党致电国民党,祝贺蒋介石“当选”“行宪第一任总统”①。会后曾被聘为“总统府资政”。1948年10月,曾琦赴美。1951年5月7日,病逝于美国华盛顿。

①　《中华时报》1948年4月20日。

# 曾虚白

熊尚厚

曾虚白，名焘，字煦伯，笔名虚白，1895 年 4 月 19 日（清光绪二十一年三月二十五日）生于江苏常熟。曾家为江南巨富，父亲曾孟朴是著名小说《孽海花》的作者，清末民初的著名文学家。曾虚白资质聪慧，受其家族的影响，幼时便爱读书识字，少年时先后入三育小学、南洋中学读书。1912 年考入上海圣约翰大学，1918 年毕业后在长沙雅礼医学院教英文。1920 年去北京，担任全国烟酒公卖局科员。不久后去天津，先后任直隶交涉使署科长、会计主任。其间与天津办《庸报》的董显光结识，业余协助董显光办报。

1925 年夏，曾虚白辞去了直隶交涉使署的职务，全力与董显光共办《庸报》。1928 年秋，他离开天津《庸报》南下上海，协助其父创办真美善书店，并主编《真美善》文艺月刊，前后两年。在此期间，他一面进修文艺，一面广交文友。1931 年秋，曾虚白到南京担任金陵女子文学院教授兼文学系主任，同时讲授中国文学史、小说研究、诗词研究等课。不久，上海《时事新报》和《大陆报》董事长张竹平邀请他负责筹办一家晚报，曾欣然允诺。张竹平答应采用社长制，从组织、人事到经营管理、办报格式等由曾全权负责。

曾虚白设想办一份崭新的晚报，跳出老式框架，乃聘请文艺界的朋友做编辑，以学过会计会经商的同学任经理。他定下四条办报原则：（一）一律用语体文；（二）新闻受读者喜爱；（三）评论要说读者想说的话；（四）副刊一类供文艺爱好者，一类供市民。他决定采用分布独立采访网和建立直接发行网等措施，以期办出特色。1932 年 1 月 21 日，上海《大晚报》正式创刊，曾任社长兼主笔，以伍倜然为总编辑，崔万秋为副刊编辑，黄霞超等为采访记者，在用人上做到“知人善用”。《大晚报》出版后，无论是社论、专栏、新闻，都积极主张抗日救亡，言论颇为激烈。时值上海“一二八”抗战爆发，人们非常关心战事，该报报道及时，很受读者欢迎，日销达五万份，最多时达八万份，创上海晚报发行的最高纪录。与此同时，报社还负责代收代转捐款捐物，热忱为前方抗战服务，一时声誉鹊起。

“一二八”抗战结束后，曾虚白根据形势的变化，立即改变《大晚报》编辑方针，调整版面，重视新闻报道，同时仍然多方报道抗日言论，以适应广大读者的要求，进而在新闻界和社会上树立起新的声誉。然而为时不久，1933 年 5 月，被蒋介石任命为驻北平政务整理委员会委员长的黄郛在北上途经上海时，向曾宣讲“攘外必先安内”思想，劝其追随蒋介石，曾深以为是。此后《大晚报》改变言论方针，为蒋介石的“攘外必先安内”政策效力。与此同时，他在上海复旦大学兼新闻系教授，主讲新闻编采。

早在 1933 年与黄郛见面时，曾虚白即表示，“真有一天政府发动抗日战争，我决心放弃自己手创的新闻事业”，“参加政府抗日工作”①。所以“八一三”抗战爆发后，曾即辞去《大晚报》社长兼总主笔之职，随董显光去国防最高委员会国际宣传部②，担任宣传处处长，由新闻业转入仕途。他竭力推动国际新闻界宣传中国政府的抗日主张和中国军民的抗战意志，争取友邦的同情。他利用各种关系去接近外国在华的记者以及外交人员和传教士，介绍真实的情况使之了解日军的在华暴行，了解中国抗战的真相。同时，他还设立新闻检查站，以防外国记者的报道不实或故意伤害中国。为争取友邦的公开援助，他聘请一些外国人出

---

① 曾虚白：《“八·一三”忆往》，台北《传记文学》第 38 卷第 1 期。

② 该组织不久被撤销，改属国民党中央宣传部，为国际宣传处。

面作代言人进行抗日宣传；在重庆设立外国记者招待所，积极联络各国记者；推动外国民间发起援华行动；在国外举办摄影展览；与中央广播事业管理局共同推动国际广播节目，向世界各地广播。太平洋战争爆发后，中国与英美等国结成国际反法西斯战线，曾更加注意向同盟国宣传中国抗战，以争取提高中国的国际地位。同时，他也研究如何对付中共，抵制中共在国际上日益扩大的影响。

抗日战争胜利后，蒋介石蓄意发动内战，国共军事冲突频起，在华各国记者非常关心国共之争，曾虚白在国际宣传处，经常招待外国记者，为蒋介石和国民党军队的行径辩白。1947 年 4 月，南京国民政府撤销国际宣传处，改由行政院增设新闻局，他改任该局副局长，继续主管国际宣传事宜。

1949 年国民党败退台湾后，曾虚白被台湾当局任命为"中国广播公司"副总经理。时蒋介石宣布"政治革新"改造国民党，随后曾被任命为国民党中央改造委员会委员兼第四组主任。1950 年 9 月，曾接任台湾"中央通讯社"社长。1964 年，他辞去"中央社"社长职，改任"中央通讯社"管理委员会主任委员，长期负责台湾当局的新闻宣传工作。在此期间，他兼任台湾政治大学新闻研究所所长，热心于民意学的研究，开设过民意课。主编有《中国新闻史》；曾任台湾新闻记者公会理事会理事长、台北市新闻记者公会新闻讲习班主任、台湾"中国新闻学会"主任委员等。

曾虚白 1972 年退休后，仍然从事研究与教学工作，任台湾"中国文化学院"(后改大学）三民主义研究所所长，开办博士班讲授民意学原理，并撰写《曾虚白自传》。

1994 年 1 月 5 日，曾虚白病逝于台北。

## 主要参考资料

《曾虚白先生生平事迹》，台北《国史馆馆刊》复刊第 16 期。

曾虚白:《曾虚白自传》,台北联经出版事业公司 1988—1990 年版。

马之骕:《新闻界三老兵——曾虚白、成舍我、马星野奋斗历程》,台北经世书局 1986 年版。

# 曾 养 甫

杨 斌

曾养甫，原名宪浩，字养甫，以字行，广东平远人，1898 年 10 月 23 日（清光绪二十四年九月初九）生。少年时，目睹晚清政府政治腐败，社会落后，感慨良多。弱冠之后，以为欲谋建设，非有科学知识，不能效法先进；非有革命精神，不能迎头赶上，遂入北洋大学矿冶系学习。1923 年大学毕业后，与同学陈立夫同赴美国留学，进匹茨堡大学研究院深造，获硕士学位。留美期间，曾被选为国际学生会会长。他研读孙中山《建国方略》，“益信科学知识与革命精神为物质建设之先决条件，两者不可缺之”①。

1926 年初，曾养甫回国抵达广州后②，得陈果夫、吴倚沧推荐，参加国民政府工作。旋奉蒋介石之命，以筹备主任身份，筹办石井兵工厂，以充实北伐军械。同年 9 月，任广州国民政府侨务委员会委员。嗣后历任国民党广东省党部常务委员兼青年部部长、总司令部后方总政治部主任、广东省政府委员兼建设厅厅长等职，为北伐后方建设效力甚勤。

1927 年 4 月，蒋介石“清党”反共，在南京另立国民政府。曾养甫

---

① 曾养甫：《五十自叙》（1944 年秋），台北《传记文学》第 27 卷第 3 期，第 59 页。

② 曾养甫在《五十自叙》中记为 1926 年初与陈立夫一同离美返抵广州任职；惟陈立夫自述是 1925 年离美回国，先至山东中兴煤矿任采矿工程师，于 1926 年初至广州任职的。

感到此时在广州已无可作为，遂北上入薛岳部，转战于徐州、济南间。后任国民革命军军官团政治部主任。

1928 年 2 月，国民政府成立建设委员会，曾养甫任常务委员；翌年 1 月，任副委员长。因委员长张静江兼主浙江省政，该会所有规划全国建设事宜，多由曾负责主持。他鉴于政府经营之事业成效不彰，乃以大处着眼、小处着手为建设原则，以管理科学化、经营商业化为建设方针，以确立会计制度、集中采购材料为入手之方，三年内先后整理扩充南京、戚墅堰两电厂，开办淮南煤矿，创设无线电台三十座，并整理黄河、淮河等水利勘测计划，筹备东方及北方两大港建设事宜。

1932 年曾养甫调任浙江省建设厅长。他督工筹款，全力赶筑杭江铁路义乌至江山段，并筑金华至兰溪支线。1934 年 11 月，他得浙江兴业银行董事长叶揆初及宋子文、陈果夫等人支持，力排众议，筹划建设钱塘江大桥。同时还规划了浙江全省公路网，先后建成沪杭公路，浙东金衢、金处、宁台、温州干道，浙西公路先通皖南徽州，再经桐庐、寿昌而达屯溪；浙南于 1933 年底赶工建成的江山至福建浦城公路，对蒋介石调兵镇压“闽变”，助力不小。在任全国经济委员会蚕丝改良委员会主任委员期间，大力倡导改良浙江蚕桑农业，禁止余杭蚕丝土种。

曾养甫在浙江兴建公路之业绩，深为蒋介石赏识。蒋为“围剿”江西红军，于 1934 年 1 月设浙闽赣皖四省边区公路处，任曾养甫为处长，赶筑四省边区公路，以利军运。不久，曾又兼任军委会委员长行营公路处长，主持西南公路工程，赶筑湘黔、川黔、黔滇公路。经一年努力，建成了以贵阳为中心，东通湖南、西连云南、南达粤桂、北接重庆的西南公路网。这一公路网对蒋介石“开发”西南和追击长征中的红军，效用甚著。

1935 年“华北事变”后，中日关系急遽恶化，蒋介石面对国际国内新的形势，开始调整内外政策，派陈立夫主持与中国共产党秘密接触和谈判。陈立夫乃派曾养甫秘密与中共人士联系，商谈国共和解和合作事宜。1936 年初，经铁道部劳工科长谌小岑秘密联系，曾养甫代表国民党，通过北平中国大学教授吕振羽，向中共提出四条要求：停止土地革命，停止阶级斗争，停止苏维埃运动，放弃推翻国民政府的武装暴动活动。其后，曾先后与中共北平市委宣传部长周小舟、中共长江局代表张子华及从共产国际归来的潘汉年，在南京进行了多次会谈。5 月 15 日，周恩来写信邀请曾等到陕北直接谈判，然未能成行。曾养甫 8 月调任广州市长后，仍继续进行国共两党之间的联系工作，他把同武汉电台联系的密码交给张子华，并写信给周恩来，提出“盼两方能派负责代表切实商谈”①。周恩来接信后，于 8 月 31 日回复曾养甫，表示“亟愿与贵方负责代表进行具体谈判”②。曾于 9 月 27 日告知张子华，请周恩来到香港或广州会谈，并做好了 10 月底周恩来到广州谈判的准备。他表示国民党方面同意中共四条谈判原则，即：(1)党公开活动，(2)政府继续存在，(3)参加国会，(4)红军改名受蒋指挥，照国民革命军编制与待遇，但不变更红军原有之组织与领导③。还表示如周不能来广州，国民党方面可派人去陕面商谈判地点。嗣后因陈立夫出面直接与中共代表商谈，曾逐渐置身事外。

曾养甫对于经济建设工作，怀有更大的热忱。1935 年 12 月，蒋介石继汪精卫后任行政院院长，曾养甫被任命为铁道部政务次长。1936 年春，兼任新路建设委员会委员长，悉力推动兴建浙赣铁路玉萍段、沪杭甬路杭绍段、粤汉铁路株韶段及京赣路、湘黔路；并与宋子文及中国建设银公司合作，组织成渝铁路公司，筹划成渝路建设。7 月，任国民党中央执行委员会国民经济计划委员会主任委员，负责规划全国经济建设事宜。8 月，曾被调任广东省政府委员兼广州市市长，后兼任广东省党部主任委员、黄埔开埠督办，致力于广东开发，如筹款兴筑广梅、琼

① 中共中央党史资料征集委员会编：《第二次国共合作的形成》，中共党史资料出版社 1989 年版，第 302 页。

② 《周恩来书信选集》，中央文献出版社 1988 年版，第 98 页。

③ 《文献与研究》1985 年第 4 期，第 10 页。

崖两铁路，争取完成南方大港工程等。1937 年 5 月，兼代广东省政府财政厅厅长。

抗日战争爆发后，曾养甫于 1937 年 10 月兼任军事委员会西南进出口物资运输总经理处主任，负责输入国外军需物资，以利抗战。同时派工程人员整理广西公路，以接通广州湾、海防等海口，畅通外洋物资输入线路。1938 年 10 月 21 日广州沦陷，曾即率广东税警团队在粤西广宁练兵抗敌。1939 年 1 月，奉蒋介石电召，由广宁经桂林抵重庆。此时，抗日战争已进入相持阶段，西南成为抗战重心。为打破日敌封锁，另辟国际通道，保证外洋物资源源输入，曾养甫被蒋派任滇缅铁路督办，率领工程技术人员日夜跋涉于山林草莽，宿息于蛮烟瘴气之中，勘测抢修滇缅铁路。

1941 年 12 月太平洋战争爆发，日军不久侵占仰光，滇缅铁路建设工程被迫中断。由于我国国际运输路线已被完全切断，为争取美国空运援助，蒋介石决定在军委会内设工程委员会，由曾养甫任主任委员，负责赶筑机场。一两年间，在云、桂、湘、赣、粤、闽、黔、川、鄂、陕等省，共筑机场四十余处。1942 年 12 月，曾养甫继张嘉璈之后出任交通部部长。他以"便利军运，协助稳定物价，规划与复兴"为施政方针，全力推进西南西北交通建设，要求员工节约人力物力财力，争取时间，发挥服务精神，严密工作检讨①。1943 年 1 月，交通部成立公路总局，曾自兼局长，以统一管理全国公路建设与运输事项。1945 年 1 月，曾养甫因修筑滇缅路时染之足疾骤发，乃辞交通部部长职，赴美就医。

曾养甫在国民党第三、四、五、六次全国代表大会上，均当选为中央执行委员。1948 年列名为立法院立法委员。1949 年迁居香港。

1969 年 8 月 28 日，曾养甫在香港病逝，终年七十一岁。

---

① 曾养甫：《新年告全体交通员工书》，《交通建设》第 1 卷第 1 期（1943 年 1 月），第 2 页。

# 曾毓隽

邵桂花　陈志新

曾毓隽，字云霈，祖籍江西南丰，1875年(清光绪元年)生于福建闽侯县东街孝义巷口。曾家系榕城名门望族，父亲为福州船政局文牍，曾毓隽常侍在侧，耳濡目染，逐渐熟悉官场清规与陋习，为其日后混迹宦海奠定了基础。

曾毓隽幼入私塾启蒙，聪颖好学，练就一手好字。十六岁中秀才，1894年为拔贡。1896年，曾将祖业田产出让与人，得款捐官。1901年分发顺天府，幸遇世谊同乡顺天府尹陈璧，聘为文案。时陈璧监修清东、西皇陵工程告竣，将曾毓隽列入有功人员名单之中。1902年秋至1905年，曾先后任文安、大城、良乡、宛平、肥乡等县知县。1905年，以知府衔办理北京正阳门工程，工程竣工后升任道员，归原籍候补。

1906年清廷设邮传部，管海陆运输及办理邮政电讯事宜，曾任该部书记。时任江北提督的段祺瑞欲聘一掌管书记之人，经倪嗣冲推荐，曾毓隽遂入段幕任文案、军需职，此为曾终生追随段之始。曾精明干练、足智多谋，会理财，文书又是行家里手，因而深得段的赏识，纳为心腹。1911年10月10日，武昌革命军兴。清政府任命段祺瑞为第二镇统制官，领兵南下镇压革命，尔后段署理湖广总督，兼任清军第一军军统兼领湖北前线各军，曾毓隽则掌管文案及前敌军需。

1912年1月1日，中华民国建立，孙中山就任临时大总统。段祺瑞于1月26日以湖广总督会办剿抚事宜、第一军军统领衔北方诸统兵大员四十六人联名通电，要求清廷“明降谕旨，宣示中外，立定共和政体”。曾毓隽以参议官身份列名其中。3 月，袁世凯当上中华民国临时大总统，段祺瑞任内阁陆军总长，曾为陆军部秘书。

1916 年 5 月袁世凯病笃，知帝制不可为，乃约段祺瑞入中南海。曾毓隽随段见袁，以察言观色探悉袁病的轻重。不久，袁病势愈殆，曾毓隽衔段命赴宁，向冯国璋陈述详情及大局，商以袁死黎元洪继任大总统之事。冯国璋以黎为副总统，继任总统顺理成章，随复电表示赞成。6 月，袁死，黎元洪继任大总统，段祺瑞当上国务总理，曾毓隽随段入国务院任秘书。7 月，交通总长许世英面请段祺瑞允任命曾毓隽为京汉铁路局局长。

黎元洪继任总统后，与段祺瑞发生激烈的权力冲突。段为达到驱逐黎元洪的目的，利用时任长江巡阅使张勋作调停，而对张勋欲复辟帝制达成微妙的默契，曾毓隽就是他们之间的穿针引线人，参加了张勋召开的二、三次督军团会议。1917 年 5 月，因对德参战问题，黎、段“府院之争”已达炽热化。黎元洪于 5 月 23 日下令免去段的本兼各职，段祺瑞通电否认总统令，并退居天津另组参谋处与黎抗衡。其时，曾毓隽衔段命赴徐州会晤张勋，进一步明确段默许张勋率辫子军入京做“调人”。1917 年 6 月 1 日，张勋以解散国会为条件率辫子军五千人入京。7 月 1 日，张勋复辟帝制。段见驱黎目的达到，遂由默认复辟的同盟者摇身一变成了讨逆军的总司令。曾毓隽任讨逆军军需处长，赴鲁与山东督军张怀芝及第五师张树元联手，堵截辫子军北上应援。张勋复辟失败后，段祺瑞主掌北京中枢，曾毓隽由京汉铁路局局长转任对德参战处参事，而冯国璋就任代理总统。此时，北洋直、皖两系矛盾尖锐，皖系与奉系张作霖也反目，曾毓隽为弥合张作霖与徐树铮之间裂痕而奔走，但效果甚微。

3 月 7 日夜，皖系政客王揖唐、曾毓隽、王印川等人在北京宣武门内安福胡同开会，组建“安福俱乐部”，以操纵新国会选举。俱乐部负责人王揖唐成为南北议和北方代表后，由曾毓隽负责。每至晚饭后，曾必至俱乐部，面对纷至沓来政治上的钩心斗角和人事间纠纷，进行斡旋，纵横捭阖，间或召集公开的或秘密的会议，对选举进行部署。8 月 12 日，新国会于北京开会，因安福系议员占新国会议席的百分之七十，故史称“安福国会”，曾毓隽为参议院议员。9 月 24 日，新国会参、众两院选举徐世昌为大总统，段祺瑞虽实践了他所作冯国璋同时下野的承诺，但仍保留“参战督办”职务，并发表徐树铮为参战处参谋长兼西北国防筹备处处长职，加陆军上将衔。

曹汝霖自 1917 年 7 月任交通总长以来，与次长叶恭绰极不相能，百般倾轧，终排之去，遂于 1918 年 10 月引曾毓隽为次长，两人均感不啻水乳交融。翌年 5 月 15 日，曾继詹天佑之后兼任汉粤川铁路督办。1919 年五四运动爆发，曹汝霖被迫辞职，曾于 6 月 10 日代理部务。曾毓隽一朝得势，搜罗巨款供给党费，手腕之灵活尤过于曹，安福系奉其为财神。

自 1919 年 6 月钱能训辞去国务总理，由于得不到徐世昌、段祺瑞两人共识，总理一席一直虚悬。唯靳云鹏是徐、段两人认同的人选，徐世昌遂咨请新国会予以通过。然而，安福系竟横生枝节，提出财政、司法、交通及院秘书长为通过靳组阁的条件，这“三长一秘”的院秘书长人选即是曾毓隽。但靳表示反对。10 月 31 日、11 月 4 日，国会参、众两院先后通过靳云鹏提出的内阁成员名单。11 月 5 日，徐世昌特任靳云鹏为国务总理。新阁成员中的“三长一秘”并非安福系所提意中人选。为此，安福系成员又聒噪起来，并对新阁成员名单一致予以否决，认为靳云鹏利用张作霖、曹锟、吴佩孚等军人压制国会就是目无国会。11 月 9 日，曾毓隽等三人面见靳云鹏，逼其更换新阁成员，靳的态度强硬，表示阁员一个都不能换。11 月 11 日，曾毓隽又单独晤面靳云鹏，请其更换阁员，仍被拒绝。最后安福系搬出靳的上司与老师段祺瑞，对靳大加斥责，使靳就范，改提李思浩掌财政、田文烈掌内务、曾毓隽掌交通。

曾毓隽自任交通总长后，飞扬跋扈，伙同徐树铮挪用部款两千万元之巨。11 月 25 日，曾毓隽与英国中英公司代表梅尔思签订借款为二百万元《湘鄂二百万元借款函约》，以京奉铁路余利为担保。此款用作湖广铁路湘鄂局订购机车十二辆、货车九十辆及就地各项开支。

1920年元月，继山东学潮之后，相继在天津、北京又发生声势浩大的学潮。起因是学生抵制日货，遭到当地军警的镇压。31日，北京各校学生万余人冒雪游行示威，2月5日，曾毓隽、徐树铮、王怀庆、吴炳湘及日本有关官员等在北池子日人大仓宅开会，共同决定严厉取消学潮，当晚将所捕去学生四十三人移交卫戍司令部收押，不允许亲友探望。

直皖战争前夕，徐世昌为寻求避战之法，电召张作霖、曹锟、李纯入都磋商。6月8日，安福系骨干在太平湖集会，讨论上海和会及应付徐世昌的办法。曾毓隽在奉天会馆大兴土木，粉饰一新，准备做张作霖的行馆。在张抵京之日，安福系主要成员于曾毓隽宅内会议，决定以副总统一席为交换张作霖严守中立的条件，方有战胜直系的把握。但张对皖系的感情态度冷漠，对6月20日徐树铮拜会托故不见，更未住进奉天会馆，而是下榻于奉军司令部，使曾毓隽和徐树铮甚为难堪。6月22日，张作霖抵达保定，受到曹锟热情款待，吴佩孚及苏、鲁、赣、豫等七省代表为张设宴接风，席间讨论时局，提出五项条件，其中就有解散安福系、罢免安福籍三总长等内容，请张作霖带回北京。

为筹措战费，曾毓隽以京绥铁路为抵押，向日本借款五百万元，后因英、美干涉作罢。旋又向日本三井洋行借款一百万元，为边防军开拔费。直、皖两派之争经张作霖入京调停，段初愿让步，嗣因曾毓隽不得其位，对此巨款无法报销，乃立主筹措战费，怂恿徐树铮备战。直皖交兵，曾毓隽遂饬京汉、京奉各路尽其所有，立即解京。因之，曾之罪不亚于段、徐。直皖战后，直、奉两系控制了北京政权。7月29日，徐世昌下令通缉安福系祸首，徐树铮、曾毓隽等十人分别褫夺勋位官职。曾先后躲入日本驻华公使馆、天津日租界，最后流亡日本，其财产被抄，损失甚巨，但所剩仍很可观，据不完全统计，曾的各种私产折合计三百万元。一年后通缉令取消，曾毓隽一度意志消沉，暂时离开政界。

曾毓隽销声匿迹有年，忽于1923年1月13日入奉会见张作霖，段祺瑞的姻亲吴光新同行。1924年秋,在鏖战的直奉大战中,直系将领冯玉祥发动北京政变,使直系迅速溃败而结束战事。北方实现了段祺瑞、张作霖、冯玉祥三派联合而又互相猜忌争夺的局面。冯玉祥受革命潮流影响,电邀孙中山北上商讨和主持解决时局问题。孙中山应邀北上,但行抵途中,北京已成立了以段祺瑞为首的临时执政府,冯玉祥一派渐被排斥。其时,段之左右多以为段任执政是皖系东山再起的好机会,然而曾毓隽对此并不持乐观态度。他认为张、冯、段之联合乃权宜之计,不会持久,段的地位也不会巩固。因此,曾毓隽态度消极,未出任要职,仅挂一总参议虚衔。

曾毓隽与张作霖关系密切,段祺瑞经常派其赴奉与张联络事宜。郭松龄反奉失败后,冯玉祥决定捕逮亲张的曾毓隽,软禁在京畿警备司令部内。后经曾家买通看守,乘换防混乱之机,化装逃出。1926年"三一八"惨案后,段祺瑞执政府陷于全国人民的声讨之中,段祺瑞终于被赶下台,曾毓隽与之同进退,再次随段到天津日租界淡路街乐寿路隐居。曾与段祺瑞、王揖唐、靳云鹏等以研究佛学、吟诗作赋度过时光。

1937年7月全面抗战爆发后,日本人不断威胁利诱曾毓隽去南京组织伪临时政府,曾既不敢回绝,又不甘心附逆当汉奸,乃偷偷潜出,辗转于香港、重庆、昆明、上海等地,最后又回到天津,终未为日伪做事,保持了民族气节。

中华人民共和国成立后,曾毓隽被聘为中央文史研究馆馆员,并加入中国国民党革命委员会,居住在天津市河西区荣华里,安度晚年。1967年,曾毓隽辞世。

## 主要参考资料

韩信夫、姜克夫主编:《中华民国大事记》第1、2册,中国文史出版社1997年版。

章伯锋等主编:《北洋军阀》第1—5卷,武汉出版社1990年版。

章伯锋等主编:《近代稗海》第1—5辑,四川人民出版社1985年版。

李宗一:《袁世凯传》,中华书局1980年版。

《盛京时报》1912—1928年。

《申报》1912—1928年。

# 曾 昭 抡

陈志新

曾昭抡,字隽奇,号叔伟,1899 年 5 月 25 日(清光绪二十五年四月十六日)生于湖南长沙外祖母家。祖籍湖南湘乡荷叶乡万宜堂。是曾国藩二弟曾国潢的曾孙,父亲曾广祚是举人,为江苏候补道台。曾昭抡幼随父服官江南,庭训之余,兼得师传,在私塾数年,打下国学的坚实基础。

1912 年夏,曾昭抡与胞兄曾昭承一起进长沙美国圣公会办的雅各学校,始接触英文及算学。1913 年春,入美国雅礼协会所办的长沙雅礼大学堂预科学习,在校二年学习英文、算学、地理、历史、天文、卫生、化学等科。1915 年,考入清华学校插班生,一年便中等科结业升入高等科。曾于清华就学时,慎行少言,发奋好学,由于他有深厚国学的扎实根基,又学过数、理、化等学科,加之好学不辍,各科成绩总是名列前茅,深得同学的敬佩和老师的喜爱。

经过"五四"爱国运动洗礼的曾昭抡,在 1919 年 5 月 9 日举行的国耻纪念会上,同清华全体同学齐声宣誓:愿牺牲生命以保护中华民国之人民、土地、主权。曾还冒着被捕入狱的危险,参加宣传队,进城宣传抵制日货劝用国货的活动。在新文化运动的推动下,他更加渴求获得新知识,用功益坚。他是校中的长跑运动员,还是《清华周刊》的校对员。他用五年的时间读完了清华中等科四年、高等科四年的课业,于 1920 年修业期满而毕业。

1920 年秋,二十一岁的曾昭抡获得公费,负笈赴美留学,入麻省理工学院习化学工程。用三年时间完成了四年的学业,并完成了题为《有选择性的衍生物在醇类、酚类、胺类及硫醇类鉴定中的应用》的有机化学研究方面的博士论文,并于 1926 年 6 月获得博士学位。他的研究成果得到导师的重视,导师希望其留在美国工作。曾回答:我很热爱母校,但更热爱我的祖国。遂毅然回国。

1926 年曾昭抡抵达上海,不久南下广州,进兵工试验厂当技师,然非其素志,遂辞职北返。1927 年夏,到南京中央大学化学系任教授,讲授有机化学和化学工程等课程,后兼任化学系主任。他倡导教学与科学研究相结合,使中央大学化学研究有了良好的开端。

1931 年夏,曾昭抡受聘为北京大学化学系教授兼系主任,在其主持下北大化学系扩建了四个实验室,对原设备进行改装,增添了许多新的仪器设备和药品。同时充实了图书资料,改进教学方法,教学中努力汲取国内外科学技术的新成果,提倡教学与科研相结合,重视培养学生的实验技能和独立思考的能力。经过几年的努力,北大化学系发生了显著的变化。

曾昭抡在北大化学系先后讲过普通化学、有机化学、物理化学、有机合成、有机分析、杂环化学、炸药化学等课程。曾于每门课程开讲之前,先着手改革旧教材,重新编写讲义,使其讲课内容充实,也深受学生欢迎。他严格要求学生,规定做毕业论文的制度,培养学生运用所学知识,联系实际、独立工作的能力。曾昭抡是中国化学界最早提倡学校搞科学研究的创始人之一,也是中国化学科学研究的开拓者之一。他执教北大化学系期间,发表科学论文五十多篇,其中有的研究成果为国际化学界所采用。

曾昭抡在北大任教期间,不但教学与科学研究名扬海内外,在一些学术团体活动中也极有影响。他参加过中国科学社、中国化学会、中国化学工程学会和美国化学会等国内外学术团体,尤其对中国化学会的创建与发展贡献极大。中国化学会 1932 年 8 月在南京成立,曾是该学会主要发起人之一。后来多次当选该会会长、常务理事。在第一次理事会上被推为《中国化学会会志》总编辑。该会志是我国最早的化学期刊之一，他把我国当时化学研究新成果，用英、德、法等文字公布于世，受到各国化学家的重视，促进我国化学研究同国际学术界的交流。中国科学社等学术团体于1935年8月联合召开年会，曾昭抡以化学会代表的身份出席大会，并当选为主席团成员。他在会上作了题为《中国化学会与中国化学之进展》的报告，报告精辟地分析和总结了中国化学会的成立、发展及其在中国学术史上所处的重要地位。1936年9月他发表了《中国化学会前途展望》一文，文中阐明了经营中国化学会和办好《中国化学会会志》的指导思想。

这期间曾昭抡还担任《科学》、《化学》和《化学工程》等学术刊物的编辑委员，他还是美国《化学文摘》杂志的摘要人，为这些刊物写过大量文章。他热心向同行介绍中外化学科学发展与现状以促进中国化学科学研究之发展。他撰写的《有机化学百年进展状况》、《二十年来中国化学之进展》、《中国化学之研究》、《最近有机化学之进展》、《中国有机化学之研究》等文章，帮助国内化学界了解国内外化学科学研究进展的动向，促进中国化学研究和化学知识的普及。

"一二九"运动后，北大当局禁止学生参加抗日救亡活动，但1936年4月，北大以民先队员为骨干成立女子同学会，开展抗日救亡运动。曾昭抡等著名教授到会祝贺，并发表热情洋溢的演说。同年5月4日，北大禁止学生举行纪念五四运动十七周年的活动，同学们就采用师生联合纪念的办法，邀请曾昭抡、周炳琳、许德珩等教授一起到会讲演。曾昭抡等教授把当年五四运动中提出的"外争国权，内除国贼"的口号联系起来，无不感慨地说：在今天纪念"五四"，就要反对日本帝国主义，就要消灭汉奸！

1936年11月中旬，曾昭抡在《清华周刊》上发表《国难与逃难》一文，讽刺抨击国民政府的不抵抗主义和逃跑主义。文章称："九一八"之后，"一二八"的淞沪战争发生了，上海的居民，搬箱倒柜地从华界搬进租界，堂堂政府马上打着"长期抵抗"的口号，把首都从南京迁到当时所谓安全地带的洛阳。同时日本人在下关开了几炮,吓得留守南京的官吏纷纷逃往沪杭,这次的经验,充分地表现了我国上下一致的逃难精神。接着曾寓意深远地说:“现在我们的国运,就像在水灾前夕一样。遇着洪水来临的时候,我们都知道,若是大家不管,一起逃跑,结果非大家淹死不可。若是大家齐心合力,把决口堵住,那便是大家都可获救。即令一切的努力失败,结果也不过和大家不管一样。在这困难的当头,我想有一件学生们应该做的事情,就是每人努力去劝服自己的家属、亲戚、朋友,叫他们千万不可逃难,因为国家亡了,逃也没有用的。”

时绥远傅作义将军率部抗击日伪军的入侵,消息传到北平,曾昭抡受北大全校师生的委托率领北大师生劳军代表团,于 12 月 1 日离平赴绥远前线慰问。代表团一行七人抵达归绥时受到傅作义将军及驻军官兵热情欢迎。曾等一行在前线阵地参观后,在归绥军举行的集会上代表师生向前线抗敌军民致慰问词,并将大批慰问信及慰劳品送到官兵手中。曾于前线慰问、调查时,发现士兵及当地民众对日寇将使用毒气及烟雾的传说十分惊恐,为安定军民之心以利抗战,他应邀为当地军民作了八场有关毒气及防毒知识讲演,使军民消除了对毒气恐惧的心理,增长了防毒知识和能力。

1937 年 7 月,全民族抗战开始,北大、南开、清华三校南迁长沙,组成长沙临时大学,曾昭抡在临时大学任教。随着日寇侵略魔爪伸向长沙,临时大学决定南迁昆明。由于当时交通运输困难,仅有教师和少数学生乘火车去广州,取道香港,经越南入滇。多数学生和曾昭抡等少数几位教师组成湘黔滇旅行团徒步前往。曾是旅行团指导委员之一,于 1938 年 2 月 20 日,与学生们由长沙出发,一起跋山涉水,他们于沿途战胜了各种艰险,接触到许多劳苦大众,进行了社会调查。曾昭抡还兴致勃勃地写下了旅行日记,祖国秀美山川,民众的苦难,使曾百感交集,为其后来投身民主运动奠定了思想基础。旅行团历时六十八天,行程三千五百华里,于 4 月 28 日抵达昆明。

临时大学在昆明易名为国立西南联合大学,曾昭抡继续于化学系任教。他在教学之余，对抗战前途的发展非常关心，拒绝亲朋援引到国民党政府任职，在中共地下组织的帮助下，毅然投身到民主革命运动洪流之中。1940 年 9 月，他在一次题为《国内形势和中国抗战的前途》的讲演中，坚信日寇绝不能征服中国，抗战必定取得最后胜利，他的讲演给听众极大鼓舞。1944 年，曾昭抡加入中国民主同盟，并任该组织中央执行委员。他非常关心世界反法西斯形势的发展，《民主周刊》上几乎每期都有他的《一周时事评论》，分析评论欧洲战场的形势，充满了反法西斯战争的必胜信心和对法西斯的痛恨。然而曾的言行为国民党特务所不容，他的名字被列入特务的黑名单中。

抗战胜利后，西南联大解散，北大、清华、南开复员平津。曾昭抡受北大委派先期赴平，办理复校事宜。他于北平边接收校产边任课临大补习班。北大复校后，他仍执教化学系并担任系主任工作，讲授普通化学等课程。1947 年，曾昭抡作为中国代表被派驻联合国原子能委员会。期间，他考察了美国原子能科学技术的发展，还应英国文化委员会之邀到英国进行访问、讲学。1948 年初，曾偕夫人俞大絪归国，暂居香港。时年，曾昭抡当选为中研院第一届院士。

曾昭抡虽身居香港，远离北大，但仍关注平津各校师生反迫害斗争。1948 年 5 月他同郭沫若、何香凝、萨空了、谭平山、柳亚子等一百三十六位在港民主人士联名发表了《港九民主人士给平津各校教授、同学和工友的一封信》，向平津的爱国生伸出援助之手。1949 年 9 月，曾昭抡出席了中国人民政治协商会议第一届会体会议，共商建国大计。10 月，中华人民共和国诞生，他任北大教务长兼化学系主任，组织制订了新的教学计划。

1950 年 5 月，政务院文化教育委员会设立全国学术名词统一工作委员会，曾昭抡任化学名词审查小组召集人，制订出《化学物质命名原则》，审定了《化学名词草案》。8 月，曾当选为全国科联副主席。1951 年，他任教育部副部长兼高等教育司司长，1953 年至 1957 年担任高等教育部副部长，主管全国理工科大学和综合性大学，为提高我国高等教育的质量和高等教育事业的发展做了大量工作。1954 年他当选为第一届全国人民代表大会代表，1955 年被聘为中国科学院数理化学部委员，并兼任中国科学院化学研究所所长和全国高分子委员会主任，对化学研究所的创建和发展奠定了基础。

1957 年，曾昭抡会同民盟科学规划组的费孝通、童第周、千家驹、华罗庚、钱伟长等著名学者向国务院科学规划委员会提交《对于有关我国科学体制问题的几点意见》而被错划为“右派”，受到撤职降级处分。1958 年 4 月，应武汉大学校长李达之邀，曾昭抡到武汉大学化学系任教，并在武大化学系成立元素有机化学教研室，先后建立起有机硅、有机磷、有机氟、有机硼和元素高分子等科研组，参加并指导这些领域的研究工作。1967 年 12 月 8 日，因患癌症和非典型白血病去世。

1980 年 5 月中共中央做出了 1957 年曾昭抡等起草的《对于有关我国科学体制问题的几点意见》是对党对国家有益的建议的结论。1981 年 3 月经中共中央批准，教育部为曾进行平反昭雪，并在八宝山革命公墓为他举行追悼会。

## 主要参考资料

《清华周刊》第 45 卷第 3 期(1936 年 11 月 15 日)。

《燕京新闻》第 13 卷第 17 期(1947 年 3 月 17 日)。

《清华旬刊》第 9、10 期(1948 年 5 月 28 日)。

彭庆、刘维权编著:《中国民主党派历史人物》，北京燕山出版社 1992 年版。

清华大学校史研究室编:《清华人物志》第 2 辑，清华大学出版社 1992 年版。

王治浩、邢润川:《知名学者、化学家曾昭抡》，《化学通报》1980 年第 9 期。

# 曾 昭 燏

倪 波 沈道初

曾昭燏，湖南湘乡人，1909年2月1日（清宣统元年正月十一日）生。她的曾祖父是曾国藩的二弟曾国潢，父亲曾广祚为举人，晚年患有精神病。母亲陈季瑛读过古籍，会琴棋书画，还会医疗，教育子女甚力。曾昭燏兄妹七人，后来全都受到高等教育。曾昭燏和二妹曾昭懿①终身未嫁，俩人一起生活，融洽相处。她和二哥、著名教授曾昭抡亦关系密切。

曾昭燏出生在地主家庭，但她出生后不久，家道就开始中落。1923年，曾昭燏入长沙艺芳中学读书，六年后考入南京中央大学，先在国文系学习，后转外文系直到毕业。她学习成绩优异，获得古文学家、书法家胡小石教授的器重和培养，常得到胡的亲口传授，后还搬到胡家寄居三年，在胡的直接指导下发愤学习，专心致志地研究文学、古文字学、考古学。1933年，她以优异的成绩结束了大学的学业，到金陵大学附中执教。

曾昭燏的青年时代，正是社会上的妇女谋求个性解放、民主自由的时期。曾昭燏那时意识到，妇女要有和男子一样的社会平等地位，首先要在经济上独立，要不依附于男子。当时，在一些具有一定文化水平的妇女中流传一种看法：结婚就是女子的坟墓，结婚就会葬送了一生。曾

① 曾昭懿是全国著名妇科医师林巧稚的学生，北京医生学校校长，在北京从事医务、教学工作多年，晚年至南京任鼓楼医院妇科医生，与曾昭燏一起生活。

昭燏也认为不少女子结婚后整天忙于家务,埋没了她们的聪明才智。为了自己向往的事业,她决心不结婚。

1935年,曾昭燏怀着对考古学的极大兴致和求知欲,跟从曾昭抡自费到英国留学。留学期间,她十分珍惜时间,除了在学习时刻苦钻研外,假期就到各地去参观博物馆,广开眼界,增进知识。旅行时为了不影响白天的学习时间,总是乘夜车赶路,在车上睡眠休息。她一进图书馆,常常连午饭也顾不上吃。1937年,她在伦敦大学研究院宣读论述古文字意义的论文,受到科学家们的重视和赞扬,获得考古学硕士学位,并担任助教①。不久她又去德国柏林国家博物院实习十个月、慕尼黑博物院实习两个月。

抗日战争的烽火燃遍神州大地,曾昭燏身在海外,心念祖国,于1938年9月从法国马赛登船归国。归来时正遇武汉沦陷,她感到对日本侵略无能为力,心绪甚为悲观。但想到要利用所学知识来救国和要为祖国的考古事业作出贡献时,她毅然参加了云南大理②和四川彭山的考古发掘工作,整理和编写了彭山考古发掘报告(石印稿本)。她在自己周围聚集起一支生气勃勃的科学工作者队伍,到野外去发掘并加以研究探讨,直至1940年6月。这期间,她不知疲倦地实地发掘,查阅文献,几乎每天都是通宵达旦。后到昆明和重庆附近的李庄,任中央博物院筹备处专门委员。1941年2月起,她任中央博物院代理总干事、代理主任等职。1943年,她在重庆主持举办石器铜器展览会,充分显示祖国悠久文化,激发观众爱国热忱。嗣后,她将展览的石器铜器绘制成图片,运到印度扶轮社展览,与古代印度的文明媲美,受到印度和国际学术界的重视和赞赏。

---

① 伦敦大学的考古讲座,在当时蜚声世界。我国著名的历史学家向达、考古学家夏鼐,都是曾昭燏在伦敦大学的先后同学。

② 云南大理的考古工作由著名考古学家吴金鼎主持,这是抗战时期我国考古工作者所作的极少的几次考古发掘工作之一,对于云南洱海地区的远古文化及大理国文化的研究,具有开创性的功绩。

抗战胜利后，曾昭燏参加了战时文物损失清理委员会、战区文物保存委员会及敌伪文物统一分配委员会等组织的工作。她任中央博物院筹备处代主任，主持中央博物院的工作。1946 年和 1948 年，她多次主持举办文物展览会。1948 年，她参加联合国博物馆协会，成为当时中国在该协会的九名会员之一。

中华人民共和国成立后，曾昭燏更加努力于祖国的考古学专业。1949 年南京博物院成立，她先被任命为副院长，1952 年 2 月起任院长。她还兼任华东文物工作队队长、治淮文物工作队队长、南京文物保管委员会副主任。1950 年至 1951 年，她领导考古工作者在江苏江宁牛首山附近发掘了五代南唐李昇永陵和李璟顺陵。这是解放后第一次发掘帝王陵墓，不仅出土许多重要文物，还为后来北京发掘明定陵提供了宝贵经验。她重视对考古人才的培养，亲自在"中央考古训练班"讲课，并到南京大学历史系讲授《考古学通论》和《秦汉考古学》等课程。

曾昭燏还兼任江苏省社联副主席、江苏省妇联执委、江苏省暨南京市对外友协理事、中国考古学会筹备会理事、《文物》和《江海学刊》编委、江苏省历史学会副会长等职，被选为南京市各界人民代表会议代表、江苏省人大代表、第二届全国政协委员、第四届全国人大代表。

曾昭燏的主要著作有：在英国伦敦大学时写的《中国铜器铭文与花纹》，在德国国家博物院期间写的《论周至汉之首饰制度》，以及《大理发掘工作报告》、《云南苍洱境考古报告》（与吴多鼎、王介比合写）、《南唐二陵发掘简略报告》（和张彬合著，载《科学通报》第 2 卷第 5 期）和《南唐二陵发掘报告》（主论，文物出版社 1957 年版）、《沂南古画像石古墓年代的讨论》（载《考古通讯》1958 年第 5 期）、《关于沂南画像石古墓发掘报告》（南京博物院、山东省文物管理处合编）、《关于沂南画像石墓中画像的题材和意义》（载《考古》1959 年第 5 期）、《试论湖熟文化》、《古代江苏历史上的两个问题》（和尹焕章合著）等。

1964 年 12 月 23 日，曾昭燏因精神病和高血压症于南京去世。

# 詹大悲

徐玉珍

詹大悲，名培翰，又名翰，字质存，湖北蕲春人。1887 年 8 月 3 日（清光绪十三年六月十四日）生。其父詹竹亭是个秀才，在本村任塾师。詹大悲七岁随父读书，后又从人兼习数理一类课程。1907 年以第一名考入黄州府中学堂，在校受到了革命思想的影响。他和同学宛思演、梅宝玑、方子樵、何亚新等人一起组织证人学会，在同学中发展会员，传播革命思想。

1908 年，詹大悲获悉学校当局因他宣传革命，将要开除他的学籍，于是离开黄州到了汉口。起初，他想在汉口办报，因经费不足而作罢。后宛思演接办汉口《商务报》，詹被聘为主笔，这是武汉地区最早的革命报纸。1909 年冬，詹大悲和刘复基等以访员身份前往天门、潜江，通过该地驻防新军中的革命党人，与革命团体群治学社取得了联系。从此，《商务报》成了群治学社的机关报。

1910 年夏，由于群治学社的暴露，《商务报》受牵连而停刊。12 月 14 日，梅宝玑等人创刊《大江白话报》于汉口歆生路，胡为霖任经理，詹大悲任主笔。未几，汉口发生英国水兵无故殴毙人力车夫事件，群情激愤。詹在报上对英国侵略者的暴行大加揭露和谴责，英领事对此极表不满。胡为霖的父亲惧祸，召胡为霖归家，《大江白话报》停刊。詹大悲遂另筹三千元自兼经理，并改名《大江报》，于 1911 年 1 月 3 日继续刊行。

这时，群治学社已改名为振武学社，由蒋翊武主持社务。但因多次遭受新军协统黎元洪的破坏，社务几陷于停顿。蒋翊武乃邀詹大悲、刘复基等人密商办法，决定联络益智社、神州学社等革命小团体，成立“文学社”，詹被推为文学社简章的起草人。1911年1月30日，文学社在武昌召开成立大会，詹被选为文书部长。《大江报》遂成为文学社的机关报。

同年5月，湘、鄂、川、粤人民掀起保路运动，7月26日，詹在《大江报》上刊出黄侃（署名“奇谈”）所作《大乱者救中国之妙药也》一文，号召“爱国之志士”、“救国之健儿”暂起进行“极烈之改革”①，击中了清政府的要害。8月1日晚，《大江报》遭到湖广总督瑞澂的查禁，詹大悲被捕。在法庭上，他怒斥清政府将云南片马拱手让人，“丧权辱国，莫此为甚”②，并承担《大江报》所发文章的一切责任，被判处一年半徒刑。

武昌起义汉口光复后，詹大悲被迎出狱。10月14日，汉口军政分府成立，詹受命为主任③兼管军事处。但没过几天，湖北军政府黎元洪等人“恐其权过重，功过高，有尾大不掉之虑，乃决意取消军政分府，改为驻汉鄂军支部，仍以詹为支部长”④。25日，黎委张景良为汉口前敌临时总指挥，剥夺了詹大悲的军事指挥权。当时，清军冯国璋部正猛攻汉口，张景良非但不督战，反于27日下午“突焚粮台”⑤，在后方策应清军，结果全军动摇，兵退大智门。詹大悲依军民所请，立斩张景良，但已无法挽回败局。31日汉口失守。詹鉴于黎元洪等的猜忌，乃忍痛东走九江、上海。

1912年2月，南北和议告成，袁世凯继任临时大总统。当时，不少

① 刘望龄：《革命的号角——大江报》，《新闻研究资料》1980年第5辑，第89页。

② 刘望龄：《革命的号角——大江报》，《新闻研究资料》1980年第5辑，第89页。

③ 张难先：《湖北革命知之录》，上海商务印书馆1946年版，第317页。

④ 胡石庵：《湖北革命实见记》第一册，武昌大汉报社1912年版，第100页。

⑤ 蔡寄鸥遗著：《鄂州血史》，上海龙门联合书局1958年版，第123页。

下层革命党人对此深为不满，詹大悲认为这“无异授贼以刃”①，欲办《亚东日报》以唤醒人心，但因经费筹措不易，未能如愿。次年春，詹回到汉口任国民党汉口交通部长，并当选为省议会议员。

“宋案”以后，詹大悲支持孙中山的兴师讨袁主张，并联络原文学社社员杨王鹏、王宪章、温楚珩等密谋在汉首先发难，议定由“詹、杨等担任鄂西、鄂北军事，蔡济民秘谋内应”②。不幸事被黎元洪侦破，詹在黎的追捕下乘日舰逃离汉口。“二次革命”期间，他先后在江西和南京赞助李烈钧和黄兴的讨袁军事活动。失败后，遭袁世凯通缉，亡命日本。

1914 年 7 月，孙中山在日本改组国民党为中华革命党，继续进行反袁斗争。詹大悲首批入党，并奉孙中山之命，与王宪章等回上海策划起义。但由于计划泄露，王宪章惨遭杀害。詹侥幸逃脱，再赴日本。次年 12 月，护国战争爆发，詹大悲回国，准备去湖北策动讨袁起义，刚抵上海，即被新闻捕房以所谓“私造湖北官钱局伪票”的罪名逮捕，直到袁世凯死后才获释。

1917 年 7 月，詹大悲南下广州参加孙中山领导的护法运动。9 月，被派往四川从事争取川军的工作。1918 年 5 月，孙中山受桂系军阀排挤辞职离粤。詹也离开广州。直到 1920 年 11 月，粤军陈炯明逐走桂军，孙中山重返广州后，他才又返粤协助孙重组军政府。1921 年 12 月，孙中山在桂林组织大本营，准备北伐。詹任大本营宣传员，并受孙的指派二次进川，联络川军共同北伐。1922 年 6 月 16 日，陈炯明叛变，詹追随孙中山避难永丰舰五十多天。次年奉孙之命赴泉州，与何成濬共商讨伐陈炯明事宜。

1924 年 1 月，詹大悲受孙中山指派，以湖北代表身份出席中国国民党第一次全国代表大会。他积极拥护孙中山联俄、联共、扶助农工的

---

① 董必武：《詹大悲事略》，湖南省图书馆藏。

② 潘康时：《潘康时回忆》，《辛亥首义回忆录》第三辑，湖北人民出版社 1958 年 7 月版，第 43—44 页。

三大政策。1925 年 7 月，广州国民政府成立，詹被任为刑事审判委员，因不谙法律辞，改任参事。10 月，广东国民革命军举行第二次东征，詹大悲奉命前往江西，联络方本仁合击陈炯明残部。

1926 年 1 月，詹大悲作为建国鄂军代表出席国民党第二次全国代表大会。会前，他与董必武、吴玉章、邓颖超等联名通电，揭露北洋军阀段祺瑞祸国殃民的罪行，号召国民党全体党员和全国人民“驱逐此帝国主义与军阀之工具，建立统一之国民政府”①。会议期间，他被推为大会政治决议案审查委员和起草人之一。经他参与起草的《第二次全国代表大会政治报告决议文》，肯定了“一大”后两年来的政治工作“确能依总理所指示第一次代表大会所决定之政策进行”，并深望全体党员“仍以继续之努力，完成未竟之工作”②。针对“西山会议派”的非法活动，詹大悲向大会提出了速予纠正居正等解散国民党湖北省党部及汉口特别市党部的议案。大会选举时，他当选为候补中央执行委员。会后，被任命为国民政府驻沪代表。

同年 10 月 10 日，北伐军攻克武昌。詹大悲随军到达武汉，先后任武汉政治分会委员、湖北政务委员会委员兼建设科长、汉口特别市党部执行委员兼组织部长、代理湖北财政厅长等职。不久，湖北省政府成立，他任湖北省政府委员兼财政厅长。1927 年 2 月他又任武汉市政府委员。在“迁都”之争中，詹大悲坚决支持国民党中央政治会议 1926 年 11 月通过的迁都武汉决议，反对蒋介石主张改迁南昌的企图。针对蒋介石的个人独裁，詹主张“把党的职权行使起来”，不能“只看见个人活动，看不见党的活动”③。蒋介石在上海发动“四一二”政变的次日，詹大悲即主持召开汉口特别市党部会议，通过了“通告下级党员一致反帝国主义，反蒋”和“根据蒋介石最近反动事实，再请中央免职查办，并开

① 《中国国民党第二次全国代表大会日刊》第一号，第 7 页。

② 《中国国民党第二次全国代表大会日刊》第十八号，第 6 页。

③ 汉口《民国日报》1927 年 2 月 13 日。

除其党籍”等项决议①。

与此同时，詹积极宣传孙中山的三大政策。5 月 10 日，他在汉口特别市党部执监委联席会议的报告中，指出加强国共两党联合的必要性。他驳斥国民党右派攻击工农革命运动的谰言，指出“因为要摧毁封建的基础，绝不是省政府几个人员的力量所能做到的”，对工农革命运动“不应过于压抑”②。7 月 15 日，武汉的汪精卫集团也叛变革命，但詹仍在汉口特别市党部召集的所属各级党部执监委员联席会上大声疾呼要“加紧农工运动”③。

詹大悲在武汉的言行，深为蒋介石、汪精卫等国民党右派所仇视。9 月 15 日，在南京召开的国民党中央执监委员临时会议，通过了由中央监察委员会审查詹的所谓“附逆嫌疑”的决议。11 月，南京国民政府讨唐(生智)军占领武汉后，詹避入汉口日租界。12 月 17 日，詹被武汉卫戍司令胡宗铎以“共产党首领”和“密谋暴动，希图响应广州”的罪名逮捕④，当夜即遭杀害。

① 汉口《民国日报》1927 年 4 月 14 日。

② 汉口《民国日报》1927 年 6 月 27 日。

③ 汉口《民国日报》1927 年 7 月 2 日。

④ 汉口《民国日报》1927 年 12 月 19、23 日。

# 詹 天 佑

李希泌

詹天佑，字眷诚。原籍安徽婺源（今属江西省）。1861 年 4 月 26 日（清咸丰十一年三月十七日）生于广东南海一个没落的世家。他的曾祖詹万榜是清乾隆年间太学生，因经销茶叶来到广州，遂在广州落户。到他父亲詹兴洪时，詹家开设的茶行因受第二次鸦片战争的影响倒闭了。由于家境中落，詹兴洪把家搬到南海，务农为生。

詹天佑在七八岁时，进塾读书。这时，广东经过两次鸦片战争后，英、法资本主义势力已经侵入，洋货源源从香港输入广东。这使詹天佑有机会接触到资本主义国家生产的工业品和机器。他喜欢玩弄机件，几次把家里的自鸣钟偷偷地拆开来又装上，留心观察机器的构造和各个零部件之间的关系。

1871 年年底，清政府派容闳到香港主持“选送幼童出洋肄业”的招生工作。次年初，詹天佑到香港参加考试，被录取。8 月 11 日，詹天佑等第一批留美幼童自上海起程赴美。詹天佑在美国的小学和中学毕业后，于 1878 年 6 月考入美国耶鲁大学以雪费尔命名的科学学堂，在土木工程系学习铁路工程①。

詹天佑在学习肄业期间，刻苦钻研，成绩优异。他在数学方面是一个成绩最优秀的学生，在大学一、二年级时，曾获得数学奖金。在毕业

① 王金职：《詹天佑生平事略》，《美国土木工程学会会报》第 83 卷（1919—1920）。

考试中，他的考试成绩是全班第一名。他的毕业论文《码头起重机的研究》是一篇很有价值的论文。1881 年 6 月，詹天佑毕业于耶鲁大学。这一年，由于清政府内守旧派对留学生计划的攻讦与破坏，清政府命令容闳把前后派送出洋肄业的四批幼童共 120 名全部撤回，其中仅有詹天佑与欧阳庚二人得到了学士学位。

同年 11 月，詹天佑回国后，被清政府派在福州水师学堂学习驾驶。1882 年 9 月，他以一等第一名在水师学堂毕业。12 月，被派往“扬武”兵轮担任驾驶官，指挥操练。1884 年 6 月，中法战争爆发。8 月 23 日，法国海军在马尾向福建水师发动袭击，中国军舰十一艘、商船十九艘在半小时内均被击毁。詹天佑在“扬武”兵轮上和他的战友们奋不顾身与敌作战，表现了无比的沉着与英勇。詹天佑随后被调任福州船政局任学堂教习，教授英文和驾驶等课程。不久，两广总督张之洞调他去广州，任博学馆洋文教习，并兼任测绘海图的工作。在一年内，他用西洋测绘方法绘成了一幅中国沿海形势图。后来，博学馆改为水陆师学堂，詹天佑在水陆师学堂继续任洋文教习。

1888 年，詹天佑通过他的留美同学邝孙谋的推荐，到中国铁路公司任工程师，这才开始献身于中国的铁路事业。这时，帝国主义国家贪婪地掠夺我国的领土和主权，其中包括铁路的筑路权。中国铁路公司是在外国殖民者控制下“官督商办”的洋务企业之一，公司里的外国工程师不把中国工程技术人员放在眼里。詹天佑愤愤不平，他决心要用中国人的技术力量来修建中国的铁路。他先是参加修建天津到山海关的津榆铁路。当工程进展到滦河时，需要架一座横跨滦河的大铁桥。英、日、德三国的工程师打桩都失败了。詹天佑认真分析了外国工程师用过的各种打桩方法，仔细研究了滦河河床的地质土壤情况，经过缜密的测量与调查，决定改变桥桩的地点，采用中国传统的方法，配合机器进行打桩，终于顺利地奠定了稳固的桥基，完成了滦河铁桥的全部工程。1894 年，英国工程研究会通知詹天佑，他被选为该会会员。

1900 年，八国联军侵入中国，詹天佑多年努力修建的山海关外铁路工程被迫停工，他被调任萍(乡)醴(陵)铁路的工程师。一年后，又调回参加收回被美、俄两国侵占的关内外铁路的工作。詹天佑“胼手胝足，沐风栉雨”，“在事异常出力”①。

1902年秋，詹天佑被派任新易铁路的总工程师。这是袁世凯献媚于西太后，为便利她去西陵祭祀而决定修建的。该线从高碑店至西陵，是京汉铁路支线，总长四十五公里，限于六个月内完工，不能贻误第二年春天祭陵的日期。这是中国工程师自修铁路的开端。詹天佑接受了这项工程任务后，经过周密计划，率领全体工程人员努力修建。他每天工作十五小时，有时通宵工作，结果提前两个月便全线完工通车，曾受到西太后和袁世凯的赏识。

1905年，詹天佑被派任京张铁路总工程师兼会办，总办为官僚陈昭常。一年后陈调任吉林殖边督办，詹天佑升任总办。詹天佑主持修建京张铁路，首先致力于测线与选线的工作。为了寻找一条比较理想的线路，詹天佑亲自背着标杆和经纬仪，在峭壁上精心测量，定点制图。他还时常骑着小毛驴四处访问老农，征求他们对线路的意见。他白天翻山越岭，晚上住在老乡家里，伏在油盏下绘图设计。他勉励和他一起工作的人员，一定要认真对待选线工作，不能丝毫马虎。他们一共测了三条线，最后选定了通过关沟的这条线路。它比外国工程师所选路线在隧道工程上可减少两千多米。

詹天佑把全路工程分为三段。1906年1月6日，开始从丰台铺轨。事先有人认为京张铁路要通过关沟，以铺用窄轨为宜。詹天佑不同意，坚持使用1.435米的标准轨距。他说：中国真正统一要从铁路的轨距划一开始。在丰台铺轨的第一天，工程列车中两节车厢间的车钩链子突然折断，造成事故。这次事故提醒了詹天佑：不仅要有坚固的路基和标准的轨距，还要使列车的各车厢紧紧地联结在一起，特别是爬向

① 袁世凯、胡燏棻：《山海关内外铁路告竣援案请奖在事中外各员片》，转引自徐启恒、李希泌《詹天佑和中国铁路》，上海人民出版社1978年版，第37页。

高地或自高地下降，都必须十分安全。他引进和使用了自动挂钩，使十几节车厢牢固地结合成一个整体，这种自动挂钩有效地保证了行车安全，被人们称之为“詹天佑钩”。第一段工程不到一年就竣工通车了。

第二段工程是京张铁路中最艰巨的一段工程，其中主要是居庸关和八达岭两个隧道的工程。詹天佑根据两个隧道不同的地层结构和长度，决定对较短的居庸关隧道采用两端对凿的方法，对长达 1091 米的八达岭隧道，除两端对凿以外，在中间开一竖井，向两头开凿，均获得成功。由于八达岭附近地势险、坡度大，詹天佑决定不采用通常的螺旋式的线路，而是从青龙桥起，依着山腰作“之”字形的线路。列车到了这里，改用大马力机车从后面推列车前进；到“之”字的交叉点时，再加用一台机车在前面把列车往上拉。车厢原在前头的，换方向后就改在后尾，不用调拨，比较方便。同时，每节车厢之间都改用自动挂钩，十几节车厢就联结成一个牢固的整体，在大马力机车的牵引下，列车就可以顺利地爬上八达岭的岭巅。这是詹天佑在铁路工程上一个创造性的设计。

京张铁路在 1909 年 7 月 4 日完成全线铺轨工程，9 月 24 日全线通车。10 月 2 日，在南口举行盛大通车典礼，庆祝中国自建的第一条铁路的胜利通车。这条原来计划需要六年才能修成的铁路，四年就完工了，工程费用比预算节约了二十八万多两银子。京张铁路的建成使詹天佑名噪中外。为表彰他的功绩，清政府授以工科进士衔。

京张铁路通车以后，詹天佑曾计划将其向西延展至绥远(今内蒙古呼和浩特市)，以沟通西北。可是库藏空虚，于是发行张绥铁路公债券，以募集路款。詹天佑用他自己连同他子女的积蓄带头购买了张绥路公债券，渴望我国铁道事业能日益发展。

1909 年秋，詹天佑去宜昌任商办四川省川汉铁路有限公司之川路宜(昌)万(县)工程总工程师，主持路线的勘定工作。1910 年，詹天佑应商办广东省粤汉铁路总公司的聘请，就任粤路总理。这时，川、湘、鄂、粤等省发生保路运动，他对此是大力支持的。他到粤路后，几个月内,就将行车、购地、储料及筑路等事项逐一整理,有条不紊。辛亥革命期间,他努力使列车照常运行,保护铁路财产不受损失。1912 年 5 月,他到汉口就任粤汉铁路会办。

这时,孙中山已辞去中华民国临时大总统职务让位于袁世凯,宣言要在十年内建筑十万公里大铁路,袁世凯虚伪表示"推诚接受",特授孙中山"筹划全国铁路全权",并特任黄兴为汉粤川铁路督办,詹天佑被任为该路会办。孙中山邀约詹天佑协助他制订修建十万公里大铁路的计划。不久,讨伐袁世凯的"二次革命"失败,孙中山、黄兴亡命日本。

1914 年,詹天佑继任汉粤川铁路督办,而用人权、财产权及经营管理权都受制于帝国主义银行团派来的外国工程师,但在他坚持不懈的努力下,终于在 1918 年 9 月 16 日建成了全线中的武(昌)长(沙)段并通了车。

1919 年初,詹天佑以交通部技监与汉粤川铁路督办的身份,被北洋政府派往哈尔滨,任美、英、法、日等国组成的所谓监管西伯利亚铁路及中东铁路特别委员会技术部的中国代表,参加技术部会议。4 月 15 日,詹因病请假回汉口治疗,24 日病逝。中华工程师学会为表彰他修建京张铁路的功绩,捐资在青龙桥车站建立詹天佑的铜像,以志纪念。

詹天佑在 1912 年夏曾将年初成立的"中华工程师学会"、"中华铁路工同人共济会"与"中华工程师会"三个团体合并组成"中华工程师会",设事务所于汉口。詹天佑被选为会长。1913 年改名为"中华工程师学会"。该会在团结全国工程技术人员和推动中国科学事业的发展等方面,都起了一定的作用。该会刊行《中华工程师学会会报》,以交流技术经验,并出版了詹天佑所编《京张铁路工程纪要》、《京张铁路标准图》与《华英工学字汇》等书。1916 年 9 月,詹天佑捐资在北京西单报子街购买该会永久会所,该会遂从汉口迁至北京。

# 张百麟

周春元

张百麟，字石麒，1878 年（清光绪四年）生①。原籍湖南长沙。父张翰宦游至黔，历任贵州安龙县坡脚与贞丰县百层厘金总办、开州（今开阳县）知州。

张百麟十五岁为贵阳府诸生。他性情豪爽，怀有大志，喜爱交游，常接近秘密会党，受反清思想影响。至十八九岁始发愤读书，涉猎儒家经典、佛老学说以及兵刑等书，嗣拜湖南同乡吴嘉瑞为师，研究新学。二十四岁时，其父死于任所，张百麟至贵阳，阅读翻译法政书籍及《民报》、《复报》、《云南》、《四川》等杂志，思想日益激进，逐渐由信仰维新发展为主张民主革命，约蒲藏锋、陈守廉、钟振玉等发起组织自新学社，暗地开始革命活动。

1907 年，张百麟考入贵州法政学堂，结识了一些思想进步的教员和同学。他们在自新学社的基础上，于 12 月成立自治学社，其宗旨是："凡个人自治、地方自治、国家自治之学理，皆当次第研究之。同人认定个人自治为单位，务期人人有道德智识，养成善良品行，造就完全人格，

① 根据贵州法政学堂在清光绪三十三年六月上报学生名册（贵州省档案馆藏）载，张百麟时是二十九岁，应是清光绪四年生。又据胡刚（寿山）《自治学社与哥老会》（中国人民政治协商会议全国委员会文史资料研究委员会编《辛亥革命回忆录》（三），中华书局 1962 年版）一文，说张百麟在清光绪二十八年是二十三岁，应是清光绪五年生。本文以名册为准。

以赞助地方自治之实行，达国家自治之希望。"①选张鸿藻（安龙人，留日学生）为社长，张百麟负实际责任。自治学社的活动分两部分：一为干部会，又名政交部，是主管议事的决策机构，由《黔报》主笔周培艺（又名周素园）任主席；一为社务部，主管行政，即发展组织、宣传、联络等工作，由张百麟负责。

自治学社成立后，张百麟放弃学业，专心工作。他常在《黔报》上撰文，以扩大影响。文章极富鼓动性，而且千言立就，不加修饰。他还公开演说，讲外侮形势，唤起民众挽救危亡。组织发展方面，也取得很大进展，社员日渐增加。各县成立分社五十多个，社员有三万多名。彭述文等组织的科学会，也是暗中宣传革命的科学团体，集体加入自治学社。彭并将自治学社的情况写信告诉日本东京同盟会贵州分会会长平刚，经孙中山批准，自治学社由同盟会领导。

1909 年，自治学社社长张鸿藻辞职，适逢留日学生钟昌祚回到贵阳，被推为社长，朱焯、龚文柱二人为副社长，实际责任仍由张百麟继续承担。

张百麟除负责编印《自治杂志》外，并筹办《西南日报》，以团结西南各省人士，促进川、滇、黔的革命。他集银二千五百余两，派人赴沪购得印报机，聘杨寿篯为主笔，用别名张景福向政府备案，于 6 月出版发行。

自《西南日报》出刊后，以唐尔镛、任可澄为首的贵州宪政预备会（习称宪政党）就以《贵州公报》和《黔报》为阵地，与自治学社展开论争。宪政党为了压制自治学社，打击张百麟、周培艺等，以密谋革命罪加以陷害。唐尔镛并游说旅京的黔籍人士，函请黔籍的直隶总督陈夔龙谋害张百麟。陈转托即将赴任的云贵总督李经羲将张逮捕法办。宪政党又派人在李赴任的途中，控告张百麟等图谋不轨。自治学社得知后，立即召开紧急会议讨论对策，多数主张暂避，免遭毒手。张认为这样正中

① 周素园：《贵州民党痛史》，中国史学会编《中国近代史资料丛刊·辛亥革命》（六），上海人民出版社 1957 年版，第 464 页。

宪政党之计，无异证明自治学社是革命党，还可能株连其他社员，决定静观动向。同年秋，李经羲到贵阳后，多方讯问，皆告以两党相争，未闻密谋革命。张百麟连夜写万言书，大胆求见。李认为张是个人才，未予加害，并向巡抚庞鸿书推荐。1910 年 8 月，贵州谘议局第一次大会上，张百麟被选为议员（议员共三十九人，自治学社占三十三名）。张并任审判厅筹办处科长，兼提法公所科长、禁烟局文案等差使①。

辛亥武昌首义，自治学社获悉后，急谋响应。张百麟与周培艺等分别派人联络会党、新军、巡防营和陆军小学学生。他们一面筹划组织乡兵，吸收会党分子编练成军，准备发动；但同时又希望与宪政预备会分子谋取妥协，避免流血。云南独立消息传来，风声更紧，宪政党侦知自治学社的秘密活动，向巡抚沈瑜庆告密，并建议由西路巡防二营管带刘显世速率防军兼程来省，沈纳其议。但张百麟等人为了实现“不流血革命”，仍主动与宪政党人协商合作，宪政党领袖任可澄等人勉强同意协力谋求贵州反正。11 月 2 日，张百麟与杨昌铭、乐嘉藻、任可澄、蔡岳、周培艺等冒死入巡抚署，开陈意见，要求和平独立，但沈瑜庆拒不接受。3 日，官僚政客组织耆老会的郭子华向沈瑜庆献策，谓采取半独立形式，借以拖延时间，候刘显世兵到，然后按册逮捕革命党人。沈立即应允，并成立保安营，发给枪械，准备应变。当天下午，郭子华在谘议局召开自保筹备会，张百麟等应邀出席。任可澄发表演说，阐明自保会宗旨是“不保清，不革命，只图自保”，还宣布次日开成立大会，请沈瑜庆讲话。张百麟识破宪政党搞假独立的骗局，决心夺取政权。当晚检查起义计划准备情况后，下达了 4 日凌晨起事的命令。这时，陆军小学首先举起义旗。沈瑜庆得报，宣布戒严，派兵包围陆小。张百麟闻陆小已发动，立即派人携弹药前往接济，又派人赴新军军营联络。新军即鸣号集

① 张彭年：《辛亥以来四十年间贵州政局的演变》，中国人民政治协商会议贵州省委员会文史资料研究委员会编《贵州文史资料选辑》第 1 辑，贵州人民出版社 1980 年版，第 71 页。

合,教官杨荩诚表示赞成革命。沈瑜庆迫于形势,不得不"通饬文武官员正式离职,交政于民"①。

4日黎明,大汉贵州军政府成立,各方代表一致推张百麟为都督,他坚持不就,乃推杨荩诚为都督,赵德全为副。军政院另设枢密院,总揽全省政务,推张百麟任院长,任可澄为副。时刘显世已率兵行至中途,闻军政府成立,即上书赞成革命。张百麟采取"共执政权,尽驰敌意"②的方针,任命刘显世以枢密院军事股长的要职,而没有采取措施巩固革命派的地位。时军政府正值草创时期,人心未安。张亲率兵巡视各地,宣传军政府法令,解决官绅纠纷,平息金融风潮,维持纸币信用,安定市面;并安抚郎岱、镇宁间扁担山布依族十多万人,优礼其首领,赠送自治学社徽章,以示亲密无间。经过一番努力,局面暂时缓和下来。

张百麟积极工作,声望日高,愈为敌党所嫉。任可澄、刘显世害怕三个月后军政府改组时张正位都督,因而阴谋愈急。他们迫使杨荩诚率兵离省北伐,并电促张百麟速归;因为任可澄等已经勾结了滇军唐继尧来黔扑灭自治党人。1912年1月29日,张返贵阳,觉察宪政党人的阴谋迹象,遂采取消极态度,宣布辞职。2月2日,宪政党人等杀害了负责省城治安的自治学社领袖黄泽霖,同时派出刺杀队攻入张百麟住宅,张闻枪声,急避上屋顶。南路巡防统领陈守廉闻警赶来,护张往见赵德全,请发兵讨贼。赵已中离间计,心存观望,劝张暂往外省,待疏通后再迎回省。张愤而离去,退至安顺。张本欲设行营讨贼,闻任、刘勾结滇军,恐滇军到来以贵州为战场,殃及人民,乃作罢。及退至贞丰,又受刘显世堂兄刘显潜袭击,幸为陈守廉兵击败。张百麟率陈部往广西

① 周春元:《张百麟传略》,中国人民政治协商会议贵州省委员会文史资料研究委员会编《贵州文史资料选辑》第7辑,贵州人民出版社1981年版,第71页。

② 周素园:《贵州民党痛史》,中国史学会编《中国近代史资料丛刊·辛亥革命》(六),第464页。

百色，无所依据，不得已乃资遣官兵，带领陈守廉等数人经香港到上海。旅沪黔人谴责张百麟“招哥老，失黔疆”，拒绝为其引见孙中山、黄兴。经过一番激辩，平刚才引他去谒见孙、黄，张陈述黔变经过。

是年5月，袁世凯任命唐继尧为贵州都督，曾以浙江省长职位诱张百麟，张未接受①。张约贵州逃亡在外的同志，组织西南协会、政治促进会，创办《惧报》，佐编《民权报》，继续反对唐继尧、刘显世等。

8月，张百麟参加国民党，幻想通过议会斗争取得胜利。其时，袁世凯为复辟帝制，擅借外债，国人大愤，张曾赴京请国会制裁。迨1913年3月宋教仁被刺，形势恶劣，仍返上海。黄兴在南京组织讨袁军，张百麟一度任秘书长，运动隶属袁世凯的军队反正，未能成功。

1916年6月袁世凯死后，黎元洪继任大总统，张百麟出任内务部参事，兼高等警官学校副校长。1917年7月，黎元洪被迫下台，张随即离去，再回上海。孙中山在广东组织护法军政府，任张百麟为司法部部长。张因病未行，在沪撰《约法战争纪要》一书，带病完稿。1919年病逝于上海。

---

① 王宇高:《张百麟传》,《“国史馆”馆刊》第1卷4号,1948年。

# 张　本　政

左域封

张本政，字德纯，祖籍山东文登，1866 年 1 月 28 日（清同治四年十二月十二日）生于旅顺寺儿沟。父亲是个渔民，落水而亡。张本政小时家境贫寒，只念过四年私塾。十七岁到旅顺口，与人合伙开杂货铺，因生意清淡，歇业回乡务农。二十五岁再次到旅顺口，与人合伙经营“通裕号”杂货代理店，本小利微，营业不佳。

1894 年中日甲午战争时，张本政结识了日本“酒保”商人①高桥藤兵卫。日军攻占旅顺口后，张本政到高桥店里当伙计。1895 年俄、德、法三国“干涉还辽”。次年日军撤出旅大，张本政随同高桥迁往日军占领下的威海。清政府收回威海后，张本政又随高桥迁往烟台，在高桥代理店干了一年对外事务。后来他看到经营海运有利可图，便到日人梶原门下学习了一年海运贸易，以后又在德和洋行当过四年执事人。1902 年，张本政租了两艘日本轮船“贯效丸”和“宇和岛丸”，专驶烟台—大连—大东沟一线，从事海运贸易。他还以经商作掩护，为日本刺探沙俄在旅大的政治和军事情报。由于活动频繁，为沙俄殖民当局发觉，被视为日探而遭通缉，张本政闻讯逃回烟台②。

日俄战争期间，张本政利用所租用的船只，为日军运输军需粮秣物

---

① “酒保”商人，是为日本侵略军包办伙食和办理军需物资的随军商人。

② 《张本政氏之阅历》（手稿）。

资。由于他积极为日本侵略者效劳，“日本官方对其援助甚力”①。沙俄统治旅大时，有一俄国通事张德禄，是个包工头并兼营船行，拥有“大德合”、“小德合”两艘轮船。日军占领旅大后，以“俄奸”罪名通缉张德禄，并将其财产没收。张德禄遗下的船只和几百袋面粉，均由日本殖民当局，贱价卖给张本政。在此基础上，张本政于 1905 年创办政记公司于烟台。此后，他又买了一艘日本轮船“仁义丸”，改名为“胜利号”，同时又租了五艘日本轮船，航行于威海、烟台、龙口、天津、营口、大连、丹东等地，营业逐步有所发展。1912 年，张将资本增为三十万元，并把航线从北方沿海扩展至香港。

1914 年，第一次世界大战爆发，航行远东的欧美船只均被调集西方投入战时运输，中国沿海航运一时出现空白。张本政趁机扩大经营，获利丰厚，在整个战争期间，政记公司平均每年购进轮船三四艘。张本政为了发财致富，很会见机行事。政记公司的轮船，原先挂的是外国旗号，1915 年日本帝国主义迫使袁世凯接受丧权辱国的“二十一条”，遭到我国人民的反对，各地掀起了抵制日货的高潮，政记公司的轮船也被抵制停航。这时张本政奔走权贵，到处钻营，向北京政府农商部登记注册，“所有船只挂五色旗”，从而使政记的船只得以航行无阻②，并在这一年增资为一百万元，开设长江及南洋群岛航线。

1920 年，张本政为了集资大干，将政记公司改组为政记轮船股份有限公司，新筹集资金五百万元，加上原有资产共为一千万元③。这时，政记轮船公司已拥有轮船二十一艘，航行范围已远达日本港口。随着经营范围和地区的扩大，1923 年政记轮船公司将总公司迁到大连，并在大连黑咀子设立政记船坞，自己动手修船。同时还先后在烟台、丹

① 《张本政小传》，大连市人民法院档案。

② 《张本政小传》，大连市人民法院档案。

③ 《政记公司之沿革及现状之梗概》，大连市人民法院档案；樊百川：《中国轮船航业的兴起》，四川人民出版社 1985 年版，第 481 页。

东、青岛、天津、上海、香港等地设立了分公司。

在奉系军阀统治东北期间，张本政同张作霖交往甚密。第一次世界大战后，欧美船只重新群集亚洲，政记轮船公司竞争不过，营业颇受损失。1924 年，第二次直奉战争时，直系军阀首领吴佩孚将政记轮船公司停泊在天津、青岛等港的十三艘轮船扣留，准备运兵到辽西葫芦岛登陆，袭击奉军后方。后因直军战败，此项登陆计划未能实现。而政记轮船公司因船只被扣而"大遭损失"①，险些倒闭。后经张作霖借给张本政三十万元，并由东北绅商加股二百万元，使政记轮船公司得以重振，营业"年有盈余"②。到 1927 年，政记轮船公司南北航线"均货客满载"③，又兴旺了起来。

1931 年，日本帝国主义大举侵略我国东北，次年又发动淞沪战争。张本政以船资敌，担负军运，大发横财。政记轮船公司拥有的船只，过去都是一两千吨级的小型轮船，不宜远洋航行。从 1931 年到 1934 年，每年都购进一艘四五千吨级的大型轮船，已能远航到南洋各地。据不完全统计，政记轮船公司先后拥有轮船三十余艘，总吨位六万多吨，雇用日籍职员一百三十人，中国船员一千五百多人，成为我国北方航运业的一霸，有"东北与沿海各省交通唯政记是赖"④的说法。

张本政不仅经营航运，还把手伸向金融、工商、房地产和公用事业。他除在大连、烟台开设政利钱庄外，并投资于青岛地方银行、烟台商业银行、龙口正隆银行以及东边道实业银行等。他所经营的工商企业有：大连政记油坊、政记铁工厂、政记船坞、瓦房店窑业公司、烟台电灯公司等，在烟台、丹东等地都建有专用仓库。大连政记油坊 1923 年年产豆

---

① 漆树芬:《经济侵略下之中国》，三联书店 1954 年版，第 116 页。

② 东北文化社年鉴编印处:《东北年鉴》，1931 年版，第 522 页。

③ 《泰东日报》1927 年 7 月 29 日第 2 版。

④ 东北文化社年鉴编印处:《东北年鉴》，1931 年版，第 522 页。

油二百万斤，豆饼五十万块①。他的房地产很多，仅大连一地就有土地一千零五十亩、房产一千八百八十六间②。

张本政及其政记轮船公司，是在日本帝国主义的卵翼下，由小到大逐步发展起来的。张对日本主子感恩戴德，积极效劳。他同大连日本殖民当局的历任头目关系密切，并为之出谋划策。福岛安正任“关东都督”时，张本政与之“提携共办之事甚夥，其贡献于关东州政治上者非浅鲜也”③。1926 年，日本殖民当局举行所谓“关东厅始政二十周年纪念会”时，张本政令人作呕地致辞颂扬，说什么“於穆长官，辽东开府，国依重臣，民怀众父”④。1942 年，日皇派遣德川侍从来我国东北，给日伪军政人员打气，张本政又觍颜表示：“吾关东州民自明治三十七年(1904年)日本帝国施政以来，日满同处于善政庇护之下……安居乐业，丰衣足食，无虑无忧，生活快乐……光荣感激，永世难忘也。”⑤公然为日本侵略者涂脂抹粉，死心塌地认贼作父。不仅如此，张本政一直以船只为日本侵略者效力。1937 年，日本帝国主义大举侵华，全国人民热烈响应中国共产党的抗日民族统一战线号召，奋起抗战。当时的中国政府曾明令规定，所有的中国船只，均须集中于本国内海，服务于抗战。但是，张本政却将政记的全部船只调集大连、香港，帮助日本侵略军运送军事物资。1941 年，日本帝国主义发动太平洋战争，张本政更变本加厉地用所有的船只资敌。截至 1945 年 8 月日本投降为止，政记轮船公司先后有十四艘轮船因此被盟军飞机和潜艇击沉。张本政不仅以船资敌，还积极向敌人捐款。据不完全统计，抗日战争以来，张本政先后向敌人献金八十万元。张本政无耻地颂扬日本帝国主义发动的侵略战

---

① 关东厅临时土地调查部编纂：《关东州事情》(上卷)，满蒙文化协会 1923 年版，第 595 页。

② 《张本政财产一览表》，大连市人民法院档案。

③ 《满洲报》1923 年 3 月 25 日第 2 版。

④ 浅野虎三郎著：《满洲二十年史》，日华实业新报社 1926 年版，第 834 页。

⑤ 《泰东日报》1942 年 10 月 27 日。

争，多次对旅大人民进行欺骗宣传，蒙蔽旅大青年，驱使他们给日本侵略者当苦工。他还积极协助日本侵略者搜刮民脂民膏，搞什么“储蓄报国”。当日本侵略者加紧掠夺粮食时，张献策让中国人吃橡子面，使成千上万的无辜同胞被折磨病饿而死。

张本政的效忠，深得日本主子的喜爱。日本侵略者称他是“图谋两国亲善的先驱者”①和“特殊功劳者”②，日皇曾接见并授予“勋五等瑞宝章”。自 1905 年以来，日本殖民当局先后委任他四十多项职务和头衔。

1945 年 8 月日本投降，张本政改投国民党政权，向国民党特务提供活动经费和据点，支持反革命暗杀组织“暴力团”，妄图与国民党里应外合，推翻旅大地区的人民政权。在 1947 年反奸清算斗争中，大连市人民法院根据广大群众的揭发控告，以附逆叛国罪判处张本政有期徒刑十二年，剥夺政治权利终身，并没收其全部财产。同年，张本政趁保外就医之机，携带家眷逃往国民党统治区。中华人民共和国成立后，1951 年镇压反革命运动中，张本政在天津被捕归案，经大连市人民法院判处死刑，同年 6 月 10 日伏法。

---

① 《满洲报》1923 年 3 月 25 日第 2 版。

② 浅野虎三郎著：《满洲二十年史》，第 846 页。

# 张 伯 苓

宗志文

张伯苓，原名寿春，字伯苓，以字行。天津人，生于1876年4月5日(清光绪二年三月十一日)。父亲张云藻是秀才，擅长弹琵琶，以教授乐器为生。张伯苓六岁入塾，受过十年中国传统文化教育。1891年考入北洋水师学堂学习驾驶，四年后毕业，入海军当士官生。1897年，英国强租我国山东威海军港，张伯苓所在军舰被派往该地办理手续。他亲眼看到丧权辱国的场面，“悲愤填胸，深受刺激”，认为国家“苟不自强，奚以图存，而自强之道端在教育”①。不久，他便抱着“教育救国”的理想离职回到天津，开始从事教育事业。

1898年，张伯苓回天津后，先在严修(曾任清学部侍郎、晚清著名学者、教育家)家中教家馆，讲授英文及数、理、化各科，兼教体育。以后又兼在天津富商王奎章家中教家馆。张伯苓教学很有成绩，在两所家馆中附读的学生逐年增加。他决心创办一所新式学校，得到严修的积极支持。为了取得办学经验，他1903年和1904年两度赴日本参观考察教育。1904年8月回国后，将严、王两处家馆合并扩大为私立中学堂，有学生七十余人，教员三四人。年底改校名为敬业学堂。不久，又改名私立第一中学堂。后来学生渐多，校舍不够用，1907年在天津南开地区建筑新校舍，改称南开中学堂。南开的教育重视自然科学、体

---

① 张伯苓:《四十年南开学校之回顾》(1944年10月17日)，张伯苓《南开四十年》(南开四十周年校庆特刊)，1944年版。

育、课外活动，对学生管教很严，深得社会好评，学生人数增加很快，1911 年已满五百人。1912 年民国成立后，南开中学堂改名南开学校，张伯苓仍任校长。1915 年南开增设英语专门科，第二年又增设高等师范科。这是张伯苓试办高等教育的开始。后来因为经费困难，师资缺乏，这两科相继停办。

由于办教育有成绩，张伯苓颇有社会声望，曾参加清末立宪运动。1916 年，黎元洪任民国大总统时，请他当教育总长，他推辞不就，说："我是办教育的，还是办教育的好。"①张伯苓认为"创办高等学校乃是国家发展的根本大计"，为了取得办私立大学的经验，1917 年 8 月他到美国哥伦比亚大学研究教育，并考察美国私立大学的组织及其发展。次年冬天回国，立即着手向中外各方面募捐筹办南开大学。1919 年秋天校舍建成，南开大学正式开学，设文、理、商三科，招生百余人，后来曾一度增设矿科。1923 年，张伯苓应当时社会上的要求，开办了南开女子中学。1928 年设实验小学。1931 年设经济研究所。这时南开大、中、小学生总数已达三千余人。南开的经费靠私人捐赠，学校经济公开，账目放在图书馆，全校师生员工都可查看。

五四运动时，南开学生曾经积极参加爱国群众运动。张伯苓虽然不赞成学生"到社会上去闹"②，当天津反动军警到南开逮捕爱国学生时，他立即指示学校有关方面打开学校后门放走学生。对于已经被捕的南开学生和教师，包括当时在南开大学读书的周恩来，他尽力设法营救，并到警察厅看望南开被羁押的师生，还参加天津各界代表团到北京向当局提出抗议，要求撤换天津警察局长杨以德。

张伯苓把他"教育救国"的宗旨概括为："我中华民族之大病，约为五端：首曰愚，次曰弱，三曰贫，四曰散，五曰私……创办南开学校，其消

---

① 杜建时：《蒋介石拉拢张伯苓的经过》，中国人民政治协商会议天津市委员会文史资料研究委员会编《天津文史资料选辑》第 6 辑，天津人民出版社 1980 年版。

② 王守纲：《五四前后我在南开中学时的一点回忆》，未刊稿。

极目的，在矫正上述民族五病，其积极目的，为培养救国人才，以雪国耻，以图自强。”他据此制定办学方针五条：“一是重视体育，二是提倡科学，三是成立团体组织，四是进行道德训练，五是培训救国力量。”①他办学几十年一直坚持上述五条办学方针。

20世纪20年代日本帝国主义加紧入侵我国后，张伯苓曾赴东北各省考察，目睹日本势力入侵情况，十分忧虑，回校后组织东北研究会，并派人编辑东北地理，作为南开中学教材。

张伯苓是基督教徒，担任过天津基督教青年会的总干事；但他一不主张由外国人传教，二不主张在学校传教。他认为个人有信教自由，学校不能用宗教影响学生，不能把南开办成教会学校。他在南开每星期给全校学生上一次修身课，课上常常引用“四书”上的话，却从不引用《圣经》上的话。

抗日战争爆发前，日本在天津的驻军每日清晨在南开附近进行军事操练，影响学校上课，张伯苓派人到日本驻天津总领事馆提意见，日军置之不理。张伯苓十分愤慨，常常在修身课上讲：“非赶走日本，中国不能富强。”②

1937年“七七”事变后，7月30日，南开遭到日军飞机大炮的狂轰猛炸，校舍变成一片瓦砾。同年10月，南开大学与北京大学、清华大学迁往长沙，合并为临时大学。1938年1月又迁往昆明，改组为西南联合大学。张伯苓任该校校务委员会常委。

抗日战争时期，张伯苓一直在重庆，担任南开中学校长。他说他不主张学生在学校搞党派活动，曾把自己比作是“蒙上眼睛的驴”，只管教育，不管别的。但他容许国民党三青团在南开活动；对有进步思想倾向

---

① 张伯苓：《四十年南开学校之回顾》（1944年10月17日），张伯苓《南开四十年》（南开四十周年校庆特刊），1944年版。

② 杜建时：《蒋介石拉拢张伯苓的经过》，中国人民政治协商会议天津市委员会文史资料研究委员会编《天津文史资料选辑》第6辑。

的学生，表示可介绍他们去延安，不赞成他们在学校里搞革命活动。

1938年7月，第一届国民参政会第一次大会在汉口召开，张伯苓被推为参政会副议长。他在大会上致词时，强调各党派精诚团结、和衷共济，以国家民族利益为重，共赴国难。还说蒋介石是中国的抗日领袖，号召大家服从蒋介石的领导。有人在会上对政府工作提意见，他要大家"用望远镜看问题，不要用显微镜看问题"①。1939年9月，在国民参政会第一届第四次大会上，关于结束国民党一党专政、保障各抗日党派的合法地位问题，与会参政员之间展开了激烈的争辩。张伯苓采取不介入的态度，不作发言。

1938年到1940年间，蒋介石曾两次到重庆南开中学参观，并拜访张伯苓。1941年，蒋介石派人劝张伯苓加入国民党，他婉言谢绝了。后来国民党中央党部秘书长吴铁城亲自到他家中相劝，并把党证放在他家桌子上，他也就没再拒绝。1944年元旦，国民政府颁给张伯苓一等景星勋章，褒奖他"为国造士"。10月，南开举办"四七庆祝大会"，庆祝南开建校四十年和张伯苓七十岁生日，蒋介石亲往张伯苓寓所祝寿，颂扬他"桃李满天下"，还书写"南极辉光"四字相赠。1945年5月，张伯苓参加国民党第六次代表大会，被选为中央监察委员。这年冬天，他赴美接受哥伦比亚大学授予的名誉博士学位，并在美治病。

1946年春，张伯苓自美返国。蒋介石发动内战后，有人对张伯苓说国民党政府很不得人心，他说："这么大的国家，不能一下子好，总得一点一点的好。"②这年11月，张伯苓当选为"制宪国大"代表，参加"国大"。1948年5月，蒋介石电请张伯苓出任考试院长，张婉辞不就，蒋一再来电敦促，7月，又派张群到天津迎接张伯苓到南京就任，他表示

---

① 杜建时：《蒋介石拉拢张伯苓的经过》，中国人民政治协商会议天津市委员会文史资料研究委员会编《天津文史资料选辑》第6辑。

② 杜建时：《蒋介石拉拢张伯苓的经过》，中国人民政治协商会议天津市委员会文史资料研究委员会编《天津文史资料选辑》第6辑。

无可奈何，随张群赴南京上任。到南京后，看到政府内部腐败不堪，心情十分沮丧，不久就回到天津。年底，以体弱多病为借口，提出辞职，并避往重庆。1949 年 11 月重庆解放前，蒋介石逃离时，曾亲往张伯苓寓所劝其同行，他未同意。后来蒋经国又来告诉张伯苓，为他留下了一架飞机。他随时可走，他仍未离开重庆。

1949 年中华人民共和国成立时，张伯苓曾致电周恩来总理表示祝贺。1950 年 5 月他到北京，受到政务院热情而周到的接待，周恩来多次前往拜访。同年 9 月张伯苓回天津，行前周恩来设家宴饯行。

1951 年 2 月 23 日，张伯苓在天津病故。临终前留有遗言，表示“拥护人民政府”，嘱其学生“竭尽所能，合群团结，为公为国，拥护人民政府，以建设富强康乐之新中国”①。周恩来亲往天津吊唁，说：“张校长在他的一生中是进步的、爱国的，他办教育是有成绩的，有功于人民的。”②

---

① 《人民日报》1951 年 3 月 3 日。

② 《人民日报》1986 年 4 月 3 日。

# 张 大 千

王 震

张大千，名权，字正权，后改名爰、蝯，小名季，号季爰，别署大千居士、下里巴人，斋名大风堂。1899 年 5 月 10 日（清光绪二十五年四月初一）生于四川内江县城安良里象鼻嘴堰塘湾。张家祖籍广东番禺，后迁湖北麻城，其四世祖张德富简放内江知县，卸任后定居内江。父忠发业商，略通文墨。母曾友贞，又名媛，精于绘事，擅山水花卉，尤擅单线白描、工笔花鸟。张大千兄弟姊妹十一人，行八。仲兄张善子，字善孖，号虎痴，画虎名家。张大千七岁入家塾攻读，八岁由母亲和长姊授画。1911 年入内江天主教福音堂学校，读书颇不用心。

1914 年，张大千入重庆求精中学，后转读江津中学。1916 年暑假，由重庆返回内江途中为土匪掳去，被胁迫充当黑笔师爷。在劫舍中，偶得《诗学涵英》，了解不少诗理，百日后获释。1917 年 4 月，他跟二哥善子赴日本京都公平学校习绘画及染织工艺。1919 年返回上海，在基督公学教授英语和绘画。同年，拜在当时老名士曾熙（农髯）门下，学习书画，曾熙为之改名蝯，号季爰。当他得知未婚妻谢舜华在家乡病逝后，遂潜赴松江禅定寺削发为僧，该寺住持逸琳法师为其起法名大千，后至宁波观宗寺，与谛闲法师谈论禅理，因不愿烧戒而逃禅。

1920 年，张大千返回四川，与曾庆蓉结婚。返沪后复拜在名书家清道人李瑞清（梅庵）门下习书道。曾、李二师富收藏，张大千饱览石涛、八大山人、青藤、白阳以及扬州八怪、石豁等人真迹异珍。是年 9 月，李瑞清去世后，张潜心研究书画。1924 年秋，伴兄长善子出席上海文人雅集“秋英会”，即席作画，对菊吟诗，被誉为“一鸣惊人”、“后起之秀”。1925年，在上海宁波同乡会举行第一次个人画展，展品百幅，每幅大洋二十元，全部售完，自此以卖画为生。

1927年，张大千开始周游国内名山大川。初上黄山，开发行径，对景写生，所得素材颇多，被日本汉画学者称为“黄山画派始祖”。

这期间，张大千主要研究唐、宋、元、明诸家技法奥秘，得古人之形神于不知不觉中，所临摹的青藤、白阳、石涛、八大山人、石谿、老莲、冬心、新罗各家，确能乱真，尤以仿作石涛最负盛名，不特画的笔墨神韵逼真，题字图章、印泥、纸质，也达到丝毫逼肖。其后，张大千在学习传统技法的基础上有所发展，有所创新。他酷爱收藏，其兄善子曾说：“八弟季爰，嗜古若命，见名画必得之为快，甑无米，榻无毡弗顾也。”①

1931年4月，张大千与画家王一亭、钱瘦铁及日本画家横山大观等聚于沪上，座谈中日艺术交流问题；又与善子、姜丹书等数十人参加曾、李同门会。是年冬，他与善子出席在日本举办的中国唐、宋、元、明历代名画画展。1932年秋，与善子、彭恭甫、叶恭绰等发起组织“正社书画会”。1933年1月，举家迁居苏州网师园，并任南京中央大学艺术系国画教授。同年，出其所作参加法国巴黎波蒙博物馆举办的“中国近代画展”。徐悲鸿谓：“大千代表山水作家，其清丽雅逸之笔，实令欧人神往。故其《金荷》藏于巴黎，《江南景色》藏于莫斯科诸国立博物院，为现代绘画生色。”②1934年，张大千辞去中央大学教席，迁居北平，与正社社员在北平联袂入“中国画学会”。1935年1月，在东京举行个人画展，主管日本文化事业的冈田大臣召集日本美术界开会欢迎并致词。画展期间，张大千向日方讲述了中国没骨画技法的起源，颇令异国同行信服。是秋，重游华岳，以其记游之作，在北平举行“关洛画展”。笔下大幅华山奇景，震惊艺坛。傅增湘在《张大千关洛记游画展启事》中赞

① 《石涛山水册》，上海文明书局1930年10月版。

② 《张大千画集》，上海中华书局1936年11月版。

誉“大千造诣通神”①。

1936年春，张大千再任中央大学国画教授，特将九十四幅罗浮山、黄山、华山和长江的山水、人物等画，在宁、沪两地举行画展。其山水画雄浑一气，清奇于色，尤其是人物画《天女散花》，取法唐人壁画，笔落超脱，被人重金购去。徐悲鸿评价说：“大千潇洒，富于才思，未尝见其怒骂，便嬉笑已成文章。山水能尽南北之变（非仅指宗派，乃指造化本身），写莲花尤有会心，倘能舍弃浅绛，便益见本家面目。近作花鸟，多系写生，神韵秀丽，欲与宋人争席，夫能山水、人物、花鸟俱卓然自立，虽欲不号之曰大家，岂可得乎？”②

同年，张大千三到黄山绝顶，身体力行石涛“搜尽奇峰打草稿”的绘画主张，并自刻“三到黄山绝顶人”印章，以系终身纪念，完成了大批以黄山为题材的国画佳作。是年夏，黄河泛滥，为捐款救灾在北平举办“张大千、于非闇、方介堪书画联展”。同年冬，为救济赤贫，又和于非闇举行“合作画展”。是年，上海中华书局出版了《张大千画集》。

1937年3月，第二次“全国美术展览会”在南京举行，张大千为发起人之一。同年夏，在上海举行个展。卢沟桥事变发生后，他赶赴北平接眷，遭日军软禁一周。获释后，日人威逼他出任北平艺术专科学校主任教授，被列名为“中日艺术协会”发起人之一。他佯为应允，暗中伺机逃跑。他先将家属秘密送往天津，书画托外商负责运出。1938年6月，张本人化装离平赶上海，同年秋，经香港转梧州、柳州、桂林，于10月抵重庆。旋卜居灌县青城山，朝夕潜心绘事，创作以青城为题材的作品不下千种。是年冬，为了宣传抗日，他和善子在重庆举办抗日流动画展，此展不售作品、不募捐。他又与门人晏济源举办捐募寒衣画展，共筹一千二百余元。1939年夏，张大千与张目寒、黄君璧同游剑门，又与黄同游峨眉，同年在重庆举行画展。

① 《北平晨报》1935年11月28日第7版。

② 徐悲鸿：《中国今日之名画家》，南京《中央日报》1936年4月19日。

1941年春，张大千作敦煌之行，精美绝伦的敦煌艺术，使他为之陶醉和惊叹不已，每日手持油灯，在昏暗的石窟洞里，专心研究、临摹、整理上至北魏、下迄西夏的千年壁画。1943年1月，被聘为敦煌艺术研究所筹备委员。4月，临摹工作结束，前后在敦煌两年零七个月，共得临本276件。5月1日，离敦煌赴安西榆林窟(即万佛峡)临摹壁画两月，得六十余幅。他是我国最早到敦煌临摹的中国专业画家。从此，他的画风由石涛、八大山人、石豁、老莲等逐渐转到六朝五代壁画，其山水画一变而为宏大广阔，喜用复笔重色，特别是层峦迭嶂的大幅山水，丰厚浓重，把水墨和青绿融合起来，别具一格。其仕女画风格，也由早年的清丽雅逸，变为行笔敦厚，富丽堂皇。仕女的体型健美，性格鲜明，衣褶用笔吸取了敦煌唐画及宋人“游丝描”、“竹叶描”、“铁线描”等各种技法，谨严适度，流畅飘逸，且以魏碑、行、草、篆、隶书体配画。1943年冬，《敦煌临摹白描图》三集在成都印行。次年1月，四川美术协会在成都举行“张大千临摹敦煌壁画展览”，受到各界好评。史学家陈寅恪著文曰：“大千先生临摹北朝唐五代之壁画……兼有创造之功，实能于吾民族艺术上别开一新境界，其为‘敦煌学’领域中不朽之盛举，更无论矣！”①3月，张大千移往重庆展出。4月，出版《张大千临摹敦煌画展览特集》一册，兼收有关评论为一书。

1945年，张大千在成都、北平等地多次举办画展，又以佳作参加联合国教科文组织于巴黎现代美术博物院举行之世界美术画展中国之部。展毕，应邀移至伦敦、日内瓦、布拉格等地展出。1947年4月，其作品在天津与齐白石、郎世宁的作品联展。5月，在上海“中国画苑”举行大风堂师生同门画展，并印行《大千居士近作》第一、二集。《张大千临摹敦煌壁画》第一集，凡十二幅以彩色精印，他在自序中称：“志于斯者，几及三载，学道暮年，静言自悼，聊以求三年之艾，敢论起八代之衰，兹列举所临莫高、榆林两窟数代之作选印成册，心力之微，当此巨迹，雷

① 《张大千临摹敦煌壁画展览特集》，四川美术协会1944年出版。

门布鼓，贻笑云尔。”①1948 年夏，在沪举办画展。冬天去香港，出版《游戏神通》。

1950 年 2 月，张大千应“全印工艺美术协会”之邀，赴新德里举行画展。3 月，赴阿旃陀石窟观摩、考察壁画和文物古迹。他认为敦煌壁画与印度壁画并非同出一源。5 月上旬，偕夫人游大吉岭，并在此暂住。

1951 年，张大千返回香港并举行画展。次年春，将所藏五代南唐顾闳中《韩熙载夜宴图》和董源之《潇湘图》，托香港代理人，各以一万美金卖给祖国，作迁居南美费用。初夏，举家由香港远迁阿根廷曼多洒，新居称“呢燕楼”，并在阿根廷举行画展。1953 年 10 月，以数幅作品参加华美协进社在美国纽约举办的“当代中国画展”。1954 年，全家移居巴西，在圣保罗城郊之摩诘镇购地二百七十亩，建造“八德园”，园中设“八德池”、沙滩、笔冢、灵池、竹林、柿园、五亭湖，体现了中国园林风格，以寄托思念故土之情。1955 年 12 月，在东京举行“张大千书画展”。东京方面配合画展，出版了《大风堂名迹》(又称《大风堂藏画》)四集。1956 年 4 月，又在东京展出所临摹之敦煌壁画。同年夏，首次赴欧参观，并在巴黎近代博物馆展出精作六十余幅，在卢浮宫博物馆举行敦煌壁画展。7 月，在巴黎城郊古堡与西方绘画大师毕加索会晤，并互赠画幅。西方报纸誉为“艺术界之高峰会”②。1958 年，张的《秋海棠》在纽约举办的世界美术博览会上获“国际艺术学会”颁发的金质奖章，并被推举为“当代世界第一大画家”。1959 年 8 月，漫游欧陆，在巴黎参观了法国国家博物馆永久性中国画展览会，他的十二幅作品参加了展出。1960 年，以三十件作品在巴黎、布鲁塞尔、雅典、马德里举行近作巡展。虽是“五洲行遍犹寻胜，万里迟归总恋乡”，同年他在巴西题诗叹道：“不

① 《张大千临摹敦煌壁画》第 1 集，大风堂 1947 年春初版。

② 政协宁夏回族自治区文史资料研究委员会编：《张大千生平和艺术》，中国文史出版社 1988 年版，第 379 页。

见巴人作巴语，争叫蜀客怜蜀山；垂老可无归国日，梦中满意说乡关。”①

1961年8月至1966年12月，张大千的各种形式画展先后在日内瓦、圣保罗、巴黎、伦敦、纽约、芝加哥、新加坡、吉隆坡、曼谷、台湾地区、香港地区等地展出，影响遍世界。美国《读者文摘》社以十四万美金购买了他的六屏巨作《荷花》(长二丈、宽一丈)，创国画售价的新纪录。1967年，香港第二次出版了《张大千画集》，并配有大千的画论。李顺华印行《大千居士己丑后所用印》，收集各式印章一百多方。

1968年1月，张大千曾赴台湾小游。2月，台北“中国文化学院”授予他名誉博士学位。3月，张大千应邀赴美，在旧金山斯坦福大学作学术演讲。4月，返回“八德园”度七十岁生日，自绘七十小像一幅，并题诗云：“七十婆娑老境成，观河真觉负平生；新来事事都昏聩，只有看山两眼明。”5月，所作《长江万里图》长卷绘成，长八丈，宽四尺，从长江发源处直画到入海处吴淞口，其气势之壮，世所罕见。1969年1月，以敦煌壁画临摹本六十二幅捐赠台北故宫博物院。同年，因巴西政府将收回“八德园”，乃在美国加州康迈尔城营建新屋，言曰“可以居”。其后在美加州卡米尔市郊营建“环荜庵”，占地二千坪。1970年后，因患目障，其山水画改用破墨，泼墨积墨，并把水墨和青绿色融合起来，配合传统的渲染皴擦方法，运笔简练，形象潇洒浑厚，形成一种独特的新山水画风。1974年11月，美国加州太平洋大学授予名誉人文博士学位。

张大千1976年1月前往台北，台湾赠予“艺坛宗师”匾额一方，台北“历史博物馆”举办“张大千书画展”，并编印《张大千书画集》第一集、《张大千作品选集》第二册、《张大千绘画艺术》和《张大千九歌图卷》等画册。1977年，张在台北市郊双溪筹建“摩耶精舍”新居，次年由美国举家迁居于此。1980年，四川出版《张大千画集》第一、二辑。翌年续出第三、四辑。

---

① 《四川日报》1983年4月15日第4版。

1981年7月，张大千开笔绘《庐山图》，8月始泼石青、石绿纷色，以后常在早晚续画。1982年春，香港"集石斋"假香港"大会堂"底座展览厅举行"张大千画览"，展出绘于1928年至1981年间作品五十七幅，并印行《张大千画集》(香港美术家出版社出版)。1983年2月，绘制年余之《庐山图》在台北展出，全画长三丈六尺、高六尺，于大笔泼墨中时见细腻，气势磅礴，意境深入造化。张大千虽走遍不少名山大川，唯独未到庐山，是图全凭一己胸中之丘壑画出，故于卷末题诗云："君从侧看与横看，迭壑层峦杳霭间；仿佛坡仙开口笑，汝真胸次有庐山。"3月6日，台北"历史博物馆"馆长何浩天等至"摩耶精舍"拜访，大千答应为该馆绘一《黄山图》。8日，因心脏血管硬化导致心力衰竭而不起，4月2日去世。

# 张 道 藩

冯祖贻

张道藩，原名道隆，字卫之，贵州省盘县人，1897 年 8 月 9 日（清光绪二十三年七月十二日）生于家道中落的塾师之家。张道藩童年在其父张家凤所办的崇山私塾读书。十三岁入北门任雨苍的私塾，在新的教学方法下，学习兴趣大增。1911 年，他考入盘县高等小学。三年后毕业，因家贫在家自修。1915 年去普安县罐子窑县立高、初两等小学任教员兼初等管理。次年，本家七叔张莲舫来盘县秘密发展中华革命党，张道藩宣誓入党。但不久因赴天津，“没有得到过中华革命党的党证”①。

1916 年，张道藩得到担任国会议员的五叔张光炜的资助去北京读书。途经天津时，张光炜为急于赶往北京赴参议院会议，便命张道藩去谒见严修。张光炜是严修在贵州任提学时中的举人。在严修的建议下，张道藩留在天津进了南开学校。不到一年，张勋复辟，国会解散，张光炜无力负担他的学费，张道藩乃去包头烟酒公卖局分局任征收员，后升科员。但他不忘继续学习，公余去读函授英文和日文。1919 年春，他用积蓄的薪金返天津，再入南开读书。他见过去的同学学业已成，自己落后了一大段，很感苦闷。这时吴稚晖到南开宣传赴法勤工俭学，张很受鼓舞。同年 11 月，他在上海登上了远去西欧的轮船。离沪前夕，他们一行十二人特地去谒见了孙中山。

---

① 张道藩：《酸甜苦辣的回味》，台北《传记文学》第 1 卷第 6 期。

经过一个多月旅程，张道藩乘坐的英国客轮瑞秀士号突然宣布不在法国停泊，只得临时改换护照，于1920年1月抵达伦敦。他在伦敦得知，第一次世界大战结束后，法国士兵大批复员，在法国勤工俭学的中国学生就业不易。在得到他的世伯曲荔斋和五叔资助后，便留在英国学习。他先入曼彻斯特私立维多利亚学校补习英文，半年后转到伦敦天主教会办的克乃芬姆学院学语文、绘画、音乐。1921年9月，考入伦敦大学院美术部专攻美术，“是该院第一个中国学生，三年后也是第一个得到该学院美术部毕业文凭的中国学生”①。

在伦敦时，张道藩与旅英留学生和华侨组织“工商学共进会”频繁接触，“除联络情感之外，最大的目的是要无形中帮助他们革除聚赌、械斗等恶习”②。经前来伦敦的邵元冲劝导，1923年他加入国民党，在支部选举中当选为总支部评议部长。

1924年，张道藩赴法，进入法国国立巴黎最高美术专门学校继续深造，课余除参加国民党党务活动外，还与当时留法学生谢寿康、邵洵美、徐悲鸿等相识，共同组织了私人聚会团体“天狗会”。

1926年5月，张道藩与邵洵美一起回国，6月抵上海。他应当地艺术团体及新闻界邀请，作过一次“人体美”演说，引起上海当局不满。加以张是国民党员，“更为各方注意”③，在上海无法立足。此时，刘纪文在广州任广东省政府农工厅厅长，张应邀赴广州任刘的秘书。在刘调任国民革命军总司令部军需处处长后，张奉命暂代刘的职务。11月，在一次会议上他认识了时任国民党中央组织部代部长的陈果夫，遂应陈之邀返黔建立国民党组织，任贵州省党务指导员，负责筹组国民党贵州省党部。

这时统治贵州的是地方军阀周西成，一向在北洋军阀和南方国民

---

① 张道藩:《酸甜苦辣的回味》，台北《传记文学》第1卷第6期。

② 张道藩:《酸甜苦辣的回味》，台北《传记文学》第1卷第6期。

③ 张道藩:《酸甜苦辣的回味》，台北《传记文学》第1卷第6期。

政府之间依违两可，藉以维持其统治，对张道藩前来发展党务心怀疑虑。周主张“全省入党”，由他发令让全省公务人员填表。张道藩坚持“须经试验，不得奉命入党”。张道藩四处活动，自行向机关、学校分送材料，物色人选，引起周的不满。1927 年 5 月，南京发来密电给张，贵州电报局通知张需“持码受察”。张认为电码“受自中央不能泄”，争执不下。周西成便以“赤化嫌疑”下令逮捕关押张道藩，施以毒刑拷打，后得贵州众士绅力保，至 10 月才获自由。出狱后，张经广州、香港至上海①。

由于有这段经历，张道藩得到 CC 系首领陈果夫、陈立夫信任。1928 年 3 月，经陈果夫、刘纪文推荐，张道藩担任国民党中央组织部秘书。其时蒋介石兼任组织部长，部务由陈果夫负责，由是张逐渐得到蒋介石的赏识。同年 10 月，张兼任南京市政府秘书长。

1929 年 3 月，张道藩以南京市代表身份，出席国民党第三次全国代表大会，当选为候补中央执行委员。11 月奉派为江苏省党部整理委员。1930 年 8 月，应青岛大学校长杨振声之聘，任该校教务长。同年 12 月，奉派任浙江省政府委员兼教育厅长。1931 年 4 月，陈立夫又挽张兼任中央组织部副部长，往返于南京、杭州间。“九一八”事变后，全国抗日浪潮兴起，张奉行蒋介石“攘外必先安内”政策，遭到爱国学生反对，在杭州的寓所亦被学生捣毁。是年 12 月，张不得不辞去本兼各职，移居南京，转任蒋介石的秘书，为蒋整理文件资料。

国民党发动文化“围剿”，1932 年 5 月在南京成立中国文艺社与“左联”对抗，张道藩为理事。在此后五年中，他积极从事话剧、电影、美术等活动，曾兼任中央电影事业委员会委员、中央文化事业计划委员会副主任委员，先后创作了《自救》、《自误》、《密电码》等；并在南京组织中华全国美术会，任理事长；又支持创办南京戏剧学校，藉以从文艺方面

---

①　平刚：《贵州革命先烈事略》，中国科学院历史研究所第三所编《云南贵州辛亥革命资料》，科学出版社 1958 年版，第 302—303 页。

从事反共，被国民党称作“文艺斗士”①。

张道藩越来越得到蒋介石和陈果夫、陈立夫的信任和重视，1932年11月出任国民政府交通部常务次长（部长为朱家骅）。1935年11月，在国民党第五次全国代表大会上当选为中央执行委员，第二年又改任内政部次长（部长为蒋作宾）。

1937年抗日战争爆发，张道藩亲自出马召集南京歌女、茶社经理开会，发动歌女卖唱募捐，做棉背心送给前方将士。南京沦陷前，张随国民党中央迁往重庆。1938年初，陈立夫出任教育部长兼国民党中央社会部部长，张任教育部常务次长兼社会部次长，旋又兼中央宣传部文化运动委员会主任委员，与郭沫若领导的文化工作委员会相对抗，与左派争夺文艺运动领导权②。1939年9月，经陈果夫、陈立夫举荐，张卸去其他职务，专任中央政治学校教育长，与校长蒋介石关系更为密切。1942年，蒋介石、宋美龄访问印度，张道藩是随员之一。蒋命张就印度国大党的活动、组织方式等为题与尼赫鲁作过三次长谈，并担任蒋介石与尼赫鲁会谈的记录③。这年12月7日，张道藩出任国民党中央宣传部部长，第二年9月又调任海外部部长。1944年1月，受命赴黔、云、桂等地慰问回国参加抗战的华侨，前后四十七天。在豫湘桂战役中，国民党军队一溃千里，大批难民沿黔桂线逃往贵州，张道藩奉命赴黔负责难民的疏散、救济事宜，在贵阳组织“贵州各界黔南慰问团”前往日军刚退出的黔南地区。他亲眼看到“沿公路所经各地民家，或被散兵、或被土匪、或被饥寒交迫的难民抢劫滋扰，可以说是十室九空”。“都匀城居民约四千户，被杀的达三千余……无家可归者达二万数千人。”“独山城

---

① 程榕宁：《文艺斗士——张道藩传》，台北近代中国出版社1985年版。

② 阳翰笙：《回忆文化工作委员会》，中国人民政治协商会议重庆市委员会文史资料研究委员会编《重庆抗战纪事》，重庆出版社1985年版，第257页。

③ 吴相湘：《张道藩酸甜苦辣》，《民国百人传》第3册，台北传记文学出版社1971年版，第188页。

里城外的房子，烧了百分之九十七八。”①1945 年 4 月，他回到重庆，兼任蒋介石侍从室第二处副主任，协助陈布雷主管秘书、党政、宣传、外交和情报。

抗战胜利后，张道藩于 1945 年 11 月回南京，忙于接收公房，修葺私宅。翌年，在上海、南京召集一些文化人，创立中央电影企业公司，任董事长。1947 年春，写成剧本《再相逢》。6 月成立文稿供应社，继续领导中央文化运动委员会的活动。1948 年 3 月，中训团设民间艺术训练班，他任指导委员会主任。1948 年冬，张被选为“立法委员”。

1949 年 1 月，蒋介石下野，李宗仁出任代总统开展和谈活动，张道藩反对甚力，声称即使和谈成功，他也不会待在京沪。李宗仁约他谈话，他敷衍一阵便离京赴杭。又到上海，约了十几个国民党中央常委飞到广州，后又飞往台湾。在台湾，1950 年他募集资金建立“中华文艺奖助委员会”，专门奖励反共作品；又主办《文艺创作》杂志，刊登反共小说、诗歌、剧本、鼓词。他还兼任《中华日报》和“中国广播公司”董事长，成立了“中国文艺协会”、“中国文艺创作研究部”，担任“文协”常务理事达十一年之久。张对蒋介石领导的国民党“改造”运动，也积极参与，1950 年出任“中央改造委员会”委员。1952 年 3 月他出任“立法院”院长，其间秉承蒋介石意旨，攻击吴国桢甚力。1961 年辞去院长职务，仍任国民党中央常务委员和“立法委员”。1968 年 6 月因病去世。

① 张道藩：《酸甜苦辣的回味》，台北《传记文学》第 1 卷第 6 期。

# 张 东 荪

左玉河

张东荪，原名万田，字东荪，辛亥前后曾用“圣心”作笔名发表文章，晚年自号“独宜老人”。祖籍浙江钱塘县（今杭州市）。1905 年，张东荪由官派留学日本，入东京帝国大学哲学系。次年，他与蓝公武等在东京创办了《教育》杂志。该杂志是综合性的学术月刊，由张东荪与冯世德组织的“爱智会”主办。该刊物以“会合东西各国学者，研究高尚学问，尽人道、洗俗垢，使世界庄严洁净为旨归”，分社说、学说、科学、思潮、批评、纪事等九个专栏，以介绍和讨论哲学、伦理问题为重心。在创刊号上，他发表了《心理学悬记》（与蓝公武合译）、《催眠心理学》（与蓝公武合编），节译了达尔文的《物种由来》。在二月号上，除继续连载译文外，他还发表了运用西方科学研究哲学问题的习作《真理篇》。

辛亥革命前夕，张东荪从日本回国，并在《东方杂志》上以“圣心”的笔名发表了第一篇政论文章《论现今国民道德堕落之原因及其救治法》。1912 年元旦，孙中山在南京成立中华民国临时政府，倾向革命的张东荪从北京南下，担任临时政府内务部秘书。从辛亥革命到“五四”前夕，张东荪积极活跃于民国政治舞台，“动了几年救国念头，从事研究政治”。但他主要是以评议时局、研究政体、介绍西方政治理论和政治制度的方式参与政治的。他在《庸言》、《中华杂志》、《新中华》和《甲寅》等刊物上，发表大量政论文章（仅 1913 年就达到三十多篇），对当时重大的政治问题，如国会性质、宪法性质、总统制与内阁制、总统权限、行政裁判制度、预算制度、联邦制度、地方自治制度都提出了自己的见解，成为民国初期著名的政论家。他站在社会改良的立场上，不赞同孙中山发动“二次革命”，但也坚决反对袁世凯独裁专制统治。为此，曾写过许多政论文章进行抨击，深为袁世凯不满。当袁世凯大搞复辟帝制活动后，他先后发表了《复辟论之评判》、《名实与帝制》等文章进行抨击，当袁世凯授意美国顾问古德诺发表《共和与君主论》，鼓吹“中国如用君主制，较共和制为宜”时，张东荪立即发表《对于古博士国体论之质疑》，坚决进行批驳。洪宪帝制复辟破产后，他主张孙中山与梁启超联合，共建中国共和制度，并发表了《今后之政运观》、《修改国会组织法及选举法私议》等文章。但因国民党人与进步党人“意气之争”，他的主张不为人注意。1917 年 11 月，他在《东方杂志》上发表了《贤人政治》长文，进一步阐明自己的政治主张，仍不为段祺瑞政府所纳。

自 1917 年起，张东荪接替张君劢主编研究系在上海的喉舌《时事新报》。1918 年 3 月，他创办《时事新报》副刊《学灯》，以“促进教育、灌输文化”，“屏门户之见、广商权之资”，“非为本报同人撰论之用，乃为社会学子立说之地”为宗旨。1919 年初，他把《学灯》由周刊改为日刊。4 月又聘请俞颂华主编《学灯》副刊，介绍西方各种新思潮。《学灯》副刊成为与北京《晨报》副刊、《民国日报》副刊《觉悟》齐名的介绍新思潮的三大副刊之一。1919 年 9 月，他在上海创办《解放与改造》杂志，并在创刊号上发表题为《第三种文明》的社论和长篇读书杂录《罗塞尔的政治思想》，提纲挈领地表明研究系的趋向及其所信奉的学说和主义，即要致力于社会的解放与改造，培养“第三种文明”。此后，他又在《解放与改造》、《时事新报》等报刊上发表《新思想与新运动》、《为什么要讲社会主义》、《改造要全体谐和》等大量文章，全面介绍和讨论“社会主义”。

1920 年 3 月，梁启超欧游回国，与张东荪等组织共学社，成立讲学社。9 月，《解放与改造》改名为《改造》，并以讲学社名义邀请英国哲学家罗素来华讲学。1920 年 12 月 6 日，张东荪从湖南回到上海后，在《时事新报》上发表《由内地旅行而得之又一教训》的时评。陈望道、李达、邵力子等对此文进行批驳，展开了“五四”时期著名的“社会主义论战”。张东荪连续发表《大家须记罗素先生给我们的忠告》、《答高践四书》、《长期的忍耐》、《再答颂华兄》等文章，进行反驳。12月25日，他发表了《现在与将来》的长文，全面阐述了他以基尔特社会主义为核心的社会改良思想。1921年1月，梁启超写了《复张东荪书论社会主义运动》，赞同并支持张东荪的观点，并对《现在与将来》作了某些“发明补正”。2月15日，张东荪又作了《一个申说》，对自己的观点作了“比较正式说明”，系统阐述了所谓“资本主义必倒而社会主义必兴”，为了兴社会主义必须首先发展资本主义的“阶段说”。

在“五四”时期新旧思潮大论战中，张东荪发表了《突变与潜变》、《答章行严君》、《答潘力山君与程耿君》、《读〈东西文化及其哲学〉》等文章，反对章士钊的调和论，批评梁漱溟的文化观，主张“彻底输入西方文化”。1921年12月，他在《民铎》上发表《柏格森哲学与罗素的批评》，随后在《东方杂志》上相继发表《新实在论的论理主义》、《这是甲》、《批导的实在论》、《相对论的哲学与新伦理主义》、《伯洛德的感相论》、《新创化论》等，对西方现代哲学各种流派都作了介绍，尤其注重于柏格森的创化论、罗素的新实在论、穆耿的新创化论、相对论哲学及康德的知识论。1924年春，张东荪辞去《时事新报》主编，专任中国公学教授，后又任上海光华大学教授。1930年北上就任北平燕京大学哲学系教授(1934年暑假曾一度到广州任过学海书院院长)。1929年，他将自己十余年来在哲学研究中所著的论文编成《新哲学论丛》，由商务印书馆印行，初步构建了一套自己的“新哲学”体系：“泛架构主义”和“层创进化”的宇宙观，“主智的创造的”人生观和“交互作用”的认识论。

1927年8月，张东荪与瞿世英(菊农)创办中国第一个哲学研究专刊《哲学评论》，为中国学者进行哲学研究提供研究和争鸣园地。从1928年起，他先后为上海世界书局出版的“ABC丛书”写了《人生观ABC》(1929年1月初版)、《哲学ABC》(1929年初出版)、《精神分析ABC》(1929年5月出版)和《西洋哲学ABC》。1931年12月，他在《哲学评论》上发表《条理范畴与设准》，开始提出新的认识论观点。1932年在《大陆杂志》第1卷第3至5期上发表《认识论的多元论》，提出了新的认识论体系——“认识的多元主义”。1934年9月，他出版《认识论》一书，进一步发挥前两文中的观点，正式形成了“多元认识论”体系。

上个世纪30年代，张东荪已成为中国著名的哲学家，被公认为“中国新唯心论领袖”。有人说“中国新唯心论的领袖，无异议的常推张东荪先生”。同时，他也被公认为“五四”以来第一个尝试创建中国现代哲学体系者。“中国研究西洋哲学的人，不可谓不多，说到能由西洋哲学中引申出来新的意见，建设新的哲学，恐怕只有张东荪先生一人。”这一点连他的论敌叶青也是承认的：“中国在‘五四’时代才开始其古代哲学底否定，现在固没有坚强的近代体系，然而已在建设之中了。作这种企图的，首先要算张东荪。所读欧洲过去和现在的哲学著作很多，不像‘五四’胡适那样只读一点美国书，失之浅薄。如果我们说梁启超和陈独秀是中国近代哲学的启蒙运动者，那末张东荪就是中国近代哲学底系统建立人。”

面对马克思主义哲学在中国的广泛传播，1931年9月18日，张东荪在《大公报》副刊《现代思潮》上发表《我亦谈谈辩证法的唯物论》，对“物质”及“物质之变化”两个马克思主义哲学的核心概念进行非难，挑起了30年代唯物辩证法论战（又称“哲学论战”）。1932年，他又发表了《辩证法的各种问题》，进一步推动了论战的进程。1933年1月，又写了《动的逻辑是可能的么？》，从逻辑学角度非难辩证法。1934年6月，又在《新中华》上发表《思想的论坛上几个时髦问题》，反对哲学具有党派性的观点。1934年6月25日，他又写了长达三万多字的文章《唯物辩证法之总检讨》，对唯物辩证法进行全面批驳。同年10月，他将各种反对和非难辩证法的文章汇编成书，以《唯物辩证法论战》为书名，由北平民友书局出版。此书的出版，把唯物辩证法论战推向高潮，张东荪也因此成为唯物辩证法论战的主将。1935年，叶青仿此体例，将反驳张东荪的文章收集编成《哲学论战》一书，形成对垒的两军，使论战白热化。马克思主义哲学工作者艾思奇、邓云特(邓拓)、李达等也参加了论战,对张东荪和叶青的观点进行了批驳。

1932年5月,为了反对国民党一党专政,张东荪与张君劢等人组织了国家社会党,创办机关刊物《再生》周刊。他起草了国社党的政治宣言《我们所要说的话》,明确提出了所谓"修正的民主政治":"我们对于政治是把根据效率的科学与个性差别的科学以与站在平等原理上的民治主义调和为一;于经济是把易于造产的集产主义与宜于分配的普产主义以及侧重自治的行会主义调和为一;于教育是把淑世主义与自由主义调和为一;然后三方面再综合之,成一整个儿的。"同时列举了关于政治、经济、教育等方面的98条政纲。此后,张东荪在《再生》、《自由评论》等刊物上发表了《党的问题》、《阶级问题》、《为国家计与为国民党计》等文章,不赞同中共的土地革命,但更坚决反对国民党一党专制,要求国民党结束训政。中国共产党《八一宣言》发表后,他发表了《评〈共产党宣言〉并论全国大合作》、《从拥护政府说起》等文章,赞同国共合作,联合抗日,实现国内和平和民族团结,欢迎共产党的抗日民族统一战线政策,并认为《八一宣言》的发表标志着中共政策的"转向"。

1937年"七七"事变后,张东荪正式形成了调和共产主义与资本主义、国民党与共产党,借以共同对抗日本帝国主义侵略的所谓"中间性的政治路线"。1938年初,他与叶笃义等人从北平秘密至汉口、桂林,借参加国民参政会之机准备将此意见直接进献给国民政府。但他有见于"国共合作并不是建立于诚意真心,政府未必采纳",便扫兴地返回北平。在燕京大学,他一面教书,从知识社会学角度研究社会,著述《知识与文化》一书(1946年作为吴文藻主编的《社会学丛刊甲集第二种》由商务印书馆出版);一面关注和研究国内外时局的发展,与中共地下党接触,介绍学生离开北平到中共领导的抗日根据地或西南大后方。

1941年12月8日,日本对美国宣战,日本宪兵包围并强占了燕京大学,张东荪与其他十名燕大教授被捕。他先被送到西苑日本宪兵队,不久押送到沙滩旧北京大学的红楼(北平日本宪兵总部所在地)。关押两个月后，1942 年 2 月，他被移送铁狮子胡同日本军部，然后押解炮局胡同陆军监狱。张东荪先后自杀四次而未遂，并与看守厮打，不屈服于日寇的淫威。1942 年 6 月 18 日，被日军判处一年半徒刑，缓刑三年。在写了一具"出狱以后不离开北平"的保证书后，他被保释出狱。在此后三年间，他的行动时时为日本宪兵监视。出狱半年后，他开始撰写《知识与文化》的续篇——《思想与社会》一书。此后，他"继承前两书中所说的问题而想从另一方面作进一步的发挥"，遂著成《理性与民主》。这三部著作，构成了张东荪独立的知识论体系，形成了较完整的文化思想和"渐进的民主主义的社会主义"政治理论。

1944 年，张东荪加入中国民主同盟，并任中央常委。1945 年 11 月，他作为民盟代表从北平飞赴重庆参加政治协商会议。他任政治协商会议军事组的召集人及综合委员会委员。1946 年 1 月 16 日晚，在沧白堂政协会议讲演会场，张东荪与郭沫若作为报告人介绍政协会议情况时，国民党特务进行捣乱。他拍案而起，怒斥特务们的无耻行径。政协会议结束后，他重回北平燕京大学。

1946 年 5 月 22 日，他在天津青年会演讲《一个中间性的政治路线》，把抗战初形成的"中间路线"的主张正式公布于世。他认为"中国必须于内政上建立一个资本主义与共产主义中间的政治制度"，"政治方面比较上多采取英美式的自由主义与民主主义，同时在经济方面比较上多采取苏联式的计划经济与社会主义"。在国共两党关系上，"要把他们中偏右者稍稍拉到左转，偏左者稍稍拉到右转，在这样右派向左，左派向右的情形下，使中国得到一个和谐与团结，并由团结得到统一"。该文发表后，立即引起较大反响，施复亮、储安平等人纷纷著文，赞同并鼓吹所谓"中间路线"。当国民党违背政协决议，非法召开"国民大会"时，张东荪拒绝参加"国民大会"，并与参加"国大"的张君劢"划地绝交"，以抗议国民党的一党专制。

1946 年底，他赴上海，参加中国民主同盟召开的一届二中全会。在会上他当选为民盟秘书长，为在国内重建和平而努力。1947 年 3

月，施复亮在《时与文》创刊号上发表《中间派的政治路线》，引起了张东荪的同感和共鸣，他一口气写了《追述我们努力建立“联合政府”的用意》、《和平何以会死了》及《美国对华与中国自处》，进一步阐发中间路线的政治主张。当时，美国副总统华莱士(Henry Agard Wallace)由美赴欧，鼓吹和平。而张东荪在国内也鼓吹和平，一时引起较大震动。张东荪被人称为“东方的华莱士”。

1947 年冬，国民党包办国民大会，准备所谓“行宪”国民大会。梁漱溟发表《预告选灾追论宪政》一文，抨击国民党独裁专制，对中国能否走上“英美式宪政之路”表示怀疑。张东荪也著文《我亦追论宪政兼及文化的诊断》，认为中国自民国以来所有的选举都是特殊势力所利用。西方民主制度本身是中性的，无所谓好坏，“而毛病还是出于中国本身”，是由于中国“文化之失调”。该文发表后，立即引起较大争议。北京大学教授樊弘发表《与梁漱溟张东荪两先生论中国的文化与政治》。12 月 3 日，张东荪发表《敬答樊弘先生》，接着又发表了《关于中国出路的看法——再答樊弘先生》、《政治上的自由主义与文化上的自由主义》、《经济平等与废除剥削》等文章，围绕“中国出路”问题展开激烈的讨论。

1948 年 7 月，张东荪著成《民主主义与社会主义》，该书“主要在于说明社会主义在理论上只是民主主义的后身，二者本是一物，若以为二者对立，且有冲突，乃是错误的。同时要说明经过历史的教训，社会主义者早已将若干不切实际的地方自行删去了”。这部著作一经出版立即畅销全国，在社会思想界引起较大反响。随后，张东荪发表了《增产与革命》、《论真革命与假革命》、《知识分子与文化的自由》等文，重新调整自己的政治思路，倾向于中共提出的“新民主主义”，认识到“知识分子不足为社会的中坚”，提出中国今后的前途只有一个，即“新型民主”。“新型民主”实际上与中共的“新民主主义”是一致的。

此后，张东荪多方与中共地下党秘密接触。1948 年底，他代表民盟建议傅作义将军与中共联系，走和平解放北平的道路。12 月 24 日，他作为傅作义的和谈代表到蓟县与中共代表秘密谈判，为和平解放北平作出了重大贡献。1949 年初，他到河北石家庄与中共领袖毛泽东会晤，并于 9 月参加了中国人民政治协商会议。中华人民共和国成立后，他任中央人民政府委员、政务院文化教育委员会委员兼燕京大学(后为北京大学)教授。1952 年因故辞去政府职务。1973 年 6 月 2 日病逝于北京。

## 主要参考资料

张东荪:《科学与哲学》，上海商务印书馆 1924 年 6 月第 1 版。

张东荪:《人生观 ABC》，世界书局 1928 年 7 月第 1 版。

张东荪:《新哲学论丛》，上海商务印书馆 1929 年 8 月第 1 版。

张东荪:《道德哲学》，上海中华书局 1931 年 1 月第 1 版。

张东荪:《认识论》，世界书局 1934 年第 1 版。

张东荪:《价值哲学》，世界书局 1934 年 7 月第 1 版。

张东荪:《唯物辩证法论战》，北平民友书店 1934 年 10 月版。

张东荪:《知识与文化》，上海商务印书馆 1946 年 1 月第 1 版。

张东荪:《思想与社会》，上海商务印书馆 1946 年第 1 版。

张东荪:《理性与民主》，上海商务印书馆 1946 年 5 月第 1 版。

张东荪:《民主主义与社会主义》，上海观察社 1948 年 7 月第 1 版。

辽宁大学哲学系编:《中国现代哲学史资料汇编》、《中国现代哲学史资料汇编续集》。

叶笃义:《我和张东荪》、《我和张君劢》，《文史资料选辑》增刊第 2 辑，中国文史出版社 1987 年 6 月版。

# 张 发 奎

熊尚厚　陈宁生

张发奎，字向华，1896 年 9 月 2 日(清光绪二十二年七月二十五日)生，广东始兴人。张家祖辈世代务农，父张居之为刑房小吏。1904 年张发奎入私塾，1907 年入县立高等小学堂。1910 年辍学去广州，先充佣工，后入习艺所学染织。1911 年武昌首义成功，他投模范团当兵。1912 年春考入广东陆军小学堂，经该校教官邓铿介绍加入同盟会。1914 年升入武昌第三陆军中学。1916 年 5 月，他偕同学数人离校回粤，参加孙中山领导的第二次讨袁之役，在广东对龙济光、莫荣新作战。1917 年随胡毅生在广东士敏土厂任事。同年冬，孙中山任命陈炯明为援闽粤军总司令，张随军前往福建漳州。1920 年 8 月，援闽粤军回粤，驱逐盘踞广东的桂系军阀，他任督战队长。11 月，粤军进行整编，组建第一师，邓铿任师长，张发奎任少校副官。

1921 年 12 月，孙中山于桂林设立北伐大本营，从第一师抽出三个营成立大本营警卫团，张发奎任该团第三营营长。1922 年 3 月，孙中山设大本营于韶关，张发奎随部移驻韶关。6 月 16 日，陈炯明在广州叛变，派兵进袭韶关，张率部战于翁源，后退入粤北始兴仙人岭。其后，归粤军梁鸿楷第一师统领。11 月，改隶第一师第二团，编为第三营，他仍任营长。

1923 年 1 月，孙中山联络滇桂军杨希闵、刘震寰入粤讨伐陈炯明，张发奎率第三营与工兵营营长邓演达在肇庆起兵响应，共同组织讨贼联军，于 1 月 15 日进驻广州，后退守江门。2 月，孙中山重回广州任大元帅，张发奎以进攻肇庆有功，升任该师独立团团长。1924 年春，张团改称第一团。次年春，参加第一次东征及平定刘震寰、杨希闵之乱，第一团屡立战功。

1925 年 7 月，国民政府在广州成立，驻粤各军整编为国民革命军，粤军第一师扩编成第四军，李济深任军长，张发奎任独立旅旅长。9 月，参加第二次东征讨伐陈炯明及南征讨伐邓本殷。张发奎在南征中升任第十二师副师长，翌年 1 月升任师长。

1926 年 7 月，国民政府在广州誓师北伐，张发奎奉命率领第十二师由琼崖北上进军湖南，担任湘江东岸作战。在攻战醴陵、平江战役中，击败直系军阀吴佩孚的军队，战绩卓著。吴佩孚部退入鄂境后，集结重兵据险扼守汀泗桥。8 月 26 日，张发奎率部参加汀泗桥之战，指挥黄琪翔团、第三十五团及叶挺独立团夹攻铁桥，攻克汀泗桥。吴佩孚随后率刘玉春、陈嘉谟等部二万余人设防贺胜桥顽抗。北伐军第八军唐生智、第七军李宗仁等在咸宁召开军事会议，张发奎前往参加。会议决定以第八军由金口渡江袭取汉阳，以第四军沿粤汉路直扑贺胜桥阵地。30 日，张指挥叶挺独立团和缪培南第三十五团攻克贺胜桥，从而打开了通往武汉的重要门户。第四军经汀泗桥和贺胜桥两役，也赢得了“铁军”的称号①。随即，张发奎所属各团，会同第十师及第七军参加围困武昌的战斗。10 月 10 日，吴军第三师吴俊卿出降，打开城门内应，张师与陈铭枢师迅速将刘玉春、陈嘉谟两部缴械，攻克了武昌城，取得了北伐战争中具有决定意义的胜利。10 月 20 日，第十二师被调援赣，张发奎率部参战马回岭战役，又协同第七军及湘军贺耀组师，击溃德安之敌。江西战役后，第十二师于 11 月下旬回师武汉，张发奎升第四军副军长，仍兼第十二师师长。1927 年 1 月，张发奎晋升军长，辖第十二、二十五两师。是月 15 日，武汉粤侨联欢社赠第四军铁盾，誉以

---

① 张发奎等编：《第四军纪实》，《近代中国史料丛刊续编》第 49 辑，台北文海出版社 1977 年影印本，第 91、126 页。

“铁军”荣誉①。2月，张发奎又兼第十一军军长。3月中旬，国民党中央召开二届三中全会，张发奎当选为军事委员会委员。4月初，武汉国民政府决定继续北伐奉军，张发奎任唐生智第四方面军第一纵队司令官。

“四一二”政变后，宁、汉两方公开分裂，张学良率奉军与吴佩孚残部联合，欲经河南南下进窥武汉。武汉国民政府乃于4月19日誓师北伐，张发奎率领第四军于21日离开武昌，前往河南作战。5月13日，张发奎在汝南指挥所部分头向黄埠、上蔡、蔡部口等地前进，嗣后又进占临颍城。6月5日，张发奎部进克开封城。6月10日，冯玉祥、汪精卫等举行郑州会议，张发奎亦前往参加。郑州会议后，河南军事交由冯玉祥第二集团军负责，北伐军回师武汉。武汉国民政府决定东征讨蒋，将唐生智部扩充为第四集团军，张发奎任该集团军第二方面军总指挥，辖第四军、第十一军及暂编第二十军。

“七一五”武汉汪精卫集团分共前后，张发奎虽继续拥汪，但并不热心反共。7月下旬，第二方面军东征进至九江、南昌。当汪精卫等得知共产党准备南昌起义的消息，29日紧急在庐山召开会议商讨对策，决定在第二方面军中实行“清共”。张会后回到武汉执行“清共”，并率所部向南昌逼进。8月1日，共产党人举行南昌起义。张发奎率第四军进入南昌，将所部交黄琪翔率领南下广东，自己经上海转道去香港。

9月下旬，黄琪翔率第四军经韶关进入广州，广东省主席兼第八路军总指挥李济深派陈可钰迎张发奎至广州主持军政。张发奎到广州后，兼任国民党广东省党部改组委员。10月下旬，汪精卫、陈公博由上海抵达广州设立国民党中央执监委会，与南京的特别委员会对抗，李济深、黄绍竑不予赞同。张发奎和第四军军长黄琪翔在汪精卫的指挥下，于11月17日发动广州政变，将黄绍竑和李济深的留守部队缴械，公开

① 张发奎等编：《第四军纪实》，《近代中国史料丛刊续编》第49辑，第91、126页。

宣布反对南京特别委员会。19 日，张发奎行使军事委员会广州分会职权，集结兵力于东江、西江、北江，发动“驱桂运动”，将黄绍竑驱回广西。12 月上旬，共产党人举行广州起义，第四军于肇庆回师镇压。国民党反汪各派趁机反攻汪、张。张发奎于 18 日被迫通电离部，随即去日本。

1929 年 3 月，蒋桂战争爆发。4 月，张发奎从日本回国，蒋介石任命他为讨桂右翼军第一路军司令官，率整编后的第四、第十、第十一等师入鄂，驻于宜昌、沙市。5 月初，张发奎兼任第四师(原第四军)师长。9 月上旬，蒋冯战争爆发，蒋介石下令调张发奎部克日移防陇海路东段阻击冯玉祥军，暗中计划于该部途经浦口时予以缴械，然张发奎在汪精卫的策动下再次举兵反蒋，被汪精卫委为“护党救国军”第三路总司令。张部在鄂西击败蒋军曹万顺师后，即取道湘西进驻广西梧州，恢复第四军称号，并与李宗仁、黄绍竑联合攻粤。12 月，张、桂军在广东花县和广西北流为蒋军何应钦部击败，张发奎率余部退回广西，又将所部缩编为第四师。

1930 年 5 月中原大战爆发，张、桂军举兵策应反蒋。张发奎又恢复第四军，与桂军共同入湘，6 月初占领长沙、岳阳，后为粤军蒋光鼐、蔡廷锴等所败，于 7 月底退回广西。经此挫折，张发奎意态消沉，离开第四军，后任军事委员会委员、广西省政府委员。1931 年 2 月，蒋介石软禁胡汉民于南京汤山，两广反蒋各派和汪精卫等于 5 月在广州召开“国民党中央执行委员会非常会议”。5 月 20 日，张发奎偕同白崇禧至广州，与陈济棠商讨两广军事统一问题。

“九一八”事变发生后，宁粤息争，张发奎经香港至上海，通电南京政府，请缨开往东北前线，支援黑龙江马占山抗日。11 月，在国民党第四次全国代表大会上，张发奎当选为中央监察委员。上海“一二八”抗战爆发，张发奎被第十九路军邀往协助指挥军事，但无实际兵权。3 月，他到南京再次请缨率领第四军北上援黑，但蒋介石不予理睬。张发奎痛感报国无门，乃于是年冬只身出国。在欧美各国，张发奎受到当地华侨的热烈欢迎。他在伦敦曾对天津《大公报》记者发表谈话，谓“祖国在今日，已危如累卵”，“苟有人愿牺牲一切，力捍外侮，余愿为一走卒，以从其后”，“如有机会，余愿率一旅之孤军奋起抗日，期有报国仇于万一也”①。“塘沽协定”签订后，华北危机日益严重。张发奎于1935年秋回国，到南京面见蒋介石，再次请求率部抗日。他对蒋说：“今后中国的出路，惟有抗战之一途。”蒋口头许他“日后抗战充先锋”②。翌年春，他出任皖、浙、赣、闽四省边区总指挥，1936年冬又改任苏浙边区绥靖主任，在该地区筹备抗日防御工事。

“七七”事变爆发后，张发奎义愤填膺，表示：“如果这次再不能对日作战，那么我决定入山为僧，今后永不问世事。”③“八一三”淞沪抗战时，蒋介石派张发奎任第八集团军总司令兼右翼军总司令，负责浦东战线作战。张发奎在奉贤县南桥设右翼军总司令部，积极构筑工事备战。战幕揭开后，主要战场在左翼，他派炮兵增援沪西陈诚部作战。8月下旬，日军第三师团藤田部及第十一师团室宗武等部在宝山、狮子林等处登陆，猛攻左翼军的宝山、罗店、浏河之线，同时对右翼军方面之川沙、浦东各地也取攻势，双方展开猛烈阵地战。鉴于日军在火力上占绝对优势，张发奎联合左翼军总司令张治中等向蒋介石建议，主张精确规定作战兵力使用的最高点，在苏嘉、吴福设第二抵抗线，如不能压制敌人，则使之转为持久消耗战，蒋未采纳。9月7日至10日，日军增援部队赶到，发动总攻。30日，日军在万桥、严宅、陆桥三处突破我军第七十七师正面阵地，左翼军被迫全面退却。同时日军亦从右翼对张发奎部发动数十次攻击，均被张部击退。为了防备敌人从侧面迂回，张发奎于金山方面配置炮兵及步兵警戒，并派出船队出入海面搜索敌军行踪。10月30日，日军强渡苏州河，左翼军及中央军均败退，蒋介石始改以张发奎指挥左翼军及中央军，以刘建绪接任右翼军总司令。面对严重

① 顾执中：《张发奎述志》，天津《大公报》1934年6月24日。

② 朱朴编著：《张发奎将军》，汉口群力书店1938年版，第31—46页。

③ 朱朴编著：《张发奎将军》，第47页。

的残破局面，张发奎表示“尽最后一分力”，“临到绝境”也“要死守下去”，“誓流最后一滴血”①。11月2日，他移指挥部于龙华附近的北干山。5日，日军从杭州湾、金山卫等处登陆，直趋松江。张部腹背受敌，他急令第六十七军吴克仁部死守淞江，以掩护淞沪六十万大军撤退。9日，吴克仁及其所部英勇牺牲，日军侵占松江、枫泾。12月初，张部奉命撤往江西。

1938年夏，张发奎任第二兵团总司令兼第八集团军总司令，参加武汉外围作战。10月，武汉、广州先后失守，张部退驻湖南平江。翌年春，张发奎担任第四战区司令长官，辖吴奇伟、余汉谋、夏威三个集团军，于广东曲江设战区司令部，负责广东、广西两省军事。同年冬，张部在粤北与日军苦战获胜。1939年冬，日军集中三个师团对桂南发动攻势；1940年2月，张率部取得昆仑关战役胜利，随后收复龙州、邕宁、钦县。1944年10月，日军企图打通平汉、粤汉及湘桂等铁路交通线，由湘粤分兵三路进攻桂林、柳州，张部牺牲甚大，经黔桂边境撤退至桂西百色地区。

1944年冬，张发奎改任第二方面军司令官。时中国军队为了配合英美同盟军对日作战，在缅甸开辟第二战场，于昆明设中国陆军总司令部，张指挥黎行恕、张弛、黄涛等四个军，驻守广西配合作战。1945年5月，张发奎率部反攻，先后收复邕宁、龙州、凭祥，并进兵梧州，准备反攻广州。

1945年8月15日日本投降后，张发奎被指派为广州地区受降主官。9月15日，他由南宁飞往广州主持接收。次日，在广州举行日军投降签字仪式。1946年春，第二方面军司令部结束，张发奎改任军事委员会委员长广州行营主任，同年夏再改任国民政府主席广州行辕主任兼广东绥靖公署主任。张发奎在抗日战争时期得李宗仁、白崇禧及魏德迈等人的支持而历任要职，战后蒋桂矛盾复起，他便受到了排挤。

① 朱朴编著:《张发奎将军》，汉口群力书店1938版，第41页。

1947 年冬，蒋介石调宋子文任广东省绥靖公署主任，张调任战略顾问委员会委员。

1948 年夏，南京蒋介石政权危机益深，介于国共之间的第三种势力颇为活跃。张发奎时任国大代表，决心趁机再起，在副总统竞选运动中采取“拥孙(孙科)”态度，企图在孙科当选后出任军事要职。同年冬，辽沈、淮海两大战役后，国民党广东派薛岳、余汉谋夺得了广东省绥靖公署主任及广东省政府主席职务，电请张发奎回到广州，共同提出“团结大广东”、继续“第一师精神”的口号，企图在广州建立一个既反蒋又反共的割据局面。1949 年 1 月，张发奎任海南特区行政长官兼海南建省筹备委员会主任。

1949 年 3 月，何应钦出任行政院院长，张发奎任陆军总司令。7 月，他得知蒋介石将来广州，遂辞去陆军总司令出走香港。11 月，李宗仁亦去香港，欲与张共同部署华南反共军事，请其再任陆军总司令，他公开声明拒绝。此后，一直寓居于香港。

1980 年 3 月 10 日，张发奎病逝于香港。

# 张　　钫

张友仁

张钫，字伯英，号友石，河南省新安县铁门镇人。生于 1886 年 7 月 17 日（清光绪十二年六月十六日）。其父张清和，为清光绪年间拔贡，曾任陕西乾州、鄜州州判。

1902 年，张钫随母至陕西父亲任所。不久，以客籍考入陕西陆军小学。1907 年毕业，以优异成绩被选送保定陆军速成学堂炮科学习。在校期间，与校友钱鼎、吕公望等组织军人革命团体“同袍社”，从事反清活动。

1908 年加入同盟会，并与河南民党密切联系。是年暑假乘返里之便，于巩县黑石关小学与河南同盟会主要负责人秘密会谈，为河南民党起义做准备。

1909 年底，张钫从保定陆军速成学堂毕业。第二年由陆军部分派回陕西新军任炮营右队排长，即与钱鼎、党自新等在新军内组织同盟会秘密联络组织“武学社”，并担任该社副会长（钱鼎任会长）。他经常以研究军事为名，在新军和陆军中、小学中传播革命思想，并与新军中的哥老会会众联系，发展反清势力。

1910 年 7 月 9 日（农历六月初三），张钫与在陕同盟会、哥老会主要成员三十余人，在大雁塔集会，“歃血为盟”，立誓为推翻清王朝而斗争。

1911 年 10 月 22 日，陕西同盟会为响应武昌革命，发动武装起义，张钫是主要组织、发动者之一。当日上午，同盟会、哥老会领导骨干在西安西郊的林家坟开会之后，张钫即先行入城侦察，率领部队首先攻占军装局，作为起义军的总司令部；并缴获大批枪支弹药，武装了徒手的新军战士，为光复西安立了首功。

11月初，张钫出任“秦陇复汉军”东征军大都督，率军东征；三战潼关，一度进兵到陕、渑一带，豫西民军万余人也来投奔，一时军威大振，吸引清兵数万，血战百余天，保卫了西安，推动了河南革命形势的发展，也减轻了武昌方面的军事压力，为武汉革命政权的存在和巩固，作出了重要贡献。

民国建立之后，张钫出任陕西陆军第二师（原东征军）师长，屯兵潼关。

1912年6月，张钫先后到北京和开封，面见袁世凯、张镇芳，呈准把原参加东征作战的河南民军编为“镇嵩军”，由刘镇华统领，回豫西“剿匪”。

1913年，袁世凯指使暗杀宋教仁，激起全国人民的反对，孙中山发动“二次革命”，派人赴河南、陕西与刘镇华、张钫联络。袁世凯得到密报，急调张钫率部移军四川。张钫身陷川东，孤掌难鸣，未敢轻举。

袁世凯扑灭了“二次革命”，1914年调张钫回陕西任陕南镇守使，驻汉中。第二年，又调张钫进北京，名义上任将军府的将军，实际上是进了袁世凯的无形囚笼。张钫进京后，受到袁世凯爪牙的严密监视；但他仍然与在京反袁志士联系，探听袁世凯帝制活动消息，并暗中与河南和陕西的刘镇华、陈树藩联系，组织豫陕反袁联盟，准备起兵反袁。

1916年3月，张钫经长时间谋划之后，假托回河南为袁世凯筹办民团为名，回河南领导豫陕联军，以策应云南护国军，讨伐袁世凯。不料刘镇华叛盟投靠袁世凯，并向袁告密，所以他一到开封，就被河南督军赵倜扣押，并当即转押到北京。这时全国反帝斗争已全面展开，袁世凯进退失据，无暇顾及此案，加之张钫在京好友多方营救，把案子拖下来。6月，袁世凯在一派讨伐声中死去，张钫获释。

1918年，陕西各部靖国军，在征伐依附于北洋军阀政府的陈树藩、刘镇华的战争中，久战不胜，共约于右任、张钫赴陕统一领导靖国军。张钫应约离京，8月下旬至三原与先行至此的于右任组织靖国军总司令部，于右任任总司令，张钫任副总司令。各路靖国军得到统一整编，加强了对陈、刘集团的攻势，扭转了战争的局势。张钫经常深入前线指挥作战，并在戎马倥偬之间，检阅古诗，编成《历代军事分类诗选》。

1921年，陈树藩、刘镇华集团瓦解，靖国军也随之解体，张钫因父丧返乡守制。在故乡三年，张钫创办了铁门小学，并资助县政府在铁门成立“续修县志局”，还集股筹资创设“观音堂民生煤矿股份有限公司”。

1924年，冯玉祥发动“北京政变”之后，胡景翼任河南督军。仍然盘踞陕西的刘镇华派憨玉琨部进军河南，欲与胡争夺中原。张钫不忍家乡战火再起，祸害百姓，乃发“弭兵电”，呼吁双方罢兵，以宁中原，并来往奔走于胡、刘之间，从中调解，终于无效。

1925年2月，在豫西爆发了“胡憨之战”，这时张钫尚在开封胡景翼处。当他辞胡西归，途经洛阳时，刘镇华强把他留在军中，并发表张钫为前线“副总指挥”。张钫囿于镇嵩军的旧关系，参与了军事行动。3月，战争迅速结束，镇嵩军惨败。张钫为胡部所扣，几遭杀害。由于省参议郭燕生和驻军洛阳的樊钟秀的全力营救，才免于难。

8月，于右任为促成冯玉祥的国民军与广州革命政府合作，约请张钫到北京。1926年4月，国民军被迫撤离北京，直鲁联军入京严查国民党人，张钫避居天津，以埋头搞实业作掩护，观察北方局势的变化。7月，广州革命军出师北伐，张钫微服返豫，与国民党人郭燕生、张鸿烈等取得联系，筹划迎接北伐军，并以观音堂煤矿资金资助河南国民党人的秘密活动。1927年，在五原誓师参加北伐的冯玉祥军解西安之围后，张钫应于右任、冯玉祥的邀请，到了西安。5月，随冯军返豫，参与谋划军事和河南政务。

1928年9月，张钫任河南省建设厅长，兼省赈务会主席。他在掌建设厅期间，主持植树造林，修建公路，颇有成绩。是时，豫西兵、匪、旱三灾并袭，大批灾民扶老携幼到开封谋生，张钫多方筹款放赈、开舍饭场，并用“以工代赈”方式，安排灾民生活。

1929年，蒋、冯战争爆发，张钫因参与了蒋介石收买韩复榘的活动，开始与冯玉祥分道扬镳。

1930年春，蒋、冯、阎中原大战爆发。5月，蒋介石在徐州约见张钫，委任他为河南省代理主席，利用他在河南地方的影响和他与西北军的密切关系来对付西北军。7月，蒋介石又加委他为第二十路军总指挥，促使他加强对西北军的分化工作。接着张钫飞抵漯河，乘阎、冯联军失败之际，收编了万选才（时已被蒋介石枪毙）旧部，使二十路军一度拥有一个军八个师的兵力。

10月，国民党河南省政府成立，蒋介石任命刘峙为省主席，以张钫为民政厅厅长。二十路军经国民党中央整编为七十五、七十六两个师，张钫以二十路总指挥兼任七十六师师长。此后，他又担任河南“清乡督办”，指挥二十路军在河南各地“剿匪”。是时，张钫在执行军务中，看到豫西地区历年出土大量唐代墓志，不为人所重视，甚为痛惜，遂于1931年夏委专人代为搜购，妥为保存。此事前后历经五年，共得唐志及其他石刻千余片。1936年在故园“蛰庐”单辟一天井院，建砖拱窑十五孔，将志石镶嵌在窑内外墙壁间，并请章太炎以古篆题额为“千唐志斋”。

1932年春，张钫奉命到潢川“剿共”，历时一年，遭到红军沉重打击。年底，带七十六师移驻许昌进行整补。第二年7月，七十六师移驻洛阳西工，负责豫西“剿匪”事宜。张钫以“剿”、“抚”结合的政策，把豫西主要杆头收编在自己部下。

1934年春，二十路军回驻许昌、南阳一带。南阳是东汉大医学家张仲景的故里，南阳“医圣祠”历来是医界景仰的圣地。但是，由于军阀的破坏，当地豪强的劫夺。“医圣祠”已破败不堪。张钫目击神伤，愤然枪毙了霸占“医圣祠”地产的劣绅先及元，发愿重修“医圣祠”，并计划创设“国医学校”，以光大祖国医学。后因蒋介石命令张钫赴江西参加第五次“围剿”红军的战争，此计划未能实施。这期间，张钫还购得《万有文库》、《四部丛刊》、《四部备要》多部和一批精印的儿童读物，分别捐赠给故乡铁门和新安、偃师、洛阳、许昌、南阳等地，建立公共图书馆。

是年9月，张钫奉蒋介石命令带领二十路军进至江西的临川、光泽、邵武、南城一带，参加对红军的第五次“围剿”。10月，红军主力突围远征，根据地只留有少数游击队在坚持斗争。红军游击队灵活机动的战术，曾使二十路军常年奔波于深山茂林之中，备受疲惫之苦，且二十路军官兵多系北方人，大都不服水土，在江西三年，仅死于疾病者就有数千名。

1937年，上海“八一三”抗战爆发，张钫升任第十二军团长，移驻苏州，所部在昆山前线与日寇作战。9月下旬，蒋介石任命张钫为第一战区抗日预备军总司令，令其回河南收编地方武装。张钫奉命到河南，处处碰壁，方悟这是蒋借机剥夺自己兵权的阴谋，因此一气上了鸡公山。1938年2月，已经西迁在重庆的国民党政府，任命张钫为军事参议院副院长（后改任代院长），但他仍住鸡公山。后来日军逼近武汉，他才携眷至西安。

此后，一直到抗战胜利，张钫除因公务短时间逗留重庆外，长期居住西安。在这里，他倡办麟凤煤矿公司、沔县民主煤矿公司，组织西北建设促进会，致力于实业开发工作，并捐资帮助陕西著名中医黄竹斋刻版印行了东汉医学家张仲景所著《伤寒杂病论》第十二稿，使这一中医珍籍得以传世。

抗战期间，河南水、旱、蝗、汤（恩伯）四害横行，逃荒到陕西乞食的灾民难以数计。豫西沦陷后，更有大批难民涌进西安，充塞于街道和城壕之间。张钫以河南同乡会会长身份向西安市民募征馒头、大饼，救济难民，并多方奔走；甚至变卖汉中私产，筹粮筹款，放赈，开舍饭场，以解难民燃眉之急。张钫还创办“西北中学”，安排难民子弟入学就读；接着组织“西北移民垦干班”，短期培训移民干部和医生，有计划地组织难民向甘肃、新疆移民。

1944年春，流亡在豫西潭头镇的河南大学遭日寇袭击，数百名学生辗转到西安，衣食无着，露宿街头。也赖张钫救助，河南大学很快安顿在宝鸡复校上课。抗战胜利后，张钫又亲自出面，为河南大学争取到一笔“善后救济款”，才使河南大学顺利回到开封复学。1945 年 5 月，张钫当选国民党第六届中央执行委员。

抗战胜利后，张钫先后担任过国民党政府国策顾问、总统府顾问，并被授予上将军衔，但这都是作为蒋介石安抚杂牌军将领的闲职。

1949 年 9 月，全国即将解放，蒋介石飞抵重庆，妄图负西南一隅作最后挣扎，遂委张钫为“鄂豫陕边区绥靖公署主任”，希望张钫重新拉起一方势力，为他支撑残局。不久，解放军大举入川，解放重庆，包围成都。张钫乃串联国民党第二军、十五军，连同本部共六万余人，于 12 月在成都近郊郫县通电起义。第二年，随军到天水，在彭绍辉军长欢迎起义军将领的招待会上，张钫痛陈“觉今是而昨非”，坚决表示要和人民一道，努力建设新中国。

1951 年，张钫定居北京。1954 年，担任全国政协第二届委员会委员。1966 年 5 月 25 日因患癌症逝世，葬北京八宝山公墓。1986 年，张钫诞辰一百周年纪念，骨灰迁回故里，安葬于千唐志斋旁。

## 主要参考资料

张钫：《风雨漫漫四十年》，中国文史出版社 1986 年版。

黄元吉等：《张钫事略》，中国人民政治协商会议河南省委员会文史资料研究委员会编《河南文史资料》第 7 辑，1982 年版。

《〈张钫事略〉和〈王拱璧事略〉中几件史实的订正》，《河南文史资料》第 9 辑，1983 年版。

张应超：《对〈张钫事略〉一文的几点质疑》，《河南文史资料》第 10 辑，1984 年版。

《河南文史资料》第 18 辑，1986 年版。

# 张凤翙

张应超

张凤翙,字翔初,原籍河南沁阳县。1881年2月5日(清光绪七年正月初七)生于陕西西安府咸宁县菊花园(今属西安市)。其父由河南逃荒到陕西,以打铁为生,后来在西安广济街开了一家小铁器店。

张凤翙早年中过秀才,名列咸宁县同榜第一。1902年考入陕西陆军武备学堂。1904年秋毕业,即由清政府选送日本学习军事。到日本后考入振武学校,1906年毕业,升入士官学校骑科,为该校第六期学生。他在振武学校上学时加入过同盟会,而且是留日士官学生中同盟会员骨干"丈夫团"的成员。他根据黄兴对留日士官生要隐蔽的指示精神,入会不久就烧毁了同盟会会员证书,也没有参加同盟会的革命活动。当时陕西留日学生有渭北派和咸长派之分。渭北派政治上比较激进,咸长派比较保守,张凤翙是咸长派的中坚人物。他能写诗做文章,但却不愿意给留日学生办的进步刊物写稿。1907年,陕西留学生党松年等人在东京创办《秦陇》杂志,请他写稿,他说:"你们这些醋桶子用笔杆子革命,我们军人革命,要用枪杆子。"①一笑了之。

他在日本留学期间,曾多方设法抄录日本的军事机密转送到清政府陆军部。其中有一份重要情报经陆军学生监督李士锐之手转送,李

① 党松年:《回忆辛亥革命秦陇复汉军东西路战斗始末记》(手稿),存中国人民政治协商会议陕西文史资料办公室。

士锐却以自己在日本留学的儿子的名义送回国内。张凤翙本来就对李士锐压制中国留学生的行为深为不满,得知此消息后更加愤怒,就借故打了李士锐。李士锐心中有鬼,当时虽未敢发作,却在张凤翙的毕业成绩报告书中报复,致使张凤翙毕业回国后清政府不准他参加留学生考试,并给了他一年内不准录用的处分。

1909年,张凤翙回到西安家中赋闲,经人推荐,在西安府衙门做缮写。1910年春,被委任为陕西新军督练公所委员,同年冬升任新军第三十九混成协司令部参军,接着又改任参谋兼二标一营管带。他在新军任职期间,虽未直接参加同盟会的活动,但和新军中同盟会的骨干张钫交往甚密,常在一起谈论革命。这一时期,他与早年时的同学惠春波在西安菊林寺创办了"菊林小学",联络康寄遥等进步人士兴办教育。西安起义前夕,他和协统刘鸿恩、二标标统周殿奎的矛盾已十分尖锐,个人处境也很危险,这也是他参加西安起义的一个重要原因。

武昌起义以后,陕西反动当局非常恐慌,阴谋调新军离开西安后大肆搜捕革命党人。新军中同盟会负责人钱鼎和张钫得知消息,遂于10月20日召开会议,决定提前起义。在商定起义总指挥人选时,钱鼎提议张凤翙任总指挥,得到大家赞同。这时,张凤翙率部在临潼野操,钱鼎和张钫立即派人请他速回西安共商大计。10月21日下午,张凤翙率部回西安。当晚,钱鼎和张钫告知他开会经过,他毫不犹豫地说:"我同意各要点,即干,义无反顾。如果失败,祸我承担,生死与二君共之。"①10月22日,西安起义爆发,一举成功。张凤翙被举为"秦陇复汉军"大统领,陕西军政府随即成立。

陕西起义以后,清政府先后派遣大军从东西两路向陕西进攻,妄图剿灭陕西革命。张凤翙亲赴东西战场,冒着炮火指挥作战,备尝艰辛,

① 张钫:《陕西辛亥革命回忆》(油印本),存中国人民政治协商会议陕西文史资料办公室。

为保卫陕西革命作出了贡献。

1911 年 12 月 9 日，张凤翙任“中华民国秦军政分府”大都督。

陕西新军中的会党曾在西安起义中起过巨大的作用，但起义后张凤翙却打击排斥会党。1912 年 1 月，他致函黎元洪，请湖北派军队来陕西驱除哥老会势力。2 月陕西东路议和以后，赵倜所部奉袁世凯命令进入陕西增援西路民军，他又想借此力量对付哥老会。4 月 13 日，他在西安亲手枪杀了哥老会重要首领、“秦陇复汉军”副大统领万炳南，陕西各地大规模地镇压会党即从此开始。

1912 年 8 月，北洋政府任命张凤翙为陕西都督。同月，同盟会改组为国民党，张凤翙任“国民党秦支部”支部长。他与钱鸿均等人创办了西北大学(设商、法、农、文学院)，又与井勿幕、张云山、李桐轩、郭希仁等人发起创办易俗社等文化艺术团体。袁世凯窃国以后，张凤翙为了维持自己的地位，向北洋政府妥协。他派人通过旧官僚江朝宗和袁世凯拉关系，排挤在陕西的民党左派人物，致使井勿幕、曹印侯、杨叔吉、胡景翼等人都先后被迫离开陕西。1913 年 7 月“二次革命”爆发，各省讨袁军纷纷急电陕西，要求张凤翙起兵响应。张凤翙却坚决反对起兵讨袁，并秉承袁氏旨意通电声讨孙中山和黄兴；还电令张钫执行袁世凯的命令，率部入川镇压熊克武领导的反袁斗争。8 月 28 日，陕军第一师团长王生岐起兵讨袁，他又派兵镇压。“二次革命”失败后，他根据袁世凯指令枪杀了积极反袁的民党左派人物邹子良、马开臣，以取得袁氏信任。但袁世凯却因 1913 年 6 月孙中山和黄兴曾派人和他联络反袁(送信人杨体锐、于化卿在河南被刘镇华杀害，未到陕西)，还是对张凤翙不信任，并准备伺机派亲信取而代之。

1914 年，白朗起义军入陕，张凤翙奉袁世凯令并亲率大军在兰田、商县一带堵截，并枪决了进攻白朗义军失败的陕军团长岳翰林示众。7 月，袁世凯派亲信陆建章率大军以追剿白朗军为名入陕，随后调张凤翙入京，封为扬威将军，免去他在陕西的职务。张凤翙离开陕西赴京过潼时，感慨吟诗："屠门大觉梦一场，醒来犹未熟黄粱。三年威信一朝失，自愧不如陆建章。"①袁世凯称帝前，授意亲信联络知名人士上表劝进，张凤翙也名列其中。

袁世凯垮台后，他的思想有较大的转变。1917年，张勋复辟，他只身赶回陕西准备组织力量反抗，因陕西督军陈树藩阻挠而未能实现。张勋失败，他才回到北京。1924年，胡景翼派李可亭去北京请张凤翙回陕西组织力量驱除刘镇华在陕西的势力，他再次回陕。途经山西时被阎锡山发现，阎告知刘镇华驻山西代表。因此，他一到陕西就被刘镇华软禁，经崔云松等人奔走活动后始被释放回北京。此后一直在北京闲住，没有参加什么政治活动。

"七七"事变前夕，他目睹日寇向我国发动全面进攻的企图与日俱增，北平危在旦夕，张凤翙不愿留在北平做亡国奴，遂于1937年7月8日只身乘飞机回到西安。友人问他为何不带家眷一起回陕，他说："我是秘密回来的，迟则被日寇截住，不堪设想矣。"②回陕后，即与友人在西安，筹办菊林中学，1940年春招生。抗日战争期间，他先后担任过陕西省临时参议会议员、省政府顾问和国民参政会参政员。1940年，他六十岁生日时，曾在自书的对联中写道："少年头等闲白了，叹三十功名尘与土，人思鹏举；阳春脚大步来兮，历百二山河雄且壮，岁在龙缠。"③其爱国思想可见一斑。1943年，张凤翙到重庆参加参政会，周恩来特地到他下榻的地方去看望他④。1945年，他率领"陕西各界慰问豫西抗日前线将士代表团"亲赴豫西各地慰问抗日军队。1949年5月18日，胡宗南逃离西安时，以"保护安全"为名，把张凤翙和寇遐、马彦翀等人裹胁到汉中，接着下令送往台湾，张凤翙等人坚决拒绝去台，又被送

① 王增尧：《张凤翙二三事》，陕西省文史研究馆编《秦中旧事》，上海书店1992年版，第44页。

② 王增尧：《张凤翙二三事》，陕西省文史研究馆编《秦中旧事》，第44页。

③ 笔者访问郑自毅先生笔记，存中国人民政治协商会议陕西文史资料办公室。

④ 笔者访问张月昭笔记，存中国人民政治协商会议陕西文史资料办公室。

往兰州。兰州解放后,彭德怀司令员曾派专人慰问他和寇、马二人。8月下旬,三人返回西安,受到陕西党政领导和各界人士的热烈欢迎。

中华人民共和国成立后,张凤翙历任西北军政委员会委员,西北行政委员会委员,陕西省人民政府副主席、副省长,第一届全国人大代表等职务。他对新中国的革命和建设事业充满热情,积极参与。抗美援朝战争爆发后,他的亲属参军,请他题词留念。张凤翙欣然命笔写到:"抗美援朝,保家卫国,吾家诸孙中亦有爱国分子参与,何幸如之,努力前进,勉之,望之。"①其爱国之心跃然纸上。1958年7月29日,他因病在西安逝世,遗体安葬于西安烈士陵园。

张凤翙在书法和诗词方面均有颇深造诣。

① 张凤翙1951年1月12日为张叔纲题词。

# 张　福　来

张学继

张福来，字子衡，1871 年（清同治十年）生于直隶交河县（今河北省泊头县）。早年投北洋常备军第三镇当兵，后入天津武备学堂学习。毕业后，回第三镇第一营任队官。不久，吴佩孚调任第三镇第一营管带。张福来是行伍出身，对这位有学问的新管带佩服得五体投地。吴佩孚见胖墩墩的张福来讲义气，二人说话投机，很快就换帖子，结拜为金兰兄弟。吴佩孚对张福来很关照，保举张福来由队官升为帮带。1907 年，第三镇从保定调到东北长春驻防。此时，第三镇统制换成了曹锟。从此，张福来的沉浮与他的金兰兄长吴佩孚以及直系最高统帅曹锟紧密联系在一起。

1911 年 10 月 10 日，辛亥武昌起义爆发，第三镇被清廷调回保定担任京畿的防务。10 月 29 日，山西革命党人宣告独立，成立军政府。曹锟奉袁世凯之命率保定驻军从石家庄循正太铁路进攻山西娘子关的革命军。当时曹锟部下的炮三标刘标统与山西革命军的前敌总指挥姚以价秘密联络，他们设计：姚以价埋伏在娘子关上，刘标统坐在第三镇火车的最前一节列车，欲乘黑夜胁迫司机在井陉车站不停，径直开到娘子关下，让娘子关上的革命军一举消灭进攻山西的第三镇。就在火车过井陉车站时，被吴佩孚发现，叫醒随他在一起的张福来。张福来随吴佩孚经过一番搏斗，缴了刘标统的枪。急刹车往后倒，使曹锟免作山西革命军的炮下鬼。

1916 年 1 月 1 日，袁世凯宣布实行帝制，自称洪宪皇帝。云南率先宣布独立，组织护国军，讨伐袁世凯，时任团长的张福来随曹锟南下与蔡锷的护国军作战。蔡锷指挥护国军夺取泸州。曹锟率军在化阳山与蔡锷交战，被蔡锷切断退路，包围在化阳山上。张福来随当时任旅长的吴佩孚冲上山解救危在旦夕的曹锟。为掩护曹锟下山，张福来带着自己的一团人从正面往山下冲，被护国军紧紧咬住追杀。张福来损失了一连多士兵，总算掩护曹锟逃出化阳山脱险。1918 年，曹锟升任直隶督军兼省长，后又加两湖宣抚使，成为了辖几省的大员。由于张福来两次与吴佩孚救曹锟，曹锟将他自己兼任的第三师师长之职让给了吴佩孚，而吴佩孚担任的第六旅旅长之职则给了张福来。

此后，张福来作为直系的一员战将，先后参加了讨伐南方护法军的战争以及讨伐张勋辫子军的战争。1920 年 7 月，直皖战争爆发，张福来率第三师第六旅重创固安、大兴中路一线的皖军。直皖战争以直系胜利而结束。战后直系大扩军，张福来升任陆军第二十四师师长。

1921 年，湖南的地方军阀赵恒惕与四川的地方军阀刘湘联合攻打直系湖北督军王占元。奉曹锟命令，张福来随吴佩孚兵出河南，赴湖北“援鄂”。张福来担任援鄂军第一路总指挥，首战攻陷湘军占领的城陵矶，随即对岳州发起攻击，重创湘军。打败湘军后，张福来又在宜昌与川军激战。川军退却后，吴佩孚委张福来为湖南、湖北、江西三省联防总司令。

1922 年，第一次直奉战争爆发。吴佩孚任直系前敌总司令。张福来奉命从南方率军回北方参战，担任中路副总指挥，守备津浦和京汉铁路之间的霸州、固安一带。战斗打响后，张学良和郭松龄指挥奉系攻占霸州。为阻止张学良和郭松龄继续推进，张福来率军与张学良和郭松龄在霸州和固安之间展开激战。奉军抵不住张福来所部的凌厉攻势，无奈后退。张学良见势不好，急调大批援兵，而且用重炮掩护进攻。奉军多于直军近一倍，武器精良。张福来指挥直军从清早苦战到中午，渐呈不支之势。吴佩孚采用“分敌之计”，急派军队攻打永清，以解张福来之危。永清在霸州、固安和奉军总司令部所在地落岱的三角地带的中心。永清如被直军占领，不仅可打张学良的后背，对在落岱的奉军总司令部也是威胁。张学良急调军队支援永清。张福来抓住这一战机，奋力指挥反攻。激战中，郭松龄身负重伤，奉军军心大动，败退，遗下的枪械、军需、辎重如山积。张福来一鼓作气，乘胜挥兵追击。张福来不给奉军喘息之机，率领军队对奉军穷追不舍，一直追杀到胜芳镇。此时的奉军被追杀得无力再战，只好投降。张学良在卫队的掩护下，朝落岱逃去。直军占领胜芳镇，俘虏奉军达一千余人。胜芳是华北的大镇，人口多，商业繁华，而且离奉军占领的天津仅五十余里。张福来对奉军穷追不舍、直捣胜芳重镇的消息在直军传开，使直军大受鼓舞，也大长了张福来的脸面。

第一次直奉战争结束后，张福来率领第二十四师驻扎在湖南岳州、平江一带。这时在直系中与张福来资历差不多的将领大多有了一省的地盘，如萧耀南任湖北督军，王承斌任直隶省省长，冯玉祥任河南督军，刘镇华任陕西督军。张福来为督军的肥差而眼红，几次找他的拜把子兄长吴佩孚，而以直系副帅的身份驻在洛阳的吴佩孚，对近在身边的河南督军冯玉祥看不顺眼，于是吴佩孚有用张福来取代冯玉祥的意思。吴佩孚以训练为名，将张福来的第二十四师由湖南北调河南郑州，准备择机取代冯玉祥。当时的形势是，吴佩孚的第三师驻在洛阳，张福来的第二十四师驻在郑州，冯玉祥的第十一师驻在开封；另外，在信阳还有直系的靳云鄂部。冯玉祥处在被夹攻的险境。冯玉祥跑到保定向曹锟哭诉。曹锟认为冯玉祥会练兵也能打仗，是自己的一员爱将，但吴佩孚又是他的灵魂和直系实际上的总司令，是其须臾不能离开的人。曹锟考虑再三，决定采取两全其美的办法，即授意大总统黎元洪将冯玉祥调出河南，授予陆军检阅使，同时任命张福来为河南督军。

第一次直奉战争后，曹锟政治野心膨胀，急于要当大总统；而吴佩孚则提出“恢复法统，重开国会”。直系分裂为两大派：以驻保定的曹锟及驻在天津的曹锟四弟曹锐为首的“津保派”和以驻洛阳的吴佩孚为首的“洛吴派”。张福来站在吴佩孚一边，成为“洛吴派”骨干。1923 年 1

月10日，张福来与其他几位将领根据吴佩孚的授意致电曹锟，声称："总统选举与袁世凯帝制行为相同。殷鉴不远，幸速止。"作为河南督军，张福来对顶头上司吴佩孚百依百顺。张福来自己说："用人任事，事事禀命而行。"吴佩孚则常对人说："子衡（张福来字）为人老实，我不能不好好监督他。"

1924年9月，第二次直奉战争爆发。吴佩孚再次挂帅出征，担任前敌总司令。9月17日，吴佩孚在北京四照堂派兵点将，派张福来为十路后方援军总司令。四照堂点将后，直军陆续开拔前线，但身为总司令的吴佩孚没有立即开赴前线，还留在北京筹备军费。不久，从前线传来坏消息，第二路军直军司令王怀庆被奉军第二军李景林、张宗昌打得溃不成军，朝阳被奉军占领，接着奉军又占领了赤峰。

吴佩孚赶到前线，指挥直军在山海关等地与奉军展开激战，力图恢复被奉军攻占的九门口。但奉军在九门口依险死守，直军连发几次冲锋，都被奉军猛烈的炮火打退。吴佩孚连续几天指挥直军在山海关、九门口进行大战，直军疲惫不堪，伤亡惨重。吴佩孚见奉军攻势凌厉，直军损失大，不得不改变原先以精锐军队由海路在绥中、葫芦岛一带登陆，前后夹击奉军的作战部署，调集准备登陆的部队来增援九门口，想集中力量收复九门口，一举攻破奉军中路。

吴佩孚调张福来的二十四师开上前线。张福来在10月23日如期率军赶到前线。吴佩孚免去王怀庆第二路军司令职务，命张福来接替。张福来任第二路军司令后，以重兵猛攻九门口。九门口地处燕山山脉，大清河水自关外流入，水分九道而下，故称九门口。这里地势险峻，奉军占据有利地势，据险而守。张福来知道九门口战略位置重要，离山海关很近，且地势险要，是山海关前线的战略要地。

张福来率三个旅约一万五千人的兵力向九门口发起攻击。双方鏖战了整整一夜，奉军渐渐支持不住。但就在这关键时刻，九门口左侧石门寨的奉军赶到，两军合一锐气大增。张福来率部鏖战一夜，前功尽弃，九门口还是没能攻下。张福来只得重整兵力，准备再次攻击九门口。这时战场上突然传来直军第三路司令冯玉祥和第二路援军司令胡景翼从前线倒戈回师北京，北京警备副司令孙岳做内应发动北京政变，将大总统曹锟囚禁在总统府的消息。

正在山海关前线指挥作战的吴佩孚得知北京政变的消息后，当即决定将前敌总司令职务交张福来代理，自己急忙回转天津。北京政变的消息在直军中传开，军心动摇。奉军乘机进攻，势不可当。张福来无可奈何，只好从山海关前线撤到抚宁县。张福来是员猛将，却不是指挥全军的帅才，吴佩孚一走，张福来就没有了主心骨。第二十三师师长王维城等找张福来拿主意，张福来竟一筹莫展。奉军向滦州进发，直军全线溃败，张福来仓促退回河南。

第二次直奉战争，直系惨败。张福来乘船退到溏沽然后回到河南，国民军第二军军长胡景翼随即进攻河南。张福来炸毁黄河大桥，想阻止胡景翼的军队，但还是没能奏效。胡景翼率国民军进入河南。张福来见无法挽回败局，宣布辞去河南督军下野。

1925 年 10 月，吴佩孚在湖北督军萧耀南等直系将领拥戴下再度出山，在汉口就任自称鄂、豫、浙、苏、赣、川、粤、桂、黔、晋、陕、皖、湘十四省联军总司令。张福来到汉口追随老长官，担任联军总司令部军务处长。

1926 年，吴佩孚兵败逃往四川，张福来匿居汉口。不久，张病死在汉口。

# 张 辅 忠

汪仁泽

张辅忠,别名僊无、佐时、一仁,我国近代药物学家。1888 年 10 月 30 日(清光绪十四年九月二十六日)出生在浙江余杭良渚镇。他的父亲在当地开设酱园。他少年时在私塾读书。

1907 年初,张父曾要他辍学帮助照料店务,但他目睹清政府的腐败,国家受列强的欺凌,认为要使中国富强,必须用科学救国,因此决意继续升学。1907 年春天,他只身离开家乡来到杭州。由于升学未获家庭同意,因此在经济上得不到支持,只得先当了一段时间的小学教员,积蓄了一点钱,然后考进了一所中学。1913 年,考取浙江公立医药专门学校药科第一期生,生活依靠晚上做家庭教师来维持。1916 年药专毕业后,任浙江陆军第二师第八团司药正,驻杭州。

1922 年,张辅忠离开部队,经老师李觐唐的介绍,到上海五洲固本皂药厂,任该厂药部主任。1924 年在厂内秘密参加了国民党。他好学不倦,一面工作,一面利用业余时间自修英、德、日三国外语。生活上节俭朴素,打算积下一些钱,到国外去留学深造。1925 年五卅运动爆发,他动员厂里的职工参加上海工、商、学各界支援五卅运动的"三罢"斗争和大游行。1926 年 12 月五洲厂工会成立,他被选为工会委员。1927 年 3 月 22 日上海工人第三次武装起义胜利后,他曾出席上海市民代表大会。4 月,蒋介石在上海制造了"四一二"政变。在白色恐怖笼罩下,张辅忠的朋友和同学,有的被捕,有的失踪。他不愿再去登记国民党党籍,同时也感到在上海难以安身。就在这一年,他远涉重洋,到了德国,自费进入柏林大学有机化学系深造。

1931年，张辅忠在柏林大学毕业，成绩优异，获得该校药剂化学博士学位。此后在五洲厂的资助下，留德研究，并参加了他的老师C. Manish教授主持的科学研究项目，两人合作取得了有机化学Manish反应①的研究成果。虽然当时在德国的工作和生活条件都较优越，但是他热爱祖国，于1933年毅然回国，带回代五洲固本皂药厂在德购买的制造甘油的机器设备。回国后，他帮助该厂设计创办了国内第一家甘油厂，后来又扩展为五洲制药厂。他所采用的提炼甘油新技术，使在制造肥皂时的副产品甘油得到充分的利用，从而降低了肥皂的生产成本，提高了肥皂的质量，使五洲“固本肥皂”优于英商“祥茂肥皂”，在竞争中得到畅销②，挽回了不少权益。后来他担任了五洲制药厂厂长，先后研究仿制了三十多种过去依赖国外进口的西药，计有消费量很大的常备消毒剂红汞，从植物中提取的维生素乙，磺胺类制剂S. D、SST，治疗梅毒“六〇六”的同类制剂“化治梅”，抗痨药PAS，治痢疾药“安痢生”，治癫痫病药“苯妥英钠”，治麻风病药“大风子油”，止痛剂“安乃近”，以及牛痘疫苗、激素制剂等等，对我国的药物化学工业的发展作出了一定的贡献。在研制的过程中，他总是一丝不苟，亲自动手，带领助手仔细操作。在试制“化治梅”药剂时，原料是剧毒的砷，金属钠在接触时会腐蚀皮肤和衣服，而该药的制造技术，国外是保密的，他在缺乏资料的情况下，试制了近百次，毫不灰心，最后终于成功。又如磺胺类药物的试制成功，在当时青霉素未普及应用前，由于用途广、销售量大，有效地抵制了外货的倾销。在这期间，他还

① Manish反应是指通过活泼的金属离子(如钾、钠、镁等)参与化学反应，促使某些有机化学物质的迅速结合，常应用于制药工业等方面。

② 当时上海《化学世界》杂志发表《国货肥皂与外货的优劣观》一文，将“固本皂”与“祥茂皂”作了分析对比：主要成分总脂肪酸“固本皂”保持在55%左右，而“祥茂皂”不到38%；水分含量固本皂仅为34%，而“祥茂皂”高达48%，两者优劣立见。加之爱用国货的号召，“固本皂”更为国人所乐用。

受聘到上海交通大学、同济大学和中法药学专科学校等大专院校任教,他的学生中有很多后来成为我国药学界的骨干。1936 年中华药学会改选,他被推为理事长①。他还主编《澄光》医药杂志,介绍国内外新医药知识。

张辅忠为人正直,平易近人,勤奋好学。后来他又自学掌握了俄文。工作之余,则埋头治学。1947 年,五洲药房股份有限公司(五洲制药厂是其所属企业之一)的总经理项绳武病故,董事会决定由他接任总经理职务。同年,他的德国老师 C. Manish 教授从美国哈佛大学来信,邀请他去美国合作进行科学研究工作,一切出国的手续,连护照也已代他办好。但是他考虑到国内药物研制的需要,并已承担公司的重任,遂谢绝了出国的邀请。

中华人民共和国成立前夕,他接受中国共产党地下组织的指引,说服资方把原来准备拆迁到台湾去的机器设备留了下来。

1950 年,他接受人民政府的聘请,放弃了五洲药房股份有限公司总经理的高薪职位,担任了华东军政委员会卫生部药政处处长的工作,被评为一级教授,并且筹备建立了华东药品检验所,兼任所长。药品检验所的建立,标志着人民政府执掌了药政的主导权,从此改变了过去洋药、假药充斥市场无人管理的局面。1953 年他调任华东药学院(后来改称南京药学院)院长。他曾当选为江苏省人民代表、上海市人民代表和全国政协第二届委员。1957 年 2 月 6 日,张辅忠因肺癌病逝。

## 主要参考资料

《张辅忠生平传略》(未刊稿)。

《五洲药厂工会十周年纪念刊》,1936 年版。

---

① 杨家骆:《民国人物图鉴》第 1 册卷 5,1937 年辞典馆初版,第 138 页。

《五洲》(五洲药厂厂刊)第1卷第1期(1934年1月)。

《五洲大药房三十周年纪念刊》,1936年版。

笔者采访记录。

# 张国淦

丁贤俊　杜春和

张国淦，字乾若，一字仲嘉，号石公，湖北蒲圻人，1876 年 7 月 7 日（清光绪二年闰五月十六日）生。其父张学诚曾在湘军某营充文书，后被保举为县主簿，长期在皖南牙厘总统局及芜湖分局任职。张国淦幼年随父侨居安徽，曾游学豫、燕。1902 年中举人。1904 年考取内阁中书。后因母病返芜湖，一度在赭山学校任教习，并向上海《沪报》投稿，论述东北政务、边防。1906 年，清政府设考察政治馆（后改名“宪政编查馆”），张的老师宝熙主持馆务，招张入馆任馆员。这时，他所写的关于辽、吉二省政务的文章已在《沪报》刊出。论述黑龙江兴革的稿子，则改用“上书”方式径寄黑龙江将军程德全，得到程的赞赏。后由程专折奏调，入程幕府。这是张国淦走上宦途的重要机缘。

1907 年张国淦出关，在黑龙江历任抚院秘书官、调查局总办、财政局会办等职。1910 年经奏保以道员留该省补用。次年 2 月，又得东三省总督锡良保举，充交涉局总办。6 月，调京，在奕劻内阁任统计局副局长。10 月，武昌起义爆发后，清廷授命袁世凯组阁。12 月，南北议和，袁任唐绍仪为全权代表，命张国淦以“参议”身份，随唐赴沪，参与和议。

1912 年 4 月，袁世凯就任中华民国临时大总统职位。张得袁器重，曾任国务院铨叙局局长、国务院秘书长。1913 年至 1916 年间，袁称帝的野心日益暴露，张先后任总统府秘书长、政治会议副议长、国务院内务次长、参政院参政、政事堂右丞、教育总长等职。这期间，张国淦因同乡关系与副总统黎元洪结为好友，深受信任，成为黎的得力谋士。同时也和陆军总长段祺瑞、国务院总理徐世昌等人关系密切，经常周旋于袁、黎、段、徐之间。1913 年后，袁迫黎进京，袁、黎之间嫌隙加剧。袁特任张国淦充总统府秘书长，以调和双方关系。袁称帝前后，与段的权力之争日益表面化，张国淦便在袁、段间折中调解。张的这些活动，对于弥合军政等各方面的矛盾，起了息事宁人的作用，因此，曾博得各方的倚重。

1916 年 6 月，袁世凯死后，黎元洪继任总统，段祺瑞任国务总理，张国淦备受重用，先后担任过总统府秘书长、国务院秘书长、农商总长、司法总长、全国水利局总裁等要职。当时，黎、段争权，形同水火。有人劝黎联冯（国璋）排段，张国淦力主调和。他以和事佬身份，奔走于府、院之间，劝说双方顾全“大局”，以便共同对付南方。后来，黎、段矛盾激化，黎元洪免除段的总理职务，政争陷入僵局。黎召张勋入京调停，张悍然拥废帝宣统复辟，黎元洪束手无策。张国淦向黎献计说：“为今之计，唯有通电南京冯副总统依法代行大总统职权；一面起用段祺瑞，责其出师讨伐。段之成功，即总统之成功。不然，使民国中断者为总统，恢复民国者为段，总统将何以自处？”①段起初拟不受黎的委任，张国淦又向段疏通，请他接受任命。张国淦就是这样既为黎保全了所谓“总统名节”，又为冯、段取得政权提供了合法依据。

1917 年秋，冯国璋接任总统，段祺瑞恢复国务总理职务。张国淦也续任农商总长兼全国水利局总裁。后来，段妄图实行武力统一南北的政策，以参加对德作战为借口，向日本乞求“西原借款”，借以扩充军备。段曾饬令农商部出面，以中日合办浦口铁厂为幌子，出卖主权，换取日本贷款。张国淦拒绝签字，从此失去段的信任。

1918 年至 1924 年间，徐世昌、黎元洪、曹锟相继任总统，内阁人事多变，张国淦却始终连任要职，先后担任过平政院院长、高等文官惩戒

① 张国淦：《中华民国内阁篇》，《近代史资料》1979 年第 3 期。

委员会委员长、农商总长兼署内务总长、教育总长、司法总长等职。

1926年至1927年间，直、奉军阀操纵下的所谓国务院摄行总统职权时期，由颜惠庆、杜锡珪、顾维钧相继组阁。颜在直系军阀吴佩孚的支持下，以恢复民国十三年内阁相标榜，再出摄政①。张原系司法总长，遂继任该职。杜内阁时期，张改署内务总长。顾维钧组阁，张仍留任。

1926年7月，广州国民政府在中国共产党和全国人民支持下，举行北伐，终于摧毁了北京政府的统治。至此，张国淦也结束了他的官僚政治生涯。去职后，他移居天津，常往来于北京、东北之间，从事史地调查研究工作。1937年“七七”事变后，由津迁沪。据他自称：“抗战期内，(湖北)省政府杨揆一屡以恢复武汉大学引诱鄙人回鄂主持，并以鄂中多数人士名义馈致多金，(余)严词拒绝，迄不为动。”②抗战胜利后，国民党政府的湖北省主席万耀煌曾聘张任“湖北省先贤遗著编校处主任”③。张辞谢任命，退还寄款法币三百万元，只表示“可以襄助”选编书籍。抗战前后，曾以卖书、撰稿维持生活，虽处境窘困，但他没有阿附敌伪和国民党政府。据他1940年间致翁文灏的信中说：“自顾十余年来，每日十二时，精力只销磨于故纸堆中。”④

张国淦“晚岁专事著述”⑤，著有《历代石经考》、《附汉石经碑图》(燕京大学国学图书馆印行)、《常熟瞿氏观书记》、《中国书装源流》(《岭南大学学报》印行)、《俄罗斯东渐史略》(丰润张氏印本)。此外，还有《中国方志考》、《永乐大典方志辑本》、《芜湖乡土志》、《黑龙江旗制辑要》、《黑龙江志略》、《湖北书征》、《湖北文征》、《湖北献征》、《潜园文

---

① 李剑农：《中国近百年政治史》下册，商务印书馆1948年版，第677页。

② 张国淦：《致邓鹏九(翔海)书》，未刊，中国社会科学院近代史研究所藏。

③ 张国淦：《与万武樵(耀煌)的往来书信》，未刊，中国社会科学院近代史研究所藏。

④ 张国淦：《致翁咏霓(文灏)书》，未刊，中国社会科学院近代史研究所藏。

⑤ 张国淦：《谕瑞(儿)、蕴(媳)书》，未刊，中国社会科学院近代史研究所藏。

集·诗集》等著述,多未刊行。

1949年上海解放后,张国淦被上海市人民政府聘任为上海文史馆馆员。1953年来北京,任中国科学院近代史研究所特约研究员,曾就其在北京政府时期的经历写过一些回忆录和专题稿件,先后在《近代史资料》刊载的有:《对德奥参战》(署名许田,1954年第2期)、《孙中山与袁世凯的斗争》(1955年第4期)、《近代史片断的记录》(1978年第2期)、《中华民国内阁篇》(1979年第3期)等篇。1954年,张任北京市人民政治协商委员会委员,次年又任全国政协委员。他的专著《辛亥革命史料》于1958年3月刊行。1959年1月25日,张国淦在北京病逝。他的遗稿《中国古方志考》于1962年在上海出版。

# 张 恨 水

宗志文

张恨水，原名心远，笔名恨水，安徽潜山县人。1895 年 5 月 18 日（清光绪二十一年四月二十四日）出生于江西。其父早年在江西做税务小吏，张恨水的童年是在江西度过的。他七岁入塾。十一岁开始读小说，《残唐演义》、《三国演义》都偷着看，看得津津有味，是个小说迷，还喜欢读《千家诗》。十三四岁时，什么小说都读，不但读本文，而且读批注。小说中风流才子、高人隐士的行为，给了他很大的影响。十五岁时，家里请了一位先生教他读书。这位先生是不应科举、不做官的。这种作风，又给了他很深的印象。因之他对于传统的读书做官之说，素来鄙笑。

1910 年秋，张恨水进入南昌大同小学堂，开始受到新式教育，读新书，看报纸，"一跃而变为维新的少年"。但他依然日夜读小说，依然爱读风花雪月式的词章，"这两种人格的溶化，可说是民国初年礼拜六派文人的典型"①。他读《西厢记》，学会了许多腾挪闪跃的笔法。一年后，他考进南昌甲种农业学校。学校里数、理、化功课逼得很紧，他只有在假期中看小说。这时，他已改变过去把看小说当作看故事消遣而作为文艺欣赏，而且兴趣很广泛，既欣赏《小说月报》上翻译的短篇小说，又陶醉于词章小说《花月痕》上的诗词小品，乃至于各章回目。

1912 年秋，张恨水因父亲去世辍学，随家人回到老家潜山，终日读

① 张恨水：《我的写作生涯》，四川人民出版社 1981 年版，第 12、92 页。

书吟诗。次年春天他去上海，不久考入苏州蒙藏垦殖学校。这所学校因为经费不足，常常停课，他乘机大读《随园诗话》、《白香词谱》、《全唐诗》等，还写过两篇短篇小说，投寄《小说月报》。这两篇小说虽然没有刊登，却收到编辑恽铁樵鼓励他的复信。他晚年说，这封复信“对我的鼓励却很大，后来我当了五十年的小说匠，他的这封信是对我起了作用的”①。

垦殖学校是国民党办的，曾经参与反对袁世凯的活动，“二次革命”失败后被解散。张恨水家庭经济困难，不能继续求学，又回到潜山老家，闭门读书。夏天晚上蚊子咬，他把双腿泡在水桶里苦读。还模仿《花月痕》的形式，撰写了他的第一部长篇白话章回体小说《青衫泪》。故事是虚构的，每回里都插进些词章。当时他还不懂词章，只是根据《随园诗话》、《白香词谱》写诗填词，偶用几个典，也无非是耳熟能详的字句。

1915 年春，张恨水离家外出谋生，在汉口一家小报馆里当过编辑，写点杂文；在剧团当过临时演员；还流浪江南一带卖过药，也试写过几篇小说。这段挣扎在饥饿线上的生活，使他对世态人情有许多感受，为后来写作打下了生活基础。1918 年春季，他经朋友推荐，到芜湖《皖江报》任总编辑，每天写两个短评，编一版副刊，暇时写小说。他给《皖江报》写过一篇长篇连载《皖江潮》，给上海《民国日报》写了《真假宝玉》和《小说迷魂游地府记》两篇短篇小说。这是他正式写作章回小说的开始。

五四运动爆发后，张恨水感到非常兴奋。他后来回忆说：“那时我们没有什么明确的政治观点，可是有一颗爱国的心。看见别人示威游行，我们三两个人，手上拿了小旗子，站在报馆门口，跟着喊口号。在我

① 张恨水：《我的创作和生活》，中国人民政治协商会议全国委员会文史资料研究委员会编《文史资料选辑》第 70 辑，中华书局 1980 年版，第 155 页。

的创议和主持下，在报上办起了周刊一类的东西。”①正当运动高潮时，他因事到上海，亲眼看见那里如火如荼的群众运动，心情激动，因而十分向往北京的革命和学术气氛，加上朋友的鼓励，决心到北京上大学深造。当年秋天到北京，在上海《时事新报》驻京记者秦墨哂那里帮助处理新闻材料，工余苦攻《词学全书》，学习填词。北京《益世报》总编辑成舍我看到他填的词，大为欣赏，辗转托人把他请到《益世报》当编辑。两人常在一起饮酒吟诗，互相唱和。1924 年 4 月，成舍我在北京创办《世界晚报》，张恨水到该报主编副刊《夜光》，并为该报撰写长篇连载小说《春明外史》，每天刊登五六百字，直到 1929 年 1 月才登完，全篇约一百万字。

《春明外史》是张恨水的著名长篇小说之一。小说的主角是新闻记者杨杏园，以他的恋爱故事为线索，旁及各个阶层的人物，对 20 世纪 20 年代北京官场和社会的种种怪现象，进行辛辣的嘲讽，揭露和批判了封建半封建制度的罪恶，是一部谴责性小说。全书穿插许多诗词，特别是每回的回目，用辞藻丽工整，很为人所称道。不少人认为书中人物都有所指，当时就有人索隐。《世界晚报》因连载《春明外史》，发行量大大增加。北京几家大报纷纷来请张恨水写连载小说，他就同时给《益世报》、《晨报》写小说《京尘幻影录》、《天上人间》。这两篇都是随想随写，随写随登，为的是多拿稿费。1925 年，他开始写《金粉世家》，在《世界日报》上连载，1932 年才刊完，全书亦近一百万字。

《金粉世家》也是张恨水的名著之一。它写的是一个所谓金铨总理一家悲欢离合的故事。全书以金铨的小儿子金燕西和一个小康人家的女儿冷清秋为主角，以他们的恋爱、结婚、反目、离散为线索，写这个总理家庭成员的骄奢淫逸，以及他们之间的钩心斗角，暴露北洋军阀政府中官僚荒淫无耻的面貌。全书人物一二百，精心布局，情节曲折，大大投合了当时社会上一般小市民阶层之所好。尤其是妇女，包括老太太

---

①　张晓水等：《回忆父亲张恨水先生》，《新文学史料》1982 年第 1 期，第 88 页。

在内，最爱看这部小说。直至若干年后，还不断有读者跟他议论《金粉世家》中人物处理的问题。

《春明外史》和《金粉世家》相继在报纸上连载后，张恨水名声大噪，全国许多报刊和出版部门约他撰写小说的书信纷至沓来，大有应接不暇之势。1929 年他开始为上海《新闻报》撰写《啼笑姻缘》。至 1931 年“九一八”事变前，可以说是他一生中写作最忙碌的时期。他每天同时为六七家报刊写连载小说，平均一天差不多要写五千字。《啼笑姻缘》也是以爱情故事为线索，写北洋军阀统治时期，大学生樊家树和北京唱大鼓书的姑娘沈凤喜相爱，被一个军阀拆散，最后沈凤喜被逼致疯的故事。在《新闻报》连载后，轰动一时。解放前该书前后印过二十版以上，印数近十万册，还被搬上银幕和舞台，在社会上颇有影响。因为故事的矛头是指向北洋军阀的，许多人索隐，说某某是影射某人，甚至引起过某人的误会，张恨水差点被抓起来。故事的背景是北京天桥，张恨水曾经一连好多日子出入那里，为他塑造的人物搜集素材，还结交过各阶层的朋友。

“九一八”事变后，张恨水鉴于民族危机严重，激于义愤，开始撰写抗战小说，以唤起人们抗敌御侮的决心。但当时国民党政府不许公开反对日本，他的小说也就只能“吞吞吐吐”，不能畅所欲言。他的第一部抗战小说是《热血之花》，写的是我国人民和海寇的搏斗，以海寇喻日本帝国主义。接着写《东北四连长》，是东北抗日御侮的故事，其中三位连长在长城外牺牲。他的目的是想藉此讽刺当时南京方面消极抗战的大人物。1932 年他出版短篇小说集《弯弓集》，“都是些鼓吹抗战的文字”。他在序言中说：“吾固以作小说为业，深知小说之不以国难而停，更于其间略进吾一点鼓励民气之意，则亦可稍稍自慰矣。”

1934 年 5 月，张恨水到西北游历，耳闻目睹了民间疾苦，思想起了很大的变化。从西北回来后，他接连写了两部“描写西北那些惨状”的小说：《燕归来》、《小西天》，分别在上海《新闻报》和《申报》上连载，引起了人们对西北情况的关注。

1935年秋天，张恨水应成舍我之邀，到上海担任《立报》副刊《花果山》的编辑，约期三个月。期满拟回北平时，值华北危急，他已被日本侵略者列入北平文化界人士黑名单，不得已转道南京。次年4月，他出资和张友鸾创办《南京人报》，任社长兼编副刊《南华经》，并为该报写两篇连载小说：《鼓角声中》，写受日本帝国主义威胁的北平，是抗战小说；另一篇《中原豪侠传》，是武侠小说。同时他还写了几部连载小说：上海《新闻报》的《夜深沉》，《申报》的《换巢鸾凤》，《晶报》的《锦片前程》，《立报》的《艺术之宫》。当时《中央日报》的总编辑周帮式再三邀他写稿，他写了一篇义勇军的故事《风雪之夜》，在该报连载四五个月后，"奉命停刊"。

1937年卢沟桥事变后，张恨水和报社职工为了抗战，坚守岗位，"咬着牙齿"将《南京人报》办下去。直至11月南京沦陷前夕才停刊。次年1月张恨水携带家眷到重庆，在《新民报》工作，编副刊《最后关头》，并为《上下古今谈》专栏写散文，内容多半是讽刺国民党统治的种种黑暗。为了躲过重庆当局的新闻检查，他常常采取影射的手法。他说："社会上每有一个问题发生，我就在历史上找一件相近的事谈，或者找一件大自然的事物来比拟"，"而《上下古今谈》当时能被社会注意，就在这一点"①。他几年中写了一千多篇，约上百万字。

抗日战争时期，张恨水还写了将近三十部小说，其中以《八十一梦》最有代表性。《八十一梦》是一本寓言体小说。他以第一人称写了十几个梦，各梦自成段落，以荒诞不经的寓言，揭露国民党官僚豪门的贪污腐败和投机商人的巧取豪夺。其中《忠实分子》一篇，写一群鸡狗通过钱眼登天，钱眼的横额上有"孔道通天"四个大字，直接讽刺了当时"四大家族"之一的孔府，以致他几乎被国民党特务投入监狱。《八十一梦》是抗战时期销数最多的一本书，延安曾翻印。1942年秋，周恩来在重庆会见《新民报》编辑部工作人员，张恨水在座。周恩来针对《八十一

---

① 张恨水：《我的写作生涯》，第12、92页。

梦》说:“同反动派作斗争,可以从正面斗,也可以从侧面斗。我觉得用小说体裁揭露黑暗势力,就是一个好办法,也不会弄到‘开天窗’。恨水先生写的《八十一梦》,不是就起了一定作用吗!”①

抗日战争胜利后,1946 年春,张恨水回到北平,担任《新民报》北平版经理,兼编副刊《北海》。当时社会上流传国民党接收大员“五子登科”之说,即这些人不择手段地攫取房子、金子、女子、车子、票子等。他耳闻目睹,不胜愤慨,1947 年写了一部《五子登科》的小说,揭露国民党官僚政客的贪污腐化。1948 年秋天他辞去报社职务,专事写作。到北平解放前,共写中、长篇小说十四部,先后在北平和上海的报纸上连载。其中《五子登科》直至 1956 年始续完,也有几篇以后未续写下去。

中华人民共和国成立后,张恨水被聘为文化部顾问,1959 年任中央文史研究馆馆员。他于 1949 年夏患脑溢血,一度瘫痪在床,经多方治疗,病情渐渐好转,恢复了部分写作能力。1954 年后,他根据民间传说改写小说《梁山伯与祝英台》、《白蛇传》、《秋江》、《孔雀东南飞》等,还应中国新闻社之约,为海外侨胞写了《重起绿波》、《男女平等》、《凤求凰》等小说。为描绘北京城郊变化,他写了一组《冬日竹枝词》。为了写好这组词,他逐一观看了北京十三个城门附近的变化。

1967 年 2 月 15 日,张恨水因病在北京去世。

① 张友鸾:《章回小说大家张恨水》,《新文学史料》1982 年第 1 期,第 83 页。

# 张 季 鸾

熊尚厚

张季鸾，名炽章，字季鸾，笔名少白、一苇、榆民、慕刘、老兵等。祖籍陕西米脂，其祖父从军至榆林，故又谓榆林为其原籍。父亲张翘轩出身进士，游宦山东邹平。张季鸾 1888 年 3 月 20 日（清光绪十四年二月初八）生于邹平。他少年时聪敏过人，熟读“四书”，下笔成文，十岁时就能写一手好文章，颇受家人钟爱。十三岁时其父病故，遂返回榆林就读于田善堂私塾。1902 年秋，他受榆绥道台陈兆璜的赏识入道署课读，随后又被资助至咸阳味经书院，从关中经学家刘古愚读书，深受其砥节砺行的影响，打下了文学的深厚根基。

1903 年，张季鸾入三原宏道学堂，与于右任同学。次年他被学堂保送，通过了留日学生考试，于 1905 年去日本。他在日本先入东京经纬学堂，后入东京第一高等学校（即早稻田大学前身）学政治与经济，与胡政之同学。课余他担任陕西籍留日学生创办的《夏声》杂志主编，鼓吹反清革命，从此走上了新闻救国、言论救国之路。1906 年秋，他加入同盟会陕西分会。1908 年张回国，先在关中学堂教书。1910 年应于右任之邀至上海，任《民立报》编辑、记者。

1912 年 1 月，中华民国临时政府在南京成立，张季鸾担任总统府秘书，替孙中山起草《临时大总统就职宣言》，并向上海《民立报》发大总统就职电讯。孙中山辞职后，他于 4 月在北京和曹成甫共办《京津民立报》，任总编辑，并为上海《民立报》写通讯。时袁世凯与英、法、德、俄、日五国银行团签订“善后借款”，他将此新闻发电给上海《民立报》刊载。

1913年3月，宋教仁被刺案发生后，他仗义执言予以揭露，被袁世凯指使军政执法处予以逮捕。张系狱三月获释后回到上海，与康心如共办《雅言》杂志。未几，他与胡政之共办上海《大共和报》，任国际版主编，研究国际问题加以评述；同时兼上海中国公学教授，讲授西洋史。同年秋，他参加了黄兴等人在东京组织的欧事研究会。

1915年，张季鸾与康心如等在上海创办《民信日报》，担任总编辑，经常撰文揭露袁世凯“帝制自为”，坚持进行反袁斗争。袁世凯死后黎元洪继位，他结束了《民信日报》，与康心如至北京，接办政学会谷钟秀等办的《中华新报》，任总编辑，同时兼上海《新闻报》驻京记者。1918年9月，北京各报揭露安福系向日本秘密大借款事，《中华新报》等八家报社被查封，张季鸾再次被捕，判役二十天，经张耀曾等营救获释。事后他返回上海主持上海《中华新报》①，任总编辑，在经费困难情况下勉力维持，直至1924年冬停刊。其间，张曾在河南军务督办胡景翼举荐下担任陇海路会办，不及一月辞去。

1924年8月，张季鸾与胡政之创办《国闻周报》于上海。多年来，他很羡慕上海《新闻报》、《申报》那样的纯商业性大报，时常与胡政之、吴鼎昌共议创办独立自主的大型商业性日报、通讯社之事。当得知天津《大公报》将要停刊，他遂与胡、吴共商接办事。

天津《大公报》创办于1902年，清末为北方著名大报之一，民国后因英敛之年迈，于1916年10月转让给安福系财阀王郅隆。北京安福系政权垮台后，该报陷于停顿状态，于1925年11月停刊。张季鸾和吴鼎昌、胡政之于次年秋组成新记公司接办，9月1日复刊。张任总编辑兼副经理，主要负责编辑和言论。他们共同决定，不拉政治关系，不收外股，三年内不许任公职。复刊之日他发表《本社同人之志趣》，提出“不党、不卖、不私、不盲”的四不主义为办报方针，政治上取“不偏”“不倚”立场，以求独立自主的发展。张在主持该报期间，主要负责社评和

① 为张耀曾、谷钟秀等政学系所办，是国民党政学系的机关报。

要闻版，非常注重新闻报道的写作技巧。他借鉴日本报纸，首创综合编辑法，突出每日重大新闻，并锐意革新。加上胡政之的善于组织经营，很快使《大公报》面貌一新，半年后销量逾五千份。当时，正值大革命时期，北京政府严厉压制新闻出版事业，时以武力残酷镇压，张在言论上力持中立态度，以“忍耐步趋”渡过“惊涛骇浪”①。

1928 年夏，北伐军占领京津，北洋军阀的反动统治终于垮台，《大公报》的言论环境一时有了改善，张季鸾的文笔更加生辉。其社评标题生动、简练、准确；言论说理透彻、文字流畅，有独到见解，于论述中透露新闻。张成为颇有影响的报刊政论家，推动了当时报刊评论的发展。

“九一八”事变后，日军侵略华北日亟，张季鸾报道东北情况甚详，以满足广大读者的要求。但是此后他在撰写的许多言论中，主张“明耻教战”，一方面反映民生困苦状况，要求扫除贪污；一方面又呼吁各界放弃对南京政府的批评，“拥护国家中心的国民政府”。他还主张对日暂缓抗战，赞同蒋介石的“攘外必先安内”政策，被蒋尊为“诤友”。其后在《大公报》上提出工业化、科学化口号，提倡科学，注重知识；主张积极经营西北，建议建筑西北干路，于西安设立教育中心，开发大西北。

当日本侵略者公开煽动华北“自治”，并且压迫华北当局下令限制《大公报》发行之时，张季鸾感到时局严峻，必须未雨绸缪。他提出“沟通南北新闻”口号，于 1936 年 4 月在上海增设分馆。他在社评《今后之大公报》中表示：一、永为中国公民之独立言论机构；二、惟民族团结为自救之路；三、拥护统一和平为其一贯之标帜；四、对外应守合理远大之方针。随着国民党蒋介石对日政策的调整，他对抗日转持积极态度，并表示将使该报成为“在法律范围内，公开本报为全国人讨论问题交换意见之用”②，以求扩大影响。

---

①　吴相湘：《中国报人典型张季鸾》，《民国百人传》第 1 册，台北传记文学社 1979 年版，第 438 页。

②　上海《大公报》1936 年 4 月 1 日社评。

1937年抗战爆发后，《大公报》力主抗战。7月9日、10日连续发表社论，批评宋哲元的对日政策，呼吁国民党北方当局“迅速决大计，上与中央连成一片，下与民众连成一体”，“否则退让复退让，畸形复畸形，士气何堪再用，地方何成体制”。平津沦陷后，天津《大公报》声明：“决与中华民国在津合法统治同其命运，决不受任何非法统治之威胁。”毅然决定停刊。上海于11月沦陷，张季鸾率孔昭恺等绕道去武汉，次年发行《大公报》汉口版，声明支持“持久抗战”。他反对德国对中日战争的调解，反对汪精卫“抗战必亡”的亡国论。武汉沦陷后，他赴渝主编重庆《大公报》，仍表示坚决支持抗战。提出“抗战第一，胜利第一”，深怀文章报国之志。《大公报》在香港、桂林增设分馆，他任三馆总编辑，经常往来于渝、港两地，一度主持港版笔政，并以“老兵”的笔名，为桂、港版写通讯。张在编辑方针上坚持抗战到底，反对妥协投降，指示报社同人尽力揭露日寇在华暴行，在报上逐日刊登“敌寇暴行录”，以唤醒同胞共同反抗日军的暴行。他认为“报人的职责在谋人类的共同福利”，反对“私见”。

张季鸾是国民参政会参政员。他提出“国家中心论”，尊蒋介石为抗战建国领袖。他主张在国际上联合苏联，在国内联合各党派坚持长期抗战。他经常被蒋介石请到官邸，两人一边吃饭一边谈话，张回到家里即写成文章公诸报端，字里行间透露出国民党的政见及一些消息。

张季鸾因长期患肺病，晚年已无法去报馆上班，由编辑室主任王芸生去他家笔录其口授，间接主持《大公报》笔政。1941年5月，美国密苏里大学给《大公报》颁发荣誉奖章。他高兴地在重庆报业公会主持庆祝大会，在发言中要求报人不应求权、求名，而以报国为己任。

1941年9月6日，张季鸾病逝于重庆中央医院。

## 主要参考资料

张季鸾：《季鸾文存》，重庆大公报馆1944年版。

朱传誉主编:《张季鸾传记资料》第 1 册,台北天一出版社 1979 年版。

陈纪莹:《报人张季鸾》,台北文友出版社 1957 年版。

徐铸成:《报人张季鸾先生传》,三联书店 1956 年版。

# 张　继

黄德昭

张继，原名溥，字溥泉，河北沧州人。1882 年 8 月 31 日(清光绪八年七月十八日)生于一个耕读人家①。其父张以南曾任保定莲池书院斋长。张继七岁入塾读书，十六岁随父就读于莲池书院。1899 年赴日本留学，先学于东京善邻书院，后入早稻田专门学校(不久改为大学)，学习政治经济。由于目睹清朝的腐败，受到法国卢梭政治学说《民约论》的影响，开始有资产阶级民主革命的倾向。1902 年参加东京留学生青年会。同年，由秦力山介绍在横滨得识孙中山。1903 年因与邹容等剪去留日学生监督姚文甫的发辫，被逐回国。至沪上，与章炳麟、章士钊、邹容结为兄弟，并任《苏报》参议。《苏报》被封后，与章士钊、陈去病等在上海续办《国民日日报》。1904 年初，至长沙参与黄兴等创立华兴会的活动。同年，受万福华刺杀前广西巡抚王之春案的牵连，与黄兴等被拘于上海。获释后再赴日本，被推为留东学生会总干事。

1905 年 8 月，张继在东京加入同盟会，被推为同盟会本部司法部判事、直隶支部主盟人。11 月，同盟会机关报《民报》创刊，张任《民报》编辑人兼发行人。他为《民报》拟订的六大宗旨②，对同盟会的纲领做

---

① 张继：《先府君哀述》，自称："吾家为津南望族，以忠信传家，耕读为业。"

② 《民报》第一号所载的《本社简章》第一条说："本杂志之主义如下：(一)颠覆现今恶劣政府；(二)建设共和政体；(三)土地国有；(四)维持世界真正之和平；(五)主张中国、日本两国之国民的联合；(六)要求世界列国赞成中国之革新事业。"

了具体化的宣传。1906年春赴东南亚联络华侨，同年冬又回东京。1907年10月，梁启超组政闻社，集会于东京锦辉馆，宣扬君主立宪，张继和一批同盟会员当场赶走了梁启超。1908年赴法国，参与李石曾等办《新世纪》杂志，思想一度倾向于无政府主义。

辛亥革命后，同盟会本部自日本迁到南京，张继回国任交际部主任兼河北支部长。1912年8月，同盟会改为国民党后，他就任参议。1913年4月，第一届国会成立，被选为参议院议长。宋教仁案发生后，受孙中山命，于7月赴九江参与讨袁，失败后逃亡日本，继赴欧美，鼓动华侨反袁。1916年6月袁世凯死后，张又回国。1917年段祺瑞为解散国会，指使"公民团"包围众议院，张继向议长吴景濂献抵抗之策，未被采纳。1919年再赴欧洲考察。翌年归国充广东军政府顾问，并受孙中山命为中国国民党北方执行部主持人。1921年春，改任中国国民党广州特设办事处干事长，不时受孙中山派遣与国内各实力派联系。

当孙中山得到苏俄和中国共产党的帮助变革自己的主义和政策时，张继是孙中山联俄、联共政策的支持者之一。1922年11月，他曾携带孙中山的亲笔信，由上海到北京去与苏俄使者越飞晤谈。但他主要是希望苏俄能经外蒙给予国民党以军火援助，使国民党能在北方发动反北京政府的军事行动。因为一时无法得到军火援助，他对联俄、联共政策的态度开始冷淡下来。1924年1月，在中国共产党的积极帮助下，孙中山于广州召开中国国民党第一次全国代表大会，张继被选为第一届中央监察委员。但其后他转为反对孙中山"联俄、联共、扶助农工"的三大政策。6月18日，他与谢持、邓泽如联名提出所谓"弹劾共产党案"。25日又同谢持找鲍罗廷顾问谈话，表示反共。8月间竟直接向孙中山提出分共①，未能如愿，他只好离开广州跑往上海。11月间到北京找苏联驻华大使加拉罕，继续声言反共。

① 张继：《张溥泉先生回忆录日记》，《近代中国史料丛刊三编》第3辑，台北文海出版社1985年版。自称"与总理谈此事，甚不悦"云。

1925年11月，谢持、邹鲁等在北京西山举行非法的国民党一届四中全会，进行反共活动。张继适患病，虽未能出席会议，但签名表示参与。他对邹鲁和林森说："君等之主张，即余之主张也。"由于他积极参与"西山会议"的活动，受到广东中国国民党第二次全国代表大会的书面警告①。1926年3月，"西山会议"分子在上海召开非法的国民党第二次代表大会，张继主持了开幕会议并被推选为所谓中央执行委员。

1927年蒋介石发动"四一二"政变后，9月间宁、汉、沪三方共同召集特别委员会，张继被推选为特别委员会委员，从此成为南京国民政府的"元老"之一。1928年10月，任国民政府司法院副院长及北平政治分会主席。次年3月，在国民党第三次全国代表大会上被选为中央监察委员。1931年6月参加国民会议，任主席团委员。同年7月，为了合力"剿共"，他与吴铁城联电粤方，谋国民党内之"团结"。"九一八"事变后，张继与蔡元培赴粤交换意见，结果产生了10月间的谋求宁、粤联合的上海"和平统一会议"。11月出席国民党(宁方)第四次全国代表大会，12月被选为立法院院长，辞未就。1932年"一二八"事变后，国民政府迁都洛阳，以西安为陪都，他任西安筹委会委员长。1933年2月，任国民党华北办事处主任，驻新乡，以观察北方形势变化。此后常往来于北平、洛阳、西安间。

1935年11月，张继至南京出席国民党四届六中全会，会毕摄影时汪精卫被刺，张急起拉住刺客、摄影记者孙凤鸣而使其就逮。

1937年2月，国民党召开五届三中全会，宋庆龄、何香凝及冯玉祥等联名提案，主张恢复孙中山先生手订的三大政策。张继先签名赞同，随后又表示反对②。1939年，他任国民党中央慰劳团总团长，北赴榆

---

① 张继:《张溥泉先生回忆录日记》。

② 《弹劾西山会议决议案》，载中央执行委员会编《中国国民党第二次全国代表大会宣言及决议案》，1926年版。

林，途经延安，对解放区的一切表示“愈觉厌恶”①。1945年夏，出席国民党第六次全国代表大会，任主席团委员，被选连任中央监察委员。1946年春，在国民党六届二中全会上，提出“修正”政治协商会议及军事三人小组协议条款，支持蒋介石发动内战。同年冬，出席国民党包办的所谓国民大会，任主席团委员。

张继晚年曾主持国民党党史和民国史的编纂工作。1937年初兼国民党党史史料编纂委员会主任委员。1940年国民党国史馆筹备委员会成立，他任主任委员，1947年1月就任国史馆馆长。同年12月15日在南京因心脏病去世。

著作编为《张溥泉先生全集》和《张溥泉先生全集补编》等行世。

---

① 冯玉祥：《我所认识的蒋介石》，文化供应社1949年版，第51—52页。

# 张 嘉 璈

江绍贞

张嘉璈，字公权，江苏宝山人。1889 年 11 月 13 日（清光绪十五年十月二十一日）生。父亲张祖泽当过医生，经过商。二哥张君劢后来是民社党党魁。张嘉璈幼时住在嘉定县，受塾师教育。十三岁随同张君劢到上海广方言馆读书，习法文。后入宝山学堂，受名师袁观澜、沈信卿的教导，“对中国性理之学的研究，得益匪浅”①。1904 年考取秀才。翌年进京入北京高等工业学堂。不久得友人帮助到日本，入东京庆应大学习财经学。他悉心研究明治维新后日本财政、币制改革对经济发展的作用，希望回国后在财政金融上有所建树。

1909 年张嘉璈回国，起初在北京帮助《国民公报》翻译路透社电讯，后任邮传部《交通官报》总编辑。1910 年供职邮传部。1911 年辛亥革命爆发时，张嘉璈离京到沪，与一部分共和研究会成员发起筹建国民协会，任总务部长。1912 年 5 月，张代表国民协会往北京，与共和党、共和建设讨论会协商合并。因与共和党意见分歧，11 月底单独与张君劢等人主持的共和建设讨论会合并，改称民主党，拥梁启超为领袖。是年，张还担任浙江都督朱瑞的秘书。

1913 年 5 月，民主党与共和党、统一党合组进步党，张嘉璈任党部组主任，并经梁启超推荐任参议院秘书长。他因不满袁世凯强制参议院选举、解散国会等丑行，决心放弃政治活动，改而致力于财政金融事

---

① 《张公权自述往事答客问》，台北《传记文学》第 30 卷第 2、4 期。

业。适逢北京政府清理大清银行成立中国银行，又经梁启超（时任币制局总裁）推荐，任中国银行上海分行副经理。中国银行虽有商股，但具有国家银行性质，享有经理国库、发行兑换券等特权。张嘉璈任职后，运用自己所学得的资本主义国家银行知识，为建立新式银行制度做了一些努力。

1916 年 4 月，袁世凯被迫取消帝制后，继续筹措军饷，以做垂死挣扎。其时梁士诒献策将中国、交通两银行合并，集中现金。金融界某些人则主张发行不兑换券。因内情外泄，引起京、津地区中、交两行的挤兑，很快波及全国。5 月 11 日，国务院下令中、交两行即日起一律停止兑付所有发行之纸币及应付存款，并封存两行所有现金准备。张嘉璈认为这样做将断送银行的生命，遂与经理宋汉章一起毅然抗命。他们取得金融、工商界人士以及租界当局英、美势力的支持，继续兑现，仅四天时间，风潮平息。这一行动维护了中国银行的信誉，影响及于苏、浙、皖、赣、鄂各省；同时也提高了他在金融工商界的声望。翌年，张被提升为总行副总裁，到京供职。

通过抗拒停兑令，张嘉璈感到银行必须从官府的桎梏下解脱，才能正常发展业务。他到总行上任后，即与总裁王克敏计议，修改中国银行则例，扩充商股，成立股东会；总裁、副总裁不随财长进退，由股东会直接选举董监事，经财部加委。新则例经梁启超采纳后，呈准总统公布。年底，财政部补足官股 500 万元，续招商股达 7,279,800 元，商股超过了官股。1918 年 2 月，召开第一届股东会，张当选为董事，蝉联副总裁。此后，中国银行经过 1921 年和 1922 年两次增加私人投资，资金达 1976 万元。然而，北洋政府却陆续将股票出卖，官股股额只剩下 5 万元，仅占该行资本总额的 1/400。至此，中国银行基本上成为商办。

这时期，张嘉璈联合银行业，在戒备外国新银团垄断中国经济权益，以及支援铁路建设方面做了一些努力；还协助政府整理公债。1922 年，他出席北洋政府召开的全国财政讨论会，担任全国财政协商委员会委员。翌年，任财政整理委员会委员。1926 年 7 月北伐开始后，张嘉璈与中国银行总裁冯耿光接到广州分行经理贝祖诒关于北伐形势的报告，又经冯往广东实地考察，认定北伐成功的可能性很大。为与北伐军方面取得联系，保护中国银行在南方的产业，决定由张回沪成立副总裁驻沪办公处。他回沪后，立即与政学系的黄郛、张群等人密切交往，多次秘密对广东国民政府予以经济上的接济。“四一二”政变前夕，又为蒋介石提供政变经费。南京国民政府建立后，蒋介石亲临张宅致谢。张大为感动，认为蒋“能礼贤下士”，“具有领袖的风范”①。同时，他也意识到必须继续给蒋政权以经济支持。为了既能给蒋政权提供大量军费，又避免因滥发钞票造成币制混乱和通货膨胀，他与钱新之等人极力怂恿蒋介石大量发行公债。由于政府发行的公债普通年息为六厘，收受价格大大低于票面，银行业从代发公债中可大获其利。

中国银行有较雄厚的经济基础，国民政府成立之初，便企图予以兼并。财政部长宋子文向张嘉璈提出，将中国银行改为中央银行，增加官股，使之多于商股。这与张多年来努力建立独立的商业银行的愿望截然相反。他力主由政府另立中央银行，表示愿由中国银行分担其股本，并要求改中国银行为国际汇兑银行。由于当时国民党政府根基未固，还需要利用张嘉璈统驭江浙资产阶级供给军费，宋只好另立中央银行。1928 年 10 月，国民政府重订中国银行条例，特许为国际汇兑银行，由财政部加入官股 500 万元，董事长由政府委派，改总裁制为总经理制。这个条例，为日后国民党政府兼并打下了一个楔子。

中国银行条例重订后，张嘉璈出任总经理，以为从此可以放手发展商业银行业务了。1929 年 5 月，张赴欧美及日本考察近代银行制度，选聘外国银行专家，在伦敦、大阪、纽约等地设立中国银行分支机构，有的地方则委托当地银行代理中国银行国际汇兑。1930 年底，中国银行国外直接通汇城市 62 处，特约代理 96 家。张回国后，即着手对中国银行进行改革，每年考选国内外大学经济、银行专业毕业生入行，并给予

---

① 《张公权自述往事答客问》，台北《传记文学》第 30 卷第 2、4 期。

一定的职位和较好的待遇。授命留英经济学家刘攻芸负责建立一套完整的会计制度；发行准备金接受公开检查；大力调整机构，先后成立国外部和信托部；又建立经济研究室，聘任英国专家主持，由其弟张嘉铸、弟媳张肖梅协助掌管经济情报，发行《中行月刊》、《金融统计月报》等。这些措施，对发展中国银行业务起了重要作用，营业额在同业中一直领先。1928 至 1931 年，中国银行存放款额均占中央、中国、交通三行存放款总额的百分之六七十以上。但由于连年内战，财政支绌，公债发行激增，中国银行持有的有价证券逐年增多，资金运用无法往专业化方向转移，只能从承销政府公债中得到畸形的发展。

1931 年"九一八"事变发生时，张嘉璈正在大连视察行务，日本关东军司令部以清查张学良有无银行股本及存款为由，将中国银行沈阳分行封闭。张立即赶往沈阳，向日本宪兵司令部疏通，始得启封营业。翌年"一二八"沪战时，上海市商会为抗议日军侵略，宣告罢市。张嘉璈与李铭策划银行业首先开市。3 月，日本导演的伪满洲国出笼，国民党政府失掉东北关、盐两税的大宗收入，财政更加支绌。张与李铭等人顺从国民党政府的旨意，制定公债展期还本、减低利息的办法，帮助国民党政府解决财经困难。年底，张赶往曼谷、新加坡等地调查侨汇。

虽然张嘉璈致力于发展中国银行业务，对国民党政府给予很大的支援，但是国民党政府对中国银行觊觎之心从来没有放弃。1935 年，政府面临财政危机，巨额内战经费无法筹措。财政部长孔祥熙组织财政顾问委员会，聘张嘉璈任副主席，想继续借助他率领金融资产阶级给政府垫款。此时，张对蒋介石无止境的内战耗费，不愿再冒险给钱了。他一再向孔祥熙要求，减少银行对政府的垫款，反对拿银行当国库。孔祥熙见张难以驾驭，遂决定夺取中国银行。3 月中旬，孔与宋子文往武汉同蒋介石密谋，决定以"救济金融"为名，发行 1 亿元金融公债，以其中 2000 万元增加中国银行官股(后改为 1500 万元，连原有官股共 2000 万元，与商股相等)；改中国银行总经理制为董事长制，派宋子文任董事长，宋汉章任总经理，调张嘉璈任没有实权的中央银行副总裁。3月28日，财政部训令下达后，张悲愤交集，立即召开董事会。各董事对国民党政府的卑劣做法强烈不满，要求张向政府提出质问。张以不愿与政府相抗而拒绝，并宣告辞职，要求各董事谅解。由于南京政府的压力，30日董事会被迫通过执行财政部训令，这样国民党政府以一纸金融公债，就把中国银行攫夺而去。张愤不就中央银行副总裁职，要求出国考察，但在国民党政府软硬兼施下未能成行，并于年底俯首就任了铁道部长。

张嘉璈任职中国银行时，曾对铁道建设表现过很大的兴趣。上任后，立即作出三年内修筑三千七百多英里新路的计划。1936年1月，修筑浙赣路南昌至萍乡段，发行2700万元铁路建设公债。一月后，续发1.2亿元修筑湘黔路株洲至贵阳线。他又极力引进外资，与中法工商银行签订成渝路借款，与中英银公司签订沪杭甬铁路借款。他得悉英国有大量投资的可能，旋即拟定1937年至1941年五年筑路五千英里的计划。迄抗战时止，先后借外债（材料借款在外）约三千多万英镑①，均以我国重要财政收入作担保，大部分借款规定只能向债权国购买材料。

抗日战争爆发后，张嘉璈首先拟定修筑湘桂路衡阳至桂林段，越一年完成二百多英里，对抗战运输起了一定的作用。复拟将此路向越南边境展筑，后因日军袭击中止。1938年初，铁道部并属交通部，张任交通部长。他打算修筑西北铁路经新疆达苏联，由于物力财力不足和苏方不予支持，未能实现。修筑滇缅路的计划，也由于英国对远东政策举棋不定而屡遭顿挫；后虽得美国“租借法案”物资兴工，又因缅甸陷落，半途而止。自“七七”事变至1942年底止，总共完成新路仅一千英里②。由于蒋介石任命中统局副局长徐恩曾担任交通部

① 张嘉璈：《中国铁道建设》绪言，杨湘年译，商务印书馆1946年版。

② 张嘉璈：《中国铁道建设》绪言，杨湘年译。

政务次长，张不愿与其共事，遂于1943年1月以健康不佳辞交通部长职。9月，赴美国考察，研究战后中国经济复兴计划，著《中国铁道建设》在美出版。翌年10月，出席在美召开的国际通商会议。会后与陈光甫、李铭等人同美国资本家进行战后合办企业的商谈，筹建了中国投资公司，张任董事。该公司1945年8月20日在纽约开业，从事发行公司证券，吸引外资流入中国，并代美国资本家办理在华放款等业务。

日本投降后，蒋介石为抢夺东北胜利果实，成立军事委员会委员长东北行营（后改称东北行辕），下设政治委员会与经济委员会，任命张嘉璈为经济委员会主任委员兼中长路理事长，电令张立即回国。9月中，他回国抵重庆，经与蒋介石等人进行了一系列策划后，10月偕同东北行营主任熊式辉等到长春。立即与苏军马林诺夫斯基元帅谈判接收事宜，经四次谈判未得结果。11月，熊返重庆，张负责与苏方继续谈判，取得苏方同意，派员接收了中长路沿线各重要城市，将大批伪军收编为警察大队，用以阻挡中共的部队。经委会还设立庞大的机构，留用大批日本侵略者充作顾问。又发行半独立的东北流通券，收回伪币及苏军发行的红军票。他故意不宣布兑换截止期，然后突然停兑，使红军票回流解放区抢购物资。这件事被国民党当局吹嘘为张嘉璈对共产党经济战的胜利。后来蒋介石扩大内战军费浩繁，流通券发行激增，东北人民深受其贬值之苦，而张则协助与支持张嘉铸所控制的中国植物油公司，乘东北大豆即将实行统购之机，大量抢购大豆外销，获取巨额外汇。

1946年底，国共和谈破裂，东北成为主要内战战场，张嘉璈在东北已无可作为。蒋介石想借助张的理财能力挽救经济危机，11月3日电召他到南京。此时蒋介石集团正在筹备召开非法的“国民大会”，拉拢民社、青年两党参加，破坏民主统一战线。张立即到沪，力促其兄张君劢背叛“民盟”，参加伪国大。翌年4月，政学系张群出任行政院长。而张嘉璈则先于3月1日被任命为中央银行总裁兼中央信托局理事长。

上任时正值“黄金潮”①后，通货膨胀加剧，军事垫款激增，他仍然想用发行公债的办法遏止法币发行量的增加。3月28日，国民政府颁布民国三十六年短期库券及美金公债条例，库券定额3亿美元，公债定额1亿美元，并为此成立募销委员会。由于此时国民党政府的债信已失，虽以扩大贴放作招徕，除少数较大的行庄被迫认购少量外，中小资产阶级则强烈抵制。至8月，仅售出总额的1/6，不得不停止发售，国民党政府举内债的目的宣告破产。7月，美国特使魏德迈（Albert Coady Wedemeyer）来华，国民党政府又寄最大希望于美援，由张嘉璈、王云五等组织专门委员会接待，并由他拟定一个币制改革方案，要求美国贷给美元作发行基金。由于美国当时不敢公开给予这笔巨额贷款，打算落空。此时法币贬值加速，带来黄金、美钞和物价的狂涨。国民党政府欲获取外汇与减少外汇支出，缓和物价，于8月17日公布中央银行管理外汇办法修正案和进出口贸易办法修正案，设外汇平衡基金委员会和输出入管理委员会。前者由陈光甫主持，后者由张任主任委员。随后又开征建国特捐，要国人限期申报在外资产，并实行花纱布统购统销等措施。这些措施并不能挽回恶性通货膨胀的继续发展，物价继续狂涨，货币不断贬值濒临崩溃。这时，CC派起而攻之。1948年5月，张嘉璈随同张群一同辞职。政学系的“两张财权”宣告结束。张辞职前，曾谋求中国银行董事长一职，没有成功，而且连中央信托局也被CC派夺走了。

1949年元旦，蒋介石发表欺骗性的和平文告后“引退”，代总统李宗仁邀张嘉璈到南京，以财政部长相委。他预感到国民党政权大势已去，没有接受。是年5月移居澳大利亚悉尼，研究总结中国通货膨胀的

① “黄金潮”发生在1947年2月上旬。由于国民党政府在军事、政治上的失败，纸币发行猛增，大量来自东北、平津的游资集中上海，抢购黄金、外币，引起黄金、外币狂涨。1月底沪市金价尚在四百万（十两）之内，2月1日起突破四百万，随之急剧上升。2月10日，中央银行宣布停止对金号配售黄金，沪市金价最高达七百二十万。11日，猛涨到九百六十万。其他物价亦随之狂涨。

教训，着手撰写英文《通货膨胀的曲折线——1939 至 1950 年中国的经验》一书①。1953 年 9 月，张应美国洛杉矶洛亚拉大学之聘赴美，主讲中国、日本、朝鲜及东南亚各国经济发展史。1961 年辞洛亚拉大学教职，参加斯坦福大学胡佛研究所工作。1974 年为美国陆军部撰《中共经济潜力之研究》。另外还撰写了许多有关中华人民共和国经济发展、工业产品价格方面的论文。美国圣约翰大学、斯坦福大学、日本庆应大学先后授予他名誉博士称号。

1979 年 10 月 15 日张病故于加利福尼亚州帕罗。

① 是书于 1955 年由美国麻省理工学院国际研究中心代为出版。

# 张 謇

朱信泉

张謇，字季直，号啬庵，江苏南通人。我国近代知名实业家、教育家。1853 年 7 月 1 日（清咸丰三年五月二十五日）出生在一个富裕的农民家庭。张五岁入塾，十六岁中秀才。1874 年外出谋生，初给江宁发审局委员孙云锦当书记。1876 年去浦口，在庆军统领吴长庆幕中办理公文，1880 年随军移驻山东登州（今蓬莱）。1881 年袁世凯投庆军，张謇与袁相识，并为袁修改过文章。

1882 年朝鲜发生“壬午兵变”，张謇随庆军开赴朝鲜，因办事干练，受到朝鲜国王和吴长庆的赞誉。张謇曾代吴长庆草拟了关于时局问题的条陈，受到当时任军机大臣工部尚书翁同龢的赞许，但被北洋大臣李鸿章斥为“多事”。1884 年 5 月吴长庆归国，不久病故。张謇离开庆军。

1885 年张謇参加顺天府乡试，中举人。在此后的十年中，他除四次赴京参加会试，一度应孙云锦邀请参加开封府幕外，主要掌教于江苏赣榆选青书院和崇明瀛州书院。中法战争后，张謇鉴于“国势日蹙”，在实业救国思潮影响下，有了“中国须兴实业，其责任须士大夫先之”的思想①。

1894 年 4 月，张謇再次赴京参加会试，考取一甲一名进士（状元），授翰林院修撰。同年 7 月，中日甲午战争爆发，清军战败，边疆紧急，张

① 张孝若：《南通张季直传记附年谱年表》，中华书局 1930 年版，第 54 页。

曾上疏痛劾李鸿章奉行妥协政策,“战不备,败和局”①。张謇目睹国事日非,京官疆吏不足为谋,虽科举成名,却不愿以此求官,而另走兴办实业和教育的新路,“以为士生今日,固宜如此”②。

1895 年初,张謇受署理两江总督张之洞的委派,在通州海门地区主办了几个月的团练。同年 4 月签订的中日《马关条约》,有允许日本人在内地设厂的条文。为了在外资输入前抢先一步,张之洞要求张謇招商集股在通州创办纱厂。不久张之洞调职,张謇又得到继任两江总督刘坤一的支持。

他把筹建中的纱厂取名“大生”。自 1896 年 9 月在通州唐家闸规划厂基,到 1899 年 5 月纱厂建成,其中遇到不少困难。首先是筹集资金不易,有钱人对于把大宗款项交给一个书生去办厂,心怀疑虑。加之当时上海棉纱市场萧条,为纱厂集股尤难。其次,通州和上海的董事之间,在是否领用官款买来的机器和承担投资份额上意见相左,结果上海的董事退出。再次是工厂短缺周转资金,刚投产就面临关厂的威胁;想把工厂出租,又遭到商人的压价。但这些困难经过张謇等人的努力都一一克服了。

大生纱厂 1899 年 5 月建成时,有原始资本 445,100 两,纱锭20,400 枚。投产后,在较短期内,就经受住了洋货和洋商的竞争,年年盈余。这是因为通州地区具有产棉旺、销纱多、运费省、工资廉等有利条件。张謇正是凭借这些条件使大生厂的利润常比他厂为高。为了增加利润,张謇等人对改进经营管理也很注意。

1904 年,张謇利用大生纱厂的盈余和续招新股,增加资本 63 万两,增加纱锭 20,400 枚。1907 年,在崇明久隆镇(今启东市)办了大生二厂,资本 100 万两,纱锭 26,000 枚。从 1899 年到 1913 年大生厂共获净利约 540 万两,发展成为拥有资本 200 万两和纱锭 67,000 枚的大

① 张孝若:《南通张季直传记附年谱年表》,第 37 页。

② 张孝若:《南通张季直传记附年谱年表》,第 82 页。

厂，是“欧战以前华资纱厂中惟一成功的厂”①。

为了使大生厂能自成系统，张謇还陆续创办了其他企业。为增加棉花来源，1900年办了通海垦牧公司；为解决棉籽出路，1902年办了广生油厂；为了解决原料和产品的运输问题，1904年办了上海大达外江轮步公司和天生港轮步公司；为了维修和制造机器设备，1906年办了资生铁冶厂等等。

张謇为实现以实业所得兴办教育和用教育来改进实业的主张，他用大生纱厂的小部分盈余以及劝募所得，在本地举办一些教育文化事业。1902年创办了国内第一所师范学校——通州师范，后来又办了女师、幼稚园、小学和中学。他还创办了十多所职业学校，其中以纺织、农业和医校较为有名，后来三校扩充为专科，1920年又合并为南通大学。在外地，由张謇倡议或资助而设立的学校有：吴淞商船学校，吴淞中国公学，复旦学院，龙门师范，扬州两淮两等小学、中学及师范，南京高等师范和南京河海工程学校等。此外又在通州创办了图书馆、博物苑、气象台、盲哑学校、伶工学社、剧场、公园和医院等。张謇由于举办实业和教育，在社会上曾博得广泛的赞誉并受到清政府的重视，1904年，清政府赏他三品衔为商部头等顾问官。1911年，学部奏任他为中央教育会会长。

在政治上，张謇是从封建绅商转化过来的资产阶级的代表。

19世纪末，当康有为搞维新变法时，张謇正埋头建厂，1895年虽列名强学会，但对康的变法活动不尽以为然，认为“事固必不成，祸之所届，亦不可测”②。对1900年的义和团运动，张謇害怕动乱扩大到南方，说“揭竿之徒，在所可虑”，“东南为朝廷他日兴复之资，诚不可不为之早计也”，极力劝说两江总督刘坤一参加“东南互保”③。

---

① 严中平：《中国纺织史稿》，科学出版社1963年版，第57页。

② 张孝若：《南通张季直传记附年谱年表》，第45页。

③ 张孝若：《南通张季直传记附年谱年表》，第50页。

在20世纪初年的立宪运动中，张謇居于重要地位。立宪运动是资产阶级改良派为了抵制日益高涨的民主革命浪潮，并借以限制封建顽固势力，制造一个比较适合他们所需要的政权的一次政治运动。1901年，张謇响应清廷“更新”诏令，著《变法平议》。1904年5月，替张之洞、魏光焘起草《拟请立宪奏稿》。同年7月刻印《日本宪法》，分送达官贵人以至北京内廷，向清统治者游说，乞求变法立宪。1906年9月，清政府宣布预备立宪后，张謇兴高采烈地和江苏、浙江、福建的立宪派汤寿潜、郑孝胥等人组织预备立宪公会并任副会长，进行所谓开通绅民政治知识的宣传。1909年9月，江苏谘议局成立，张謇当选为议长。他率先发起各省谘议局代表去北京联合请愿，要求清政府在1911年召开国会，设立责任内阁，立宪活动达到高潮。1910年1月和6月，各省谘议局和各界的代表曾两次联合到北京上书，但都遭到清政府的拒绝。同年10月的第三次请愿，虽然清政府表面答应缩短预备立宪期为五年和在国会召开前先成立责任内阁，但1911年4月清政府成立的责任内阁，却是以清皇室成员为主体，这就完全暴露了统治者借立宪为名来加强皇族专制的图谋。张謇目睹这一情况，也不得不指责清政府“举措乖张”，使“全国为之解体”①。立宪运动的破产，促使张謇另作打算。为了窥测政情，1911年6月张謇去京，中途特意去彰德和袁世凯见面，密商如何应付政局的变化②。

1911年10月10日武昌起义爆发前一周，张謇正为所租赁的大维纱厂开工一事滞留汉口。事变当日他乘“襄阳号”东下，途中得知武昌已被革命军占领，13日抵南京，劝说江宁将军铁良和总督张人骏派兵“亟援鄂”并“奏请速颁决行宪法谕旨”，但张人骏“大诋立宪，不援鄂”③。不到一月工夫，十四省相继宣告独立，清朝大势已去，张謇赶忙

① 张孝若：《南通张季直传记附年谱年表》，第66页。

② 刘厚生：《张謇传记》，龙门联合书局1958年版。

③ 张孝若：《南通张季直传记附年谱年表》，第70页。

发表若干通文章函电,转而"拥护"共和。同年 11 月,江苏省谘议局改为省临时议会,张謇被推为议长。12 月,应江苏都督程德全邀请,担任江苏两淮盐政总理。1912 年 1 月,中华民国临时政府在南京成立,邀张担任实业部总长,但他却疏远孙中山而倾心于北洋军首领袁世凯,认为"非洹上不能统一全国",不久借口反对汉冶萍公司与日本人合办而去职①。还在南京临时政府成立前夕,会于上海的南、北双方代表已开始举行和议,其后持续进行。和议期间,张謇为袁世凯谋划奔走,通风报信,帮助袁窃取革命果实。当他获得南方将同意以清帝退位为条件、选袁为总统的消息后,立即密电给袁说:"甲日满退,乙日拥公,东南诸方,一切通过。"②

1913 年 9 月,张謇当上北洋政府以熊希龄为首的所谓"第一流人才"内阁的农林、工商总长兼全国水利局总裁。他想通过这个政权来改良政治,发展资本主义。他就职时发表了《实业政见宣言》,任内制订了二十多种农林、工商和矿业方面的法令。但面临的是"财政竭蹶,无可措手",所能做的只是"日在官署画诺纸尾"罢了。到 1915 年 8 月,袁世凯公然要恢复帝制,张謇才辞职南归③。

张謇回到南通,继续搞他的实业、教育和"地方自治"。第一次世界大战期间,帝国主义忙于战争无暇东顾,张謇经营的企业也获得短暂的发展。他用大生纱厂的盈余,及续招新股和向银行钱庄大量借款,加速扩充企业。到大生副厂于 1924 年建成时,大生已发展为四个纺织厂,资本增加到 900 万两;纱锭 15.5 万枚,约占当时全国华资纱厂总锭数百分之七强;布机 1580 余台。在盐垦方面,先后在苏北沿海一带开办了二十个盐垦公司,计圈地 413.5 万亩(已垦地 98 万亩),资本估计约为 2000 万元。根据 1921 年一个调查材料,张謇所经营的各企业的总

① 张怡祖编:《张季子九录·政闻录》第 4 卷,中华书局 1932 年版,第 15 页。
② 张怡祖编:《张季子九录·政闻录》第 4 卷,第 1 页。
③ 张怡祖编:《张季子九录·政闻录》第 9 卷,第 19 页。

资本约为 3400 万元①。

可是有利于企业发展的好景不长。1920 年至 1922 年各盐垦公司连续遭灾，使主要投资者大生纱厂负债愈重。加之军阀连年混战，第一次世界大战后帝国主义对华经济压迫转剧，因而民生凋敝，百业衰退，到 1923 年连一向盈利的大生纱厂也转为亏损。为了争取企业的生存，张謇一再呼吁取消不平等条约，要求国际税法平等，停止内战，实现国内和平，但只能是与虎谋皮的幻想。1923 年年关，张謇不得不把大生一厂向银行押款还债。1925 年 7 月，大生一、二两厂已负债一千余万元。同年，上海、金城等四家银行组织银行团到南通清查账目，正式接管大生各厂及欠大生款项的各公司。正如历史所证明的，在半殖民地半封建的中国，帝国主义和封建主义是绝不会让民族资本主义顺利发展的。

大生集团受挫之后，张謇虽曾有"失败不要紧，第一要失败得光明，第二要失败后有办法，决心再来打一个败仗后的反攻，不要馁，不要退"的打算②，但这个决心未及实现，张謇就在 1926 年 8 月 24 日因病在南通逝世。

---

① ［日］驹井德三：《张謇关系事业调查报告书》，中国人民政治协商会议江苏省南通市委员会文史资料研究委员会 1963 年油印本，第 38 页。

② 张孝若：《南通张季直传记附年谱年表》，第 387 页。

# 张　景　惠

赵长碧　张　欣

张景惠，字叙五，辽宁台安人。1871 年 6 月 21 日（清同治十年五月初四）生。家道小康，曾读过两年私塾。少年时从其父张福生、兄张景全学做豆腐，以维持生计。长大后，自觉卖豆腐不如聚赌来钱快，开始经常出入于赌博场所，并在此间结交了一些行抢作案的不良分子。日久天长，在当地也有了些名声。

中日甲午战争后，帝国主义加紧侵夺中国，1900 年爆发了反抗外来入侵的义和团运动。是年春夏之交，英、美、俄等八国联军借口清政府"排外"镇压义和团，其中，帝俄单独调集步骑兵十七万人，分六路侵占东北三省，清政府在东三省的统治陷于瘫痪。一时间东三省地方不靖，盗匪蜂起。一些地方豪绅、商贾便纷纷组织"自卫团"、"保安队"等地方武装以保护各自的利益。此时，张景惠便乘机在家乡八角台（今台安县城）拉起"大排"，按地亩抽饷，成立保险队，自任队长。从此，他名声益大。

1901 年初，张作霖在黑山县一带因扩充地盘与金寿山发生冲突，被金寿山偷袭，仓皇逃窜，欲投奔当时在海城一带的冯麟阁，以图东山再起。行至八角台时，张景惠和地方豪绅盛情款待并执意挽留张作霖，张景惠还让出首领位置，推举张作霖为八角台的团练长，自己甘当副手，从此张景惠与张作霖结成更有力的团伙。

1902 年 10 月，张景惠随张作霖被新民知府增韫招抚收编。翌年初，新民巡防游击队成立，下设一营，张作霖为管带，张景惠与张作相、汤玉麟同为哨官。8 月，清政府对地方军进行整编，张作霖被委任为新民府游击马队营管带，张景惠被提升为帮带。1908 年，张作霖因剿匪有功，晋升为奉天八路巡防营前路统领，张景惠亦被提升为帮统，随后不久，他们一同奉命移驻郑家屯。1910 年，张景惠与张作相、汤玉麟一同入奉天讲武堂受训。临行前，张景惠接受张作霖密托：注意收集省城军政动态和时事情况，如有变化，随时报告。

1911 年 10 月，辛亥革命爆发，东北革命党人张榕、蓝天蔚等新军将领拟策动奉天独立。张景惠闻讯急报远在郑家屯的张作霖，请急速带人来奉。此时奉天总督赵尔巽已知新军靠不住，也命张作霖率兵入省城拱卫。11 月 12 日，奉天谘议局邀集各方面代表人物开会，张榕等欲在会上迫使赵尔巽响应革命，宣布东三省独立。此时，张景惠带人随张作霖将会场包围，以武力相胁，赵尔巽趁机成立了装点门面的“奉天国民保安会”，张景惠则在随后的一段时间里跟随张作霖大开杀戒，血腥镇压奉天革命党人。民国成立后，1912 年 9 月，张作霖被赵尔巽保荐为陆军第二十七师师长，驻防沈阳，张景惠也当上了该师的团长。1917 年 5 月，他又接替被撤职的汤玉麟，出任第五十三旅旅长。

1916 年 4 月，值袁世凯复辟帝制的丑剧行将失败之际，张作霖与冯玉麟设计逼走当时的奉天督军段芝贵，夺得了督理奉天军务大权。1918 年 2 月，皖系徐树铮为拉拢奉系与杨宇霆密谋，将直系军阀冯国璋从日本购置的一大批军火在秦皇岛港交货时予以劫夺。当张作霖派张景惠、丁超率两营人马到达秦皇岛后，一面与冯国璋所派领取军械人员聚赌、饮酒，一面窥视动静，伺机行动。待日方人员将军械点交完毕装上火车后，张景惠突然将军队布开，威逼火车调头开往沈阳，使这批有三万多件的军械全部落入奉军之手①。事后，北京政府对此提出抗议，奉军不予置理，却用这批枪械大肆扩军，先后增编七个混成旅，实力

① 王毅夫：《张景惠》，中国人民政治协商会议沈阳市委员会文史资料研究委员会编《沈阳文史资料》第 10 辑，1985 年版，第 179 页。

骤增，张景惠也由此当上了暂编奉军第一师师长。其时，张作霖支持段祺瑞的统一政策，派兵南下援湘，设奉军总司令部于天津，自任总司令，以徐树铮为副司令。而徐则私自募兵四旅，被张景惠告密，引起张作霖不满，徐被迫于同年 9 月引咎辞职，由孙烈臣继任副司令。1919 年 7 月，孙烈臣调任黑龙江督军兼省长，张景惠继任奉军副司令。1920 年 9 月，张景惠被任命为察哈尔都统兼第十六师师长，常住北京。

1922 年 4 月 28 日，第一次直奉战争爆发。战前，张景惠由于曾与直系军阀吴佩孚结拜为盟兄弟，与张作相同持对直主和的态度，但未能阻止张作霖主战的决心。战争爆发后，身为奉军西路总司令的张景惠战无决心，行动迟缓，在战争开始后的第二天才从北京出发，赴长辛店前线司令部指挥作战。由于他指挥不力，致使西线奉军迅速溃败，整个奉军受其影响，很快便输掉了这场战争。战败后，张景惠未随张作霖退回东北，仍寓居北京，并被曹锟任命为新设的全国国道局督办，在北洋政府中依然位列高官。

1924 年 9 月，第二次直奉战争开始，经过激战，奉军大获全胜，张作霖拥兵入关，控制了北京政权。此时，张景惠惊慌异常，恳请张作相、吴俊陞为其向张作霖求情，以修旧好。张作霖因取得了战争的胜利，又念其旧情，两人“遂消释前恨，和好如初”①。1927 年 1 月，张景惠被任命为顾维钧内阁的陆军总长。同年 6 月，张作霖自任北京安国军政府大元帅，张景惠改任潘复内阁的实业总长。翌年 6 月，由于奉军在南方的战事接连受挫，加之日本帝国主义的逼迫，张作霖不得不从北京退回东北。6 月 3 日，张景惠随同张作霖同车返奉，次日专车行至皇姑屯被炸，张作霖与吴俊陞当场身亡，张景惠身受重伤②。

① 王毅夫：《张景惠》，中国人民政治协商会议沈阳市委员会文史资料研究委员会编《沈阳文史资料》第 10 辑，1985 年版，第 181 页。

② 金名世：《张景惠与奉派首领张作霖的关系》，中国人民政治协商会议吉林省委员会文史资料研究委员会编《吉林文史资料选辑》第 4 辑，吉林人民出版社 1983 年版，第 204 页。

张作霖死后，张学良被众人拥戴于 7 月 4 日在沈阳就任东三省保安总司令兼奉省保安司令。19 日，东北临时保安委员会成立，张学良被公推为委员长，张景惠为委员；同时张景惠被任命为东三省特别行政区长官，常驻哈尔滨。1928 年年底，张学良不顾日方的强烈反对与百般阻挠，毅然“易帜”，形成南北统一局面。1931 年 4 月，南京国民政府任命张景惠为国民政府军事参议院院长，张原拟于秋后往南京就职，适逢“九一八”事变爆发，他也就此走上了投敌卖国的道路。

早在日俄战争期间，日军收买清军和土匪为其效劳，张景惠就曾把日军的密探安插在自己的队伍里，打入到俄军占领区，进行收集情报的活动。有时，他还亲自带领部队为日军运送军火，到俄军后方骚扰，割电线、毁铁路、烧仓库等①。以后，张景惠与日本的军政官员时有往来，深得日本人的信任，被视为“对日本人的惟一理解者”②。在张学良“易帜”前后，张景惠曾多次秉承日本人旨意，规劝张学良与日方搞好关系，惟日本人之命是从，因而被张学良疏远。

1931 年，日本关东军发动“九一八”事变后，为策划傀儡政权，千方百计在东北寻找代理人，张景惠便成为他们的理想人选。事变后他曾表示：“日本侵略东北不怨日本人，都怨张学良把日本悬案推给蒋介石，日本人要求解决，他却置之不理，日本人没法子才这样做；我们要与日本人合作才行。”③9 月 22 日，即“九一八”事变爆发后的第四天，张景惠在沈阳秘密会见了事变的主要策划者、关东军高级参谋板垣征四郎，向板垣表示了投降之意，并要求日方提供武器以扩充警察部队，策应日军进占哈尔滨。板垣要求张景惠速回哈尔滨，维持地方治安，保护日本侨民，答应供给他武器，伺机宣布“独立”。次日，张景惠便同板垣所派

---

① 锡光：《张景惠其人其事》，《社会科学战线》1987 年第 1 期，第 209 页。

② 张玉芝：《“九一八”事变时期的张景惠》，东北三省沦陷十四年史总编室编《东北沦陷十四年史研究》第 2 辑，辽宁人民出版社 1991 年版，第 337 页。

③ 中央档案馆等编：《九一八事变》，《日本帝国主义侵华档案资料选编》（一），中华书局 1988 年版，第 285 页。

的顾问新井宗治一同回到了哈尔滨。随后，张景惠从日本驻哈尔滨总领事馆领取到2000支步枪和大批子弹，成立了拥有三千多人的特区警备队。9月27日，宣布成立东三省特别区治安维持会，张景惠自任会长。28日，张发出通电，发表“独立宣言”，声明脱离国民政府，并在他的政府中任命了一批亲日分子。此后，板垣通过日本驻哈尔滨总领事大桥忠一、秘书官板本与张景惠多次密谈，达成了由张景惠组织东北政府，脱离中国，实行自治，凡事同日本交涉和有关铁路权益等协议。张景惠成为出卖国家主权和民族利益的汉奸。

11月中旬，日军占领齐齐哈尔后，任命张景惠为黑龙江省主席。但由于黑省人民抗日情绪高涨，马占山的部队仍在海伦一带继续进行抗日活动，张景惠迟迟不敢到齐齐哈尔就任，便与日军密谋诱逼马占山就范的对策。从12月初开始，张景惠便紧密配合日军，向马占山展开了大规模的诱逼攻势，迫使马一度就范。

日本侵略者在东北一面发动军事进攻，一面加紧制造傀儡政权，导演“建国运动”。1932年2月5日，日军攻占哈尔滨后，关东军司令部便召开“建国幕僚会议”，策划建立伪国的方案。2月12日，板垣赴哈尔滨，与张景惠商讨定于2月16日在沈阳召开成立东北行政委员会的会议，并诱逼马占山参加此会。当日晚6时，在沈阳大和旅馆召开了由日本人监视的“建国会议”，也称“四巨头(指张景惠、熙洽、臧士毅、马占山)会议”。次日午后，在张景惠的住宅又召开了第二次会议，按照关东军事先拟订的方案，决定成立伪东北行政委员会，张景惠被指定为委员长。18日，由张景惠领衔发表了一个宣言，宣布：“东北四省(包括热河)及一个特别行政区及蒙古各王公组织一个机关，名曰东北行政委员会。本会成立通电中外，从此与国民党政府脱离关系，东北各省区完全独立。”①

2月19日至24日，“建国会议”继续召开，25日以“东北行政委员

① 易显石等：《“九一八”事变史》，辽宁人民出版社1981年版，第210页。

会”的名义发表了由关东军司令部“建国幕僚会议”最后决定的关于建立“新国家”的方案。日本侵略者决定扶植废帝溥仪上台。3月6日，张景惠秉承日本主子的旨意，作为“迎驾”代表赴汤岗子“恭迎”溥仪就任伪满洲国执政。8日，张景惠陪同溥仪到达长春。10日，张景惠出任伪满洲国参议府议长兼北满特别区长官。9月，张任伪满军政部总长。从此，他在关东军操纵下领着十余万伪军，帮助打击原东北军和人民抗日武装，完成“武力统一”，迅速占领东北四省。

1934年3月1日，伪满改称帝国，溥仪重新“登基”为“皇帝”，张景惠擢升为伪军政部大臣。1935年5月21日，秉承关东军的意旨，溥仪免去郑孝胥伪满国务总理大臣的职务，任命张景惠为“国务总理大臣”。张景惠惟关东军之命是从，深得日本主子的信赖和赞赏。一次，总务厅长官在国务会议上大讲“日满一心一德”，临张景惠讲话时，他接过话头说：“咱是不识字的大老粗，就说句粗话吧：日满两国是两只蚂冷(蜻蜓)拴在一根绳上。”此语被日本人传诵一时，成为教训伪满官员的“警句”①。当时，日本在东北实行“拓殖移民”政策，需要在国务会议上通过法案。该法案严重侵犯了中国人民的利益和国家主权，遭到了包括一些伪满大臣在内的许多人的反对。而张景惠却说：“满洲国土地多的不得了，满洲人是老粗，没知识，让日本人来开荒教给新技术，两头都便宜。”②结果在他的主持下被通过。因为他的奴颜婢膝，被日本侵略者称为“好总理”。

1940年9月28日，张景惠代表伪满洲国发表声明，支持德、意、日三国军事同盟。1941年12月，日本对英、美宣战后的第四天，他立即去关东军司令部和海军武官府拜访，表示伪满政府决心与日本一道进行太平洋“圣战”，并祝贺日本取得“赫赫”战果。1942年3月，为庆祝伪满洲国建国十周年，他率领十六人作为“谢恩使节”，亲赴东京，拜谢

---

① 溥仪：《我的前半生》，群众出版社1977年版，第347页。

② 溥仪：《我的前半生》，第347页。

日本天皇。1943 年 4 月 1 日，日本首相兼参谋总长东条英机来东北“视察”时，趾高气扬，不可一世；张景惠则卑躬屈膝，极力逢迎，对东条英机提出的各种苛求都一一作了使其满意的回答，把东北的大批物资拱手奉送给日本远征军。

1945 年 8 月 15 日，日本天皇在世界反法西斯战争强大力量的压迫下，宣布日本无条件投降。在此前四天，张景惠随溥仪于 8 月 11 日逃到吉林省通化市。后又奉命返回长春，匆忙拼凑“治安维持会”，准备迎接国民党部队前来接收。但苏军很快攻占长春，他被苏军押送至苏联，关进监狱。1950 年，张景惠被引渡回国移入抚顺战犯管理所，1959 年 5 月因心脏病死于狱中。

# 张 静 江

沈荆唐

张静江,名人杰,谱名增澄,字静江,浙江吴兴人。1877 年 9 月 19 日(清光绪三年八月十三日)生。其祖父张颂贤,以经营丝、盐起家,在杭、嘉、湖及上海等地均有资产。父亲张定甫,继承祖业,为当地巨富。张静江年轻时得当地名师授业,课读诗书,但不愿受科举之苦。自十九岁起患骨痛症而行走不便,并因眼疾而视力受损。二十岁时他父亲以十万银两为他捐得江苏候补道衔。他在家以书法、绘画自娱,并爱好文物古董的鉴赏。

1902 年,张静江随同驻法公使孙宝琦出国至巴黎,任公使馆商务随员。他考察法国市场,发现中国货物很受欢迎,但均为日商垄断,乃决意集股创办一个公司以发展中国对法贸易。翌年,张回国招股集资,但国内无人肯冒险投资。后来其父出资三十万银两,支持他在巴黎开办独资经营的通运公司。张看准市场需要,以经营文物古玩为主,兼营丝、茶、绸缎,获利颇丰;不久便在英国伦敦、美国纽约开设分公司,扩大经营。

张静江在国外任职、营商的同时,对近代西方新思潮颇感兴趣,尤其崇尚法国盛行的蒲鲁东、巴枯宁、克鲁泡特金的无政府主义,深感清王朝封建专制统治的窳败,乃倡言反清革命,经常在旅欧华人中发表反清言论,自诩为中国无政府主义的"宣讲师"。但张是一名清政府驻法公使馆的官员,许多人怀疑他居心叵测设计陷害人而不敢与他交往,有的人还误认为他是奸细而要打他。他虽然苦恼,但热忱不减。他与旅法的吴稚晖、李煜瀛等人在巴黎成立世界社,刊行《新世纪》周报、大型美术画报《世界》，出版《新世纪丛书》，鼓吹无政府主义。在这些书刊中，广泛介绍世界各国资产阶级革命的壮举，抨击清王朝封建制度的陋弊，号召进行社会革命。这些言论与当时同盟会《民报》的主张相呼应，在海内外影响甚广。

1906年春，张静江在一次旅途中偶遇在欧洲进行革命活动的孙中山，即倾心表白自己“深信非革命不能救中国”①；还对孙说，如革命事业有需要，愿悉力相助。他当即留下通讯地址，相约通电暗号：A为一万元，B为两万元……孙中山对此颇感惊奇。翌年，同盟会东京本部经费窘迫，筹款无着，孙中山向张试发一电，只写“C”字。张接电后即汇出三万法郎，使孙中山及革命党人大感意外。1908年3月，孙为筹集广东和云南起义的经费，又先后以“A”和“E”电张，张即汇出一万法郎和五万法郎。事后，孙中山让胡汉民代笔函张，详述起义受挫及款项开支情况，张复信说：“余深信君必能实行革命，故愿尽力助君成此大业。君我既成同志，彼此默契，实无报告事实之必要；若因报告事实而为敌人所知，殊于事实进行有所不利。君能努力猛进，即胜于作长信多多。”②此后，张继续为孙中山的革命事业拨助巨款，包括资助于右任在上海创办《民吁报》等。尽管通运公司有时资金周转不灵，张仍慷慨捐助不辍。

张静江对于孙中山创立的革命政党“同盟会”表示拥护，先于1906年返国途中在新加坡加入，惟未举行入盟仪式。翌年6月在香港养病时，同盟会香港分会负责人胡汉民、冯自由请他补行入盟手续。张看到盟书中有“当天发誓”字样，即说：“余为无政府党，不信有天，如许余不用‘当天’二字，当可如命。”③张于是履行了入盟手续，成为同盟会正式

① 冯自由：《新世纪主人张静江》，《革命逸史》第2辑，中华书局1981年版，第210页。

② 杨恺龄：《民国张静江先生人杰年谱》，台湾商务印书馆1981年版，第9页。

③ 冯自由：《新世纪主人张静江》，《革命逸史》第2辑，第212页。

成员。

辛亥革命起，张静江正值回国之时，即在上海寓所支持陈其美等人在苏、浙各地发动起义，并资助东北革命党人蓝天蔚等在上海购买枪械。孙中山就任中华民国临时大总统后，提请张出任临时政府财政部总长，张坚辞不就，只是捐献巨款给临时政府充作军饷。1913年“二次革命”时，他也积极支持，在陈其美率军进攻江南制造局时，还亲赴前线激励将士。“二次革命”失败后，他掩护革命党人疏散逃亡，一一给予川资和生活费。孙中山在东京组建中华革命党，他不顾意见分歧而坚决支持，并表示允任中华革命党财政部长，愿为革命继续效力。1920年，他与戴季陶等人主持筹设上海证券物品交易所，为孙中山筹措革命经费。他一如既往地资助革命，颇受孙中山和众多国民党人的尊重，被孙誉为“革命圣人”①，孙并题赠“丹心侠骨”。在实行国共合作的国民党第一次全国代表大会上，他以高票当选为中央执行委员。在第二次全国代表大会上，他被选为中央监察委员。但是他对孙中山实行“联俄、联共、扶助农工”三大政策大不以为然，只是不便顶撞。

孙中山逝世后，国民党先后发生了廖仲恺被害事件、西山会议事件、中山舰事件等，革命统一战线内部争夺领导权的斗争日益尖锐，蒋介石在这些事件中崛起。1926年3月，在上海的张静江闻悉蒋介石在一手发动的中山舰事件中，既打击了共产党人、驱逐了苏联顾问，又迫使汪精卫称病匿居不出，担心蒋处境不利，便不顾腿疾立即南下，为蒋进一步攫取领导权出谋划策。张与蒋早在十几年前结识于上海，相交甚笃。张静江对蒋能时加规劝、指点和资助，曾撮合蒋和陈洁如的婚事，使蒋常怀“敬惮之心”②，而视之为仅次于孙中山的“良师”。如今张静江到广州后，除赞赏蒋介石之所作所为“极称为天才”，还鼓励蒋进一

① 冯自由：《新世纪主人张静江》，《革命逸史》第2辑，第212页。

② 毛思诚：《民国十五年以前之蒋介石先生》第六编(二)，1936年版，第43页。

步"止其(中共)包办之运动而约束之,必可就绪"①。他们竟日密商反共计划,于5月召开的国民党二届二中全会上提出了《整理党务案》,规定加入国民党的中共党员在中央、省、特别市党部任执行委员的数额不得超过三分之一,不得担任"中央机关之部长",等等。于是蒋介石得以担任中央组织部长、军人部长等职。《整理党务案》还决定设立中央常务委员会主席一职,张静江被举任此职。7月6日,他以身患痼疾请辞主席职,改由蒋介石担任;但蒋率师北伐,主席一职又请张"代理"。张为蒋坐镇广州主持中央党部,支持组织部代部长陈果夫等反共。后来陈果夫回忆说,张居守中枢的时间虽然不长,"但是清党的基础由此奠立"②。

北伐战争未及半载即底定湘、鄂、赣、闽诸省,国民党中央决定由广州迁往武汉,但蒋介石欲以南昌为首都,引发了一场迁都之争。张静江离粤北上后,即留在南昌拒去武汉,以支持蒋介石。他还与蒋谋划镇压工农民众运动,打击国民党左派。对于1927年3月在武汉举行的国民党二届三中全会也拒不出席,而是随同蒋介石去了上海,连日召开秘密会议商讨"清党"反共。4月2日晚,张出席国民党中央监察委员会全体会议③,同陈果夫等人提出了《共产党联合容纳于国民党内之共产党员同有谋叛证据》的议案④,会议通过了吴稚晖提出的《请查办共产党》呈文,"递交中央执行委员会"⑤。9日,张静江又与中央监察委员邓泽

---

① 陈果夫:《民国十五六年间一段党史——纪念张静江先生》,台北《中央日报》1950年11月5日。

② 陈果夫:《民国十五六年间一段党史——纪念张静江先生》,台北《中央日报》1950年11月5日。

③ 国民党第二次全国代表大会(1926年1月)选出中央监察委员十二名、候补监察委员八名,共二十名。出席此次"全体会议"的只有中央监察委员张静江、蔡元培、吴稚晖、古应芬、李石曾、陈果夫和候补监察委员李宗仁、黄绍竑共八人。

④ 张素贞:《毁家爱国一奇人》,台北近代中国出版社1981年版,第38页。

⑤ 罗家伦主编:《革命文献》第17辑,台北"中央文物供应社"1984年版,第136—137页。

如等发出“护党救国通电”。在上海与蒋介石发动清共反共政变作了周密部署后，张静江便于10日回到家乡吴兴南浔。

南京国民政府建立后，张静江出任浙江政治分会主席，继而又任浙江省政府主席。他颇想在乡梓有所作为，以孙中山的“实业计划”优先发展铁路为号召，兴建杭州至江山的杭江铁路；又在全省修筑公路，发展交通事业；还筹建杭州电厂；开办全省电话通讯事业。1929年他发起举办规模盛大的西湖博览会，吸引全国工商界来参展、交流。但他好大喜功，资金匮乏，财政窘困，为应付各项建设需要，便巧立名目开征“建设特捐”、“建设附捐”、“土地测绘费”、“水利费”、“积谷”等等，加重了民众的负担。

张静江主政浙江，以国民党元老、蒋介石兄长自居，遇事常好独断专行，对不合己意的官吏任意撤免，对南京政府的政策法令常常置之不理，就连蒋介石的意见也不放在眼里，以致四面树敌，日趋孤立。1930年12月4日，国民政府下令改组浙江省政府，张静江被“劝”辞职。

张静江早在1928年2月就任全国建设委员会委员长。他本想在各地兴建一些经济建设项目，但几个月后的国民党二届五中全会上决议“建设委员会应将属于各部主管事业分别交各部接管”①；加以蒋介石倾力进行内战，财政支绌，无力投资重大建设项目，故张静江主持的这个建设委员会形同虚设。1931年11月，以宋子文为委员长的全国经济委员会成立后，建设委员会更是有名无实。但是张静江说：“总理说过的，革命就要建设，不建设革命就要失败。因此我党政军都可不管，惟有建设，我是一定要干的。”②他在建设委员会下设立淮南矿务局，组织开采淮河南岸九龙岗的煤炭；继后又设立淮南煤矿铁路工程

---

① 国民党二届五中全会文件(1928年8月)，国民党中央党部档案，中国第二历史档案馆藏。

② 何祖培：《张静江事迹片断》，中国人民政治协商会议全国委员会文史资料研究委员会编《文史资料选辑》第24辑，中华书局1962年版，第283页。

处，拨款修筑田家庵至裕溪口的铁路（215 公里）。他还发起成立商办江南铁路公司，修筑南京至芜湖再达宣城展至孙家埠的轻轨铁路。建设委员会还先后改建南京下关和常州戚墅堰发电厂。但是他在政治舞台上已经没有什么影响力，兴办诸事，举步维艰。他意态消沉，身体也越来越弱，常对亲友说："不要做官，没有做头！"①

淞沪抗战爆发后，日本侵略军气焰嚣张，江南硝烟弥漫。张静江一时感到前景暗淡，便把建设委员会所属的淮南煤矿、下关电厂等几个公有企业擅自作价售予宋子文经营的中国建设银公司，所得之款分发给建设委员会各部门员工作疏散用。此举舆论哗然，蒋介石亦恼怒不止，决定撤销建设委员会。张静江则携眷乘轮离沪先至香港，翌年 8 月赴欧，继而前往美国，寓居纽约。

张静江自 1932 年起吃斋，1936 年起念佛。他的足疾发展到瘫痪不起，后又双目失明。虽然他仍被国民党历次代表大会选为中央监察委员，1948 年蒋介石当总统时还聘他为"总统府资政"，但是实际上他早已在中国政坛上销声匿迹。

1950 年 9 月 3 日，张静江在美国纽约病逝。蒋介石在台北为他举行追悼会，亲书"痛失导师"以示悼念。

---

① 何祖培：《张静江事迹片断》，中国人民政治协商会议全国委员会文史资料研究委员会编《文史资料选辑》第 24 辑，第 292 页。

# 张 敬 尧

范春荣

张敬尧，字勋臣，安徽霍邱人。生于1880年9月21日（清光绪六年八月十七日）。父亲名文奎，号益轩，读过几年书，后举家迁至颍上县南照集，做颍上县衙门包揽诉讼的“刀笔吏”。张敬尧少年时只略识字，因无钱上学，到粮食店当学徒。他“事游荡、嗜烟赌”①，后因偷盗被乡人驱逐出境，流落到山东为盗，又因杀人逃到天津。

1896年前后，张敬尧投入袁世凯的北洋新军。不久，他被选进随营学堂（即北洋武备学堂），受训后回到部队担任下级军官，后又在保定军官学堂毕业。在1911年时他任职第六镇十一协二十二标标统，武昌起义爆发，革命军占领武昌、汉阳，清廷命袁世凯派军援鄂，其中就有张敬尧部，张率部攻下汉阳龟山。1912年秋，陆军镇、协、标等名称改为师、旅、团，张敬尧任第六师十一旅二十二团团长②。1913年孙中山发动“二次革命”时期，袁世凯又调张敬尧部攻打南方革命军，张部率先从湖口进入江西，立了头功，升任第六师十一旅旅长兼南昌卫戍司令。随着北洋军阀势力的膨胀，张敬尧也官运亨通，成了袁世凯手下一名战将，1914年3月，张敬尧任第三混成旅旅长，调驻河南。

1914年，张敬尧同刘镇华、张锡元、赵倜各部围攻白朗起义军，大

---

① 《张敬尧小史》，《天问》第4、5号合刊，上海泰东书局1920年版，第35页。

② 天津社会科学院历史研究所：《天津历史资料》第11期，1981年版，第63页。

大削弱了起义军的力量。8月初，张敬尧与白朗率领的数百人在鲁山石庄激战，白朗阵亡，起义军遭到失败。张敬尧自恃“讨狼”有功，向河南督军赵倜“索赏”十万元未遂。袁世凯为安抚张敬尧，于同年9月将张的第三混成旅扩编为第七师，令张敬尧任师长，并给该师头等装备和甲级开支。当时袁世凯想当皇帝，正密谋复辟帝制，为进一步控制军权，采用长子袁克定的建议，于1914年10月成立了军官教导团式的“模范团”，从北洋各师中抽调下级军官为士兵，中、高级军官为下级军官，每期半年，一年培训两个师的军官。张敬尧为该团的办事员之一。1915年8月24日，“筹安会”成立的次日，张敬尧与北洋军警要人袁乃宽等共四十四人发起“军警大会”，通电响应复辟帝制。

袁世凯公开称帝后，激起全国人民的义愤和反对。12月25日蔡锷等在云南通电讨袁，组成护国军。次年蔡锷率第一军出兵入川。1916年1月，袁世凯命令曹锟为总司令、张敬尧为第二路司令，率第三师、第七师、第八师以及第六师由东路入川进驻重庆，随即向云南进兵，攻打护国军。张敬尧率部赶至泸州，攻占兰田坝，7月，攻占纳溪、江安等地，袁为表彰其战功，授勋三位加陆军上将衔。但是，在全国反帝制运动高涨的形势下，北洋军迅遭失败。3月17日，护国军收复江安、纳溪等县，张敬尧负伤，败回泸州。6月6日，袁世凯死去。不久，张敬尧回防河南洛阳。他野心勃勃，想取代河南督军赵倜的地位，因无机可乘，便把目标转向山西。1917年6月下旬，张敬尧制造了一起以驱逐阎锡山为目的的“晋南事变”，谋进兵山西，为北京所制止。

袁世凯死后，北洋军阀集团分裂为皖系、直系、奉系，张敬尧附皖系。1917年7月，张勋复辟垮台后，北京政府再次为皖系首领段祺瑞控制。7月26日，段特派张敬尧督办苏、皖、鲁、豫四省交界“剿匪事宜”①。在督办任内，张招抚不少土匪头目充当下属军官，其中有个毛

① 《晨钟报》1917年7月27日第2版。

思忠，被他收为“假子”，改名张继忠，后来张敬尧入湘时，此人任张部第七师混成旅第五团团长。这个团的纪律极坏，奸淫掳掠，无恶不作，湖南人民称之为“烂五团”。

1917年9月，孙中山在广州领导“护法战争”时期，段祺瑞力主对南方用兵，于1918年1月30日下达对西南“局部讨伐令”，派曹锟、张怀芝、张敬尧等率军南下，特任张敬尧为攻岳前敌总司令，进兵湖南。3月2日，张敬尧率第七师抵湖北通城，旋攻占湖南平江，准备配合代理第三师师长吴佩孚会攻岳阳、长沙。不久，湖南大部分被北洋军张敬尧、吴佩孚、冯玉祥等部占领。3月27日，段祺瑞任命张敬尧为湖南督军兼省长①，而把拥有战功的吴佩孚、冯玉祥撇在一边，这使吴、冯大为不满。由于护法战争中广西军阀陆荣廷排挤孙中山的领导，护法军政府解体，南北军阀酝酿议和。6月和8月，吴佩孚、冯玉祥先后在衡阳和常德前线与南军单独划界停战，不服从段祺瑞的主战命令。一时湖南呈现四分五裂的局面，张敬尧名义上是“湘督”，实际上只能统治长沙、岳阳一带，吴佩孚统治衡阳一带，冯玉祥统治湘西一带，湖南郴永地区则为原湖南督军谭延闿所据，湘西大部分地区又为当地军人盘踞。湖南人民在大小军阀们的统治下，备受兵燹之苦。特别是张敬尧部，他将其弟张敬汤一旅扩充为一师驻防省城，将他义子张继忠的第五团驻防新化，他们横行无忌，抑又加甚，湖南人民痛恨张敬尧，称“张督”为“张毒”。

张敬尧督湘两年期间，肆虐百姓、进行欺压搜刮种种罪行，笔不胜书，列举如下：

（一）纵兵殃民：张的士兵无法无天，白日持刀入室抢劫，强奸妇女，或勒买货物，或强行向私人借款等暴行屡有发生。张反以维持秩序为名，强令商民供军费百万，勒逼盐商报效费20万，又令商会抵押公债费40万。

---

① 《晨钟报》1918年3月28日第2版。

（二）摧残教育：张将湖南教育经费由 80 万减为 50 万，以充作军费。学校欠债过多，校长逃亡在外。他令部下长期占据学校，学生上课无教室，学校停止招生。七个月不给教员发薪，以至枵腹难忍，全体罢课。

（三）勒种鸦片：张取消鸦片种植禁令。私运鸦片种子，搞投机买卖，上至督军，下至走卒，无一不有烟癖，贩卖多属军人，烟馆遍于城市。

（四）包办选举：张不顾全省人民的反对，把省教育会、省议会的正、副会长，均改由“筹安会”余孽担任。对省工会、农会、商会无不加以改选，其弟张敬汤任省工会名誉会长，使这些合法社团成为安福系在湖南的分支机构。

（五）搜刮民财：张通过滥发纸币、私设银行、强发惠民彩票等金融手段，使湖南银行百余万两的新旧纸票都成废品，致使人民破产，流离失所。同时征收多如牛毛的各种捐税，提用盐税二百万，令其胞弟任转运督办，私运米、盐，从中渔利。

（六）拍卖公产：张向私商拍卖沅江官田一万二千余亩，价二十万。拍卖湖南银行房产、矿务局所管的宁乡田产及汶口地皮，以及湘吉轮船、南学会书籍等公产。

（七）亲日媚外：1919 年，张向英国银公司借款 3000 万元，以湖南全省未开采的矿产作抵押，已经商订合约，后经各报披露，农商部严诘，未成。11 月把湖南第一纱厂抵给日本东亚兴业株式会社，借日金 150 万元。12 月又把湖南最大的水口山锌矿，以矿内锌砂价值作股抵卖给美国公司，在进行中遭全国人民反对，未成。张还将马路抵押给日本，得价 200 万元。他命令各县派军米，然后私设碾米公司，私运粮米往天津、上海，接济日本，获利尽归私囊。

据统计，张在湘督任内，仅霍邱老家就购置田地三万余亩①。在天

---

① 湖南历史考古研究所现代史组：《五四时期湖南人民驱逐封建军阀张敬尧的革命斗争》，《湖南历史资料》第 2 期，湖南人民出版社 1959 年版，第 35 页。

津有一千多顷水田，在颍上又添了三百多顷好地。张家看中谁家的田，就强买恶买，因此在霍邱一带，只要提起“桑营孜”张将军府，无不谈虎色变的。张敬尧兄弟四人(敬尧、敬舜、敬禹、敬汤)仗着督军的权势，穷凶极恶，深遭湖南人民痛恨，当时湖南人民中流传一首歌谣：“堂堂乎尧舜禹汤，一二三四，虎豹豺狼。”①

1919年，北京爆发了反对帝国主义和反对封建军阀出卖国家主权的“五四”爱国运动，这次划时代的伟大的革命运动，影响到国内外。长沙学生也立即走上街头，组织讲演团，提倡国货，抵制日货。张敬尧对学生的爱国行动恨之入骨，诬蔑学生是“过激党”，抓到警署拘禁。为了讨好日本，张敬尧以督军兼省长身份发出布告，不许学生“妄干政治”，严禁抗日运动，不准罢课。为了钳制舆论，他下令封闭《湘江评论》、《新湖南》、《救国周刊》等进步杂志，甚至连有影响的资产阶级报纸长沙《大公报》和《湖南日报》也遭罚禁多日。但是湖南青年学生和人民群众的爱国热情终于迸发了，6月3日，湖南学生联合会宣告成立，通电全国，要求收回青岛，罢免曹汝霖、章宗祥、陆宗舆三个卖国贼；同时发布罢课宣言。

1919年12月2日，学联发动长沙各界在教育坪开会，举行焚烧日货大会，被张敬尧派来大批荷枪实弹的军警驱散，革命学生忍无可忍，开展了“驱张运动”，得到长沙工、商、学、知识分子各界纷纷响应，于是学联宣布总罢课，除罢课宣传、游行示威外，还组织了请愿团，赴北京内阁总理处以及衡阳吴佩孚处请愿，并向京、津、沪湘省旅外人士进行宣传，掀起了驱张运动的高潮。罢课宣言称：“张敬尧一日不去，湘学生一日不回校。”②驱张运动中毛泽东和新民学会会员起了带头作用，他们

① 张国基：《和伟大领袖毛主席相处的日子》，中国人民政治协商会议北京市委员会文史资料委员会编《文史资料选编》第1辑，北京出版社1979年版，第33页。

② 湖南省城各校全体学生宣言：《湖南学生全体解散详情》(1919年12月)，湖南省博物馆编《蒸阳请愿录》，湖南人民出版社1979年版，第10页。

联合湖南学生界、教育界及其他各界人士，利用军阀之间的矛盾，大力开展驱张宣传，请愿团向北京政府控告张敬尧罪状，用大量事实揭露了张的祸湘罪行，舆论界一致口诛笔伐，使张臭名风闻全国，狼狈不堪。

1920年5月，北洋军阀直、皖二系酝酿战争，吴佩孚、冯玉祥从湖南撤防北归。他们本与张敬尧有矛盾，也想借助群众的驱张形势打击皖系军阀。吴佩孚与原南湖督军谭延闿达成默契，吴军退一步，湘军进一步，结果，湘军长驱直入，势如破竹，北军溃兵如山倒，张敬尧在势单力薄情况下，不战而溃，逃离长沙。张退到岳州时，北京政府于6月13日给他撤职留任处分，褫夺其湘督兼省长职，但仍令其率部反攻。6月26日，张敬尧复退出岳州，在湖北嘉鱼暂驻。6月29日，北京政府认为张守土不力，“实属咎无可逭”①，令他到北京听候查办，交出军权，其余部交由两湖巡阅使王占元接管。

张敬尧被革职后，移居上海，企图伺机东山再起。8月，他秘密回到汉口，唆使张敬汤率残部向武昌进扰后张敬汤被王占元部逮捕并处决了，张敬尧见势不妙，于10月1日夜只身逃回上海。这时正值直皖战争以后，直系曹锟、吴佩孚控制了北京政府，与直系联合打败皖系的奉系军阀张作霖为扩大势力，收买失意军阀，收纳了张敬尧，并委为随员，派驻北京。张作霖为了利用他，还电请国务院陆军部撤销对张敬尧的查办令。以后张敬尧就成了张作霖的座上客，经常参加奉系的特别军事会议。1922年4月爆发了第一次直奉战争，奉系失利。张敬尧又投靠了吴佩孚。1924年9月，江浙战争爆发，张作霖乘机进兵入关，爆发了第二次直奉战争，吴佩孚任张敬尧为后援副总司令。10月，冯玉祥率部自南苑开往古北口途中，联合皖系、奉系向直系倒戈，发动“北京政变”。曹锟被囚，吴佩孚逃出北京，张敬尧被捕。但后来冯玉祥为了表示“宽大”，又将他放了。

1925年，张敬尧投奔盘踞山东的奉系军阀张宗昌，任直鲁联军第

---

① 《晨报》1920年6月30日第6版。

二军军长，攻打冯玉祥所率的国民军。1926 年 7 月，广东国民政府出师北伐，盘踞在长江中下游的军阀吴佩孚、张宗昌与孙传芳联合成立了“安国军”，分两路南下，与国民革命军对抗。张敬尧任安国军第二方面军团副司令。1927 年 9 月，张敬尧率军驻守皖北及陇海线，国民党军队派人向他策反，张伪装投诚，被暂编在第十一军军长马祥斌部下①。但不久他又反水，并乘机把马祥斌掳到北方，向张宗昌献俘，马见到张宗昌大骂，终使马遭到杀害。

1928 年 1 月，蒋介石的国民党军队与张作霖、孙传芳、张宗昌的安国军、直鲁军在苏、豫、晋、鲁一带展开激战，结果直鲁军在商丘、徐州等地大败。张敬尧部被击溃后，其余部由阎锡山收编。1928 年 9 月，张宗昌收集直鲁军残部编成六个师，分三路与白崇禧率领的国民党军队第四集团军作战，张敬尧又出任直鲁军第五师师长，旋遭失败。10 月，张逃到大连，追随张宗昌，与清室遗老联合，以溥仪为号召搞东北独立。1929 年 1 月，张敬尧得张宗昌六万元活动经费前往济南，乘日军自山东撤退之际，联络原直鲁军残部，企图盘踞胶东，结果被国民党军队刘珍年部打败。1932 年张敬尧投靠了伪满政权，充当日本和伪满的暗探。1933 年日本侵略军大举向华北进犯时，委派张敬尧为平津第二集团军总司令，供给七百万元活动经费，命令他乘日军侵占唐山、天津之际，潜入北平城内，策动旧部并勾结流氓作日军攻城时的内应。同年，5 月 7 日清晨，张敬尧在东交民巷六国饭店内，被国民党军统特务处华北区派去的特务暗杀，结束了他的一生②。

---

① 许和钧：《关于张敬尧》，中国人民政治协商会议湖南省委员会文史资料研究委员会编《湖南文史资料选辑》第 11 辑，湖南人民出版社 1979 年版，第 117 页。

② 郑庭笈：《张敬尧被打死在北平六国饭店的经过》，中国人民政治协商会议全国委员会文史资料研究委员会编《文史资料选辑》第 30 辑，中华书局 1962 年版，第 254 页。

# 张　絅　伯

汪仁泽

张絅伯，名晋，早年曾用字炯伯。1885 年 9 月 4 日（清光绪十一年七月二十六日）出生于浙江宁波。父亲张让三，曾任清政府外交官薛福成的秘书，随薛出使英、法等国，也是上海南洋公学创办人之一，晚年当选上海宁波旅沪同乡会会长多年①。张絅伯少年时就读书塾，二十岁进上海南洋公学求学。二十三岁毕业后，东渡日本留学，一年后因母病回国②。此后自学英语及经济、法律等学科，达到一定水平。1910 年至 1920 年，先后在宁波第四中学、海关学堂、商业学校及杭州浙江专科学校、浙江高等学校等校任教职。

1921 年，张絅伯通过父亲的学生、曾任北京政府财政总长的李思浩介绍，赴哈尔滨盐务稽核处任副稽核员。一年后随李到天津任财政部秘书。1923 年又经李推荐，去山东青岛筹设明华商业储蓄银行分行（总行在北京、天津、上海设有分行）任经理。由于他善于经营，业务发展迅速，吸收存款最多时达百余万元，居当地私营银行的首位。青岛早年曾被德国侵占，第一次世界大战期间日本取而代之，不久英、美资本逐渐渗入。1927 年蒋介石建立国民政府后，1931 年 11 月任命沈鸿烈为青岛市长。为抵制外商在青岛的经济势力，沈组织青岛繁荣促进会，委张

---

①　上海宁波旅沪同乡会档案：《历届会长、副会长与改为委员长、理事长及任期表》。

②　《张絅伯自传》（未刊稿）。

絅伯为主任。此时明华银行总行改设上海，由张任总经理，但明华的业务重点仍在青岛，张兼青岛分行经理，来往沪、青两地。1933 年起张集资三十万元，在青岛的风景区炮台湾附近，建造旅馆“东海饭店”，饭店内部设备讲究，与当时日商经营的栈桥青岛大饭店进行竞争。但青岛旅游业季节性强，东海饭店建造后每年仅在暑期营业两三个月，且“九一八”后时局不靖，游客稀少，以致亏损累累，而张本人资力不足，捉襟见肘，疲于支撑。1934 年，在全国工商业不景气的浪潮冲击下，张的企业岌岌可危。其时，国民政府宋子文系统的势力正谋趁机控制青岛金融，见危不救，张氏企业终告垮台。1935 年 6 月 2 日，明华银行青岛分行和东海饭店同时倒闭，宣告破产清理，折价清偿。同时也波及上海钱庄业，数家钱庄被拖倒清理①，影响十分严重。张絅伯从此赋闲在家。

1937 年抗战军兴，张絅伯拒绝与日本人合作，不久携家从青岛迁返上海。他平时与盛丕华、包达三等人友善，交往密切。1945 年抗战胜利后，国民党官僚、军阀假借“接收”名义，残酷掠夺沦陷区人民的财富。昔日在青岛时，张曾身受国民党官僚资本的排挤，此时更痛恨蒋介石勾结美帝国主义，实行独裁的反动政策。1946 年，为了谋求和平、制止内战，周恩来、董必武率领的中国共产党代表团，与国民党政府进行针锋相对的谈判斗争，往来于沪宁之间。周恩来在上海马斯南路（今思南路）的办事处，经常会见上海各界民主人士，宣传党的方针政策，张絅伯也常参加。在中国共产党的正义感召下，张开始积极从事爱国民主运动，并加入了刚从重庆迁沪的中国民主建国会。6 月 23 日，张絅伯和盛丕华、包达三、马叙伦等十一人接受上海五十多个团体的委托，组成和平请愿代表团，赴南京向国、共及美方马歇尔三方面表达全市人民呼吁和平、反对内战的坚强意志。当天上海各界群众数万人举行反内战游行示威，随后护送代表团在北站上火车②。车到南京下关下车时，

① 任建树主编：《现代上海大事记》，上海辞书出版社 1996 年版，第 612 页。

② 任建树主编：《现代上海大事记》，第 946 页。

代表团成员遭到大批特务的殴打，部分代表受伤。次日商讨对策时，有人主张特务打人应诉之于法律，但盛丕华认为：如此将拖延时日，我们为和平请愿而来，被打之事不计较。张絅伯、包达三表示支持以争取主动。然后即照原计划进行，向三方表达了请愿①。在回沪前夕，周恩来设宴招待代表团成员，并作报告，阐明当时形势和未来新中国的光明前景，给大家以极大的鼓舞。此后张絅伯以更大的爱国热情，不遗余力地投入了反蒋民主斗争。经常在工商界人士见面时和聚餐会上，分析国内外形势，揭露国民党当局反动行径；曾多次以交通大学老校友和民主人士的身份，回交大或在沪地各大专院校如大夏、大同、中华工商专科学校等处向青年学生作时事形势的演讲，受到热烈的欢迎。1946 年 9 月 23 日，沪上各人民团体代表举行会议，响应美国三十五个城市的进步团体发起的“美军退出中国周”运动，决定是日起举行“美国退出中国”宣传周。会上推出沈钧儒、张絅伯、章伯钧等为筹备人②，组织有关活动。1947 年 6 月 26 日，沪地民主人士在交大召开“要求民主是否有罪”的公断会，市长吴国桢自知理屈而逃会。张絅伯在会上继陈叔通、马寅初之后发言，痛斥国民党政府的独裁政策。他也曾多次掩护和帮助青年学生转赴解放区。他的这些行动，遭到了国民党当局的忌恨，香山路家门口经常出现国民党特务的魍魉鬼影③。但他不顾个人安危，常常根据中共地下组织秘密散发的宣传材料精神，夜以继日地写成讲演稿，在各种场合作为自己的见解公开发表。1948 年底，在中国共产党的帮助下，他离沪去香港，不久搭船在山东解放区的烟台登陆。1949 年初转经天津，到达刚解放不久的北平，受到了中共领导人的欢迎和接见，并出席检阅解放军的仪式。4 月 15 日，张絅伯、盛丕华、包达三等

① 《关于 1946 年 6 月 23 日下关事件》，上海市工商联合会史料 31—103 号。

② 任建树主编：《现代上海大事记》，第 955 页。

③ 访问张絅伯先生家属的谈话记录，1981 年 4 月 18 日。

受到毛泽东的接见①,席间张絅伯等与会者就工商、财经等方面畅所欲言,提出建议和意见,受到重视。

中华人民共和国成立前后,他参加了首届中国人民政治协商会议和开国盛典,历任第一、二届全国政协委员,第一、二、三届全国人民代表大会代表,政务院外交部条约司专门委员。1958 年因胃癌进行手术治疗,1969 年 1 月 2 日旧病复发在京逝世②。

① 《盛丕华日记》,1949 年 4 月 15 日。

② 访问张絅伯先生家属的谈话记录,1981 年 4 月 18 日。

# 张 君 劢

江绍贞

张君劢，原名嘉森，号立斋，别署世界室主人。江苏宝山人。1887年1月18日（清光绪十二年十二月二十五日）生。父祖泽，当过医生，经过商。弟嘉璈，是江浙财团首要人物，曾任中国银行总经理、国民政府铁道部长、中央银行总裁等职。

张君劢六岁入塾，十岁入上海广方言馆，接触到一些维新派的书报，受到改良主义思想的影响，对康有为、梁启超极为崇拜。1902年参加宝山县试，考取秀才。1903年入南京高等学堂学习，不一年，因签名参加拒俄义勇队，被校方斥退。自后，在长沙明德学校、常德师范学堂等处任教。1906年得宝山县公费派送日本，考入早稻田大学政治经济科，同时选修德语。在日期间，结识梁启超、张东荪等人。次年9月，加入梁启超在东京组织的"政闻社"。1908年政闻社总社迁上海，张君劢主持东京的社务。他曾致函梁启超力主加入官场，广占势力。1909年6月，张与吴贯因等在东京设立"谘议局事务调查会"。8月，创刊《宪政新志》，宣传君主立宪。1910年夏天毕业回国，参加清政府鉴定留学生的考试，被授翰林院庶吉士。

辛亥革命爆发后，张君劢看到袁世凯即将得势，极力怂恿梁启超与袁世凯结合，他自己则出任宝山县议会议长。1912年1月，在上海与汤化龙、林长民等组织"共和建设讨论会"，拥梁启超为精神领袖。8月，将"共和建设讨论会"与张嘉璈等所组织的"国民协会"等团体合并，组成"民主党"。之后，张君劢作为民主党代表赴日本迎梁启超回国。

1913年1月，张赴德国留学，入柏林大学，选学国际法、政治学、经济学。是年7月，孙中山领导的“二次革命”爆发，张君劢致函国内报界，极力主张袁世凯对南方革命军实行镇压，并号召其党员（时民主党已合并为进步党）为此“舍身自效”①。直到1915年，袁世凯公开进行帝制活动，全国人民奋起反对，他这才追随梁启超等人作反袁的表示。是年底，蔡锷在云南起义讨袁，张以参加“反袁”的名义回国。但回国后并未去西南，而在浙江当了交涉署长。同时主持上海《时事新报》，后即专任《时事新报》总编辑。

1916年袁世凯死后，张奔走南北，为段祺瑞对德宣战的主张作游说，任段所设的“国际政务评议会”书记长。次年7月，张勋复辟，张君劢又跑到南京投靠冯国璋，为冯代理大总统事到处游说。复辟平定后，冯国璋当了总统，张任总统府秘书。之后。由于研究系与段祺瑞的关系恶化，张去职，转就北京大学教授。1918年1月，与蒋方震等人发起组织“松社”，标榜“以读书养性为旨”。12月，随同梁启超、丁文江等赴欧洲游历。在德国访唯心主义哲学家倭铿（Eucken），对哲学发生兴趣。梁、丁等回国后，张遂留居德国从倭铿学哲学，又常往法国向柏格森（Henri Bergson）求教。自此，张君劢对康德唯心论哲学极为崇拜，奠定了他唯心主义的哲学基础。

1922年1月，张君劢回国，曾一度任上海吴淞市政筹备处副主任。并参加过章炳麟在上海召开的国事会议。在这次会上，张参加草拟宪法。之后，著《国宪议》，幻想在军阀统治的局面下施行宪政。

1923年2月，张君劢到清华学校作“人生观”问题的讲演，以柏格森的生命主义哲学为依据，宣扬“生命力的突进”和“自由意志”，提倡孔孟之道和内心修养，叫嚷要复活宋明理学，说什么“人生观问题之解决，绝非科学所能为力”②。于是在学术界引起一场科学与玄学之争。

① 《张君劢慨谈时局》，《大自由报》1913年8月10日。

② 张君劢：《人生观论战》，国泰图书局1928年版。

1924年，张出任上海国立自治学院（后改名国立政治大学）院长，亲自讲授“唯物史观之批判”。

1926年10月，北伐军到达武汉，张悄悄到武汉观察动向，写了《武汉见闻录》，也条举一些革命新气象。次年，蒋介石发动“四一二”政变后，他以“世界室主人”为笔名，刊行《苏俄评论》一书。又与中国青年党李璜合办《新路》杂志，撰写了《俄国无产阶级专政制之解剖》等反苏、反共文章。同时，对蒋介石的一党专政也作某些指摘。为此，于1929年6月遭蒋拘禁，经章炳麟、杜月笙等人说项，很快获释。被释后曾往满洲里、绥芬河一带了解中东路事件，旋返上海。是年10月，再次到德国，任教于耶那大学，于1931年9月回国。

张君劢回国后，一面在燕京大学任教，一面为筹建政党做准备。1932年4月16日，与张东荪等人拉拢一些研究系残余分子，在北平秘密召开“国家社会党”筹建会。5月，出版《再生》杂志，宣传“国家社会主义”，提倡所谓“绝对的爱国主义”，“渐进的社会主义”，“修订的民主政治”，主张改良，反对阶级观念和暴力革命。1933年4月，召开“国社党”第一次代表大会，通过党纲党章，张当选为该党领导机构——中央总务委员会委员兼总秘书。

国社党成立后，张曾往山西寻求阎锡山的支持。是年11月“闽变”发生后，又南下参加福建人民政府。刚到福州，见蒋介石正调集大军包围福建，预感到福建人民政府将失败，即转往广州投奔邹鲁，任中山大学哲学系教授。由于受到进步师生的反对，他半年后就去职。1935年，张再到广州，帮助陈济棠办学海书院。他把在该院的专题演讲与旧作曾合辑为一书出版，名《明日之中国文化》，宣扬“以精神自由为基础之民族文化，乃吾族今后政治学术艺术之方向之总原则”①。1936年夏，陈济棠发动反蒋的“六一”事变失败，学海书院封闭。是年11月，张跑到红军撤离后的瑞金作“视察”，大作反共演说，诬蔑共产党“杀人放

① 张君劢：《明日之中国文化》序言，上海商务印书馆1936年版。

火，所以赣南弄成一片惨无人道的地方”①。

1937年“七七”事变后，张君劢先后参加蒋介石召集的庐山谈话会、国防参议会。次年4月，张致函蒋介石、汪精卫，表示“对于国民政府一致拥护”②，国社党于是公开活动。7月，被聘为国民参政会参政员。8月，刊行《立国之道》一书，系统地宣传国家社会主义。国民政府西迁后，他率领一部分国社党员前往重庆，年底发表《致毛泽东先生一封公开信》，污蔑陕甘宁边区为“割据”，八路军、新四军是“自立军制”，要中国共产党“将马克思主义暂搁一边”③。对于张君劢这种破坏抗战、团结的言行，中国共产党对其作了必要的批驳后，仍然争取他站在抗日民族统一战线一边。1939年9月，张任国民参政会所设宪政期成会委员，对推动国民党统治区宪政运动做过一些努力。11月，张代表国社党加入黄炎培等发起的“统一建国同志会”。次年10月，张从国民党军事委员会得到资助，与陈布雷等合办“民族文化学院”于云南大理，张任院长。

1941年1月皖南事变后，黄炎培与张君劢等人集议，认为调解国共两党纠纷必须有第三者的明确立场，于3月将统一建国同志会改组为“中国民主政团同盟”，张任常委。1944年9月，中国民主政团同盟改组为“中国民主同盟”，张仍任常委。

1941年12月太平洋战争爆发后，昆明学生以港渝飞机运狗事件为导火线，爆发了反国民党的示威游行。张君劢被国民党当局怀疑为此事的指使者。不久，他去重庆出席国民参政会议，被滞留在重庆两年多，民族文化学院亦遭封闭。

---

① 张君劢：《瑞金是精神上防共的第一线》，《再生》第4卷第4期（1937年5月）。

② 《国家社会党代表张君劢致蒋介石汪精卫信》（1938年4月13日），中国人民大学中国革命史教研室编《批判中国资产阶级中间路线参考资料》第3辑，中国人民大学1959年版。

③ 张君劢：《致毛泽东先生一封公开信》，《再生》第10期（1938年12月）。

1944年底，张赴美国出席太平洋学会会议。次年4月，受国民政府委派出席联合国会议，担任联合国宪章大会组委员。在美期间，曾与华侨中的“民主宪政党”①领导人伍宪子等人策划两党合并。后又往伦敦考察英国工党。

1946年1月，张作为民盟代表之一，回国出席在重庆召开的政治协商会议，参与起草宪法草案。是年8月15日，国社党与民主宪政党正式合并。由于第二次世界大战结束后，德、意等国的“国社党”瓦解，而英、美等国的所谓自由民主思潮高涨，便取名“中国民主社会党”。其主张也由原来的“国家社会主义”改为“民主社会主义”，提出“民主主义的政治”，“社会主义的经济”，采用“公道原则，法律手续，转移私有财产，逐渐达到社会主义”②。

政协会后，张君劢曾随同黄炎培等人以第三方面身份参与促进国共两党的和平谈判。10月，蒋介石在加紧对解放区进攻的同时，下令召开“国民大会”，中国共产党及绝大多数民主人士均坚决抵制。张君劢在民盟也曾多次表示要信守政协决议，决不单独参加。但不久即受蒋介石的拉拢，不顾民盟的劝阻，于11月20日致书蒋介石，表示“在此还政于民之日，自当出席以赞大法之完成”③。23日，向蒋介石递交了民社党出席“国大”代表名单。这种行径当即遭到广大社会人士的谴责，民盟令其退盟，民社党亦由此分裂，张东荪退党，伍宪子等人与张君劢分为两派。

1947年4月，张君劢伙同青年党主席曾琦与蒋介石签订所谓“三党施政方针十二条”，并向蒋介石提出民社党参加国民党政府的名单。至此，民社党完全成为国民党的御用工具。7月，民社党在上海举行的

---

① 民主宪政党是美洲华侨中的一个政治组织。系由康有为在美洲所建保皇党演变而来，其领导人有伍宪子、李大明等人。

② 《中国民主社会党纲领》，再生社编辑部编《中国民主社会党专辑》，再生社1946年版。

③ 《张君劢致蒋介石的信》(1946年11月20日)，《中国民主社会党专辑》。

第一次全国代表大会，张任该党主席。嗣后，他到处宣讲国民党当局制定的宪法，并于年底跑到美国作鼓吹。次年 3 月，访晤美国务院远东司司长，为蒋介石乞求美援。1949 年 4 月，代总统李宗仁派居正动员张君劢出任行政院长，这时张已避居澳门，未敢接受。11 月，以“讲学”为名，由澳门到印度。

张到印度后，曾在德里大学及加尔各答大学讲授孔孟哲学，并往印尼、澳大利亚等国进行反对中国共产党的游说。1951 年到美国。1955 年在斯坦福大学作所谓“中共政治”的研究。次年，担任旧金山《世界日报》社论撰述。在美期间，曾撰《理学的发展》等著作，自称为“二十世纪之新儒家”。1958 年后，先后到德国、日本、意大利、英国、印度、越南、新加坡等地进行反对中国共产党的游说，1969 年 2 月 23 日因肺炎死于美国旧金山。

# 张　开　儒

孙代兴

张开儒，字藻林，云南巧家县人。1869 年 6 月 1 日（清同治八年四月十一日）出生在一个小商贩家中。十岁入塾读书。1885 年，张开儒参加“院试”，中秀才。其后，他在家设馆教书，受当地大地主甘氏家族凌辱，被迫离乡背井，于 1901 年长途跋涉前往昆明。

张开儒到昆明后，得到五华书院山长罗瑞图的同情，进了五华书院，是院中最贫困而又最勤奋的学生。时值我国遭受帝国主义侵略，张“见所习文艺，无裨世用，慨然入武备学堂，习兵学”①。1904 年秋，他和李根源、唐继尧等被选送日本学陆军，先后入振武学校和士官学校肄业。1905 年，孙中山在东京创同盟会，张开儒即入会为同盟会员。他热心参加革命活动，积极参加《民报》、《云南》等革命刊物的发行工作。

1908 年冬，张开儒毕业于日本士官学校第六期步兵科。归国后，任云南陆军讲武堂教官和提调。张在讲武堂期间，积极从事同盟会革命活动，在学生中宣传反清革命思想，发展同盟会员。

1911 年 10 月 30 日，昆明革命党人响应武昌起义，发动了“辛亥重九起义”。张开儒奉起义司令部之命，率领讲武堂学生打开小西门，迎起义新军第七十四标罗佩金部入城，并率学生占领总督署西辕门附近

---

① （民国）云南通志馆编：《张君开儒事略》，中国人民政治协商会议云南省委员会文史资料研究委员会编《云南文史资料选辑》（云南辛亥革命史料选编）第 17 辑，云南人民出版社 1982 年版，第 305—306 页。

地带，配合七十四标围攻督署，擒巡警道郭灿、兵备总办王振畿。“重九起义”成功后，云南都督府于11月中旬组成“援蜀军”两个梯团入川，张开儒被派任第一梯团副梯团长兼联队(团)长。援蜀滇军进入四川时，四川的革命政权尚未统一，各地反清“同志军”互不统属，哥老会武装和土匪乘机蜂起。张开儒奉命率领邓泰中大队和机关枪队，围攻叙州(宜宾)地区的“同志军”，进驻五通桥①。

1912年5月，张开儒随援蜀滇军撤回云南。由于他在援蜀进军途中擅自撤换了恩安(今昭通)、永善两县县令，并下令收缴援川巡按使郭灿、副使陈先源的关防，派兵搜捕郭、陈二人，云南都督蔡锷将其罢职。1913年唐继尧出任云南都督后，张被任命为云南陆军迤南边防第一旅上校旅长，驻防滇东南边境的开化(今文山)。

袁世凯出任临时大总统时，张开儒即曾考虑到袁世凯素有野心，可能帝制自为②。1915年12月25日护国战争爆发后，迤南边防第一旅被编为云南护国军第二军第一梯团，张为梯团长，在护国第二军总司令李烈钧指挥下，向广西、广东进军。

1916年2月，张开儒部尚在集结待命之际，“滇黔招抚使”龙觐光(广东陆军第一师师长兼广惠镇守使)从广东率军进袭云南，越过桂、滇边境，窜至滇东南。张指挥所部于3月上旬在滇、桂接界的剥隘、皈朝、龙潭一线，与两倍于护国军的龙军李文富、黄恩锡两旅展开激战。他身先士卒，浴血奋战，在护国第二军第二梯团方声涛部的配合下，终于将龙军主力李文富旅全部击溃。护国第二军乘胜进攻广西百色的龙觐光军大本营，在广西将军陆荣廷部配合下，将龙觐光军全部缴械。

护国第二军奉命继续东进，计划经湘、粤北伐。拥戴袁世凯称帝的

---

① 周钟岳编纂，蔡锷订正：《云南光复纪要·援蜀篇》，《云南文史资料选辑》第6辑，1964年版，第246—247页。

② 由云龙：《护国史稿·张开儒传》，昆明启文印刷所1950年版，第63页。

广东将军龙济光，虽已被迫于4月6日宣布“独立”，但顽固阻挠护国军进军广东。张开儒部奉命沿粤汉铁路北进，进至韶关，遇到龙济光军朱福全部的抵抗，张指挥炮兵连进击韶关，龙军一触即溃。张部控制了韶关和粤北地区。6月，袁世凯身死，护国战争结束，张奉命驻防韶关。同年冬，护国第二军改编为滇军第三、四两师，张开儒任第三师师长，兼南(雄)韶(州)连(县)镇守使。

1917年6月，孙中山号召进行“护法”斗争，张开儒积极响应，连发通电主张西南各省“以全力维护国会”①，宜召集国会议员到广东开非常紧急会议，“组织最高等之军事机关，推举讨逆军大元帅”②。张的通电，给孙中山以有力支持。

孙中山领导的护法运动，一方面受北洋军阀的严重威胁，另方面受盘踞广东的桂系军阀抵制和排斥。护法所依靠的武装力量，除二十余艘舰艇外，其陆军“只有张开儒、方声涛两师及林虎一旅。……实只张、方两师可资号召”③。8月，国会参众两院议员在广州举行非常会议，选举孙中山为护法军政府海陆军大元帅，唐继尧、陆荣廷为元帅，组成了“中华民国军政府”。张开儒由非常国会选举，经孙中山特任为军政府陆军部总长。他对唐继尧、陆荣廷等人的军阀本质认识不足，把完善和加强军政府的希望寄托在唐继尧身上。唐继尧、陆荣廷不就元帅职，他反复电唐，严词规劝，指出：“两元帅就职迁延，各总长意存观望。既曰护法、靖国，无权利之争，何有此徘徊携贰之行？揆诸护法本旨，得勿相悖！”④当陆、唐等人企图用“西南各省联合会”取代护法军政府时，张

① 《张开儒通电》(1917年6月12日)，韩信夫、姜克夫主编《中华民国史大事记》第1册，中国文史出版社1997年版，第484页。

② 《张开儒通电》(1917年7月14日)，云南省档案馆藏《伪云南省政府秘书处档案》。

③ 《马凤池密报》，《近代史资料》1978年第1期，第41页。

④ 《张开儒再劝唐继尧就元帅职密电》(1918年2月25日)，云南省档案馆藏《伪云南省政府秘书处档案》。

坚决反对，并密电唐继尧说："绝不能再立一非法之联体机关，以自纷扰。"①

1917年底到1918年初，广东督军莫荣新（桂系）以武力威胁军政府，军政府处于南、北军阀的围困之中。张开儒临危不惧，毅然于1918年2月6日通电，宣布就军政府陆军总长职，接着又宣布："国会及军政府在此，不能不有重兵震慑。开儒窃以国会之所在，即民国正统之所在，故屯兵于此，以资保护。"②

张开儒坚定地捍卫护法军政府的行动，受到孙中山的高度评价。孙中山在4月1日给他的复电中说："来电读竟，令人起舞，老同志究非别人所及也。"③莫荣新则极其仇视张开儒，电唐继尧说，张"自任军政府陆军总长以来，举动莫测，不惟反对协和（李烈钧字），侮蔑荣新，即我公（指唐继尧）命令，亦视若弁髦"④。张曾派兵监督广东地方当局向军政府提供财政经费，桂系和政学系即攻击他说："藻林举动如此，势且激成大变。"⑤

桂系军阀为了长期割据两广，加紧和直系军阀勾结，打击、排斥孙中山，瓦解护法军政府及其所依靠的滇军。2至5月间，一再密电唐继尧，攻击张开儒"在在与粤挑衅"，"务恳将藻林问题，迅为处置妥协"⑥，

① 《张开儒为反对联合会致唐继尧密电》（1918年1月20），云南省档案馆藏《伪云南省政府秘书处档案》。

② 《张开儒为保卫国会及军政府致唐继尧等电》（1918年3月15日），云南省档案馆藏《伪云南省政府秘书处档案》。

③ 《复张开儒电》（1918年4月1日），中国社会科学院近代史研究所中华民国史研究室等编《孙中山全集》第4卷，中华书局1985年版，第426页。

④ 《莫荣新致唐继尧密电》（1918年5月5日），云南省档案馆藏《伪云南省政府秘书处档案》。

⑤ 《杨晋致唐继尧密电》（1918年3月19日），云南省档案馆藏《伪云南省政府秘书处档案》。

⑥ 《杨晋致唐继尧密电》（1918年3月25日），云南省档案馆藏《伪云南省政府秘书处档案》。

同时又把政学系的李根源请到广东取代张开儒。唐继尧接密电后，乃改组驻粤滇军，撤去张的师长职务，撤销由张兼任军长的"靖国军"第五军建制，合三四两师为第六军，任命李根源为军长，统一指挥驻粤滇军。

正当滇、桂军阀宣布撤去张开儒的军职之际，北洋军由赣南潜越大庾岭，偷袭粤北南雄等地。张开儒所部分驻南雄、韶关、连县等地，兵力分散，应援不及，致使南雄失守。莫荣新、李根源等人乘机诬陷张开儒临敌撤退，并假唐继尧之命，派李天保强行接管张部第三师。5 月 12 日，张从韶关退回广州，莫荣新派兵包围广州黄沙车站，将张逮捕，关押于督署所在地观音山。同时，莫荣新又逮捕张的助手、护法军政府陆军部次长崔文藻，并立即加以枪杀。军阀、政客们在瓦解护法军政府武装力量的同时，操纵非常国会改组了军政府，迫使孙中山辞职离粤，使孙中山领导的护法运动遭到挫折。

1920 年 10 月，粤军陈炯明部奉孙中山命从闽南回师广东，驱逐了盘踞广东的桂系军阀军队。11 月，张开儒从莫荣新的囚禁中获释。驻粤滇军重新组成"护法滇军"三个旅，张开儒为总司令。但是，陈炯明部突然袭击并解除了"扩法滇军"的武装，张开儒又失去了兵权。

1921 年 2 月，驻川滇军在四川和川军混战失败后，第一军军长顾品珍率师回云南驱逐唐继尧，控制了云南军政大权。张开儒返回昆明活动。不久，孙中山委任顾品珍为"云南北伐军"总司令，张开儒为副总司令。1922 年 3 月，唐继尧率军回云南，顾品珍战死，张开儒即率顾部滇军经贵州转移到广西柳州、芦寨一带。6 月陈炯明在广州叛变，孙中山号召讨伐陈炯明，并派邹鲁联络张开儒部滇军。张响应孙中山号召，率领滇军向广东进军，进至广西桂平时，滇军内部发生权力斗争，旅长杨希闵、杨如轩、范石生等人夺取了张开儒的总司令职权，通电宣布张"解职就医"，推举金汉鼎为总司令，金未到任以前，由杨希闵代总司令。张受排挤后，颇为消沉，意欲引退，孙中山及时给予鼓励，复函称："国难未已，兄何能退官，当仍出共天下事也。”[①]1923年2月，孙中山在广州重建大元帅府，张开儒被任命为参谋总长。同年10月，李烈钧回到广州任参谋总长，孙中山委派张开儒为大本营参军长，仍为陆军上将衔。但此时张身体多病，革命意志渐趋消沉，遂带家眷去澳门闲居养病。

1927年2月，云南发生“二六”政变，唐继尧被推翻，并于同年5月死去，张开儒即于当年秋天由澳门回到昆明定居。执掌了云南军政大权的龙云，屡邀张出山，张都谢绝，最后只挂了个云南省政府高等顾问的空衔。此后，张开儒闭门潜修佛典，吃斋拜佛。1935年7月7日病逝于昆明。

① 《复张开儒函》(1923年2月9日)，中山大学历史系孙中山研究室等编《孙中山全集》第7卷，中华书局1985年版，第97页。

# 张　　澜

宗志文

张澜，字表方，四川南充人。生于1872年4月2日（清同治十一年二月二十五日）。其父张文倬是秀才，在乡村任塾师。张澜从小随父读书，1894年中秀才，不久补廪生。1900年父亲病故后，继其父主持塾馆。1902年被选入四川尊经书院深造。1903年以学习成绩优异，被选送日本留学，入东京弘文书院师范科学习。这时，他政治上倾向君主立宪。1904年在东京中华留日学生会上，他提出西太后退朝，还政于光绪的主张，被清政府驻日公使派人押送回国。回国后，先后任四川顺庆府官立中学堂正教习、成都游学预备学堂训导长。1906年回南充，创办南充民立两等小学、南充县立高等小学及南充端明女学。1909年10月，四川省咨议局成立，南充地方公推张澜出任谘议局议员，他推辞未就。张澜与谘议局正、副议长立宪派首领蒲殿俊、罗纶是至交，常跟他们一起参加立宪运动。

1905年四川成立了川汉铁路公司，名曰官商合办，实则一切由官方把持。1906年末，川汉铁路完全归为商办，实权则落入立宪派士绅手中。1911年初，清政府与英、美、法、德四国银行团订立借款合同，邮传部大臣盛宣怀建议以借款为资本，实行铁道国有政策。清政府于5月9日颁布铁路干线国有的上谕；20日又与英、美、法、德四国签订“湖北、湖南两省境内粤汉铁路，湖北省境内川汉铁路合同”，向帝国主义拍卖铁路权利。清政府这一劫掠和卖国的行径，激起了湖南、湖北、广东和四川各阶层人民的一致反对。6月17日，川汉铁路股东代表临时会在成都开会，张澜作为南充的代表出席。会上成立了保路同志会。8月4日，保路同志会召开群众大会，欢迎各府县的代表，张澜上台致答辞，鼓励群众同心协力，为保路废约而斗争。次日召开股东会成立大会，张澜被推为副会长。与此同时，清政府又强行接收了川汉铁路宜昌分公司，并要以川款继续开工修路。于是，自8月下旬起，成都民众开始罢市、罢课，进而实行抗粮抗捐。9月7日，四川总督赵尔丰借口谈判，将保路同志会和股东会的首领蒲殿俊、张澜等人诱入督署加以逮捕。张澜据理力争，说："既然准许四川人民出钱来修筑川汉铁路，断不能说路权不属于出了钱的四川人民"，"既然庶政公诸舆论，断不能说四川人民争取自己的路权是非法。要是出尔反尔的把路权从人民手中夺去出卖给外国，这简直是引狼入室，为害不浅！"①。赵尔丰无言以对，拍案大叫："张澜，你太强横！"张澜凛然不屈。随后，由于赵尔丰的血腥镇压，四川形成了带有全民性的大起义。清政府下令督办粤汉、川汉铁路大臣端方前往镇压。端方入川，更加激起四川人民的愤慨，整个四川都沸腾起来。张澜等被释出狱。

10月，武昌起义爆发。不久，四川军政府成立。张澜出任军政府川北宣慰使，成立了护卫营，刘湘任护卫营营长。张澜到南充设立了川北宣慰使署，先后与地方人士共同发起创建南充县立中学校、南充实业学校，还创办了南充果山蚕业社，发展实业。

1913年4月，张澜当选为国会众议院议员。到北京出席会议时，由蒲殿俊介绍加入进步党。6月，进步党四川支部开临时大会，张澜被选为常务员。袁世凯上台后，大搞专制独裁，1914年1月下令解散国会。张澜失望之余，重返四川，接任南充中学堂校长。护国战争打响后，张澜联合驻防川北的第三师师长钟体道，以及川北全部、川西大部武装民团通电响应讨袁，并在南充宣布独立，赶走当地驻防的北洋军。

讨袁战争结束以后，川军形成两个军事系统：一个以依附北洋派

---

① 《中国青年》1954年第18期，第2页。

的刘存厚为首，一个以拥护西南方面的熊克武为首。1916 年张澜任嘉陵道道尹。1917 年 11 月，北洋政府任张澜为四川省长。12 月刘存厚任四川督军。1918 年初，滇黔军会合熊克武的川军占领重庆，赶走北洋军。2 月，熊克武主持四川军政，张澜出走。不久，到北京居住。

1919 年五四运动时，张澜支持新文化运动，对学生运动表示同情。留法勤工俭学进一步开展时，他积极鼓励和支持青年出国留学。

1920 年春，张澜因奔母丧回到四川。随后几年，他在故乡南充大力兴办教育，联合地方人士成立南充地方自治筹备处和讲习所，创办《民治日报》，鼓吹地方自治。当时川北一带苛捐杂税很多，张澜曾公开出面号召市民和学生罢市、罢课，抵制捐税，并组织学生下乡宣传，对军阀官吏的贪污进行揭发，从而在一定程度上遏止过一些人的不法行为。

1925 年 7 月，刘湘兼任四川军务善后事宜督办，成为四川军政的中心人物。同年 12 月四川善后会议在刘湘主持下召开，会议决定成立成都大学，并任张澜为校长。

成都大学设文、理、法三院共十二个系和文、理两个预科，学生一度达二千余人。张澜就任校长后，提出“打开夔门，欢迎中外人士来川讲学”的方针。学校除网罗四川各方面有学识的专家来校讲课外，并派专人到省外各地聘请国内外有名的专家学者来校讲学，外语、物理等系先后请有外籍教师二十余人。在思想和学术研究方面，张澜主张学习蔡元培办北京大学的榜样，提倡思想、学术研究自由，各党各派兼收并蓄。学校办有《科学思想》刊物，邀请进步人士撰稿，宣扬科学与民主。1927 年四川各军先后投归国民党，同蒋介石一起公开反共。此后，四川各学校一律要进行党化教育。张澜不以为然。7 月 24 日，学校出了一张布告，说：“……大学为最高学府，包罗众有，学生对于各种主义之学说，均可尽量研究，以求真理之所在。言论思想，固不禁人之自由，不得因某某研究某种主义之学说，而辄牵入政治问题，攻讦其不当，违反学府性质，损失学者态度……”①

当时成都大学社团林立，但主要是三大派：一是共产党领导的社会科学研究社，二是国家主义派的惕社，三是国民党的健行社。张澜说，他主张各派争鸣。在他的支持下，以社会科学研究社发展最快，影响最大。1928年2月，成都反动军警借口学生闹事，制造了“二一六”惨案，屠杀学生十四人，其中有成都大学社会科学研究社成员六人。张澜愤而辞职，经全校师生挽留才复职。复职后，他立即派人通知一些离校的进步学生暂缓到校，以免被害。另一方面，他又限定学生在校内只能进行革命理论的研究，不能进行实际的革命活动。但是，国民党特务却连这种研究活动也不许可。他们用各种方法打击张澜所主张的思想自由和学术研究自由，终于迫使张澜不得不于1930年下半年离开学校。

张澜回到南充后，继续办中小学教育。四川连年军阀混战，民不聊生，中小学教师的生活十分艰难。他在《乡居杂感》中描述当时教师的境遇说：“乡村学校尽萧然，旧款犹亏新款悬！多少教师饥欲死，还须忍苦待来年。”“九一八”事变后，日本帝国主义入侵东北，国土沦亡，他满怀忧国忧民的感情，又写诗说：“眼前百事尽悲观，薄酒孤斟强自宽。忽念方张华北寇，又令通夜寝难安。”

1934年，红军长征经过四川时，四川省主席刘湘奉蒋介石之命进行阻击。与此同时，刘湘成立了安抚委员会，聘请张澜任委员长。红军长征离开川北后，张澜率调查组前往川北一带进行调查。当地农民有口皆碑，无不称赞共产党和红军，使张澜受到很大教育。1935年秋，张澜在成都与邵从恩、卢子鹤等发起组织“四川省乡村建设期成会”，提倡推广乡村建设运动。

1937年抗日战争爆发后，张澜被聘为国民参政员。他接受中国共产党的抗日救国纲领，与参加参政会的中共代表接触较多，接受了共产

① 米庆云：《国立成都大学兴废记略》，中国人民政治协商会议四川省委员会等编《四川文史资料选辑》第8辑，1979年重印本。

党的影响，进一步坚定了抗日救国的决心。1939年1月，国民党五届五中全会通过了反动的《限制异党活动办法》。张澜对此极为不满，要求实现民主政治，切实保障民权。他积极支持中国共产党和其他各抗日党派参政员掀起的宪政运动。为了促进统一团结，共同抗日和实施宪政，同年11月，张澜和黄炎培、章伯钧等人在重庆发起成立了统一建国同志会。其宗旨为“集合各方热心国事之上层人士，共就事实探讨国事政策，以求意见之统一，促成行动之团结”①。要求在宪法颁布后，立即实施宪政，成立宪政政府，一切抵触宪法之设施和法令，应即中止和宣布无效，凡遵守宪法之各派，一律以平等地位公开存在。这期间，张澜常常在公开场合指摘国民党的各种反动措施。有的特务分子记录他的讲话后，要他签名，他毫无畏惧地说，我所讲的话，我绝对负责。

皖南事变后，国民党肆意摧残民主，消灭异己力量，对各民主党派和民主人士也采取高压政策。1941年3月中旬，统一建国同志会改组为一个第三者性质的政治团体——中国民主政团同盟，在重庆秘密成立。执行委员有黄炎培、张澜等十三人，主席为黄炎培。不久黄辞职，张任主席。9月18日，民主政团同盟在香港创办的《光明报》出版。10月10日，公告同盟成立，并发表了十大政纲。张澜代表同盟在重庆招待记者，宣布同盟成立经过及其政纲，说同盟对外坚持抗战，反对妥协，对内坚持团结，反对分裂。这一严正立场，受到人们的赞扬。

1943年9月，国民党召开五届十一中全会，被迫作出关于实施宪政的决议。张澜发表《中国需要真正民主政治》一文，揭露十一中全会关于实施宪政的报告言行不一，戳穿他们的假民主，真独裁。结果被禁止发行。

1944年9月，中国民主政团同盟为了扩大组织，在重庆召开全国代表会议，决议取消“政团”二字，以便吸收个人会员；改称为中国民主同盟，推选张澜为主席。他在会上提出，民意必须自由反映，党争必须

① 民盟中央文史资料委员会编:《中国民主同盟大事记》,第1页。

和平解决,关键是要民主。

抗日战争胜利后,1945 年 10 月,民盟在重庆召开临时全国代表大会,通过《中国民主同盟纲领》和《政治报告》。张澜在会上提出争取民主团结,反对分裂内战的主张。这次会上,他继续当选为主席。12 月,他又致函国共两党,对团结问题、民主问题、军事问题及国家建设问题提出了意见,并请国共双方于 1946 年元旦下令停战。

1946 年 1 月,张澜以民盟代表的身份,参加了在重庆召开的政治协商会议。会后,他为了贯彻政协决议,争取国内和平,极力促进国共两党的和平谈判。7 月中旬,民盟中委李公朴、闻一多在昆明相继遭国民党特务暗杀。8 月 18 日民盟在成都召开追悼会,张澜在会上愤怒斥责国民党特务的法西斯暴行,声泪俱下。散会时,遭特务凶殴,打伤头部。会后记者访问他时,他说:"为了反对发动内战,反对独裁专政,为争取国内和平民主团结而奋斗,个人流血算不了什么,我早已把个人生死置之度外。"①11 月中旬,国民党不顾全国人民的反对,悍然召开一手包办的伪国民大会,要通过蒋记宪法,导致国共和谈的最后破裂。张澜在重庆打长途电话给南京的民盟总部说:"我们民盟必须在政协决议全部实现后,才能参加国大,否则就失去了民盟的政治立场。希望大家万分慎重。"②后来,民盟拒绝参加这次伪国民大会,并通过决议将背叛民盟立场、参加伪"国民大会"的民社党清除出盟。12 月,张澜由重庆抵上海。在民主团体联合举行的欢迎会上,他阐明了民盟不参加伪"国民大会"的理由,强调和平、团结,反对分裂、独裁,并号召扩大和平民主运动,以达到民主统一、和平建国的目的。

1947 年 1 月,民盟在上海召开一届二中全会。张澜在开幕词中说:"我们宁可长期不参加政府,而断不可一旦失去自己的立场。"在闭

① 沈自强:《民盟在成都的一些情况》,中国民主同盟重庆市委编印《盟史资料》。

② 《中国青年》1954 年第 18 期,第 3 页。

幕词中，他又号召民盟成员“把已被蹂躏的政协精神复活”，“继续为政协精神而奋斗”。这时，国民党一方面疯狂地进行反革命内战，一方面在其统治区加强法西斯专政，残酷镇压民主运动。民盟被诬蔑为“奸盟”，各地民盟所办报刊全部被查封或被迫停刊，一部分盟员和地方负责人被捕被杀。因国民党迫害加剧，民盟中央领导成员间的意见愈加分歧，有些人倾向妥协。10 月下旬，国民党政府的军警包围了民盟南京办事处，同时宣布民盟为“非法团体”。11 月 5 日，民盟总部被迫声明解散。7 日，张澜发出呼吁，吁请民盟盟员在合法范围内，继续为中国的和平统一民主而努力。

1948 年 1 月 5 日，民盟中央常委沈钧儒在香港主持召开一届三中全会，发表紧急声明，否认民盟总部发表的解散声明，通过了政治报告和宣言，公开声明要“与中国共产党实行密切的合作”①。会议还决定主席一职暂由沈钧儒、章伯钧等中央常委轮流代理。这时张澜在上海也积极募集经费，支援香港民盟总部的活动。同年冬，张澜因病住进上海虹桥疗养院。1949 年 3 月间，张群奉蒋介石之命，到疗养院劝诱张澜追随蒋介石，张澜严词拒绝。国民党武装特务一度冲进疗养院，意欲挟持张澜逃往台湾。张假装病重不走。但从此被软禁在病房里，失去行动自由。直至 5 月上海解放前，经中共地下组织设法营救，张澜始脱险出院。6 月，到北平，出席新政治协商会议筹备会。9 月，参加中国人民政治协商会议，当选为中央人民政府副主席和人民政治协商会议全国委员会常务委员。12 月 20 日，民盟一届五中全会在北京召开，张澜继续当选为主席。

新中国成立后，张澜领导中国民主同盟拥护中国共产党的政策，为协助人民政府动员和团结全国人民作出了一定的贡献。1954 年，张澜当选为第一届全国人民代表大会代表，参加了制定宪法的工作，并当选为第一届全国人民代表大会常务委员会副委员长。同年召开的中国人

① 《中国青年》1954 年第 18 期，第 3 页。

民政治协商会议第二届全国委员会第一次会议上，当选为政协全国委员会副主席。

1955年2月9日，张澜因病在北京逝世。

张澜的著作有《说仁说义》、《四勉一戒》和《墨子贵义》等。

# 张岚峰

邢汉三

张岚峰，字腾霄，河南柘城人。1905年1月（清光绪三十年十二月）出生于一个小地主家庭。父张映宿是秀才，以行医为业。兄张云峰，曾任县商会会长。

1918年7月，张岚峰在本县高小毕业后，考入河南省立淮阳第四中学。在校学习时，体格健壮，喜爱运动，尤爱足球。1922年冯玉祥督豫时，派人到各地招募学兵，张岚峰报名参军，考入学兵团。他勤学苦练，每次术科考试，均名列前茅，为冯玉祥所赏识。一年学习期满结业后任班长，以后两年中，升为排长、连长。

1925年冬，冯玉祥为了培养国民军骨干，选拔文化水平较高、军事技术基础较好的四十人出国学习军事，张岚峰被选送去日本。1926年春，入日本士官学校学炮兵。1929年毕业回国，在冯玉祥部任炮兵团团长。冯夫人李德全以张岚峰青年有为，以甥女相许。此后，张更得到冯玉祥的信任。1930年春，冯部军官学校由开封迁往郑州，张升任军官学校校长，成为冯部重要骨干。

同年中原大战后，冯玉祥兵败入晋，张岚峰亦随而失去军职，乃于1931年夏携眷去往日本，入早稻田大学研究经济。此时，张在日本士官学校学习时的队长松室孝良专门搜集我国情报，为日本大举侵华作准备。张岚峰受松室拉拢，参加了日本特务组织，走上卖国求荣的道路。

1936年秋，张岚峰回到北平。时任冀察政务委员会委员长的宋哲元原是张的长官。张利用旧关系，加上日本人的推荐，得充任冀察政务委员会参议。1936 年冬至 1937 年春，张经常到张自忠、冯治安、赵登禹各军防地，为日本帝国主义做宣传，并刺探军事情报。张自忠有所觉察，曾对其部下团长张宗衡说："张岚峰当了汉奸，对他应严加防范。"① 张岚峰企图拉拢宋部将领胁迫宋哲元投降日本，他没想到宋哲元及所部官兵在"七七"事变发生后，都能以国家和民族利益为重，毅然决然高举抗日大旗，使其为敌人效劳的阴谋诡计无法重逞。

1938 年春，张岚峰以探亲为名，回河南柘城原籍，充当县财务委员会委员长，拉拢土豪劣绅，扩充私人势力。同年 6 月日军侵占开封后，张潜赴北平投拜华北日军头目，被派为豫东招抚使。9 月初，他偕同日本士官学校同学曹大中、李忠毅和日本派给他的联络员松室正宪回到河南，在商丘城内挂起了豫东招抚使署的招牌。他利用过去在西北军中的旧关系，将豫籍散兵招募起来，不数月即集结近万人，乞得当地日本侵略军头目的许可，编为一军三师。张任军长兼一师师长，其余两师师长由曹大中、李忠毅分任。他们带兵有一定经验，所收官兵稍加整顿，即有相当战斗力，为敌人巩固对占领区的统治效命。1939 年，华北日军头目见张岚峰效劳日伪卓有成绩，擢升张为豫皖招抚使，并拨给军用卡车数十辆和大批武器弹药，令其再招兵买马，扩充实力。日酋将张部编为"剿共军"，任张为军长。到 1941 年初，张部扩至近两万人，步、马、炮、工、辎各兵种应有尽有，宪兵队、军官队、学兵队及军械厂、被服厂、面粉厂样样具备，超过华北其他各省所成立之伪军及华北"治安军"，成为华北伪军的一面黑旗。

张岚峰受到日军青睐后，得意忘形，飞扬跋扈。他的独断专行，引起曹大中、李忠毅的不满。他安插在曹、李两部军官中的亲友，仗势为非作歹，不听曹、李指挥，他反多方袒护，致使他与曹、李的矛盾日益激

① 据张宗衡提供材料。张宗衡是张岚峰幼年同学，曾任河南省政府参事、省政协文史资料研究委员会委员。

化。同年 6 月 29 日，曹、李率所部携械投靠国民党，致使张部实力损失过半。张无可奈何，向驻在商丘的日军旅团长佐久简报告，出乎意外地反而受到日酋的慰勉。张感激涕零，下决心重整旗鼓。

张岚峰为了报效日本侵略军，决心首先整饬军纪，亲故中有违法乱纪者也不姑宽；对曹、李两部官兵家属优予保护，不予株连；官兵重新归来者还加官晋级。华北日军为表示对张岚峰的信任和支持，又给张拨发弹械被服。经过一段时间，张部又恢复旧观。

这时汪精卫伪政府在南京成立已一年多，驻南京日军总头目将张岚峰部拨归汪伪政权指挥，番号改为“和平救国军”第一军，任张为军长。从此张成为汪伪政权的红人。1942 年春，汪伪政权在南京举办军官训练队时，张任总队长。汪精卫亲笔为张题写“中流砥柱”条幅以示倚重，张将其悬挂在会客室中，引以为荣。张在南京时，用请客贿赂的方法，结识汪精卫亲信周佛海、陈春圃等人。张妻也到南京以金银珍宝和陈璧君结纳，受到陈的款待。1943 年春，汪伪政权参谋总长叶蓬到商丘点验张岚峰部队，查明张部实有人数近五万，即将其扩编为第二集团军，辖两个军，张岚峰为第二集团军总司令，大部官佐均加官晋级。

1944 年春，汪伪政权为虚张声势，再令张部扩大编制，改第二集团军为第四方面军，任张岚峰为第四方面军总司令，所部由两军六师扩编为三军九师，另有不少特种部队，实有人数不下七八万。驻防地区扩大到豫东的淮阳、鹿邑、永城和安徽的亳县、涡阳。所属各县内用人行政，全由张岚峰总部主管；县中一切收入，全供军用。张部的兵工厂，不仅能造步枪、手枪、轻重机枪、地雷、手榴弹，而且能造掷弹筒、小钢炮和各种炮弹，除供本部使用外，还大批出卖牟利。

为了促成日蒋合作反共，张岚峰曾大卖力气。1944 年春，国民党第二十八军军长王毓文、师长张文心，经过张的牵线，先后到商丘与日酋洽商达成协议：二十八军所部北犯冀鲁豫边区，日军派骑兵大队数百人协同张岚峰部，在商丘以东予以保护通过。同年 6 月，日军师团长樱井在皖北亳县和国民党骑兵第二军商谈由涡阳北进协力“剿共”，也是由张岚峰沟通的。1943 年至 1945 年日本投降前，张岚峰干了不少这样的坏事。

在日本战败已成定局的形势下，张岚峰利用各种渠道和蒋介石集团拉关系。他通过他的小同乡牛朗初与军统特务头子戴笠挂上钩。戴派出爪牙到商丘做联络员，戴本人亦曾到商丘和张进一步勾结。张和驻在豫中的汤恩伯打得火热，1944 年冬和 1945 年春曾两次去见汤。汤部第二十八军副军长聂松溪曾到商丘，通过张取得日军“谅解”，派所部进驻商丘东北部协助日军“剿共”。汤部高参施仲达是张的连襟，按照汤的意旨到张部任第二路司令。汤部的军需人员利用官僚资本开设的各种公司、商行、银号，和张岚峰开设的怡和号、大中银行关系异常密切，双方负责人员称兄道弟，亲如一家。张岚峰还把国民党河南省主席刘茂恩作为勾结国民党集团的另一个依靠力量。张设在商丘的贵宾招待所里，经常住着刘茂恩的代表。1944 年春，刘茂恩的哥哥刘镇华由蒋管区到北平就医，路过商丘，张取得日军头目的“谅解”，派人到皖北亳县迎接，并派人护送到北平。刘镇华住院期间，张曾亲往探视，并送去珍贵礼品。张岚峰对他和国民党集团的关系，经常自鸣得意，曾对他的朋友和部下说：“你们不用担心时局变化，一切我有办法，你们听我的话就行了。”①

1945 年 8 月日本投降后，张岚峰的伪第四方面军的番号马上变为国民党的第三路军，张由汪伪的方面军总司令摇身一变为国民党的第三路军司令。由于戴笠、汤恩伯、刘茂恩等在蒋介石面前为张说项，1946 年春，蒋介石亲自召见了他，并与他合影。张返防后，对部下大事吹嘘，鼓励他的部下为蒋介石卖命。

同年 7 月，蒋介石发动全面内战。在豫东地区战场上，张岚峰督率所部与晋冀鲁豫野战军反复拼杀。在豫东的野战纵队沉重打击下，

---

① 1944 年 7 月初张对笔者说的。张对其部下旧同学尚立鸣等也有过类似的谈话。

1947年1月初,张岚峰奉命率所部三个团,配合国民党第六十八军开往豫鲁边区金乡,于1月7日行抵成武、定陶交界地区受到中共野战军打援部队的截击。经过两昼夜激战,张部被全歼,张仅带卫士数人夤夜南逃。13日抵商丘北二十里之刘口镇,被中共领导的地方部队陇海支队俘获,转送石家庄,不久即病死。

# 张 厉 生

经盛鸿　朱正标

张厉生，字少武，原名维新，字星舟。直隶永平府乐亭人。1901 年 6 月 17 日（清光绪二十七年五月初二）生①。张家世代务农，其父张绳武弃农经商，赴吉林长春及辽宁公主岭一带做生意，目睹日本侵略者在中国土地上的暴行，时有过激言辞和行为，因而一度被抓进监狱，备尝苦楚。张厉生幼年时常听到父亲对他讲述这些事情。

张厉生八岁时入私塾读书，其父督责甚严，使他自幼养成勤奋学习、一丝不苟的习惯。1914 年他进入乐亭县立高小读书，成绩优异，深受师长嘉许。其父病逝后家境窘迫，幸因其学习优良，得到重教励读的亲友们的资助，得以继续读书。1917 年张厉生考入南开学校，和周恩来同学，但两人思想主张截然不同。当时，吴稚晖在附近的唐山路矿学校执教，倡导青年学生留法勤工俭学，张厉生经常求教于吴，深受吴的影响。张厉生决心留学法国，未等在南开毕业，就离开天津到北京朝阳学院法律专修科预备班学习欧洲史和法语。

---

① 张厉生出生日期说法不一：吴相湘说是 1900 年 5 月 29 日（清光绪二十六年五月初二），见吴著《张厉生主办两次大选》（《民国百人传》第四册，台北传记文学出版社 1971 年版，第 297 页）。[美]包华德主编《民国名人传记辞典》说是 1900 年 5 月 24 日（见沈自敏译《中华民国名人辞典》第一分册，中华书局 1979 年版，第 86 页）。彭国栋则说是“生于民前十一年五月初二日”，即公元 1901 年 6 月 17 日（清光绪二十七年五月初二），见彭著《张少武先生行状》（载杜元载主编《革命人物志》第 11 集，台北“中央文物供应社”1973 年版）。

1920年11月，张厉生在亲友的资助下，负笈西行，为留法俭学生（非勤工俭学生，只读书而不参加劳动），先入迪埃普学院（College de Dieppe）和默伦学院（College de Melun）补习法文和投考大学的课程。1922年秋考入巴黎大学，专攻社会学，兼修社会经济、政治经济等课程。

1923年冬，张厉生在巴黎加入中国国民党。当时正是国共第一次合作时期，周恩来等八十多名旅欧的共产党员与共青团员均以个人身份参加旅欧国民党组织。1923年11月25日，国民党旅法总支部成立，张厉生与周恩来均当选为总支部执行委员①。但张厉生反对共产主义运动，视国共合作为共产党的“渗透阴谋”；他甚至说共产党是“靠着国民党帮他革命，大功告成，就要鹊巢鸠占，杀孙中山来祭红旗”②。张厉生纠集一些国民党右派分子，经常在革命主张、宣传口径以及争取对留欧学生的领导权诸问题上，和周恩来、李富春及国民党左派人物王京岐等发生争执，斗争日趋激烈。当国内国民党右派反对国共合作的活动加剧时，张厉生在法国遥相呼应，伙同国民党旅法总支部的另外两名委员曹德三、习文德进行分裂活动，另立旅法总支部，并创办《三民周报》，宣传反共理论，排斥共产党人。当时周恩来、李富春等人已先后回国，还在法国的王京岐等人发表文章进行反击。

1925年夏，张厉生取道回国，在上海中山学院任主任教授。在上海他结识了陈果夫。1926年夏广州国民政府发起北伐，于10月间底定湘鄂。张厉生于该年底奔赴武汉，参加国民革命军。当时的武汉，中共与国民党左派力量较大，张为韬晦计，将“维新”正式改名为“厉生”，字少武，兼有纪念其父之意。1927年初，张任国民革命军第十军（原黔

① 吴琪：《周恩来同志青年时代在法德两国的革命活动》，中国人民政治协商会议天津市委员会文史资料研究委员会编《天津文史资料选辑》第15辑，天津人民出版社1981年版，第143页。

② 张厉生：《共产党做国民革命的论据》，《赤光》第18期。

军王天培部）政治部主任。不久，他应杭州市长邵元冲邀，前往杭州任市政府主任秘书。

1927 年 4 月蒋介石发动“四一二”政变，张厉生顿即趋附，赶去南京。当时蒋介石急需网罗各种反共人才，而张早在巴黎即有反共经历，因而被委任为国民党南京市党部监察委员。1928 年 3 月，陈诚任国民革命军总司令部警备司令，因邵元冲推荐，张应邀任司令部秘书。不久，张又担任国民党南京市党部党务指导委员。

1929 年 3 月，国民党举行第三次全国代表大会，张厉生“由中央指派”为大会代表。这次大会由蒋介石一手操纵，宣称“过去数年党之一切理论、法令、规章，为共产党之反动思想所搀混”①，悍然将共产党人与国民党左派开除党籍，并极力排斥国民党内其他派系。张厉生在这次大会上对蒋介石由衷拥护，给当时任中央组织部副部长的陈果夫留下极好的印象。会后，陈果夫约张出任中央组织部秘书，从此张厉生成为 CC 系的要员。1931 年 11 月，张厉生参加了南京中国国民党第四次全国代表大会，任组织提案审查委员会党务组的审查委员，还当选为候补中央执行委员。1932 年初，张厉生兼任鄂、豫、皖三省“剿匪”司令部党政委员会党务处长，主管“围剿”红军的国民党军队中的党务，先后主持制订了《自新悔过条例》和《剿匪区内屯田条例》等。

日本帝国主义发动“九一八”事变侵占我国东北后，又进逼华北，国内各派政治力量与军事势力也在华北积极活动，华北局势处于十分复杂的状态。蒋介石因张厉生是河北人，遂于 1932 年 10 月任命张为军事委员会委员长行营驻北平军事代表，同时负责整理河北、平津及平汉、北宁各铁路的党务，并兼任河北省政府委员，驻节北平。张一时成为国民党在华北的党政要人，来往于各军政要员之间，纵横捭阖，促使商震、宋哲元、秦德纯、庞炳勋、高桂滋诸军事将领签订“军人公约”，表

---

① 《中央党务月刊》第 10 期，中国国民党中央执行委员会秘书处 1929 年 5 月印行。

示“拥护中央，服从领袖”，共尊蒋介石为唯一领袖。1933 年夏，张厉生秉承蒋介石的旨意，诋毁冯玉祥、方振武等人领导的察哈尔抗日同盟军，一方面在其所办的《人民评论》等报刊上组织文章加以诋毁；另一方面暗中拉拢庞炳勋、阮玄武等军进击张家口，并且亲自到前线视察讲话。

作为华北党务特派员，张厉生四处活动，组织了华北十二省、市、路党部（即国民党冀、察、平、津、平绥、北宁六省市路党部和从东北流亡在北平的辽、吉、黑、热四省党部以及不容于阎锡山的晋、绥两省党部）的双周集会，召集这些党部的主要成员，定期讨论如何整顿发展国民党组织，如何反共，如何排除汪（汪精卫）、胡（胡汉民）派系。经过他殚精竭虑地活动，终于使得北方十二省、市、路党部一齐倒向蒋介石，其政绩大受蒋介石的赏识。

其时，张厉生还追随陈果夫、陈立夫，于 1933 年初先后参与发起成立“青天白日团”（简称“青白团”）和“中国国民党忠实同志会”（简称“同志会”），以前者为核心，二陈分任正副干事长，张厉生为五名常务干事之一，负责华北地区。“青白团”与“同志会”的宗旨是拥护蒋介石为党内唯一领袖，实行军事独裁，拥护蒋介石的“攘外必先安内”政策，继续进行反共内战，镇压民主爱国运动。张厉生指使胡梦华在华北成立反动青年学生组织“诚社”作为外围组织，打击和破坏日益高涨的青年学生抗日爱国民主运动。又在北平收买了《人民评论》，创办了《存诚月刊》等，还成立了“中国文化建设协会”的华北与河北分会，积极宣传三民主义理论。

1935 年 11 月，国民党召开第五次全国代表大会，张厉生当选为中央执行委员。1936 年 2 月，张出任国民党中央组织部长，主管全国党务。他接替陈果夫、陈立夫长期把持的这一要职，深知艰难万分，谨慎持重，率由旧规，不轻更张。在任职期间，张主持制定了《国民大会组织大纲》，规定国大代表按比例分别由各地区与各行业产生，由此产生了“职业代表”一说。

抗日战争全面爆发后，蒋介石为集中全力指挥对日作战，裁并中央党政军机构，一度设立大本营，将国民党中央组织部并入大本营第六部，陈立夫为部长，张厉生为副部长。不久又恢复军事委员会建制，第六部取消，新成立军事委员会政治部，以陈诚为部长，周恩来与黄琪翔为副部长，张厉生为秘书长。张以中央组织部长的身份充任陈诚的幕僚长，遭到陈果夫、陈立夫等人的非议，认为有失体统。张却全然不顾，并且从此离开了 CC 系。不久，张厉生升任政治部副部长。

1941 年 2 月，张厉生改任由蒋介石亲自主持的国防最高委员会下设的党政工作考核委员会秘书长。他以一丝不苟的作风工作，努力推行新制，深获蒋的赞许。1942 年 12 月张又被蒋任命为行政院秘书长，并兼国家总动员会议秘书长。他秉承行政院兼院长蒋介石与副院长孔祥熙的旨意，负责处理行政院的日常政务事宜，认真谨严，起草文牍有条有理。他还发起两周一次的各部次长会议，检查行政院决议、指示、命令的执行情况，讨论、处理各部会行政事务方面的共同问题。张厉生谨慎谦和、精敏稳健的作风，以及以认真负责和周密审慎的态度，协调各部会间及各省政府间的若干歧见与难题，颇得各方赞誉。

1944 年 12 月，张厉生出任内政部长，并仍兼任行政院秘书长至 1945 年 6 月。张主政内政部约四年时间，积极推行国民党的“地方自治”制度，制定和颁布了《省县自治通则》和《市自治通则》；还主持修订人口法令，改进人口调查登记制度，统一调查登记法规，督促各地普遍实施户籍登记，筹划举办全国人口普查，并在 1946 年 3 月成立了人口局。由于蒋介石发动了内战，人口调查未能进行。

张厉生在内政部长任内最主要的工作是操持“国大”代表选举与张罗召集两次“国民大会”。1946 年 11 月，国民党蒋介石撕毁政治协商会议关于召开国民大会的决议，不顾中国共产党和各界民主人士的反对，悍然召开“国民大会”，通过了《中华民国宪法》。张厉生以内政部长身份兼任“国民大会”选举总事务所副主任委员，具体主持“国大代表”的选举与增额事宜。当时正值国共内战激烈，且有青年党、民社党的纷争和国民党内部派系的钩心斗角，使得“国大”代表的选举与“国民大会”的召开困难重重，首当其冲的内政部与张厉生一时成为各派政治势力攻击和发泄不满的对象。但张厉生硬着头皮顶住各方压力，秉承蒋介石的旨意，操持了这次大选。接着，张厉生又操持了1948年春召开的所谓“行宪国大”，使蒋介石当选为总统。嗣后蒋介石提名翁文灏为行宪后第一任行政院院长，张厉生为行政院副院长。8月，蒋介石颁发《财政经济紧急处分令》，张厉生奉派为天津区经济管制督导员，负责华北地区推行发行金圆券、限制物价、收兑外币等财政紧急措施。但是不到三个月，限价政策等即全面破产，翁文灏内阁于11月26日引咎辞职，张厉生也随之离职。同年12月，孙科继任行政院长，张挂名为行政院政务委员。1949年1月，蒋介石“下野”，不久孙科内阁辞职，张厉生亦卸职。此后，张以国民党中央执行委员身份奔走于东南各地，后于1949年8月赴台湾。

张厉生到台湾后，即应陈诚之邀，出任“台湾省地方自治研究会”主任委员，主持制订了《台湾省地方自治实施纲要》，以及有关调整县市行政区域及县市议员选举罢免法案若干种。1950年3月，蒋介石在台湾“复职”，任命陈诚为“行政院”院长，张厉生为副院长。张在职四年，辅助陈诚进行“土地改革”，加强“地方自治”工作，以求稳固国民党在台湾的统治。这时蒋介石“改造”国民党工作完成，起用大批新人，但仍看重张厉生，于1954年8月任命他为国民党中央委员会秘书长。1959年张复受命出任台湾驻日本的“特命全权大使”，为维持台湾与日本的关系效力。1963年8月，日本内阁通过以贷款方式将价值2000万美元的维尼纶厂设备售与大陆。9月16日，日首相池田勇人在招待美国赫斯特报系总编辑时又说台湾的反攻大陆政策没有依据，近乎幻想。日本政府的这些言行，激怒了台湾当局，引起了日台间关系的紧张，张厉生以“回国述职”为名，回到台湾，未再返任。

张厉生从此退出政界，在台湾赋闲养志。他虽多年官高位显，但自律甚严，好学慎行，清廉淡泊，不置恒产，晚年生活甚为清苦，不仅无钱购屋居住，甚至医药费也无所出，多靠亲友及医师资助。1971 年 4 月 20 日张厉生病逝于台北。

## 主要参考资料

彭国栋：《张少武先生行状》，载《革命人物志》第 11 集，第 85—88 页。

胡梦华：《反动学生组织诚社始末》，《天津文史资料选辑》第 12 辑，天津人民出版社 1980 年版，第 89—121 页。

张敬原：《追思张厉生先生》，台北《传记文学》第 23 卷第 3 期。

王玉宾：《我所认识的张厉生先生》，台北《河北平津文献》第 1 卷第 2 期（1971 年 7 月）。

# 张 灵 甫

沈荆唐

张灵甫，原名钟灵，字灵甫，以字行。陕西长安人。1902 年（清光绪二十八年）生。父亲张鸿恩，在本县大东乡务农为生。张灵甫幼时在本村村南私塾启蒙，十岁考入小学求读。1921 年考入陕西长安中学，学习勤奋，成绩优良，爱古文，好诗词，临摹碑帖苦学书法。1923 年从长安中学毕业后，归里在小学执教，不久考入北京大学。正值国民革命兴起之时，张与同学数人于 1925 年初至河南开封，投入胡景翼国民二军所办之军官训练团。其时设在黄埔的国民党陆军军官学校在开封秘密招生，张报考被录取，经上海至广州，编入军校第四期步科。

张灵甫于 1926 年 10 月从黄埔军校毕业，编入第二十一师为见习军官，旋调往第一军第二师，任第一团二营二连三排排长，参加江西战役。在德安马回岭一战中，担任夜战偷袭之尖兵排，奋勇当先，右腿负伤。战后升任第三连连长。1928 年秋，张灵甫所在之第一军缩编为陆军第一师，张为该师第三旅一营二连连长。1929 年冬在蒋唐战争驻马店一役中右臂负伤。1930 年参加中原大战，战后升任第一师独立旅第二团三营营长。接着随该师赶赴正定讨伐石友三部；继又协同友军进击桐柏山洪德昌部。1932 年冬，升任第一团团附。

1934 年，第一师在“围剿”革命根据地的战事中，从黄陂追击红四方面军，张灵甫率第三营为前锋，快速追击立下战功，受师长胡宗南之嘉奖。战后升任第一师独立旅第一团团长，随全师进驻甘肃，年底至川甘边境碧口驻防，继后又移防四川广元、昭化一带。在阻击红四方面军的战斗中，独立旅伤亡惨重，旅长丁德隆指挥一个团伤亡殆尽；张灵甫第一团侥幸脱险，无大伤亡，再受胡宗南嘉奖。嗣后，张率团又追击长征北上的红一方面军，在甘肃岷县从马上摔下受伤，至西安疗养。他因无端猜忌而枪杀妻子，被监禁在南京一年多，在狱中以书法消磨时光。

抗日战争全面爆发后，张灵甫被早年曾是张之上级、时任第七十四军五十一师师长的王耀武保释出狱，在王部第一五三旅任三〇五团团长。张重上战场，又是抗击日军，斗志高昂在淞沪战役中，所部坚守吴淞口附近的罗店，打退敌军久留米师团的数次进攻。11 月从上海撤退后，张率全团在昆山、望亭等地阻滞敌军，掩护大部队转移。接着参加南京保卫战，在淳化镇、上方镇一带抗御敌军，作战中左臂受伤。南京陷落后，所部至湖北沙市休整，张升任第一五三旅副旅长兼三〇五团团长。1938 年 5 月参加徐州会战，先守砀山御敌；继在兰封战役中于三义寨重创敌土肥原师团一部。武汉会战开始后，张升任第一五三旅旅长，率部在江西德安阻击日军。9 月参加反攻德安张古山之敌，带领一支突击队从人烟稀少的崎岖峡谷渡越成功，配合三〇二团、三〇六团正面进攻夹击敌军，胜利夺取张古山。日军倚仗飞机轰炸和重炮猛击作掩护凶猛反扑，张率诸团顽强战斗，白天退却，夜晚进击，连续五个昼夜反复争夺张古山阵地。张在战斗中腿部负伤仍不下火线，在“德安大捷”中建立战功。

武汉会战结束后，第七十四军经过奉新、高安一带之休整，驻防长沙。张灵甫带领全旅官兵，帮助长沙民众重建大火毁去的家园。1939 年 5 月，第七十四军入赣参加南昌会战，张任第五十一师步兵指挥官，攻克高安祥符观，进逼南昌。9 月参加第一次长沙会战，在赣北拦截日军，激战于高安。9 月 22 日第七十四军收复高安，有力地配合了主战场的战斗。经军长王耀武举荐，张灵甫升任第五十八师副师长。1941 年 3 月上高会战启，张协同师长廖龄奇指挥五十八师在高安以西、棠浦以东一带狙击敌人，猛烈的炮火使兵员伤亡很大。张赴前沿阵地指挥作战，激励将士顽强苦战，顶住了日军的猛烈攻势。接着随七十四军参加第二次、第三次长沙会战，表现顽强，受到嘉奖，战后升任第五十八师师长。1943年11月常德会战中，张率全师协同第五十一师在常德以北狙击敌人，粉碎了日军一次又一次的进攻，还伏击了前来夜袭偷营的敌人。1944年7月，张率所部参加衡阳外围的战斗，经过宁乡三昼夜的血战后强攻前进，进抵市郊五里牌，迭克鸡窝山、金兰寺等地。战后晋升为第七十四军副军长。

长衡会战结束后，张灵甫被选送至陆军大学将官班第二期受训，编入甲班。毕业后已抗战胜利，回到七十四军供职，奉命拱卫京畿，并参加京沪地区接收及日军遣返事宜。

1946年4月，张灵甫升任第七十四军军长，率部驻南京孝陵卫，卫戍京畿，张并兼首都警备司令。七十四军是国民党的一支精锐部队，在抗日战争中屡建战功，后又受美国顾问之训练，全部美械装备，被蒋介石称誉为"模范军"。全面内战爆发后，七十四军改称整编第七十四师。8月，张率全师三万余人北上进攻新四军，依仗强大火力连占天长、盱眙、六合、泗阳、淮阴、淮安等地，12月又占涟水城。张连连得手，自鸣得意，妄言"有我七十四师，就无新四军葬身之地"。

蒋介石发动的内战，头八个月"全面进攻"虽然扩占了一些地盘，但大大拉长了战线，且被歼有生力量71万人，乃于1947年3月被迫放弃了"全面进攻"的部署，改为集中兵力"重点进攻"山东、陕北两个解放区。顾祝同受命指挥十七个整编师四十三个旅，编组成汤恩伯、王敬久、欧震三个兵团向华东解放军进攻，以"加强纵深、密集靠拢、稳扎稳打、逐步推进"的战术进犯鲁中山区。张灵甫七十四师是汤恩伯第一兵团八个整编师之一，与黄百韬整编第二十五师、李天霞整编第八十三师合力进击坦埠。张骄傲自负，想抢头功，不顾左右而突出冒进。5月11日由垛庄经孟良崮前进，渡过汶河后又强占杨家寨、马牧池等地。当遭到人民解放军阻击后，与八十三师、二十五师的联系均被切断。张发觉孤军突进，乃兵家之大忌，被迫转攻为守。在解放军的强大攻势下，天马山、马牧池、磊石山等地先后失守。张仓促下令向孟良崮、垛庄方向撤退。但垛庄已于15日拂晓被解放军占领，断了七十四师的退路，张乃令部队在孟良崮及周围据点安营固守。由于四周层峦叠嶂，沟壑纵横，张师兵员、枪械、辎重等密集在各个山头和山谷。此时，华东野战军五个纵队快速推进，将孟良崮层层包围，完全切断了七十四师的交通运输，并控制了水源。汤恩伯兵团的增援部队十个师在蒋介石的严令下向七十四师靠拢，但被华东野战军的四个纵队分割阻击在外。整编八十三师师长李天霞与张有隙，不肯倾力出援，只派出一个突击连佯作增援。张灵甫向南京连发急电求援，但是增援部队不济，飞机空投的馒头、米饭、饮用水及弹药等，大多落在解放军的阵地上。张几次企图在空军掩护下夺路突围，但被解放军紧紧围住。5月15日下午3时，华东野战军向七十四师发起总攻，从四面八方多路展开突击。张指挥所部拼死抵抗，激战至16日上午，雕窝、芦山等重要据点先后丢失，大部兵力被歼，余部七千余人被压缩在孟良崮和六〇〇高地及山谷间。张指挥余部顽抗不降，伤亡殆尽，至傍晚五时许，整编第七十四师被全部歼灭，张灵甫被击毙。

## 主要参考资料


国民政府军事委员会战史编纂委员会档案，全宗号787，中国第二历史档案馆藏。

严如平、郑则民著：《蒋介石传稿》，中华书局1992年版。

中国人民解放军军事科学院编：《中国人民解放军战史》，解放军出版社1988年版。

临沂行署出版办公室编：《孟良崮战役资料选》，山东人民出版社1980年版。

罗文浪：《孟良崮战役回忆》，中国人民政治协商会议全国委员会文史资料研究委员会编《文史资料选辑》第18辑，中华书局1961年版。

胡兆才：《张灵甫死因之谜》，《扬子晚报》1993年9月3日。

# 张　鸣　岐

王学庄

张鸣岐，字坚白，一作健伯，号韩斋。山东无棣人。1875 年 8 月 29 日（清光绪元年七月二十九日）生。张家系“无棣望族”，其父凌云，屡试不第，供事北京衙门，积赀捐官县丞，曾任湖南湘潭朱亭丞①。张鸣岐于 1894 年考取举人，次年会试落选，留南学（国子监的一部分）读书。

1898 年，张鸣岐被荐入岑春煊家就馆。岑应诏陈言，由张代拟的奏折受到光绪帝的嘉奖，特授广东布政使，张因此受到岑的器重。张能言多谋，善于揣摩逢迎，与东家相处异常投机。岑春煊说：“坚白与我，同而不异，可作耐久朋。”②不久，岑由广东布政使改授甘肃布政使，张随充幕僚。1900 年，八国联军进攻北京，岑率兵“勤王”，得到慈禧太后的宠信，升任陕西巡抚，随后迁山西巡抚，再升署四川总督。张鸣岐均在幕中划策，被保举至候补道，号称岑的“智囊”。

1903 年 4 月，岑春煊调署两广总督，张任总文案，兼管两广学务处，不久又兼管练兵处，襄助岑推行清廷的“新政”，被目为通达时务之才。1904 年 5 月，因为广西民变蠡起，岑入桂督师，张总理两广营务处。广西巡抚李经羲是首席军机大臣奕劻及袁世凯一派的人物，而岑则与另一军机大臣瞿鸿禨一气，跟奕、袁不和。李为了与督臣沟通关系，请求岑让张兼充他的幕僚，张每日出入督抚之门，成为桂林第一号

---

① 刘乃勋：《张步堂先生事略》，《一庐存稿》，香港商务印书馆 1924 年版。

② 孟和：《岑春煊与张鸣岐》。

红员。同年，李保举张任广西太平思顺道，次年，岑又荐张署理广西布政使。岑在密折中称赞张的才干“胜臣（岑自谓）十倍”①。1906 年 12 月，清廷任命张鸣岐为广西布政使，署理广西巡抚，次年 6 月实授。

广西在陆亚发等大股“游勇”被扑灭后，民变仍然时起时伏。张鸣岐一面指挥提督龙济光、总兵陆荣廷等镇压民变；一面大举推行“新政”②。他先后开办了农林试验场、农业学堂、优级师范、法政讲习所，设立电报局、审判厅、检察厅和警察，续办富贺煤矿，筹建桂全铁路，还按清廷规定设立了广西谘议局，一时搞得热热闹闹，在朝野上下都颇著虚名。

张鸣岐为编练广西新军，聘请了大批留日陆军士官生和国内军校毕业生。同盟会会员李书城、王孝缜、尹昌衡、陈之骥、耿毅、何遂等都在军中担任大小职务。张鸣岐为了利用这些人，不时宴请，以示亲近。张对他们说：“革命并不是一件奇怪和可怕的事情，本人立志刷新广西的政治和军事，即是革命，也就是广西革命的领袖。”③年轻的军官们以为巡抚非常开明，在他面前侈谈革命，并且在军队内外加强宣传组织活动。张见势不对，调蔡锷、蒋尊簋入桂接替革命党人担任的要职。在控制住军权之后，张立即抓了两名党人，声言“要砍几个脑袋给大家看看”④。结果，许多出头露面的党人被驱逐出广西。

凭借岑春煊的力量，张鸣岐在短短几年里平步青云，由一个困顿的书生变成了封疆大吏，成为光宣之际最年轻的疆吏。1910 年，署粤督袁树勋因控制不住局面，地位动摇，张鸣岐眼前又出现了晋升的良机。

---

① 刘乃勋：《我于辛亥革命至护国战争期间之阅历见闻》，中国人民政治协商会议广东省委员会文史资料研究委员会《广东文史资料》第 5 辑，1962 年版。

② 瞿宣颖：《记张韩斋督部语》，《补书堂文录》，1961 年印本。

③ 黄绍竑：《辛亥革命前后的广西局势和广西北伐军》，中国人民政治协商会议全国委员会文史资料研究委员会编《辛亥革命回忆录》（二），中华书局 1962 年版，第 478—490 页。

④ 黄绍竑：《辛亥革命前后的广西局势和广西北伐军》，中国人民政治协商会议全国委员会文史资料研究委员会编《辛亥革命回忆录》（二），第 478—490 页。

但这时岑春煊、瞿鸿禨都已失势，张便转而通过李经羲，向奕劻报效大量钱财。1910 年 9 月，清廷派张署理两广总督。岑春煊看到这个亲手栽培的心腹与自己的政敌勾搭，异常气愤，从此结下了怨隙。

1911 年 1 月，当张鸣岐到广州上任时，同盟会在广州的一次起义正在紧张准备。黄兴、赵声等在香港设统筹部，并在广州设指挥部，暗聚同志，联络新军、防营和“绿林”，定期起事。4 月 8 日，署广州将军孚琦突然被华侨工人温生才刺死，全城震动。清廷闻讯，任命张鸣岐署广州将军，接着又实授两广总督。他在惶恐中得到党人即将举事的情报，立刻与水师提督李准等会商，派出大批侦探，抽调防营进城，实行戒严。4 月 27 日（农历三月二十九日），革命党人起义。督署被黄兴率队攻破，张仓皇丢下老父妻妾，登屋越墙，逃到水师公所，指挥军队镇压。革命党人起事仓促，势力孤单，步调不一，迅即失败。次日，清军继续搜捕起义者。革命党人李德山等退入高阳里源盛米店，堆米袋据守，并抛掷炸弹，清兵不敢接近，张鸣岐竟下令纵火烧街。起义者被俘六七十人，经张先后下令杀害的，有林觉民、喻云纪等四十三人①。响应起义的顺德民军，也同时被张派兵镇压了。

镇压起义的清兵主力，是李准所部。李长期在粤带兵，多次镇压革命起义，声势赫赫，自成系统。张鸣岐见李不易驾驭，便奏调桂军入粤。不久，龙济光率二十营抵穗，至此，广东水陆巡防队共达一百〇四营。张命龙主持广州城防，并将李准的部分兵力划归广州协统辖，李被迫回驻虎门。张还将新军十一营整顿成协，调蒋尊簋为混成协协统，随即又提前成立第二十五镇，奏派龙济光任统制官，严加控制。加强了对军队的控制后，张布置李准、秦炳直（陆路提督）等在全省清乡，企图消灭经常响应革命的“绿林”。清乡成了百姓的灾难。李准在顺德纵兵劫掠，开炮袭击村庄。潮州清乡，“亦日以滥杀平民为事”②。此外，张鸣岐搞

① 曹亚伯：《武昌革命真史》引张鸣岐电奏，上海书店 1982 年版。

② 《资政院副总裁李家驹等奏折附片》，中国史学会编《中国近代史资料丛刊·辛亥革命》（七），上海人民出版社 1957 年版，第 264—266 页。

的“新政”以及禁赌、禁烟，都成了官吏军警借机贪污舞弊勒索的机会。广东社会动荡不安。6 月，因反对铁路国有，广州市民拒用纸币，挤兑现银，迫使张借外款维持市面。8 月，李准又被革命党人炸伤。“省城官民纷纷迁徙，十室九空，商业萧条，金融停滞，大局岌岌可危。”①这时，张鸣岐和李准之间的矛盾，却因各自袒护亲信部将更加激化，张准备上章参劾，将李除掉。

1911 年 10 月，武昌起义爆发，广东革命党人和民众也闻风而起。张鸣岐急命龙济光派人回滇桂招募军队，企图保住广东。10 月 13 日，苏抚程德全请张会衔奏请改组内阁宣布立宪以挽回局面，他答以“时机尚未至”②，观望形势。10 月 25 日，广州将军凤山抵穗赴任，被革命党人炸死，五羊城风声鹤唳。同日，地方绅士在文澜书院会议，力劝张与革命党人稍事妥协。张急忙奏请罢免亲贵，改组内阁，还请求将被特赦的党人汪精卫、陈景华调粤差遣。他的应变措施不合民众要求。10 月 29 日，广州商学各界集议爱育堂，公决承认共和政体；下午又在文澜书院讨论满汉融合。这时，书院门前树起有“广东独立”字样的白旗，并鸣放鞭炮。各商店也张旗、悬灯、鸣鞭炮庆贺。二万多民众拥至督署前请愿独立，张避不敢见。当晚，张得汉阳清军获胜、袁世凯出任钦差大臣之讯，又强硬起来，命龙济光派兵将旗灯扯去，巡街捕人，布告要“尽法惩办，以昭炯戒”③。次日，全城罢市。这时，各地民军蠭起，进逼广州。李准已暗中与革命党人联络，准备反正。龙济光态度也日益暧昧。张鸣岐见军队动摇，知道已无法抗拒。11 月 5 日，各界在谘议局商讨组织新政府时，张派代表表示愿意交出政权。经绅士提议，推举张鸣岐为临时都督，龙济光为副都督。民众代表将都督大印送到督署，扑了个

① 《内阁总协理大臣寄军谘府陆军部两广总督张鸣岐上谕》，中国史学会编《中国近代史资料丛刊·辛亥革命》(七)，上海人民出版社 1957 年版，第 266 页。

② 黄炎培：《辛亥革命中之一人——程德全》，《人文月刊》1931年第2卷第1期。

③ 中国人民政治协商会议广东省委员会编：《广东辛亥革命资料》，广东人民出版社 1981 年版。

空。原来，张鸣岐不肯附从革命，已于中午逃往沙面租界了。各界代表改推胡汉民为广东都督，胡未到任前，由蒋尊簋为临时都督。11 月 6 日清晨，张鸣岐乘英国军舰逃往香港。广州光复。

不久，张鸣岐又从香港逃到日本。袁世凯执政后，他回到北京闲居，挂名为袁的高等顾问。在镇压了“二次革命”后，为监视西南军阀，袁世凯于 1913 年 10 月派张为广西民政长。张于次年 4 月抵任，后改官名为广西巡按使，会办广西军务。广西都督陆荣廷对这个老上司敬而远之，使张无法干预广西军政。1915 年 7 月，张调任广东巡按使。广东都督龙济光也大权独揽，张只能出面为龙搜括民财，镇压地方。这年底，袁世凯阴谋称帝，张与龙上表劝进，后来袁封张为一等伯。张还与辫帅张勋暗通音讯①，给自己在他日清朝复辟时留条后路。护国战争爆发后，龙济光迫于军事压力，于 1916 年 4 月伪装独立。同月，在广州发生了谋杀护国军方面人士的“海珠事件”。张被龙派赴广西陆荣廷处解释，留桂作质。5 月，张回穗，旋因母丧离职。这时，护国军在肇庆成立了军务院，代理抚军长就是岑春煊。因为龙军与护国军屡屡冲突，龙想找个说客去转圜。他以为张出自岑的门下，是个理想的代表，便请张前去。不想张却大受岑的冷淡，一无所获。很快，张即辞去巡按使职务，脱离了政界。

张鸣岐离粤后，隐居在上海法租界。南京国民党政权建立后，他移居天津英租界，礼佛长斋。1928 年，梁启超企图组织新的政党，张不甘寂寞，表示响应，但终因政客们之间矛盾重重，未能兑现。抗日战争开始，1937 年 12 月，他参加了汉奸王揖唐等发起的“中华佛教会”。1942 年 3 月，张与王克敏、靳云鹏等被聘为伪华北政务委员会咨议会议委员。1945 年 3 月，张与王揖唐、殷汝耕等发起“乙酉法会”，祈祷“大东亚战争之必胜”②。同年 8 月，日本投降。9 月 15 日，张鸣岐在天津病死。

---

① 温肃、温必达：《温文节公(肃)年谱》，1947 年印本。

② 天津《华北新报》1945 年 3 月 28 日。

# 张 默 君

侯 爽 李援朝

张默君，原名昭汉，字默君，号涵秋，以字行。1884 年 10 月 24 日（清光绪十年九月初六日）生，湖南湘乡人。父亲张通典，字伯纯，是早期同盟会会员，颇有威望。母亲何永徽，字懿生，出自衡阳望族。

张默君自幼即聪颖，1889 年入私塾读书。1891 年，年仅七岁的张默君就反对姐姐缠足。九岁时，美籍牧师李佳白博士在上海尚贤堂倡导天足会时，张伯纯出资赞助，张默君更是与母亲一道将天足会会章及劝告文件印制数十万份分发各地，宣传缠足的弊害以及世界各国进化强盛的道理，号召广大妇女大胆放足，自己解放自己。1901 年，张默君进入其父创办的养正女学学习，并义务教授养正女学附小的文史伦理课。

1904 年，张默君就读于上海务本女塾师范本科，她经常与革命志士秋瑾、龚宝铨等人秘密来往。1905 年 7 月，上海女界在广西路“榕庐”召开抵制美约大会，张默君登台演说，号召广结团体，抵制洋货，发展民族资本，争取收回利权。会后，上海《女子世界》全文刊载她的演说稿，影响颇大。1906 年，张默君由黄兴、龚宝铨等人介绍加入同盟会，并成为同盟会秘密机关南社的成员，参与社刊的编辑发行工作。1907 年，以第一名的成绩毕业于务本女塾师范本科，随后入景海女校补习英文，准备留学美国。同年，张默君应两江总督端方之邀，任江苏省粹敏女学教务长。上任伊始，便撰写学规十章，以培养人格、发扬国粹、敦学笃行、忠诚勤俭为治学之本，对学科设置、管理、训导等进行改革，并增设中学部，使入学人数大增，而粹敏女学亦声誉鹊起。

1909年，张默君在父母的帮助下，冒着生命危险筹款购进十几箱枪械子弹，准备运到革命党人龚炼百处。由于走漏了风声，军警到张默君家搜查。危急时刻，张默君急中生智，将十几箱枪械子弹投入自家屋后水塘中，并沉着应对军警的搜查。在军警走后，又当机立断连夜将这十几箱弹药完好地运到龚炼百处。1911年广州黄花岗起义失败后，张默君离开粹敏女学，进入圣约瑟女子书院学习。

武昌起义成功后，南方几省相继独立。11月4日，张默君同父亲一起召集苏州各界同人，共同策划光复苏州事宜。张伯纯主张变更武汉等地革命旗号"兴汉灭满"为"兴汉安民"，以示崇尚民治，得到众人的一致赞成，张默君当即在旗帜上挥毫而书"兴汉安民"四个大字，将大旗高悬于城外北寺塔顶。随后张默君草拟了一百六十字的安民布告，略曰："照得民军起义，实为顺天应人……吴会长江重镇，指日铙吹收京。""如有人乘机扰乱，定当执法以绳。一德安民与汉，同开万世太平。"当晚即通电各省，宣布苏州独立。民众于次日破晓看到安民布告，异常兴奋，奔走相告。苏州独立后，张默君主办了江苏《大汉报》，亲任社长及总编，聘请陈去病、傅君剑等人主笔，于11月10日以石印出版，12月改用铅印正式刊行。张默君以"涵秋"或"大雄"为笔名，每日撰写一篇社论，鼓吹民治，倡导共和。可惜不到三个月，因苏州政府机构迁往镇江，《大汉报》被迫停刊。

1912年后，张默君致力于女子参政和普及教育，积极联络陈鸿璧、杨季威、舒惠桢等人组建了神州女界协济社，发刊《神州女报》，从事妇女运动。3月3日，张默君等以神州女界协济会的名义致书孙中山，提出女子参政的要求。张默君认为，只有普及教育才能提高女子的素质，为此在上海闸北创办一所神州女学，孙中山带头捐款万元作为开办经费。张默君身兼协济社社长及管理报社、女学的工作。神州女学虽属草创，但在当时的条件下，能够开设小学、中学及专修科三级教育，聘请知名人士如陈去病、傅君剑等到校任教，对于提高中国妇女的文化水平起到了很大的作用。

同年，张默君担任中国女界协赞会干事，领衔通电东南各省女界，募集军饷，资助北伐，并将所得巨款面呈孙中山。同盟会改组为国民党后，在上海设交通部，张默君被任命为文书主任。1913 年春，张默君率神州女界协济社及妇女界各团体，与万国女子参政同盟会会长嘉德夫人(Mrs. C. C. Catt)在上海张园会晤。张默君申明国民党政纲的男女一切平等主张，并与之对妇女参政方式进行探讨。此后，万国女子参政同盟会、世界女子协会、泛太平洋学术会议等国际组织与神州女界协济社、妇女参政会及女权运动会，时通声讯，互派代表往来。张默君对近代中国妇女以崭新的姿态走向世界作出了贡献。

1918 年，张默君奉北京政府教育部指令，赴欧美考察女子教育。当时正值第一次世界大战之后，她先横渡太平洋前赴美国考察。她应万国女子参政同盟会会长嘉德夫人的邀请前往纽约视察，遂入哥伦比亚大学专攻教育学，以实现其教育救国的夙愿。其时，适逢中国学生留居纽约同学会改选，张默君被推为会长，成为此会成立以来的第一位女会长。

1919 年巴黎和会期间，张默君为支援中国代表团提出的正当要求，出面召集哥伦比亚大学同学会开会，组织爱国会，电请北京政府拒绝在和约上签字。她还被推举为代表赶赴巴黎，同留法学生郑毓秀等人，与和会代表陆徵祥、顾维钧、王正廷当面痛陈利害。张默君再次以海外留学生名义急电北京政府，恳请拒绝签字。中国代表团最终拒绝在巴黎和约上签字，也有张默君及留法学生为之付出的一份力量。

其后，张默君前往欧洲考察了法国、瑞士、比利时、德国等国家的教育。这年冬，张默君回国，归途中还考察了南洋各地的教育。回国后著成《战后之欧美女子教育》一书，并先后撰写了《我之家事教育观》与《欧美教育考察录》等论文发表，受到各界人士的重视。

1920 年，张默君继续担任神州女学校长，主办《神州女报》。时值江苏省立第一女子师范学校学潮迭起，教学秩序混乱，当局聘请张默君担任校长。她在恢复和安定学校秩序的基础上，依据女子师范教育的特点，拟定了六年改进计划，按年逐步推行。她聘请东南大学知名教授竺可桢、朱君毅、王毓英等人到校任教。创立图书馆，设立各学科实验室，购置仪器，充实设备。张默君提出以真、善、美为校训，注重陶冶品德，锻炼体格。建立了复式学轨：其一为高等初等两级师范、幼稚师范、小学、幼儿园，以普及教育为宗旨；其二为高等初等两级中学，以升学求深造为目的。张默君的学制改革，一是实行社会生活教育化，使学生及时参与校外学术研究，以及各种社会团体活动；二是实现学校教育家庭化，使课堂教育与家事教育并重，让学生在接受基础教育时，也能学到医疗、保育、烹调、缝纫等知识与技能。

1921年，中国教育改进社在南京举行大会，公推张默君任女子教育组长及交际主任。会后，张默君与朱其慧及王伯秋等人共同发起中国平民教育运动，并亲自督制识字课本，在各地设立平民学校千余所，厉行扫除文盲。张默君在江苏省立第一女子师范学校附近设立失学儿童及成年妇女夜校数所，由女子师范学生任教员，影响颇广，各省纷纷仿行，蔚然成风。

自1927年始，张默君进入政界。先任国民党中央政治会议上海分会教育委员，4月任杭州市教育局长，她派人深入各级学校调查研究，据此拟定教育大纲，分别按期实施。又设置了多所中心学校，成绩卓著，受到前来杭州考察教育的中外人士交口称赞。1929年任国民政府考试院考选委员会专门委员、文学教育组主任、中央党史编纂委员会名誉编纂，1931年任立法委员。

1931年7月，南京国民政府举行第一届高等文官考试，由司法部部长王用宝任典试委员会委员长，张默君、罗家伦、傅斯年、王云五、段锡朋为典试委员会委员。参加考试的考生有两千八百四十二人，录取者仅为一百〇三人，但无一名女子。张默君虽痛心落泪，但仍坚持不以降低女子录取分数线为录取条件，并坚信只要女子努力，奋起直追，下届必有考中者。1933年10月再度考试，报考者二千九百五十四人，考中者一百〇一人，其中女生陈自观、倪光琼榜上有名。张默君闻听喜泪盈眶，并特地备车设宴为“两名女状元”庆祝，席间亲赠铜尺一对，中堂各一幅，以示鼓励。

张默君在长期的教育实践中所形成的教育思想主要是：一、主张实行普及教育，认为普及教育不仅指对成年人及儿童的义务教育，也包括各级教育。普及教育不仅要扫除文盲，而且在国家处于危难之时，教育必须要唤起民众，激发国民爱国思想及民族精神。指出实行普及教育应当遵循随时随地向民众传授知识的原则，政府要制定出实施普及教育的方案，编写有意义的普教小册子，以引起民众阅读研究的兴趣，也可以利用识字的儿童及在学校受过教育的人，去指导失学的成年人等多种方式进行普及教育。主张编撰以中国古代贤臣英烈如岳飞、文天祥、戚继光、史可法等人言行为中心内容的教材，激发青年人的爱国思想和民族精神，实现以教育唤起民众，抗御外侮的目的。二、主张厉行劳作教育，注重手脑并用。认为只注重大脑则徒有理想，而要使理想得以实现，则必须利用双手，必须实行劳作教育。因为人类与其他动物的重要区别，除具有大脑思维外，还具有双手的权威，所以要通过手脑结合解决实际问题。要求学校增添理化实验设备，让学生亲手进行声、光、化、电学科方面的实验，通过自己动手得出的结果，既可激发学生的学习热情，也能充分发扬学生的劳作精神，从而使中国青年能够担当起挽救国家、复兴民族的重任。

张默君认为妇女有责任参与救国大业，而妇女要参与救国，则必先自救，通过自身的努力取得与男子同等的地位，与男子一道共赴救国大任。在科学万能的时代，中国要赶上世界潮流，必须重视物质文明和精神建设，人人应当肩负起精神建设的责任，而妇女于此责任更大。她还进一步提出妇女欲求得自身解放，一要立志，要有人格，要痛革赌博、奢侈等各种恶习，谋求自身经济的独立，才能更好地肩负精神建设的职责。二要有责任感，激励自身通过学习科学文化知识对社会各界有所贡献。三要充分发挥自身好慈善、爱和平、同情心强、勇于牺牲等优点，与男同胞共同奋斗。

张默君自1924年与邵元冲结婚后，夫妇二人互励以学，相濡以沫，但邵在西安事变中被乱枪击中不治身亡。抗日战争爆发后，张默君为丈夫安葬并收集生前著述、遗墨，携儿带女，回湖南老家省亲。

1937年冬天，张默君在衡阳南岳衡山建华严息灾法会，“销陶救国”，并刻写经书以及缝制寒衣劳军。1942年夏，张默君由重庆前往湖南劳军，辗转湖南各地体察民情，并到耒阳讲学。1945年5月当选为国民党第六届监察委员，1949年3月为常委。

1949年5月，张默君随国民党中央监察委员转赴台湾，次年被推选为“中央政治委员会”评议委员。1954年张默君连任国民党“行宪”后第二届考试委员，10月兼任考试技术研究委员会主任委员。

晚年，张默君致力于对古玉及书法的研究，著有《中国古玉与历代文化之嬗变》及《中国文字源流与历代书法之演进》等书，此外还有《白华草堂诗》、《玉尺楼诗》、《张默君先生文集》等。

1965年1月30日，张默君病逝于台北。

## 主要参考资料

《张默君先生文集》，第1编论著，台北中国国民党中央委员党史委员会1983年版。

马长林主编：《民国社会名流归宿》，上海书店出版社1999年版。

贾逸君编：《民国名人传》，岳麓书社1992年版。

张健：《志同道合：邵元冲、张默君夫妇传》，台北近代中国出版社1984年版。

# 张 难 先

方正伦

张难先，名辉沣，又名绍良，号义痴。湖北沔阳人。1874 年 5 月 15 日（清同治十三年三月三十日）生于一个小商家庭。四岁发蒙念书，十九岁参加州试，因不满科举制度，携白卷出场。二十岁读《左传》中“思小惠而忘大耻”，萌发民族救亡意识。因久病在家，一面读书，一面经营本家店务。1898 年“戊戌变法”，受康有为、梁启超的影响，逐渐关心时局，并学习技击之术。1901 年，赴荆宜以鬻书画为生，两年后在向家祠堂讲学。他发奋读书，阅览新书新报，立志要干一番事业。

清政窳败，民族危机空前深重。张难先在革命潮流影响之下，深感救国之道，非打倒封建帝制不可。1904 年 2 月，他赴省城，结识各界知名人士王怒涛（王汉）、宋教仁、胡瑛、刘静庵、吕大森、朱子龙等人，发起组织了湖北第一个反清革命团体“科学补习所”，从事革命活动。他与朱子龙、胡瑛等人投入第八镇工程营当兵，与士兵联络，宣传革命思想，士兵多受感奋。

科学补习所成立后，派宋教仁赴长沙与华兴会取得联络，谋于 11 月 16 日慈禧太后七十寿辰之日，在湖北、湖南同时起义。因缺乏经验，谋事不密，被湖南巡抚陆元鼎侦悉，起义尚未发动即告失败。张难先知事暴露，与刘静庵烧毁册籍，通知有关同志走避。宋教仁、胡瑛去日本，张折回沔阳，科学补习所亦被查封。风潮过后，张难先和刘静庵继续在圣公会胡兰亭主教所办的“日知会”内集结同志，图谋再起。

1906 年，张难先受黄福、王劭恂之聘，在沔阳仙桃镇办集成学校，任校长，传播革命思想。这年冬，湖南萍浏醴起义，张赴省城与刘静庵策划响应。此时设在日本东京的同盟会总部闻讯派胡瑛、朱子龙、梁钟汉返鄂联络。但因叛徒告密，刘静庵、胡瑛等八人相继被捕。张难先刚由仙桃镇至武昌，当即避入谭少卿家，挚友石昌麟劝其去日本避难，并出资路费。张难先以被捕同志亟待营救而谢绝，并于当晚兼程回沔阳，不幸在沔阳集成学校被捕，押往武昌巡警道候审。张在狱中大义凛然的供词，清湖广总督张之洞看了也感到惊异。翌年春，因大病被黄福、王劭恂等保释出狱就医。他续办集成学校，秘密宣传革命。嗣后他任沔阳勤业蚕业公司经理，以掩护革命活动，并筹措经费。

1911 年夏，张难先到武昌奔走党务，与共进会、文学社两革命团体经常磋商，十分活跃。10 月 10 日武昌首义告捷，成立军政府，季雨霖任安、襄、郧、荆招讨使，张难先被聘为顾问，随季到仙桃镇。季力单势孤，掌握的军队很弱，张乃说服刘瑛、梁钟汉、李亚东率部归季领导，先后溯汉水而上。其时攻打荆州的唐牺支告急，季、张率部支援。季误听人言，怀疑唐部有变，电张难先派胡玉珍营攻打唐部。张即电季劝导，避免了一场自相残杀的悲剧。自此张与季意见不合，遂辞去顾问职务。

1912 年 6 月，张难先至武昌，先在胡瑛等人组织的文学会讲学数月。翌年，继任模范讲演团讲员、团长。1914 年 9 月起执教于湖北省立模范小学。1915 年夏，张去北京，适值筹安会成立，鼓吹帝制甚急，张愤然回乡，以课徒授业和灌园卖菜度日，并密谋讨袁。

袁世凯死后，北洋军阀继续控制北京政权。孙中山于 1917 年南下护法，在广州成立军政府。张难先颇为兴奋，慕名而去广州。但他感到军政府外交部长伍廷芳“官气逼人，令人作呕”，即留书汪精卫而回鄂。在广州时，张阅到陈独秀主编的《新青年》，开始接触新思想。

1920 年，张难先认为俄国革命成功，“学说新奇”①，乃赴北京，求学访友。在北京时，适逢杜威、罗素来华讲学，张每夜都去北京大学听

---

① 张难先：《简历》(1949 年 2 月)。

课。在此期间，他先后结识了梁漱溟、蔡元培、李四光、胡适之、李济深等，并经常往来论学。为维持生计，他一度充当参谋部录事，缮写书文。1922年夏，黎元洪继徐世昌任总统，聘张为顾问。他反对黎为总统，乃退还聘书，趁奔弟丧之际返回沔阳。翌年，张难先应李济深邀请去广东肇庆，任西江善后督办公署参议，兼西江讲武堂教官。

1924年1月，孙中山主持召开国民党第一次全国代表大会，确立"联俄、联共、扶助农工"的三大政策，加速了革命步伐。对此，张难先由衷赞同。他公暇之余常与邓演达交谈，获益甚多。1924年秋，张随李济深至梧州，任广西梧州善后处参议。1925年10月，任广西榷运局局长，努力革除陋规。1926年1月，广州国民政府南征告捷，张被任命为琼崖各属行政专员。他在海南常以青衣小帽走访民间，体察民情，并惩办了一些土豪，改革了一些陋习，深得民心，在国民党内博得了较高的声誉。

1926年11月，张难先调至国民政府监察院任委员职，翌年6月任广东省政府委员兼土地厅厅长，同时兼任广东省党部常务委员和宣传部长。数月后，张辞职回鄂。此后，国民政府委张为湖北省政府委员、财政厅长兼党部党务委员，张屡辞不获，及至1928年3月才到任。他以"两袖清风而来，两袖清风而去"为座右铭，大力整理财政收入，罢免贪官污吏，任用贤能，因而使湖北财政一时大有起色，为国民党武汉政治分会主席李宗仁、湖北省政府主席张知本所称道。1929年，蒋桂战争爆发，张因不满这种内部混战，愤而辞职。蒋介石打败桂系李宗仁、白崇禧后来到武汉，多次派人劝张复职，张坚辞不出。1930年1月，张应考试院院长戴传贤之邀，出任铨叙部长，负责审查政府及五院职员任免。12月，蒋介石标榜"修明地方政治"，任他为浙江省主席兼民政厅长。

1931年"九一八"事变爆发后，日本帝国主义侵占东北三省。张难先愤慨万分，曾电请蒋介石"通电全国总动员，先从党员、公务员编练，以普及民众，准备出全国之力以抗日"。他还促蒋"通电罪己，与民更新，并亲自统大军驻平津，予日寇以迎头痛击”①。张率先行动，令省垣各机关职员接受军事训练，亲自与各厅长俱学习兵操。张的抗日言行为蒋所不满，12 月，被免去浙江省主席职。

张难先卸任后，于 1932 年初游洛阳、郑州等地，沿途宣传抗日。在郑州，张再次劝蒋抗日：“时事至此，不下决心奈何？”②至西安时，张应杨虎城之邀在各界欢迎会上讲话，认为应当全国总动员起而抗日。

但是蒋介石实行“攘外必先安内”的政策，对日本侵略一再妥协退让，而加紧“围剿”中共领导的工农红军。1932 年 7 月，蒋介石在武汉设立豫、鄂、皖三省“剿匪”总司令部，自兼总司令，委张难先为党政委员会委员兼监察处主任。其时徐源泉部攻打洪湖赤卫军，将段德昌的妻儿老小十二人捕来，并以贺龙妻子提报邀功，蒋介石将此案交张难先迅速处决。张认为，两军相斗，不应罪及家属、民众，乃千方百计地保护段德昌妻室儿女等亲人，并将其全部无罪释放了之。豫、鄂、皖三省“剿匪”司令部秘书长杨永泰及徐源泉等人对张如此了结此案，甚为不满。此后张与杨永泰之纠葛日增。

张难先与杨永泰之间的矛盾，终因湖北附加提款一事而日趋表面化。张认为湖北附加提款是湖北民众为防洪抗旱、修建江河堤坝而提交的血汗钱，它只能用于修建江河堤坝，反对蒋介石、杨永泰提取此款作为内战军费。为此，张与蒋当面顶撞，并愤而出走北平。蒋电请张复职视事，张答称：“必欲吾回，须收回由我移交提款成命，及党政委员会结束后，再不拉我入政界，始可。”蒋复电说：“如约。”张难先再次回湖北，蒋要他去南昌办案。他在南昌又发现杨永泰不法之事多起，张与杨当面争执，后又与蒋介石抗争，蒋继续袒护杨永泰一伙。张遂辞职返回

---

① 张难先著，武汉大学近代史组整理：《义痴六十自述》，《辛亥革命史丛刊》第 1 辑，中华书局 1980 年版。

② 张难先著，武汉大学近代史组整理：《义痴六十自述》，《辛亥革命史丛刊》第 1 辑。

故里，不再过问政事。

在民族危机日益严重的形势下，张难先赞赏中国共产党抗日统一战线的主张，钦佩共产党以民族利益为重，促进西安事变和平解决的宽大胸怀。1937 年卢沟桥事变爆发后，他大声疾呼团结一致，共同对外。同年 12 月，蒋介石为了团结各阶层人民共同抗日，请张难先、严重、石瑛(时称“湖北三怪”)参加湖北省政府，张任湖北省政府委员。张与来到武汉的董必武会晤，积极赞同国共合作举办湖北省应城县汤池合作人员训练班。1938 年 8 月，敌机轰炸武汉，省政府迁往宜昌。次年湖北省政府再次改组，严重任代主席兼建设厅长，张难先任省政府委员兼民政厅长。1942 年 5 月，张难先由恩施至重庆，先后被选为国民参政会第三、四届参议员，多次往访董必武，赞同中国共产党的政治主张。日本投降后，他认为：“吾国此次在中共努力及盟邦翼蔽之下，得免亡国，并结胜利之果，今后应卧薪尝胆，努力建设。”①

张难先被选为“国大”代表，于 1946 年 11 月赴南京参加国民大会。蒋介石不顾中国共产党、中国民主同盟和国民党民主派的反对，要在大会上通过一部宪法。张在会上发言，力主这次会议要以调解为中心，商得国共和各民主党派都能接受的方法，和平解决争端。他的发言见报后，遭到国民党部分报纸的恶言攻击，被诬蔑为“秦桧论调”，为“共产党帮腔”。1948 年 5 月，蒋介石当上总统后，电请张难先任“国策顾问，聘书即到”，张予以谢绝，并将聘书、薪俸领条原件退回。他在武汉协同李书城等人发起“和平运动”，成立了“和平促进委员会”，敦促华中“剿匪”总司令白崇禧接受共产党提出的和平条件，与共产党谈判。其时，蒋介石发动的内战节节败退，又拒绝签订国共和平谈判协定，1949 年 4 月 21 日人民解放军强渡长江，4 月 23 日即解放了南京。驻守武汉的白崇禧见大势已去，扬言要炸毁张公堤、武泰闸、水厂和电厂。张难先和李书城等一道挺身而出，仗义执言，迫使白崇禧放弃炸毁这些地方的阴

① 张难先：《六十以后续纪》。

谋。张难先与中共地下党组织取得联系，同李书城等地方著名人士一道，冒着被特务暗害的危险，将和平促进委员会改组成为“武汉市民临时救济委员会”，设总会在汉口市商会内。张还兼任武昌、汉阳的工作。根据市内已经出现的许多混乱情况和估计到可能发生的问题，张难先与李书城共同署名写信给白崇禧，要求他在撤走前维持好武汉的秩序，并保证不加破坏。当国民党特务悍然对武汉知名人士王际清、贺衡夫抄家时，张难先为王、贺两家之事亲自去找白崇禧，当面提出抗议，并质问白崇禧：老百姓“搞治安也犯了法吗”①？

在武汉临近解放的白色恐怖日子里，张难先不顾年高，巡视武汉三镇，并将一千多个臂章发给救济委员会会员佩戴，以便分布市区维持治安活动；同时派三十余人张贴布告，还用汽车向市民散发传单，因而武汉人心十分安定。

5 月 16 日人民解放军进占武汉。6 月 6 日各界群众召开庆祝大会，张难先在会上讲话歌颂共产党和解放军。武汉军事管制委员会成立时，张难先被聘为参议。9 月他出席中国人民政治协商会议第一届全体会议，被举为中央人民政府委员。1950 年 1 月，任中南军政委员会副主席。是年，台湾派特务分子来汉谋害张难先，张三次遇险。1951 年 12 月，张致书周恩来转毛泽东，建议精简一些不必要的机构，得到毛泽东“唯这是可暂不可久，可紧不可松”的肯定，要求各地切实实行。张的建议得到如此重视，盛赞中国共产党采纳意见“真可谓从谏如流”。1954 年秋，张被选为湖北省人民代表、全国人民代表大会代表、全国人民代表大会第一届常务委员会委员。

1955 年后，张难先长期住在北京。1968 年 9 月 11 日在北京病逝。

---

① 喻育之：《从“和平运动”到武汉解放》，中国人民政治协商会议湖北省武汉市委员会文史资料研究委员会编《武汉文史资料》第 1 辑，1980 年版。

# 张 培 爵

沈庆生

张培爵，字列五，四川隆昌人。生于1876年12月（清光绪二年十月）。父张照清是医生。培爵幼入私塾，二十三岁中秀才，后两次到成都参加乡试，不中。1904年春，入成都高等理科优级师范。同年冬，与同校叙属同乡创办旅省叙属中学。次年，被举为旅省叙属同乡会会长。1906年，经谢持介绍加入同盟会，走上了资产阶级民主主义革命的道路。

同盟会成立后，全国各地的反清武装斗争不断兴起，四川是斗争激烈的地区之一。1907年11月，张培爵与熊克武、谢持、黄复生、杨维、黄方、余切等联络新军和会党，密谋在成都起义。事泄，杨维、黄方、张治祥、黎靖瀛等六人被捕，是为"成都六君子之役"。成都起义失败后，党人多出走，张培爵仍潜留成都，继续从事革命活动。同年秋，张培爵从成都高等理科优级师范毕业。翌年，任成都叙属中学校学监。他利用学监身份为掩护，发展同盟会会员，并与熊克武、谢奉琦、廖树勋等秘密联系，从事革命活动。这时，在川北、川西、川南各地革命党人，都靠培爵为他们互通声气。

1909年，重庆同盟会支部负责人杨庶堪任重庆府中学堂监督，邀张培爵赴重庆协助工作。1910年，张到重庆，任重庆府中学堂学监。同盟会重庆支部也就设在这里。张培爵与杨庶堪等以重庆府中学堂为基地，发展会员，联络会党及巡防军，准备继续发动武装起义。

1911年5月，清廷发布铁路干线"国有"政策，命端方为督办粤汉、川汉铁路大臣,激起了四川人民的愤怒,发生了轰轰烈烈的保路运动。清廷闻讯,派端方率鄂军入川镇压。9月7日,川督赵尔丰屠杀成都请愿群众,激起全川人民强烈反抗。此后,保路运动发展为武装斗争,革命党人领导的起义遍及全川。这时,杨庶堪和张培爵接各方密报,深知全川民气激昂,已达高潮,于是积极做起义准备。他们在党人内部做了分工部署,派党人掌握了巡防军和商会的团练;又发动袍哥会党,组成了义勇队;还联络好了川东道清军的炮队营。对清吏方面也作了分析,掌握他们的动态。当时端方所率鄂军尚在入川途中,其军中也有革命党人,杨、张派人和他们取得了联系。

10月10日,武昌起义爆发。接着,九江、长沙、安庆、昆明、贵阳等地也宣布独立。消息传来,重庆党人大受鼓舞,但也使重庆知府钮传善严加戒备。11月5日,突然传来夏之时在简阳起义的消息。夏之时原是新军的下级军官,他在简阳杀死清兵军官宣布起义。杨庶堪、张培爵闻讯后派党人朱之洪前往和他接洽,许他入城后担任将来蜀军政府的副都督。定议后,夏即率起义军东下重庆,11月22日抵重庆浮图关。钮传善急令守兵闭城门,企图抵抗,但城内党人所掌握的团队、巡防营立即出动,打开城门,使夏军整队入城。川东道朱有基闻讯先逃,钮传善则被揪住,剪去发辫,俯首投降。张培爵同杨庶堪等于当日通电宣布重庆独立,成立了蜀军政府。23日,蜀军政府酝酿选举各级职员,关于都督一职,杨庶堪坚决谦让,张培爵遂被举为蜀军政府正都督,夏之时担任了副都督。同日,蜀军政府发布对内对外宣言,对内宣言中明确指出:蜀军政府以同盟会四大政纲"驱逐鞑虏,恢复中华,建立民国,平均地权"为"今日革命之经纶,暨将来治国之大本"①。到此,清朝在重庆的封建专制统治终被推翻了。

与蜀军政府成立的同时或稍后,川东道及下川南道所属五十七个州县纷纷宣布接受重庆蜀军政府的领导与管辖。

---

① 周开庆:《四川与辛亥革命》,台湾商务印书馆1976年版,第261页。

同年11月27日，成都方面成立了以立宪派首领蒲殿俊为首的四川大汉军政府，宣布四川“独立”。这个“独立政府”是清廷四川总督赵尔丰与立宪派绅士相妥协的结果。重庆蜀军政府不承认大汉军政府，并派夏之时率兵西上，讨伐赵尔丰。夏军出发后，尚在途中，12月8日，成都蒲殿俊已在兵变中被驱逐，由新军军官尹昌衡继任大汉军政府都督。尹迫于周围情势，将赵尔丰捕杀，重庆西征军遂中途返回。这时，南北议和已经开始，南京临时政府向袁世凯妥协。重庆蜀军政府适应南京临时政府的妥协政策，决定与四川大汉军政府合并。1912年1月27日，成、渝双方代表在重庆议定合并合同十一条。2月2日双方正式成立统一的四川军政府，设在成都。2月12日，张培爵离重庆西上成都，至隆昌时，与同盟会党人分析形势，觉得成都方面尹昌衡党羽甚众，遂主动由张电请尹昌衡任“中华民国四川军政府”正都督，自任副都督。3月9日，张抵成都，12日就副都督职。张培爵及同盟会党人的这一决定暴露了民族资产阶级革命派的妥协性。这种妥协的结果，使四川军权仍落入旧军人、投机分子与立宪派绅士手中。

1912年春，西藏农奴主叛国分子在英帝国主义操纵下，派兵攻占川边一些地区。6月14日，北洋政府委尹昌衡为西征总司令(后改为川边经略使)率部西征。尹于出发前，不以副都督代理其职务，而转举胡景伊为护理四川都督，改张培爵为民政长。这是明显地对张歧视，而张竟接受了这个名义。胡景伊原为清朝广西陆军协统，对革命党人极端仇恨。他护理川督后，竭力排斥张培爵，张名为专司民政，实则毫无实权。胡后又派人到北京，以重金贿袁世凯亲信陈宧，欲借陈的力量，达到排挤张培爵的目的。11月，张被袁世凯政府以咨询边防民事为名调往北京，并被解除四川民政长职务。

1913年初，张培爵抵北京，被袁世凯任为总统府顾问官。3月，袁世凯暗杀了主张成立政党内阁的国民党领袖宋教仁。4月，又非法地和五国银行团签订大借款协定，引起以孙中山为首的南方革命党人的强烈反对。这时南北斗争的形势十分尖锐，张培爵已身在北京，无行动自由，“惟看书着棋，凡政治上一切竞争，均淡漠视之”①。但熊克武、杨庶堪在四川发动的反袁斗争，却引起袁世凯对他的疑虑。时黄兴谋取金陵，培爵曾潜至上海输资助其事，更为袁世凯所不容。袁世凯镇压了孙中山发动的“二次革命”后，在京、津一带密布侦缉队，侦捕革命党人。张培爵为避祸，离京住入天津租界，借经营机织袜作坊以“自晦”。但袁世凯对他仍然很不放心。1915 年 1 月 7 日，袁世凯的军政执法队将在天津的张培爵和他的友人邹杰、陈乔村同时逮捕，解往北京。3 月 4 日，袁政府借“血光团”罪名将张及其两友同时杀害。

## 主要参考资料

张培爵：《先烈张列五先生手札》。

向楚：《巴县志》卷二十、二十二，巴蜀书社 1992 年版。

向楚等：《蜀军政府成立前后》，中国人民政治协商会议四川省委员会等编《四川文史资料选辑》第 1 辑，1979 年再版。

王子骞等：《蜀军始末纪实》，中国人民政治协商会议全国委员会文史资料研究委员会编《辛亥革命回忆录》（六），中华书局 1963 年版。

《宣统政纪》卷五二、五三、五八。

《南京临时政府公报》第 24 号。

① 张培爵：《先烈张列五先生手札》，成都球新印刷厂 1939 年版，第 27 页。

# 张　　群

严如平

张群，字岳军，四川华阳县人。1889年5月9日（清光绪十五年四月初十）生于长宁。其父张汉霞，字星亭，晚清县衙小吏。张群少时入家馆课读，后就读于华阳中学。其时反清的民族民主革命思潮兴起，张群在学校阅读进步报刊受到影响，向往投笔从戎。1906年，保定通国陆军速成学堂在全国招生，张群在成都报考初试录取，继赴北京参加复试，受到学堂督办段祺瑞的亲自召见。入学后，编入步兵第二队。

1908年春，张群被保定陆军学堂选送去日本深造，同行者有蒋介石等共四十人。他们先入振武学校，张群与蒋介石同习炮科。同年，张群加入了同盟会，并经黄郛介绍参加了留日军人的秘密组织“铁血丈夫团”（后称“成城团”），投身反清革命活动。1910年冬在振武学校结业后，被编入日本陆军第十三师团野炮兵第十九联队实习，为士官候补生，在冰天雪地的新潟高田（今上越市）接受严格的军营生活磨炼。

辛亥武昌起义爆发，声震中外。张群在日本闻讯后，约同蒋介石、陈星枢脱下军服，化装回国，于10月30日到达上海。这时同盟会中部总会正加紧筹划在上海发动起义，张群便在陈其美领导下参加了上海起义的活动。11月4日上海光复，陈其美任都督，张群任军务处军械科长。接着张在黄郛任师长的第二十三师担任参谋，蒋介石任第五团团长。他与黄郛、蒋介石志趣相投，乃换帖共结金兰之盟。不久，蒋介石因刺杀陶成章案避往日本，张群遂代第五团团长职。1913年夏“二次革命”爆发，陈其美宣布上海独立，起兵讨伐袁世凯，张群为上海讨袁军副官长。但讨袁军攻打制造局不能得手，各地反袁的军事活动亦先后失败，革命党人纷纷亡命海外，张群亦东渡赴日。

张群到日本后，继续他的学业，进入日本陆军士官学校深造。1915年夏毕业时，正值袁世凯加紧复辟帝制，张群便赴南洋荷属东印度群岛，在爪哇巴达维亚（今印度尼西亚首都雅加达）中华学校执教。是年12月，蔡锷等人在云南反袁护国，张群潜回上海，投身反袁斗争，去杭州任浙江督军署参谋，又在浙江驻沪办事处任联络事宜。

1916年6月袁世凯病亡，段祺瑞继起掌握北京政府大权。翌年7月张勋复辟失败后，段祺瑞拒绝恢复《临时约法》和召开国会。孙中山坚决反对，竭力“护法”，在广州建立中华民国军政府，张群被孙中山任命为大元帅府参军。他以《民国日报》和《中华新报》的代表身份，参加新闻界访日代表团赴日，在东京等地的一些集会上讲演，揭露和反对段祺瑞向日本政府借款，扩大军力推行“武力统一中国”的行径。回国后又撰文《中日亲善之疑云》，批评日本的对华政策①。

其时，四川地方各派宣言支持孙中山的军政府，但是各路军阀争逐激烈。张群奉军政府参谋长李烈钧指派，赴川调解内争。他先于1917年10月至重庆与杨森、夏之时等人发起“川事维持会”，以反对北洋军队入川；继后再于1919年秋入川担任省警务处长兼省会警察厅长，竭力调解四川督军熊克武与四川省长杨庶堪之间的矛盾。但是熊、杨水火难容，杨与吕超等人结合，熊克武被迫出走，张群亦难以自安，离川至沪。后来去北京，得到在北京政府任总长的黄郛照拂，先后担任总统府总务处长、交通部司长等职。

1924年10月，冯玉祥在北京发动政变，联合胡景翼、孙岳共同建立国民军。胡景翼是张群在日本留学时的旧友，政变后任国民二军军长兼河南督办军务善后事宜，张群应胡邀约赴豫，出任河南省警务处长

① 张群口述，陈香梅笔记：《与日本结下了不解之缘》，见《张岳公闲话往事》，台北传记文学出版社1978年版，第33页。

兼警备司令，又任省会警察厅长。1926 年春，国民二军被吴佩孚直军击败，撤出河南，张群由开封返回上海。

是时，广州国民政府正筹谋北伐，以蒋介石为国民革命军总司令，张群遂由沪南下，归附蒋介石。北伐的目的是要剷除吴佩孚、孙传芳、张作霖三大军阀势力的近百万大军，而国民革命军自身只有近十万兵力，乃采取各个击破的战略方针。为争取孙传芳暂时中立，以便集中兵力攻打吴佩孚，张群被蒋介石派去游说孙传芳。他到南京后，以留日同窗之谊，先与浙军师长周凤岐、陈仪秘密联络，又得到江苏省长陈陶遗等的帮助，与孙传芳晤谈。孙传芳在张群的游说下同意“局外中立”，并对苏、浙、闽、赣、皖五省通电“各自保境安民”①。但是当北伐军攻占湖南进军湖北之时，孙传芳声称“为保持五省安宁起见，爰派兵入赣增防”②，调集十万兵力进入江西觊觎湘、粤，准备分兵五路与国民革命军作战。张群赶快离开南京回到南昌，被蒋介石任命为国民革命军总司令部总参议。接着他持蒋介石的密信北上，邀黄郛南来。1927 年 1 月，蒋、张、黄三“兄弟”在南昌秘密商议如何与各方面协调关系，以便掌握江浙。他们商定：一、“必须离俄清党”，放弃“联俄容共政策”，并要适时地向国民明示这种政策；二、在外交上首先谋求同日本、英国“谅解”，特别是“不应该放弃日本这条路”，还要注意轻重缓急的处置；三、力争早日光复宁、沪，联络绅商，谋求东南底定；四、采取步骤联络北方冯玉祥、阎锡山，形成“中心力量”，“以减少内争而早致统一”③。嗣后，张群随同黄郛潜往上海，与江浙财阀及帮会首领密切联络，为迎蒋入沪做准备。接着他又衔命北上访问冯玉祥、阎锡山，笼络他们共同拥护蒋介

① 《国闻周报·国内外一周间大事记》第 3 卷第 31 期。

② 《东方杂志》第 23 卷第 19 期，第 141 页。

③ 沈亦云：《亦云回忆》，台北传记文学出版社 1980 年版，第 252—253、260、354 页。沈亦云是黄郛的夫人，当时随黄郛在南昌，深知黄郛活动情形。

石。张群四处奔走，花费甚多，曾对其友人云："我一万多元都快赔光了。"①

蒋介石发动"四一二"政变后，在南京另立中央，张群担任中央政治会议委员，参与蒋介石的一系列决策。蒋介石迫于内外交困之势，于8月13日下野回乡。张群也辞去任职，陪同蒋介石住于奉化溪口。接着以"翻译"的身份陪同蒋介石去日本遍访军政要人和社会名流，先后与陆军大臣白川义则、参谋总长金井范三、参谋次长南次郎等举行秘密会谈，还于11月5日与日本首相田中义一在其青山官邸进行了一次重要会晤。田中向蒋介石和张群露骨地阐述了日本帝国主义对中国问题的一系列政策，反对蒋介石继续北伐的意向，劝蒋"应以先行整顿江南为当务之急"，对张作霖则以"放任自流为上策"②，妄图控制奉张、霸占东北之心昭然若揭。蒋介石深感今后与日本取得密切联系至关重要，于11月8日回国后派张群继续留在日本，代表他与田中及日本朝野保持联络。张群口若悬河，四处游说，但是丝毫不能改变日本帝国主义对中国的侵略政策和狂妄野心。

1928年初，张群自日本归国。此时蒋介石已重掌大权，担任中政会主席和军事委员会主席，张群被任命为中政会委员兼外交事务委员会委员，参与中枢决策。是年4月，蒋介石再举北伐，日本蓄意阻挠，酿成济南"五三"惨案。蒋介石下令大军绕道北进，同时派张群去日本东京访问田中，请他理解和支持蒋介石的北伐，通过正常外交途径解决济南事件。但是田中的既定政策是"坚决将中国东北从中国领土中分割出来，置于日本势力之下"③，不肯答允蒋介石进占东北，张群交涉无

---

① 冯若飞：《我所知道的张群》，中国人民政治协商会议全国委员会文史资料研究委员会编《文史资料选辑》第42辑，中华书局1964年版，第199页。

② 《田中义一与蒋介石会谈记录》(1927年11月5日)，《近代史资料》1981年第2期，第220—222页。

③ 日本内阁《对华政策纲领》(1927年7月)，王芸生编著《六十年来中国与日本》第8卷，三联书店1982年版，第134页。

效，悻悻而归。

张作霖在北伐军进击下，于6月3日退出北京返回东北，被日本军国主义分子在皇姑屯炸死。接着日本又施展种种诡计阻挠张学良归附南京。为促使张学良早日改旗“易帜”，张群奉蒋介石之命，与吴铁城一道去东北游说，反复劝说张学良和东北军政要员“易帜”附南，实现全国统一。是年9月，张群还专程赴日，希望田中和日本政府支持蒋介石改组国民政府，并在东北问题上给予友好合作。由于张群秉承蒋介石的意旨出使东北和日本达成使命，赢得蒋介石的更大信赖和重用。1928年11月，被任命为总参谋长。1929年3月，被选为国民党中央执行委员，旋又出任上海特别市市长。其时国民党一些党政要员逐渐形成新“政学系”，视张群为首领。但张群深谙蒋介石专断骄矜之脾性，最忌属下三心二意私立派系，故力主新“政学系”不搞组织，不收党徒，不立纲领和原则，而要“各显神通，向蒋攀援”①，所言所事皆要揣摩蒋之意愿与好恶，处处唯蒋之马首是瞻，因而深得蒋之赞许和青睐。张群为蒋介石拉拢青年党、民社党等其他党派首领及地方军政头目不遗余力；在中原大战时又受命去东北游说张学良出兵入关拥蒋，获得成功。

“九一八”事变后，全国人民抗日救亡运动风起云涌，张群秉承蒋介石不抵抗主义的旨意，在上海竭力消弭民众反日活动，遭到各阶层人民的强烈反对和愤怒谴责。这时蒋介石被迫下野，张群即乘势辞职，以示与蒋再次同进退。不久蒋介石复出，推行其“先安内后攘外”政策，全力“围剿”工农红军，张群被蒋任命为豫、鄂、皖三省“剿匪”总司令部党政委员兼政务指导委员会常务委员，策划军事“围剿”中的政治攻防。不久，因日本帝国主义侵占东北后又觊觎华北，张群被派去北平，担任北平政务委员会常务委员、军事委员会北平分会委员、北平市整理指导文化委员会副委员长，名义上是协助北平政务委员会委员长张学良策划北方军政大计，实际上是代表蒋介石主持对日交涉，贯彻实施蒋的妥协

① 冯若飞：《我所知道的张群》，《文史资料选辑》第42辑，第202页。

退让政策。

1933年7月，张群出任湖北省政府主席。此时湖北境内的红军力量强大，蒋介石虽然已于一年前亲自坐镇武汉调集重兵"围剿"鄂豫皖根据地和洪湖根据地，但红军根植于工农大众之中，具有深厚的基础。张群主政湖北的重要使命是加强政权建设，推行保甲制度，清查户口，编练民团，修筑工事，搜查缉捕，继续"清剿"，以保证蒋介石向江西红军中央苏区发动第五次"围剿"时，可免后顾之忧。是年夏，长江洪水暴发，湖北许多地方受灾，张群忙于赈济灾民，整顿税收，平衡收支预算。

时日本帝国主义进一步扩大对我国华北的侵略，全国抗日救亡运动日益高涨，国民党不得不调整对内对外的基本政策。1935年11月国民党第五次全国代表大会对于日本的扩大侵略明确表示："苟有碍于国家之自由平等者，亦决不稍有迁就"；"如国家已至非牺牲不可之时，自必决然牺牲"①。会后国民政府改组，蒋介石接替汪精卫兼任行政院长，张群被任命为外交部长。他在蒋介石的亲自主持下，在南京与日方直接开展外交谈判，以求全盘调整日益紧张的中日关系。12月20日，与日本驻华大使有吉明会见时，他表示："在进行商讨解决中日双方问题时，日方在华北一切行动务须停止。"②对于日方企图压服宋哲元"就地解决华北问题"，张群坚持"两国必须依正常办法，径由外交途径进行交涉"③。1936年1月21日，日本外相广田弘毅声称中国政府对于"广

---

① 《中国国民党第五次全国代表大会宣言》(1935年11月23日)，荣孟源等编《中国国民党历次代表大会和中央全会资料》下册，光明日报出版社1985年版，第302页。

② 《部长会晤有吉大使谈话记录》(1935年12月20日)，国民政府外交部档案，中国第二历史档案馆藏，《民国档案》1988年第2期，第20—21页。

③ 《外交部发言人关于广田外相演说中三点之说明》(1936年1月22日)，秦孝仪主编《中华民国重要史料初编——抗日战争时期》续编(三)，国民党中央党史委员会1981年版，第646页。

田三原则”①已“表示了赞成的意思，到了最近更进一步提议根据以上三原则举行日华亲善提携的谈判”②。张群立即命外交部发言人于次日严正声明：“广田外相演说谓中国业已同意，殊非事实。”③3 月，张群与日使有田八郎举行四次会谈，仍然拒不承认“广田三原则”，同时指出调整中日关系的最正当办法，应自东北问题谈起，第一步至少限度也须先行设法消除妨碍冀、察、内蒙行政完整之状态。

是年 8 月，成都民众反对日本擅自在成都设立领事馆，与日人发生冲突，殴毙日人两名。9 月，在广东北海（今属广西）又发生一日侨被杀事件。日本驻华大使川樾茂借此要求谈判调整两国关系，向张群提出中国首先要“改善空气”，取缔“排日”。张群委婉其辞，同时答称，中国之“一般空气”，都是因为日本“自‘九一八’以来，一切行动均系侵略，不知野心有无止境，对于贵国之态度咸抱有绝大之疑虑与不安。这实为进行（两国关系）调整之最大障碍”④。对于日方在 9 月 23 日会谈中提出的七条要求，张群予以拒绝，同时提出了五条对案：废止淞沪和塘沽两协定，取消冀东伪组织，停止走私并不得干涉缉私，华北日军及日机

① “广田三原则”由日本外务省与陆军省、海军省经三次合议于 1935 年 8 月制定，基本内容是：“一、中国应先彻底取缔排日，并应抛弃依赖欧美政策，采取亲日政策”；“二、中国终应正式承认满洲国，暂时可对满洲国作事实上的默认，反满政策自应抛弃，华北与满洲接壤的地区应实行经济、文化融通与提携”；“三、来自外蒙的赤化是日满支三国的共同威胁，中国应依日本排除威胁的希望，在与外蒙接壤地带作各种合作措施。”

② 《日本外交年表及主要文书（1840—1945）》下卷“文书”，日本原书房 1969 年版，第 329 页。

③ 《外交部发言人关于广田外相演说中三点之说明》（1936 年 1 月 22 日），秦孝仪主编《中华民国重要史料初编——抗日战争时期》续编（三），国民党中央党史委员会 1981 年版，第 646 页。

④ 《张部长会晤川樾大使谈话记录》（1936 年 9 月 15 日），国民政府外交部档案，中国第二历史档案馆藏；《民国档案》1988 年第 2 期，第 24 页。

不得任意行动及飞行，解散察东及绥北匪军①。张群虽然竭力周旋，避免谈判破裂，但是日方顽固坚持帝国主义立场，致使谈判陷入僵局。川樾茂承认："中国态度强硬出于意外，对华北特殊化地位与中日合作防共，坚持不同意。"②日方眼看无隙可乘，在2月3日的最后一次会谈中，川樾突然向张群朗读一份事先拟就的"中日会谈备忘录"，要求承认。张群当即指出："贵大使刻所朗读之文件，其内容与历次会谈情形显有不符之处，不特有为我方向未谈及之记载，且对我方重要意见遗漏甚多，其中更有贵大使从未提及之事项，无论如何不能接受此种文件。"张群还对川樾说，"双方须顾到彼此立场，如塘沽、上海两协定之取消、冀东伪组织之取消、华北非法飞行之终止、察绥伪匪军之消灭以及走私之停止等等问题，系我方最低限度之要求，均应同时解决。"③川樾无言以对，把备忘录丢下即自行离去，张群命人予以退回。中日外交谈判就此中断。

张群在中日谈判中能够秉承蒋介石的意旨忠实行事，坚持强硬立场，不仅博得了蒋介石的赞许，在国民党政坛上一时也倍增声誉。1937年2月，他担任中央政治委员会秘书长兼外交专门委员会主任委员，成为蒋介石的首席幕僚和高级智囊。7月卢沟桥事变后，抗日战争全面爆发，张群出任军事委员会秘书长，直接佐理蒋介石处置抗御日本的军政事务。1938年1月，国民政府改组，张群任行政院副院长。1939年1月，张群又担任国防最高委员会秘书长。此时，蒋介石拟以张群为四川省主席，以加强对战略大后方的统治，但遭到四川地方实力人物的抵

① 《〈廿五年中日南京交涉案〉节略》(1936年9月15日至11月10日)，国民政府外交部档案，中国第二历史档案馆藏；《民国档案》1988年第2期，第23页；张群口述，陈香梅笔记：《任外交部长的回忆》，台北传记文学出版社1978年版，第65页。

② 《日本外交年表及主要文书(1840—1945)》下卷"文书"，日本原书房1969年版，第348—350页。

③ 《部长会晤川樾大使谈话记录》(1936年12月3日)，国民政府外交部档案，中国第二历史档案馆藏；《民国档案》1988年第2期，第34页。

制，蒋不得不亲自出任四川省代主席，而委张群为军事委员会委员长重庆行营主任，实际主持川政。直至1940年11月，张群才得以出任军事委员会委员长成都行辕主任兼四川省政府主席。他大力整治四川的户籍、地籍，建立和健全乡镇政权和保甲制度，组训民众，调集人力物力粮食财富支持抗战。据统计，这期间四川共征集壮丁四百八十余万、民工一百五十余万，发动川民献粮二百三十四万四千余石，献金一亿七千万元。他还在川境主持修筑三千四百七十八公里公路，以便利战时运输。

抗日战争胜利后，蒋介石邀请毛泽东到重庆共同商讨“国际国内各种重要问题”①，张群与王世杰等人代表国民政府方面，与中共代表周恩来、王若飞进行延续四十三天的重庆谈判。张群按照蒋介石拟定的“政治与军事应整个解决”，一切“归结于政令军令之统一”②的原则，在谈判中坚持要共产党交出军队和解放区政权③。由于国民党军队在谈判期间对解放区的进攻遭到失败，而全国人民和国内外进步舆论密切注视和强烈要求谈判达成协议，双方经过反复谈判，终于10月10日在《会谈纪要》上签字，确定和平建国的基本方针。接着张群又代表国民党与中共代表周恩来、美国总统特使马歇尔组成三人军事小组，商谈国共双方停止武装冲突的办法，调处双方的武装冲突，监督双方执行停战令。1946年1月10日，张群和周恩来共同签署了《关于停止国内冲突的命令和声明》。同日，张群出席政治协商会议，本着蒋介石通过政协会议剥夺和消灭中共的军队和政权的旨意，同其他国民党代表在会上声言应先实施军队“国家化”然后再实行“政治民主化”。张群还说现在国共双方虽然签订了停战协定，但要真正停止军事冲突，只有等到“中

---

① 《张岳军先生论“敌友之辨”》，见《张岳公闲话往事》，台北传记文学出版社1978年版，第167页。

② 蒋介石日记(1945年8月28、29日)，《蒋总统秘录》第14册，台湾“中央日报社”1978年刊印，第18、19页。

③ 中共重庆市委党史工作委员会等编:《重庆谈判纪实》，重庆出版社1983年版，第192—195页。

共部队的整编实施以后”，把内战的责任推到中共身上。

1947年4月，蒋介石标榜准备“行宪”，改组国民政府，张群受命组阁。张群以“社会贤达”王云五为行政院副院长，以附庸于国民党的青年党、民社党首领以及“无党派人士”为政务委员和一些部的部长，而事实上国民党员仍占压倒多数，一切还都是唯蒋介石之命是从。张群出任行政院长一年间，正值国民党统治的政治、军事、经济危机日益加深的动乱时期，他虽然提出了“经济自助十项原则”，想要控制物价，稳定币值，清理税则，鼓励生产；但是蒋介石发动的全面内战愈演愈烈而使其无能为力，只能疲于应付庞大的军费开支和此起彼伏的罢工罢课、反内战反迫害等运动。1948年5月，蒋介石当了总统后的第一届“行宪”内阁改由翁文灏组建，张群被蒋介石聘为总统府资政，不久又担任中政会秘书长这一要职。

蒋介石在内战中全面溃败，尤其是经过辽沈、淮海、平津三大战略决战，濒临绝境，不得不于1949年1月21日宣布下野。但是在下野前除派陈诚去台湾主政外，还任命张群为重庆绥靖公署主任(后改称西南军政长官公署长官)，经营以川、康、云、贵四省这个“大后方”。张群以“团结”、“自卫”、“自治”为施政要旨，四处安抚地方实力人物，竭力稳住西南局势。而人民解放军4月20日渡江后，一路摧枯拉朽，国民党政府先从南京迁往广州，又于10月12日迁至重庆。蒋介石先于8月24日飞抵重庆，与张群商讨“确保大西南”的方案，以后又在重庆、成都帮助张群部署防御，但是无法阻挡进军大西南的人民解放军强大攻势，贵阳、重庆先后解放。张群秉承蒋介石的意旨，想再在云南作最后挣扎，一再要卢汉率云南省政府和绥靖公署等机关迁往滇西，把昆明腾给从成都迁来的国民党中央军政机关，遭到卢汉的拒绝。这时，蒋介石闻悉卢汉与刘文辉、邓锡侯、潘文华等人密谋起义，派张群于12月9日去昆明劝阻卢汉。张群飞抵昆明即被扣押，但他不肯一同起义，写信给卢汉表示今后不再过问政治，让他去香港寓居。他还向云南省政府代主席杨文清说：“你们的起义行动我是很同情的，我也知道这是大势所趋，民心所向,国民党的确是无法挽回了。蒋先生过去所作所为,连我也有不满意的地方,但是我一生都是一个国民党员,我和蒋先生的私人关系你们也是知道的,我不能和你们一致行动。如果你们要把我当作俘虏看待,交给共产党,我想他们也不会对我怎么样的。要是你们让我走,我很感激,我今后也不再做什么事了,到海外做个寓公算了。"①张于11日获释,立即经香港飞往台湾。

张群在蒋介石统治台湾的岁月里,继续得到重用,先后担任国民党中央非常委员、"行政院"设计委员会委员、"总统府"秘书长兼"国防会议"秘书长、国民党中央评议委员会主席团主席。他为建立和维护蒋介石与日本的关系奔走甚力,1952年衔命访日,洽商日台合作,相互"恢复使馆"。1957年以"总统特使"身份访日,促进双方经济合作。1963年5月,又去日本,劝日本"采取坚决的反共政策"②。次年8月,再去日本鼓吹"共同反共"③,要日本对中共实行贸易限制。

1990年12月4日,张群因心肾功能衰竭在台湾去世。

---

① 卢汉:《对〈云南解放前夕军统在昆明的特务活动〉一文的补充》(1961年11月10日),中国人民政治协商会议全国委员会文史资料研究委员会编《文史资料选辑》第23辑,中华书局1962年版,第144—145页。

② 《张岳军先生访日归后述感》(1963年5月),见《张岳公闲话往事》,台北传记文学出版社1978年版,第123页。

③ 《张岳军先生访日归后述感》(1963年5月),见《张岳公闲话往事》,第114页。

# 张　　榕

武育文　黎　光

张榕，原名张焕榕，字荫华。是辛亥革命时期在奉天府（今沈阳市）从事同盟会革命活动而牺牲的著名烈士。1884 年（清光绪十年）生于奉天。先世济南，徙居奉天抚顺，遂籍抚顺人。他父亲张钦善，做过清广宁府（今北镇县）仓官，职位不高，却颇有积蓄，任满后，定居沈阳。

张榕青少年时，目睹沙俄在东三省的侵略暴行，受业师张振声“洗刷国耻，振兴民族”①的教导，立志改革社会的思想逐渐萌芽。他勤读文史，“兼耽骑射”，以图益世救国。那时，甲午、庚子屡败之后，国势一蹶不振，大好河山，任人宰割。1903 年张榕到北京，学俄文于译学馆。为了结交同志，他住在沙滩附近一座寺庙里。这儿住有许多学生，他常常跟一些志同道合的人倾心吐胆地交谈。又结识一位朋友黄中慧，是候补道台，做过驻美国旧金山的总领事，醉心欧美式的民主政治，反对专制皇帝。黄年龄比张大得多，他们结成忘年之交。

1904 年日俄战争爆发，张榕弃学回乡。目睹两国军队在奉天城外决战时，炮弹纷飞，雄伟壮丽的八王寺被炮弹所摧毁，这位热血沸腾的青年再也忍不下去了。于是便和丁开璋等人到兴京（今新宾县）、海龙一带组织“关东独立自卫军”，公开名称是“东三省保卫公所”，发表宣言称“国土存亡，端赖此策，事成固善，即不成亦足挫强邻之野心，为政府

---

① 《张振声事略》，辽宁省档案馆馆藏档案。

之后援"[1]。他们又联络当地人士王阁臣组织乡团,"先从兴京、海龙府属实行倡办,内则训练乡军,捍御侮患,外则折冲樽俎挽回主权"[2]。并将章程条文在报刊上发表,还呈清政府备案,拟进行合法活动。岂知清廷在朝阳已被乡团弄得焦头烂额,不容张榕等再启事端,便屡电盛京将军增祺查办,勒令其解散。

张榕被迫回到奉天,当局很注意他的行动。1905 年 7 月下旬,张榕又到了北京,仍然住在沙滩附近那个庙里,并开始创办秘密刊物,用以鼓吹革命。又结识吴樾,成为生死之交。张榕设秘密机关于天津大丰巷某歇业典肆内,常往来其间,以通京、奉消息。9 月 24 日,吴樾、张榕在北京前门车站炸出洋考察宪政的五大臣,吴樾当时以身殉,张榕逃走。后来警察在吴樾衣服里搜到一张张榕的相片,缉查追索十日,将张榕逮捕。黄中慧得知张榕被捕的消息后,电直督以全家性命担保,又联络张的亲友联名保释,都未得到回答。后清廷以叛逆罪,科张榕以永远监禁。张榕"在狱中四年,益刻意为学,博通群籍,而于兵符、政法尤宣,究得其精奥"[3]。

张榕下狱不久,就和典狱长王璋结成莫逆之交。王璋是一个见义勇为的豪侠之士,素有改革之志,曾经当过义和团的首领。1908 年夏,王璋领着张榕越狱逃亡到日本东京。到东京后,张榕为了不忘黄中慧的救命之恩,易名为黄仁葆。不久,见到孙中山,遂加入了同盟会。他与在奉天的革命机关时常通信联络,准备发动东三省的武装起义。

1910 年秋,张榕由东京返回大连,联络革命党人和关外新军,准备武装起义。1911 年 8 月,他与同盟会员陈幹策划,乘清军大操时带领新军从锦州入关,乘势直捣北京。未及实行,武昌起义的消息传到东三省,张榕立即从大连转入奉天,与谘议局长吴景濂商议联合革命志士,

---

① 《张榕事略》,辽宁省档案馆馆藏档案。
② 《张榕事略》,辽宁省档案馆馆藏档案。
③ 《张榕事略》,辽宁省档案馆馆藏档案。

逼迫东三省总督赵尔巽反正，宣告独立。但吴景濂害怕革命，借口“事关重大”，没有同意张榕的要求。不久，第二混成协协统蓝天蔚在北大营召集秘密会议准备起义的机密泄露。赵尔巽感到新军不可靠，异常惊恐，调前路巡防营统领张作霖进驻省城，监视新军，镇压革命派，维护反动秩序，并合谋成立“奉天国民保安会”。张榕、蓝天蔚对赵尔巽等人的阴谋丝毫未发觉，也赞同成立“保安会”，随时宣布独立。11 月 11 日晚，军阀官僚和立宪派要人召开“保安会”筹备会，草拟章程，决定推举赵尔巽为会长，吴景濂、伍祥祯为副会长。12 日下午在谘议局召开奉天军、政、工、农、商、学各界和各自治团体代表大会。会上保守派利用张作霖实行武力威胁，“公举”赵尔巽为保安会长，吴景濂、袁金铠、伍祥祯、张榕为副会长。因“保安会”被保守势力所操纵，张榕未到任。

11 月 14 日，赵尔巽解除蓝天蔚的兵权，迫令出走，以“保安会”军事部长聂汝清兼第二混成协协统，加强对新军的控制。赵尔巽并以保安会长名义对奉天驻军下达命令说：“倘发见暴动之事，则以敌人对待。”①

张榕看到吴禄贞被刺，蓝天蔚被迫离奉，“各党竞立机关，多于毛羽”，“其势涣散，多不得力”②，有被敌人各个击破的危险。为了推动革命继续进行，把东北的革命力量联成一气，和保安会进行斗争，他积极联络同盟会会员柳大年、张根仁等，于 11 月 17 日在奉天成立“联合急进会”。会上推举张榕为会长，张根仁、柳大年、李德瑚为副会长，吴景濂、钱拯、左拯之为参议。张榕在宣布“联合急进会”的政治主张时说：联合急进会“尊重人道主义”，“以建设满汉联合共和政体为目的”，至于清帝退位，“尤为吾党所赞成”③。

---

① 《盛京时报》1911 年 11 月 14 日。

② 张根仁：《关东革命始末记》，见中国史学会主编《中国近代史资料丛刊·辛亥革命》(七)，上海人民出版社 1957 年版，第 402—403 页。

③ 《盛京时报》1911 年 11 月 24 日。

“联合急进会”成立后，发展很快。“四方豪杰，入会者十余万人”①，在东三省各地力量很大。但张榕没有乘奉天城内反动势力空虚之时发动武装起义，而是首先与赵尔巽进行谈判。张榕要求赵尔巽“速悬白旗，以静民心”。赵“始则含糊，终竟拒绝”②。谈判决裂后，奉天城中革命与反革命的斗争已成剑拔弩张之势，革命派很难继续在省城进行活动。张榕等人决定先在各地举行起义，引诱省城军队出动“讨伐”，再乘虚占领省城③。因此，只留下张榕等少数人居省调护，掌握中枢工作，其余人员分赴庄河、宁远（今兴城）、辽阳、安东（今丹东）、凤城等地，运动军警，组织民军，策划武装起义。

12 月 18 日，南方革命军代表与清廷代表在上海开始谈判议和，又有召开国会的消息。赵尔巽与张榕相约，东三省的事情，静俟国会解决，在这期间彼此不得开战。张榕遵守南北谈判的停战条约，并允许在停战期内，不搞军事举动。当时“联合急进会”交通部长洪东毅已组织四千余人准备在抚顺一带起义，因奉张榕电令而停止④。赵尔巽却背信弃义，撕毁协约，乘停战期间镇压各地准备武装起义的“联合急进会”，并在宁远逮捕了该会副会长张根仁、柳大年等重要人物。又面谕张作霖“随时访查首要人等，捕拿送案，以遏乱萌”⑤。张作霖在赵尔巽的指使下，磨刀霍霍，准备暗杀张榕。

1912 年 1 月 23 日晚，袁金铠有意邀张榕、张作霖到德义楼吃饭。宴毕，袁金铠兴辞而去，张榕与张作霖同出德义楼，张作霖的便衣特务尾随其后，用手枪将张榕击毙。张榕中弹后，大声叱骂赵尔巽等。“至死，怒眦尽裂，露尸一昼夜，目未瞑也”⑥，时年二十九岁。当夜，被杀害

---

① 《张榕事略》，辽宁省档案馆馆藏档案。

② 《盛京时报》1912 年 3 月 16 日。

③ 《盛京时报》1911 年 11 月 28 日。

④ 《洪东毅事略》，辽宁省档案馆馆藏档案。

⑤ 《张作霖报告杀害张榕等人的呈文》，辽宁省档案馆馆藏档案。

⑥ 《张榕事略》，辽宁省档案馆馆藏档案。

的还有宝昆、田亚赟、张振声等数十人。

中华民国成立后,孙中山在南京给张榕举行了追悼会。

张榕好诗文,曾以“辽鹤”二字署其诗。他的朋友搜集印刻了他的诗集,题曰《辽鹤集》。他的诗表达了他强烈的爱国热忱和视死如归的革命决心。

# 张 绍 曾

陈宁生

张绍曾，字敬舆，直隶(今河北省)大城人。生于1880年(清光绪六年)。1896年考入北洋武备学堂。1899年毕业后，由湖广总督张之洞以官费资送留日，入陆军士官学校第一期炮兵科。他对于以孙中山为首的革命派和以梁启超为首的立宪派的主张都产生一定兴趣，对清朝专制政权的腐败无能、丧权辱国感到不满，认为非痛加改革不可。

1901年，张绍曾从日本毕业后归国，正值袁世凯在保定练兵，成立练兵营训练初级军官，张被派任炮兵队官。1902年，袁世凯以“尽先千总”衔委他为北洋常备军第二镇第五标帮统。1904年，调任北洋督练公所参谋总办，翌年转陆军第五镇任正参领官，不久升炮兵第五标标统。1906年，新军彰德秋操大演习，他被奉派为北军第五混成旅正参谋官，次年初与士官学校同学吴禄贞、蓝天蔚，被新任东三省总督徐世昌调到奉天军界任职。由于三人“志趣相投，过从密切”，又都是日本士官学校毕业生，“北洋军中杰出的维新人物”①，被称为“士官三杰”。这时宋教仁以创办实业为名，来东北发展同盟会，并在奉天成立辽东支部，张与吴、蓝均秘密加入同盟会，成为支部的主要负责人②。1909年，袁世凯被罢官后，张绍曾陪同清军禁卫军第一协统领良弼检阅袁的

① 冯玉祥:《我的生活》上册，黑龙江人民出版社1981年版，第105页。

② 宁武:《东北辛亥革命简述》，中国人民政治协商会议全国委员会文史资料研究委员会编《辛亥革命回忆录》(五)，中华书局1963年版，第536页。

军队，得良弼器重，调任陆军贵胄学堂监督。1910 年，陆军部奏请清廷授予他副将加“总兵衔”。陆军部右侍郎兼陆军贵胄学堂总办那晋赴东三省检阅陆军，以张绍曾为总参赞。1911 年 2 月 16 日，由东三省总督锡良保举，张受命继陈宧任陆军第二十镇统制，驻守奉天、新民。4 月 7 日，清廷赏以副都统衔①。

1911 年，清政府拟于九月在直隶永平（今卢龙）举行秋操演习，张绍曾和第六镇统制吴禄贞、第二混成协协统蓝天蔚均受命率部参加秋操。张和吴、蓝“秘密决定，利用参加秋操之便，暗中私带子弹，相机起义”②。当张部刚抵昌黎时，武昌起义爆发，清廷下令停止秋操，令其率部开到滦州，然后南下镇压起义。张于 10 月 13 日急返奉天，约集第三镇第五协统领卢永祥、第二混成协统领蓝天蔚等共商对策。10 月 27 日，张绍曾等由奉天返滦，立即向全体官兵宣布：“武昌革命，名正而言顺，专尚征讨，不合人情……所有军队，均不前进。”③29 日，又将所拟立宪政纲十二条，联名致电清廷，要求速开国会，定宪法，组织责任内阁，主张在保存清政府的前提下实行君主立宪。

清廷对手握兵柄、近在肘腋的张绍曾等人的宪政奏折颇为震惊，迫于形势，不得不公布《宪法信条》十九条，承认“皇帝之权以宪法所规定者为限”。同时加紧对第六镇和第二十镇的革命力量进行分化瓦解：首先派吴禄贞前往滦州“宣慰”，使他离开第六镇；接着赐予张绍曾为兵部右侍郎兼长江宣抚使，削去他的第二十镇统制职。二十镇的部分军官获知张被解职，义愤填膺，群起挽留，并电请清廷收回成命。吴禄贞也竭力劝说张绍曾与他配合，从滦州和保定两路夹攻北京，以武力推翻清廷。11 月 17 日，吴禄贞在石家庄被新任内阁大臣袁世凯指派的刺客

① 《镇协赏衔上谕》，《正宗爱国报》（北京）1911 年 4 月 8 日（清宣统三年三月十日）。

② 鹿钟麟：《滦州起义的前前后后》，《辛亥革命回忆录》（六），中华书局 1963 年 6 月版，第 166、168 页。

③ 张国淦：《辛亥革命史料》，上海龙门联合书局 1958 年版，第 201 页。

杀害。张绍曾闻讯，感到大势已去，准备引退。11 月 9 日，张离开了第二十镇，避居天津。临行前，“向全体革命同志曰：吾前此奏请立宪，志有所在。兹计已败，暂寓津门，以俟时会。望诸君仍本前旨，继图大举，功不必自我成，承吾志焉幸矣”①。1912 年 1 月 2 日，王金铭、施从云等发动了著名的“滦州起义”，血战一昼夜，即遭血腥镇压，张绍曾闻讯，“痛哭悲戚，寝馈失常”②。

民国成立，袁世凯利用张绍曾与革命党人的关系，派为长江宣抚使。张奔走于津、沪参与南北和议。1913 年 5 月，进步党在北京成立，张为该党名誉理事。10 月，袁世凯委派张为绥远将军，并授予陆军中将加上将衔。张秉承袁的旨意，安抚蒙古王公贵族，承认他们的世袭地位和特权，使之后来成为袁复辟帝制的社会基础。1914 年 4 月，张被调为北京政府特设的将军府将军。1915 年又被任为陆军训练总监。不久，又被调为总统府顾问，加封“树威将军”。袁策划帝制时，张还曾与曹锟以直隶公民代表身份，向袁世凯呈递请愿书③。

1916 年 6 月袁世凯死后，黎元洪继任大总统，段祺瑞为国务总理，12 月张绍曾任全国陆军训练总监。1917 年 6 月，督军团以武力威逼总统黎元洪解散国会，张予以反对。7 月 1 日张勋复辟，张绍曾即与冯玉祥等密商讨伐事宜，偕冯同车赴津。3 日晨亲至马厂，鼓动李长泰出动一混成旅会同冯部向北推进。此时，段祺瑞被拥为讨逆军总司令，在马厂誓师，揭起反复辟旗帜。复辟敉平，张绍曾这个主动组织讨逆的人，反倒被撤去了陆军训练总监职。

1920 年 7 月，直系军阀曹锟、吴佩孚联合奉系击败皖系，推翻了段祺瑞内阁。张绍曾因与吴佩孚、冯玉祥有儿女姻亲关系（张女嫁吴子、

① 罗正伟：《滦州革命纪实初稿》，中国科学院近代史研究所 1953 年复印本，第 67 页。

② 张绍程：《张绍曾事迹回忆》，中国人民政治协商会议全国委员会文史资料研究委员会编《文史资料选辑》第 30 辑，文史资料出版社 1962 年版，第 212 页。

③ 《时报》1915 年 9 月 22 日。

张子娶冯女），转而归附直系门下。8月，吴佩孚发起召开“国民大会”，企图以“合法”手段取消南北两政府，建立一个由直系操纵的统一政府。张为吴的倡议奔走串联，不遗余力。翌年张倡导“国是会议”，主张全国议和，因张作霖反对作罢。

1922年5月，直系在第一次直奉战争中取胜，独霸中央政权，张绍曾继续为直系建立一个“合法”的中央政府出谋划策。他先通电支持部分旧国会议员“恢复法统”的倡议，恢复民国六年（1917年）被张勋胁迫解散的旧国会；接着积极参与众议院议长吴景濂等人驱徐世昌下台、迎黎元洪复职的活动①。6月，黎元洪再次上台。8月起，张绍曾出任陆军总长。

不久，曹锟急于想登上总统的宝座，与吴佩孚先以武力统一全国的主张相左，使直系分裂成以曹锟为首的“津保（定）派”和以吴佩孚为首的“洛（阳）派”。张绍曾得众议院议长吴景濂的支持，迎合曹锟，参与津保派策划的贿选活动。此时曹、吴都力图控制内阁，几月间内阁频繁更迭。黎元洪认为张既与曹锟是把兄弟，又与吴佩孚是儿女亲家，遂提名张绍曾组阁，1922年12月底获参众两院通过。1923年1月4日，张绍曾被正式任命为国务总理兼陆军总长。

张绍曾上台后，和黎元洪协同一致，标榜和平统一。在就职通电中，以“法统重光，海内一体”②相号召。他建议召集实力派代表、各政党领袖、在野名流在北京颐和园举行“国是协议会”，协商和平统一问题。2月，致电孙中山及西南六省，倡议召集全国军事会议，协商解决裁兵诸问题。还和黎元洪分别派代表南下议和。张的和平统一活动同直系军阀的武力统一方针相悖逆，曹、吴遂指使高凌霨等三人，以迟迟不入阁加以抵制。其间，桂系沈鸿英在广东叛变，直系孙传芳大兵进入福建，造成对南方政府内外夹攻的形势。吴佩孚企图利用这两支军队

---

① 《张绍曾通电》（6月3日），《努力周报》第6期，1922年6月11日。

② 《张绍曾五日通电》，《时报》1923年1月7日。

作为武力统一南方的先锋，于3月初压迫张绍曾任命孙传芳为福建督理、沈鸿英为广东督军，公开破坏和平，向孙中山挑衅。张认为这两项任命有违他和黎元洪的和平统一主张，拒不接受，并于3月8日以内阁名义发出庚电“引咎辞职”。黎元洪全力支持张绍曾，立即退回辞呈，并通电全国，挽留张阁。但曹锟和吴佩孚固执己见，各派一名代表联袂赴京，逼迫黎、张下委任令。张为保住权位，终于屈从曹、吴，同意任命闽、粤两省督理。他不仅放弃和平统一主张，而且还指责孙中山“僭名窃位”①。

但是，张绍曾并未能安居揆位。由于在总统选举问题上，他与黎元洪主张先制宪后选举，而与曹、吴的主张相悖，曹、吴便寻衅倒阁。为了加快制宪进度，张和黎决定由海关建筑经费项下拨借120万元作为制宪经费，通知税务处转总税务司照办。曹、吴即以此事为发端，策动“阁员倒阁”，进而驱黎拥曹。5月，直系高凌霨等三阁员以不出席内阁会议相威胁；接着以总统府不经国务会议议决，自定国会制宪经费，侵夺内阁职权为借口，提出内阁总辞职。6月初，张绍曾自知势单力孤，但又依恋权位，在私下得到曹锟等选举总统后，仍请他组阁的默许后，便同意辞了职，离京去津。接着，黎元洪也被逼下台，张闻讯后仍幻想复职并摄行总统职权。但当他登车欲返京时，突然接到曹锟阻止他回京的电报，不得不沮丧地下车。10月，曹锟贿选总统得逞，张绍曾仅被授树威上将军衔，每月领点俸金赋闲。

1924年10月第二次直奉战起，冯玉祥回师北京发动政变扣留曹锟，吴佩孚兵溃退至天津。张绍曾一度奔走于京、津之间调停，提出“和平救国大纲”劝吴接受，但遭吴拒绝。11月24日，段祺瑞在京就任“临时执政”，组成临时执政府。张绍曾大不以为然，隐居天津，不再问政。1925年初，段为了抵制孙中山倡导的国民会议运动，策划召开“善后会议”，聘张绍曾为善后会议代表以作装饰，张不愿俯就。

① 《张绍曾等内阁辞职电》，《时报》1923年3月10日。

1925年底，吴佩孚东山再起，企图重整旗鼓控制北京政局，闲居天津的张绍曾不甘寂寞，再次出头露面，重弹“恢复法统”的旧调，于1926年1月8日通电主张旧国会自由集会，依法成立政府。张联络在津议员，鼓动他们在京开会。他的如意算盘是通电促段祺瑞下野，请黎元洪复位，恢复张绍曾内阁；如黎不肯出山，则由张摄政。但是段祺瑞恋栈不舍，吴佩孚又忙于联奉打冯玉祥的国民军。张绍曾虽奔波劳碌，却一无所获。

1928年初，蒋介石与冯玉祥等人联袂筹划北伐奉张，在天津的张绍曾和冯玉祥不断有信使往还。张作霖害怕张绍曾成为冯玉祥北上的内应，于3月21日派遣亲信将张绍曾刺杀。张遭枪击，身中三弹，翌日晨死去①。

① 《大公报》1928年3月22日。

# 张 申 府

萧 良

张申府，原名张崧年，字申府、申甫，河北献县人。1893 年 6 月 15 日(清光绪十九年五月初二)生。其父张濂为清末进士、翰林院编修，民国时期曾任众议员。1913 年张申府考入北京大学数学系；1917 年毕业后留校任数学助教。时值新文化运动兴起，张投身到这一运动中，对哲学发生浓厚兴趣，改教逻辑学，研究哲学；并经常在陈独秀主编的《新青年》上发表文章，抨击尊孔读经、君宪救国等谬论，揭露复辟丑行，与封建专制作斗争。1918 年 12 月 12 日，与李大钊等创办《每周评论》，并任该刊和《新青年》杂志编委。他与高一涵、王光祈等主要撰稿人经常为《每周评论》撰文，反对军阀和日本帝国主义，宣传反封建的文化思想，初步介绍社会主义思想，为五四运动作思想准备。他还曾参与学生启蒙团体新潮社的成立活动。

1919 年五四运动爆发后，他参与主编的《每周评论》又详尽报道了五四运动发展情况，对“五四”爱国运动的发展起了积极的推动作用。7 月加入中国少年学会，并任《少年中国》杂志编辑，与李大钊等倡导“奋斗”、“坚忍”、“俭朴”等信条。1920 年 1 月，与李大钊、陈独秀一起发起组织北京工读互助团。3 月，参加李大钊发起成立的马克思学说研究会，在此基础上与李大钊等筹建共产主义组织的活动。同年 9 月南下，迎接英国哲学家罗素来华讲学时，曾在上海与陈独秀商讨建党事宜。10 月与李大钊、邓中夏、高君宇等秘密建立北京共产主义小组，学习宣传马克思主义和开展劳工运动，并坚持无产阶级专政理论，与无政府主义者黄凌霜等进行斗争，迫使其退出小组。还创办了通俗刊物《劳动者》，向工人宣传马克思主义基本知识；创办《工人周刊》，介绍工人的痛苦生活，报道劳工运动消息，启发工人觉悟。北京小组是中共早期组织之一。

1920 年 12 月，张申府赴法讲学，任里昂大学中国学院教授。1921 年 2 月，陈独秀写信给在法国的赵世炎，嘱其与张申府联系，在巴黎组织共产党支部。张因早受李大钊、陈独秀委托，在赴法勤工俭学学生中发展共产党员，故积极在巴黎从事建党活动。他先介绍刘清扬入党，又与刘清扬介绍周恩来入党，组成中共旅法小组，后又吸收赵世炎、陈公培等人入党。1922 年 3 月，与刘清扬、周恩来等由法国到德国。同年秋，在柏林组建中共旅欧总支部，任支部书记兼中共中央驻柏林通信员。在德期间又结识了朱德，与周恩来一起介绍朱德加入中国共产党。

张申府于 1923 年底回国，抵达北京，向李大钊汇报在法、德建党情况。1924 年 2 月，又在上海向陈独秀作了汇报。后由陈独秀、李大钊介绍到广东参加黄埔军校的筹建工作，并担任蒋介石的英文和德文翻译。又应广东大学（中山大学前身）之聘任图书馆馆长。他到黄埔军校后，为首批学员的招生做了大量工作。5 月 12 日任黄埔军校政治部副主任。后因对蒋介石飞扬跋扈不满，于 6 月底辞职离校，转入广东大学。旋又受到广东大学校长、国民党右派邹鲁排挤，即由广州转往上海。1925 年 1 月，参加在上海召开的中国共产党第四次全国代表大会，在讨论党纲时发生争执，负气执意退党，留沪从事翻译和著述。

1927 年“四一二”政变后，他与国民党左派一起，为反对蒋介石的叛变和独裁，坚持民主主义而开展斗争。1928 年夏，参加谭平山、章伯钧等人组织的中华革命党（即第三党、中国农工民主党前身），并任该党中央领导成员。在此前后，他历任暨南大学、中国大学、清华大学、北京大学哲学教授。

1935 年日本帝国主义进逼华北，民族危亡加剧之际，他积极响应中国共产党的号召，以清华大学教授身份，发起成立“北平救国联合会”，支持并参加发动北平学生开展“一二九”运动，拥护中共建立抗日民族统一战线的主张，要求国民党停止内战，一致抗日。1936 年 1 月 27 日，北平文化界救国会成立，张当选为执行委员。因同情学生爱国运动，2 月 29 日被北平当局逮捕系狱；5 月初获释。同年 5 月 31 日，全国各界救国联合会在上海成立，他与宋庆龄、何香凝、马相伯等十四人任常务委员，要求停止内战，共同抗日。7 月初被清华大学借故解聘，去职后任华北七省各界救国联合会总务长。

1937 年 7 月，抗日战争全面爆发后，张拥护中国共产党抗日主张，先后在武汉、重庆等地从事抗日民主活动。曾任国民参政会参政员、第五审查委员会委员，全国战时教育协会理事，宪政促进会秘书处主任，中国民主同盟中央常务委员、文化工作委员会主任兼华北总支部负责人。1946 年，代表中国民主同盟参加重庆政治协商会议。当国民党撕毁旧政协决议，挑起内战后，他与民盟领导人一起和中国共产党采取一致行动，拒绝参加国民党召开的“国民大会”。1947 年 10 月，国民党政府内政部宣布民盟为非法团体并取缔其活动。但在解放战争后期，他在《观察》周刊第 5 卷第 9 期发表《呼吁和平》一文，为国民党洗刷罪行，诬蔑人民解放战争，违反民盟的纪律，被民盟中央开除盟籍。

中华人民共和国成立后，他一直担任北京图书馆研究员，长期从事文献翻译和中外文图书采访等工作。1955 年任北京市政协委员。1957 年被错划为右派分子，中共中央十一届三中全会后获得平反改正。后历任中国农工民主党中央顾问、全国政协第六届委员。1986 年 6 月 20 日在北京病逝。

## 主要参考资料

雷颐：《中国现代思潮中的张申府》，《东方》1994 年第 1 期。

《张申府》，台北《传记文学》第 62 卷第 5 期，第 146—148 页。

# 张　石　川

陈　野

张石川，原名伟通，字蚀川，经商后改为石川。1890 年 1 月 1 日（清光绪十五年十二月十一日）出生于浙江宁波一个蚕茧商人家庭。他自幼聪颖，性格豪放，争胜好强。十六岁丧父，跟随舅父经润三到上海。经任华洋公司的总经理，派他当“小写”。

张石川崇拜舅父，梦想将来也当上大买办，便在工作之余上夜校攻读英语。两年后，他当上了美化洋行广告部的买办。

清末民初，上海文明新戏（话剧）盛行，张石川的另一个在洋行当买办的舅父经营三，其时办了一个文明戏班“民鸣社”。张亦醉心于文明戏，常与当时的著名演员来往，并结识了著名的戏剧活动家郑正秋。1913 年，美商依什尔和萨弗见张石川机警灵活，又与文明戏班有联系，便聘请他做“亚细亚影戏公司”顾问，主持公司拍片事务。张石川原来对电影事业完全无知，他与郑正秋、经营三商量后，竟毅然组织新民公司，承包了亚细亚公司的编剧、导演、雇用演员和摄制影片的全部工作。

“亚细亚”的第一部影片是郑正秋编剧、张石川导演的《难夫难妻》，故事“从媒人的撮合起，经过种种繁文缛节，直到把互不相识的一对男女送入洞房为止”①，表现一对青年男女在封建买卖婚姻制度下的不幸遭遇。这是我国摄制的第一部故事片。从此，张对电影产生了浓厚兴

① 钱化佛口述：《亚细亚影戏公司的成立始末》，《中国电影》创刊号（1956 年 10 月 28 日）。

趣，干得更起劲了。当时，美国笑片在上海很受欢迎，他照猫画虎，连续拍了《活无常》、《二百五白相城隍庙》、《老少易妻》等十余部短片，大多是庸俗无聊或滑稽打闹之类的影片。参加拍片的多是演文明戏的演员。新民公司和演员订有拍片合同，对演员有极为繁琐的规定，如“角色轻重悉依公司指派”，“不准半途中止”等，如有违背，“重则罚洋，轻则记过”①，等等。这种合约反映了张石川和经营三主持的新民公司对演员的苛刻待遇，具有很大的封建性。

1914 年，第一次世界大战爆发，胶片来源断绝，亚细亚影戏公司关闭，张石川改替经营三掌管民鸣社。不久，又给经润三筹办的新世界游艺场赚了一笔钱。

1916 年，美国胶片输入上海，张石川凭他在“亚细亚”拍片的经验，凑了一笔款子，办起幻仙影片公司，拍摄了在舞台上轰动一时的文明戏《黑籍冤魂》。这部影片揭露了鸦片的毒害，产生了良好的社会效果。但“幻仙”资金太少，终因周转不灵而停业。

这时，经润三去世，其妻汪国贞让张石川帮助经营新世界游艺场，并委派他任经理。张学着经润三的手腕，到处耍噱头，后又帮汪国贞办起了一个“‘新新世界’，除了戏曲杂耍、溜冰场，弹子房……还开‘花榜’，选举上海名妓作‘花国总统’”②以招徕顾客。后因他异想天开的花样过多，摊子铺得过大，又斗不过黄楚九经营的“大世界”，结果把汪国贞的两个游艺场都赔出去了。

1920 年后，张石川又在富商何泳昌（以后成为张的岳父）的推荐下，充当瑞慎洋行买办。不久，再度与郑正秋合作，约周剑云、郑鹧鸪等人参加，发起组织了明星影片股份有限公司。但是，张石川把电影当成游艺场一样来经营，专以投机牟利为目的。初创时期，他提出拍片应

---

① 据北京中国艺术博物馆所藏合同原件。

② 何秀君：《张石川和明星影片公司》，《文化史料》第 1 集，文史资料出版社 1980 年版。

“处处惟兴趣是尚，以冀博人一粲，尚无主义之足云”①，坚持要明星拍笑片、闹剧，不采纳郑正秋主张应摄“教化社会”的正剧长片的意见。因此，明星最早的四部影片，都是表现一些滑稽打闹或以惨无人道的杀人场面来刺激观众的低劣噱头。这些影片不受观众欢迎，以致营业失败。

但是，张石川决心终身从事电影事业，开始钻研电影艺术。他本来既不懂编剧，也不懂导演，只会模仿抄袭美国影片的情节和技巧。后得知一位美国哥伦比亚大学的电影教授格雷格雷来中国旅游，张立即请他到刚成立不久的明星公司讲学，传授编、导、演和摄影、洗印等方面的经验。他还从格雷格雷那里获得一批电影方面的书籍，日夜苦读，从此懂得了一些电影艺术的门路，开始同意郑正秋拍摄正剧长片的主张。1923 年底，明星公司拍摄了由郑正秋编剧、张石川导演的《孤儿救祖记》。影片宣扬“惩恶”、“劝学”，故事情节曲折，富有戏剧性，颇能引人入胜。此片在艺术处理上也有新的突破，从剧本取材、服装到布景，都有较多的民族生活气息；表演上也摆脱了一些文明戏的夸张动作，使银幕形象在真实性和生活化方面都有提高。影片公映后，大为轰动，从经济上挽救了明星公司拍笑片带来的危机，使张石川尝到了拍正剧长片的甜头。同时，他也认识到，要继续拍摄正剧长片，必须有好的电影脚本和导演。为此，他聘请了在美国学过戏剧的洪深任编导，加强了明星公司的阵容。

从 1924 年到 1928 年，张石川和郑正秋连续合作编导了《玉梨魂》、《盲孤女》、《最后之良心》等二十多部影片。这些影片大都揭示在半封建半殖民地社会里妇女被压迫被凌辱的处境，描写了她们的不幸遭遇和悲惨命运。但张并不考虑这些影片的社会意义，而仍是以追求票房价值为目的，总以大团圆为影片的结局来调和深刻的社会矛盾。他认为：“不让太太小姐们流点眼泪，她们会不过瘾，说电影没味道；但剧情太惨了，结尾落个生离死别，家破人亡，又叫她们过于伤心，不爱看了。

① 张石川：《敬告读者》，《晨星》创刊号（1922 年），上海晨社版。

必须做到使她们哭嘛哭得畅快、笑嘛笑得开心。”①他为迎合小市民观众的口味，又物色了一些“鸳鸯蝴蝶派”的文人给明星公司编写言情剧本，如包天笑写的《空谷兰》、《可怜的闺女》等。他自己也编剧本，常找人来说故事编戏，或翻看那些“鸳鸯蝴蝶派”的小说，对哪一个情节感到有兴趣，便如痴如狂地编起戏来。

1927 年后，正当一些投机商人纷纷成立影片公司，粗制滥造一些爱情风波的影片，以牟厚利的时候，张石川又花样翻新，抛出武侠神怪片《火烧红莲寺》，运用电影特技手法，以刀光剑影、飞檐走壁来刺激小市民的好奇心。影片一出，远近轰动。《火烧红莲寺》连续拍了十八集，张获取了大笔利润。经张石川煽起的这种武侠神怪片妖风在社会上掀起了一阵恶浪，一时间，上海拍出的武侠神怪片竟有二百五十余部，有的观众受到毒害甚至误入上山修道的歧途。接着，美国有声影片输入中国。1930 年，张又抢先导演了以蜡盘配音的中国第一部有声影片《歌女红牡丹》，盈利甚厚。以后，他又亲自改编并导演了《啼笑姻缘》，先后拍成六集。

1932 年夏，明星公司经理周剑云、郑正秋等感到过去的道路行不通了，迫切要求与左翼文艺工作者合作，通过洪深聘请夏衍等担任明星公司的编剧顾问，并组成编剧委员会。夏衍等人创作出《狂流》、《春蚕》、《前程》、《脂粉市场》等一批表现工人、农民、妇女、知识分子生活和斗争的影片。这时，作为明星公司总经理的张石川，看到进步影片映出后，观众热烈欢迎，舆论大加赞扬，营业蒸蒸日上，既有名，又有利，甚为满意，认为非跟时代走不可。他支持左翼电影艺术家在明星公司拍摄了一些深受人民群众喜爱的影片。在一个时期内，明星公司成为左翼电影运动的拍片阵地。

1933 年 10 月以后，国民党反动派以监视、威胁、逮捕乃至杀害等

---

① 何秀君：《张石川和明星影片公司》，《文化史料》第 1 集，文史资料出版社 1980 年版。

手段迫害左翼文艺工作者，夏衍等退出明星公司，但暗中仍继续与明星的进步导演合作，拍出一批进步影片。可是，张石川看到左倾有风险，不是生意经，又向右转了。他吸收一些国民党御用文人到明星公司充当编剧，拍摄出鼓吹封建家教的《妇道》，污蔑和掩盖农村阶级斗争的《重婚》等影片。这一年，他还到江西去替蒋介石拍了一部纪录片《剿匪纪实》，宣扬军事“围剿”，受到蒋介石的召见。

1936年后，全国人民抗日民主运动进一步高涨，明星公司在进步电影工作者支持下又恢复了编剧委员会，聘欧阳予倩主持，提出“为时代服务”的制片方针，拍摄出《生死同心》、《压岁钱》、《十字街头》、《马路天使》等一批电影史上璀璨的珍品。张石川为了谋求既能赚钱又不担风险的两全之策，他既走“进步”这条道，又不放弃迎合小市民低级趣味的做法，仍抱着“鸳鸯蝴蝶派”或恐怖杀人的作品不放，甚至歌颂国民党反动法律的《永远的微笑》也出笼了。

1937年11月上海沦陷，日本侵略军占据明星总厂为兵营，经营了十五年的明星公司被迫停歇。张石川以从明星总厂抢出的机器和底片作价，加入柳中亮、柳中浩兄弟的国华影片公司。这一时期，张石川企图重整“明星”家业，窥测影片市场的行情，拍摄出不少宣传恐怖、色情或有封建毒素的影片。为了和“艺华”、“华新”、“春明”三家公司抢生意，争夺《三笑》、《碧玉簪》和《孟丽君》的拍摄权，他同时主持三个戏的摄制工作。他把自己变成了一架穿梭不停的机器，也把演员变成了终日转动不歇的机器，演员们随着他的吆喝，在摄影机前团团转。这样，创造了七天完成一部《三笑》的影坛奇闻，其粗制滥造也就可想而知了。

太平洋战争爆发后，日伪将上海的十二家影片公司合并，成立“中华联合制片股份有限公司”，张石川先后担任分厂厂长兼导演、制片部长等职。日本投降后，张石川曾被指控为汉奸。他吓出了一场大病，从此一蹶不振，病卧不起。1953年7月8日去世。

张石川一生编导了近一百五十部长短故事片，其中虽有揭露社会黑暗的若干部进步影片，但绝大部分是迎合小市民趣味，低级粗劣，甚至反动有害的影片。他四十年的电影生涯，既反映了他个人见风转舵、唯利是图的本性，也从一个侧面反映了旧中国电影事业的发展历程。

# 张　士　秀

张天政　邸　娜

张士秀，字实生，山西临晋南营村人，生于1870年（清同治七年）。张士秀自小聪慧，据说八岁便能抚琴作诗，十二岁时曾以口算胜过知县的珠算，并替父亲打赢了与伯父的官司，夺回了田产，从此有“铜嘴铁舌”的绰号。后来，张士秀中了秀才。在他十八岁的时候，父亲去世，家道中落，张士秀边务农边经营商业，由于他擅长经营，家道也逐步复兴。

1900年，张士秀出任临晋县差役局局长，上任后不久就将原本繁琐凌乱的差役事务整理得井井有条。河东道员陈际唐很赏识张士秀，便邀请他到运城并委以“回澜公司”（该公司创办人为景定成，名义是出售西药，实际上输送新书报传播革命思想，并且是革命活动的联络机关①）总理事的职务。此外，张士秀还兼理河东第一纺织公司。

1906年，张士秀受清廷派遣赴日本游学并考察实业。在日期间，他经常与景定成、章太炎、王用宾等人讨论怎样反清救国，“亦在东京参加了同盟会”②。一年后张士秀回国，一面继续管理回澜公司，一面暗中联络革命力量，发展同盟会会员，秘密从事革命活动。1909年，山西省谘议局成立，张士秀被选为常驻议员。

---

①　山西省政协文史资料研究委员会编：《阎锡山统治山西史实》，山西人民出版社1981年版，第11页。

②　山西省政协文史资料研究委员会编：《阎锡山统治山西史实》，第10页。

1910年春，“文交禁烟”惨案发生，张士秀以谘议局议员的身份被山西巡抚丁宝铨派往文水、交城两县安抚烟民。张士秀在详细地了解“文交禁烟”惨案的真相后，将真相公布于众，结果丁宝铨被御史胡思敬弹劾并被送部议处降级留职。丁宝铨为了报复张士秀，贿赂满族御史荣光并声称：“山西士气淳朴，近年嚣张殊甚，恐有不逞之徒，潜伏生事，交晋抚严查。”①丁宝铨遂以“鼓吹革命煽动人心”之罪，列王用宾为罪首并株连法政专校监督刘绵训、山西大学堂监督解荣辂、谘议局议员张士秀、报馆记者张树帜等，以“挟妓逞凶”之罪名，将张士秀逮捕并送回临晋县监狱关押，判处其二年徒刑。张士秀在狱中常以琴书自娱，并没有因身处狱中而心灰意冷。据说狱门上曾贴有其手迹：“困极必大亨，死地而后生。”表面上张士秀不关心外界的事情，实际上他常借助亲友探监之机与外界保持联系，密谋推翻清廷之计。

辛亥革命爆发前夕，同盟会领袖黄兴曾致函运城同盟会会员，嘱咐务必要将张士秀营救出狱。武昌首义后，陕西同盟会会员邹子良到狱中探望张士秀，张士秀详细地询问了陕西的情况，并与之商量对策。1911年10月29日，太原响应武昌起义光复，革命大势已定，临晋知县害怕祸及己身，急忙将张士秀释放，并欲延请帮办防务，但遭张士秀拒绝。不久，山西都督阎锡山、起义军总司令姚以价相继电召张士秀入省，张士秀鉴于曾陷害自己入狱的人有的仍占据要职，便以“此贼犹在，我军行将败矣，不如据河东以图补救”为由拒绝北上，转而西渡黄河到达陕西。当时，“晋南方面从事革命活动的人士，除在辛亥前已在东京参加同盟会的而外，还有经回国后的会员先后介绍加入同盟会的许多人士，其中以安邑的李鸣凤、临晋的张士秀、虞乡的尚德等为最著。辛亥起义前，他们经常奔波于山西、陕西两省之间，鼓吹革命，联络同志，

① 全国政协文史资料研究委员会编：《辛亥革命回忆录》第5集，文史资料出版社1981年版，第118页。

积极进行起义事宜”①。

张士秀到陕西后，先后面见了陈树藩、井松生、井勿幕、严庄、李仲三等人，介绍了运城一带的情况，声称有尚德、胡足刚二人对运城情形甚为熟悉，但井松生、井勿幕二人皆以新兵未加训练为由拒绝参加。张士秀只得在朋友引荐下面见陕西都督张凤翙，细陈援晋之利，但张凤翙也面露难色。而在当时，陕军也极欲过河却被军饷所困，陕西人民的食盐供应严重不足，山西河东既是食盐产地又是收税之所，如能运盐过河，这两个问题便都迎刃而解。陕西革命初起之时，由会党组织的军队人员不够充裕且无党人领导，军纪极坏，陈树藩辖区的阎飞龙部即属此类。如果将这部分军队带到山西境内，就可在人地生疏的情况下加以整编，使其容易就范。基于上述原因，陕西军政府派陕西东路节度使张伯英与张士秀签订《秦晋同盟互助条约》，张伯英由潼关调兵支援河东。正在这时，清军急攻潼关，张伯英一时不便分兵，张士秀无奈之下只得暂且回晋。当时，先期到达蒲州的王用宾正与蒲属六县同盟会会员商议组建民团事宜，张士秀到蒲州后便被公举为蒲属六县民团总团长。该民团名义上是维持地方治安，实际上是为光复河东而训练革命武装。此后潼关、娘子关均被清军攻占，一时间人心惶惶，反动势力更加肆无忌惮地到处疯狂逮捕革命党人。太原失守后，副都督温寿泉率起义军南下，张士秀二次赴陕请援。12 月 27 日，河东节度使陈树藩统率哥老会洪门头目——河东安抚使陈树发、阎飞龙等部众相继履约东渡到达蒲州。张士秀考虑到中路清军防守虚弱，便献计从中路进攻运城。1911 年 12 月 29 日，秦陇复汉军一举攻克运城，1912 年 1 月 1 日，运城宣告光复。运城光复后，秦陇复汉军司令陈树藩发布告示安抚民众，从陕西归来的张士秀也会同陕军将领召集会议，共同商讨组织机构的办法。司令官陈树藩当场宣称：“我等系客军，不便管理地方事务，应由当

① 山西省政协文史资料研究委员会编：《阎锡山统治山西史实》，第 25 页。

地人士组成机构，维持地方。"①经过投票选举，议定由张士秀担任河东民兵总司令，总理地方军务事宜，王用宾担任兵马节度使兼民政长，负责管理民政、财政、盐务。另设高等审判厅、地方审判厅、地方银行并委派专人负责。

此时南京政府对山西革命态势极其关心，特派王北方到运城视察，了解阎锡山出走后的革命势力进展情况，并召集了有各军政负责人员参加的会议，讨论革命前途问题。与会者一致通过了组织统一领导机构的决议，由副都督温寿泉组织河东军政分府，组织豫晋秦陇联军以策应两省出境作战。河东军政分府成立后，公推张士秀为河东军政分府民政长，总理晋南民政兼管盐政。"此盐引岸，为山、陕、豫各半省，军兴后运销失常，陕岸概为土盐侵占，产运两商俱请求恢复，于是以报酬援晋及恢复引岸之名义，不收任何税款，赠送井勿幕、陈树藩部潞盐二千名(每名三万余斤)"②。陈树藩将食盐运回陕西后，在关中遍开盐店，获利丰厚，并用此项收入购买了大量军火，极大地扩充了兵力。阎锡山得知此事后，严厉诘责张士秀等人，从此二人结下芥蒂。

河东军政分府成立后，鉴于太原南镇总兵谢有功为害地方，有急速消灭的必要，总司令李鸣凤统辖万余人到临汾、绛州一带与谢有功、陈政诗率领的清军激战。张士秀驻守运城，对前线所需枪支、弹药、食粮等尽力支援。同时，他到运城和王平政等人成立同盟会运城支部，到各县组建组织，宣传革命。

1912 年 7 月 12 日，河东军政分府被撤销，副都督温寿泉委任张士秀为河东观察使，这就在事实上使晋军第一旅旅长李鸣凤控制了晋南地区。阎锡山回太原前，温寿泉曾电请袁世凯撤销副都督名义，得到了袁世凯的回电和嘉奖。阎锡山回太原后，立即派出马开崧、南桂馨等迎

---

① 山西省政协文史资料研究委员会编:《阎锡山统治山西史实》，第 37 页。

② 王用宾遗稿:《记山西在辛亥革命前后的几件事》，全国政协文史资料研究委员会编《辛亥革命回忆录》第 5 集，第 123 页。

接温寿泉回省改任军政司司长。张士秀和李鸣凤等均劝告温寿泉不要上阎锡山的圈套，应在河东自立基础，但温寿泉不听。当时恰巧马开崧玩弄温寿泉手枪走火，击中温寿泉腹部。李鸣凤等因南桂馨为阎锡山亲信，便怀疑其有意行刺（马开崧与温寿泉私交甚好，所以在怀疑之外），吊打南桂馨。直到温寿泉苏醒后，证明确实是马开崧玩弄温寿泉手枪时无意走火，而与南桂馨无关，南桂馨才获释。阎锡山为了独霸全省，早就把晋南民党张士秀、李鸣凤视为眼中钉。1912年10月，阎锡山借口统一全省财政问题，将原任巡警道的南桂馨改为河东筹饷局局长，企图从攫取河东财政入手进而扼杀晋南革命势力。南桂馨到运城组织成立了筹饷局，命令各县钱粮、地丁一律直接解局，除分府经费外，一律解省，每日与阎锡山往返密电数起。后来电文全都一字不漏地被翻译了出来，印刷成册公布民众，阎锡山不可告人的恶毒阴谋毕露①。南桂馨在《山西辛亥革命前后的回忆》一文中说："当时，李鸣凤旅有许多军官是同盟会员，也是我在第一标的旧同事，在友谊上有所往还，这本来是平常事，我并未介意。而李（鸣凤）、张（士秀）疑我对该旅军官进行挑拨离间，直接破坏成立第二师的计划，间接为阎（锡山）效力，遂以请我吃饭为名，将我拘捕，并派法官开庭审讯一次……我被拘月余，适逢杨彭龄到了运城，有事和李、张接洽，密派人问我有何嘱托，我即写了几句话，请他转交阎锡山，大意是请阎以山西全局为重，我个人的生死不必考虑，但李、张的事件，恐山西不能自决，应请中央处理。"②阎锡山早就不满张、李二人在晋南的势力，遂以"南桂馨事件"为借口，故意大张其词地向袁世凯控告张、李二人，诬蔑他们违命不遵、反抗中央、密谋叛乱，请求讨伐。袁世凯原本就因张、李二人为同盟会会员，早已有意

① 薛笃弼：《太原和河东光复的片段》，全国政协文史资料研究委员会编《辛亥革命回忆录》第5集，第177页。

② 南桂馨：《山西辛亥革命前后的回忆》，全国政协文史资料研究委员会编《辛亥革命回忆录》第5集，第155页。

伺机铲除,于是在1913年春派晋、陕、豫三省出兵围剿。晋南镇守使张煌屯兵不进,而陕兵则临河观望,只派茹欲立调查,只有河南毅军统领赵倜(袁世凯心腹)连夜率军渡河到蒲州。张、李二人开始时准备抵抗,但王用宾以“众寡悬殊,徒使地方糜烂”为由,下令撤河口守兵,静候法律解决,这就使得赵倜不发一枪就控制了运城。张、李二人被拘捕入京,冠之以“称兵作乱、危害民国”的罪名,囚禁在北京宪兵营月余后,在袁世凯的授意下,审判长陆建章、副审判长陈登山判处张士秀、李鸣凤各囚禁于陆军监狱15年,南桂馨无罪释放①。1914年4月,原北京军警执法处处长陆建章担任陕西将军,旋即赴陕镇压白朗农民起义。陆建章临行前保释李鸣凤出狱,张士秀也随之获释,二人随同陆到达陕西,被聘为威武将军行署谘议,住在西安暗中与关中旧友密谋反阎。

1916年,镇守使陈树藩驱逐陆建章离陕,代之为陕西都督。而陈树藩援晋时,曾得到张士秀赠盐之惠,因此颇为感激,便于1920年任命张士秀为陕西汉中道尹。1920年间,陕西靖国军与督军陈树藩为难,陈树藩电召李鸣凤入陕调解。李鸣凤到陕后,同情靖国军,四处奔走,各地军民又多愿听从其指挥。但此时陈树藩与阎锡山皆依附于北洋军阀段祺瑞,彼此往来密切,暗地勾结派人于西安近郊将李鸣凤击杀②。因当时张士秀也住在西安,和陈树藩往来密切,所以很多人怀疑张士秀与此案有关,李鸣凤家人对此也深信不疑,这就不但毁了与张士秀的儿女亲家,而且从此张、李两家断绝来往。

1924年,冯玉祥组建国民军,张士秀到军中探访旧友,返京途经河南新乡时,被胡景翼部中李鸣凤旧友杀死,声言是为李鸣凤报仇,时张士秀五十四岁。

张士秀自加入同盟会后,积极投身反清革命,辛亥革命时期为联秦

---

① 王用宾遗稿:《记山西在辛亥革命前后的几件事》,全国政协文史资料研究委员会编《辛亥革命回忆录》第5集,第124页。

② 山西省政协文史资料研究委员会编:《阎锡山统治山西史实》,第49页。

援晋光复河东而奔走游说，不遗余力。在河东军政分府时期，善筹划，多谋略，练兵筹饷，扩充武装力量，组建地方行政盐政机构；还创办兴业银行，维持地方经济，发展实业，为河东的安定和发展起了很大作用。但是，由于历史局限性，张士秀在任期间，也曾镇压过晋南地方武装力量，随陆建章入陕后，参与了对白朗农民起义的镇压，这些应视为其生平的缺憾之处。

# 张　文　光

王学庄

张文光，字绍三，亦作少三，云南腾越人。1882 年（清光绪八年五月）出生在一个商人家庭里。自幼读书不成，随父亲张纪三经商，往来于腾越和缅甸间。文光生性刚强，不畏势，不吝财，路见不平，尽力相助，在乡里间颇有威信。他目睹英国在边地的侵略掠夺和清朝的屈辱卖国，非常激愤。1906 年，中国同盟会会员杨振鸿来腾越任清军巡防营管带，暗中进行革命活动。张文光在杨的启发下加入了同盟会，走上反清革命的道路。他积极散发文件，发展会员，进行联络，并拿出家产来做革命活动经费。

1907 年，杨振鸿因革命嫌疑被解职，离滇他去，张文光继续活动。他公开创立了自治同志会，以拥护立宪为名，掩护革命活动。1908 年 12 月，杨振鸿回滇发动永昌（今保山）起义，因准备不足而失败，病死于蒲缥，张文光便独自担负起滇西革命的领导责任。他广泛进行宣传与组织，同活跃于当地的哥老会建立了联系。1911 年春，张文光预备响应广州起义，被叛徒出卖，他先期闻讯逃走，自治同志会被强迫解散。张文光流亡缅甸，继续指挥滇境的革命活动，他将注意力转向军队，通过同盟会员与会党分子联系当地驻军。在这些活动中，哥老会首领、新军排长陈云龙成了他的得力助手。

1911 年 10 月，张文光在缅境得到武昌起义的消息，认为滇西起义的时机已到，便赶回腾越布置。他在城外宝峰山宝峰寺召集党人会议，决定从夺取军队开始起义行动。10 月 24 日，又借野操机会，集合各支军队中的革命党负责人在叠水河玉皇殿开誓师会，议定起义的军事部署。10月27日下午，张文光亲率党人一队，袭击巡防队第四营，同盟会会员李学诗内应，击毙该营管带，夺得指挥权。同时，陈云龙在新军第七十六标第三营、彭蓂等在巡防队第五营，也分别裁决抗拒的军官，率队起义。经过一昼夜激烈的战斗，夺取了腾越全部城乡，清朝腾越镇总兵张嘉钰自杀，迤西道宋联奎投降。腾越街头飘扬起九星旗，四处张贴着起义军告示，告示上大书"皇汉纪年"和"发起人张文光"，宣布禁令："民军擅入人家者杀毋赦，民军抢夺人民财物者杀毋赦，民军奸淫民间妇女者杀毋赦，妨害外国人生命财产者杀毋赦。"①

11月11日，起义军的首领们在腾越自治公所会议，决定设立政府，扩充军队。张文光被推为滇西都督府都督，陈云龙为都指挥。原地方谘议局议长寸开泰等议员、绅士也参加了政权。张文光还亲自登门，邀请当地学堂的进步师生出来为新政权服务，并特地组织了"士林营"。起义后，腾越秩序稳定，但是，张文光对怎样发展胜利却心中无数。他在一封电报中感慨："前途茫茫，不知何以完成革命？"②

杨振鸿生前拟定的云南革命方针是："滇西首义，推动全省。"张文光按计划派出三路军队，由彭蓂、李学诗、刘德胜率领，分别向永昌、顺宁（今凤庆）、云龙进军，陈云龙率队为各军后援。滇西军主力攻克永昌后，由陈云龙率领进逼大理。这时，昆明已有了以蔡锷为都督的云南军政府，滇境出现两个并立的革命军政权。大理新军反正后站在昆明一边。滇西军的东进引起了两个政权的冲突。蔡锷通电要求腾越服从省城，撤回军队。滇西军沿途收容会党，已经扩充到二十三营三万余人，军纪涣散。陈云龙不听张文光的命令，其他将领也不受陈的节制，先后攻占了大理的几个属县。11月24日，哥老会头目刘竹云恃胜进攻，被

① 曹之骐：《腾越光复纪略》，孙钟因、曹之骐著《复滇录》，上海泰东书局1924年版。

② 张文光：《致黄毓成电》，李根源辑《永昌府文征》，曲石丛书1941年本。

训练有素的大理新军击败，全军退回永平。这次冒失的进攻造成了滇西政权的困难处境。11 月 30 日，蔡锷派第二师师长李根源兼任迤西国民军总司令，率军赴大理，准备进攻永昌、腾越，迫使滇西军就范。为了防止冲突扩大，张文光力排众议，强令军队撤回永昌。李根源也是腾越人，与家乡革命党人和士绅都有关系，也力主和平解决。12 月 17 日，李到大理，张文光派代表前去欢迎，双方进行谈判，议决滇西裁军，地方官由省任命，惩办刘竹云等肇事将领等九项条件，张文光通电赞成。1912 年 2 月 1 日，李根源抵腾越，张文光取消了滇西都督府，交出权力，由蔡锷委以协都督名义，统辖腾越、永昌、顺宁驻防军。腾越随即改名腾冲。陈云龙离军出走，后来在北京被段祺瑞杀害。

蔡锷督滇时，实权操在部将、原同盟会会员李鸿祥、谢汝翼手中。李、谢攘夺权力，排除异己，对张文光很看不起，联合省城士绅大肆攻击。1912 年底，李根源离滇，张文光在省方更失去了唯一的支持。次年 4 月，被调任徒具空名的云南提督，驻大理，谢汝翼以师长身份兼迤西镇守使，统辖腾冲。李、谢支持大理驻军竭力排斥张文光。对此，张郁愤地说："今共和名成立，根本未固，瞰吾隙者正多，若辈攘窃权位靡已，宁非袭亡清余气，自献于异族乎。我不忍与共事。"①于是辞职归里。张家旧称腾越富室，由于接济革命，至此已无余财。"二次革命"后，许多旧日党人流亡日本，张也拟赴日留学。这时，唐继尧接替蔡锷任滇督，大理会党杨春魁等起兵反唐，用张文光、李根源名义为号召。谢汝翼找到了铲除张的机会，便借此告发。唐将谢的状子报给袁世凯，袁宣布张为"叛逆"。但是，僻居腾冲的张文光并不了解外界政情的变化，依然在准备起程。1914 年 1 月 14 日，张文光与卸职部将黄安和到腾冲硫磺塘温泉沐浴，谢汝翼派官兵二十余人冲入浴室，乱枪齐发，张身中十余弹，当场遇难。黄以身躯护张，夺枪击毙三个暴徒，但寡不敌众，亦遭杀害。

① 李执中:《张文光君传》，见李根源辑《永昌府文征·列传》，亦收入方树梅纂辑《续滇南碑传集校补》，云南民族出版社 1993 年版，第 20—23 页。

# 张 西 曼

张小曼

张西曼，字百禄，湖南长沙人。1895 年 6 月 15 日（清光绪二十一年五月二十三日）生。父亲张梓林（1871—1936）在清廷太医院任职，热心维新运动；二哥张仲钧（字百骏，1891—1941）是同盟会会员。张西曼 1908 年十三岁时，在父兄的影响和带动下，由宋教仁、谭人凤介绍加入同盟会。1909 年，入京师大学堂（北京大学前身）学习。1911 年 1 月，因遭清廷压迫前往俄属海参崴，进入帝俄国立东方语文专科学校（后改东方大学）学习政治经济。在俄期间接触了列宁和普列汉诺夫的著作，与俄国革命党人"发生密切联系，以便将来中俄两国革命党，相互扶助推翻专制，建立民主的工作"①。

辛亥革命后，张西曼受南京临时政府黄兴、陈其美委托，在中俄边境孤身入山，招募绿林"马贼"刘弹子部八百人以上，南下组成北伐骑兵团支援辛亥革命。嗣后，张西曼利用暑期到彼得堡和莫斯科等地考察，接触了正在秘密传播的列宁的著作，同时考察"帝俄"政治。1914 年第一次世界大战爆发，张西曼转回国内，在哈尔滨滨江道尹公署工作，并开始在东北传播马列主义。1917 年，张西曼与友人创办东华中学（后哈尔滨第二中学），该校后来成为中共在东北建党的据点和革命者赴苏俄学习的中转站。

---

① 张西曼：《辛亥革命招募骑兵记》，《历史回忆》，东方书社 1949 年版，第 100 页。

十月革命的成功，使张西曼兴奋不已。张西曼同情十月革命，特往西伯利亚考察，向国内介绍十月革命，张西曼在俄罗斯学习考察期间曾谒见过列宁，并开始着手翻译列宁起草的《俄国共产党党纲》。1918 年即从苏俄分别写信给孙中山及北京大学校长蔡元培等，建议成立“社会主义研究会”。1919 年 1 月，张西曼回国到上海晋见孙中山先生，建议中国派员参加共产国际的会议，以社会主义思想改造国民党。同年 7 月，他应蔡元培等的邀请回到北京，进入北京大学图书馆任编目课事务员，同时在外交部俄文专修馆任教，瞿秋白是他的学生。张西曼利用在北京大学图书馆工作的方便条件，与文科学长陈独秀、图书馆主任李大钊、北大教师张申府等一起创立了秘密的“社会主义研究会”①，后发展成为“马克思学说研究会”和“马克思主义研究会”，促成了中国共产党的诞生。1920 年 3 月 15 日张西曼在《少年中国》杂志第 1 卷第 9 期上以“西曼”笔名发表了长达八页纸的介绍俄罗斯大诗人普希金生平的《俄国诗豪朴思硁传》，这是中国学者第一次全面向国人介绍俄国文豪普希金的著作。同年秋，张协助北京大学创建俄文系，曹靖华是该系二期的旁听生。张西曼还先后担任中国大学、平民大学等校教授。1920 年 8 月自行印刷出版《俄国共产党党纲》，这应该是《俄国共产党党纲》在中国最早的中译本。

1921 年，伏尔加河流域发生大旱灾，张西曼联络友人成立“俄国灾荒赈济会”，熊希龄任董事长，张西曼任总务股副主任，李大钊任文书股副主任，发动全国民众募捐，自总统以下重要官吏和各界民众纷纷捐款，为灾荒中的苏俄灾民送去救济物资和粮食。同年，他和俄人柏烈伟合编的《简明俄文法》出版。这年 4 月，张西曼在致胡适的信中说：“我是有志研究俄罗斯文学的一人，且常以中俄文化的相互沟通自任。”

1922 年 1 月，以陈独秀为首的中国共产党中央执行委员会以“希

① 张西曼：《五四中的社会主义运动》，《民主与科学》第1卷第4期（《历史回忆》，第143—146页）；《二十一年前与今日联苏决策》，《中苏文化》第15卷第6、7期合刊。

曼”为笔名出版了张西曼翻译且《俄国共产党党纲》，该书列为“康民尼斯特(共产主义音译)丛书第二种”的初版本。到1927年3月，以一年一版的速度连续发行了六版名义下的七个版本(现已发现1926年有两个内容一致，但印刷字体、排版、标点符号均有不同的两个版本)。党的纲领是党的旗帜，张西曼翻译且公开发行的《俄国共产党党纲》就代替了当时因环境恶劣不能公开出版发行的《中国共产党党纲》，公开传播了马列主义，为中国共产党的创立、发展、壮大和马克思主义的传播作出贡献。

在社会主义研究会创建和发展过程前后，张西曼曾于1919年和1921年两次谒见孙中山，除表示自己真诚拥护孙领导中国革命外，还陈述了以往仅利用会党、新军等薄弱基础为革命手段的失败和教训，建议向俄国革命学习和两大革命政权的相互承认与援助。1922年8月，张又赶到上海条陈“联俄、联共、扶助农工”的三大主张，力主效法苏联共产党改组中国国民党，实行国共合作①，成为孙中山三大政策的实际建议者，孙中山曾任命张西曼为“中俄联络员”。

张西曼致力于苏俄文化的传播和中苏文化的沟通，他认为应当有更多的人学习俄语，为学习苏俄革命经验掌握基本工具。1922年至1924年，张西曼担任冯玉祥学兵团吉合、边章武、何基沣所在连的俄文教员。1923年编写出版《中等俄文典》。同年，他又协助交通大学及其他私立大学成立俄文班，张冲就是该校二期学生。1925年，张西曼创办中俄大学，推徐谦担任校长。他编著的大学俄文读本《新俄罗斯》同年出版。1926年出版《中等俄文典》和《新俄罗斯》再版本，推动了近代早期俄语教学的发展，为近代中国俄语教学的开拓者。

1926年10月，张西曼参与国立武昌中山大学(武汉大学前身)之

---

①　张西曼在《中苏文化协会的艰难创办记》(《民主与科学》第1卷第9、10期合刊)、《十月革命怎样地感召了我》(《新华日报》1946年11月7日)等文中均记载了他曾于1922年秋到上海，向孙中山条陈“联俄、联共、扶助农工”三大主张。

筹备。1927年初，任武汉国民政府政治顾问、鲍罗廷外交顾问，并任武昌中山大学法学院院长、校务委员会委员及俄文法政学系主任、教授。其时译有苏俄民法、刑法、宪法等，在《法学杂志》上刊登。汪精卫“七一五”叛变革命，张西曼在武汉营救被捕师生二百余人出狱。1928年4月任国民政府大学院秘书，后改教育部秘书。1929年举行孙中山奉安大典时，经蔡元培推荐担任《奉安专刊》编辑主任。

1931年，张西曼转任北平大学教授及陆军大学政治教官。“九一八”事变后，他痛心疾首，于12月初到山西汾阳访问冯玉祥，交换救国政见。同年开始在中央大学教授俄国近代史课程。1932年随陆军大学迁校南京，因在陆大讲课中介绍了苏联社会主义建设和政治、经济、文化概况，受到多次警告和指责，并将他的课程裁掉。

张西曼对于蒋介石坚持“攘外必先安内”政策、不断围剿苏区的行径十分反感，力主停止内战，实行孙中山的遗训，对日本帝国主义绝交、宣战。因救国主张不被蒋介石采纳，毅然拒绝了蒋所挽任的湖北省主席一职①。此后，他担任参谋本部边务组专门委员。由于新疆在政治、经济、文化、民族等诸方面与苏联关系十分密切，而张又精通俄文及苏俄情况，因此从1932年起他开始从事新疆及我国边疆民族政治的研究，并赴甘肃实地考察。是年，中国边疆学术研究会成立，张任理事长，后任会长。1934年3月，担任行政院新疆建设委员会常务委员，同年完成《中国边务图书总目》初稿。1935年，发表了《大月氏人种及西窜年代考》。后来在重庆仍坚持研究边疆民族史，曾撰著《中亚缠回为沙陀苗裔考》、《乌孙即哈萨克考》等重要论文发表。

1935年7月，张西曼在南京与徐悲鸿、张仲钧、梅兰芳等文化界人士，发起筹建“中苏文化协会”，以沟通中苏文化和促进两国人民友谊为宗旨。行政院长兼外交部长汪精卫多方阻挠，并以推任驻苏大使为诱饵，以图调虎离山。张西曼拒任驻苏大使，排除种种干扰，于是年10月

① 《民主与科学》第1卷第11、12期合刊。

终将“中苏文化协会”组成，由孙中山之子孙科担任会长，张任唯一的常务理事。其后组织迅速发展，规模日大，上海、湖南、湖北、广西、四川、云南、新疆、香港及延安等地纷纷成立分会。张西曼呕心沥血致力于协会工作，推进中苏文化交流和中苏友好的活动，1936 年 2 月创办《中苏文化》杂志，并在南京和上海举办了苏联木刻版画展览。同年，他翻译出版了《苏联新宪法草案》单行本。4 月，任国民政府蒙藏委员。12 月，又任国民政府立法委员。1937 年，翻译出版了《苏联宪法》及哈萨克斯坦等五个加盟共和国的宪法。

1937 年“七七”卢沟桥事变后，张西曼更加积极地呼吁联苏制日，奋不顾身地支持救国会，声援“七君子”，援助绥远抗战。7 月 16 日，在国内知名人士两百余人参加的庐山谈话会上，张西曼重申其联苏抗日主张。他还通过广播、演讲及发表文章等途径，宣传联苏是抗日胜利的唯一出路。他参加发起“战时儿童保育会”，及“国际反侵略协会中国分会”，分别被推为名誉理事和理事，后又担任“中华全国文艺界抗敌协会”监事，从事抗战中的左翼文艺活动。

1938 年 3 月，张西曼先后两次挺身而出，为被康生、王明诬陷“汉奸”的陈独秀辩诬，在第二次声明中，更坚决表示“敢负责”为陈独秀辩护，坚持认为陈独秀“至少是个爱国的学者”，并愤怒指斥在没有确凿证据的情况下把陈独秀诬为“汉奸”是“骨肉相残，殃民祸国”。

1938 年 7 月 7 日，张西曼在武汉政治部三厅举行的“卢沟桥事变周年纪念会”上，基于民族大义，不顾个人安危，公开斥责国民党副总裁汪精卫是“国贼汉奸，秦桧第二”，要求“杀汪贼以谢国人”①。第二年，汪精卫就投入日本帝国主义的怀抱。

国民政府迁都重庆后，张西曼在重庆继续主持中苏文化协会和中

① 张西曼：《民主与科学杂志创刊周年记》，载《民主与科学》第 11、12 期合刊。当年主持政治部三厅大会的田汉在其所作、李济深书的《张西曼墓志铭》中记云：“抗战军兴，汪精卫在武汉叛迹日著，西曼在武汉公开声讨，请诛逆贼，闻者服其胆识。”

国边疆学术研究会的工作，并与中共中央第十八集团军驻渝办事处保持经常的联系。这期间他还在《新华日报》等报刊上，发表了大量诗歌、文章，盛赞苏联的建设成就和苏联红军的英勇，宣传社会主义理想。1940 年 9 月 3 日，他在张曙追悼会上发言，公开抨击行政院副院长孔祥熙买外汇存外款，发国难财，虽受到国民党行政院秘书处的严重警告仍不畏不屈。1941 年 1 月皖南事变时，张西曼和柳亚子等联名通电指责国民党倒行逆施，有失人心。3 月，张西曼在马寅初六十大寿祝寿会上发表演讲，遥祝马老健康长寿，以营救此时已被捕入狱的马寅初。同年 9 月 25 日，张西曼之兄、湖南省参议员张仲钧，因同情新四军、抨击湘省政治，被国民党当局派人乱枪打死在家中。张西曼从重庆赶去擦干了哥哥身上的血，继续无所畏惧地投入了新的战斗。

1945 年 1 月，张西曼在重庆创办《民主与科学》杂志，任社长兼主编，在发刊词中提出“民主”与“科学”是中国革命的两大目标。他还与柳亚子、熊瑾玎、郭沫若、田汉、林北丽等创革命诗社。同年，担任国立中央大学俄文兼职教授。1945 年 10 月 10 日，因抗战救亡有功，张西曼获得国民政府颁发的“胜利勋章”。

抗日战争胜利后，为反对蒋介石发动内战，1945 年底在他主持下，《民主与科学》杂志联合重庆二十六家杂志，发出“不要内战”的共同呼吁。12 月 20 日，马歇尔(George Catlett Marshall)以美国“总统特使”身份来到中国，张西曼在《致马歇尔特使函》中指出，美国物资援华是助长中国内乱的阴谋。1946 年 1 月，张西曼与褚辅城、许德珩同时担任“九三”筹备会发起人。为了推动国民党蒋介石遵守 1946 年 1 月政治协商会议的决议，促进民主宪政的实现，他与孟宪章、吴藻溪、何思敬等于 1946 年 2 月 24 日在重庆成立“中国民主宪政促进会”，担任理事长，以后还在南京、上海、成都等地建立分会。同年 5 月 4 日“九三学社”成立，张西曼被推为第一届理事，提出“愿本‘五四’精神，为民主与科学之实现而努力”。

蒋介石于 1946 年 6 月悍然发动全面内战，张西曼强烈反对。11

月，张西曼发表谈话，反对国民党单独召开“国大”。1947 年 1 月，他参加南京学生的集会，大声呼喊：“中国绝不容许任何党派出卖！”①5 月，他出席南京中央大学等院校联合举行的“五四”纪念会，发表题为《坚决为民主而斗争！》的演讲。“五二〇”惨案发生后，张西曼往中央大学、金陵大学慰问受害学生，在衣食忧苦中愤然慷慨解囊援助学生运动。1948 年在南京大中学生的“五四”座谈会上，张西曼痛斥国民党政府的腐败，激昂陈述五四运动的任务并没有完成：“中国只有民主与反民主，封建与反封建，帝国主义及其走狗与反帝国主义及其走狗的斗争，没有第三条道路。”②在南京大中学生纪念“五二〇”周年大会的时候，他又发表演说，指出：“在争取光明、争取民主的奋斗中，任何迫害都不能破坏我们救国的共同信念。”③

1948 年夏，张西曼的住所被国民党军警搜查，行动受到监视。在中共地下党交通员保护下，他于 12 月 26 日在雨夜中悄然化装离开南京，挈妇携雏进入中原和华北解放区，先后受到李先念、邓子恢和陈毅等的热烈欢迎。1949 年 3 月 3 日，他千里跋涉辗转到达北平。4 月 16 日携夫人魏希昭出席南社、新南社在中山公园“来今雨轩”举办的雅集，并与叶剑英、柳亚子等合影留念。接着参加民主东北参观团赴东北解放区参观，遍历关外山河。6 月参加社会科学工作者代表大会筹委会。7 月 2 日出席全国第一次文代会。7 月 4 日因咳血入协和医院治疗，经医生诊断为肺癌。在手术前他亲书遗嘱“曼生不能多所贡献于中国受苦的人民，死亦不愿玷污净土”，为了以利后来的患者获得“预防的根治方案”，“自愿将遗体捐赠医院做科学继续解剖之用”④。7 月 10 日凌晨不幸逝世。

---

① 《南京人报》1947 年 1 月 27 日。

② 《南京学运大事记》，载南京大中学生纪念五四筹委会编《迎接新的战斗》，1948 年版。

③ 南京《新民报》1948 年 5 月 5 日。

④ 南京《新民报》1948 年 5 月 22 日。

张西曼逝世后，遗体葬在西山万安公墓李大钊墓侧，董必武、林伯渠、周恩来、陈绍禹、李维汉、李达、李济深、沈钧儒等十九人组成治丧委员会，朱德、聂荣臻、谢觉哉、黄鼎臣等亲临医院告别，周恩来为他亲笔题写了落款是“敬题”的墓碑。1975 年重病中的周恩来总理跟身边的警卫员谈起他一生仅为几个人题过墓碑，称张西曼是“红色教授”。1995 年 6 月 20 日，民革、民盟、九三学社中央联合召开了张西曼诞辰百周年纪念座谈会，王兆国代表中国共产党中央和统战部，称颂张西曼是“坚定的爱国主义者和英勇投身于抗日运动的民族英雄”①。

① 《人民日报》1995 年 6 月 21 日；南京《新民报》1948 年 5 月 22 日。

# 张　啸　林

朱剑良　许维之

张啸林是旧日上海的大流氓头子，与黄金荣、杜月笙号称“上海三大亨”。张原名小林，乳名阿虎，后更名为“寅”，以啸林为号。生于1877年6月14日（清光绪三年五月初四），浙江慈溪人。张父是个木匠，早故，全家依靠母亲劳动度日，生活艰难。

1897年，张二十岁，在乡下难以谋生，举家移居杭州府拱宸桥。到杭州后，张啸林与兄张大林一起进杭州机房学织纺绸。但是他游手好闲，不务正业，专同流氓地痞为伍。不久，张弃工考入浙江武备学堂，在校与周凤岐、夏超、张载阳等人同学，这是后来他同军阀方面有勾搭的由来。张未毕业就离开武备学堂，拜杭州府衙门的一个领班（探目）李休堂为“先生”，充当李的跑腿；并在拱宸桥一带开一茶馆，结交了一帮地痞流氓，专以寻衅打架、聚赌敲诈为生。当时拱宸桥一带另有一赌棍，诨名“西湖珍宝”，以张啸林经常勾引他的赌徒为由，同张结下了仇恨。一次，“西湖珍宝”纠集手下的赌徒向张寻衅。张因寡不敌众，不得不与同伙躲到别处，但仍靠聚赌诈骗为生。

张啸林除在杭州城里赌博骗钱外，还于每年春茧上市和秋季稻谷收获的时候，到杭、嘉、湖一带引诱农民赌博。乡间的农民受张愚弄者大有人在。有的当空卖绝，有的投河上吊，因而民愤极大。清末宣统年间，杭、嘉、湖一带人民曾投状上告，但张啸林凭他在衙门里的熟人关系，仍然逍遥法外。

1919年秋，张全家迁往上海，先后在三马路（今汉口路）开小花园旅馆，在五马路（今广东路）“满庭芳”一带吃赌台和妓院“俸禄”，又在劳而东路（今襄阳北路）开斗牛场，在四马路（今福州路）大兴街一带设茶会。他专干勾嫖串赌、贩卖人口、逼良为娼等罪恶勾当。这时张与英租界的著名青帮流氓季荣卿结识，臭味相投，一见如故，结为莫逆之交。张还通过杜月笙的“老头子”陈世昌认识了杜月笙。这期间张啸林曾拜了青帮“大”字辈樊瑾成为师，成为“通”字辈成员，并在沪、杭一带广收门徒，发展黑势力。张身材魁梧，膂粗力大，凶狠毒辣，曾自比为奉系军阀张作霖，他的门徒凑趣捧场称他为“张大帅”。

当时，上海滩上的大流氓各霸一方，相互争雄。一次，张啸林为了夺取码头上贩运水果的权力，和广东帮流氓大打出手，混战一整天，终于夺得水果贩运特权。后来，张又和英租界流氓范开泰（诨名“乌木开泰”）、范回春（诨名“象牙回春”）、苏嘉寿等一起，为抢夺鸦片贩运权同法租界流氓金廷荪等发生殴斗。金廷荪是当时法租界巡捕房督察长黄金荣的门徒。而张啸林和浙江省长张载阳、督军卢永祥有私交，常为卢、张押运和代销鸦片。当时任淞沪护军使的何丰林原是卢永祥的部下，张与何丰林也搭上了关系，其后并与何的缉私营统领俞叶封结为儿女亲家。黄金荣、杜月笙为了利用张啸林同军阀的关系，不想同张翻脸。张为了在法租界发展势力，也不想同黄、杜弄僵。于是请出在上海的青帮“大”字辈“老头子”出面调停，提出了所谓“黑心钱公平用”，各帮合伙贩运鸦片的约定。有一次，黄金荣因触犯卢永祥的儿子卢筱嘉而遭监禁，张运用和军阀的关系伙同杜月笙出力营救，使黄获释，黄对此十分感激。从此黄、杜、张三人结为把兄弟。

1923 年左右，黄、杜、张三人正式合伙搞鸦片联运。张依靠何丰林的保护，把鸦片从吴淞口安全运到十六铺，再由杜月笙派“小八股党”包运到法租界，然后由黄金荣发“通行证”。这样，黄、杜、张三个青帮流氓头子就成了上海赫赫有名的贩毒集团的首脑。“三鑫公司”是他们贩卖鸦片的大本营，他们借此不但自己大发贩毒财，也给军阀和租界当局带来了经济收入。所以尽管这期间统治上海地区的军阀数易其人，但黄、杜、张都是被争相罗致的对象。1924年，黄金荣把法租界华格臬路(今宁海西路)两亩地基分赠给张、杜，造了两幢洋房，张住东宅，杜住西宅，一墙之隔，亲如一家。

1927年4月初，蒋介石在上海准备公开叛变革命，指使上海的流氓头子组织“中华共进会”，充当反革命的急先锋。张啸林是这个组织的三大头目之一。黄、杜、张指使大批流氓冒充工人，从租界出发向上海工人纠察队发动进攻，在国民党军队的配合下，制造了震惊中外的“四一二”大屠杀事件。南京国民政府成立后，蒋介石委任黄、杜、张为海陆空军总司令部顾问、军事委员会少将参议和行政院参议等职，以酬其功。从此，张啸林成了国民党统治层中的“党国要人”。他们还和国民党的官员王柏龄、陈群、杨虎等人结为把兄弟。这时租界当局也对张刮目相待，任命他为法租界纳税华人会会长。

1930年，张啸林“荣归”杭州故里，轰动一时，当地豪绅、政客、地痞流氓为他摆酒接风。无耻文人许吾生为张献名为“寅，号啸林”(张属虎故名寅，“啸林”即虎啸于森林之中)。此后，杭、嘉、湖一带的盗匪歹徒、地痞流氓纷纷投在张的门下。张在杭州西湖畔和莫干山皆建造有私人别墅。

以后，张还与杜月笙等在上海巨籁达路(今巨鹿路)合开了一家上海最豪华的大赌台。他们还将用非法手段得来的巨款投资于银行和工商企业，由流氓一变而为“实业资本家”。国民党中的要人孔祥熙、宋子文等人也和他们有了来往。1932年，经杜月笙推荐，张当上了上海华商纱布交易所的监事以及中汇、交通等几家银行和公司的常务董事或董事。张啸林的“六十大寿”、黄金荣的黄家花园竣工以及杜月笙的“杜氏家祠”落成，竟成了轰动当时上海滩头的三大“盛典”。由段祺瑞、蒋介石领衔一百人署名为“张啸林六十寿辰的征文启事”，则对张大加吹捧①。

---

① 《申报》1936年6月2日。

30年代后，杜月笙在上海的权势超过了黄、张，张对杜渐生嫉妒。1935年，蒋介石施行“法币”政策，杜月笙事先得到了消息，没有把消息告诉张，自己趁势投机狠捞了一笔。张对此深为不满。张为人处事粗暴，不如杜善于玩弄小恩小惠，因而张的门徒纷纷改换门庭，投拜到杜的门下。张的儿子张法尧从法国留学回来后，张曾托杜向蒋介石引荐，但一直没有得到蒋的重用，张怪杜不肯尽心。由于上述种种，张、杜之间开始产生矛盾，张和国民党反动集团的关系也渐疏远。

1937年抗日战争爆发以后，上海沦陷前夕，蒋介石指使杜月笙拉黄金荣、张啸林同去香港。当时黄以年老多病为借口，留沪不走。张认为杜月笙去后，如果黄金荣不问外事，正是他可以独霸上海的好机会，所以决定也留在上海。“八一三”沪战开始，张正躲在莫干山避暑，日本特务机关派人潜往莫干山和张密谈。上海沦陷后，张即返沪，指使其门徒接受日本特务的指使，为侵略者效劳。

1939年前后，在日本特务机关的授意下，张啸林组织了一个“新亚和平促进会”，并分派其门徒到四乡为日军收购急需的煤炭、大米和棉花等重要物资，甘心为日本帝国主义效劳，并乘机大发国难财。

1939年底，张啸林得日本特务机关支持，准备建立浙江省伪政府，由他当省长。事为国民党特务系统所探悉，决定除奸杀张。

1940年1月15日，张啸林的亲家俞叶封约张去更新舞台看戏，张因临时有事未到，结果俞在戏场中被人刺死。不久，有一次张乘车外出，一排枪弹射穿张座车玻璃窗，但未命中，得免于一死。经过这样两次事件后，张闭门不出，并雇了二十多名护宅保镖，日伪也派兵在宅外守护。又不久，国民党特务用重金收买了张啸林的随身保镖林怀部。林于8月14日乘张啸林和伪杭州锡箔局局长吴静观在楼上商量事情之际，故意在楼下与张的司机大声争吵，张从楼上窗口探头责问时，林拔出手枪一枪命中，射杀了这个地痞流氓和汉奸。

## 主要参考资料

郑竹友、王亚陆著:《张啸林的一生》,中国人民政治协商会议上海市委员会文史资料工作委员会编《旧上海的帮会》,《上海文史资料选辑》第54辑,上海人民出版社1986年版。

《张啸林之子张法尧谈话记录》、《张啸林的司机阿四(王文虎)谈话记录》、《中统分子徐亮谈话记录》,以上均见《大流氓杜月笙资料》,现藏华东政法学院资料室。

章君榖著:《杜月笙传》,台北传记文学出版社1977年版。

# 张　学　良

张友坤

## 一、青少年时代　婚姻家庭

张学良，字汉卿，号毅庵，1901 年 6 月 3 日出生在逃难中的大马车上，养育在辽宁省台安县鄂家村詹家窝铺屯（现称张家窝铺屯）其表哥赵明德家。乳名双喜，爱称小六子，化名李毅、李宜、笔名曾显华。其父张作霖，字雨亭，1875 年生，辽宁海城人，北洋军阀奉系首领，1926 年任陆海空军大元帅，成为北洋政府的末代元首。因他始终不愿彻底充当日本侵略中国的驯服工具，1928 年 6 月 4 日在返回东北的专列上，被日本关东军炸死于沈阳附近的皇姑屯，是年五十四岁。张家祖籍河北大城，本姓李，高祖时代，张家与李家结亲，因张家无子，领养李家之子为嗣，遂改姓张。到张学良时已是第六代了。张学良有一姐七弟五妹。姐者：冠英，字首芳；弟者：学铭、学曾、学思、学森、学俊、学英、学铨；妹者：怀英、怀青（亦名怀卿）、怀瞳、怀曦、怀敏。

幼时的张学良，家境贫寒。生母赵春桂性格刚强而又善良，因操劳过度于 1911 年病故，后由继母卢氏抚养学良姐弟。是年，学良姐弟随继母卢氏来到奉天（今沈阳）；其父先后礼聘杨景镇、白永贞、宋文林等名儒到家馆为子女任教，从而奠定了张学良中国传统文化功底。张学良特别崇拜民族英雄岳飞、文天祥、史可法、丁汝昌等。1915 年，学良拜奉天交涉署英文科长徐启东为师学习英文，同时又跟东三省军事测量局局长陈英学习法文和数理化知识，接触西方民主主义思想，成为性格开放爱好时尚的青年。他会骑摩托、开汽车、驾飞机、打网球、善跳舞、能书画、会演戏。1916 年，经周大文介绍，张学良加入奉天基督教青年会。经常由阎宝航陪同参加基督教青年会的各种活动，曾任基督教青年会会董、总干事，并结识外国朋友普莱德等。同年，张学良奉父命和于凤至结婚，育有一女三男；与赵一荻结合后育有一男①。张学良的童年是在辽西新民地区度过的，从小就目睹日本帝国主义者在东北的横行霸道和任意残害中国人的情形；加之官场腐败，国势垂危，在他幼小的心灵中打下深深的烙印，稍长曾有国家弄到如此地步、作为一个中国人活着还有什么意思的想法。1916 年 11 月，张在奉天基督教青年会听了南开校长张伯苓《中国之希望有我》的演讲，“中国之希望不在任何党派，亦不在任何官吏，而在每一个中国人之发奋图强，努力救中国”，深受感动，难以忘怀。从此，他立志凭个人之良心，尽个人之能力，努力救中国，积极参加爱国储蓄、推销国货；河北水灾时，基督教青年会带头义卖，他逢人劝购，以青年爱国的形象登上中国的政治舞台。

---

① 张学良十六岁时奉父命和于凤至结婚，生育一女三男。与赵一荻相爱后生有一男。为使子女不忘乡土、热爱中国传统文化，他深知家乡辽西医巫闾山为东北三大名山之首，依据周时典籍《尔雅·释地》载“东方之美者有医巫闾山之珣玗琪焉”，给子女起名闾瑛、闾珣、闾玗、闾琪（于凤至生）、闾琳（赵一荻生），并让他（她）们学习国画。

张学良被幽禁后，于凤至和赵一荻曾轮流陪“狱”。1940 年于赴美就医，赵在香港卖掉豪华别墅，将年仅十岁的幼子托付给一位美国朋友，只身到贵州修文县阳明洞陪张。张和于凤至（1990 年 1 月 30 日病故于美国纽约）离婚后，1964 年与患难与共的赵一荻正式结婚，1995 年他们定居夏威夷。2000 年 6 月 22 日，赵一荻病故，安葬在坐落于夏威夷神殿谷陵园预先造好的墓穴中。

## 二、从军习武　戎马倥偬

张学良本想学医，治病救人，其父却给他选择了职业军人的道路，以便他日子继父业。1919 年 3 月，张学良入东三省陆军讲武堂第一期炮兵科学习，曾与严格教学的郭松龄教官结成师友之谊。次年张学良毕业后被任命为东三省巡阅使署卫队旅旅长；张学良推荐郭松龄为该旅参谋长兼第二团团长，协助整训所部。1920 年 4 月张学良被授予陆军炮兵上校军衔，11 月，晋升为陆军少将，1925 年 4 月，晋升为陆军中将，成为东北军的“少帅”。

1921 年秋，张学良在日本顾问本庄繁的陪同下，与张作相等到日本参观秋操后，深感东北有整军经武的必要。归国后，他建议改革军制，整顿军纪、严格训练，均被张作霖采纳，并被任命为东三省陆军整理处参谋长。在短短的两、三年中，使东北军陆海空军实力大增，在军阀混战中，大有左右全局之势。

在执政东北之前，张学良追随其父先后参加过吉林剿匪、两次直奉战争、讨伐郭松龄之战、率部与北伐军对抗等。他在持续不断的军阀混战中，目睹同胞互相残杀，国家元气大伤，民生凋敝、满目疮痍，认识到不团结难以抗日，不统一不能富强，产生“息争御侮”思想。1925 年 6 月，他对记者说：“国人一向痛诟军阀黩武，学良亦军阀一，且自承认为坏军阀，然私意实酷爱和平。去岁奉直之战，实不得已，至今念及尸横遍野，犹有余痛。”1927 年 1 月 12 日，张对英国驻华公使兰浦生谈话：“中国南北之争，不过因国人对内政见未能一致，因起战端。古诗有言：‘兄弟阋于墙，外御其侮。’对外卫国，决不因对内不一致而发生影响……”同年 4 月 3 日，张答记者：“对大局主张，固另有主宰者，但无论如何，决不能以一党一派之利害而危及国家。”他建议其父退守关外，保境安民，建设东北。为此，他甚至跪着劝说乃父，直到 1928 年 5 月，张作霖才接受他的建议，下令撤军，退守关外。

## 三、东北易帜 全面建设

1928年6月4日，张学良得知其父遇难的信息后，化装成普通一兵，混在战士中，乘闷罐车潜回沈阳。为维护国家统一和民族利益，他立即下令停止内战，撤兵关外。为稳定东北政局，顺利完成权力交接，按既定方针，密不发丧，迷惑日本人，使之暂时不敢轻举妄动。直到一切交接工作就绪，于6月19日就任奉天军务督办。21日公布张作霖死讯，举办隆重的丧仪。7月2日，东三省议会一致推举张学良为东三省保安总司令兼奉天省保安司令，7月3日就任本兼各职。7月底，东北海军司令部成立，张任总司令。8月16日，兼任东北大学校长、哈尔滨工业大学理事会主席。11月30日，就任东北航空司令。12月29日，他排除来自内外的种种压力，在分区逐步易帜的基础上，宣布东三省易帜，服从南京国民政府，首次助蒋完成国家形式上的统一。被国民政府任命为东北边防军司令长官。

翌年1月10日，他处决了鼓动张作霖打内战、反对易帜、威胁东北政权稳定的杨宇霆和常荫槐，巩固了他的政权。是年，张受蒋介石唆使，挑起中东路事件，与苏联开战，损兵折将，被迫停战议和与对方签署《伯力协定》。其后继续集中力量进行东北新建设，创造了当时全国十个第一：即东北军武器装备的现代化水平，在全国军队中首屈一指；肇新窑业公司为中国第一家机器陶瓷制造工业；辽宁迫炮击厂制造了中国第一台“民生牌”载重汽车；东北农业公司和东北军兴安屯垦区，开创中国军民使用农业机械（拖拉机等）之先河；东北自建自营铁路里程具全国各省之冠；张学良驾驶飞机从沈阳到营口送邮件，开中国民航事业之始；东北无线电总台首开中国与欧美各国通讯联络；张学良兴办东北现代教育的私人捐款数量居全国第一；张学良资助刘长春参加第十届奥运会，为中国体育代表队首次参加奥运会；奉天体育场是中国第一座现代化体育场等。总之，张学良掌权之后，为中国东北的现代化建设做出了明显的成绩。

## 四、率军入关　调停大战

爆发于1930年的中原大战，是东北易帜后，蒋介石为实现其“统一”而引发的新军阀争权夺利的争斗。作战双方都竭力拉拢张学良站在自己一方，以求全胜。张对此先是保持中立，静观待变。是年3月1日，他发出“劝告蒋介石、阎锡山和平息争通电”，内称：“所冀举国同胞，洞察危局，注视线于国外，立泯内争，本诚意以相维，共图匡济。尤望介、百二公，融袍泽之意见，凛兵战之凶危，一本党国付与之权能，实施领袖群伦之工作。”9月18日，张发出和平通电，率军入关。阎、冯集团土崩瓦解。这是张学良继东北易帜后，又一次助蒋“统一”，巩固了南京政权。他因此于是年10月9日就任“国民政府”陆海空军副司令，统辖北方八省二市，成为当时中国政治舞台上的新星。

张助蒋有功，蒋宠张有加。蒋曾致函予张：“得友如兄，死无憾矣！”感激之情，可见一斑。是年11月7日，张应邀赴南京列席国民党三届四中全会，受到隆重的礼遇。是月24日，任国民政府委员和中央政治会议委员。次年，南京召集国民会议，张亦亲临表示拥护统一始终一致之诚，南京欢迎之盛亦如之。从此，蒋、张结盟，亲如兄弟。张对蒋亦步亦趋，开始卷入新的内战漩涡。

## 五、辞职下野　出洋考察

1931年5月28日，张因在南京贪吃鲜樱桃患重伤寒住进北平协和医院调养。9月18日夜，日本发动“九一八”事变，他因判断失误而执行蒋介石的不抵抗命令，痛失东三省，成为受国人责难的“不抵抗将军”，11月16日被免去南京政府陆海空军副司令职，改任北平绥靖公署主任。翌年2月29日，章太炎抵北平劝说张学良武装抗日，张有口难言，不作争辩。11月20日，张又被免去北平绥靖公署主任职，改任代理军事委员会北平分会委员长。12月27日，张学良电告南京国民政府，日本长驱直入，锦州危急。

1933年1月20日，张任华北集团军总司令兼第一方面军总指挥，率军长城抗战，因未得到蒋介石的实际支持而失败。3月4日，承德失守，他又难辞其咎，举国责难直逼张、蒋二人。蒋介石为缓和舆论压力，3月9日电召张学良在保定车站会晤，蒋以目前形势如同三人同坐一只小船，面临风浪，必须先下去一人，才可免遭灭顶。张学良说，当然我下。3月11日，张发表辞职通电，下野出洋考察。他在上海以非凡的毅力，在弥勒医生指导下戒除了多年的毒瘾。4月11日，携眷属等乘意大利邮轮启程出国。历时八月，相继考察了意大利、英国、德国、芬兰、瑞典等国的政治、经济、文化、军事等，深感执政者国家意识之淡薄，欧洲各国备战之积极，预感世界大战之不可避免；认为美、苏、英自顾不暇，无力助我，需要在希特勒、墨索里尼发动战争之前抗日。期间，张学良曾想访问苏联，被拒绝。

## 六、力挽狂澜　发动兵谏

1934年1月8日，张学良旅欧归来。3月1日在武昌就任"豫鄂皖三省剿匪总司令部"副司令职，代行总司令职权。张在武汉时期，曾讲过："国人早先骂我不抵抗，我现在很希望领袖给我变换任务，不叫我'剿匪'叫我去抗日。我觉得'剿匪'牺牲，不如抗日牺牲更有价值。"又说"不铲除滋生共产党的乱源——帝国主义与土豪劣绅，'剿共'势难进行下去。"他主张本着"兄弟阋墙，外御其侮"的原则，学习伟大的孙中山，对于共产党"也应当能容"。并提出"今日之中国亦需要一领袖，以统一国家，复兴民族。……最适当之领袖，非蒋中正莫属。""说实在的，共也好，不共也好，红也好，白也好，最要紧的是先把国家弄好，使民族地位提高，使自己的国家能在世界上与各国并存。""凡尚有些微血性，知爱国家并能见及国难严重之中国人，均应各除私心，决心爱国，凡属中国人，无论其为共产党、国民党、第三党（即农工民主党），或其他任何党派，果系自命为救国者，均应在拯救中国之惟一动机中摈弃一切歧见，联合一致，共救危亡。此乃救国之唯一途径。若仍萎靡不振，由命听天；内战频仍，政争不息，则中国前途必无希望矣！”可见此时他已开始孕育拥蒋联共抗日的思想。

1935 年 10 月 2 日，张就任西北“剿匪”副司令，代行总司令（蒋介石自兼总司令）职务。11 月 1 日，成立“西北剿匪总司令部”于西安。在 10 月 1 日至 11 月 21 日的五十多天内，东北军经过崂山、榆林桥、直罗镇三次“剿共”战役，竟然损失近三个师的兵力。师长何立中受重伤不久死去。团长高福源被俘。师长牛元峰兵败自杀，数千官兵被俘，震惊了整个东北军，给张学良以深刻影响。最令张愤感不平的是：蒋介石对东北军的损失不但不给予补充，反而下令取消被歼灭部队的一一〇师的番号；他为阵亡师长请求十万元的抚恤金，也遭蒋的拒绝。在实践中他进一步识破了蒋介石既要消灭红军又要削弱东北军的一箭双雕之计。促使他不得不寻求脱离“剿共”战争，走联共抗日的新路。

是年 10 到 12 月间，张在西安、上海秘密会见东北爱国人士李杜、杜重远、高崇民等，共商开创东北军、十七路军、红军西北大联合的新局面，以推动蒋介石形成全国抗日大联合的新局面。李、杜受张之托，介绍刘鼎（中共地下党员）到西安见张，并被留在身边工作；东北大学秘书长王卓然，遵照张的电令，介绍宋黎（中共地下党员）、李政风等先后到西安见张学良，宋被以秘书名义留在身边工作；张还电令六十七军军长王以哲在陕北前线设法和红军取得联系。1935 年秋，由张学良的幕僚高崇民等人沟通了张、杨关系，消除了隔阂与误解。并于翌年 3 月经过张学良、杨虎城、高崇民三人于洛川密商，确定了退出内战、联合抗日的方针。

1935 年 12 月，中共中央召开了瓦窑堡会议，确定了建立抗日民族统一战线的策略方针，加强对东北军的工作，争取把东北军改造成为“抗日的革命军队”。翌年1月，派回被俘的高福源团长做王以哲、张学良和红军建立抗日民族统一战线工作。自1月21日至4月9日张学良、王以哲与李克农、张学良与周恩来先后在洛川和延安（即“肤施”）举行了四次会谈。双方就联合抗日的一些重大问题坦诚地交换意见，达成了“停止内战，全国军队不分红白一致抗日救国”的协议。张接受了共产党提出的成立国防政府和抗日联军的主张。张也建议中共放弃抗日必反蒋的政治口号。是年8月10日，中共中央召开政治局会议，周恩来明确建议：放弃“抗日必反蒋”的口号。毛泽东作结论时，同意周恩来的意见。9月1日，中共中央书记处向党内发出《关于逼蒋抗日的指示》。在此前后，张在物资、财政上给极度经济困难的红军以援助，为红一、二、四方面军在甘肃的会师提供了方便；东北军和红军合作取得山城堡战役的胜利，使之成为国共两党十年内战的最后一战；尤其是对红军在西北安下大本营做出了特殊贡献。

蒋介石于1935年11月起，也在打通与中国共产党秘密谈判的渠道。1936年11月周恩来派潘汉年在上海与陈立夫进行了三次谈判，蒋妄图收编红军。这与张学良和中共的谈判有本质上的差别。正如1936年，毛泽东在致王以哲的信中所称：“目前蒋氏及其一派亦正开始进行联俄联共政策，我兄与张副司令实此政策首先提倡与首先实行者。”“张副司令及我兄联俄联共抗日救亡之主张，乃真心实意为国家为民族的主张。”

1936年4月，张学良创办《西京民报》；6月，开办长安军官训练团和学兵队；6月22日，张学良发表《中国的出路唯有抗日》之演说；是年秋，又发表《抗日理论与实践》等文；7月，成立秘密组织“抗日同志会”，亲任领导；10月，成立东北民众抗日救亡会，从思想、组织、政治和军事上做了大量的全国抗日战争的准备工作。

1936年7月，张学良开始向蒋介石“诤谏”、“上书”，劝蒋停止内战，联共抗日，毫无结果；8月萌生用“苦迭打”方式逼蒋停止内战，但不放弃“哭谏”；10月22日，蒋介石飞抵西安，督饬张“剿共”，张表示反对。11月爆发绥远抗战，是月27日，张向蒋介石请缨抗战，称：“今绥东事（指绥远抗战）既起，正良执殳前驱，为国效死之时矣。”遭蒋拒绝。11月23日，蒋下令逮捕沈钧儒等爱国七君子。12月2日，张自驾飞机到洛阳向蒋“哭谏”，要求释放爱国七君子，并允许东北军出兵援绥，均遭拒绝；张学良指斥蒋介石为袁世凯、张宗昌。12月4日，蒋再次进驻西安，调动数十万大军逼近西北，带领军政大员到西安，准备对陕北红军发动第六次“围剿"，张若不从，就将其调离。12月9日，西安青年学生举行“一二九”爱国运动一周年游行请愿大会，向临潼蒋之驻地进发，蒋介石下令“格杀勿论”。张学良赶上游行队伍劝阻无效；在群情激奋中，张学良表示：“一星期内，我用事实答复你们！”并将学生停止内战、一致抗日、出兵援绥的要求转告蒋介石，再遭严词拒绝。12月10日，张和蒋在“安内攘外”与“攘外安内”政治主张上的分歧，已经无法化解，非告一段落不可，谁也不能放弃自己的主张。张带白凤翔、刘桂五到临潼谒蒋请训，以认清路线和察看地形及蒋的住室，为兵谏做准备。

12月12日，张、杨毅然发动兵谏①，扣留蒋介石，逼其停止内战，联共抗日。发表八项抗日救国主张：（一）改组南京政府，容纳各党各派共同负责救国；（二）停止一切内战；（三）立即释放上海被捕之爱国领袖；（四）释放全国一切政治犯；（五）开放民众爱国运动；（六）保障人民

---

①　西安事变后，杨虎城被迫“出洋考察”。1937年10月29日，他不顾个人安危，拒绝他的“同案犯”张学良及其亲友的劝阻，毅然回国，准备参加抗战。但他一踏上国土，就被国民党军统跟踪，终被蒋介石长期囚禁。1949年9月6日，杨虎城被国民党特务暗杀于重庆“中美合作所”戴公祠，血溅渝州，震惊中华。11月30日重庆解放，中国人民解放军第二野战军派人调查，12月1日，觅得遗体，16日，中共中央给杨虎城家属发去唁电。1950年1月16日，杨虎城的灵柩由重庆运抵武汉。25日，中南军政委员会举行公祭。26日，杨虎城的灵柩由武汉北运西安。2月7日，安葬于西安南郊杜甫祠西侧。与杨同时遇难的还有他的小儿子拯中、女儿拯贵等（夫人谢葆真，此前因受特务折磨，已病故狱中）。

集会结社一切之政治自由；（七）确实遵行孙总理遗嘱；（八）立即召开救国会议。

12 月 14 日，张、杨撤销了“西北剿匪总司令部”，正式成立了“抗日联军临时西北军事委员会”，张、杨分任正副主任委员。张向同胞们诉说：“我们只求主张实现，此外我们既不要钱，也不要地盘，我们为了实现我们的主张，我们立于抗日战线的第一线。”同时，电邀中国共产党速派代表到西安共商大计。中共召开紧急会议，在电告共产国际的同时，做出和平解决西安事变的决定，派周恩来、叶剑英、秦邦宪等十七人于17 日抵达西安。

蒋的顾问端纳及宋子文、宋美龄兄妹也分别于 14、20、22 日先后飞至西安。由于他（她）们的反复劝说、中共代表的有力调解，张、杨的赤胆忠心和蒋介石固有的民族性，最终使蒋不得不口头答应六项条件，但不签字，以领袖“人格”作保证。

12 月 25 日，为恢复蒋的威信、打压南京亲日派的嚣张气焰和目睹蒋介石兑现在西安答应的条件，张学良送蒋返京，负荆请罪。对此，毛泽东曾有评价：“西安事变中，国内一部分人极力挑拨内战，内战危险是很严重的，如果没有十二月二十五日张汉卿送蒋介石先生回京一举，如果不依照蒋介石先生处置西安事变的善后办法，则和平解决就不可能，兵连祸结不知要弄到何种地步，必然给日本一个最好的侵略机会，中国也许因此亡国，至少也要受到极大损害。”这既肯定了张送蒋返京的意义，又肯定了蒋介石在当时的情况下所起的一定作用。

## 七、幽居岁月 辗转迁徙

蒋介石心胸狭窄、睚眦必报。尽管张学良到达南京当天（12 月 26 日），就在宋子文的示意下给蒋介石写了请罪书，但蒋仍指示李烈钧等人对张学良进行军法会审。张在 12 月 31 日的审判庭上，理直气壮，侃侃而谈:“……这回事由我一人负责,……我曾将我们的意见,前后数次口头及书面上报告过委员长……我可以说,我们此次并无别的要求如地盘金钱等,完全为要求委员长准我们做抗日一切准备及行动。……我写给委员长的信(指请罪书),不知道他要发表,否则我不写。”审判结果:判处张学良有期徒刑十年,特赦后仍将张学良交军事委员会严加管束,一管就是五十四个春秋。可谓“爱国获罪,千古奇冤”。

1937 年元旦,张学良发表《告东北将士书》,勉励东北军精诚团结,加紧训练,待命杀敌,收复东北。并在日记中写道:“读《旧约·创世纪》一篇。余身体不甚自由,但精神十分自由,并甚畅快,知人静思真得也。”

“呀!二十六年的元旦了!不只失地未复,而国权日丧,就是我今日之处境,百感交集。但我是中国人,我是个丈夫,悲愤是无用的,只有不顾一切,冲出一条血路,打倒我们的仇敌日本帝国主义,然后国事有复兴机会。昨夜梦中过新年,同乡二人来访,述及亡国衰(丧)家之苦,大家相对泣。恐非东北人不知此中滋味。因梦中涕泣,被看守我的人将我叫醒,我心中十分惨然。”

“七七”抗战爆发后,由于日本侵略军的大举进攻和国民党军队的节节败退,国土接连丧失,被幽禁的张学良随之辗转迁徙,先后由南京孔祥熙公馆移居浙江奉化雪窦寺、安徽黄山温泉、江西萍乡、湖南郴州苏仙岭、沅陵凤凰山、贵州修文阳明洞、贵阳黔灵山麒麟洞、贵州开阳刘育乡、桐梓天门洞。幽居期间,张学良曾三次上书,要求参加抗战,均被蒋介石拒绝,铸成张的终生遗憾。

1946 年 10 月 15 日,将张由桐梓迁抵达重庆,住郊区松林坡(原为戴笠所建之公馆)。11 月 2 日,被骗至台湾井上温泉。次年 3 月,张治中夫妇到台井上温泉看望张学良时,他托张治中向蒋介石提两点要求:(一)恢复自由;(二)希望刘乙光(指“监护”张学良的特务头目)搬出本该由他居住的房子。张治中此次探望,引起蒋介石不快,蒋介石手谕:“以后非经我批准,任何人不得见张学良。”

1956 年，受宋美龄的启发，张学良在蒋介石的英文老师董显光、东海大学校长曾约农引领下，皈依基督教，1966 年 7 月，他参加美国一家神学院的函授，学习圣经。从此不再研究明史，也不再写文章。以养兰、打牌、听戏、研读圣经，教堂祈祷等为营生，度过漫长的幽居岁月。1959 年蒋介石下令解除对张学良的管束。宋美龄提出要张学良在台北市郊自己盖房，蒋经国表示赞成，并亲自在台北市北投复兴岗给张学良选择地皮。1975 年 4 月 5 日，蒋介石在台北去世，次日，张群告诉张学良，4 月 8 日张学良与赵一荻前去吊唁，并送上自己题写的挽联："关怀之殷情同骨肉，政见之争宛若仇雠。"1978 年，蒋经国被选为台湾"总统"，张学良第一个打电话对他表示祝贺。1979 年 10 月 5 日，张学良应邀到蒋经国官邸参加蒋经国夫妇举行的中秋节茶话会。1988 年 1 月 14 日，张学良到台北荣民总医院怀远堂吊唁蒋经国，并向这位老朋友深鞠躬。

## 八、移居美国　安享晚年

1990 年 5 月 30 日，邓颖超致电张学良，祝贺他九十华诞。电称："……恩来在时，每念及先生则必云：先生乃千古功臣。先生对近代中国所作的特殊贡献，人民是永远不会忘怀的。……我和同辈朋友们遥祝先生善之珍重，长寿健康，并盼再度聚首，以慰故人之思耳！"

6 月 1 日，台北由张群等多人发起，诸政要及各界人士数百人参加，为张学良公开举办规模宏大的庆贺九十华诞活动。6 月 6 日，东北大学校友会、张学良研究会等组织发起，在沈阳庆贺张学良九十华诞到会祝贺者近两千人。

1991 年 3 月，张学良夫妇首次获准赴美探亲访友。5 月 29 日至 6 月 4 日，中共专使吕正操将军赴美为张学良将军庆贺九十一岁华诞，在纽约三次密晤张学良，并转达了中共中央领导对张的问候和转递了邓颖超给张学良亲笔信。邓颖超的信为："……今颖超受邓小平先生委托，愿以至诚，邀请先生伉俪在方便之时回大陆，看看家乡故土，或扫墓、或省亲、或观光、或叙旧、或定居。兹特介绍本党专使□□□（即吕正操——引者注）同志趋前拜候，面陈一切事宜。望先生以尊意示之，以便妥为安排。”

6 月 2 日张学良复函邓颖超。函称：“……良寄居台湾，遐首云天，无日不有怀乡之感一有机缘，定当踏上故土。中枢诸公对良之盛意，敬请代向（中枢诸公）致敬。”1992 年 7 月 12 日，邓颖超在北京逝世。张学良委托五弟学森的女儿张闾蘅向设在中南海西华厅的邓颖超灵堂敬献花篮。

1993 年底张学良夫妇前往美国其后移居檀香山夏威夷，安度晚年。

2000 年 5 月 27 日吕正操致函庆贺张学良百岁华诞。6 月 1 日，中国驻洛杉矶副领事许士国和夏威夷中华总商会执行副会长林文中夫妇专程到张学良将军寓所拜望，江泽民主席的贺电由许士国先生代陈。电称：“……先生当年之殊勋早已彪炳史册，为海内外华夏子孙所景仰铭记。先生之爱国精神，更加发扬光大。遥祝先生善之珍重，颐养天年……”林文中先生代江泽民向张学良送祝寿花篮。

6 月 2 日，张学良的故乡辽宁海城为张将军举办由数万人参加的祝寿大会。抗日名将吕正操专程前往祝贺。当地党、政、军有关领导均出席大会。中国人民政治协商会议主席李瑞环向张将军送贺寿大花篮及贺函；李瑞环在信中写道：“中华英杰赤子情，巨龙腾飞盼统一，我衷心祝愿汉公和夫人赵一荻女士健康长寿，喜乐吉祥。欢迎在方便的时候回祖国大陆探亲、观光。”

2001 年 9 月 28 日张学良因感染肺炎住进夏威夷首府檀香山史特劳比医院。10 月 14 日晚 8 时 50 分（夏威夷时间）病逝。10 月 23 日张学良的公祭活动在夏威夷博思威克殡仪馆举行，约五百人前往吊唁。海峡两岸及全球华人对张学良将军的逝世同声吊唁。

## 主要参考资料

中央档案馆:《中国共产党关于西安事变史料选编》,中国档案出版社 1997 年出版。

中国第二历史档案馆、云南省档案馆、陕西省档案馆:《西安事变档案史料选编》,北京档案出版社 1996 年出版。

张学良原著,张之宇校注:《杂忆随感漫录——张学良自传体遗著》,台北历史智库出版股份有限公司 2002 年第 6 版。

张友坤、钱进:《张学良年谱》(上下卷),北京社会科学文献出版社 1996 年版。

张友坤:《伟大的爱国者张学良》,东北大学出版社 2006 年版。

周毅、张友坤等:《张学良文集》(上下卷),香港同泽出版社,1996 年出版。

杨奎松:《西安事变新探——张学良与中共关系之谜》,江苏人民出版社,2006 年 11 月出版。

西安《解放日报》,1936 年 12 月 17 日;1937 年 1 月 8 日。

《晨报》,1925 年 6 月 16 日。

# 张　　勋

李宗一

张勋，字绍轩，江西奉新人，是个以搞复辟失败而臭名远扬的封建军阀。1854 年(清咸丰四年)生于一个小商贩家庭里。十岁入私塾读书，次年其父病死，即辍学。

1884 年张勋在长沙投军当兵，后转入广西提督苏元春部，1891 年升为参将。1894 年随四川提督宋庆调驻奉天。1895 年到天津投靠袁世凯，充任工兵营管带。1899 年随袁到山东镇压义和团，升副将、总兵。1902 年调到北京宿卫端门，多次充当慈禧和光绪的扈从。1906 年调到奉天，为“奉军辽北总统”，驻昌图县。两年后被清廷任命为云南提督，又改为甘肃提督，仍留奉天驻防。1910 年接管江防营，驻浦口。1911 年 8 月，清廷任命张勋为江南提督。10 月，南京新军第九镇准备响应武昌起义，两江总督张人骏召张勋入南京，商议对策。张勋对倡义人员大声叫嚷说：“独立即造反，反则皆贼也。”①遂率江防营与新军战于雨花台，新军被迫退到镇江。张勋在城内搜捕革命党人，恣意滥杀，“凡剪发、悬白旗、携白布者辄遭暴戮”②。不久，江浙革命联军围攻南京，张勋负隅顽抗，与联军战于紫金山、天宝山、狮子山等地。12 月 2 日战败北窜，退守徐州，清廷又授他江苏巡抚、署两江总督兼南洋大臣。

1912 年元旦，南京临时政府成立，孙中山为临时大总统。张勋对

① 胡嗣瑗：《〈松寿老人自叙〉签注》(未刊稿)。

② 《共讨残暴之张勋》，《民立报》1911 年 11 月 11 日社论。

新成立的中华民国极端仇视。他伙同盘踞皖北的倪嗣冲，不时向革命军挑衅，孙中山曾通电严厉斥责其反革命行动。2 月清帝退位，袁世凯窃据民国大总统，张勋的队伍改编为武卫前军，驻扎在山东兖州。但他仍以清朝的忠臣自命，自称“非坚忍无冀于挽回”①，一直包藏着复辟的祸心，时刻梦想推翻民国。他和他的队伍顽固地留着发辫，表示仍然效忠于清廷。人们称这个怪模样的军阀为“辫帅”，他的队伍也有“辫军”之称。他暗中和蜷伏于各地的清朝复辟分子建立了联系，并成为复辟集团中握有兵权的代表人物②。1913 年 4 月，他曾图谋拥溥仪复辟，因“事泄而止”③。7 月，袁世凯命他率兵镇压“二次革命”，他率“辫军”于 9 月 1 日攻陷南京，纵兵烧杀，大掠三天，袁世凯提升他任江苏督军。12 月转任长江巡阅使，移驻徐州。1915 年武卫前军改称定武军，袁授张勋为定武上将军，1916 年又为安徽督军。此时“辫军”已扩编为五十七营，约二万人。

张勋一心恢复清王朝，对袁世凯于 1915 年 12 月称帝表示不满。但西南各省发动护国战争后，他又转而支持袁，将蔡锷鼓动他反袁的密电向袁告发。1916 年 5 月，冯国璋企图左右时局，谋取个人权位，在南京召开未独立各省会议，张勋派其参谋长万绳栻参加，主张讨伐西南。由于袁世凯突然毙命，会议无结果而散。

袁世凯死后，黎元洪继任总统，实权操在国务总理段祺瑞的手中。北洋军阀与国民党人及西南地方势力之间矛盾重重，政局十分混乱。张勋认为这是进行复辟的大好时机，他一边发出要求“定孔教为国教”的通电，支持以康有为为头子的“孔教会”，大造复辟舆论；一边以团结

---

① 张勋：《松寿老人自叙》，1922 年刻本，第 4 页。

② 胡嗣瑗：《〈松寿老人自叙〉签注》（未刊稿）载：“壬子春，公移军兖州，王给谏宝田……以兴复大计说公，极相契合，每夜公微行过宝田密语，或达旦乃归，幕客皆不得闻。时恭亲王居青岛，朝士如于侍郎式枚，刘副大臣廷琛……先后会岛上，谋讨贼反正，介宝田纳交于公，诸人游兖必至宝田所，公辄密就筹议。”

③ 冷汰：《丁巳复辟记》，《近代史资料》1958 年第 1 期。

北洋军阀对抗国民党人和西南地方势力为理由，召开徐州会议，争取北洋军阀支持他复辟清朝。6 月 9 日，张勋邀集七省的军阀代表在徐州开会，公然组织军阀的攻守同盟。此时段祺瑞企图利用徐州会议巩固自己的统治地位，经段暗中策动，七省同盟扩大为十三省区。9 月 21 日，张勋召开第二次徐州会议，正式组成所谓“十三省区联合会”，制定联合章程，以张勋为盟主。由张勋领衔发表一系列通电，对国民党议员和阁员大肆指责。随后，又召开第三次徐州会议，主张“取缔国会”，“淘汰阁员”，气焰更为嚣张。

1917 年 3 月间，黎元洪和段祺瑞之间的矛盾在所谓“参战”（即参加第一次世界大战）的问题上爆发。段主张对德宣战，黎和国会则坚决反对，势如水火。由于德国暗中表示“支持清朝的复辟”①，并“愿以德华银行资本”“协助”张勋②，所以张勋反对对德宣战，但他又蔑视国会和黎元洪，因此黎、段双方争相拉拢张勋以为己助。张勋乘机伪装成为黎、段之间的调停人，企图利用矛盾，坐收渔人之利，伺机控制中央政权。同时，他暗中勾结德、日帝国主义，招纳清朝遗老、帝制余孽，四面八方拉拢关系，拼凑实力，积极为复辟做准备。

5 月 22 日，张勋在徐州举行督军团会议，是为第四次徐州会议。段祺瑞派其心腹徐树铮参加，唆使张勋领头以武力推倒黎元洪并解散国会。23 日黎元洪下令免段祺瑞职。消息传到徐州，督军团大哗。张勋乘机公开提出“事已至此，非复辟不可”的主张，“各督军表面亦赞张意”③。会议结束后，按预定步骤，先由各省督军相继宣布独立。在独立各省的武力威胁下，黎元洪于 6 月 1 日电召张勋入京调解。张勋遂于 7 日带领“辫军”十营三千余人及随从百余于 12 日下令解散国会。

---

① 孙瑞芹译：《德国外交文件有关中国交涉史料选译》第 3 卷，商务印书馆 1960 年版，第 255 页。

② 《金永致张勋函》（1917 年 3 月 10 日），《近代史资料》总 35 号，1965 年。

③ 章宗祥：《复辟问题小记》，章伯锋、李宗一主编《北洋军阀》第 3 卷，武汉出版社 1990 年版。

14 日张勋到达北京。

张勋入京后，表面上向黎元洪表示支持李经羲组织责任内阁，并通电独立各省，取消独立；暗中却叫万绳栻密电各地复辟分子急速进京，“赞襄复辟大业”。这些丑类纷纷窜入北京，主张迅速发动。张勋和康有为、张镇芳、雷震春、刘廷琛、梁敦彦、梁鼎芬等复辟分子经过一番策划后，于 30 日傍晚潜入清宫，开所谓“御前会议”，决定当晚发动复辟。深夜又召集北京的军警头目王士珍、吴炳湘、江朝宗等人到张勋住宅，迫使其同意开放城门，并即命令“辫军”占据车站、邮电局等要地。同时，派出代表劝黎元洪“奉还大政”，遭黎拒绝。张勋遂不顾一切，于 7 月 1 日凌晨 3 时，换上清代的朝服朝冠，率领群丑，同入清宫，拥十二岁的溥仪“登极”，接受朝拜，复辟丑剧正式揭幕。

在张勋导演下，当天傀儡溥仪发布“上谕”，把民国六年七月一日改为“宣统九年五月十三日”，易五色旗为黄龙旗，恢复清末旧制。中央设议政大臣、内阁，各省督军改称巡抚或总督。张勋自封为议政大臣兼直隶总督和北洋大臣，集军政大权于一身。

张勋过高地估计了自己的力量，以为复辟既是徐州会议的预谋，只要他一发动，“即可坐收全功”①。但是，他的反动妄想在事实面前很快地破灭了。复辟消息传出后，立刻遭到全国人民的激烈反对，群众纷纷集会，舆论一致声讨。黎元洪逃进日本使馆避难。段祺瑞看到全国人民反对复辟的声势，知道机会已到，马上四处活动，在日本的支持下组成了“讨逆军”。7 月 3 日在天津附近的马厂誓师，宣布讨伐张勋。云集京津一带的“讨逆军”达五万余人，分东、西两路沿京津、京汉铁路进攻。“辫军”一触即溃，复辟分子见势不妙，纷纷溜出北京。张勋知大势已去，束手无策，不得不辞去一切伪职，央求驻北京的公使团出面“调停”。段祺瑞提出解除“辫军”武装，保全张勋生命财产。张勋却坚持要求带兵回徐州老巢，企图保存实力，做一个地方军阀。

① 胡思敬：《退庐笺牍》第 3 卷，1924 年刻本，第 12 页。

12日,“讨逆军”发动总攻,驻在天坛的“辫军”立即乞降,守卫南河沿张勋住宅的卫兵亦作鸟兽散,张勋在两个德国人的保护下狼狈逃入荷兰使馆。复辟丑剧仅上演了十二天,就在万人唾骂声中彻底失败。段祺瑞假惺惺地下了一道通缉张勋的命令,但是到1918年10月,这个罪行昭彰的复辟祸首竟被北洋军阀政府“特赦”了。1921年他又被任命为热河林垦督办,但没有赴任。1923年9月12日,张勋在天津病死。

# 张 耀 曾

钱益民

张耀曾，字蓉溪、镕西、庸希。1885年（清光绪十一年）7月21日出生于北京，云南大理人。祖父张其仁，清道光丙戌进士，官至湖南衡云郴桂兵备道、湖南通省粮储道。父亲张士镳，清光绪庚辰进士，官至内阁中书典籍署侍读。母亲陆秀珊，桂林进士陆仁恺之女，工诗文，善刺绣。张耀曾十六岁入京师东文学社，受到表舅梁济维新思潮的影响。1902年冬，考入京师大学堂师范馆。次年，京师大学堂首次选送优秀学生赴海外留学，张耀曾以优异的成绩被选派日本学习。

1904年，张耀曾赴日，先入第一高等学校读预科，四年毕业后考入东京帝国大学法科。1905年，与同乡李根源、吕志伊等加入同盟会。1906年6月，《云南》杂志社成立，张耀曾任总编辑。10月15日，《云南》创刊号出版。该杂志以宣传民主主义，揭露清廷腐败，反对帝国主义侵略云南为主要内容。张耀曾署名“崇实”，在《云南》上发表《论云南之民气》、《论云南之责任》等多篇文章。从创刊到1911年武昌起义爆发停刊，该杂志共发行23期，是辛亥革命时期以省命名的杂志中坚持时间最长的一种，发行量最高时达一万份，在国内舆论界产生较大影响，对光复云南起了不可磨灭的作用。

武昌起义爆发后，张耀曾未及大学毕业立即回国，出任南京临时政府临时参议院云南代表，参与起草《临时约法》。1912年5月，临时政府和国会迁到北京，张耀曾参加制定重要法律，并提出《省官制修正案》、《参议院法修正案》等法案，逐渐成为同盟会在临时国会中的领袖。

7 月 9 日，张耀曾以最高票当选为十一名起草员之一，执笔起草了《国会组织法》、《参议院议员选举法》、《众议院议员选举法》。

同年 7 月 16 日，同盟会本部召开全体职员会议，讨论改组问题。张耀曾积极支持宋教仁改组同盟会的主张，并与宋教仁、孙毓筠分别当选同盟会政事、总务、财政部主任。会后协助宋教仁进行改组工作，起草了关于新党党名、党纲、组织的草案。8 月又和宋教仁、杨南生起草了《国民党宣言》，宣告国民党成立。张耀曾当选国民党总干事兼政事部主任。1913 年 4 月正式国会成立后，当选为众议院议员、众议院法制委员长，成为国民党在国会的领袖之一。

同年 7 月，国会成立宪法起草委员会，张耀曾以高票当选为起草委员之一，与汪荣宝、孙钟、黄云鹏四人起草宪法大纲，交全体委员讨论。委员讨论结束后，张耀曾与丁世铎、李庆芳、黄云鹏、孙钟五人根据讨论结果拟定全部条文。其中张耀曾拟订了第一至第三章（即关于国体、国土、国民）的条文。制宪委员来自各党各派，政治立场和态度各异，但能和衷共济，并且顶住了袁世凯的压力，终于在 1913 年 10 月 30 日将宪法全案即《天坛宪法草案》议决，出色完成了使命。适逢国民党发动的“二次革命”失败，袁世凯于 11 月 3 日宣布解散国民党，取消国民党议员的资格，下令逮捕国民党议员，深夜闯入张耀曾住宅搜捕。张耀曾被迫逃亡日本，《天坛宪法草案》也随之流产，实行宪政的理想遭到第一次沉重打击。

张耀曾再次入东京帝国大学，继续未竟的学业。1914 年加入“欧事研究会”，同年获东京帝国大学法学学士学位，回国任北京大学法科主任。1915 年夏，教育部组织“暑期讲习会”，张耀曾以《国家与国民》为题演讲，抨击袁世凯的复辟阴谋，招致袁世凯爪牙的监视。旋南下上海，与谷钟秀、杨永泰、钮永键、吴稚辉等人创办《中华新报》，从事反袁宣传。张耀曾任社长，谷钟秀任总编辑，10 月 10 日《中华新报》出版。不久，张耀曾南下云南，协助蔡锷、唐继尧等组织讨袁护国军，任护国军云南都督府参议，参与云南起义。为争取各省支持起兵讨袁，奔走两广、西南各省。1916年初又陪同岑春煊赴日寻求外交支持,备极辛劳。

1916年6月袁世凯死后,黎元洪继任总统,第一届国会恢复,段祺瑞组阁任国务总理。三十二岁的张耀曾出任司法总长。

8月,张耀曾由云南抵上海,同船人携带大批烟土被查获。后经查明,烟土系同行的袁树五等携带,而袁又系受云南督军唐继尧之弟唐继禹之私托,与张耀曾无涉。长江巡阅使、安徽督军张勋抓住此事大做文章,通电反对张耀曾就任司法总长,并要求黎元洪查办张耀曾。事实证明,张耀曾是清白的。但此案对他一生留下了无可挽回的影响,后来历次政争中,烟土案往往成为政敌攻击他的把柄。

国会重开后,首要问题是重新审议《天坛宪法草案》,国民党和进步党等各种政治力量重新分化组合,上演了政党政治一幕幕话剧。1916年11月,张耀曾、李根源、谷钟秀等联合原国民党中的部分议员,成立了"政学会"。该会以"研究政务、实行改进"为宗旨。对于政治取温和改进主义;对于政府取劝告监督主义;对于各政团取亲善联络主义等六项主义为政治纲领。张耀曾被推举为总会主席,谷钟秀、钮永键为副主席。

在审议《天坛宪法草案》中,争议最大的是省制加入宪法和立孔教为国教问题。以梁启超为首的研究系议员反对省制加入宪法,而政学会则主张省制加入宪法,省长民选。孔教问题上,研究系议员提出在宪法上定孔教为国教,政学会则反对在宪法里尊孔教为国教。张耀曾在政学会内部讨论时说:"孔子集先圣之大成,专以日用寻常切己之道造化群伦,实超耶、佛而上之,故其性格功业非第为东洋伟人,而实古今之世界伟人。"四亿中国人"脑筋中之神圣模范阙惟孔子,是孔子者谓为历史信仰之重心,可谓为国民性之主要成分,亦可谓为中国文化史上之主宰"。虽然孔子的影响如此深远,但孔子之道只能定为修身之大本,"孔教不宜定为国教"。

1917年2月,段祺瑞政府决定对德绝交,政学会支持这一主张。但在对德宣战问题上,政学会大部分议员持反对态度,而张耀曾则支持对德宣战，认为中国有加入“一战”的必要，“民主主义之政党，尤不能反对对军国主义之德国宣战，致失民主主义各协商国之同情”。国会表决结果，反对票占多数，否决了参战主张。不久，段祺瑞以武力唆使“公民团”包围国会，迫使国会通过宣战案。张耀曾认清了段祺瑞借参战之名而行专制之实的嘴脸，愤而辞去司法总长之职，再次到北京大学任法科教授。

1918 年 10 月，张耀曾与熊希龄、蔡元培等为促进南北统一而发起“和平期成会”，主张南北议和。12 月，在张耀曾、黄郛、张绍曾等的积极组织下，全国和平联合会成立。

1920 年 8 月，广州非常国会内的政学会议员出现分裂，张耀曾、谷钟秀等二十八名政学会成员发表宣言，宣布取消政学会名义，同人对于政学会一律解除关系，政学会作为政团从此解散。此后，张耀曾仍旧与谷钟秀、李根源等人密切往来，并曾参与原政学会部分成员在 1923 年成立的“宪政社”活动，但与广州非常国会的政学会议员基本脱离关系，对于南京国民政府成立后，在国民党内部形成的以杨永泰为核心的“新政学系”及其活动，也基本没有参与。

1921 年，华盛顿召开太平洋会议，张耀曾联络同人组成华盛顿会议后援会，并被聘为太平洋会议高等顾问。1922 年，第一次直奉战争结束，直系军阀曹锟、吴佩孚控制北京政局，决定恢复“民六国会”，驱逐皖系扶植的总统徐世昌，拥护黎元洪复职。此举引起各方争议。张耀曾从法理上解释黎元洪复职的根据，为黎元洪复职争取舆论支持。6 月 11 日，黎元洪就任大总统。8 月 6 日，张耀曾被黎元洪任命为司法总长，这是他第二次就任司法总长。不久，张耀曾辞去司法总长，专任法权讨论委员会委员长，直到 1927 年 6 月。

鉴于“各省法院情形不一”，张耀曾认为“必先整顿，始足以言收回法权”。于是，在他就任法权讨论委员会委员长不久，就选拔戴修瓒等法学家及其部属赴河北、山东、山西、河南、江苏、安徽、浙江、江西、湖南、湖北、察哈尔及绥远等十二省区视察。他参观当地的法院、监狱，详细询问司法状况，并发表改良司法的演讲。考察结束后，把考察结果和改良措施汇编成册，主持编纂了《考察司法记》十卷、《列国在华领事裁判权志要》二卷。为了让海外人士明白中国重视法制的情形，又聘请张志让等人把中国民法、民事诉讼法、刑法、刑事诉讼法、法院编制法等译成英文、法文出版。

1924 年 10 月，冯玉祥发动北京政变，软禁贿选总统曹锟，控制了北京政府。张耀曾与黄郛、王正廷、易培基等人组成临时内阁。张耀曾任司法总长，也是他第三次出掌司法总长。11 月 2 日曹锟被迫退位，由黄郛摄行大总统职权。11 月 4 日，摄政内阁会议议决，修正清室优待条件五条：宣布从即日起永远废除皇帝专号，与中华民国国民在法律上享有同等权利；每年补助清室家用 50 万元，另拨 200 万元开办北京平民工厂，收容旗籍贫民；清室应按照原优待条件，即日迁出禁宫，自由择居，民国政府仍负保护之责；清室宗庙陵寝永久奉祀；清室私产归清室享有，其一切公产则归民国政府所有。即日，溥仪出宫，移居什刹海醇王府。

就任摄政内阁司法总长期间，张耀曾起草了曹锟退位、摄政内阁成立及修改清室优待条件等重要文件。11 月 24 日，段祺瑞在奉系张作霖支持下，入京就任临时执政，摄政内阁全体辞职。1927 年 6 月，张作霖率军进入北京，自称大元帅。张耀曾辞去法权讨论委员会委员长之职。

1928 年，张耀曾移居上海，与沈钧儒、李伯申等合组“张耀曾律师事务所”。此后，以律师为业，开始了“入民间服务”的在野生活。每为重大诉讼出庭辩护，辄动旁听，轰动社会。1930 年，他为上海某公司答辩三井洋行的控诉，卒致其控诉被驳回。

1931 年“九一八”事变爆发后，张耀曾主张国民党取消一党专政，改造军队，切实抗日，和黄郛等组织“十人团”，并谋逐渐扩大，建立民间团体，研讨抗日的各项主张。12 月，张耀曾与各界知名人士熊希龄、章太炎、黄炎培、沈钧儒、左舜生等六十余人发起成立“中华民国国难救济会”，并拟在各地建立分会。不久，上海国难救济会成立，张耀曾被推为理事之一。1932 年“一二八”事变后，张耀曾与国难救济会同人积极参加各种支前活动，支援十九路军抗战。

1932 年，经黄郛提议，在“十人团”基础上组织“新中国建设学会”，张耀曾被推选为常务理事。次年，黄郛赴华北就任“行政院驻北平政务整理委员会”委员长，主持对日停战，张耀曾一度代行“新中国建设学会”主席一职。期间，起草了《民国制宪史概观》、《草拟民宪协进会缘起》等文献，供学会讨论，同时在中国公学、上海法学院、复旦大学等校讲演制宪问题和对日方针等问题。

在野期间，经张群、黄郛等推荐，蒋介石欲拉拢张耀曾。张耀曾对此婉言谢绝，但还是通过张群向蒋介石提出建议，“欲求政治成功，必须系住人心。第一，须维护大多数人生活。第二，须对知识阶级予以自由。第三，须开放政治以包容社会有力分子”。

此间，张耀曾对中国政治制度做了深入思考，从历史上揭示了中国贫弱的根本原因，在于根深蒂固的中央集权思想和相应的制度；解决的办法，在于实行联省制度；其宪政思想进一步成熟。他在 1932 年 2 月 10 日的日记中写到，中国现实有五大要点：领土广大而连接；人口众多而人种较为单一；有四千年传衍混一的文化；民族的政治习性，自治力不发达，强者支配而放纵，弱者服从而依赖；文盲太多，受新教育者尤少。中国的病状，一言以蔽之，穷与乱而已。穷与乱相互关联，愈演愈烈。穷与乱的外因，在于政治压迫与经济榨取，内因为无自治力之国民性与中央集权的政治思想。四千年来，强者以武力征服天下，集中流驭之，时过力弛，则各地方割据分霸，互相抗争，中央等于虚设，接着又有新的霸主出现。如此循环，一治一乱，从周代到民国，莫不如此。在宋代以前，大抵皆内部分合循环，宋以后则内外交替，然地方之倒灭中枢，则如出一辙。民国以来，仍不脱此思想。居中央者，恒努力征服地方；居地方者，俱受征服，则负固自专，力稍厚者，更思扩大势力，取得中央。袁世凯、段祺瑞、曹锟、张作霖，乃至蒋介石与其他新军阀，无不如此，导致民国成立廿年来纠纷不休。其所以至此，根源在于中央对地方政府及施政有予夺之权。故地方或因畏忌中央，拥兵自保；或因羡慕中央，兼并图逞。中央则因欲伸权力于地方，常起纠纷。所以，“中国之所以穷乱至此，以中央集权之思想及制度为最大病因”。从政治上治病之法，在取联省制度。省之权限及组织，由宪法保障，省必须取得高度自治地位。此法“不但可去中国多年之乱源，即在领土广大及人口众多着想，亦非此不能收统治实效也”。

1936年5月，全国各界救国会在上海成立，国民党当局仍一意孤行，压制民众的抗日救亡运动。11月22日深夜，国民党当局以“危害民国罪”，在上海逮捕了沈钧儒、章乃器、邹韬奋、李公朴、史良、王造时、沙千里七位救国会领袖，史称“七君子事件”。张耀曾闻讯后，立即于23日清晨赶往法院，以拘捕不合法为由将沈钧儒等人保释出狱。当夜，公安局再次逮捕沈钧儒等人。张耀曾为此抱病不断奔走，疏通国民党当局，要求依法保证被捕人员的安全，并积极设法营救。张还担任沈钧儒的义务辩护律师，旁听席上掌声雷动，南京政府为之惊慌。在社会各方人士奔走营救下，1937年7月，“七君子”终于被释放。

抗战全面爆发后，张耀曾滞留“孤岛”，深居简出，撰写了《孤岛上我的决心和态度》，以明心迹：“一、消极的：不误国、不卖身（此二项为绝对的），不做官、不见日本人（此二项是在中日战争未了期间）。二、积极的：以中国独立为惟一目标，运用心思和能力。”

1938年7月26日，张耀曾在上海寓所逝世，终年五十三岁。夫人赵玫，生有宁珠、馨珠、惠珠、丽珠四个女儿。张耀曾遗嘱，以第四女丽珠之子为孙，名为张昭达，以继宗嗣。

张耀曾生前曾将自己的文稿编为《知非集》三卷。今人杨琥在《知非集》第三卷基础上，编为《宪政救国之梦：张耀曾先生文存》，共五十余万字，2004年由法律出版社出版。文存分六部分：第一为文集，收入作者已刊未刊章46篇。第二为著作，收入1935年在上海法学院等校讲授民法的讲义《民法总则讲义》。第三为书信，收入作者晚年信函、电稿六件。第四,读书札记。第五,作者的日记,题为《求不得斋日记》,文集收入了1928年到1938年部分日记内容。文存附录了张宁珠、馨珠、惠珠、丽珠合署、张元济执笔的《先考镕西府君行述》、李根源《故司法总长大理张君墓表》、张惠珠《张耀曾先生年谱简编》、《张耀曾先生近亲家谱》。

## 主要参考资料

杨琥:《张耀曾先生传》,杨琥编《宪政救国之梦:张耀曾先生文存》,北京法律出版社2004年版。

梁漱溟:《张公耀曾生平及家世——答近代史研究所信底稿》,1979年10月16日,收入杨琥编《宪政救国之梦:张耀曾先生文存》,北京法律出版社2004年版。

张丽珠:《缅怀我的父亲张耀曾》,杨琥编《宪政救国之梦:张耀曾先生文存》,北京法律出版社2004年版。

张耀曾:《求不得斋日记》,杨琥编《宪政救国之梦:张耀曾先生文存》,北京法律出版社2004年版。

# 张　一　麐

李晚成

张一麐，表字仲仁，初字峥角，号公绂，别署民佣、大圜居士等。1867年(清同治六年)出生于江苏吴县一个士绅家庭。父亲张是彝以生员身份在籍课馆，后于1880年得中进士。

幼年的张一麐以天资聪颖、悟性高闻名乡里，有“神童”之誉。1878年十二岁步入科举途径，连过县、府、院试三关进县学为生员。次年，张父以一麐年幼稚嫩为由，阻止他应考乡试。旋因张是彝以进士出身发往直隶以知县即用，张一麐则留在家里读书。1882年张一麐应江南乡试得中副榜，深获主考官许庚身的激赏，监考官左宗棠也专门调阅了他的试卷，夸奖说：“这小子将来定有出息！”①嗣后，张一麐受回龙阁程受甫礼聘任西席。1883年遵父命辞去馆职，冒籍考进保定莲池书院，从张廉卿深造。时因捐例大开，而其父张是彝又无财无势，因而一直没有得到实缺，仅留保定府署充任看管朝鲜原摄政王“大院君”李昰应的差使。张一麐学余每每跟随父亲当值，和李昰应有较多接触，对国家的危机形势亦有了进一步的了解，常以故乡先贤范仲淹的事迹自励，誓以天下为己任而思谋报国。

1885年，张一麐应顺天乡试，中第十名举人，和张謇同榜，从此结下厚交。在回吴县完婚至天津换乘轮船时，应直隶总督李鸿章之命前往督署谒见。其父张是彝在李的帮助下得实授正定知县，张一麐又随

---

① 张一麐：《古红梅阁笔记》，《心太平室集》卷8，1947年铅印本。

父去正定。不久，张是彝因病告归，张一麐随回吴县。1889年，张是彝病故，张一麐经人介绍往苏州盘门城内汪府课馆，又应聘每月考课紫阳、正谊、平江三家书院，同时还收取校外学生及卖文换润，以敷家计。

中日甲午之战后，清廷签署屈辱的《马关条约》。消息传出，国人激愤。当时张一麐正在北京参加会试，激于民族大义参加了著名的“公车上书”活动。回到苏州后，他又倡议发起“苏学会”和“强学会”遥相呼应，成为东南鼓吹维新变法的重要据点。“苏学会”每周集会一次，会员轮流登台演讲，并由张一麐倡导开办唐家巷小学试行新式教育。他还派会员祝中渊常驻上海，购买西学书籍及上海强学分会的各类宣传品，并事观察联络。又通过祝心渊的介绍同正在《时务报》当撰述的章太炎相识，从此结为莫逆。章太炎的名著《訄书》就是在张一麐的帮助下首次付梓问世的。

1898年，张一麐再度入京参加会试，因姐夫夏孙桐入闱阅卷，循例回避。其时正值戊戌变法运动拉开序幕，张一麐特地去南海会馆同康有为、梁启超等人结纳，并签名参加了以图强救亡为宗旨的保国会。返苏之后，张一麐又同湖南维新运动的干将江标过从密切，江标还赠给“苏学会”许多书刊以示支持。维新运动失败后，苏州的保守势力甚嚣尘上，“苏学会”无形解散，唐家巷小学的学生家长们也纷纷要求重开八股课程，还有人劝告张一麐暂去上海租界躲避。1900年，张一麐应同乡前辈、新授四川学政吴纯斋的邀请，入蜀帮助阅卷校士。

1903年，张一麐赴京会试，又因姐夫夏孙桐入闱而失去应考机会。正待回乡，清廷下旨开试经济特科，张一麐由江苏巡抚恩寿和陕西学政沈卫联名保荐应考。后者是其妹丈沈钧儒的叔父。经济特科考试的主考官是张之洞，对张的试卷十分欣赏，内定一等第一，但揭开弥封后同考官认为按例大魁宜出于翰林，发榜时因此改为第二，而声名大播。在北洋大臣兼直隶总督袁世凯的力争下，张一麐由原先之分省湖北改为直隶，授官天津河防同知，就此进入袁幕。他由办理文案起家，逐渐受袁世凯的信任重用，得参机密，为袁举办种种“新政”出力甚多。袁世凯会同张之洞奏请实行君主立宪一举时，也听取了他的意见。张同时兼任天津《法政学报》主笔。

1905年10月，北京前门车站发生了五大臣出洋考察被炸事件，经初步调查系直隶大学堂的学生吴樾所为。袁世凯欲派素有“屠伯”之称的赵秉钧主办此案穷追同党。张一麐密劝袁不必在此案上开罪于革命党人，遂使袁收回原意，改委他人前去保定，草率结案了事。吴樾在保定的军国民教育会支部同志和《直隶白话报》的同人们帮助下而得保无虞。

1907年8月，袁世凯入京参襄宪政，又补授军机大臣，张一麐随行，凡有关宪政诏谕、章制、文电等大多出自张之手笔。他还作为编纂官制局的成员，参加了朗润园官制改革会议。但宪政的结果是一场骗局，增添了张一麐对腐朽专制的清王朝的失望。翌年光绪和慈禧相继去世，袁世凯被摄政王载沣以足疾为由撵回河南彰德，张一麐也辞职回到苏州。在同袁世凯分手时，他接受了幕主的密嘱，这就是后来他替袁世凯整理和发表所谓戊戌政变日记以洗刷袁氏罪名的由来。

留居苏州期间，张一麐联络了一些学人乡绅，举办了不少如图书馆、公园等地方公益事业。不久又应友人邀请去游杭州，被浙江巡抚增韫聘留入幕，至1911年春天辞幕返苏。

当年10月武昌起义爆发，张一麐参与了江苏独立的活动，被江苏军政府都督程德全任命为民政司长。这时清廷又起用袁世凯为湖广总督以司剿灭革命之火，袁往孝感萧家港车站视师时，张一麐拍去密电，劝袁取清而代之。鉴于革命形势的发展，袁世凯没有接受张一麐的劝进，张一麐本人也转变了态度，和张謇等立宪党人同赴上海参与南阳路“惜阴堂”的活动，旋即应袁世凯连番电催携带秘密使命入京，与上海南北和会的场外交易相配合，最终促成了革命党和袁世凯之间的妥协。

袁世凯就任中华民国临时大总统以后，张一麐被袁重用，担任总统府秘书职。法国新闻记者菲迪南·法容纳曾于1913年会见袁世凯时认识了张一麐，认为袁在一切问题上都信赖梁士诒和张一麐，并称他们是当时统治中国的三个人物。1914 年 5 月，袁世凯公布《中华民国约法》，改内阁制为总统制，张一麐被任命为总统府政事堂机要局长，为袁直接掌握之“内秘书厅”，其职守权限实际上高于国务卿，足见袁氏对其非同一般的信任和倚重。其时袁世凯图谋帝制复辟之心日切，张一麐洞察时局，以为民党实力雄厚，共和深得民心，改制极为不利。他感袁知遇之恩，向袁反复陈述利害，力劝袁不可为之。其时拥袁称帝之人屡屡以死相胁，张亦无所畏惧；他一再面谏袁氏回头，还当面警告杨度不要受人利用，并在此时同反对帝制的蔡锷结下深厚友谊。在复辟大局已定的情况下，他坚辞机要局长职，但袁世凯又以教育总长一职相羁。10 月，张出任教育总长，锐意推广汉语拼音，还自捐薪俸办了一个注音字母传习所以培训师资。同时，他仍竭力抵制帝制活动。蔡锷秘密离京前夕，曾暗示张一麐一同出走，但张没有接受，仍旧对袁氏改弦抱着一丝希望。12 月 11 日，参政院向袁世凯呈上第二次推戴书，张一麐闻讯连夜写成数千言的《密陈大计呈稿》，苦劝袁氏幡然悔悟。但稿呈之时，袁已发表申令接受帝号，张一麐忧愤交集，辞去教育总长职，黯然去津。

蔡锷起兵后，全国响应，袁世凯如坐针毡，被迫召回张一麐并请他撰写取消帝制的文告。在袁苟延残喘的日子里，每天都想亲近张一麐，对他说了不少悔悟一类的话，使得张一麐终生对袁抱有复杂的印象。

袁世凯死后，张一麐谢绝了各级北洋军人政客对他的聘用，去日本游历了一个多月，归国后又自北而南周游了一圈，最后息影于苏州。他曾写诗明志，表示不愿再人宦途。但 1917 年 7 月张勋导演的宣统复辟逆流，又激起了他坚持共和、反对帝制的热情，使他从林泉下重新卷进政治涡流。当他得到宣统复辟的消息后，不顾有病在身，赶到南京说动江苏军政长官冯国璋通电讨逆。冯国璋宣布就任代理大总统后，他又被聘为总统府秘书长。张竭力反对段祺瑞继承袁世凯衣钵所倡之武力统一政策，并向冯推荐王克敏出面组党，以对付段祺瑞的安福俱乐部。

1918年10月，徐世昌接替冯国璋任大总统，张一麐也同时卸去秘书长职务，以名流身份致力于国内和平运动。1919年3月2日，各地平和期成会代表在南京正式成立“全国平和期成联合会”（简称“和联”），举熊希龄为会长，张一麐和梁士诒为副会长。张的基本主张是要求停止内战和反对卖国外交，并宣称自己已是人民的仆人，而不再是北洋的幕僚。五四运动的爆发，使他对人民的力量有了新的认识。1919年9月发表的《徐佛苏〈西南自治与和平〉评议》一文中，张坚持“约法精神，中华民国主权在人民全体”，要求实行对抗封建军阀专制统治的联省自治，极言“共和原理，必由民治，真自治便是国民有自觉之智识，自动之能力”，“自治之极点，必标其名为民治”①。直皖战争后，张绍曾于1921年9月在吴佩孚授意下，通电主张召开庐山国是会议，他也发通电表示赞成。会议流产后，他回到苏州，同寓居苏州的李根源、章太炎等人交往过从，诗酒唱和，并致力于地方事业。1924年江浙战争打响，他又外出奔走，呼吁各方和平，免除兵祸涂炭。但是当1926年广东革命政府出师北伐时，张一麐仍以内战看待，受江浙协会推戴充当“人民代表”，赶赴武汉企图说和交战双方。及至北伐军总司令部移节南昌时，他又去会晤蒋介石意欲斡旋。

国民政府在南京成立之后，张一麐长期住在苏州从事地方公益事业活动，包括农事改良、公路修建、救灾抚难、整理古迹、筹建平民住宅以及各类文化教育措施，等等。东吴大学因其学养声望，特授法学博士头衔以彰荣誉。对于国民党政府当局以调换田单为名巧取豪夺、水利失修而造成巨大灾祸，政府官员肥私贪贿、危害社会等等弊端，张一麐都加以严词抨击，因此被有些人目为“劣绅”。

1931年“九一八”事变发生以后，张一麐积极投入了爱国抗日的宣传活动。他创办了《斗报周刊》，自署“江东阿斗”，在其亲撰的发刊词中公然揭橥“三不主义”：即“不不抵抗、不签订丧权辱国之约、不压制舆

① 张一麐：《心太平室集》补遗，第4—6页。

论”，并且出席群众集会讲演力主抗日救国。1932年1月28日淞沪抗战打响后，张一麐同李根源一起发起抗日治安会，动员苏州人民参加捐输钱款、棉衣、药品和救护抗日伤员，还亲自把大宗棉衣、药物和罐头食品运送到上海。在为吴县抗日团体书写的启事里，他痛斥了当局苟安泄沓的暧昧态度。1933年，冯玉祥在察哈尔组织抗日同盟军，同时向蒋介石提出十二条抗战救国大计，其中就包括邀请张一麐、蒋百里等名流共参国策，但是蒋没有接受。

1936年11月，救国会领袖沈钧儒等因宣传抗日救国，横遭国民党政府逮捕迫害，是为震惊全国的“七君子之狱”。营救“七君子”运动把全国人民要求抗日救国的洪流推向一个新的高潮，张一麐也勇敢地参加了这一斗争。12月4日，“七君子”从上海移解苏州高等法院看守所后，张一麐即同李根源前往面致慰问，并代表苏州各界群众团体向爱国志士们送上水果罐头等礼品。他又和羁押在狱的沈钧儒诗文唱和表示钦佩。当国民党司法当局决定引用《危害民国紧急治罪法》对沈钧儒等七人提起公诉时，张一麐同李根源等四处奔走活动，延请了上海、苏州的二十七位著名律师通力合作，以充当“七君子”冤案的辩护人。开庭以前，张一麐还在自己家里宴请全体律师，对大家激于民族大义，不顾当局压力，敢于出庭为爱国志士陈词辩护的义举表示感谢。1937年6月11日，“七君子”之狱正式开庭，张一麐和李根源早早赶到庭外，在濛濛细雨中鹄立等候。待法庭宣布不准旁听时，他愤怒地走进去找到高等法院院长朱树声当面交涉，为“被告”家属和新闻记者们争得了旁听的权利。在审判过程中，张一麐不间断地慰劳和鼓励律师们，还参与了他们对付反动法庭的策略谋划。第二次国共合作的局面逐渐形成后，国民党当局被迫裁定“七君子”具保释放。张一麐和李根源等毅然充当保人，和成千群众一起唱着抗日救亡歌曲，欢迎爱国志士们光荣出狱。

1937年卢沟桥事变后，8月13日淞沪抗战爆发。张一麐同李根源等人立即组织起苏州抗敌后援会。8月16日，他们冒着敌机滥炸的危险，赶到战火弥漫的真如，受到第三战区司令部长官冯玉祥、张治中、张发奎等抗日将领的热情接待。张一麐把儿子送进了前线救护队，自己则不顾抱病吐血，领导了大量繁重的抗日后援工作。为激励全国人民同仇敌忾一致奋起，年已七旬的张一麐在报上公开倡议建立老子军，举马相伯老人任军统，自任副军统，李根源任参谋长，动员全国六旬以上男子投军，从事各种与敌拼命不得生还的工作。这是中国人民抗日战争史上的壮举，立即得到全国老人们的响应，数日之间，报名从军和捐款之信函盈尺，但最终受到了蒋介石亲自来电阻挠。在这段时间里，张一麐还书写了大量诗篇发表于报章，热情讴歌抗日爱国军队英勇杀敌的壮烈事迹，鼓励民众共同奋起抗日到底。他并发表《敬告日本国民》一文，号召日本人民一起加入到国际反法西斯阵线中来。他还同画家樊少云合作扇面等，以润笔之资充作救国捐。当时郭沫若曾专门去苏州采访过他和李根源，在题为《在轰炸中来去》的战地通讯里，详细报道了两位爱国老人在苏州进行的抗敌后援工作，尊称他们为“天下之大老”。

1937 年 11 月 19 日苏州沦陷后，张一麐在群众的帮助下化装成老僧逃出敌人魔掌。途经上海时，组织江浙两省流亡在“孤岛”的绅民成立同乡会以继续斗争。嗣后辗转流亡至武汉，参加抗日宣传工作。1938 年“七七”周年纪念大会在汉口召开时，张一麐担任大会主席并致辞。同一天，第一届回民参政会在汉口开幕，张一麐以首席参政员身份致辞。他在会上支持并签署了沈钧儒、邹韬奋等提出的各种要求抗日、进步和民主的提案。10 月 28 日，国民参政会第二次大会在重庆开幕，张一麐联署了中共代表董必武等人提出的拥护持久抗战宣言案。他还提出临时动议，请政府明令公布，以防反间而定人心，矛头直指企图降敌的汪精卫等，此案当即得到董必武和许多参政员的支持获得通过。而后，当中共六参政员提出加紧全民族团结坚持持久抗战争取最后胜利案时，他也慨然签署。在 1939 年 9 月 9 日召开的第四次国民参政会上，张一麐在致辞时，面斥蒋介石所推行的种种破坏团结抗战之反动政策。邹韬奋在报上发表评论说：“这样至诚爱国的沉痛语，幸而是出于年高德劭的张先生之口，否则至少又要被人戴上几顶毫不相干的帽子了！”①

1940年12月，第二届国民参政会组成，张一麐仍为首席参政员。他继续坚持团结抗战和进步的立场，反对国民党煽起的反共逆流。他写有赋参政会纪事诗一首，谓：“万马齐喑试一鸣，初心端不为浮名。歌功颂德由君辈，折角批鳞属老生。”在历次会议上，他都实践了“折角批鳞”的诺言，成为抨击蒋介石破坏团结抗战行径最有力者之一。同时，张一麐又积极从事促进宪政和民主的运动，也是素有“民主之家”的上清寺特园的座上客。在那里，他与周恩来、董必武等中共领袖倾心交谈，因此愈加遭到反动势力的忌恨。1943年8月，第三届国民参政会开会时，当张一麐抱病出席并痛斥孔祥熙等人贪污误国危及前线时，蒋介石冷冷地说：“仲老年高德劭，不要轻信外面的谣言。”还说张以后可视健康情况，参政会不出席亦可②。

1943年10月24日，张一麐因急性肺炎病逝于重庆。

## 主要参考资料

黄炎培：《张仲仁先生传》，《心太平室集》卷一。

张一津：《张一麐》，《近代史资料》总第60辑。

《有关张一麐创设老子军抗日史料一件》，《民国档案》1986年第1期。

恽逸群：《首席参政张一麐》，《恽逸群文集》，江苏人民出版社1986年版，第143—144页。

刘成禺：《洪宪纪事诗本事簿注》，京华印书馆1922年版。

张国淦：《洪宪遗闻》，中国人民政治协商会议全国委员会文史资料研究委员会编《文史资料选辑》第1辑，中华书局1960年版。

---

① 邹韬奋：《经历》，三联书店1979年版，第172页。

② 李希泌：《老子军的创立者张一麐》，《人物》1986年第5期。

# 张 永 福

陈 民

张永福，字祝华，祖籍广东饶平县。1872年（清同治十一年）生于新加坡，为第二代侨民。其父张礼在新加坡开设“新长美行”，经营绸缎布匹，颇具规模。张永福从小就得到良好的家庭教育，长大后继承父业。

张永福与著名同盟会员陈楚楠为邻居，从小一起长大，又一起与新加坡维新派名士邱菽园交往，受其影响，后转而倾向革命。1903年上海“《苏报》案”发生，章炳麟、邹容被英租界当局拘捕，清廷向英领事交涉，要求引渡。张永福闻讯后激于义愤，与陈楚楠等设法营救，以新加坡小桃源俱乐部名义，致电上海领事团，援引国事犯不能由敌方引渡的成例，请领事团注意并加以援助。在各方面的声援下，章、邹终未被引渡。张永福等第一次参与国内政治斗争，并取得胜利，受到很大的鼓舞。

1904年春，在革命党人尢列的影响和协助下，张永福与陈楚楠合资创办《图南日报》，聘请香港《中国日报》记者陈诗仲为主笔，这是南洋华侨社会最早鼓吹反清的报纸。该报曾把邹容的《革命军》改名《图存篇》加以翻印，除托黄乃裳携带两千册秘密输入福建和广东潮汕地区之外，还趁其外甥林义顺回国之机，携带一千多册沿途分送，广为宣传。张永福又查阅国内各省《缙绅录》，按照各省府、州、县的衙门，将书卷好，贴上邮票，径寄各级官吏收阅，连北京的翰林院、总理衙门也都一一奉寄①。是年冬，《图南日报》为迎接1905年元旦，特印制富有革命内

① 张永福：《南洋与创立民国》，中华书局1933年版，第88页。

容的“月份牌”馈赠读者。“月份牌”由张永福自行设计，引用太平天国石达开写的词句：“忍令上国衣冠沦于夷狄，相率中原豪杰还我河山。”以及“文字收功日，全球革命潮；图开新世界，书檄布东南”的对联；中间印有自由钟及独立旗①。由于形式新颖美观，又富有爱国思想，颇受广大华侨欢迎。这种“月份牌”流传至檀香山，为孙中山所见，大为欣赏，遂汇美金二十元向《图南日报》购买“月份牌”，同时修书一封，殷殷嘉勉，并表示愿意和他们相会。

1905 年 5 月，孙中山由英国赴日本，途经新加坡，因出境期限未满，不能自由登岸，便通过尢列，约请张永福等上船会晤。至时，张永福等特向警厅磋商，获准特许孙中山登岸，在小桃源俱乐部会餐，孙中山向他们谈及组织同盟会之事。张永福等早在 1901 年曾与孙中山的老友林文庆有过接触，对孙中山的政治主张有所了解；经过这次会晤，更使他们对孙中山的风度和辩才有了深刻印象，便倾心接受他的领导。同年 8 月，中国同盟会在日本东京正式成立。年底，孙中山复至新加坡组织南洋同盟会分会，张永福异常振奋，将原为供母亲养老的别墅“晚晴园”粉饰一新，作为招待孙中山及革命党人聚会的场所。张永福与陈楚楠、李竹痴三人首先加盟，第二天又邀林义顺、许子麟等加入，推举陈楚楠为会长，张永福为副会长。第二年，会员大增，重新选举，改选张永福为正会长，陈楚楠为副会长兼财政。

张永福与陈楚楠合办的《图南日报》，由于亏损累累，早于 1905 年冬被迫停刊。新加坡同盟会成立后，为免革命喉舌中断，根据孙中山的指示，张永福与陈楚楠、林义顺等向各埠同志募集资金，组织《中兴日报》，以继承《图南日报》的传统，并于 1907 年 8 月 20 日正式发刊。张永福任报社主席，林义顺任司理，先后主笔政的有胡汉民、汪精卫、居正、田桐等人。发刊不久，即与保皇党人的《南洋总汇报》为革命论与君宪论展开大论战，有力地宣传了孙中山的革命主张。

① 张永福：《南洋与创立民国》，中华书局 1933 年版，插图。

除了筹款和宣传革命，张永福几乎也成为孙中山在新加坡的私人秘书，从对革命同志的迎来送往，到代购英文书籍等等，孙中山都委托他代为办理。由于张永福把大部分时间和精力用在革命工作上，自己的生意也就照顾不到，以致濒临破产。《中兴日报》也因注重政治宣传而忽略了营业发行，勉强维持了两年半时间，终因亏损而停刊歇业。

1911年武昌起义后，张永福虽因历年出钱出力而濒临破产，但仍然积极筹款加以支援。1912年12月，国民党在新加坡成立海外支部，取代同盟会。翌年7月进行选举，张永福被推选为名誉支部长。1917年张勋复辟，张永福当即以新加坡同德书报社社长名义，致电黎元洪加以声讨。

张永福对当地华侨社会的教育、慈善事业也颇热心，慷慨出钱出力，曾与吴来喜等于1924年创办端蒙学校，被推选为该校首任总理。他还担任新加坡中华总商会董事和广东会馆董事，直至1930年。

张永福作为英国籍的"臣民"，却又对中国的政治表示关注并积极参与活动，因而引起殖民政府的不满，对他施加种种压力和限制。张永福便于1932年返回祖国，先后任中央银行汕头分行行长、广东中央银行副经理、汕头市市长、南京国民政府侨务委员会常务委员、革命债务调查委员会委员、中国国民党党史编纂委员会名誉编纂等职。这期间，张永福发现执政当权的国民党与自己理想中的政党相差甚远，特别是对蒋介石手下一批官吏的贪污腐化更为不满，多有微词。

1938年12月，汪精卫叛国投敌，受到全国人民包括海外华侨的一致谴责。张永福与汪精卫有较深的历史关系，私交甚笃，一向视汪为"党国元老"，因而昧于民族大义，公然发出快邮代电，拥护汪的"艳电"。1940年3月，张被汪委任为南京傀儡政权的"国府委员"和"侨务委员"等职，数度奉派到东南亚各地办理"通商慰侨"事宜①，企图游说南洋故旧，为汪伪政权壮声势。张永福的行径为爱国华侨所不齿，所到之处，

① 《新申报》1942年10月16日第3版。

均遭冷落。

抗战胜利后，根据国民政府《惩治汉奸条例》，张永福在南京被拘捕。由于国民党元老居正、张继等为他讲情，从轻判处缓刑二年①。获释后寓居香港九龙。1949 年后曾一度回到新加坡，由于得不到故人的谅解而“穷愁只觉一身非”②，极少与外界接触，连亲友也很少会见，过着闭门索居的孤寂生活。1957 年，张永福在香港病故。著有《南洋与创立民国》一书，为研究南洋华侨早期革命活动的重要文献。

① 黄美真等编：《汪精卫集团投敌》，上海人民出版社 1984 年版，第 47 页。

② 黄溢华主编：《怡和轩九十周年纪念特刊》（1895—1985），新加坡大水牛出版机构 1985 年版，第 103 页。

# 张 钰 哲

史全生

张钰哲，福建闽侯人。生于1902年2月16日（清光绪二十八年正月初九）。幼年失怙，全家靠着母亲做佣工度日，后来两个哥哥和姐姐有了工作，光景才稍有好转。

张钰哲从小就对天文产生了浓厚兴趣。一次，他在家乡的小书摊上看到一本吴稚晖写的《上下古今谈》。这是一本以两人对话的方式介绍天文、地理知识的通俗读物，张钰哲读了很感兴趣，从此就爱上了天文这一行。

1914年夏，张钰哲在家乡小学毕业后，随二哥到北京读书，先进畿辅中学初中部，1916年入北京师范大学高中部，1919年以优异成绩考入清华学堂高等科。

张钰哲在北京读书时，正是北洋军阀横行不法、帝国主义疯狂侵略的时候，学生运动蓬勃高涨，反帝怒潮震荡全国。张钰哲家境清寒，勤奋读书，没有参加很多的学生运动。但是，他深知帝国主义国家不断奴役、侵略中国，一个很重要的原因就是中国科学技术十分落后。他决心努力学习，以便将来在科学上有所成就，为振兴中国贡献力量。他读书十分用功，每天一大早就起身朗读，老师布置的作业都能按时完成，从不拖延。平时有一点零用，他就积蓄起来买书，学习成绩一直很好。1919年夏，在北京师范大学高中部毕业考试时，名列第一，获奖一本英文世界地图。后入清华学堂，又考取了官费赴美留学生。

1923年，张钰哲先入美国普渡大学机械系，第二年即转入康奈尔大学建筑系，可是他对机械、建筑都不感兴趣。1925 年，当他得知芝加哥大学物理系有天体专业时，便转入该校，第二年即获硕士学位，随后，考入叶凯士天文台的博士研究生。

张钰哲在叶凯士天文台工作和学习都十分认真。无数个夜晚，他都守候在天文望远镜前，弓腰曲背，两眼直盯着广袤的天空细心观测，不管是隆冬还是炎夏，一站就是好几个小时，有时站得两腿麻木，也全然不顾；白天则俯伏在天文台的小阁楼上，精心地计算测得的各种数据。天文演算十分浩繁，往往一个数据要演算几十个过程，积纸数十页。功夫不负苦心人，经过长期的细心观测，张钰哲终于在 1928 年的一个晚上，发现一颗从未认识的小行星。这一意外的发现，使他异常惊喜。为了证实他发现这颗新星的可靠性，他又连续观测了十五个夜晚，每次观测到的结果又都是一样的，确实无误，他才正式宣布了这一新发现。他的同学和朋友们无不为他庆贺，他的老师樊比博教授特意为他做了一个大蛋糕。然而，这时张钰哲想到的不是个人的荣誉，而是中华民族的大荣誉。因为在这之前，世界上已发现了一千一百多颗行星，还没有一颗是中国人发现的。现在，这颗小行星是首次由中国人发现的，按照世界惯例，应以发现者的姓名命名，以表示对发现者的称道，也是对其他天文学者的激励，但张钰哲没有以自己的姓名命名这颗行星，而是以国家和民族的名字命名，称为“中华”，编号为 1125。

1929 年，张钰哲在叶凯士天文台研究生毕业，获博士学位。他学成归国至南京，应聘为中央大学物理系教授、中央研究院天文研究所特约研究员。他决心以学到的天文科学来报效祖国，发展祖国的天文科学。然而，当时中国贫穷落后，对科学技术不予重视，刚刚成立的天文研究所连一座天文台都没有。张钰哲在授课之余，便在中央大学的一个地下室里自己动手，设计研磨天文望远镜，筹建紫金山天文台。就在紫金山天文台建成不久，他研制的天文望远镜还没有完全成功，抗日战争爆发了。日本侵略军大举入侵，大片国土沦丧，张钰哲携儿带女随中央大学西迁重庆。1941 年，天文研究所迁到了云南昆明，他被任命为昆明天文研究所所长，在那十分艰苦的条件下，继续从事天文观测和研究。

1941 年 9 月 21 日，天空将出现难得见到的日全食，可是在长江、黄河流域一些最佳观测地区都被日军占领了，剩下唯一比较好的观测地区，只有甘肃临洮。从昆明到甘肃临洮，必须经过贵州俗称“吊死岩”的“吊丝岩”地段，坡陡谷深，山势险要，更兼上有日军飞机的轰炸，下有不法官吏的横蛮阻挠，犹如过鬼门关一般。张钰哲为了取得科学的真实观测，不顾路途的艰险和遥远，搭乘着旧卡车，七颠八歪地长途跋涉，到达观测现场，完成了这次对日全食的科学观测，拍摄了十六毫米日全食的彩色照片，为我国现代天文科学的发展创造了条件。

抗战胜利以后，天文研究所于 1946 年初从昆明迁回南京紫金山，张钰哲也随天文研究所回到南京，憧憬一个美好的工作环境。为了更好地发展祖国的天文科学，他再次去美国叶凯士天文台考察，与他的老师樊比博教授一起观测和研究天象，虚心学习讨教。1947 年，他又受叶凯士天文台的派遣，去麦唐纳天文台进行短期工作，使用那里更先进的二米反射望远镜观测天象。经过两年的考察，张钰哲在天文科学上又取得了新的成就，发现了新的变星，对交食双星现象进行了新的光谱观测。1946 年冬，他出席了在波士顿举行的美国天文学年会，在美国天体物理期刊上发表了关于交食双星光谱测验的论文。

1948 年初，张钰哲在美国考察期满，正当他准备整装回国时，国民政府拒绝向他提供回国的旅费，他夫人在国内四处奔走，托人说情也无济于事。恰巧在这时，美国地理学会决定派遣一支观测队到中国浙江来观测即将在 5 月发生的日食，经他的老师樊比博教授联系和帮助，张钰哲被允准参加这次日食观测队，于 3 月顺利地回到祖国。

日食观测结束以后，张钰哲便留在国内。这时，人民解放军的战略进攻已取得重大胜利，国民党军队节节败退，张钰哲和全国人民一样，热切地盼望着祖国的解放。他虽然仍全身心地倾注在天文学上，但一有空闲就收听解放区的电台，获取胜利的喜讯。1949 年 4 月 23 日，南京解放，张钰哲无限喜悦。

中华人民共和国成立后，紫金山天文台获得了新生，张钰哲重任紫金山天文台台长。他领导天文台的全体科研人员，迅速恢复了天文台的正常工作，修复了各种天文仪器，引进并自制了一些新的天文仪器，开展对小行星的观测，以及摄动计算和改进轨道方向的研究工作。1957年，张钰哲又开展了对人造地球卫星的研究，撰写了题为《人造卫星的轨道问题》的学术论文，运用天体力学的基础理论，对人造地球卫星的轨道进行了深入细致的研究，为我国人造地球卫星的发射做了大量的准备工作。

在这同时，张钰哲继续坚持对小行星的观测研究，先后创建了小行星、彗星的照相定位观测和天体力学轨道的计算研究。在他主持之下，紫金山天文台先后发现了近千颗新的小行星，其中已有二十多颗获得世界小行星中心的承认，取得了正式编号，被分别命名为“张衡”、“祖冲之”、“一行”、“沈括”、“郭守敬”、“北京”、“南京”、“广东”、“江苏”、“台湾”，等等。其他八十余颗亦已精确地计算出运行轨道，报请国际小行星中心，正待承认和编号。在1965年1月1日到11日间，张钰哲等接连发现了两颗彗星，创造了世界天文科学史上的新纪录。

张钰哲从事天文科学研究的显著特点是，凡事都自己亲自动手，细致观测。1980年夏，我国引进了一台毫米波射电望远镜，为了选择一个最好的观测地点，七十八岁高龄的张钰哲不顾年迈体弱和路途遥远，仍和年轻的科学工作者们一起，跋山涉水，攀登了海拔四千八百米高的昆仑山口，经格尔木、德令哈等地，一直深入到青海高原的内地。

张钰哲不仅积极开展天文科学的深入研究，还十分关心天文科学的教育和普及。1952年，南京大学成立了我国第一个天文系，他曾多次到南大兼课，热心培养年轻一代。经他培育的天文科学工作者，如今已遍及全国各天文台和天文教学的第一线。他先后主编过《宇宙》、《天文学报》。他还多次率领我国天文工作者参加国际天文协会的活动，促进中外学术交流和合作。他的撰著有《天文学论丛》(1934年出版)和

《宇宙丛谈》、《小行星漫谈》、《哈雷彗星今昔》等通俗读物，并有科学论文几十篇，参加翻译了沙罗诺夫的《行星物理》，为我国天文科学的发展作出贡献。

张钰哲在小行星的观测和研究方面所取得的成就，受到国际天文学界的高度重视和评价。1978 年 8 月 1 日，《国际小行星通报》宣布：决定将 1976 年 10 月 23 日哈佛大学天文台发现的 2051 号小行星定名为“张”(Chang)，以“表示对张钰哲的敬意”。1982 年，张钰哲八十寿辰时，中国天文学会表彰了由他领衔的九名从事天文工作五十年以上的老科学家，并赠一联语称颂他道：“测黄道赤道白道，深得此道，赞钰老步人间正道；探行星彗星恒星，戴月披星，愿哲翁成百岁寿星。”

张钰哲不仅是一位杰出的天文学家、中国近代天文学的主要奠基人，并且工书法、篆刻、绘画和诗词，在饭后茶余喜欢伏案临摹名家字帖，或握刀刻石，兴致所至之时，则赋诗填词，泼墨作画。他的诗词朴实自然，篆刻古朴遒劲。

张钰哲当选为第三、四、五、六届全国人民代表大会代表，九三学社中央委员会委员；历任中国科学院学部委员，中国天文学会理事长、名誉理事长，中国科学院紫金山天文台台长、名誉台长。

1986 年 7 月 21 日，张钰哲在南京病逝。

## 主要参考资料

中研院档案资料，中国第二历史档案馆藏。

《人物杂志》1982 年第 6 期。

《新华日报》1986 年 7 月 22 日、24 日、8 月 1 日。

[英]李约瑟：《中国科学科技术史》第 4 卷，科学出版社 1975 年版。

# 张 元 济

熊尚厚

张元济,字筱斋,号菊生。原籍浙江海盐,1867 年 10 月 25 日(清同治六年九月二十八日)生于广州,出身书香世家。其父张森玉历任广东会同(今海南琼海)、陵水(今海南崖县)县知事。张元济七岁入塾读书,十五岁时父亲去世,家道中落,赖母亲与妹妹针黹所入维持生计。1884 年他应县试中秀才,1889 年赴杭州应乡试中举人,1892 年初赴京参加壬辰科会试中进士,授翰林院庶吉士。散馆后被分到刑部贵州司任主事。

1894 年中日甲午战争失败后,张元济痛感国家安危不保,投身于爱国救亡运动。康有为等组织强学会,他与强学会人员频繁来往。1896 年 8 月,他考取总理各国事务衙门章京,分掌文书,在北京常往陶然亭同文廷式等"议论朝政",力主改革。张元济钦慕西学,主张"昌明教育"、"开发民智",走教育救国之路。翌年初,与陈昭常等在北京创办了通艺学堂,习英文、算术等新学,以期培养人才。同时,支持汪康年办《时务报》,以求启迪民智,希望学习西方"有用之学",求得国家的自强。此外,他还给光绪皇帝提供一些新书,使之认识到传播西方知识和实践现代教育的重要。

1898 年 6 月,光绪皇帝实行变法,张元济得徐致靖的保荐,和康有为等受到召见。9 月上《痛陈本病,统筹全局以救危亡折》,建议:(一)设议政局;(二)融满汉之见;(三)通上下之情;(四)定用人之格;(五)善理财之策。继后又上折,请"为新政衙门酌设缺额,亟宜慎选贤能,以理要政而祛积习”，建议裁汰冗员，并且不要把旧衙门裁下之人派到新衙门任职，以拔擢真才。张成为维新变法运动的先驱之一。其间，他鉴于改革只停留在纸面上，预感对维新将有“反动”，所以并没有更多的活动。是年8月，他一度在路矿铁路总局当差。

戊戌变法失败后，张元济受到革职永不叙用处分。通艺学堂并入京师大学堂，他遂离京南下上海，在李鸿章举荐下，应盛宣怀之聘去筹办南洋公学译书院，1899年4月任译书院院长。嗣后，慈禧太后曾下诏让他回京做官，他婉辞未应。邮传部设立时，让他出掌该部也推辞未就，对官场十分冷淡，而决心实践其“英才教育”，走教育救国之路。在译书院与严复合作，由严复译亚当·斯密的《原富》一书出版，并付高稿酬，开一代风气之先。1901年初，他兼代南洋公学总理。翌年1月，与蔡元培等创办《外交报》旬刊，介绍国际动态与知识，主张“文明排外”。2月南洋公学设经济特科班，聘蔡元培为总教习，胡仁源、黄炎培等任教习，学习西方新学，培养新式人才。同时，还帮助商务印书馆开展译书工作，并成为商务的股东。

商务印书馆原由印刷工人出身的夏瑞芳等创办，数年中曾印行过一些书籍，但因质量不高而亏本，1902年增设编译所，由蔡元培出任所长。翌年冬，蔡元培因“苏报案”离沪去青岛，此时张元济也因不满南洋公学的官僚习气，辞职转入商务工作，接任编译所所长。他鉴于商务人力、财力、技术和经验的不足，毅然建议与日本书业商金港堂合资。同时聘请蒋维乔、杜亚泉等一些懂新学的学者充编辑，请严复主持翻译世界名著，锐意出版西方名著沟通中西文化；并从日本请来教科书编辑专家长尾桢太郎等任顾问，和高梦旦等广泛搜罗访求蒙学课本，出版教科书，编成我国最早的《最新教科书》。商务《最新教科书》的出版，并配有教师用的教授法，远远超过旧的蒙学课本。1904年到1905年，他又与蔡元培等编辑出版《最新修身教科书》，注重人格品德教育。之后，他用人唯贤，善于网罗进步人才，加强编辑力量，相继出版各种课本、教授法、参考书、文学作品等千余种，为我国第一家成套出版中小学教科书的出版机构。十年之间,使商务由一个小型印刷所迅速发展成一个新型的现代化出版企业。张元济是我国出版事业现代化的奠基人,商务印书馆步入现代印刷出版业的功臣。

当张元济入商务印书馆实践其"昌明教育"、"开发民智"之际,国内政治风暴更加猛烈,革命派和立宪派同时展开活动。他站在立宪派一边鼓吹宪政,希望通过改良建立起一个君主立宪的理想政府。1904 年夏,他与张謇等敦请军机大臣瞿鸿禨倡导立宪,促清廷颁布诏令。在 1905 年到 1910 年的各省保路运动中,是反对苏杭甬铁路英国借款保路运动的中心人物之一。1905 年 7 月,他与汤寿潜等成立浙江全省铁路公司,任董事会董事。翌年 3 月奉调入京,担任了半年的学部参事行走,10 月南返。同年冬,他率浙江代表团赴京请愿,获不以浙江铁路为抵押品的胜利。1907 年 10 月,张被选为浙江全省拒款会副会长。11 月,预备立宪公会在上海举行第二次全体会议,他和周晋镳等十八人任该会职员。与此同时,通过商务出版的《东方杂志》鼓吹宪政,并出版一系列新书传播国家主权、公民权、代议制、地方自治、个人主义等政治思想。辛亥革命爆发后,他代表浙江参加各省都督代表会议在上海商议成立共和政府的阶段会议。同时还和张謇、汤寿潜等经常聚会,策划一面和袁世凯谈判,一面劝告清帝退位。

1912 年 1 月,中华民国临时政府在南京建立,共和思想渐入民心,张元济很快接受了共和思想。为了适应民初教育发展的需要,他及时整顿商务教科书的出版,"重订共和教科书",出版新字典,并增设博物部、铁工制造部制造标准模型、仪器及陈列品,推进商务的发展。1914 年夏瑞芳去世后,他一度任总经理,两年后改任经理。任职期间,对商务进行改革,新设总务处统管印刷、编译、发行三部;出版《辞源》,生产教学幻灯片,开办函授学校;先后创办了多种综合性和专门性的期刊,使商务成为我国最大的新式文化企业。

"五四"新文化运动时期,张元济顺时应变,将商务的出版重心移到学术丛书出版上,重用陈独秀、茅盾、郑振铎等新知识分子,提倡白话文，宣传妇女解放，支持新文化运动。在政治上，他反对军阀、支持学生的爱国运动。

1920年4月，张元济辞去经理，改任监理，直到1926年。此间，他摆脱了许多日常事务，对商务实施科学管理，全面监督商务的出版业务。在其主持下设计新式排字架，提高印刷效率；编辑《新法教科书》一套八册，出版《四部丛刊初编》，并将私家的涵芬楼藏书改名东方图书馆公诸社会。1926年7月，他改任董事长，宣布退休。

张元济退休后，仍然惦记着商务的发展。为了保存和弘扬传统文化，他继续孜孜不倦地埋头整理影印古籍，亲自参加选本、校勘和影印出版，编校了近人文集、日记、古籍多种，解决了大量历史问题和版本上的舛错。还和工人一起研究"传真版"以提高印刷水平。在他的精心擘划下，从1916年起，先后编印有《涵芬楼秘籍》、《四部丛刊》、《续古逸丛书》、《百衲本二十四史》、《丛书集成初编》、《四库全书珍本》等大型丛书，对古籍的抢救整理贡献极大，为弘扬祖国文化遗产作出了巨大贡献。

上海"一二八"事变时，商务毁于日军的炮火，损失惨重，张元济不顾年迈挺身复出，以董事长身份参与商务的复兴，召开董事会组成复兴委员会，任主席。当日军侵略华北日亟之际，他满怀爱国热忱用白话文撰《中华民族的人格》一书出版，以历代的民族英雄人物激励国人，慷慨陈词，提倡民族精神，培养民族人格。同时先后在《大公报》撰文揭露国民党官僚的营私舞弊，在《东方杂志》发表文章，唤起民众对国民党愚民统治的认识。他的救国救民热情令人钦佩。

抗日战争爆发后，张元济留在上海。他秉民族大义，坚决不让商务向日本注册。日军派员前往求见，他拒不晤面，长期韬隐于沪上。在沦陷区生活日艰，他以鬻字卖文贴补生计，曾打算出卖住宅，但从未间断对善本书籍的抢救和整理工作，与郑振铎、何炳松等苦心搜访遗佚，保存文献；与叶揆初等创办私立合众图书馆，鼓励私人捐赠藏书。

抗日战争胜利后，张元济卖字生涯并没有结束，在卖字中不忘"启迪民智”，书写了很多“治家格言”的条幅教育人。同时极其关心商务战后的复兴。1947 年 12 月，他被推为董事会主席，花费更多精力去处理商务的业务。因王云五辞职去当了国民政府的部长，总经理一职由国民党的朱经农接任，但朱挂名不办事，他对这种官僚习气深为不满，1948 年迫其去职。

战后全国人民要求和平、民主，反内战民主运动高涨，张元济给予支持。1947 年夏，上海学生举行反饥饿、反内战示威，他联合陈叔通等九位老人，上书上海市长吴国桢、警备司令宣铁吾，支持学生的斗争，要求实行改革，谴责当局镇压学生，要求速即释放被捕学生。翌年，在反美扶日斗争中，他亦公开支持学生的爱国斗争。在出席中央研究院第一次院士大会上，他公开呼吁和平，要求停止内战，指出内战是“兄弟阋墙”，使国家精疲力竭。其间，他还经常写诗，表示对国民党腐败统治的不满。当局对之进行威胁，责张“为匪张目”，“同情共产党”，他不为所恫。上海解放前夕，国民党军队强占合众图书馆，他闻讯亲自前往交涉，坐镇维护，迫使军队撤走。在当时国民党的高压统治下，他把个人安危得失置之度外，表现出大智大勇的气概。

上海解放后，张元济无比喜悦，9 月，北上出席全国政治协商会议。之后，他历任华东行政委员会委员，华东军政委员会委员，第一、二届全国人大代表，以及公私合营商务印书馆董事长、上海文史馆馆长等职。晚年，他热情关心国家的经济建设和文化事业，并以其年耋之躯，编校《涵芬楼烬馀书录》出版。毕生满怀爱国热忱，尽瘁于文化教育出版事业。

1959 年 8 月 14 日，张元济病逝于上海。其生平主要著作有《校史随笔》、《宝礼堂宋本书录》、《涉园序跋集序》、《张元济书札》、《张元济日记》、《张元济傅增湘论书尺牍》、《张元济诗文》等。

## 主要参考资料

张树年:《张元济年谱》，商务印书馆 1991 年版。

张元济:《张元济日记》,商务印书馆1981年版。

张元济:《张元济书札》,商务印书馆1981年版。

张元济:《张元济诗文》,商务印书馆1986年版。

张元济:《戊戌变法的回忆》,《新建设》第1卷第3期(1950年)。

王绍曾:《近代出版家张元济》,商务印书馆1984年版。

叶宋曼瑛:《从翰林到出版家——张元济的生平与事业》,香港商务印书馆1992年版。

# 张 云 山

郑自毅

张云山,字凤岗,陕西长安人。1877年10月15日(清光绪三年九月初九)出生于贫苦农家。张的父母早逝,两个哥哥因家贫出外谋生,他由族人名五婆的老人收养,故幼年失学,帮人劳动。他喜看旧戏,对戏中关羽、岳飞、包拯等"名将"、"清官"最为仰慕。稍长,有胆识,善击剑且膂力过人。

1895年,西宁爆发回民起义,新疆巡抚、署任陕甘总督陶模奉令募兵镇压。当时,张云山投效当兵,转战西宁、新疆等地,并在营中加入哥老会。张因打仗骁勇,积功升任都司。1905年回陕,在新军中任司号长。由于张为人耿直,待人诚恳,颇得下层官兵的好感。他通过理门公所(当时公开的戒烟机构)负责人夏连生,与哥老会在西安的"黄大爷"接上关系,陆续把新军中的号目、号兵介绍加入哥老会,从此,他的影响与势力日渐壮大。

1908年新军由常备军扩编为陕西陆军混成协时,张任司号官。同年10月,同盟会员井勿幕由日本回陕活动革命。不久成立了同盟会陕西分会,选举李仲特为会长,决议联合新军中的"慕亲会"、"哥老会"、"刀客"等在中下层官兵中影响颇大的会党共同行动,并派钱鼎、张宝麟代表同盟会与张云山联系。经过两三个月的积极活动与宣传,使张云山及哥老会其他头目也都了解了同盟会的革命宗旨。张表示接受"驱除鞑虏、恢复中华、建立民国、平均地权"的主张,答应双方采取联合行动。为了壮大力量,张决定开山堂——"通统山",并自任山主,吸收成员一千多人，占全协官兵的四分之一。他们在各标、营建有自成系统的哥老会组织，标有“标舵”，营有“营舵”，队有“队舵”，拥有很大的潜势力。而新军中同盟会员人数则很少。

为了加强同盟会与哥老会的联合，井勿幕、钱鼎、张云山等人发起，于1910年7月9日（农历六月初三）在大雁塔召开结盟会议。当时到会的有双方重要人物三十多人，时称“三十六弟兄”，他们在神前歃血宣誓为盟，共图大举。此次会议，影响很大，进一步巩固了同盟会和哥老会的团结，为后来的起义打下了良好的基础。

1911年10月10日武昌起义爆发，全国震动，清陕西当局颇为惊慌，对于在新军中各会党的革命活动严加防范，并下令从10月24日（农历九月初三）起，将新军第二标所属一、二、三营陆续开往岐山、凤翔、宝鸡一带，听候行止。张云山、钱鼎等人得悉此讯，感到原定于10月29日（农历九月初八）之起义日期已缓不济急，必须立即改变计划。即由钱鼎、张宝麟、张钫等于10月21日（农历八月三十日）夜间去见新军三十九协二标一营管带张凤翙，研究应急对策。经商定于次日（九月初一）上午九时，在城西林家坟召开有各方负责人参加的紧急会议。九月初一本为军中发饷日，各方负责人物均借故先后聚集林家坟开会，公推张凤翙为首领，钱鼎为副首领，决定于当日上午11时发动起义。恰好当日亦为军中假日，清兵多外出游逛，起义军首先占领了城内军装局、鼓楼制高点和藩司衙门等要地，随即成立起义军总司令部，定名为“秦陇复汉军”，张凤翙为临时大统领，通电响应武昌起义。清西安将军文瑞闻变退守满城，起义军于初二日拂晓开始向满城进攻，钱鼎、张云山、万炳南率队从西面攻击，张凤翙率队从南面进攻。经过半天激战，于下午攻克满城。文瑞投井自杀，陕西护理巡抚钱能训逃匿被查获。西安其他武装部队纷纷响应革命。于是起义军总司令部由军装局移至陕西高等学堂，于10月25日开会推选张凤翙为秦陇复汉军大统领，钱鼎、万炳南为副大统领，张云山为调遣兵马都督，成立军政府。接着由张凤翙、张云山先后发布安民告示及檄文，要求会党及市民严守纪律。

当陕西新军起义时，清卸任陕甘总督升允闻变连夜逃往甘肃，旋经陕甘总督长庚保荐，任陕西巡抚兼办军务。升允遂调动甘肃清军马国仁部于 11 月 21 日攻陷长武，进逼邠州（今彬县）。张云山闻知西路吃紧，即向军政府自荐，率向字营等部开赴西路，在长武冉店桥一带和清军激战，终将敌军击退，使局势转危为安。此时河南来犯清军则攻陷潼关，故东路告急。大统领张凤翙亲自前往督战，张云山被调回西安主持防务。不久潼关收复，而升允又调集甘肃清军张行志、陆洪涛、马安良、崔正午等大批部队，由陇南、泾川分南北两路再犯陕西。长武、邠州等地相继失陷，情况极为严重。张云山急赴乾州（今乾县）堵截清军，坚守城防。与此同时，清军陷陇州（今陇县）、汧阳（今千阳），副大统领万炳南在凤翔被围求援。张凤翙亲率由东路新回部队驰援乾州，又调井勿幕和陈树藩部赴援西路。一时各线同时抗敌，紧张异常。张云山坚守乾州城防，牵制了众多清军，双方对峙八十三日，大小数十战，以致城无完堞，伤亡颇大。张云山身先士卒，日夜巡城督战，清军曾多次使用云梯攻城、挖掘地道或派人诈降等，均未得逞。

1912 年 1 月 1 日，中华民国宣告成立。2 月 12 日，清帝被迫退位，并下令各地清军停战并进行和谈。18 日，陕西东路征讨大都督张钫与河南清军将领赵倜达成协议，清军退出潼关，28 日张钫率华阴各处民军西援。此时惟升允占据醴泉拒绝谈判，并将张云山派去的谈判代表雷恒焱杀害，直到在乾州的马安良向张云山求和并达成协议，升允陷于孤立，方于 3 月 8 日率领入陕甘军各部退出陕境。东西两路战事全面结束。

是时，袁世凯已继任临时大总统，张云山以光复有功被授陆军中将，补秦军第一镇统制。不久，为了削弱各地起义军实力，袁世凯令都督张凤翙缩编陕军，将张云山部缩编为第一师，张云山改任师长。

陕西光复后，以张凤翙为代表的同盟会，与以张云山为首领的哥老会之间的分歧加剧。一时，张云山与张凤翙之间也颇多歧见。当时二张一在南院，一在北院，俨然形成南北对峙。后经郭希仁、宋伯鲁等斡旋，规以大义，二张关系才逐渐好转。其后张凤翙令张云山率队剿抚在盩厔（今周至）、郿县（今眉县）、凤翔等地的溃军散勇，安定了地方。

张云山对提倡男人剪发辫，妇女放足，对在省内创立同志小学和设立普云堂药铺施舍医药多有所赞助。他支持张凤翙禁种鸦片的主张，曾亲自到盛产鸦片的兴、武、扶、郿等地召集民众宣讲禁令。由于受旧思想局限，慕求“清官”、“名将”的美名，张云山甚至仿效铁面无私的包拯，常在台上设置铡刀以示众下，又过分热心于哥老会势力的发展，采取不适当手段，曾引起人们对他的反感，但张为人尚能从谏，予以改正。1914 年 3 月，河南农民起义反袁军白朗部进入陕西，袁世凯派其亲信陆建章以“追剿”白朗为名，率北洋陆军第七师开进陕西，驻在西安城东附近。6 月电召张凤翙入京改任将军府扬威将军，以陆建章继任威武将军督理陕西军务，独揽陕西军政大权。陆建章秉承袁世凯的旨意，大肆镇压革命党人，裁汰缩编陕军，又将张云山所部第一师缩编为混成旅，改任张为旅长兼陕北镇守使，但设置种种障碍，使张不能到任。张处此情况下，欲反抗而不得，只好曲意奉承。直到货尽财竭，陆仍步步相逼，张忧愤咯血，于 1915 年 6 月死去，终年仅三十七岁。张云山暴卒后，各方反响甚大，陆建章为了蒙骗世人，经陆军部于 7 月 1 日呈请袁世凯准予“从优照上将例”“给恤”①。

## 主要参考资料

郭希仁：《从戎记略》，共和印刷公司 1913 年版。

---

① 关于张云山卒于 1915 年 6 月的哪一天，尚未找到准确记载。但从《政府公报》中可以看到：1915 年 6 月 7 日袁政府尚颁给张云山三等嘉禾章；同年 6 月 24 日则下令裁撤张生前所任的陕北镇守使缺；到 7 月 1 日则刊有“陆军部呈遵令从优照上将例议给陕北镇守使张云山恤典由：准如所议给恤此批”的条文。由此可见张当系于 6 月某日故去。

陕西革命先烈褒恤委员会编:《西北革命史征稿》,1949 年版。
《陕西文史资料选辑》第一、二辑。
《宋伯鲁撰并书张云山墓志铭》。
《许宝荃撰并书张云山神道碑》。
《关于张云山几个材料片断》,庞建堂口述,刘茵侬记录。
《宋伯鲁撰并书郑子屏墓志铭》。
《郑自毅采访录》(手稿)。
宋伯鲁纂修:《续修陕西省通志稿》,1934 年版。

# 张　　贞

萧　林

张贞，原名善兴，字浩然，福建诏安人。1884 年 2 月 8 日（清光绪十年正月十二日）生。父亲张介一务农兼贩糖，教育子女勤奋读书以报效国家。张贞七岁起入塾，1909 年在诏安丹诏小学堂高级班毕业，翌年考入漳州府中学堂，后加入同盟会漳州支部为会员，遂改善兴名为贞，字幹之。

辛亥武昌起义，东南各省纷起响应，张贞加入漳州学生光复队，参与光复福州之役。旋参加福建学生北伐队，举“祈战死”旗帜离榕赴沪转宁，先编为陆军入伍生队，后编入总统府卫士队。1912 年 10 月，被选入陆军第二预备学校受训。越年春，张贞被保送到保定军官学校第三期炮科班深造，与白崇禧、黄绍竑、刘建绪等为同期同学。

反袁的“二次革命”失败后，孙中山于 1914 年在日本东京组建中华革命党，张贞在保定宣誓入党。1915 年初夏，他偕汤铭盘、林知渊离开保定南下厦门，协助中华革命党福建支部长叶青渊主持鼓浪屿秘密机关部工作，并负责训练同安寨仔湖“福建下游护国军第一支队”。秋末，与北军厦门要塞司令唐国谟部辛桂芳营激战于灌口山口庙。1916 年 1 月，张贞参加厦门首义秘密军事会议，参与反袁驱李（厚基）“二二举义”的准备事项。起义未遂，偕陈金芳、丘廑竞处理善后近三个月。同年 5 月 27 日，参加指挥攻打同安县城之役，后撤返天柱山。6 月，袁世凯病殁，南北协议暂成，张贞奉命偕陈熙亮、林邦燕作为福建护国军统筹部代表，携带《福建下游护国军编制方案》赴沪亲呈孙中山，嗣后重回保定军校继续学习至毕业。

1917年6月，孙中山通电护法，张贞偕闽籍同学七人到广州投效响应护法的滇军第四师师长方声涛。方任征闽靖国军代总指挥，张贞被委为靖国军第六军第二工兵营营长。是年12月，张受命为大元帅府参军处荐任副官。1918年春初，张贞奉孙中山命只身潜入闽南，抵泉属凤巢山会见许卓然，共同联络和编练闽南民军，扩展晋、安、南护法根据地，组建闽南靖国军，任第四旅司令兼第七团团长。1919年夏，任福建靖国军司令，与盘踞泉属各县之北洋军交战。其时，驻扎漳州的援闽粤军总司令陈炯明多方掣肘靖国军，使孙中山"组军大计颇受困阻"①，张贞与靖国军将领许卓然、杨持平联名致电在沪的孙中山。俟后，张贞遵孙中山函谕"以同志大义所在，除去私嫌"②，对陈炯明不添芥蒂，协力共事。

1920年秋，桂系军阀陆荣廷进攻粤省，陈炯明回师入粤讨伐，张贞也奉命准备入粤作战。他在晋江安海与浙军师长陈肇英合作，组织靖浙联军司令部，陈为司令，张为副司令，遂即派部挺进闽粤边境。7月，靖浙联军奉命转战广东大埔、饶平，张贞部在浮山之役为桂系刘志陆部所败，张左肩受伤，抢舟下潮安，赴港医治，后转上海。8月，张与在沪的方声涛、黄展云等组织福建自治会，反对李厚基在闽的暴虐统治，得旅居京、津、沪及南洋闽人响应。翌年7月，张贞离沪抵穗，闻孙中山有"粤局可定，而闽局亦安矣"③的指示，遂回闽组建福建自治军。冬，任福建自治军司令兼前敌总指挥，在闽南一带配合讨伐南北军阀。

1922年6月，陈炯明武装叛变。为讨伐陈炯明，福建自治军改编为"东路讨贼军第八军"，张贞任前敌司令。1923年1月，张贞向孙中

① 《张贞先生幹之年谱》，台北1983年版。

② 《复许卓然等函》(1919年7月22日)，中山大学历史系孙中山研究室等编《孙中山全集》第5卷，中华书局1985年版，第85—86页。

③ 《致李厚基电》(1920年10月2日)，《孙中山全集》第5卷，第351页。

山请缨入粤，2 月 5 日孙函陈肇英称“张贞愿为讨贼军前驱，极嘉”①，张大受鼓舞。6 月底，张贞率部直捣潮汕。嗣在浮山圩血战十日，因孤军无援，参谋长汤铭盘战死，乃兵退云霄、漳州。

1924 年，在闽的直系、皖系军阀进行“闽南大战”，张贞极力拼杀盘踞漳、泉二属的北洋军阀。7 月 24 日，他随方声涛潜入厦门鼓浪屿，召集五十余名国民党员密议，筹划讨伐新任闽督周荫人。不料事被查察，周荫人令厦门交涉署查捕，并要求领事团工部局“引渡”方声涛、张贞等人，幸方、张及早潜去而未被捕获。11 月，张贞任福建建国军司令兼前敌总指挥，自永春出击周荫人驻安溪、德化部。1925 年 2 月，广州革命政府决定东征讨伐陈炯明，张贞率部参加右路，与粤军及黄埔军校第一教导团并肩作战，在广东南部沿海安田、淡水之役大捷后，于 2 月 27 日攻袭海丰，张贞指挥所部炮轰海城。

7 月，广州国民政府编组国民革命军，张贞任国民革命军第一军独立第一团团长，驻防东莞虎门，划归何应钦指挥。11 月，二次东征胜利，潮汕底定，张贞率独立一团移防汕头兼琦碌要塞防务。不久在诏安县城收编原福建靖国军旧部，并创设福建陆军干部学校（隶属黄埔军校潮州分校）任校长，招收学员百余名。

1926 年 6 月，国民政府筹谋北伐，张贞升任国民革命军独立第四师师长。10 月间在第一军军长兼东路军总指挥何应钦率领下出师攻闽。小坪岭一役大捷，乘胜尾追北军张毅师出漳州。12 月 2 日配合海陆友军生擒张毅于瓜山，随即挺进福州，任福州卫戍司令。1927 年 1 月，福建政务委员会组成，张任委员、代理主任。

1927 年 4 月，蒋介石在上海发动“四一二”政变，密令闽、粤等省“清党”，逮捕共产党人。张贞接令后未即行动，等福建陆军干部学校教官陈祖康、陈尚友、王战天等中共党员和国民党左派分子离去后，始集

---

① 《复陈肇英函》，中山大学历史系孙中山研究室等编《孙中山全集》第 7 卷，中华书局 1985 年版。

合军校员生宣布“清党”。未几，独立第四师奉调驻防浙江江山。8月，参加南昌起义的陈铭枢部南下时脱离起义军，停在铅山重建十一军，苦于粮弹告绝，张贞给予资助银洋十万元及大批军需弹药。10月，独立第四师调防南京，参与拱卫京畿。

1928年1月，蒋介石对福建省主席杨树庄和滞留闽南的陈铭枢余部很不放心，于汤山召见张贞，命独立第四师回防闽南重镇漳州，以牵制杨、陈所部，并协助福建省政府改组。2月，张贞率师自宁抵漳，坐毡未定，福建工农革命军于3月8日发动“平和暴动”，张即派陈炽营到平和进行弹压，并调张汝勱团驰赴闽西永定“清剿”邓子恢、张鼎丞领导的工农红军。此后，张贞坐镇泉、漳、汀地区，委派亲信林学增、谢梅年等多人充任各县县长，惟函请北伐后由周恩来荐任漳州政治监察专员的陈卓凡充任龙溪县长。陈卓凡此时已是中国国民党行动委员会中央工农运动委员会委员，视职数月即被叛徒告发遭通缉，张贞于1929年9月密送陈出境赴港，并赠款助其到沪创办“南强书局”①。

1929年3月，张贞赴南京出席国民党第三次全国代表大会，被选为中央候补执行委员。次年10月被补为中央执行委员。他将所部四团制的丙种师扩编为三旅六团制的甲种师，由“官兵七千左右、枪五千余杆增加到人枪各一万余”②。尔后又将独立第四师番号三次易改为暂编第一师、中央陆军新编第一师、陆军第四十九师，均任师长。由于成倍扩军，粮饷骤增，每月需要支付军费20万元，而南京军政部仅拨给六万，张贞下令在辖防区内加捐附税达四种，另开办“民兴银行”发行票券。当地百姓不堪重负，编民谣斥之：“张毅换张贞，捐税加两升。”

1930年1月初，发生闽北民军首领卢兴邦绑架福建省政府委员事

① 广州暨南大学历史系陈斯骏（陈卓凡之子）1987年10月提供资料，并见陈卓凡《自传》（手稿）。

② 林梦飞：《张贞四十九师就歼记》、林志光：《张贞部围剿闽西苏区及其溃亡》，中国人民政治协商会议福建省委员会文史资料编辑室编《福建文史资料》第2辑，福建人民出版社1963年版。

件，张贞派王祖清旅配合刘和鼎、陈齐瑄两部夹击卢部之腹背。6 月，卢兴邦兵败求和，释放林知渊等五人。越月，张贞兼任福建“剿匪”司令部司令、闽南航空处处长。

张贞自 1928 年至 1932 年占据闽西南四年多，竭力“防共剿共”，用“三光”政策酷对苏区人民，但屡屡战败。1929 年 6 月。张部六个团两个营兵力共万人参与“围剿”闽西苏区，遭工农红军歼击而失败。1931 年 9 月，红十二军萧劲光部攻下长汀、连城两县，四十九师杨逢年旅被歼溃，残部逃退龙岩。1932 年 4 月，毛泽东率领红军东路军从闽西东进攻克漳州，四十九师被俘三千三百余人，残部连夜溃逃诏安、同安。当地百姓编民谣嘲讽：“张贞豆腐兵，会吃不会拼。”“正逢四十九，张贞无路走。”

张贞据漳期间，曾与地方人士共谋振兴闽南家乡。1928 年投资十三万银洋开辟龙诏、漳嵩公路，增扩交通运输线二百公里；兴办龙溪中学和闽南医院，资助泉州黎明中学和上海侨光中学；选派一批人才留学日、德、美诸国深造；还根据孙中山《建国方略》中汕头、厦门开港计划，筹划建设嵩屿为商埠，建立“嵩屿建设委员会”，着手进行规划和勘测，终因经费不足而中辍。

1933 年 6 月，进驻福建的十九路军将张贞四十九师缴械并编。被解职的张贞到南京后，被蒋介石委为军事委员会委员长南昌行营军事特派员闲职。1933 年 11 月 20 日，十九路军将领发动“福建事变”，张贞以军事特派员身份入闽，其旧部闻风即在漳、泉组织“讨逆军”，分别袭击从福州南撤的十九路军。但张贞并未因此而得重用，他郁郁不乐，于 1934 年 7 月携幕僚赴南洋“宣慰”华侨，回国后寓居南京。1936 年 6 月“两广事变”发生后，张贞被蒋介石委为广州行营中将总参议，协助何应钦处置两广问题，但他感于与黄绍竑、白崇禧有同窗私谊，便遁词不去穗视事而转道香港寓居。

“七七”抗日军兴，张贞投入抗战洪流。1938 年冬，他参加国民政府委员熊克武、监察委员黄麟书等组成的中央川康党政视察团，赴四川、西康两省视察。1939 年秋，张贞任军事委员会战区军风纪第四巡察团主任委员，驻广西桂林。1940 年率巡察团巡察粤、黔、滇、湘、鄂诸省后，赴桂南前线昆仑关参加督战。次年，中英共同防御滇缅路国际线昆安段通车，张贞率巡察团到滇缅边境巡察中方军队，宣慰前方将士和筑路民工。1942 年 6 月，张贞改任军事委员会军风纪第一巡察团主任委员，从广西桂林移驻福建临时省会永安，负责巡察苏、浙、鲁、冀、赣、鄂、闽、台八省军风军纪。他在巡察中查知第三战区司令长官顾祝同及各集团军总司令部所设的前进指挥所走私越货牟取暴利，司令长官部的别动队武装还保护日伪占领区走私货物过境。但张贞巡而不察，察而不办，时人以“不打老虎、只拍苍蝇”讥讽之。

1945 年 5 月，国民党“六大”在重庆召开，张贞连任国民党第六届中央执行委员。1946 年 10 月年逾花甲的张贞退役，被授予陆军上将衔。张贞携眷回漳州定居，伙同秦望山、郑华等围垦东井五里滩，开办长教煤矿，投资扩展漳州电厂，筹划整治九龙江。1948 年，张贞旧属李良荣任福建省政府主席，张于 10 月赴榕晤李，洽谈整治九龙江流域拨款事。1949 年 4 月，张贞又向旧识、新任福建省政府主席的朱绍良请求拨款，拟修整由闽南入粤东的主干线龙诏公路。

1949 年夏，挥戈入闽的人民解放军直指闽南，张贞在旧属李良荣、沈向奎的挟劝下，从厦门登机仓皇出走台湾。旋任“立法院”军事组召集人。1963 年 12 月 29 日因直肠癌于台北去世。

# 张 振 武

钟碧容

张振武，原名尧鑫，字春三，更名竹山。湖北罗田人，寄籍竹山县。生于1870年2月8日（清同治九年正月初九）。

张幼年读书就显露了他的聪慧，稍长入湖北省立师范学堂，成绩优异，毕业后任小学教员。在师范学堂读书时，他受到革命思想的影响，痛恨清政府的腐败无能。甲午之役中国战败和庚子之役联军入侵，使他感到是国家的奇耻大辱。他大声疾呼："大丈夫忍为奴隶国民耶？"①为了追求救国救民的真理，他变卖家产，于1905年自费东渡日本，入早稻田大学学习法律、政治，又加入体育会，练习战阵攻守诸法。1907年加入同盟会，担任联络事务。回国后，他藉教授生徒为名，以联络志士。在教学中，不断地向学生揭露清政府的丧权辱国，激发学生的爱国精神。

1909年，孙武、焦达峰在湖北武昌成立共进会分会，以联络长江下游的会党。1911年6月，张振武在武汉加入共进会，负责经管财务，筹款购运军火，不足之数由他变卖私产捐助。

武昌起义，张振武是领导者之一，与孙武、蒋翊武齐名，号称"三武"。他事先积极准备，布置周密，行动敏捷。10月11日，革命党人迫黎元洪出任湖北军政府都督。次日推定军政府各部人选时，孙武为军务部部长，蒋翊武、张振武为副部长，当时孙武受伤就医，蒋翊武被捕逃

---

① 张难先：《湖北革命知之录》，商务印书馆1946年版，第193页。

出后未回，由张振武代理部长主持军务部工作。11 月 16 日，张得知清军迫近新沟，汉阳危急，他亲率军务部人员及卫队奔赴前线督战，在跳越障碍物时落水，被卫兵救起。26 日，战时总司令官黄兴自汉阳回武昌，召开紧急会议，报告汉阳战事失利经过，主张放弃武昌，以其兵力往援南京。张振武和谭人凤、李翊东、甘绩熙、范腾霄等与会人员大多数均表示反对，主张坚守武昌①。27 日，汉阳失守。次日，黄兴赴上海，军政府以蒋翊武为护理战时总司令。当时，武昌人心浮动，张振武乃骑马巡行全城，沿街高呼："汉阳失守，乃我战略撤退，武昌万无一失。"军民见张之镇静姿态，亦稍安定。在坚守武昌的日日夜夜中，张振武亲率士兵巡视防哨，密切监视着清军的行动。不久，南北达成停战协定，武昌得以保全。

南京临时政府成立后不久，同盟会中发生了宗派的分化。张振武、孙武、蓝天蔚、刘成禺等人是以武汉首义自居的一派，他们不满临时政府中的权力分配，乃于 1912 年 1 月在上海发起组织"民社"，推举黎元洪为首领，使同盟会的力量越发涣散。随后，张即返回湖北，设立民社武汉支部。

张振武在武昌起义中为革命出生入死，是有功劳的，但"三武都有些居功自傲，互不相能，以致他们之间也发生了矛盾。特别是张振武与孙武的矛盾更甚，各自拉一伙人，互相攻击"，"党孙者毁振武，党振武者毁孙"②。革命党人内部出现的分裂，给了嫉恨他们的黎元洪以可乘之机。

"三武"对黎元洪是藐视的，特别是张振武是逼使黎元洪出来担任鄂军都督的代表之一，对黎当时表现的窘态，亲眼目睹，知根知底。民国成立之后，他在黎面前，仍然恃功自骄，认为黎的天下不过是他们替他打出来的。黎为此怀恨在心，暗中设想除掉他们的计划。

---

① 张难先：《湖北革命知之录》，商务印书馆 1946 年版，第 380 页。

② 《真相画报》1912 年 8 月 21 日。

1912年3月15日，黎元洪召开特别会议，以蔡济民代替曾广大任军务司长，吴醒汉为副司长，解除蒋翊武、张振武军务部副部长职务，另把张振武推荐到中央去任职。黎向张谎言：袁世凯将畀以重任，“如此机会，千载一时，你切莫错过了”①，竭力怂恿张振武赴京任职。

同年5月，张振武奉袁世凯之召进京，任总统府军事顾问，不久即回鄂。8月10日，张振武率领湖北将校团团长方维等十三人抵京，袁世凯为张振武等设宴洗尘。接着冯国璋、段祺瑞轮流宴请，姜桂题等则召集军界袍泽大会表示热烈欢迎。

在张振武等抵京的次日，黎元洪即密电袁世凯，加张振武等“蛊惑军士，勾结土匪，破坏共和，倡谋不轨”的罪名，乞请“立予正法”。13日，黎再次密电袁世凯，催请尽速处决，其电谓：“不杀张不独为全鄂之害，实为天下之害。”②8月15日下午8时，张振武偕湖北诸将校自作主人，宴请北方诸将领于六国饭店。宴罢回寓，时已夜深，路出东交民巷经正阳门，即被步军统领逮捕。段芝贵立即将张等押至京畿军政执法处，由处长陆建章略加审问后，即将张振武杀害。时正16日凌晨1时，同时遇难的还有湖北将校团团长方维。

消息传出，舆论大哗。8月16日8时，孙武、邓玉麟、刘成禺、张伯烈等前往总统府质问袁世凯。袁虚情假意地对他们说：“我明知对不住湖北人，天下人必将骂我，我实不能救他。”③但是袁世凯绝不会代他人受过，他在宣布张、方二人的所谓罪状中，把黎元洪给他的密电全文录入，以推脱自己的罪责，也使黎元洪与同盟会之间扩大了裂痕。

8月19日，临时参议院为张振武案提出质问；8月18日、20日，黄兴两次致电袁世凯，就处决张、方事追询缘由；东南各省都督胡汉民、李烈钧、柏文蔚、谭延闿、孙道仁等均电诘北京政府谓：“凭一纸空文，擅杀

① 蔡寄鸥：《鄂州血史》，上海龙门联合书局1958年版，第266页。

② 《民立报》1912年8月21日。

③ 黄远庸：《远生遗著》第2卷，商务印书馆1927年版，第106页。

元勋”,“请将张振武确定罪状,正式宣布”①。在国内舆论谴责下,黎元洪不得不在 21 日的通电中除罗织张的罪状外,还假惺惺地伪装引咎辞职,并提出对张振武的身后事从优议恤。这是民国史上第一件违法杀人的政治血案。

① 《民立报》1912 年 8 月 19 日。

# 张 振 勋

熊尚厚

张振勋，字弼士，号肇燮。1841 年 12 月 21 日（清道光二十一年十一月初九）生，广东大埔县黄堂乡人。其父张兰轩为乡村塾师兼业医。他幼年随父读书三年，之后进了一家竹器店学徒。1858 年只身漂流海外，赴南洋印尼巴城（今雅加达），在一家华侨纸行充杂工，不久做了经纪人。后来当了管账先生，手头才逐渐有些积蓄。数年后，他和纸行老板的女儿结婚。岳父死后，继承遗产自立门户，开设了一爿酒行，销售各国名酒。张振勋竭力结交荷兰殖民当局，获准承包酒税与典当捐，又承包荷属东印度一些岛屿的鸦片烟税，垄断了当地的鸦片烟买卖，还承包了邻段的烟土捐务公司。在承包烟税中，他用多种手段击败了竞争对手，发了大财。

张振勋是南洋华侨垦殖业的著名先驱之一，1866 年在荷属葛罗巴埠创办了一家裕和垦殖公司，开始大规模领垦荒种植。1875 年在苏门答腊开办亚齐垦殖公司；1877 年在荷属怡里创办裕兴垦殖公司；1878 年在爪哇日里（今日惹），与华侨张耀轩①合资创办笠旺垦殖公司，垦荒种植树胶、咖啡和茶叶；先后开辟树胶园七八所，茶叶加工厂一处，拥有职工数千人；并合资创办了一家日里银行。

张振勋为了解决货物运输问题，于 1886 年创办了万裕兴轮船公

① 张耀轩原为张振勋手下职工，以善于经营致富，亦为南洋拓殖垦荒业中的著名先驱。

司，有轮船三艘自运货物航行于槟城、亚齐之间。1898 年，有一次他欲从巴城到新加坡办理商务，德国邮船公司歧视华人，拒绝卖给他头等船票。张振勋非常气愤，表示以后“我的商船一律不给德国佬卖票”①。不久，张振勋在巴城创设裕昌远洋航运公司，在亚齐办广福远洋轮船公司，往返于新加坡、香港等地，挂上中国国旗为中国人争气。他在创办了自己的客运轮船公司后，公开声明为华人服务，与德国邮船公司对抗，迫使德国公司取消了华人不得购买头等船票的歧视性规定。

马来亚的雪兰、霹雳、森美兰和彭亨等地，早年就是华侨开发的盛产锡矿区。1898 年，张振勋将他的企业扩展到马来西亚，在英属彭亨州文东埠开办东兴公司，设置商场；并经营雪兰莪和巴生地区的锡矿。1912 年，他将其垦殖业扩展到马来亚，在英属槟榔屿开办了万裕兴垦殖公司，并组设万裕兴总公司，以应接各埠支店汇兑财货。此外，他还经营药材业，在新加坡、巴城、香港和广州等地开设药行，组成一个庞大的药材批发网。

从 19 世纪 60 年代开始，张振勋经营垦殖、橡胶、锡矿和航运，历三十年获得了惊人的利润。其拥资之巨，经营活动之广，规模之宏大，一时罕有人能与其匹敌，成了当时南洋华侨中首屈一指的巨富。当时，华侨在国外备受欺凌，欧美殖民主义国家的人歧视华人，张振勋深受其害。他怀着满腔的爱国热忱，渴望能回到祖国发展实业，以建中国富强之基，也盼望能在国内获得一定的地位，光耀张氏家族的门庭。

1892 年，经清政府驻英公使龚照瑗推荐，张振勋被委派为槟榔屿首任领事，1894 年升任新加坡总领事。此后，他开始走上了仕途，成为清政府的官员。1898 年李鸿章电召他回国，任以粤汉铁路帮办，次年升总办。1899 年又被委为广东佛山铁路总办。1900 年再负责督办粤汉铁路。1903 年，清廷第二次召见张振勋，赏给他侍郎衔，以三品京堂

① 李松庵：《爱国华侨实业家张弼士史料》，广东历史学会张弼士专业委员会编《张弼士研究资料》第 1 辑（张弼士生平事略等），2006 年版。

候补。次年10月，他第三次被清廷召见，乃上书建议招商承办农工路矿，增设各省官商合办和商办铁路支线，提倡抵制洋货，以商战收回利权等十二条①。清廷采纳了他的建议，赏给他头品顶戴，补授太仆寺正卿，任命他为商部考察外埠商务大臣，兼槟榔屿管学大臣；并兼办闽广农工路矿事宜。张振勋受命回到南洋，为了团结侨胞，促进华侨工商业和教育事业的发展，他与戴忻然等在槟城筹建了中华商务总会，并往马来亚一带劝导华侨设商会、兴学校。1907年4月，张振勋被任命为督办铁路大臣，管理粤汉铁路事宜。

张振勋由商而官，功名显赫，但对英、荷殖民政府封官许爵，却婉言谢绝。他说："吾华人当为祖国效力也。"②为了振兴祖国的实业，他把大量的资金转移回国发展实业。

1892年，张振勋赴香港时，被清廷东海关监督盛宣怀电邀去烟台商办路矿，他立即前往。法国驻印尼巴城领事曾对他说，烟台葡萄可酿上等名酒。他到烟台后，立即着手调查与筹办酿酒公司。1894年，他在烟台投资300万元创办张裕酿酒公司，自种葡萄七百余亩，酿造葡萄酒，以其族侄张应东任总办。次年9月获清政府批准。该公司在直隶、奉天、山东等省专利十五年，免税三年。经过八年的苦心经营，张裕公司的酒风行全国，远销海外，与贵州茅台酒等并列为中国八大名酒。

张振勋投资国内，受到清朝洋务派的欢迎，让其参与洋务派的种种实业。1897年他得李鸿章的保荐，参与筹办近代第一家华资银行——中国通商银行，担任该行董事。1904年，他与商部侍郎陈璧共订筹办广（州）厦（门）铁路计划：拟先募资本80万两，建筑广州至黄埔路段，并开辟黄埔商埠，继由黄埔筑至海丰与潮汕路接轨，再由潮州筑至福建厦门。1905年1月，他以商部考察外埠商务大臣，督办闽、广农工路矿事

① 张振勋撰：《张弼士侍郎奏陈振兴商务条议》，《张弼士研究资料》第2辑（张弼士侍郎振兴商务条议等），2006年版。

② 《张振勋传》，刘织超、温廷敬等纂《民国新编大埔县志》卷2，1943年版。

宜。同年,在广东靖海门设立农工路矿局,于厦门设立农工矿务局,并赴广西梧州谒见两广总督岑春煊,请其赞助。但因美国合兴公司的抗阻与岑春煊的刁难,广厦铁路计划遭到失败①。同年4月,张振勋获准建筑厦门至福州铁路权,又因福建绅商的强烈反对而作罢。1907年,他接办粤人谭日章、陈庆昌合办的广西华兴三岔银矿公司,增资数十万元改名"保兴公司",聘请外籍矿师勘测矿区,增购机器,并修筑龙山道路,开采三岔银矿。同年,在广州与陈廉伯等发起创办广东保险公司。1909年,张振勋任广东总商会总理,与广东劝业公所的伍申三等,组织广东集大公司出品协会。1910年任全国商会联合会会长和南洋劝业会广东出品协会总理。同年11月,中美商团会议在上海召开,张振勋为华商议长。他与美商议长商议筹设中美联合银行,并由两国商会互设物品陈列所。次年5月,他与上海大资本家周金箴、沈仲礼等筹办中美轮船公司,于上海暂设事务所,资本定额1000万银两,他认股150万两。张振勋除经营工商业外,还先后在新加坡、槟榔屿、爪哇、苏门答腊、香港、汕头、潮州、大埔、上海、天津、烟台、广州等处,置有总计千万金的不动产②。

张振勋在国内的实业投资,都未获得明显的成效,但他仍然再接再厉,在广东省继续大规模投资。他鉴于中国工业设备落后,技术力量缺乏,在坚持"主权自掌,利不外溢"的原则下,购买外国机器,引进西方先进技术。先后聘请意大利、美国、日本等国的技术工程人员数人,于1910年开始创办了广州亚通机织厂、广东开建金矿公司、惠州福兴玻璃厂、雷州机械火犁垦牧公司、平海福裕盐田公司,以及佛山裕益砂砖公司等企业,图谋振兴广东的实业,继续实践他"为祖国效力"的诺言。其中雷州机械火犁垦牧公司用拖拉机耕种,是为中国引用农业机械

---

① 宓汝成编:《中国近代铁路史资料》第3册,中华书局1963年版,第955—958页。

② 林博爱等:《南洋名人集传》,点石斋印刷有限公司1924年版,第9—10页。

之始。

辛亥革命时，张振勋曾通过胡汉民资助革命派经费30万元，对革命运动表示同情和支持。辛亥革命后，北洋军阀头子袁世凯当权，他被任为袁世凯总统府顾问、工商部高等顾问及南洋宣慰使，并被举为华侨联合会名誉会长。1914年2月，任约法会议议员。次年4月，又被袁世凯选定为参政院参政；但是，张振勋仍将其主要精力从事实业活动。1912年3月，与熊希龄等在上海创办康年人寿保险公司。1914年11月，再任广东总商会总理。1915年4月，与上海资本家聂其杰等发起组织赴美实业考察团，任团长。自美回国后，张在上海等地继续进行筹办中美银行和中美物品陈列所的活动。11月，他复任全国商会联合会会长，又任北京商务联合会总董及美国旧金山中国航空公司督办，并在北京设立中美银行事务所，继续往返于沪、宁等地从事招股活动。

张振勋一生热心赈捐、社会福利和资助办学，生平所捐款项不下数十万。当他任职清廷商部考察外埠商务大臣兼槟榔屿管学大臣时，曾在槟榔屿捐资八万元创办中华学校①，又于新加坡创办应新学校。他给香港大学堂捐款十万元，香港英国殖民当局赠他法学博士衔。辛亥革命后，他捐助福建民军七万元，又在汕头购置房屋数十间创办“育善堂”，专为当地居民及嘉应五属办理社会福利与外出学生补助。晚年还遗言捐助广东大学和岭南大学修建校舍楼。

1916年9月12日，张振勋病逝于印度尼西亚巴城。

---

① 该校为当地最早的中文学校。

# 张　镇　芳

张学继

张镇芳，字馨庵，河南项城人，生于1863年(清同治二年)，1892中进士，历任翰林院庶吉士、编修、户都主事等职。张镇芳是袁世凯二哥袁世敦之妻弟①。张以转折亲攀上袁世凯的关系，因袁而显赫发达。袁世凯署理直隶总督兼北洋大臣后，推荐张镇芳担任北洋银元局会办。从此，张镇芳这个穷京官走上了依靠袁世凯暴富之路。

此后，张镇芳在袁世凯幕府担任了直隶永平七属盐务局总办、清理财政局总办、禁烟局总办、直隶银行督办、财政总汇处帮办、长芦盐务使、陆军粮饷局总办、天津道等职，这些都是肥得流油的衙门，每年进出的款项动辄数以百万甚至上千万计。张镇芳为袁理财，办理军需，深得袁的倚重，袁称赞他“善理财”。在这个过程中，张镇芳公私兼顾，个人也发了大财，成为大富翁，与翰林院时的穷书生相比，已是别若天渊。

袁世凯在被朝廷开缺的当天，狼狈逃到天津想投靠直隶总督杨士骧，杨为避闲不敢出面见袁世凯，只令他的儿子出面并送六万大洋。稍后，张镇芳来到饭店见袁，劝袁次晨即返回北京，速去彰德。时张镇芳兼任粮饷局总办，拿出三十万两白银送给袁世凯，作为日后生计。

张镇芳长期担任长芦盐运使的肥缺，主管盐政的度支部尚书载泽

---

① 袁克文:《辛丙秘苑》，上海书店出版社2000年版，第19页。袁世凯之子袁克暄致张镇芳函称张为“五舅大人”。过去许多著作说张、袁是表兄弟，这是讹传，应予修正。

见到张镇芳时即谓张为“袁党”。张镇芳回答：“不惟为袁党，且有戚谊。”后张镇芳纪事诗，有“抗言直认层层党”一句。袁世凯第五子袁克权曾对张伯驹说：其父开缺时，五舅极为可感，但洪宪时却不甚卖力。张镇芳之子张伯驹赋诗：“霹雳一声祸有因，包车风帽到天津。姻亲不避层层党，赠与存余卅万银。”

在袁世凯被开缺前，张镇芳即预感前景不妙，悄悄改换门庭，用重金贿赂王公亲贵，投到了载泽门下。袁克文说：“宣统继位，张度先公（著者按：指袁世凯）将退休，乃亟拜载泽门，重金为贽，且以己之侵没盐款委诸先公。载泽喜，疏举入盐政处。先公罢政，与有力焉。内虽危害，见先公犹曰力相助也。”①张镇芳由于及时改换了门庭，故在袁世凯被清廷罢黜后，张的仕途财路均没有受到多大影响。

1911 年 4 月 15 日，张镇芳调任湖南提法使。但督办盐政大臣载泽立即奏请“留张镇芳署直隶长芦盐务运使，并恳恩免其议处”。清廷谕准，于同年 7 月 3 日谕内阁：“已补湖南提法使张镇芳，着调署直隶长芦盐运使，余依议。”②张镇芳在袁世凯遇险时虽有改换门庭之嫌，但袁借辛亥革命而东山再起时，却没有计较张镇芳的背弃行为，继续将张镇芳作为心腹加以重任。1912 年 2 月 3 日，袁世凯以内阁总理大臣的身份奏准：直隶总督陈夔龙因病乞休，以张镇芳署理直隶总督兼北洋大臣。张在袁的提携下，一步登天，成为坐镇北洋老巢的封疆大吏。3 月 23 日，张镇芳改为署理河南都督（同年 10 月实任），次年 1 月又兼民政长，掌握河南军政大权，为袁世凯看守老家。

张镇芳上任伊始，对河南各地的农民武装、革命党人乃至进步的青年学生实行残酷的镇压政策。一些从张镇芳枪口下逃出来的人说：“张镇芳在开封枪杀学生，每次在百人以上，用排枪射杀。”③连袁克文也说

---

① 袁克文：《辛丙秘苑》，第 19 页。

② 来新夏主编：《北洋军阀》（一），上海人民出版社 1988 年版，第 404 页。

③ 杜春和编：《白朗起义》，中国社会科学出版社 1980 年版，第 411 页。

他“杀戮无辜,不可数计”①。这种残酷的杀戮政策,终于激起了声势浩大的白朗起义。河南地处中原腹地,土地贫瘠,人口众多,历来民生艰难,张镇芳上台后,实行掠夺和杀戮政策,再加上连年干旱,更使河南几千万人民雪上加霜,贫弱者流于丐,强悍者流为盗匪,有些地方“几乎无人不匪”。河南宝丰农民白朗(1873—1914),招集被遣散回乡的官兵,购置军械,很快拉起了一支队伍,他们转战于河南禹县至桐柏山的豫西广大农村,消灭当地分散的地主武装,收缴武器,发展壮大自己,半年之内,队伍发展到两三千人。白朗起义发生后,张镇芳与河南护军使雷震春调兵遣将,围剿白朗军。1913 年 5 月,白朗军一度进入鄂北随县山区,然后摆脱河南、湖北两省官军的“围剿”,回师北上,在五月底至六月初,一度攻克豫西的唐河、禹县两座县城,起义队伍发展到五六千人,声势大振。到 9 月下旬,白朗起义军又攻克了鄂北重镇枣阳城。

袁世凯认为河南护军使雷震春镇压起义不力,下令将其调为南洋巡阅副使并督办江北、皖北“剿匪”事宜。张镇芳随即呈请调毅军统领赵倜为河南护军使。赵倜到任后,张镇芳即呈文袁世凯呈请辞职。呈文称:“镇芳素不知兵,致使到处伏莽,酿成流寇,军队疲于奔命,闾阎痛不聊生,即局外无言,早深愧赧。况教堂屡求保护,车站迭请维持,报纸之讥评,议员之指摘,闻者足戒,咎实难辞。是以寝馈不安,力图补救。无如兵来则鼠窜,兵退则鸱张,见兵则变作善良,见匪则随为丑类,通匪、窝匪,诛不胜诛。……总之,镇芳非济变之才,断难胜任,渥荷知遇,又不忍事外逍遥。务乞另简贤能,克期扫荡。俾得回京趋侍,借供驰驱。丰沛从龙,安能与萧、曹并论。彷徨中夜,上无以对大总统,下无以对诸同乡,惟期接手得人,感且不朽。拟三五日备补军到洛后,自赴各处巡阅,查看各军情状,据实禀陈。虽炸弹手枪,入死出生,亦无所畏。”②

---

① 袁克文著:《辛丙秘苑》,第 20 页。

② 杜春和编:《白朗起义》,第 35—36 页。

1913年底，张镇芳和护军使赵倜在袁世凯的督责下，调集北洋军对宝丰、鲁山一带的白朗起义军进行大规模“围剿”。白朗义军突围东进，越过京汉铁路，挺进到豫、鄂、皖边区，他们在1914年1月间连克豫东南的光山、潢川、商城和皖西的六安、霍山等地，所到之处，如入无人之境。袁世凯惊恐万状，急忙调陆军总长段祺瑞前往河南开封督师，统一指挥豫、鄂、皖三省的北洋军两万多人企图“聚歼”白朗起义军。袁世凯对张镇芳镇压起义军不力大为恼火。1914年2月12日，袁世凯致电已经到达河南开封的段祺瑞，电文说：“张督近为中外攻击甚力，留之适足害之，不如避位，以塞舆情，于公私为两得也。”张镇芳知道袁世凯有意撤他的职，即于2月13日离开开封北上，托言面见袁世凯禀陈要事，实则以此表示坚决辞职。段祺瑞开始并不同意张镇芳辞职，致电袁世凯及国务院，“拟恳大总统迅饬该督回汴，并令会办剿抚事宜，以期和衷商榷，共济艰难，无任切盼”。但没有得到同意。

白朗起义镇压下去后，袁世凯于1914年8月21日下令开复前河南都督张镇芳的革职处分。10月7日，袁世凯任命张镇芳为参政院参政。10月26日，袁世凯又令张镇芳主持筹办盐业银行，该行于1915年3月正式开张，张镇芳任盐业银行总理。

1915年1月17日，袁世凯授张镇芳为“中卿”。洪宪帝制发动后，张镇芳担任全国请愿联合会副会长，又是帝制筹备十人小组成员之一，所有的电报都有张镇芳署名，在十人小组中，张镇芳的名字排在朱启钤、周自齐、梁士诒之后列第四。张镇芳还向袁世凯献策，要求到河南去编练御林军，以保卫“洪宪王朝”。他说：“古者期门宿卫，皆以亲近子弟充之。汉高、明祖奄有天下，沛中、滁上子弟，征伐所及，留驻不归，所以拱卫王室，预防反侧也。满洲入关，各省设驻防，实师明祖征云南之遗策。即以曾文正、左文襄、李文忠论，湘、淮子弟，遍布行省，远留新疆。湘皖势力，得弥漫江河沙漠之地，握政权者数十年。其下既根深蒂固，其上则承继弗衰。今宜先将豫省子弟，每县挑选五百人，练为省兵，以有身家者中选，符合古人三选良家之制。河南八十余县，合计可得四五万人。每年选招一次，期以五年，轮流分发。前者派驻各省，后者逐年招练，五年之间，可得子弟兵二十余万，亦古今中央集权强干弱枝之意。如圣怀视其策可行，宜以慎密从事。”袁世凯部分采纳了这个建议，令唐天喜首先招练河南兵一混成旅，护卫陈州陵墓，为子弟兵张本。为此，刘成禺赋诗讽之：“主稿懿亲策八荒，健儿五百选家乡。两河子弟应惆怅，未起良家作驻防。”

1915 年 9 月 10 日，张镇芳又以老友资格致函江苏将军冯国璋、江苏巡按使齐耀琳，婉辞劝说冯国璋上书劝进，电文说：“惟国务卿领衔等最后一着，此刻须内外一致鼓吹进行，作成绅民请愿，军政要求，即元首亦不能强违众论，大拂舆情。然后友邦无词可措，万不可使人疑为中央授意，我辈当极为拥戴。而为元首留地位占身份，是为至要。华老功高望重，能来京主持尤盼，余函详。镇芳。”①

1915 年底云南护国军起义后，贵州、广西、四川等省相继独立，张镇芳认为洪宪帝制已经失败，于 4 月间宣布辞去袁世凯任命的参政职务，同时密遣心腹张钫入河南谋独立，驱逐现任河南将军赵倜，拥张镇芳为都督，联护国军以抗袁世凯。张钫一入河南，即为赵倜所擒，审讯之下知为张镇芳主谋。赵倜立电袁世凯请示，并请求将张钫就地正法。袁世凯得到这个报告，有如五雷轰顶，他没有想到张镇芳也会背叛他，立即召张镇芳加以诘问。张镇芳“惶惧变色，力白无他，乞移京审讯”。袁世凯同意，张钫押解到京，张镇芳为之奔走救援，并密嘱张钫翻供以便保他过关。张钫翻供后，袁世凯也不便定罪，此案遂不了了之。对于张镇芳的反复，袁克文大骂说：“张以至戚，且赖先公而致官禄，初寒士，今富翁矣，竟反复若是，斯尚不若禽兽之有心也！”②袁世凯帝制失败后，张镇芳赋诗吊云：“不文不武不君臣，不汉不胡又不新。不到九泉心

---

① 《张镇芳致冯国璋函》(1915 年 9 月 10 日)，原件藏中国社会科学院近代史研究所图书馆特藏部。

② 袁克文：《辛丙秘苑》，第 20 页。

不死，不能不算过来人。”

袁世凯称帝败亡后，张镇芳不仅逃脱了惩处，而且没有悔改。他先后参加“众志成城团”和“省区联合会”，成为清朝复辟集团与各方联络的重要人物。1917年4月间，张镇芳、雷震春与张勋的心腹商衍瀛在天津商讨了发动复辟后如何控制北京的计划。1917年7月1日，张镇芳随张勋等进入紫禁城宣布拥戴逊帝溥仪复辟，溥仪随即宣布立即赐封张勋、王士珍、陈宝琛、梁敦彦、刘廷琛、袁大化、张镇芳七人为内阁议政大臣，随后又任命张镇芳兼度支部尚书并兼署盐务署督办，张镇芳身兼数要职成为复辟的主角之一。康有为后来说：“张绍轩复辟时，专治兵而不及政，一切皆其左右刘廷琛、张镇芳等主持，吾一切未得所闻。”①

然而好景不长，张勋复辟成了昙花一现的闹剧。7月9日，张镇芳与雷震春在丰台车站被段祺瑞的讨逆军逮捕。7月15日，冯国璋代总统下令惩处张镇芳、雷震春、冯德麟三位被捕的复辟犯，命令称：“雷震春、张镇芳、冯德麟皆背叛共和，逆迹昭著，均着行褫夺官职及勋位、勋章，分交法庭依法严惩，以申国纪，而儆奸邪。”11月5日，张镇芳与雷震春被法庭判处无期徒刑。1918年2月28日，北京政府命令开释张镇芳、雷震春二人。

张镇芳出狱后，担任天津盐行银行董事。1921年任董事长。1933年病死于天津。

---

① 康文佩编：《南海康先生年谱续编》，第131页。

# 张 知 本

汪 洪

张知本，字怀九，号龙甲，又名礼恭，湖北江陵人。1881 年 2 月 20 日（清光绪七年正月二十二日）生。父亲张特章，字闇斋，晚清太学生，精理学，通医道，著有《闇斋字训》、《中医科学论》、《明论》等。张知本五岁发蒙，十三岁考中秀才，入县学。十五岁就读于武昌两湖书院，与黄兴同学。十七岁时，清政府选拔优贡，张知本参试，湖广总督张之洞评曰："末艺引毛诗传最佳。"正取为第一名①。入京朝考，取为二等，以知县用，分发甘肃，因学业未完，仍回书院读书。1900 年毕业于两湖书院，得官费赴日本留学。先在东京宏文书院习日文，拟按张之洞的安排学习师范教育，后痛感中国政治落后，决心学习西方法律，遂转入日本法政大学攻读法学。

1905 年同盟会在东京成立，张知本三次会晤孙中山，经时功久介绍毅然加入同盟会，为同盟会早期成员之一。同年，张自法政大学毕业回国，先任湖北广济中学堂堂长，继任武昌官立法政学堂监督、武昌私立法政学堂及法官养成所教席等。1911 年 4 月，广州起义（史称"黄花岗起义"）失败，张知本愤而参加革命的实际工作，出任同盟会湖北支部评议长。

10 月，武昌辛亥首义成功，革命军政府诞生，张知本任政事部副部

---

① 张文伯编述，郭骥校订：《张知本先生年谱》，张知本先生奖学金董事会 1975 年版，第 10 页。

长。中华民国军政府司法部成立，遂任首届部长，开中国资产阶级司法之先。革命初成，社会动荡，司法部立即发布了第一号、第二号布告，痛陈封建王朝蔑视法律、滥定刑名的罪恶，声扬军政府崇尚法治、保护人民的宗旨。一月之间，他先后设立了湖北高等审检厅和汉口、沙市、宜昌等地方审检厅，并制定了《临时上诉审判所暂行条例》等一批我国最早的资产阶级性质的刑律。时荆宜军政分府总司令唐牺支所部属员因敲诈未遂，竟将宜昌港一名水手无辜枪杀。张知本请示军政府组织特别法庭受理此案。唐牺支自恃是辛亥起义功臣，拒不到庭。张派员传拘唐至武昌出庭受审，给予唐牺支行政处分，判唐部参谋长处五年徒刑。此案之严正审理，在民众中产生了很大反响。章太炎曾自上海致函黎元洪，盛赞："怀九性刚而气和，民国司法庆得人矣！"①12月，张协助宋教仁起草了我国第一部资产阶级宪法——《鄂州临时约法》。

1912年初，南北议和，4月政府北迁，张知本到北京参加了司法会议，他拒绝了袁世凯之拉拢，回湖北任江汉大学校长。翌年2月，张知本以国民党员身份当选为第一届国会参议员。7月，国民党发动讨袁失败，鄂省教育厅指江汉大学为国民党的机关，予以撤销，并且诬陷张"嗾使学生纵火"，张乃避往上海。11月，袁世凯非法下令解散国民党，并取消该党党籍国会议员资格。1914年，张回到武昌，受聘为私立中华大学教授。1916年，曾致函黎元洪，呼吁恢复《约法》和国会，信中引用胡林翼语："是非不明，节义不讲，天下所以日乱也。"1917年3月，省议会临时会议选举张知本为省候补参议员，张没有接受。7月，孙中山南下揭橥护法，张知本南下拥护，参加"非常国会"，推选孙中山为军政府海陆军大元帅。李书城在湖南津市组织护法军总司令部，张前往担任秘书长。1918年春，孙中山第一次护法运动失败离穗赴沪，张知本亦去上海，嗣于1923年执教于上海法政大学。

---

① 张文伯编述，郭骥校订：《张知本先生年谱》，张知本先生奖学金董事会1975年版，第11页。

1924年1月，国民党第一次全国代表大会在广州召开，经孙中山提名，张知本当选为中央候补执行委员。2月任大本营参议。他对孙中山的“联俄”、“联共”方针有所抵触，曾参加冯自由、刘成禺召集的“华侨招待所聚会”活动。嗣后，受任负责国民党汉口执行部工作，主管陕西、湖南、湖北三省党务。同年，在湖北法科大学任校长。

1925年3月，孙中山逝世后，林森等人于11月在北京西山开会，反对国共合作，继而在上海成立“中央”，制造分裂。会前，张继等人通知他参加会议，但是他没有去北京参加活动。会后，报纸上登载与会十四人名单中有张知本的名字。1926年1月，国民党第二次全国代表大会通过《弹劾西山会议决议案》，指出：“张知本虽未参加会议，然未声明脱离关系，殊有附和之嫌。”对张知本提出书面警告，并要求他在两个月内复函中央“略述原情”，争取自新①。张知本回函说：“余既未参加会议，不能指为附和。”予以否认；但信中又指责汪精卫等“取容于共”。不久，他还是与林森、居正、石瑛等八人一道受到了开除党籍的处分。张知本在组织上虽不是“西山会议派”，但思想上确是附和他们的。

1927年春，上海法政大学复校，张知本被推为董事兼校长。蒋介石、汪精卫相继发动“四一二”、“七一五”事变，“清党”、“分共”后，9月宁、汉、沪（西山会议派）三派合流，张知本重返政坛。时桂系李宗仁把握大权，张抵南京，经郭泰祺介绍与桂系中的湖北将领胡宗铎、陶钧等结识，组织“湖北清党委员会”，张任主任委员。10月，国民政府在武汉成立湘鄂临时政务委员会，程潜为主任，张知本任委员兼民政处长。湖北省党务指导委员会成立，张兼任组织部长。省党部成立，张改任训练部长。为了抵消湘军程潜的影响，分任“清乡”督办和会办的胡宗锋、陶钧向中央电举张知本主持省政。11月，国民政府发表张知本为湖北省政府主席，1928年1月1日正式就职。他制定了三年施政计划：第一年侧重“清乡”；第二年开办“训政”；第三年举办地方选举。他还任命石

① 《政治周报》第6、7期（1926年4月10日）。

瑛为建设厅长，张难先为财政厅长，严重为民政厅长，刘树杞为教育厅长，实行合议制。5 月，国民党成立武汉政治分会，李宗仁为主席，张知本与程潜、白崇禧、胡宗铎、张华辅为委员。1929 年初，李宗仁离鄂，由张知本代理政治分会主席。未几，李宗仁在上海领衔通电反对蒋介石，并要求蒋下野。通电将张知本的名字署在第二位，但张本人事先并不知道。3 月，“蒋桂战争”猝起，延至 4 月桂系失利，张受牵连，交卸湖北省主席职务，寓居上海，第二次被国民党开除党籍。

这时，张知本对国民党统治感到失望，尤其对蒋介石拥兵自恃的独裁统治颇为不满。他的政治思想发生了一些变化，既反对共产党，也不满国民党的专制统治。他认为，中国之所以长期动乱，就是因为没有一个经邦治国的根本大法。于是，他广搜资料，潜心著述，写成了《宪法论》一书，以孙中山“五权宪法”为宏旨，极力推崇资本主义宪政，力主军政分职，实行地方自治和人民民主。《宪法论》观点新颖，立论严谨，是辛亥革命后中国较深刻体现资产阶级民主制宪思想的著作。同年，他还完成了《社会法律学》的撰写。此后，张知本将精力投入对宪法的研究，写出了《宪政要论》，全面评述辛亥以来的各家立宪观点，被誉为“资政新书”。后来又相继撰成《宪法僭拟》、《中国立宪故事简编》等著作，在国内法学界产生了一定影响。他还翻译了《民事证据论》、《土地公有论》等著作。他强调：孙中山提出的建国三时期都不能离开法律，“离掉法律，不能谈政治。法律不是政治的工具，而是政治的灵魂”①。张知本在法学上的成就，尤其是对宪法方面的独到研究，与王宠惠、董康、江庸一道，被当时的法学界推为中国近现代四大法学家。

1930 年 5 月，蒋介石与阎锡山、冯玉祥在中原地区混战，国民党中各反蒋势力联合行动，7 月在北平召开国民党“中央党部扩大会议”，另立“国民政府”与南京方面对抗。邹鲁、覃振写信邀张知本北上。由于改组派陈公博等人提出的“反专制与反共并重”的主张与张的思想十分

① 杨玉清：《张知本传稿》，江陵县志办公室藏，第 14 页。

接近，又有“西山会议派”多人参与其事，他决定应邀前往。他化名张致远，扮成普通教师，经青岛、大连转往天津，秘密潜至北平，参加“扩大会议”的活动，任扩大会议委员兼宣传部委员。其间，他曾与邹鲁、汪精卫等人斟定了吕复起草的“太原约法”。10 月，“扩大会议”由于阎、冯战败而散伙，张知本仍回上海执教。

1931 年 2 月底，胡汉民遭到蒋介石监禁，国民党再次分裂，胡派人物林森、古应芬，两广军事首领陈济棠、李宗仁，以及汪精卫、孙科等各派联合开展反蒋运动，5 月在广州组成“国民党中央执监委员会非常会议”，同时成立“国民政府”，形成粤、宁对峙局面。张知本又南下广州，参加了“非常会议”的活动。“九一八”事变后，在全国人民“团结御侮”呼声的压力下，宁粤双方被迫媾和，张知本被粤方推为代表之一到上海参加了“和平统一会议”。11 月，国民党第四次全国代表大会在南京、广州、上海分别召开，张知本在广州出席了大会，被选为候补中央执行委员。1932 年，国民政府通过“训政时期约法”后，建立民众训练委员会，委任张知本为主任委员。张认为，当时的民众训练是“愚民政治”，并对蒋介石强迫他取消几十个抗日救国团体不满，不久辞职。

1933 年 1 月，孙科就任立法院长，组织宪法草案委员会，自兼委员长，邀张知本担任副委员长，主持起草民国宪法。张以为多年追求的法律制度有了实现的机会，欣然受命。甫到南京，他便提出了宪法制定中的几个重要问题，阐明了自己对国家领土、人民权利、中央政府组织、地方制度、宪草程序等问题的观点，作为研讨的依据。在宪草讨论会上，他又提出国体问题，主张定名为“三民主义共和国”；建议在宪法上列举领土，以表示收复东北数省的决心；并特别提出“军人不得干政”，“军人退职未满三年，不为行政长官”，“现役军人，不得作政治主张”；还提出“武力御外，法律治安”的口号，试图以法律手段来消除专制统治。他的这些主张，引起了国民党上层实权人物的不悦，纷纷出面攻讦。张知本不肯妥协，坚持己见。8 月，《中华民国宪法草案》(初稿)拟就，共计五章一百七十一条，补充完善了孙中山的“五权制度”，并使之进一步深化、发展，第一次成为切实可行的宪法文本。同时在草案中声明，此宪法必须在办好地方自治和训练人民行使权利的基础上实施。因为《草案》中专立选举一节，明确写上了“现役军人不能当选总统”，招致蒋介石等人的仇视，处处作梗，张知本愤而辞去宪法草案委员会副委员长的职务。《草案》交立法院审查，后来经另一名起草委员会副委员长吴经熊修改后以其私人名义公开发表，将《草案》初稿的一些重要内容删去，特别是将限制军人从政一节改为“军人退役方能竞选”，并移入军事章中，与张知本的立法思想相去甚远，舆论批评很多。张知本为表明自己的观点，自行发表了一份“宪法草案”，评论者均认为较吴稿为优。但立法院仍决定以吴稿为样本，参照张稿予以修订，于 1934 年 10 月讨论通过。至此，张知本对蒋介石及其国民党统治有了更深刻的认识。他曾多次当众批评蒋介石所作所为“不是为人民开生路，而是为人民塞生路”①。其政治思想也由“反共与反专制并重”转变为主要反对专制主义统治。在 1935 年 11 月国民党第五次全国代表大会的选举中，他仍列名于候补中央执行委员之中。

1936 年，应居正邀请，张知本出任北平朝阳大学校长。1937 年 3 月，任司法院秘书长，仍兼管朝阳事务。“七七”事变后，朝阳大学改称朝阳学院南迁湖北沙市，再迁四川成都。在国共合作共同抗日的推动下，张在朝阳学院延聘了邓初民、马哲民、黄松龄等进步人士执教，使学校成为国统区内一块具有浓厚民主气氛的地方。教育部长陈立夫曾指责朝阳学院是“共产党的窝子”，指使董事会另推江庸为院长，迁校重庆，直接控制。

1942 年，国民政府成立行政法院，任命张知本为院长。初到任时，张欲有所作为，在全国未沦陷各地遍设行政法院或行政诉讼法庭，以便老百姓对行政官员起诉，革除腐败现象。但是，国民党统治层层官僚机

① 杨玉清：《我所知道的张知本》，中国人民政治协商会议湖北省武汉市委员会文史资料研究委员会编《武汉文史资料》第 8 辑，1982 年版，第 79 页。

构多生窒碍，张无权无钱，只得维持现状了事。在 1945 年 5 月的国民党第六次全国代表大会上，他被选为中央监察委员。抗日战争胜利后，他离重庆东下，任“苏浙皖敌伪产业接收清查团”团长。

1946 年，国民党声称要召集国民大会制订宪法，张知本认为自己责无旁贷，乃回江陵竞选“制宪国民大会”代表，旋兼任国务会议法制审查委员会委员，但是他的一些主张仍不被采纳。1948 年，他又出席“行宪国民大会”，曾联络一千余名代表署名，提出《修正宪法案》，要求“提前行使创制、复决两权”，也未被大会接受。

在国民党统治濒临崩溃之时，蒋介石等人谋划以“和谈”来取得喘息时间。在蒋介石官邸举行的讨论“国共和谈”问题的磋商会上，张知本表示不反对和谈，然又称“对和谈不宜寄予过分之希望”①。1949 年 1 月，蒋介石下野，李宗仁任代总统，六十八岁的张知本应邀出任行政法院院长。在行政法院会议上，他提出了释放政治犯案，说：“这是我到任后的第一件事，如果不行，我就只有不干！”意欲体现法治，缓和国内矛盾。提案虽获通过，但不能认真贯彻执行。不久，因蒋介石暗中干预，行政院长何应钦通知此案停止执行，张知本气愤地把公文撕个粉碎。张知本热衷于资产阶级法治，既对国民党专制统治不满，又想依赖国民政府施展抱负，他的政治生涯始终处于这种抵牾之中。

1949 年 9 月，张知本从广州去台湾、澎湖视察司法，此后，便羁留于台。1950 年 3 月，蒋介石在台湾复“总统”职，改组国民党“政府”，张知本卸却“司法行政部长”职，被改聘为“总统府国策顾问”。后又历任“总统府资政”、“光复大陆设计委员会”副主任、国民党中央评议委员、“国民大会”宪政研讨委员会常委。他还兼任台湾“中国宪法学会”理事长、“中国刑法学会”理事长等职。曾被台湾“中华学术院”授予名誉法学博士。1976 年 8 月 15 日病逝于台北。

---

① 张文伯编：《民国张怀九先生知本年谱》（《新编中国名人年谱集成》第 11 辑），台湾商务印书馆 1980 年版，第 41 页。

# 张　之　江

宗志文

张之江，字紫岷，别号姜子，河北盐山县人。生于1882年（清光绪八年），其父为村正。他从小习文，十八岁应童子试，补诸生。1903年清政府募兵，无人应募，其父不得已令其入伍当兵。他因通晓文墨，升迁较快，1907年在新军第一混成协骑兵营中任排长，驻新民府。在军中接触到反清志士，阅读《嘉定屠城记》、《扬州十日记》等书籍，逐渐萌发了反清革命的思想。1910年他入新军第二十镇，常常听到王金铭、冯玉祥等人议论反清斗争，进一步激发了推翻清廷统治的思想，乃加入他们发起的"武学研究会"，以读书为名联络同志，秘密从事反清革命活动。辛亥武昌首义后，12月，张之江随王金铭、施从云、冯玉祥等合力发动滦州起义，不幸失败，王金铭被杀害，冯玉祥被押送回保定，张之江逃离第二十镇。

民国成立后，原第二十镇统制张绍曾任山西督军，张之江投奔张绍曾，任晋北东路司令部二等参谋。1914年11月，冯玉祥受北京政府令，在陕西任第十六混成旅旅长，张之江前往投效，任该旅第二团团长。1915年5月冯旅被派入川，张之江随往。年底护国战争爆发。次年初，冯旅奉北洋政府令在叙府、泸州一带同护国军刘云峰部作战。冯玉祥反对袁世凯称帝，派人同护国军暗中联络，张之江奉冯命与蒋鸿遇一起秘密前往会晤刘云峰，接洽局部停战，又单独往见蔡锷，磋商促成四川独立的办法，并持蔡锷致冯玉祥的信回来见冯，信中嘱其加紧促成四川将军陈宧宣布独立。张颇有办事能力，深得冯玉祥器重。护国战争结束后，冯玉祥所部第十六混成旅奉命移驻河北廊坊，张任该旅骑兵营营长。

1917 年 7 月张勋复辟时，第十六混成旅官兵呼吁继冯玉祥任旅长的杨桂堂起义，杨不但不听，反而入京晋谒张勋。张之江与该旅参谋长邱斌和营长李鸣钟、鹿钟麟等密商，议决反对复辟，迎冯玉祥回旅主持大计。张之江到天津与冯面谈，商定声讨反对复辟办法后，立即返回廊坊，与邱斌等积极备战。张率骑兵营在廊坊一带击败张勋所部辫子军。

护法战争开始后，1918 年 6 月，冯玉祥兼湘西镇守使，第十六混成旅进驻常德。张之江任该旅步兵第二团团长。所部负责维持常德城治安，把守城门。当时日本驻沅江军舰上的士兵经常上岸，态度异常骄横。一次，几个日本士兵横冲直撞要进城门，拒绝我国士兵的检查，并动手殴打要检查他们的士兵，双方搏斗起来，张之江坚决支持其部下的行动，下令将逞凶的日本士兵抓起来，大长了中国军人的军威，维护了国家的尊严。1920 年 7 月直皖战争爆发后，第十六混成旅先后进驻汉口、信阳，因受北洋政府歧视，粮饷无着。半年中士兵每日以盐水和杂粮勉强度日，生活十分艰苦。张之江任劳任怨，与士兵同甘共苦，受到冯玉祥的表扬。

1921 年 5 月，第十六混成旅随陕西督军阎相文入陕。7 月，改编为陆军第十一师，张之江任该师步兵第二十二旅旅长。1922 年 4 月第一次直奉战争爆发后，张之江奉命率所部赴郑州，与河南督军赵倜的军队作战。5 月 5 日，赵部由开封出发，偷袭郑州。张之江部军力单薄，众寡悬殊，仍然一面奋力应战，一面急电求援。血战五日，在增援部队支援下，击溃赵部。不久冯玉祥任河南督军，扩充队伍，将三个团改编为三个混成旅，张之江任第七混成旅旅长。冯玉祥为提高军官的军事知识，开设中高级军官学习班，还设高级战术研究会，张之江任讲堂监察官，讲授战术知识。

同年 10 月，冯玉祥受执掌军力的吴佩孚排斥，调任陆军检阅使。11 月率所部抵北京，在南苑设立训练机构，积极训练队伍。张之江第七混成旅驻通州，奉冯玉祥命在那里对士兵和初级、中级军官进行训练。士兵除学习军人教科书外，还要学军纪、军歌；初级军官加读《曾胡治兵语录》和《左传》摘要；中级军官加学兵器学、欧洲战史等。术科则包括刺枪、劈刀、器械体操、山地行军练习等项。通州还办有培德学校一所，教育官佐眷属，并附有小学和幼稚园，教育他们的孩子。李德全在该校任教员，张之江介绍她和冯玉祥认识，以后两人结婚。

1924年9月第二次直奉战争爆发，北洋政府任冯玉祥为第三军总司令。张之江任第三军第一路司令，9月下旬出兵古北口、滦平等地，向奉军进攻。10月中旬，冯玉祥发动北京政变，时张之江旅已抵承德，19日奉冯命返京，布防廊坊附近，旋击败吴佩孚残部。24日冯玉祥在北苑召开会议，决定组织国民军，电请孙中山北上主持大计，筹组摄政内阁等，张之江曾列席会议。国民军成立后，冯玉祥部扩编为国民军第一军，张之江任该军骑兵第一旅旅长。

12月，张家口发生兵变，北京执政府段祺瑞免去察哈尔、绥远两都统职，任命冯玉祥的主要部将张之江、李鸣钟分任上述两地都统。张旋将察哈尔驻军编入国民军。1925年3月，冯玉祥就任西北边防督办，实施其开发西北的计划，察哈尔、绥远皆在其总体规划之内。

张之江代察哈尔都统后，积极进行该地区的经济建设。他首先整顿财政税收，清除积弊，随后修筑马路，开通张家口至库伦、多伦等地的公路，同时修建长途电话及电报线，并提倡畜牧、移民垦荒等，开始改变察哈尔的落后面貌。

五卅惨案后，国民军积极参加反对帝国主义的斗争。帝国主义撮合各派军阀，以“讨赤”为辞，向国民军进攻。11月，直隶督军李景林受日本收买，由天津向北京进攻国民军。张之江奉命出兵，击败李部，进驻天津。1926年1月冯玉祥通电下野后，张之江继任西北边防督办。不久，张作霖、吴佩孚等北洋军阀联合进攻国民军。此时，国民军约二十万，一致推张之江为全军总司令，鹿钟麟任东路军总司令，宋哲元任西路军总司令，石敬亭为后防总司令，进行防卫。“讨赤”联盟各军分五路向国民军进攻，国民军处于四面受围之势，4 月 15 日开始退出北京，撤到南口。

南口位于昌平和居庸关之间，重峦叠嶂，地势十分险要。国民军早已在此构筑坚固的防御工事，张作霖、吴佩孚等以五十余万之众围攻南口。5 月中旬，吴部向南口淤泥坑附近进攻，直鲁联军向国民军正面猛扑，激战十余日，未能前进。张、吴见南口屡攻不下，一方面布置力量进攻陕、甘，以断绝国民军后路；一方面以饷械资助晋军阎锡山，促其直逼绥远。

南口大战是我国近代史上一次有名的战役。国民军在以张之江为首的领导之下，克服种种困难，力御强敌，牵制了吴佩孚的兵力，使南方的国民革命军北伐得以胜利进军。南口战线长达两千里，山峦重叠，交通不便，命令难以传达，张之江奔走前线，备极辛劳。国民军虽英勇善战，由于兵力众寡悬殊，加以给养困难，饷械补充无以为继，作战十分艰苦，坚持至 7 月中旬，有生力量伤亡过半。张之江乃于 8 月 15 日下令总退却，向西撤往绥远、宁夏一带。

这时，国民军高级将领之间出现各有主张、不相协调的现象，韩复榘、石友三向阎锡山投降，蒋鸿遇则拒绝西撤，张之江感到困难重重，难以指挥。9 月 15 日，从苏联归来的冯玉祥“五原誓师”，重组国民军，任总司令，张之江仍任西北边防督办。

1927 年 6 月冯玉祥与蒋介石合作后，张之江任豫陕甘考核院院长、国民党政府军事委员会委员。12 月，他代表冯玉祥到南京参加国民党二届四中全会，任国民政府委员，定居南京。蒋介石和冯玉祥之间产生矛盾后，他经常斡旋于蒋、冯之间，并先后担任国术研究馆理事、禁烟委员会委员长等闲职。

1930 年蒋、冯、阎中原大战时，张之江任江苏绥靖督办，不介入蒋冯之争。以后他专任中央国术馆馆长，热心体育事业，一度赴国外考察体育。

卢沟桥事变后，张之江积极主张抗日。这时，他已获陆军上将衔，曾入陆军大学特别班第五期学习，但始终未直接带兵作战，只担任国民参政会参政员、军事参议院参议等职。1945 年 5 月，他参加国民党第六次全国代表大会，被选为国民党中央执行委员。1946 年 11 月任国民大会代表，参加大会。

1954 年张之江任第二届全国政协特邀委员，1956 年任中国国民党革命委员会中央委员。

1966 年 5 月 12 日，张之江因病在北京去世。

## 主要参考资料

李泰棻：《国民军史稿》，1930 年版。

高兴亚：《国民军革命史》，1930 年版。

高兴亚：《冯玉祥将军》，北京出版社 1982 年版。

文公直：《最近三十年中国军事史》，上海太平洋书店 1930 年版。

宋哲元口述，兆庚记录：《西北军志略》，《近代史资料》1963 年第 4 期。

# 张　志　让

汪仁泽

张志让，号季龙，江苏武进县人。生于1893年12月28日（清光绪十九年十一月二十一日）。父亲张赞宸，曾任萍乡煤矿总办。张志让十二岁起，随同兄姊在家中就读，在聘请的教师教授下奠定了国学基础。十七岁时参加"南社"在苏州的成立大会，成为南社早期社员之一①。十九岁考入北京清华学堂初级部，两年后改入北京大学预科理科。不久因学潮停课，到上海入大同学院，于1914年毕业。次年夏又在上海复旦公学就读一学期，即赴美国留学，先进加利福尼亚大学文科，1917年秋改入纽约哥伦比亚大学攻读法律系②。1920年夏毕业后，转赴德国入柏林大学，仍攻读法律，一年后回国。

张志让回国后在北京任职，先在司法部任参事，两年后任大理院推事，接办民事诉讼案件，并在北京大学法律系和北京法政学校兼课。1926年秋离京回乡省亲。其时国共合作的北伐战争在湘、鄂、赣、闽取得节节胜利，国民革命运动进入高潮，1927年初汉口和九江人民收回了英租界。张志让深受感动，毅然去函北京辞职，于3月间乘船到达武汉，热烈的革命气氛使他振奋不已。他去看望远房堂弟、时任中共湖北

---

① 据柳亚子《南社纪略》所记，1909年，南社在苏州虎丘开成立大会，张志让是"十九个好汉"之一。转引自冯和法：《〈张志让自传〉读后记》，中国人民政治协商会议全国委员会文史资料研究委员会编《文史资料选辑》第85辑，文史资料出版社1983年版，第122页。

② 《张志让自传》，《文史资料选辑》第85辑，第94页。

省委书记的张太雷，经过长谈了解了革命形势；后经介绍参加了国民政府工作，任最高法院审判员。此时他阅读了马克思主义的一些著作。4月12日，蒋介石在上海发动“清党”反共政变，在南京另立国民政府。7月15日，汪精卫在武汉又召开“分共会议”，武汉最高法院随之结束。此时，南京国民政府筹组最高法院，曾有人函邀张参加。张认为蒋介石在宁、沪等地建立的统治是反革命性质的，必将失败，因而断然拒绝。他相信中国共产党所从事的是革命事业必将成功，决心投身此项革命事业；后来又听到张太雷在广州起义中英勇牺牲，更坚定了他的信念。

1927年冬，张志让在上海开始执行律师事务，直到1937年离沪。头几年曾在东吴法学院兼课；1932年春起受聘复旦大学任法学教授，先后兼任法律系主任、法学院院长，并兼任上海大中中学校长。他到上海不久即与中共地下党员取得了联系，表达了加入中共的愿望，地下党员对他说：党认为像他这样在社会上已有一定职位的人，在党外做工作比之入党作用将更大，所以决定暂时不让他入党①。此后他利用合法身份主持正义，为被捕的共产党员辩护，并让中共组织的会议在自己的律师事务所和住所召开。他执行律师事务与常人不同，专为进步人士、革命者和一般平民百姓辩护，从不计较报酬，有时反给资助；而不愿接办银行家、大资本家们的诉讼案件，因此业务收入很少②。遇到中小企业劳资纠纷法律咨询时，多劝资方向劳方让步息事。英国人牛兰(Hilaire Noulens)因抗议国民党当局的拘押而绝食时，他曾随宋庆龄赴南京营救。日本水兵中山秀雄遭狙击而死，租界当局诬陷叶某等两人为凶犯，张在为叶等辩护时，将定罪的破绽一一列出，沪上各大报两次以两版篇幅刊出张的辩护书全文，虽上海法院仍判处被告等死刑，但最高法院对被告不服的上诉只能悬而不判，在抗战胜利后终于改判为无罪

① 《张志让自传》，《文史资料选辑》第85辑，第101页。

② 千家驹：《我所知道的张季龙同志》，《文史资料选辑》第85辑，第133—134页。

释放。1936年11月，国民党当局在上海无理逮捕沈钧儒等救国会领袖七人，当晚张志让即接受委托为沈钧儒辩护，名列二十多名辩护律师之首。张执笔撰写长篇辩护书，与其他律师共同到庭辩护。其间他又随宋庆龄等前往苏州向法院抗议，并同文化界人士共同发起为救国甘愿入狱的“救国入狱运动”。

1937年“七七”事变后，蒋介石邀请各界人士出席庐山谈话会，张志让也在被邀之列。他在会上发言力主团结一致，对日抗战。淞沪抗战爆发后，他积极参加各界抗日后援组织，担任宣传工作。上海沦陷后，他离沪经香港转赴武汉，和救国会友人汇合，继续进行抗战宣传工作。1938年1月，国民政府军事委员会政治部成立，张担任该部第三厅宣传处的科长，曾起草全面抗战的宣传纲领，在《新华日报》等报刊全文刊登。武汉失守后，张志让经长沙去桂林，在军事委员会委员长行营政治部任宣传组组长。虽然科长、组长这种职务和他的资历、身份很不相称，但他为了抗战从不计较个人的地位名利。其时他曾在广西大学兼课，并被聘为广西省政府高等顾问。有人劝他加入国民党，他拒绝了①。1940年冬，他到重庆复任复旦大学教授兼法学院院长，还兼任校刊《文摘》的总编辑。他经常与进步学生保持联系，并暗中给予保护；同时注意团结进步教职员工，尽力聘用进步教职员，抵制反动分子。他讲授的共同必修课“哲学概论”，实际上讲的是辩证唯物主义，受到学生的欢迎。他同救国会友人经常聚谈，共同参加民主爱国活动。他曾多次受到周恩来的约见，聆听周对时局的精辟分析，获益良多。

1943年秋，蒋介石提出“实行宪政、还政于民”的口号。是年冬成立以蒋为会长的“宪政实施协进会”，除国民党要员外，又邀聘了周恩来、董必武、沈钧儒、黄炎培和张志让等三十八人为委员。为了把宪政宣传的旗帜夺过来，成为启发人民觉悟向国民党当局要民主自由的有力武器，1944年元旦由黄炎培为发行人、张志让为主编的大型政论性

① 《张志让自传》，《文史资料选辑》第85辑，第107页。

月刊《宪政》创刊号在重庆出版，受到各界重视，三天内销售一空，十天后再版。创刊号的社论即是张志让执笔的《中国宪政运动与世界民主潮流》，它阐明了要求民主、促进宪政、还政于民已是不可抗拒的民主运动洪流；号召“中国人民应该团结一体，为抗战、为民主、为宪政而奋斗”。《宪政》陆续出刊了二十六期，几乎每期都有他大声疾呼鼓吹民主宪政的文章，且多针砭时弊之论。由于他对孙中山著作有较深的研究，在文章中常加引证，以致国民党报刊检察机关对之难以删砍。《宪政》创刊后还每月举行一次“宪政座谈会”，张在每次会前都做了精心安排，印发“研讨要点”。与会者纷纷抨击国民党独裁统治，成为一个很有影响的民主讲坛。重庆不少报刊都用很大篇幅，《新华日报》甚至用整版版面发表座谈记录，受到广大读者欢迎。通过两年多的座谈会“以文会友”，团结了一大批民主人士。张与出版界进步人士还发起组织“重庆杂志界联谊会”的活动，抵制国民党当局的新闻检查、登记制度。

抗战胜利后，张志让于 1946 年夏随同复旦大学回到上海。此时，蒋介石发动全面内战，加强其独裁统治，迫害民主进步力量。张志让着手联络上海各高校的进步教授沈体兰等，于 1946 年 9 月举行了第一次教授聚餐座谈会，商定以后每月聚会一次，后来即称为“教授联谊会”（简称“大教联”），从十几人逐渐增至八十多人。“大教联”推选沈体兰为主席，中共党员李正文为组织干事，以及张志让等七人组成核心干事会，实际上成为中共领导下的外围组织。张虽非中共党员，但他按照中共的意图做了不少工作，被大家称为“党外的布尔什维克”①。“大教联”曾领导上海民主教授发表过十多次爱国民主宣言，如呼吁停止内战、要求释放被捕学生、抗议沈崇事件、反对中美通商航海条约、声援学生反饥饿游行等。这些宣言文稿多由张草拟定稿，在座谈会上动员会员签名后，亲自和沈体兰送到《文汇报》、《大公报》上发表，产生很大的

① 李正文：《党的亲密战友——张志让同志》，《文史资料选辑》第 85 辑，第 138 页。

社会影响。1947 年 5 月他组织复旦大学教授抗议国民党军警制造“五二〇”惨案而举行集体罢教，有力地推动了全国教育界民主运动的高涨。是年夏，各大学进步教授被解聘三十多人，他与曹未风等商请商务印书馆以资助“文化研究社”名义，对被解聘的教授按月发给生活补助。对于复旦大学奉令解聘三十名教授之举，张与校长反复交涉，最后以撤掉他的法学院院长职务而换来停止执行解聘教授之令，在“大教联”中传为美谈。他常在白色恐怖笼罩下，不顾自身的安危，积极营救遭国民党当局迫害的中共党员和进步师生；同时对复旦大学校长章益等人做了大量工作，推动他们拒绝跟蒋去台湾。

1949 年初，张志让接到中共中央的邀请，化装离沪，经香港、烟台于 3 月间到达北平，参加了新政协的筹备工作，并在北京大学讲授新哲学和比较宪法。上海解放后，复旦大学改校长制为校务委员会制，张志让被任命为首任校务委员会主任。1951 年起张任最高人民法院副院长，并历任第一、二、三、四届全国人民代表大会代表，第二、三届人大常委会法案委员会委员，政务院政治法律委员会委员、法制委员会委员，中国政治法律学会副会长等职，对我国法学研究和法制建设作出了贡献。

张志让学识渊博，精通英、德、俄文。他自奉节俭，生活简朴，但对友人的困难则慷慨相助。他待人宽厚，平易近人，在原则问题上则刚正不阿，嫉恶如仇。他平时不苟言笑，举止严肃庄重，却擅长唱京戏旦角，在三四知己相聚时常清唱一出《打渔杀家》。

1978 年 4 月 26 日张志让在北京病逝。

# 张 治 中

余湛邦

张治中，原名本尧，曾字警魄，后改文白，安徽巢县人。1890 年 10 月 27 日(清光绪十六年九月十四日)出生在一个贫寒的农家。父亲务农兼手工业，有一定文化，爱看《三国演义》、《水浒传》、《封神榜》等书。张治中从六岁起进私塾，聪颖好学，苦读“四书”、“五经”和唐诗宋词达十年，深受孔孟之道等传统思想文化的熏陶。十五岁时应童子试未中。他从一些书报及朋友交往中接触到新思想，萌生弃文从军、救国救民的想法。

1906 年，张治中离家外出谋生，先到一家杂货店当学徒。不久到安庆报考陆军小学，继而到扬州投考随营学堂，均未遂愿。为生计所迫，他先后当过盐防营备补兵、测绘学堂传达、备补警察，最后在扬州当了一名值勤警察。几年的颠沛流离，备尝生活之艰辛。

辛亥武昌首义后，张治中在上海参加学生北伐军。嗣后学生军编为陆军部入伍生团，转入保定陆军军官学校，张治中喜出望外。他在军校第三期步科勤学苦练四年，成绩优异；同时博览群书，爱国思想日增。1916 年 12 月毕业后，被分配到安徽“安武军”倪嗣冲部见习。

1917 年 7 月，孙中山南下护法，在广州建立军政府。张治中离开“安武军”经上海到广州，投身护法运动。他先后在驻粤滇军任连长、营长，在驻粤桂军任师参谋长、桂军军校大队长，还曾到四川担任川军独立旅参谋长等职。

1924 年 1 月，孙中山在广州主持召开国民党第一次全国代表大会，并决定开办陆军军官学校于黄埔。张治中拥护“联俄、联共、扶助农工”三大政策，参加黄埔军校建校工作，6 月开学后任军事研究委员会委员。他和校长蒋介石、政治部主任周恩来等均有交往，钦佩周恩来的“谈吐、风度、学养，都有很大吸引力”①。他在军校第三期任学生总队代总队长，第四期入伍生团团长，忠于职守，工作负责，受到学生的尊敬。

黄埔军校是第一次国共合作的产物，校内既有国民党领导的“孙文主义学会”，也有共产党领导的“青年军人联合会”，两个组织不时发生矛盾。张治中受到周恩来及邓演达、恽代英等人的影响，对青年军人联合会支持较多，言论也逐渐左倾，被人称为“红色教官”。有时双方矛盾激化以至发生冲突，张则力求保持中立，并劝蒋介石要注意保持国共合作关系。对于蒋介石制造“中山舰事件”，张公开采取批评态度，几遭逮捕。蒋介石赞佩张忠诚直言，老成可靠，未于责难。

1926 年 7 月，国民革命军出师北伐，张治中被蒋介石任命为总司令部副官处处长，随军北上。武昌光复后，中央军事政治学校（1926 年 3 月由中国国民党陆军军官学校改名，通称黄埔军校）在武汉成立分校，张治中出任教育长兼学员团长。随着国共两党分歧日益加深，双方都竭力争取张治中，张“既不愿站在国民党立场反共，也不愿站在共产党立场来反蒋，徘徊两者之间”②。1927 年 3 月，他在进退维谷之中辞职离开武汉。11 月赴欧、美和日本等国考察，开阔视野，获益甚多。

1928 年 7 月，张治中归国，被掌握了全国军政大权的蒋介石任命为军事委员会军政厅厅长。张要求调任教育工作，力求“躲避两党斗争的风暴”③，乃被派为中央陆军军官学校训练部主任、教育长。校长是

---

① 张治中：《张治中回忆录》，文史资料出版社 1980 年版，第 663 页。

② 张治中：《张治中回忆录》，第 667 页。

③ 张治中：《我与共产党》，文史资料出版社 1980 年版，第 6 页。

蒋介石自兼，张治中实际上为军校主要负责人。他扩充教学课程，增加教学设备，提高教学水平，同时严整军纪、校风，努力使军校正规化。他不拉帮结派，不搞个人势力，大事都请校长定夺，还教育学生拥戴蒋介石，说蒋"无论在哪一方面，都是值得我们拥护的"①。这些言行，深得蒋之赞赏。

张治中虽任职于军校，但还是几次被蒋介石任命军职，带兵作战：1929年蒋、冯之战任武汉行营主任；1930年蒋、冯、阎中原大战任教导二师师长；1932年淞沪抗战任第五军军长；1933年镇压"福建事变"任第四路军总指挥。但是，他始终避免参加攻打红军的反共内战。每次战事结束后，他仍回军校任职。

1937年"卢沟桥事变"后，日本帝国主义大举侵华。张治中见战事不可避免，建言蒋介石对京沪一带早做战备，必要时"先发制人"。先是1930年张治中兼任京沪警备司令，他特在苏州秘密设立司令部，周密部署和督促工事构筑、战斗训练、兵源补充、后勤供应，拟定了作战计划。如今面临日军侵犯淞沪在即，张治中获准指挥第五军于8月11日开始向上海集中，12日各部到达指定位置。8月13日淞沪抗战揭开战幕，张治中任京沪警备司令兼第九集团军总司令进驻南翔，指挥所部向日本侵略军的杨树浦、虹口、公大纱厂等据点发起攻击。十天后日军自沙川河口等处登陆增援，张治中指挥第五军等抗日将士顽强抗击。嗣后淞沪会战全面展开，先由冯玉祥、继由蒋介石亲任第三战区司令长官，直接指挥上海战事。张治中指挥四十天战事极度疲乏，并防与友军摩擦，于9月22日辞职获准回乡休养。

1937年11月，张治中被任命为湖南省政府主席。他第一次出任地方行政长官，面临抗战大局，乃"寓国防建设于地方建设"，"寓军事于政治"，提出"改造旧社会，建设新湖南"的新政目标，努力健全和改进行

---

① 张治中：《蒋先生之人格与修养》，中央陆军军官学校政治训练处1934年印，第45页。

政机构，惩治贪污，分派经过训练的人员，逐级更换县、乡保长。他发动知识分子参加抗日工作，大规模组训民众，编组民众抗日自卫团，建立常备队、后备队，民众不离乡土，抗日自卫。不幸1938年10月武汉失守后，湖南成为抗战前线。11月10日，日军侵占岳阳，长沙在“焦土抗战”方针下，于12日夜起突然纵火焚烧三昼夜，五万余栋房屋被毁，两万余人被烧死，几十万人无家可归，中外震惊，张治中难辞其咎，以“用人不当”、“漫无防范”之责，被“革职留任”。

张治中之治湘，虽仅一年多，又有长沙大火案，但还是得到蒋介石和多数朝野人士的赞赏。1939年2月，他奉调至重庆，任军事委员会委员长侍从室第一处主任，直接协助蒋介石主管军事机要，联系各部、会和战区，参与战事指挥，以为蒋分忧分劳为己任。1940年9月，调任军事委员会政治部部长，兼三民主义青年团中央干事会书记长。他在政治部与副部长周恩来相处甚洽，还设置了一个文化工作委员会，请郭沫若主持，大量安置文化界爱国进步人士，有利于团结抗日。对于国民党特务在四川綦江设立的集中营“战干团”杀害爱国青年事件，他严厉惩办首事人员，断然撤销了这个集中营，释放了全部爱国青年。以后又把其他两个“战干团”也撤销了。他在“三青团”内，秘密发动倒孔（祥熙）运动，声讨孔氏家族倒卖黄金美钞的贪污行径。在国民党第六次全国代表大会上，张率领“三青团”代表联名提出《改革政治方案》，要求“真正以工农为本党组织之社会基础”，“实行耕者有其田”，“把城市土地和大工业收归国有”；并“举行党团员财产登记，每人不得超过十万元，超额者捐献，拒绝者一律开除党团籍”，等等。这反映了张治中等人改造国民党的强烈愿望。

抗日战争期间，张治中积极实行国共合作团结抗日的路线。主政湖南时，他向蒋介石建言加强两党团结，减少无谓摩擦；并聘请叶剑英任省政府高级顾问，以备指导游击战。在重庆，他与周恩来、董必武、叶剑英等中共人士时相过从，友好往还。皖南事变发生后，张于1941年3月向蒋介石上万言书，批评蒋对中国共产党问题处理失策，建议“为保持抗战之有利形势,应派定人员与共党会谈,以让步求得解决”①。此后,张治中被蒋介石派为国民党方面代表,先后于1941年与周恩来等、1942年与林彪等、1944年5月与林祖涵等、11月与周恩来等中共代表进行会谈。

抗战胜利后,张治中还参加了重庆谈判(1945年8月至10月)和停战谈判(1945年12月)、整军谈判(1946年2月)、东北停战谈判(1946年3月)。为了促成重庆谈判,张治中和美国总统特使赫尔利(Patrick Jay Hurley)一起专程往返延安接送毛泽东,并把自己的住宅腾出来供其使用。在一系列国共会谈中,张治中更多地了解了共产党人,认识到中共是中国政治中一支不容忽视的力量,他力求有所协议②,但终以蒋介石1946年6月发动全面内战,和谈彻底失败。

1946年4月,张治中出任军事委员会委员长西北行营主任(后改称行辕主任)兼新疆省主席。张治中兼任改组后的新疆省政府主席后,在施政纲领中强调加强民族团结,实行民主政治。他竭力缓和民族矛盾,任用少数民族人士,释放全部政治犯,严惩贪污,免除部分税收,改善人民生活。他十分注意与紧邻的苏联的关系,以维护安定的局面。他还受周恩来之托,争取到蒋介石的同意,释放了被盛世才关押多年的中共干部一百三十一人,并派员护送回到延安。

蒋介石发动的全面内战节节败退,到1948年底已临崩溃之势。11月,蒋介石电召在兰州的张治中回南京商讨对策。张治中一本反对内战、恢复国共和谈的初衷对蒋说:“这个仗绝对不能再打下去了。”建议放弃“戡乱”,恢复和谈。但蒋介石不肯认输,还想要张治中出任行政院院长或副院长兼国防部长协同指挥内战,张辞拒。

---

① 张治中:《我与共产党》,第21页。

② 1946年3月4日,张治中为检查各地贯彻《整军方案》情况再一次到延安。他在盛大的欢迎会上说:“你们将来写历史的时候,不要忘记张治中在延安这一笔。”张治中:《六十岁总结》,中国人民政治协商会议全国委员会文史资料研究委员会编《文史资料选辑》第70辑,中华书局1980年版,第114页。

三大战略决战结束后，国民党军队主力消耗殆尽，内外交困，张治中同张群、吴忠信一道，几次力劝蒋介石下野。1949年1月21日，蒋介石宣告“引退”，由李宗仁任代总统。但蒋介石离开南京回到家乡后，仍在幕后指挥一切。张治中于3月初到溪口住了八天，与蒋详谈一切，劝导蒋应出国，放手让李宗仁去促进和平。蒋岂肯出走。其时代总统李宗仁表示愿意与中共谈判，但他知道蒋介石不肯放手，难以找出合适人选，乃请张治中出面担任和谈首席代表，认为“和谈能否成功，唯张是赖”①。张治中深知此任之艰，于3月29日特地去溪口请示蒋介石。蒋看了南京拟订和谈“腹案”后，表示“没有什么意见”，还说愿意终老故乡。

4月1日，张治中率领国民政府和谈代表团飞抵北平，与中国共产党进行和平谈判。经过半个月的谈判，达成国内和平协定八条二十四款。但是李宗仁等认为协定不符“划江而治”的方案而拒绝接受，蒋介石更是大骂，“文白无能，丧权辱国”②。4月21日，毛泽东、朱德向人民解放军发出《向全国进军的命令》，李宗仁等电令张治中返回南京，周恩来则劝他们留下，不要重蹈张学良的覆辙；毛泽东也亲往张的住处慰问，多方劝导。张治中从极度苦闷与矛盾的心情中逐渐解脱出来“渐次宽解”。6月26日，他针对国民党当局的攻击和诽谤，发表对时局声明，为中国的解放感到欣喜、安慰，号召国民党军政官员“当机立断，毅然决然表示与中共推诚合作，为孙先生的革命三民主义，亦即为中共的新民主主义的实现而共同努力”③。9月8日，张致电新疆的陶峙岳、包尔汉，促进了新疆的和平解放。

9月21日，张治中出席中国人民政治协商会议，被选为政协全国

---

① 程思远：《李宗仁先生晚年》，文史资料出版社1981年版，第57页。

② 李以匡：《蒋介石下野后在福州召开军事会议前后》，中国人民政治协商会议全国委员会文史资料研究委员会编《文史资料选辑》第32辑，中华书局1962年版。

③ 张治中：《六十岁总结》，《文史资料选辑》第70辑，第115页。

委员会委员、中央人民政府委员会委员，又被任命为人民革命军事委员会委员兼国防研究小组组长。12 月任西北军政委员会副主席。以后，他当选为第一、二、三届全国人大常委会委员，国防委员会副主席，第三届人大常委会副委员长；并任中国国民党革命委员会中央副主席。

1969 年 4 月 6 日，张治中因病在北京病逝。

# 张 竹 平

许小青

张竹平，字竹坪，1886年（清光绪十二年）生于江苏太仓。早年毕业于上海圣约翰大学①。张竹平是“圣公会”系统的基督教徒，笃信基督教，又与上海“青帮”杜月笙有密切联系，为不收弟子的上海“青帮”人物②。

1914年前后，张竹平进入《申报》馆，很快展示出他的报业经营管理才能，被任为《申报》经理兼营业部主任。当时《申报》尚处史量才接办初期，经济上处于困难境地，不仅要偿还债务，还要力求经营取得盈余，同时面临着与上海另一大报——《新闻报》的竞争。为打开局面，张竹平运用现代化的报业理念，主要从广告和发行两方面对《申报》进行了改革。

在广告经营方面，首先，张竹平改变以往坐等客户上门的广告征集方式，“在经理部之下，设立了以招揽广告为业务的广告推销科，科内设有外勤和广告设计，外勤人员专事外出活动，向中外工商业宣传广告对于促进商品销售的作用，并说明《申报》读者面广、发行量大、刊登广告

---

① 张竹平进入圣约翰大学时间不详，据熊月之主编的《圣约翰大学史》录载的《圣约翰大学历届毕业生、肄业生名录》中，没有录入张竹平，本处据邹韬奋的《经历》记载：“当时张竹平先生正在做《申报》的经理，我以为他是约翰的同学，便借着这个关系去找他。”见邹韬奋《经历》，三联书店1978年版，第42页。

② 姜豪：《青帮的源流及其演变》，中国人民政治协商会议上海市委员会文史资料工作委员会编《旧上海的帮会》，上海人民出版社1986年版，第62页。

的特殊能力”①。同时，对于《新闻报》所忽视的小客户，张竹平表示“《申报》愿意每天将他们的广告拼在一处”，以改变他们的广告总是被压在报纸下层的状况，但“条件是只登《申报》一家”，这批数目不小的客户就成了《申报》的固定客户，这“对《新闻报》是一个打击”②。正是在这种思想的指导下，1924 年张竹平最先在《申报》设立分类广告栏。

在广告设计方面，张竹平在广告推销科下聘用广告专业设计人员，“按照（商品）分类、性质，为刊户设计图案、文字说明，然后共同征求刊户意见，直到满意为止”③。这是在中国为客户专门设计广告的开始，日后专业广告公司的成立，也深受《申报》影响。

除改革广告业务外，张竹平还重视报纸的发行。《申报》在上海本埠成立报纸递送公司，以力求每日清晨准时送报；在临近上海地区，继续设立《申报》分馆，并通过邮局尽量使报纸当天送达；在更远地区，则通过邮局或代办处发展机关、团体、商店和个人订户，并且派人专门到全国各处征订④。

经过改革后的《申报》，1914 年发行量即比 1912 年增加一倍，1916 年达到两万多份，同时广告收入增加，《申报》开始步入赢利阶段。《申报》不仅偿清了债务，而且把原来张謇、赵凤昌和应季中所投的资金也如数还清，《申报》完全成为史量才独资经营。经济上得到独立，为《申报》“无党无偏，不带色彩”的政治立场打下经济基础。张竹平为《申报》成为全国首屈一指的大报作出卓越贡献，因此深得史量才信任和器重，“被目为经营的能手”⑤。

---

① 宋军：《申报的兴衰》，上海社会科学院出版社 1996 年版，第 90 页。

② 汪仲韦（徐耻痕整理）：《又竞争又联合的“新”、“申”两报》，中国社会科学院新闻研究所编《新闻研究资料》总第 15 辑，中国展望出版社 1982 年版，第 80 页。

③ 唐忠朴、贾斌：《实用广告学》，工商出版社 1981 年版，第 31 页。

④ 王英：《张竹平广告理念初探》，载于《新闻大学》2000 年第 1 期。

⑤ 徐铸成：《报海旧闻》，上海人民出版社 1981 年版，第 52 页。

张竹平在《申报》一展身手时,也开始筹建自己的报业事业。张竹平曾谓:“(吾)有三志愿:曰刊英字新闻,以补华字新闻之缺憾;曰设晚报,以续日报消息之未完;曰创电讯社,以助各地新闻事业之发展。”①他的人生轨迹正是努力朝着此“志愿”发展。

张竹平经营最早的是电讯社。在近代中国报业发展之初,中国电讯业为外国通讯社所垄断。外国电讯社在一定程度上控制着中国国内政治、经济、军事方面重大消息的传输,并根据需要对消息任意歪曲、颠倒是非。这使中国进行国际交涉时,缺乏宣传优势,难以取得世界公正舆论的支持,而且,中国国内各地报社急需电讯,而又无财力拍发。张竹平为改变“此种通讯电讯之无系统无组织与不合理之状态”②,于1924年聚集一部分同人,开始筹组电讯社并作非正式发稿。他利用《申报》经理的身份,联合《申报》和他参股的《时事新报》两家编辑部的力量,将两家报社收到的各方面专电集中起来,利用业余时间撮要编辑,然后拍发给外地有关系的少数报社,使外地报社也能及时获得正确而重要的新闻。试行数载,委托发电者日有增加,两家编辑部难以兼顾。1928年,张竹平将该电讯社改组,使之独立出来,正式定名为“申时电讯社”,扩充资本,另聘专任职员,拓展业务范围,分别编发中、英文电讯。1930年申时电讯社从《申报》馆迁址到大陆报馆三楼。1932年日军发动上海“一二八”事变,申时电讯社派军事记者深入敌内,冒险刺探敌我双方情报,电讯社内部编辑则不分昼夜办公,每当前线情报送达,立即编发各地报社。当时,“申时”所得消息,比国外电讯社翔实、准确、迅捷,“传得各方极大之好评,换回吾国电讯事业难得之荣誉”③。

① 张竹平:《申时电讯社之回顾与前瞻》,申时电讯社主编《十年》,申时电讯社1934年版,第11页。

② 张竹平:《申时电讯社之回顾与前瞻》,申时电讯社主编《十年》,申时电讯社1934年版,第11页。

③ 《十年之申时电讯社》,申时电讯社主编《十年》,申时电讯社1934年版,第43页。

1934 年 2 月，申时电讯社改组为股份有限公司，杜月笙为董事长，张竹平任经理，米星如任社长。“申时电讯社”在张竹平筹划下，恪守“重质不重量”的原则，积极拓展上海本埠和外埠业务，事业蒸蒸日上。据 1934 年的统计，申时电讯社“与国内外正式订约供给电讯之报社，已达百十余家”，“每日收发专电，平均约六万余言”①。并且除每日刊发《申时电讯稿》外，还每日出版《申时经济情报》，每年度出版《报学季刊》，同时还为各地报纸代办广告业务，申时电讯社成为当时全国规模最大的民营电讯社②。

1928 年冬，张竹平联合他人购进《时事新报》，成为他以后报业事业的骨干力量。《时事新报》初名《时事报》，创刊于 1907 年，1909 年与上海《舆论日报》合并为《舆论时事报》，1911 年更名为《时事新报》，1912 年后该报成为进步党—研究系的机关报。1926 年其经理林炎夫改变办报方针，宣布脱离研究系，将《时事新报》改组为股份公司，张竹平此时已参有股份。1928 年冬，《时事新报》出现经营困难，张竹平联合《申报》的协理汪英宾及孙结人、王尧钦、许燦庭、赵叔雍等人，合资五万元，购进《时事新报》。张竹平“对于《时事新报》抱着很大的希望”③，自己担任董事长，聘请陈布雷为主笔，潘公弼为总经理，邹韬奋担任秘书主任。

为发展业务，此时仍担任《申报》经理的张竹平，利用《申报》的信誉和方便为《时事新报》发展广告业务和报纸发行。这种做法引起史量才的不满。1930 年冬，史量才为此分别召见张竹平、汪英宾谈话，经过一番劝解无效后，张竹平决计离开《申报》自立门户，汪英宾也辞职随张而去。

---

① 《十年之申时电讯社》，申时电讯社主编《十年》，申时电讯社 1934 年版，第 44 页。

② 姚福申：《“四社”——旧中国报业集团化经营的一次尝试》，《新闻大学》1997 年第 4 期。

③ 邹韬奋：《经历》，三联书店 1978 年版，第 67 页。

张竹平主持《时事新报》后，该报营业日见好转，但收支难抵。张竹平通过陈立夫、邵力子和陈布雷三人关系，使《时事新报》得到蒋介石的支持，获得一笔资金发展报业，但是张竹平不愿《时事新报》变为蒋介石的私家报纸，两人之间发生不快①。

除依靠外部关系外，在报纸内部经营上，张竹平对报纸销售进行了创新，改变以往委托上海捷音公所的报贩零卖的方式，改将报纸放于上海各埠香烟店寄售，并让报贩以自行车代替步行，增加灵活机动性。后来将此种方法推广到长三角大部分城市，“报销骤增数倍或数十倍”②。经过张竹平的努力经营，《时事新报》销售量迅猛发展。

1930 年 10 月，张竹平联合董显光等人集资购下英文报《大陆报》产权。《大陆报》创刊于 1911 年，在美国注册，孙中山、伍廷芳等提供资金参与办报。初创时与《字林西报》对立，深受美国侨民欢迎。1918 年因亏损过甚出售给英籍犹太商人爱兹拉(Ezra Edward)，他去世后其遗孀无意经营，为张竹平集资购下。董显光任总编辑，张竹平任经理，嗣后组成股份有限公司，张竹平占股份的三分之一，实际经营由董显光负责。该报在张竹平经营时期，特别强调“国家多事之秋，人人必读国人自办之英文大陆报”，并多报道日本的侵略行径。《大陆报》经营状况有了较大转变，报纸销量和广告都增加一倍以上。读者中约有三分之一为中国人，三分之二为在华外侨③。

从 1931 年起，张竹平积极筹办晚报《大晚报》事业。张竹平希望办一张不同于旧式晚报，不走消闲小报路线的新型晚报，他认为当时报界积习太深，思想陈旧，因此想选择一位没有办过报的人来主持该报笔政。经董显光推荐，他选定了著名作家曾朴的长子曾虚白。张竹平答

① 张青逸:《上海滩报界闻人张竹平》,《民国春秋》1997 年第 4 期。

② 姚福申:《“四社”——旧中国报业集团化经营的一次尝试》,《新闻大学》1997 年第 4 期。

③ 姚福申:《“四社”——旧中国报业集团化经营的一次尝试》,《新闻大学》1997 年第 4 期。

应采用社长制，从组织、人事到经营管理、办报格式等都由曾全权负责。在筹办晚报期间，上海“一二八”事变发生，市民对于时局的迅速变动尤为关注，日报消息已嫌不足。1932 年 2 月 12 日，《大晚报》提前非正式出刊，出版《国难特刊》。《大晚报》记者每天赴前线采访，报道战争的进展情况，同时，为配合战讯，还辟有专栏文章介绍军事常识。《大晚报》一号至八号的日销量一度上升到近八万份，创下上海晚报的发行量之最。1932 年 5 月 2 日，《大晚报》正式出版。此时淞沪战争已基本结束，停战后《大晚报》锐意革新，在编辑方面，做到白话化、简明化、趣味化，同时为避免与晨报冲突，注重地方通讯，取材关注于社会和经济各方面；在发行方面，增加自行车百余辆，保证递送迅速；并积极参与社会活动，如救济烟花女子运动、青年文艺运动等，提高社会声誉和知名度①。经过努力，在张竹平主持时期，《大晚报》成为上海晚报之冠。

《大晚报》正式创刊后不久，张竹平便将他支持的或他参股的三报一社糅合在一起，成立了“时事新报、大陆报、大晚报、申时电讯社四社联合办事处”，简称“四社”，办事处设在《大陆报》馆的三楼。张竹平任“四社”总经理。上述四个新闻机构，除申时电讯社张独资经营外，其余三个都是集资经营，虽然张竹平在其中的股份都不超过三分之一，但其资本主要是通过社会关系，由银行家、政客、军阀投资，份额分散又多属帮助性质，所以各单位的实际经营权都掌握在张竹平手中。

“四社”以张竹平为经营纽带联合经营，优势明显。首先，在新闻信息方面，三报将每天来自各大城市的专电、通讯和本市记者采写的重要新闻提供给申时社，申时社也把收到的国内外专电、通讯优先供应三家报社，因此，四个单位都有丰富的资源；其次，办公场所、印刷设备、生产物资均可相互调剂、充分利用，张竹平还以“四社”名义成立一个较大规

① 袁义勤：《晚报的成功——〈大晚报〉杂谈》，《新闻与传播研究》1991 年第 1 期。

模的资料室，供四家单位共同使用；第三，张竹平以“四社”名义成立“四社”出版部，出版过《报学季刊》、《时事年鉴》、《十年》等出版物①。

“四社”由日报、晚报、英文报、电讯社联合在一起，成为一个初具规模的报业联合体，产生了合成效应，在新闻界影响很大。张竹平因此一跃成为上海新闻界仅次于史量才、汪伯奇的著名报业家。但是三报一社的联合，仅是业务上的联合，不是资本的联合。张竹平经济实力有限，虽然有将“四社联合办事处”发展为“四社总管经理处”的打算，但未能实现。

1933 年下半年，张竹平出于扩充“四社”报业资本的需要，与尚在筹建反蒋“福建人民政府”的蔡廷锴、李济深等人发生联系。双方商定：福建方面资助“四社”资金，“四社”将作为福建方面的宣传阵地。“福建事变”后，申时电讯社即派记者采访，《时事新报》也曾发过报道。而后“福建人民政府”很快遭到蒋介石的镇压而失败。但种种迹象表明，“四社”这一时期的设备更新和业务拓展是接受了福建方面的资助②。

很快，张竹平与反蒋的“福建人民政府”的关系被国民党当局所察觉。而在此之前，张竹平与蒋介石关系已经恶化。早在《时事新报》接受蒋介石资助但不愿成为其私家报纸起，两人之间就开始发生不快；1929 年，国民党在南京召开第三次代表大会决定讨伐桂系，当时桂系李宗仁、白崇禧为缓和矛盾，派人在沪收买舆论，张竹平为扩大《时事新报》销量，派赵叔雅出面接洽，蒋介石闻讯后更多一层芥蒂；1930 年春，中原大战一触即发，以汪精卫为首的改组派和“西山会议派”结成反蒋联盟，此时张竹平与汪也有联系；胡汉民因反对蒋介石制定训政时期约

① 姚福申：《“四社”——旧中国报业集团化经营的一次尝试》，《新闻大学》1997 年第 4 期。

② 黄卓明、余振基：《关于时事新报的所见所闻》，中国社会科学院新闻研究所编《新闻研究资料》总第 19 辑，中国展望出版社 1982 年版，第 188 页。

法被软禁于汤山，而张竹平又与胡汉民有联系，并在《时事新报》上发表同情胡汉民的文章①。接二连三的事件已经让蒋介石忍无可忍，而且“四社”作为一个在国民党党营新闻事业之外的私营报业联合体，给国民党的新闻统制增加困难。因此，“四社”成为除史量才的《申报》外，国民党打击的又一对象。

1934 年 9 月，国民党当局利用政府权力禁止张竹平主持的《时事新报》向租借外邮寄。同年 11 月 13 日，国民党特务将史量才击毙在沪杭公路旁。在 1934 年底或者 1935 年初，国民党特务机构向张竹平发出了恐吓信，以暗杀相威胁。1935 年 1 月，张竹平得力助手、《大陆报》总主笔董显光忽然提出因病辞职，对处于关键时期的“四社”是个打击。与此同时，孔祥熙根据蒋介石的指示，向张竹平提出收购“四社”股权的要求，并派国民党财政部主任秘书李毓万向张施加压力，强行收买“四社”股权。在强大的政治压力下，张竹平被迫以法币 20 万元的价格让出了“四社”的全部股权。然而，孔祥熙所委托的上海国货银行，借口“四社”未偿清债务拒绝付款，最后张竹平只拿到了孔祥熙“赠送”的 5 万元法币②。

1935 年 5 月 1 日，张竹平在上海各大报刊刊登启事：“鄙人一病经月，遵医生嘱，急须迁地休养，所有时事新报、大陆报、大晚报、申时电讯社四公司董事及经理兼职，已分向四公司董事会声明辞职，所有四公司总经理职务”，“暂请杜月笙先生代理”。杜月笙也同时刊出启事，接受张竹平的委托，负责办理③。交出职务后，1935 年 5 月 24 日，国民党政府就取消了对《时事新报》邮寄的限制。为拓展“四社”业务，早年加入青帮的张竹平还于 1935 年 5 月与韦作民、庄铸成等人在上海复熙路

---

① 张青逸：《上海滩报界闻人张竹平》，《民国春秋》1997 年第 4 期；刘小清、刘晓滇编著：《报界闻人张竹平》，《中国百年报业掌故》，江苏人民出版社 2000 年版，第 77 页。

② 姚福申：《张报安教授话先父张竹平遗事》，《新闻大学》2008 年第 1 期。

③ 《申报》1935 年 5 月 1 日。

(今延安路)筹备成立“仁社俱乐部”,张竹平利用张仁奎的关系,广泛拓展“四社”业务。

离开“四社”后,张竹平仍在上海经营商业,曾担任过联合广告公司董事长、联合赠品公司和惠民奶粉公司董事长及协丰矿行经理等职务。1937年张竹平在湖南采用新式机器,筹办大规模新式炼锑股份公司①。1939年上海陷落,张竹平到香港避难,在皇后大道开设大华饭店,专售江浙名菜和苏浙名点②。1941年12月18日香港陷落,张竹平趁乱离开香港去了重庆。张竹平的人生最后二十年就在嘉陵江畔的山城中度过。由于晚年多病,很少参与社会活动,遂渐渐在人们视线中淡出。

1961年5月4日张竹平在重庆病逝③。

① 《国际贸易情报》第2卷第18期,民国实业国际贸易局编辑,第45页。

② 徐铸成:《报海旧闻》,上海人民出版社1981年版,第53页。

③ 姚福申:《张报安教授话先父张竹平遗事》,《新闻大学》2008年第1期。

# 张 自 忠

沈荆唐

张自忠，字荩忱，山东临清县人。1891 年 8 月 11 日（清光绪十七年七月初七）生。父亲张树桂，为清末江苏赣榆知县。张自忠早年入本村私塾，1905 年考入临清县立高等小学堂。1911 年在天津法政学校求学时，秘密加入同盟会。翌年转入济南政法学堂。1914 年暑假时，与同乡前往奉天新民屯参军，入陆军第二十镇三十九协八十七标。1917 年转至冯玉祥第十六混成旅，先在旅本部当差遣兵，不久被送到模范连学习，结业后任排长。1919 年又入鹿钟麟主持的教导团学习，刻苦勤勉，被冯玉祥誉为“模范学员”，结业后升任连长。此后以其军纪严明、注重管理、善于训练，在冯玉祥部先后升任学兵连连长、学兵队队长、营长、学兵团团长等职，1925 年升任国民军第一军第五师第十五旅旅长。

1926 年 8 月，国民军在南口大战中败北，西路第六军军长石友三指责张自忠“拥兵不救”而使马邑失守，请西路军总司令宋哲元惩办，张自忠乃投晋军。9 月，冯玉祥“五原誓师”集结旧部组成国民联军，张自忠被冯召回，任总司令部副官长。旋任第二十八师师长，负责护卫总司令部，深受冯之信赖。

1927 年春，冯玉祥国民联军参加北伐战争，编为国民革命军第二集团军，张自忠任第二十五师师长兼第二集团军军官学校校长，7 月并兼开封警备司令。张自忠秉承冯玉祥意旨，致力于部队训练，以传统道德、爱国思想和军队纪律教育军官，激励学员奋发向上；军事训练则注重锻炼耐劳精神和增强体质、提高技术。他以身作则，坚持穿士兵服、吃大锅饭、剃光头,一同参加劳动,关心下级疾苦,但对违纪犯规者则惩戒严厉。

1929年春,冯玉祥与蒋介石的争斗激化,乃结集兵力于潼关,准备发动反蒋战争,张自忠被任命为潼关警备司令。不久被冯调任第十一军副军长兼二十六师师长,在洛阳以东与蒋军唐生智部激战。1930年中原大战中,张自忠率第六师战于灵井、杞县、柘城等地。战后,冯玉祥部被蒋介石编为第二十九军,宋哲元为军长,张自忠任第三十八师师长。

1933年1月,日军侵占山海关,继陷热河全省,并于3月6日分兵向长城各口进犯。第二十九军奉命前往喜峰口至罗文峪一线阻敌,张自忠任前敌总指挥。二十九军官兵不过两万,武器装备甚差,但官兵久经战阵,斗志高昂。9日,敌我双方在喜峰口寨附近发生大规模遭遇战,战况激烈。第三十七师王邦治旅一个团从日军手中夺回了孟子岭,稳住了喜峰口阵势。10日起,日军在飞机轰炸配合下向喜峰口猛攻,双方激战不已。11日晚,张自忠指挥赵登禹、佟泽光各率两个团,在当地樵民、猎人带引下,绕行山间小道,夜袭日军特种兵宿营地,炸毁大炮十八门,予敌重创。敌人连日进攻喜峰口不能得手,于16日转向罗文峪,张自忠指挥刘汝明第一四三师顽强抗御敌军,虽旅长、团长负伤,营连长多人阵亡,但阵地始终屹然不动。直至4月11日敌军攻破了友邻部队防御的冷口后,由喜峰口右侧攻击,二十九军被迫于15日放弃阵地。张自忠率第三十八师驻宣化一带。

1935年初,张自忠指挥所部在察东龙关、赤城,对进犯之日军以沉重打击,毙、伤敌军七百余人。“华北事变”后,日军侵略气焰嚣张,12月张任冀察政务委员会委员兼察哈尔省主席。他审时度势,加紧整训部队,防备日军扩大侵略。1936年5月,他调任天津市长后,着手整饬社会治安,裁汰政府冗员,惩办贪官污吏,打击不法商人,对日本则竭力应付周旋。1937年3月,张率冀察平津军政工商考察团赴日访问,日方要他签订“联合经营华北铁路”、“联合开采矿山”的“中日经济提携条约”，张严词拒绝，并提前回国。

“七七”事变爆发后，二十九军官兵奋起抗战，但是蒋介石以及宋哲元等人都曾抱有以妥协退让求得事变和平解决的幻想；张自忠秉承宋哲元意旨与日本驻屯军谈判，也期望以妥协换取和平，致使我国军队贻误和丧失了战机。7月26日，日方向宋哲元发出通牒，限令二十九军于28日完全撤退。宋无力抵抗，在撤离北平前，以张自忠代理冀察政务委员会委员长、北平绥靖主任兼北平市长，嘱他与日方谈判，缓和局势，以保住二十九军的地盘。29日，日军进入北平后，对张威胁利诱，要他通电反对国民政府，张无周旋余地，乃称病躲进德国医院，又转入美国友人家中，于9月7日化装成司机助手乘坐美国人的汽车逃入天津租界，再乘轮船抵烟台，经济南至南京。蒋介石先给予撤职查办处分，一个月后任命他为军事委员会军政部中将部附。

1937年12月，张自忠回到原部队，任第五十九军军长，后编入第五战区，于1938年2月奉命驰援固镇，与敌激战，克复曹老集、小蚌埠，将日军赶过淮河。3月初集结于滕县以西，旋被李宗仁派赴临沂增援庞炳勋部。他捐弃与庞之宿怨，以大局为重，毅然率部星夜兼程，于12日黄昏抵临沂郊外。他与庞部内外配合，与敌板垣师团恶战半月之久，伤亡九千余，终取得临沂战役的胜利，为台儿庄大捷揭开了序幕。战后，张被提升为第二十七军团军团长兼五十九军军长。接着在武汉保卫战中，奉命在潢川组织拦击，勇猛抵抗日军，历时十二昼夜。战后，张率部进入大别山区。张因战功升任第三十三集团军总司令，辖第五十九军、冯治安第七十七军、曹福林第五十五军。

抗日战争进入相持阶段后，张自忠指挥第三十三集团军在鄂北、豫南抗御日军侵犯。他以自己的大无畏精神激励将士为国家为民族誓忠效命，要有有我无敌的气概。他被李宗仁任命为第五战区右翼兵团司令，于1939年5月和12月两次打退敌人的进犯。

1940年4月，日军集三十万重兵，分三路向鄂北随县枣阳地区进犯，张自忠率部迎战。5月7日，他亲自率总司令部直属特务营和两个团夜渡襄河，会同第五十九军三个师向枣阳方向进击。他在渡河出击前，留下手书给副总司令冯治安和五十九军各级将校，表示了以死报国的赤胆忠心。渡过襄河后，他率所部立即投入战斗，8日在新街歼灭一股敌军，10日北进到达峪山与敌激战，13日进至枣阳南部，侧击南逃之敌，毙敌两军官并有斩获；然后兵分两路回师向西南截击。14日，他在方家集发现五六千敌人向南撤退，立即率领两个团将敌部拦腰截为两段。敌被创，即对方家集包围夹击，以猛烈炮火轰击。入夜，炮火停歇，张误以为敌已逃遁，率部南去堵截，结果遭到前来增援之敌与原敌南北夹击，张指挥两千余人英勇抵抗竟日，苦撑待援。但援军被牵制于四十里以外，张乃率部向钟祥敌后攻击，16日拂晓进至宜城大洪山罐子口，遭两侧山头敌军猛烈炮击，被迫退至南瓜店与敌拼杀。激战自晨至午，他把身边的卫队、副官、参谋人员都派去第一线增援，自己左臂负伤仍坚持指挥作战，稍后腰部又被机关枪子弹击中，卧倒在地尚浴血督战，接着又身中五弹。下午二时许，敌人包围越紧，最后，两名日军向张冲来，已身中七弹的他，抓住刺来的枪挺立起来与敌搏斗，但被另一日兵猛刺一刀倒下。他为防落入敌手，拔枪自戕，壮烈殉国。随张作战的全体将士亦于南瓜店十里长山伤亡殆尽。

张自忠是抗日战争中壮烈殉国的军阶最高的将领。他的遗体于5月28日被送到战时首都重庆，蒋介石等人亲自到码头迎灵执绋。国民政府为张举行隆重的葬礼，并颁发“荣哀状”。中国共产党在延安也举行了追悼大会。

## 主要参考资料

李泰棻：《国民军史稿》，1930年北平版。

文公直：《最近三十年中国军事史》，上海太平洋书店1930年版。

江绍贞编：《长城抗战资料选辑》，中华书局1989年版。

吴相湘：《第二次中日战争史》，台湾综合月刊社1973年版。

《国民党第三十三集团军总司令张自忠将军在钟祥地区抗击日军的战迹》,中国人民政治协商会议钟祥县委员会文史资料研究委员会编《钟祥文史资料》第4辑,1985年版。

张宗衡:《回忆张自忠将军》,中国人民政治协商会议全国委员会文史资料研究委员会编《文史资料选辑》第94辑,文史资料出版社1984年版。

# 张 宗 昌

黄德昭

张宗昌,字效坤,山东掖县祝家庄人。生于 1881 年 2 月 13 日(清光绪七年正月十五日)①。其父是喇叭手,母为巫婆。张年十二三,助其父掌铙钹度日。十五六岁时,随其母至营口,在一家赌场帮闲,后来流落北满当胡匪,又辗转到海参崴的华商总会当了门警小头目。

辛亥革命爆发后,张宗昌乘民党在关东招兵之机,由关东率胡匪百人至烟台,投山东民军都督胡瑛,后又跑到上海当上了光复军团长。在"二次革命"时,于徐州背叛民军,投降了北洋军江淮宣抚使冯国璋。1916 年春,陈其美在上海策动反袁时,张接受袁世凯的金钱收买,密派其营长程国瑞将陈其美暗杀②。自是先后升任旅长、军官教育团团长。同年 11 月冯国璋任副总统后,委他为侍从武官长。1918 年初,张宗昌任第六混成旅旅长,率所部随湘赣检阅使张怀芝假道江西攻湖南,4 月下旬在攸县以南与湘、桂系的护法军交战,一触即溃,大败而逃,沿途烧杀掳掠,给人民带来极大灾难。其后经醴陵转至湘南,收集大量溃兵,改任暂编陆军第一师师长。到 1920 年 6 月,张部退入江西袁州(今宜春)驻防。1921 年初,其军队在吉安因闹饷被赣督陈光远解散,张只身

---

① 北平《世界日报》1932 年 9 月 5 日第 4 版。

② 蔡寅:《英公被刺案情概要》,载何仲箫辑《陈英士先生纪念全集》卷 1,1930 年版;王翰鸣:《张宗昌兴败纪略》,中国人民政治协商会议全国委员会文史资料研究委员会编《文史资料选辑》第 41 辑,中华书局 1962 年版。

北归。

张在赣南失败后曾到保定钻营曹锟的门路，为吴佩孚所反对而无结果，便转往奉天投靠张作霖①。开始不为张作霖所重视，只安排给他带一营宪兵，他自不能满意。1922年5月下旬，正当第一次直奉战争过后，直奉两军仍在榆关对峙时，前吉林军师长高士傧联合绥芬河胡匪卢永贵于中东路五站起兵，声称受吴佩孚命令反奉。张宗昌奉张作霖令出兵迎击，他带领一营宪兵从哈尔滨迎击由绥芬向西推进的高、卢所部。因卢部胡匪中小首领多与张宗昌为旧相识，对他怀有好感，且他又得到日本关东军的帮助，于是一战获胜，高、卢被杀。张乘机收编其败兵成立三个团，由此见重于张作霖，被委为绥宁镇守使，升任吉林省防军第三旅旅长。同年冬，他又收容了一批逃入中国境内近万人的白俄军，得到大量枪炮、马匹及铁甲车等物，遂成为奉系的实力派之一。

1924年秋第二次直奉战争中，张宗昌任镇威军第二军副军长，率部向热河进攻，连占要地，到冷口与直军激战。由于冯玉祥等举行"北京政变"，直军正面防线动摇、后退，张率先由冷口插入关内，进占滦州，切断了榆关方面直军退路，使直军一败涂地。张乘势收编了吴佩孚的军队四个旅，他的队伍一时猛增。二次直奉战后，段祺瑞的执政府成立。张临时改任宣抚军第一军军长，协助苏皖宣抚使卢永祥南下，他统率四个混成旅又两个梯队的庞大队伍，继续去攻打盘踞江苏的齐燮元（直系）。由于齐军内部涣散，张部没有经过重大战斗就到了上海，奉系势力遂伸张到长江下游。1925年2月，张任苏、皖、鲁三省剿匪总司令，驻节徐州。4月，改任山东军务督办。从此张宗昌独霸山东，成了以"祸鲁"著名的地方军阀。

1925年10月，爆发浙、奉战争。浙督孙传芳率部迅速攻占南京、

① 张宗昌投靠张作霖，得力于时任北京政府财政次长潘复的介绍。参见陶菊隐：《政海轶闻》，南京华报馆1934年版，第95页。

蚌埠北进。张宗昌出动所部鲁军八万，在徐州以南地区与孙军激战；这时冯玉祥的国民军亦与奉军开战（国、奉战争）。吴佩孚也乘机抢夺地盘，构成纵横交错极其复杂的混战局面。11月初，张在与浙孙争战中已放弃徐州，退回山东。但接着河南国民二军派李纪才攻鲁西南，张与李军战于曹州至寿安地区。其时，吴佩孚曾委派靳云鹗率部增援李纪才军，靳、李两部一度推进到济南附近的八里洼。但不久吴准备联奉反冯，指示靳云鹗做折回河南的准备，于是张乘机拼命反击，保住了他在济南和山东的地位。与此同时，直督李景林（奉系）在天津与国民军作战，李被逐出天津，逃到济南向张求救。12月初，张为援李合组直鲁联军，自任总司令，派褚玉璞带兵北上，与国民二、三军相持于德州、沧州之间。1926年初，奉张（作霖）与直吴（佩孚）取得共同“讨赤”（反国民军）的谅解，张宗昌代表奉系与靳云鹗代表吴佩孚在泰山订合作条约。随后，张派直鲁联军北进与奉军会攻津、京国民军，并派其渤海舰队北上助攻。3月下旬，国民军退却，直鲁军与奉军占天津并于4月进入北京。8月，国民军为保存实力，自南口撤退，张宗昌以前敌总指挥令所部首先进入南口。战斗结束后，由吴佩孚举荐，北京政府授张为义威上将军。

张宗昌独霸山东期间，勾结日本帝国主义，依靠地主豪绅，残酷地压榨人民群众，横征暴敛，无所不用其极。他征收的田赋，“每地丁银一两，至少八元，多至二十元”。按正额累计，竟“征至民国二十八年”①。其他军事特捐及各项苛税，名目多至五十余种。滥发的各种毫无基金准备的纸币、军用票、金库券，不计其数。他把搜刮来的大批钱财存入大连日本银行，过着极端奢糜腐朽的生活。他到处招兵，但毫无军纪，又常不发饷，一任其部下贩毒抢劫，山东人民称张宗昌有“三不知主

---

① 工爻等:《祸国殃民贪污残暴之张宗昌》（死虎余腥录之二），《逸经》第6期（1936年5月20日）。

义”，即“不知兵有多少，钱有多少，姨太太有多少”①。其祸国殃民，可见一斑。

张宗昌任山东军务督办不久，就封闭进步报刊，把大批的进步学生关进监狱。1925 年 5 月间，他一手造成的镇压工人的“青岛惨案”更是骇人听闻。当时，青岛日本纱厂工人三万余人，在中国共产党领导下，为反对日本财阀的剥削与压迫，举行大罢工，他按照日本帝国主义的旨意，电令胶澳督办（青岛市长）温树德调集三千余军队，开到四方（青岛郊区地名），打死工人八人，重伤十七人，轻伤者更多，被押解回籍的三千多人。6、7 月间，青岛人民继续开展斗争，张又亲到青岛进行镇压，将工人领袖、中共四方支部书记李慰农及青岛《公民报》进步记者胡信之等多人逮捕杀害。

此外，张宗昌还在山东各地肆意逮捕屠杀共产党员、革命青年和人民群众。当时在各地传开的“切开亮亮”（把人头当做西瓜，切开晒太阳）、“听听电话”②（把人头挂在电线杆上）反映了张宗昌的统治是如何黑暗和恐怖。因此，到处怨声载道：“也有葱，也有蒜，锅里煮的张督办”、“也有蒜，也有姜，锅里煮的张宗昌”③，反映了人民群众对他的切齿痛恨。

1926 年 4 月，张宗昌率军入北京后，立即委派各级税官进行搜刮，强迫商号居民使用奉票和山东军用票。8 月 6 日，他下令杀害了《社会日报》主笔林白水，并同时封闭了多家报馆。

北伐战争开始后，盘踞在华中和华东的直系军阀吴佩孚及孙传芳迅速被击败，北伐军的炮火眼看就要烧到张宗昌与奉系军阀盘踞的地区。11 月，张宗昌和北来求援的孙传芳与张作霖等举行天津会议，推

① 参见《张宗昌实录》；郑继成：《我杀死国贼张宗昌的详细经过》，《逸经》第 6 期。

② 工爻等：《祸国殃民贪污残暴之张宗昌》（死虎余腥录之二），《逸经》第 6 期。

③ 永乐等：《祸国殃民贪污残暴之张宗昌》，《逸经》第 7 期（1936 年 6 月 5 日）。

戴张作霖为安国军总司令，张宗昌被任为副总司令兼直鲁联军总司令，率直鲁军“援孙（传芳）”，二次南下。1927年初，张调集十多万人枪，分兵两路南进，一路直趋南京、上海，接孙军防务；一路由他自己指挥进取皖北合肥。由于北伐军的迅速推进和归附了南方的皖北地方军队强烈抵抗，张在安徽方面连遭挫败。

3月上旬，北伐军推进到上海附近。3月21日，上海八十万工人举行第三次武装起义。张宗昌的直鲁军在沪东天通庵车站及闸北宝山路和北站一带，用机枪、大炮轰击工人，并在闸北放火烧毁民房，特别是张部白俄军还用铁甲车开炮射击工人群众，充分暴露了他们的凶残本性。但是英勇的起义工人终于胜利地占领了上海，直鲁军纷纷弃械投降，张宗昌令其残部退回山东。

蒋介石发动“四一二”政变后，张宗昌乘着宁、汉分裂之机继续在津浦、陇海线与蒋、冯各军开展拉锯争夺战，先后在蚌埠、徐州及兰封等地区受到沉重打击，12月再次退回山东。

1928年4月，蒋介石继续“北伐”。张宗昌于月底逃出济南，一路溃退到德州、天津至冀东。他和褚玉璞一度宣言“班师”回奉，但结果受到张学良与国民党白崇禧部的双方夹攻，9月他的残部五万人被白崇禧全部收编。他只身跑到大连，寻求日本帝国主义的庇护。1929年初，他在日本帝国主义支持下，一度纠合鲁军余孽到烟台登陆，但旋即失败，逃往日本别府当寓公。“九一八”事变后回国，企图重新获得山东的地盘。1932年9月，张从北平窜回济南，引起了当时山东统治者韩复榘的注意。9月3日，韩复榘指使张的仇人郑继成将他刺杀于济南车站①。

---

① 张宗昌的被杀，是韩复榘有计划地布置郑继成顶名为父报仇去干的，原来郑的叔父郑金声系冯玉祥部下的军长，1927年10月被张宗昌所俘，11月被张杀害。见王慰农：《韩复榘的特谍队和张宗昌的被杀》，中国人民政治协商会议全国委员会文史资料研究委员会编《文史资料选辑》第5辑，中华书局1960年版。

# 张 作 霖

黎　光　孙继武

张作霖，字雨亭，奉天（今辽宁）海成县人。1875 年（清光绪元年）生。其父张有财开小商铺，兼设赌局抽红。张作霖十四岁丧父，家贫无力就学，得村师帮助入塾读书，数年后辍学，改学兽医，后又改习他业。他一度流浪于营口县的大高坎镇上，与赌棍流氓厮混①。

1894 年甲午战争中，清军赴朝鲜，路过黑山，他投入毅军马三元部下当兵，不久离开，回大高坎镇开一小兽医庄，并与黑山南赵家庙地主赵占元次女结婚。

甲午战后，辽河下游各县的失业群众与散兵游勇纷纷竖起绿林旗号（俗称“马胡子”），从事劫夺。张作霖以医治马病的关系，与各帮首领多所结识，因此，曾被人视为“窝主”。当时，各帮绿林有的以割据形式，划定范围，到界外劫夺，在界内为地主富绅“保镖”，令居民摊派一切费用，号称“保险队”，又称“大团”。张作霖经岳父协助也纠集了几十人，当上赵家庙一带的“保险队”头目。某次，他率队到新民姜家屯劫夺了蒙古族好马五十多匹，全队由步卒变为骑兵。其后，汤玉麟、张景惠、张作相各带一小帮来归，声势日大。

1902 年，张作霖率部二三百人，经八角台豪绅作保，由新民府知府增韫呈请盛京将军增祺批准收编，张被任为新民府游击马队管带。所

① 钱公来：《辽海小记》，东北生产管理局和春分局印刷工厂 1947 年印，第 32 页。

部驻新民数年，名为官军，并不改劫掠旧习。

日俄战争开始时，张曾倾向俄国，后来随着战局变化，转而为日本做掩护日谍、刺探情报的勾当。

1906 年，盛京将军赵尔巽设立两个军事机关：一个是负责训练新军的督练公所，派日本士官毕业生蒋方震为总参议；一个是负责整顿地方旧军的巡防营务处，以出身绿林的张锡銮为总办。张锡銮将全省旧军编成八路巡防队，张作霖任前路统领。1909 年初，东三省总督徐世昌将奉天八路巡防队改为五路，张仍任前路统领。张作霖等视新军为其发展障碍，极力排斥新军将领。

1911 年武昌起义爆发，东北革命党人张榕与蓝天蔚等新军将领拟策动奉天独立。东三省总督赵尔巽采纳反动士绅袁金铠的建议，急调驻防辽源一带的张作霖部入卫。张早已窥测时机，密令所部向沈阳移动；闻召令后，便星夜兼程进省。当时赵尔巽慑于全国革命形势的发展，对革命尚未敢立即采取镇压手段，但他也不肯独立，而是与当地反动官绅相勾结，成立了装点门面的"奉天国民保安会"，赵不再称总督，而改称会长。张作霖到沈不久担任了该会的军事部副部长。随后，形势略稳，赵尔巽依靠张作霖剥夺了蓝天蔚的军权，并赶走了蒋方震。1912 年初，赵尔巽又指使张作霖与袁金铠将张榕骗杀并掠夺其家产。接着又捕杀了新军干部与革命青年一百余人。之后，以赵尔巽和张作霖、冯德麟为首的三十三名旧军将领发出愿效忠清廷的反革命通电，电达袁世凯。但出乎他们的意料，清政府迅速覆灭，袁世凯窃权上台了。

袁世凯就任临时大总统后，赵尔巽率东北各将领致电祝贺。赵被袁改任为奉天都督，张作霖与冯德麟分任二十七师与二十八师师长。自此，张作霖一面讨好袁世凯，一面向日本帝国主义靠拢，他深知欲攫取奉天大权就必须取得日本的支持。1912 年 12 月，日本关东都督福岛路过奉天，他前往拜访并表示：今后，他"愿按日本的指示行动"①。

① 《日本外务省档案》MT 115。

1913年3月，当袁世凯于"宋(教仁)案"之后亟谋对南方用兵时，为免除后顾之忧，特召见张作霖并加以慰勉。张返奉后，竭力镇压反袁的国民党人，为袁世凯效劳。此时奉天都督为张锡銮。张作霖用各种手段排挤了许多旧将领，逐步成为张锡銮手下最有实力的人物。随着张作霖的羽毛日丰，袁对他渐不放心，1914年8月袁企图给以将军职衔调他至内蒙。张闻讯立刻鼓动奉省绅商上书挽留，迫使袁打消了原意。

袁为了笼络并钳制张作霖，1915年8月，把自己的亲信段芝贵调到奉天任奉天督军兼节制吉、黑两省军务，张作霖佯示欢迎。此时，袁正亟谋复辟帝制，张密电袁世凯劝进，声言"关内外有异议者，以身当之"①。袁"登基"时，论功行赏，段芝贵封公爵，张封子爵。张不高兴地说："我何能为人做子！"1916年春，他看到袁的帝制梦行将破灭，就改变了过去对段芝贵的亲热态度，迫使段逃回北京。当时袁正陷入四面楚歌中，不敢开罪于张作霖，被迫任命张为盛武将军督理奉天军务兼巡按使，任冯德麟为帮办。到此，张实现了攫取奉天军政大权的宿愿。6月袁世凯死去，张被黎元洪与段祺瑞掌握的北京政府任为奉天督军兼省长。

1917年初，北洋政府在对德绝交与参战问题发生"府院之争"，张作霖依靠日本为后台，站在段祺瑞一边。他派代表参加徐州督军团会议，要求解散国会，并一度宣布奉天"独立"，向黎元洪示威。在"独立"期间，他乘机扩充军队成立了二十九师，任吴俊陞为师长。同年6月，张勋策划复辟活动时，张作霖开始采取骑墙态度，观察风向。及复辟失败，张乘机把因参加复辟活动在京被捕的冯德麟所部二十八师收为自己掌握。其后不久，张又借黑龙江内部政争的机会，把势力伸张到黑省，向北京政府保荐了他的儿女亲家鲍贵卿任黑龙江督军。对吉林方面，张也企图伸手，但为吉林督军孟恩远所抗拒。

---

① 《盛京时报》1916年4月8日。

复辟事件过去后，北京政府由冯国璋与段祺瑞所掌握。其时国内政局除南北对峙(南方成立护法军政府)外，在东西方帝国主义支持下，北洋军阀内部又酝酿直、皖两系之互斗。在对南方问题上，皖段主张用武，而直冯则予以掣肘。1918年春，经皖系政客徐树铮的拉拢，张作霖派兵入关，以支持对南方用兵为名，谋取更大权力。9月，皖系安福国会选徐世昌为大总统；副总统一职，徐树铮为换取军阀在南征中卖力，曾以之为诱饵，既许给直系将领曹锟，又许给张作霖，终以各方牵制而暂时搁置。徐树铮为疏通对张的关系，同月示意北京政府任命张作霖当了东三省巡阅使。是年冬，欧战结束，英、美等国为与支持段祺瑞"武力统一"政策的日本争夺中国，策动南北"和谈"。12月2日，日本也被迫加入"五国劝告和平"。在此情势下，日本指使张作霖把他伸入关内的势力暂时退回关外。

1919年五四运动中，张作霖在东北用严厉防范与坚决镇压反日的措施，博得了日本帝国主义的宠爱。事后，日本关东厅长官林权助嘱驻奉总领事向张"面谢"①。

张作霖退回关外后，在日本帝国主义帮助下，1919年7月，以武力迫使吉林督军孟恩远解除职务，孟屈服，解决了吉林问题。随后，北京政府在张的示意下调鲍贵卿任吉林督军，以孙烈臣任黑龙江督军。到此，张作霖把整个东北三省纳入其统治范围，被拥为奉系首领，为其以后争霸关内打下进可以攻、退有所守的基地。

张割据东北以后，野心益炽，急于向关内伸张势力。

1920年7月，直皖战争爆发。先是，张作霖鉴于皖系掌握的边防军势力日大，成为对自己的威胁，同时也看到段祺瑞的卖国外交和"武力统一"政策不得人心，所以他一变过去对段的支持，而暗中加入了直系策划的反皖八省联盟。等战争一爆发，张即迅速率军入关，助直倒

---

① 中国科学院历史研究所第三所近代史资料编辑组编:《五四爱国运动资料》，科学出版社1959年版，第862—863页。

皖，结果皖系大败。于是奉系和直系军阀共同把持了北京政府，徐世昌成了两系的傀儡总统。张趁此时机把他的势力伸张到察哈尔与热河，除以镇威上将军头衔任东三省巡阅使外，1921 年 5 月又兼蒙疆经略使，节制热、察、绥三特区都统。

直皖战后，张作霖与直系新首领曹锟开会，共同支持靳云鹏组阁。但其后在分割地盘，任用疆吏上双方迭生矛盾。张为对抗直系，暗与皖系势力重修旧好，并利用旧交通系梁士诒、叶恭绰等倒靳阁。1921 年 12 月，张亲自入京支持亲日官僚梁士诒组阁。梁上台后，对外屈从日本要求，对内则照张作霖的意旨办事。这样就引起了直系第二号首领吴佩孚的不满。其时，帝国主义国家正举行与中国利权攸关的华盛顿会议。在赎回胶济路问题上梁士诒准备借日款赎路，并允许由中日"合办"。吴佩孚抓住这一题目，接连电斥梁士诒亲日卖国，并攻击梁的后台张作霖。吴电说："如有敢以梁士诒借日款及共管铁路为是者，即其人甘为梁士诒之谋主，即为全国人民之公敌。"①于是直奉关系日趋紧张。1922 年 4 月初，奉军大举入关。29 日，在直隶境内爆发了第一次直奉战争。由于奉军素质甚差，指挥上又失误，不到一周，奉军防线迅速瓦解，被迫撤回关外。徐世昌当即下令免张本兼各职。但张在东三省的统治地位有日本作支柱，绝非北京政府一纸命令所能动摇。他的御用工具东三省议会立即通电推他为东三省保安总司令，他遂即宣布东北"独立"。

张作霖于"独立"之后为了向直系复仇，埋头整军，设陆军整理处，增聘日本顾问，扩建兵工厂，推行"精兵主义"，将所部十六万人统一编制，称"镇威军"。他为了孤立直系，还派人与广州护法军政府大元帅孙中山和退居天津的皖系首脑段祺瑞及浙督卢永祥联系，结成反直"三角同盟"。同时，他秘密拉拢了冯玉祥以分化直系势力。在对日本方面，他给日本以"合办"投资的便利，换取日本的更大支持。

---

① 李剑农：《最近三十年政治史》，上海太平洋书店 1930 年版，第 483 页。

当张作霖锐意整军备战的时候，直系曹、吴正把国事搞得乌烟瘴气。曹锟以"贿选"而成总统，秽声四溢；吴佩孚滥用武力，各地兵连祸结。因此，反直浪潮不断从各方面兴起。1924 年 9 月，江浙战争爆发。有了两年准备的张作霖认为时机成熟，立即响应浙卢，通电讨直。15 日张自率六路大军向山海关、热河方面出动。由于奉军战斗力提高，又有日本提供的大量军火和情报，战争对直系不利。10 月 23 日冯玉祥突然发动"北京政变"，曹锟被囚，吴佩孚逃走，直军迅速溃败，张大获全胜。

奉军战胜后，张作霖背弃了与冯玉祥约定"奉军不入关"的诺言，把一部分奉军开到天津及津浦路北段。冯被迫与张共同拥段祺瑞为"临时执政"。此时，冯部已改称"国民军"，关于此后政局的通盘处理，冯比较倾向请孙中山主持，积极电邀孙中山北来，而段、张与孙中山的"联盟"，却随着曹、吴倒台而瓦解。于是，奉系与国民军之间的矛盾就跟着发生了。1925 年春，段祺瑞为了平衡张、冯间关系，允许冯以西北边防督办名义，据有西北地区及京汉线北段；同时加任张为东北边防督办，允许其沿津浦线发展。同年 5 月，奉军大举入关，8 月后，奉系由山东南下，据有了江苏、安徽两省，把势力伸展到东南财富中心的上海。

奉系势力向东南的扩张，使新任浙江督军的孙传芳感受威胁。因此孙联合闽、赣、鄂、苏等省的直系旧部，并暗与冯玉祥联合，酝酿共同反奉。1925 年 10 月，孙传芳先发制人，出兵五路对奉军发动进攻。张在东南的势力迅速瓦解。11 月 8 日，孙军攻占徐州，奉军撤回山东。当孙军胜利北进时，吴佩孚在武汉复起，自封为"十四省讨贼联军总司令"。但吴的目的不在反奉，而在反冯，兵锋指向河南。是时冯暗中策动奉系将领郭松龄反戈讨奉。11 月 23 日，郭松龄自滦州率军出关，迅速攻占锦州、新民等地，张的大本营沈阳危急万分，张准备逃往大连。日本政府见此情况，趁机向张作霖提出了关于日本在"满蒙"地位的新条件(即当年"二十一条"中的南满与东蒙的条款)，张立即表示接受，以换取日本出兵干涉。结果郭军受阻失败，24 日郭被擒杀。

当郭回军反奉时，冯部将领打败了直隶境内亲奉拥吴的直鲁联军李景林部，占领了天津。郭死后，冯部进援郭军残部，与奉军夹滦河对峙。冯、张间的冲突既已激化，张作霖乃与进军河南的吴佩孚弃嫌修好。1926 年 2 月，吴、张间订立了共同对冯的盟约六条。随后又把山西督军阎锡山拉进了反冯的战线。于是 3 月间，张、吴、阎以及直鲁联军共同展开了对国民军的作战。由于各帝国主义敌视国民军，冯军接连放弃大沽、天津、北京，而在南口、晋北及西安三个战场上与敌军相持。

同年 7 月，当南口战场上还在激烈拼杀时，广东革命政府已经出师北伐了。由于共产党领导和发动了广大工农参战，北伐军节节胜利，10 月初攻下武汉，11 月初平定江西。盘踞在华中的吴佩孚和东南一带的孙传芳，势力都大为削弱。这时北方的张作霖仍拥有重兵 35 万，成为旧军阀中最大的实力派，孙传芳不得不亲自到北方来向他求救。当时段祺瑞已辞“执政”，北方军阀群龙无首。11 月张作霖、孙传芳、张宗昌、褚玉璞等举行天津会议。12 月 1 日借十五省“推戴”名义，张出任安国军总司令，宣言“反共讨赤”。

1927 年 2 月，张以“援吴(佩孚)”为名，派兵入河南，先抢夺了吴的地盘。不久，蒋介石在沪宁地区发动了“四一二”政变，南方出现了宁、汉对峙的局面。张作霖与南方的蒋介石遥相呼应，在北京搜查俄国使馆，逮捕并杀害了共产党人李大钊等二十余人，借此向帝国主义争宠，并希望与蒋谋妥协。5 月底，自潼关东来之冯玉祥国民军与武汉革命政府派出之唐生智北伐军会师郑州，南京方面的军队也北上攻占了徐州。张作霖乃于此时提出“和国反共，联阎讨冯”的口号，企图用来分化对方，幻想造成以黄河为界的局面。6 月 18 日，安国军政府成立于北京，张作霖自称海陆军大元帅，他认为这样可以南北对等，便于和议。6 月 25 日，张以“大元帅”名义下“息争令”，并发表通电，恬然自称是中山的“多年老友”，他的作为“实以继中山之志；并非有政见之殊”，只是对于“甘心赤化者”，要“问罪兴讨”①。其目的仍在联合蒋、阎，以对付冯、唐。从6月底到7月中旬，冯玉祥和武汉方面的国民党领导人继蒋介石之后，也走上反共道路。在此以前，善于投机的阎锡山也已投靠南方，于是张所希望的“蒋、阎、奉”联合落空，而成为“蒋、阎、冯”联合对奉的形势。但到8、9月间，南方新军阀内部发生了宁、汉、粤、桂之间的派系争权斗争，蒋介石宣布“下野”。河南境内也发生了冯、靳（云鹗）之争。于是孙传芳部乘机反攻，夺徐州，占浦口，渡长江而进军龙潭。张作霖也趁此时机于10月间向京汉、京绥之间的阎锡山部发动了攻击。当奉晋两军相持不下时，冯玉祥在陇海线向张宗昌展开猛攻，12月初冯军与南京方面北来之师重新夺取了徐州。1928年1月，蒋介石复任总司令，国民党军编成一、二、三、四集团军，重新分配了“北伐”任务，在各条战线上对奉军展开了攻势。山东战场上张宗昌节节败退，4月底放弃济南，偕孙传芳渡河逃走。到此，张作霖鉴于大势已去，遂决定从各线上撤退，并于5月9日通电，借口停战息争，做退回关外的安排。

张作霖为首的奉系是受日本帝国主义的扶植而起家的。国民党新军阀与奉系旧军阀的斗争，反映着当时英美与日本在华的争夺。因此南北混战过程中，日本一再对华增兵，企图挽救奉鲁军阀的垮台。但另一方面，由于中国人民的觉醒，使得张作霖在接受日本权利要求上，不能不有所顾虑；同时也由于美国在东北问题上的插手，从而使日、奉关系复杂化而产生若干矛盾。先是1927年前张作霖曾令东三省交通委员会筹款自行修筑了奉海、吉海、呼海等路的一部分，并修筑了与南满路平行的打通路。日本认为这些铁路的修建，是东北当局的排日行为，特别是认为建成打通路对日本“在满蒙的经济发展实大有损害”②，向

---

① 上海《新闻报》1927年6月27日第4版。

② 《日本外务省档案》P. 57，P. V. M 23，第940页。

张作霖提出抗议。张还计划向西方国家借款修建葫芦岛港，又在南满路沿线设卡征税，也都引起日方的不满。另外，日本政府要求张作霖趁掌握北京政权之时，履行前在消灭郭松龄时曾允许日本实现其在满蒙权利的诺言。张慑于国内人民的反帝浪潮，不敢实行前言。同年6月，日本首相田中召开由驻华公使、关东军司令、奉天总领事等参加的“东方会议”，要求加强对张作霖的控制。会上决定向奉方提出日本在“满蒙”境内各项特权要求，并决定必须迫使张作霖答应全部要求，否则即寻找机会解除其武装。会后，8月，日本公使芳泽回北京，即向张作霖提出所谓《满蒙觉书》，要求解决一切悬案。但这消息一传出，就引起美国政府的嫉视，更引起全国各地特别是东北三省人民的愤怒抗议。东北人民纷纷举行反日示威大会。张作霖虽竭力制止反日运动，但日本仍疑心是张作霖暗中放火。10月，田中加派满铁社长山本赴北京，设法包围张作霖，力求迅速解决。经过一段交涉，张对日方所提出的“满蒙新五路”表示可订密约，但日方要求非由双方政府签订正式合同不可。反复纠缠到1928年5月上半月，张同意在敦化至图们江、长春至大赉两路合同上签字，吉林至五常一路，留待日后再议。但这消息又一次激起了东北人民的反抗。日本对敦图路的施工，遭到群众阻挠。随后，日本首相田中指令芳泽继续迫使张作霖采取果断措施，满足日本全部要求(包括开矿、设厂、移民等)，但张从自己利益出发不敢全部承诺。至此，日方对自己多年来所扶植的这个工具大为恼恨，便决心采取另外的手段来对付他。

5月17日，日公使芳泽向张作霖面递日本政府“觉书”，声称中国战事即将波及京津，如果满洲治安受到影响，日本政府不得不采取措施。与递交“觉书”同时，芳泽劝张早日退回关外。5月30日，张作霖召集其左右亲信开会研究战局形势，决定下总退却令。6月3日，张作霖乘回奉天的专车由北京出发，4日清晨五时许，张的专车到达沈阳西郊皇姑屯车站，当穿过京奉路与南满路交叉处的铁路桥洞时，一声巨响，铁桥被日本预先埋好的炸药炸塌，张所坐的几节车厢也被炸碎，同车的吴俊陞登时丧命。张作霖受重伤，被救回沈阳后，当日死去。事件发生后，日本政府曾极力掩盖真相。到二十多年以后，谋杀人之一前关东军高级参谋河本大作大佐，作为战犯，在中国人民的审讯面前，供认了他们谋杀张作霖的经过。

# 张 作 相

丘 琴 姜克夫

张作相,字辅忱,祖籍直隶(今河北)深县。晚清时华北闹灾荒,其祖上逃荒到关外。1883年,张作相生于辽宁义县杂木林子村。其父张永安以农为业,有时兼做吹鼓手。张作相幼读私塾三年,及长由于租种土地难以糊口,离乡去沈阳谋生,曾做泥瓦匠。1895年返乡务农,因堂兄被邻村恶棍打死,官府不能为死者申冤,他愤然带领数名青年将仇人杀死,遂流亡辽西为匪。后与活动于辽河下游台安一带的张作霖部合股,渐成为该集团的中坚。

1902年,张作霖部被新民府知府增韫收编,张作霖任奉天省巡防营管带,张作相、张景惠、汤玉麟等均为哨官。时东三省匪患严重,尤以流窜在辽西一带的杜立山股最为猖獗。1907年张作相随张作霖剿灭杜立山股匪有功,被提升为管带。其后张作相任骑兵第三营统带。不久徐世昌创办东三省讲武堂,张作相由张作霖保送入讲武堂第一期受训。

1912年中华民国成立,9月张作霖部改编为陆军第二十七师,张作霖任师长,张作相任该师炮兵团长,旋又改任骑兵团长。1916年4月,张作霖乘袁世凯称帝遭到全国人民唾弃之机,迫走奉天督军段芝贵,被委任为奉天军务督办。1917年8月,张作霖提升张作相为二十七师步兵第五十四旅旅长。

1918年9月,北京政府任命张作霖为东三省巡阅使,调原督军公署参谋长杨宇霆为总参议,升任张作相为参谋长,兼东三省陆军讲武堂堂长和卫队旅旅长。1919年7月，张作霖又驱逐吉林督军孟恩远，调鲍贵卿接任，擢升孙烈臣为黑龙江督军。8月由张作相接替孙烈臣署第二十七师师长。1920年秋，张作霖助曹锟战胜段祺瑞，张景惠出任察哈尔都统，张作相再接替张景惠任驻关内奉军总司令，接收了皖系大量武器装备和军事人才。

1922年4月下旬，第一次直奉之战爆发，张作相任镇威军东路军第一梯队司令，除辖本师外，还指挥骑兵许兰洲部及卫队旅张学良部。开战后，张景惠指挥的京汉线西路军很快即被吴佩孚、冯玉祥部直军击败，张作霖拟派东路军增援，张作相认为西线已溃，增援无补于战局，应迅速撤军回奉，张接受张作相的意见。张作相立即率东路军扼守滦河口岸，掩护奉军主力安全退回关外。战后张作霖为整顿军队，加强训练，7月成立陆军整理处，以孙烈臣、韩麟春任正副总监，张学良、郭松龄任正副参谋长，延聘国内外军官学校出身的青年军官充实东北军。这期间，张作相作为东三省保安总司令部总参议兼第二十七师师长参与了一系列有关整军兴武、报仇雪耻的重大决策。

1924年4月，吉林督军兼省长孙烈臣病逝，张作相升任吉林督军。9月，第二次直奉战争爆发，张作霖得到段祺瑞、孙中山的支持，组成“镇威军”六个军，自任总司令，对曹锟、吴佩孚展开进攻。张作相任第四军军长。冯玉祥发动“北京政变”，囚禁曹锟，大战很快以奉军胜利结束。战后，段祺瑞出任北京政府临时执政，冯玉祥的国民军向西北发展，张作霖的奉军沿津浦路南下。

1925年10月，吴佩孚武汉再起，联奉攻冯。张作霖集结奉军主力于冀东，以吴俊陞率黑龙江骑兵出热北抄袭多伦，攻张家口冯军之背，而由张作相率吉军和汲金纯师(原冯德麟二十八师)部署在辽西做预备队。冯玉祥策动郭松龄倒戈返奉，张作相闻变当即率部在连山关迎战郭军，后又沿途阻击郭军前进，给张作霖建立防线之机。12月20日，郭、张两军对峙于巨流河。24日，吴俊陞所部骑兵旅抄袭郭军司令部，将郭松龄俘获处决。战后吴俊陞、杨宇霆主张严惩随郭叛变的军官，张作相、韩麟春坚主宽大处理。张作霖采纳了张作相的意见。会后，张作相陪同张学良到前方对郭军将领宣称："这是奉军内部自家的事，就当作一次演习吧。"结果跟随郭部倒戈的五个师，除魏益三部投冯玉祥外，全部由张学良收回。

1926年上半年，张作霖与吴佩孚、阎锡山联合攻打冯玉祥。8月，冯军溃退绥远河套，而从两广北伐的国民革命军却势如破竹地推进到长江流域。为延续北洋军阀的反动统治，1927年6月，张作霖在北京就任安国军大元帅，拼凑七个方面军进行顽抗。张作相则任第五方面军军团长驻防东北，为张作霖看家。9月，张作相又兼任东省铁路护路军总司令。旋晋、奉失和，由于阎锡山参加北伐行列，奉军高级将领于珍被扣，威胁奉军后方，张作霖调张作相率部驰援京绥线，将商震部晋军撵回雁门关。但由于孙传芳、张宗昌、褚玉璞三个方面军在津浦线溃败，为保存奉军实力，张作霖遂于1928年5月下令往关外退军。张作霖、吴俊陞在返奉途中于6月4日被日军在皇姑屯炸毙。

张、吴死后，东北三省陷入群龙无首状态。张作相在奉系集团中素以宽厚稳健著称，以总参议杨宇霆为首的将领倾向推举张作相为首领。同月24日，东三省省议会联合会推选张作相为东三省保安总司令，而张作相顾及与张作霖生前的情谊，辞不就任，坚持扶植张学良继承父业，将总司令大印抱送张学良，随后借口奔母丧回到锦州。7月2日，东三省省议会联合会才又推选张学良为东三省保安总司令。

1928年12月29日，张学良、张作相、万福麟等联名通电，宣布"东北易帜"，从而实现了东北与关内的统一。31日，张学良就任南京国民政府委任的东北边防军司令长官，张作相任东北边防军副司令长官，兼吉林省政府主席。

张作相先后执掌吉林省政八年，与奉系军阀执政的几个省相比，吏治比较清明，社会治安良好；农民负担较轻，粮食逐年增产，为大豆输出最多的省；金融比较稳定，吉林省钞"永衡官帖"比值较高；长春、永吉民族工商业有所发展。张还注重发展交通，兴修吉海铁路，使吉省的粮食、木材不通过南满铁路即能运进海口。此外,张作相还注重培养人才,除在省城和长春及各县办有中学外,还在永吉创办省立吉林大学,聘留学德国的李锡恩任校长。但张用人失察,让一批复辟思想严重分子窃取了吉省军政大权,致使“九一八”事变后,吉省很快伪化。

1930 年 5 月,国民党新军阀中原大战爆发,双方均派高级谋士来沈阳说项,最后张学良决定助蒋,张作相对此虽有疑虑,仍毅然服从。同年 9 月奉军十个旅入关助蒋,阎、冯一败涂地。张学良东北系势力登峰造极,张设陆海空军副司令行营于北平(今北京),主宰北方几省军政大权,奉系一批要人入南京任要职。张学良入关后,张作相以东北边防军副司令长官身份在沈代理司令长官,在其参谋长荣臻协助下处理东北军政大事。所留吉林各事,则由参谋长熙洽代拆代行。

1931 年 5 月,张学良患病不能理事,石友三趁机发动叛乱,万福麟率黑龙江两个国防旅来北平协助于学忠平叛,东北防卫力量空虚。8 月,张作相又离沈回锦州小岑子老家为其父大办丧事。丧事办了四十九天。东北系的大员都纷纷前往吊唁。正当辽、吉、黑三省大吏离省之际,日本帝国主义者突然发动了“九一八”事变。短短几天辽宁省重要城镇基本沦亡。吉林省养兵仅次辽宁,共有九个旅与一个炮兵团和卫队团,总兵力 65000 人。由于熙洽纠合满族高级军官郭恩林、佟衡、吉兴等假借张作相名义下令不准抵抗,使日军很快控制了吉林和长春及交通线。同年冬,李杜、丁超曾率吉军四旅奋战于哈尔滨、松花江,但不久亦退入俄境,而熙洽控制的吉军竟成为伪满最大的一支汉奸武装。

1932 年夏,日军在大肆“扫荡”辽、吉、黑义勇军的同时,加紧对热河进行诱降活动。当时任东北边防军驻热长官兼省主席汤玉麟在其汉奸盟兄弟张景惠、张海鹏等串通下,有心降日。南京政府认为汤难当国防重任,张学良拟派东北边防军副司令长官万福麟率军入热取代汤的职务。汤闻讯大怒,在滦平构筑工事,企图顽抗。已居天津做寓公的张作相闻讯,即于 9 月初派其高级参议赵毅赴承德进行调解,从而避免了日军尚未入侵,东北军内部先行火并的丑剧发生。

1933年初，为应付日军占热，宋子文来北平协同张学良拟订华北抗日军战斗序列：以张学良为华北抗日军总司令兼第一集团军总司令，指挥宋哲元、商震、于学忠、万福麟等军团，布防于热河东部及长城各口；为控制骄横跋扈的汤玉麟，任命张作相为第二集团军总司令，除指挥汤玉麟军团外，还指挥孙殿英及自兼的第六军团（包括冯占海六十三军、张廷枢一一二师和退入热境的东北义勇军等），防守承德及热河北部。张作相2月27日驰赴承德，而日军已于21日分路向热境进攻。汤军很快溃败，北票、开鲁、朝阳25日同时沦陷。防守叶百寿、凌原、平泉一线的万福麟军团亦被日军击破，于3月2日退入喜峰口。张作相曾电万福麟配合汤军团作战，万不复电。张又命令汤玉麟火速派兵扼守承德外围黄土梁子，汤军行至中途因未达到发放三个月军饷的要求即行哗变。张作相感到大势已去，但仍坐镇承德旧将军衙门，与幕僚商讨对策，但为时已晚。3月3日，张在副官与卫士护卫下前往古北口。3月4日，承德沦陷。

1933年3月7日张学良因丧失热河被迫辞职，张作相从此亦失去军职。

“九一八”事变后，爱国的东北军政人员和知识阶层纷纷流亡关内，头面人物大都寄居天津英租界做寓公。曾由王树翰（东北政务委员会秘书长）和张作相牵头在天津英租界10号路（今保定路）董士恩家（吉林巨商）组织了一个俱乐部，奉系下野的文武高级官员经常在此聚会，以打台球和麻将为名，加强联系，互通情报，为张学良东山再起做准备。1936年夏，国民党筹备召开国民代表大会，张学良致电王树翰和张作相，要他们组织东北同乡会，准备提出东北四省国大代表候选名单。同乡会设董事会，推选王树翰、张作相、汤玉麟、吴景濂等十七位前奉系要员为理事。同年冬，张学良发动“双十二”事变，奉系在津元老甚为惊愕，认为问题严重，当由张作相、王树翰领衔发出通电，呼吁和平解决国事。张作相并派张学良表弟赵绍武去西安转述他的意见：“最好不杀蒋介石，杀了内战又起，对抗日不利。”不久张学良亲自送蒋回南京，奉系留津元老对此困惑不解，张作相更为张学良的前途安危而忧虑。后张学良在南京被蒋囚禁，奉系元老们认为大势已去，从此董家俱乐部门庭冷落。

抗战期间，张作相一直寓居天津，生活颇为拮据。日寇曾以归还“九一八”事变没收的财产为饵，诱张作相出任伪职，张始终未为所动，保持了民族气节。抗战胜利后，国民党派军接收东北，蒋介石认为张作相系奉系中坚人物，在熊式辉被委为军事委员会东北行营主任向蒋介石辞行时，蒋指示熊到东北应起用奉军知名人物，第一名就提出了张作相。熊到沈阳后曾安排张作相为东北行营政治委员会委员。1948 年初，国民党在东北大势已去，又委张为东北“剿匪”副总司令，但他在清理日伪没收的财产后，即返回锦州小岑子“福厚堂”家中养老，从未过问政事。同年冬，东北形势急转直下，蒋介石曾电其赴南京，张在次子张廷枢的劝说下托故未走。11 月，锦州解放，解放军派汽车将其送回天津家中。蒋闻其回津，又委张作相为国民政府国策顾问，再度令其去南京，他仍置之不理。1949 年 5 月 7 日，因心脏病发作，于天津重庆道六号寓所病逝。

## 主要参考资料

胡震：《我所知道的张作相》，政协吉林市委员会文史资料研究委员会编《吉林文史资料》第 7 辑（辅帅生平），1988 年版。

张廷先、张文君：《回忆我的父亲张作相》，中国人民政治协商会议天津市委员会文史资料研究委员会编《天津文史资料选辑》第 32 辑，天津人民出版社 1985 年版。

宁武：《清末东三省绿林各部的产生分化及其结局》，中国人民政治协商会议全国委员会文史资料研究委员会编《文史资料选辑》第 6 辑，中华书局 1960 年版。

刘鸣九：《张学良和他的副手郭松龄》，方正等编《张学良和东北军》，中国文史出版社 1986 年版。

于学忠：《东北军入关和扩大会议解体》，方正等编《张学良和东北军》。

赵毅：《长城抗战前热河形势一瞥》，中国人民政治协商会议全国委员会文史资料研究委员会编《文史资料选辑》第 14 辑，中华书局 1961 年版。

张国忱：《奉系董家俱乐部》，中国人民政治协商会议天津市委员会文史资料研究委员会编《天津文史资料选辑》第 13 辑，天津人民出版社 1981 年版。

# 章 伯 钧

周天度

章伯钧，安徽枞阳人。1895 年 11 月 17 日（清光绪二十一年十月初一）出生于安徽桐城。父章扬清，薄有田产。章伯钧七岁丧父，其母变卖田产供他上学。

章伯钧幼年入私塾，继入桐城中学，1916 年考入武昌国立高等师范学校英语系。1920 年毕业，回到安徽任宣城师范学校校长，因聘请了恽代英等任教员，思想倾向进步，一年后即被解除校长职务。1921 年章伯钧到北京投考庚款留美，未被录取。当时许世英任安徽省教育厅长，对章颇器重，给以公费派赴德国留学。次年由上海起程，与朱德、孙炳文等同轮前往柏林。

章伯钧到德国后，入柏林大学学习，攻黑格尔哲学。他在柏林大学三年，先后参加了中国共产党和国民党。1925 年，邓演达到柏林，章伯钧结识了邓。邓的政治主张，对章后来有一定的影响。

1926 年春，章伯钧回国到达广州。当时郭沫若在广东大学（7 月改称中山大学）任文学院长，经孙炳文介绍，章被聘为广东大学文学院教授。不久，广东国民政府北伐，邓演达任国民革命军总司令部政治部主任。10 月北伐军攻克武昌后，章伯钧从广东到达武汉，任总政治部宣传科长。1927 年 1 月，任武汉国民政府人民裁判委员会委员。3 月，邓演达兼任国民党中央农民部长，章被任为农民部设立的兵农联合委员会主席。他积极主持农民运动，反对蒋介石叛变革命。

同年 7 月，武汉汪精卫集团清党、分共，大革命失败。邓演达离开武汉前往苏联。章伯钧则到南昌参加了"八一"起义,并被起义后成立的中国国民党革命委员会任命为总政治部副主任。8月5日,起义军撤离南昌,章随军南下。部队进入广东后,与国民党军队交战失利,他经潮州乘船到香港,从此脱离了共产党。

1928年,章伯钧从香港到上海,与谭平山等发起组织了中华革命党。他们既反对国民党,又不同意共产党的革命主张,表示要恢复孙中山在"二次革命"失败后建立的中华革命党,继续民族民主革命。他们与在国外的邓演达取得联系,得到邓的支持。人们从此把这个介乎国、共两党之间的小政治派别称之为第三党。

1930年8月,邓演达在上海主持召开了中华革命党全国干部会议①,将中华革命党改组为中国国民党临时行动委员会,通过了他起草的反帝反封建的纲领性文件《中国国民党临时行动委员会政治主张》,选举了领导机构中央干部会,邓演达被推为总干事,章伯钧任中央宣传委员会主任。临时行动委员会主张推翻南京国民党政府,建立以农工为中心的平民政权。1931年8月17日,国民党特务将邓演达逮捕,随即予以杀害。章伯钧和黄琪翔、彭泽民、季方等列名负责临时行动委员会中央工作。

1933年9月,章伯钧和黄琪翔到香港,随后去福州,参与了蒋光鼐、蔡廷锴、陈铭枢等发动的联共、反蒋、抗日的"福建事变",章任福建人民政府经济委员会委员,并兼任所属的土地委员会主任委员。在"闽变"期间,李济深、陈铭枢、蒋光鼐、蔡廷锴等声明脱离国民党,参加陈铭枢组织的生产人民党,章伯钧和黄琪翔等也参加了该党。临时行动委员会在这时不得不宣布解散。由于蒋介石发动大规模军事进攻,福建人民政府不到两个月即宣告失败。1934年春,章伯钧从香港流亡到日本。

1935年8月1日,中国共产党发表了《为抗日救国告全国同胞

① 该党以后把这次会议看做是第一次全国临时代表会议。

书》,号召建立抗日民族统一战线。章伯钧由日本返回香港,和彭泽民积极准备复党的工作。是年 11 月 1 日,他们在香港召开了中国国民党临时行动委员会第二次全国代表会议。当时反抗日本侵略,实现民族解放,已成为全国人民的迫切要求,会议决定将该会改名为“中华民族解放行动委员会”。会议通过《临时行动纲领》,发表对时局宣言,指出:日本侵略华北,目的在灭亡中国,中国人民“唯一的出路,便是立刻发动民族革命的战争,以求完全的解放”;民族革命战争没有广大的农民参加,便无胜利的希望,因此,“土地革命与反日战争是不可分离的”①。呼吁一切革命的党派,“在反帝反日战争和土地革命两大原则之下,形成巩固的联合战线,组织统一的行动指挥机关”②。《纲领》还认为:“中国现有苏维埃的政权,和几十万红军的存在,这是一个为世人所惊骇的事实。”要求恢复联俄、联共政策。这次会议选举了章伯钧、彭泽民、黄琪翔等十九人为临时中央执行委员,章伯钧成为临时中央的实际主要领导人。

1937 年 7 月 10 日,章伯钧和彭泽民致电南京国民政府,提出召开国民大会,制定共同遵守的纲领,实现民主政治,改善劳动人民生活,释放政治犯,成立人民武装指导机关,组织抗日志愿军等抗日救国八项政治主张③,但为蒋介石所拒绝。抗战爆发后,蒋介石电邀海外爱国人士回国,共赴国难,章伯钧随即回到南京,参与抗日活动。由于国民党歧视和排挤中华民族解放行动委员会,当时设立的国防参议会,没有邀请章参加。

1938 年 3 月 1 日,章伯钧在武汉主持召开了中华民族解放行动委员会第三次代表会议,通过《抗日时期的政治主张》,要求国民党做政治

---

① 《中华论坛》第 1 卷第 10、11 期。

② 《中华民族解放行动委员会对时局宣言》,存农工民主党中央党史资料委员会。

③ 《中华论坛》第 1 卷第 10、11 期。

上的大改革，“整个地扫除官僚主义的毒害，切实实行民主政治”①。章伯钧说：“实行民主政治，才能增加抗战力量，保证抗战胜利。”②他主张建立民意机关，使人民有参政的机会。同年6月，他被聘为国民参政员，代表中华民族解放行动委员会参加了在汉口举行的国民参政会第一次会议。不久，他和其他国民参政员一同去重庆。

武汉失守后，国民党将它的政策重点逐渐由抗日转向反共反人民。1939年9月，在重庆举行的第一届国民参政会第四次大会上，共产党和其他各抗日党派的参政员掀起了宪政运动，章伯钧与张君劢、左舜生联名提案，要求立即结束国民党一党专政，实行宪政，全国政治上彻底开放，各党、各派一律公开活动，以增加抗战力量。这些要求在参政会提案审查委员会引起“非常激烈的辩论”③，遭到国民党参政员的反对。11月下旬，章伯钧与救国会的沈钧儒、邹韬奋，职业教育社的黄炎培，青年党的左舜生，国家社会党的张君劢，乡村建设学会的梁漱溟以及无党派人士张澜等，发起成立“统一建国同志会”，要求成立宪政政府。由于民族解放行动委员会坚持团结抗战，主张与共产党密切合作，在1941年3月召开第二届国民参政会时，章伯钧被国民党除名。其后的第三届国民参政会也没有民族解放行动委员会的代表参加。

皖南事变后，参加统一建国同志会的各党派负责人为了加强团结合作，争取民主，调解国共冲突，决定将统一建国同志会改组为“中国民主政团同盟”，于1941年3月19日在重庆特园秘密召开成立会，章伯钧被推为常务委员和组织部长。民族解放行动委员会集体参加了同盟。1944年10月10日，中国民主政团同盟改名为中国民主同盟，章伯钧继续当选为中央常务委员，并任中央组织委员会主任委员。随后并任民盟重庆市支部主任委员。

---

① 《中华论坛》第1卷第10、11期。

② 章伯钧：《对国民参政会的意见》，《抗战行动》第6期。

③ 邹韬奋：《抗战以来》，《韬奋文集》第3卷，三联书店1955年版，第230页。

1945年1月,民族解放行动委员会在重庆创办《中华论坛》杂志,章伯钧任主编。他积极支持共产党提出的召开各党派会议成立联合政府,以代替国民党一党专政的建议,驳斥了蒋介石指摘党派会议与联合政府是"分赃"的说法。他说:"党派会议或联合政府是合理的,是团结全国打开时局的第一步骤。"①7月,第四届国民参政会在重庆召开,章伯钧的国民参政员身份得到恢复。为了促进国共团结,他和褚辅成、黄炎培、左舜生、冷遹、傅斯年等参政员于7月1日一同赴延安访问,与毛泽东、周恩来等会商恢复国共和谈问题,5日返回重庆。

抗战胜利后,章伯钧积极主张全国各党派共同和平建国,实现民主,反对内战。9月15日,他发表时局谈话,指出:解放区的军队及政权,"有功抗战,不能视为化外,予以敌视的态度"②。他还指出,内战不得人心,"是招致灭亡自杀的途径"③。

1946年1月,章伯钧作为民盟代表之一出席了在重庆召开的政治协商会议,参加了政协宪草审议会和宪法小组的工作。在出席会议的民盟和无党派代表中,他同沈钧儒、郭沫若、张申府被认为是能和共产党密切合作的四名左派人士。5月,章由重庆到上海。12月,他发表谈话,谴责国民党召开一手包办的"国民大会",制定"宪法"。他说:中国固然需要宪法,但目前更需要的是民主、和平和统一。"有了这三个事实,宪法才有基础,没有这种基础,就是曹锟的宪法。"④

1947年1月13日,章伯钧在上海主持召开了中华民族解放行动委员会第四次代表会议,抗日战争胜利结束后,当前面临的任务是争取实现人民民主,遂决定改名为中国农工民主党,并决定以1930年《中国国民党临时行动委员会政治主张》为基本纲领。章在这次会上被选为

---

① 章伯钧:《纪念国父》,《中华论坛》第3期。

② 《章伯钧先生对时局谈话》,《中华论坛》第9期。

③ 章伯钧:《谈内战问题》,《中华论坛》第10、11期。

④ 《文汇报》1946年12月15日。

中央常务委员会主席。

国共和谈破裂以后，国民党政府厉行白色恐怖，加紧镇压民主运动，于 1947 年 10 月 27 日宣布民盟为“非法团体”。11 月 6 日，民盟中央部分负责人被迫宣布解散民盟总部，停止盟员一切政治活动。章伯钧和沈钧儒反对解散民盟，相继秘密离开上海到香港。1948 年 1 月 5 日至 18 日，他们在香港主持召开了民盟三中全会，发表声明，否认国民党政府宣布民盟为“非法团体”的反动措施，不接受民盟总部在南京政府威胁劫持下的总辞职和解散总部，以及停止盟员一切政治活动的声明。会议通过宣言和政治报告两个文件，鲜明地提出了反蒋、反美和反封建，支持人民武装斗争，拥护土地改革的政治主张，并且宣布民盟由“中立”的“第三者”转向同中国共产党“实行密切的合作”。这样，三中全会就成为民盟的转折点。这次会议决定沈钧儒和章伯钧以中央常委名义，负责领导全盟盟务。

同年 5 月，章伯钧和沈钧儒代表民盟，与在香港的其他各民主党派负责人及无党派民主人士联名通电，响应中国共产党召开新政协、成立民主联合政府的号召，随后在香港参与开展新政协运动。9 月 1 日，章伯钧和沈钧儒离开香港，乘海轮前往东北解放区，代表民盟参加新政协筹备工作，9 月 29 日到达哈尔滨。11 月 26 日，他们发表时局声明，提出：第一，民主的新中国，只有在彻底摧毁反动独裁的统治集团以后，才能获得保障；第二，和平的新中国，非坚决彻底铲除内战的根源，扫除和平的障碍不可；第三，统一的新中国，只有在消灭统一障碍的反动独裁集团之后，通过新政协，组织民主联合政府，才能完全实现①。

1949 年 2 月，章伯钧由哈尔滨到达北平。6 月，他作为民盟代表之一参加了人民政治协商会议筹备会议。民盟筹办的《光明日报》创刊时，他任社长。9 月下旬，章出席了中国人民政治协商会议第一届全体会议，被选为中央人民政府委员和政协常务委员，并被任命为交通

① 《民盟文献》，中国民主同盟总部 1948 年编印，第 98、99 页。

部长。

1954 年章出任政协二届全国委员会副主席。他还是中国农工民主党主席和中国民主同盟副主席。

1957 年夏，章伯钧被划为右派分子；1958 年 1 月 29 日，被免去交通部长职务。1969 年 5 月 17 日，章伯钧因胃癌离世。

1982 年 11 月 15 日，举行了为民盟一、二届副主席，三届中常委章伯钧的骨灰移存北京八宝山革命公墓的仪式。1985 年 11 月 11 日，由民盟中央和农工民主党中央举行的“章伯钧同志诞辰九十周年纪念座谈会”上，“肯定了章伯钧的一生是爱国的进步的，做了有益于人民、有益于国家的好事，对民主革命、新中国的建立和社会主义事业，做出过力所能及的贡献”①。

---

① 中国民主同盟中央委员会编:《中国民主同盟六十年》，群言出版社 2001 年版，第 161—163 页。

# 章 鸿 钊

李建初

章鸿钊,字演群,号爱存,笔名半粟。是中国地质事业的创始人。1877 年 3 月 11 日(清光绪三年正月二十七日)出生于浙江湖州(今吴兴县)城南荻港一个清贫的书香门第,父亲章乃吉是塾师,叔父是光绪己丑科进士。

章鸿钊从五岁起随父亲读书,十二岁时跟随族叔学习作文。他勤奋好学,攻读文史之外,还自学数学,遍览中国算术书籍,1897 年编成《综合算草》,次年考取秀才。为了维持家庭生计,曾教了两年家塾。1901 年入湖州安定书院和爱山书院读书,秋末以第一名考入上海南洋公学东文学堂。1903 年秋,东文学堂停办,他随学堂监督(校长)罗振玉和日籍教员藤田丰八去广州,在两广督署学务处襄办编辑教科书事务。1904 年初,章鸿钊被广东当局选拔到日本留学。

章鸿钊和同时代的许多爱国志士一样,目睹清政府的腐败,立志改变祖国的落后面貌,欲以科学救国,振兴中华。在日本,初入京都第三高等学校预备班,一年后转入理科,先学数学,后改学农学。1908 年毕业后,入东京帝国大学理学院地质学科,受业于地质学家小藤文治郎。

1911 年 6 月,章鸿钊于东京帝国大学毕业。他是我国留日学生中较早选修地质学并获得地理学士学位的人。回国后,任北京京师大学堂地质学教师,是我国主讲地质课的第一位本国学者。

武昌起义后,章鸿钊欣然应邀赴南京参加筹建临时政府事宜。1912 年 1 月,南京临时政府成立,在实业部矿政司下设立地质科,它标志着中国地质事业的诞生，章鸿钊被委任为地质科科长。他在十分困难的条件下，筹划开拓。他对于“我国山川蕴藉，灵秀所钟，弃利于地，无人过问，欧美学者先后逾海而东，日本继之，足迹及于中国之大半，而我国犹若勿闻”①的状况，引以为耻，力图改变。他草拟了《地质调查咨文》，向全国征调地质人才和地质图籍；又写了《中华地质调查私议》，并附有筹设地质研究所的详尽计划和简章。其中一段写道：“调查私议者，欲诉之于全国人民也。设研究所，并期之于我国后生青年也，而尤以培植青年为最切要。”②他力主先办地质研究所，招收中学毕业生，修业期限为三年，以快速培养中国自己的地质调查人才。同时，还向当局疾呼：“谋国者首宜尽地利以裕民财。欲尽地利，则舍调查地质，盖末由已！”③4 月底临时政府北迁，北京政府将实业部分为农林、工商二部，9 月，他转任农林部技正，因此上述计划未能实现。

1913 年初，工商部地质科由丁文江继任科长。矿务司负责人张轶欧采纳章鸿钊的方案，与丁文江商定开办地质研究所（实即高等地质专科学校），将章氏所拟章程、计划以部令颁布。9 月，招生 30 人，10 月初开学。章鸿钊受聘兼任主讲教师，11 月，代理所长。年底，农林、工商二部合并为农商部，章鸿钊正式担任所长，专力从事地质教育。当时，农商部长张謇不以办地质研究所为然。经章鸿钊恳切陈词，据理力争，研究所计划才获得批准。到 1916 年，该所第一批学员有 22 人毕业（其中 4 人因考试不及格，未发毕业证书），为我国地质调查提供了骨干力量。其中不少人如叶良辅、谢家荣、王竹泉、谭锡畴、李学清、朱庭祜、李捷等后来都成为著名的地质学家。章鸿钊对研究所的领导工作十分认真负责，亲自带领全班学生到北京西山和河北滦县、开平等地实习，并

---

① 章鸿钊辑：《农商部地质研究所一览》，1916 年。

② 孙云铸：《纪念中国地质事业创始人章鸿钊先生》，《地质学报》第 34 卷第 1 期，1954 年，第 1—10 页。

③ 孙云铸：《纪念中国地质事业创始人章鸿钊先生》，《地质学报》第 34 卷第 1 期，1954 年，第 1—10 页。

在西山区进行矿产勘测工作。在1916年7月14日的毕业仪式上，一些外国地质学者看了学生的学业展览后，认为“成绩甚佳”，“实与欧美各大学无异”，“为中国科学上的第一次光彩”①。章鸿钊在毕业典礼上谆谆劝勉学生：“从事地质，虽苦亦乐！”“学问上研究不可忘记，形式上的痛苦总要忘记。”②他鼓励学生要以调查矿产富国利民在精神上的快乐，战胜野外地质工作的艰苦。研究所原拟继续招第二批学生，由于丁文江主张停办，遂告终止。以后，章鸿钊改任地质调查所地质股股长，兼北京大学、北京高等师范学校地质学和矿物学教授。1922年11月，他率领北京女子高等师范博物系学生赴泰山，进行地质实习，开创我国妇女界参与考察地质之先河。章鸿钊于泰山朝阳洞刻石记述此事。

1922年1月，中国地质学会在北京成立，章鸿钊被选为首届会长。他大力推动学会工作，创办《地质学会志》，并亲自参加编审稿件。以后他多届任理事，十分关心学会的发展。他的论文大多是在《地质学会志》和1936年创刊的《地质论评》上发表的。在我国最早的一些学会团体中，无论是组织建设，还是学术活动、论文出版，中国地质学会在国内外学术界都享有较高的声誉。章鸿钊还是中国科学社和中华学艺社的社员、撰稿人。他与鲁迅是同乡，爱国情怀相同，时有过从。

因与北洋政府地质机构的主管人在地质事业发展方针上意见不合，1928年7月，章鸿钊辞去地质调查所的职务，专事研究著述。1936年曾被故宫博物院聘为专门审查委员。1937年，中央研究院聘他担任地质研究所特约研究员。这些年中，他没有固定收入，家庭生活主要靠兼职和稿费维持。他以献身地质科学为志，虽然坎坷困苦，也不改初衷；论文著作，更趋广博精深。面对祖国遭受日本帝国主义的侵略，他的爱国热忱尤见坚贞。“卢沟桥事变”后，他因长子病重，滞留北平。日本人曾多次登门聘请，许以伪华北某科学研究所所长的职务和优厚的

---

① 章鸿钊辑：《农商部地质研究所一览》，1916年。

② 章鸿钊辑：《农商部地质研究所一览》，1916年。

薪金，都被他严词拒绝。1941 年 4 月，他摔伤左足，卧床八个月，始能扶拐行走。他给重庆的学生去信说：伤腿虽然痛苦，但也有一个好处，就是省了日本人的纠缠①。他年过花甲，身处逆境，贫病交加，仍然不忘报效祖国。每有余暇，就“展简披图”，阅改《古矿录》文稿。他将这部手稿“深藏箧中”②，以待将来。当他得知留在北平的几名学生在日本人招聘下有可能动摇时，心急如焚，登门规劝，晓以民族大义。在他的督促下，这几名学生终于离开北平，奔赴抗战后方。1943 年秋，他腿伤已愈，遂举家迁居上海，一度暂住亲戚家中，经济上多赖亲友和学生资助。

抗战胜利后，章鸿钊于 1946 年下半年由上海迁居南京，任国立编译馆编纂。同年，获得中国地质学会葛利普金质奖章，中央地质调查所特为他安排了一间办公室，供他作研究用。他致力于《地质学论丛》的写作和区域地质构造理论的研究，编译岩石学名词等，并继续研究区域地质构造理论方面的课题，撰写和发表了有关论文和专著。

1949 年 4 月，南京解放，章鸿钊热诚拥护中国共产党的领导，以极其兴奋的心情，庆幸中国地质科学也获得新的活力。他被邀请参加南京市首届人民代表会议。1950 年 9 月，章鸿钊被特聘为中国地质工作计划指导委员会顾问。11 月，他不顾年老多病，应邀赴北京参加该委员会第一次会议，并致开幕词。1951 年，任《南京日报》社技术研究组召集人。早在 40 年代初，他就提出过地质科学和实际相结合，为生产建设服务的正确主张，但在旧社会根本不被重视。解放后，他亲眼看到地质学真正与人民事业结合起来，感到由衷的高兴，迸发出巨大的工作热情，积极参加各种社会活动，努力研究，发表若干新作。

1951 年 9 月 6 日，章鸿钊病逝于南京。在为他举行的追悼会上，李四光致悼词说：“章先生为人正直而有操守，始终不和恶势力妥协；他

① 据李春昱教授回忆，1983 年 8 月 29 日。

② 章鸿钊：《古矿录》自叙，地质出版社 1954 年版。

站在中国人民一边，多次拒绝和日本人合作；对于中国地质事业的开创贡献尤大。因此中国地质事业创始人不是别人而是章先生。”①

章鸿钊一生著述甚丰。早在日本留学时，就借回国探亲机会，赴杭州、富阳、临安、于潜、天目山一带进行地质考察，系统地搜集实际资料，回校撰写了《浙江杭属一带地质》的毕业论文。这是我国地质学者自己独立完成的第一份地质调查报告，至今仍有其重要的学术价值。1916年地质研究所停办后，他将全所师生在一些省份实习中所写的69篇调查报告，综合整理出《地质研究所师弟修业记》一书，对全国地层分布、火成岩、地质构造、矿产等，系统地作了分析归纳，建立起我国地质区划的概略轮廓，是当时我国一份重要的地质研究成果。以后，他在地质学、岩石学、矿物学、地质发展史、地质调查史和地质科普等方面，发表了大量的学术专著。他精通文史，从我国古代浩如烟海的文献中，悉心研究有关地质、岩石、矿物、金属和化石方面的史料，用地质科学理论加以解释，去伪存真。他的著作，以资料翔实、论述精确著称。他的代表作有《石雅》、《古矿录》、《自鉴》、《三灵解》等书。《石雅》是我国历史上第一部地质、岩石、矿物、化石和金属方面的总结性著作，1921年出版后，1927年曾再版。《古矿录》是他用十余年时间从我国古代文献记载中整理成的一部叙述我国矿产资料的重要著作，全书分十卷，按省阐述，附分布图及历代年号与公元对照表，1954年由地质出版社出版，对我国地质普查勘探工作的开展，帮助极大。1923年发表的《自鉴》，对人类社会的发展、科学道德观念的形成、物质与精神的相互关系等，进行了广泛深入的探讨。梁启超为之作序，高度评价其学术价值②。章鸿钊对达尔文的进化论、魏格纳的大陆漂移学说，都进行过反复研讨。他长期研究震旦运动问题，对日本、东亚以至太平洋区域地质构造的认

---

① 孙云铸：《纪念中国地质事业创始人章鸿钊先生》，《地质学报》第34卷第1期，1954年，第1—10页。

② 章鸿钊：《自鉴》自序，1923年版。

识不断深化，先后发表了《中国中生代晚期以后地壳运动之动向与动期之检讨并震旦方向之新认识》（1936年）、《太平洋区域之地壳运动及其特殊构造之成因解》和《就所谓震旦运动及对于此事之批评重加省视》（1947年）等。他用环太平洋大陆块向洋水平位移来解释太平洋造山带的形成，在当时的地质学术思想上，坚持了活动论的观点。"二战"结束以来板块学说的发展，证明他的这一观点是富有远见而难能可贵的。

章鸿钊在数理方面也有很深的造诣，并能将数学、物理学方面的最新成就运用于地质科学研究。1929年发表的《地质学界两种过度的信仰和今后发展的趋势》一文，提出要以物理学作基础，开展地质学的研究，预言《物理地质学》或《理论地质学》"将作为一门新学科出世"①。他在科学上的进取精神和敏锐的观察力，至老不衰。1951年，他还在《中国数学杂志》上发表了《周髀算经上之勾股普遍定理》（陈子定理）和《禹之治水和勾股测量术》两篇数学论文，可见其知识的渊博和研究领域的宽广。

章鸿钊治学严谨，道德高尚，为了地质事业的发展，他顾大局，重团结，不计较个人名利得失，深得后学的敬仰。晚年他在一首述怀诗中说道："治学何尝有坦途，羊肠曲曲几经过。临崖未许收奔马，待旦还应傲枕戈。虎子穷搜千百穴，骊珠隐隔万重波。倘因诚至神来告，倚剑长天一放歌。"②这是他一生锲而不舍，始终如一，献身中国地质科学的忠实写照。

---

① 《学艺》杂志第11卷第2期，1930年，第1—9页。

② 孙云铸：《纪念中国地质事业创始人章鸿钊先生》，《地质学报》第34卷第1期，1954年，第1—10页。

# 章　乃　器

周天度

章乃器，原名章埏，后改名乃器。1897 年 3 月 4 日（清光绪二十三年二月初二）出生于浙江青田县小塬村一个破落的乡绅家庭。其父章炯，留学日本，民国初年曾任青田县议会副议长，以及富阳、遂昌县的警察局长，后一直赋闲在家。章乃器是家中次子，有兄弟四人，妹一人。1913 年随父到杭州，进浙江省立甲种商业学校学习，从此他与经济结下了不解之缘，并决定了他一生成为经济学家的命运。

1918 年，章乃器从商校毕业后，得校长周季伦引荐，入浙江地方实业银行当练习生。起初在杭州，后调至上海。他利用一切机会刻苦自学，一连数年，坚持不懈，为他后来在金融界的学术地位打下了基础。由于他工作出色，受到银行总理李铭和上海分行经理陈朵如的赏识，由一般科员擢升为营业部主任，从此在银行界崭露头角。

1927 年蒋介石发动“四一二”政变后，章乃器于是年冬创办了《新评论》半月刊，开始涉足政治。他在刊物上发表了许多文章揭露国民党的腐败黑暗，要求遵循孙中山的学说，实行真正的三民主义。不久该刊以言论过激，被国民党查禁。

1932 年 6 月，章乃器与银行界的张禹九、祝仰辰、资耀华等人在上海创办了国内第一家完全由中国人自己创办的信用调查机构——中国征信所，并出任董事长。该所高效率的调查工作，得到社会的广泛赞誉，业务蒸蒸日上，挤垮了四家外商信用调查机构，成为全国的独占事业。

章乃器不仅是一位成功的银行家，同时也是一位有成就的经济理论家。1933 年至 1936 年，他先后出版了《资本主义国际与中国》、《章乃器论文选》等专著和论文集。他的论文集《中国货币金融问题》一书，受到国内外学者的高度评价，并被译成英、日等国文字，成为当时研究中国经济领域的权威性著作。1935 年，章乃器被聘为上海光华大学和沪江大学的教授，开讲“中国财政”、“国际金融”等课程。

章乃器是一位具有正义感的爱国知识分子。“九一八”事变和上海“一二八”抗战爆发后，他积极主张抗击日本的侵略，并撰文抨击蒋介石提出的“攘外必先安内”政策。1934 年 4 月，他与宋庆龄、何香凝等发表《中国人民对日作战基本纲领》，共同发起中华民族武装自卫委员会。他还和上海文化界进步人士沈钧儒、邹韬奋、陶行知、周新民等经常以聚餐会形式讨论时局和救亡方针。

1935 年，华北事变发生后，民族危机进一步加深，北平学生爆发了“一二九”爱国运动。与此同时，章乃器和沈钧儒、邹韬奋、陶行知等人也在上海发起文化界救国运动，于 12 月 12 日发表《上海文化界救国运动宣言》，提出坚持领土主权的完整，否认一切有损领土主权的条约和协定等八项主张。接着，上海文化界救国会于 12 月 27 日成立，章乃器被推为常务委员。1936 年 1 月 28 日，上海文化界救国会与上海妇女界救国会等团体组成上海各界救国联合会，他又被推为常委。5 月 31 日至 6 月 1 日，上海各界救国联合会与国内其他省市一些救国团体在上海召开全国各界救国联合会（简称救国会）成立大会，章乃器再次当选为常务委员，从此他成为上海救国运动的重要领袖人物之一。救国会发表的一些重要文件，大部分都是他起草的。他在《大众生活》上发表的《四年间的清算》一文，彻底清算了国民党从“九一八”事变后四年间执行的“先安内后攘外”错误政策，文章言辞犀利，充满爱国热情和献身精神，在当时的爱国青年中有很大的感染力。

救国会的成立宣言和颁布的政治纲领等文件指出：日本大陆政策的主要目的在灭亡中国，我们唯一救亡图存的要道，在于全国各实力派即日停止一切自相残杀、消耗国力的内战，从速团结起来，一致对外，并立刻派遣正式代表进行谈判，以便制定共同抗敌纲领，建立一个统一的抗敌政权；救国会愿为中介人，以全部力量保证各党各派对于共同抗敌纲领的忠实履行。7月15日，章乃器和沈钧儒、邹韬奋、陶行知四人联名发表《团结御侮的几个基本条件和最低要求》一文，系统地阐述他们关于建立救亡联合阵线的立场和主张，认为抗日救国是关系整个民族生死存亡的大问题，只有集合一切人力、物力、财力和智力，实行全面总动员，才能取得最后胜利，绝不是任何党派所能包办的；要求蒋介石国民党改变"先安内后攘外"的政策，和红军停战议和，共同抗日。文章表示赞同中国共产党提出的停止内战、建立抗日民族统一战线的主张，并希望共产党纠正某些"左"的偏向。

救国会的宣言、政治纲领和四人联名文章发表后，在当时起了振聋发聩的作用，引起国内各方面的重大反响。中共中央和毛泽东充分肯定了救国会提出的全国团结一致、抗日救国的主张，表示极大的同情和满意，认为是代表全国最大多数不愿做亡国奴的人民的意见与要求，并提出很荣幸签字于纲领之后。

全国各界救国联合会成立后，全国救亡运动有了统一的领导，继续广泛深入发展，国民党视为心腹大患，采取各种手段压制和打击救国运动和章乃器等领导人。11月23日凌晨，南京政府屈服于日本的压力，在上海逮捕了章乃器、沈钧儒、邹韬奋、李公朴、王造时、沙千里、史良七人，随后移解苏州江苏高等法院看守所羁押，成为轰动一时的"七君子事件"。

国民党镇压救国运动极端不得人心，社会各方面人士开展了声势浩大的营救运动。爱国将领张学良、杨虎城因不满蒋介石反共内战政策和逮捕救国领袖，于12月12日在西安扣押了蒋介石，发动了震惊中外的西安事变。在张学良的邀请下，中共中央派出以周恩来为首的代表团到西安进行调停。经周恩来的斡旋，蒋介石同意停止"剿共"内战，团结一致抗日，释放爱国领袖等条件，西安事变得以和平解决。周恩来、张学良、杨虎城在与宋子文关于和平解决事变的谈判中，提出改组政府，推宋庆龄和章乃器、杜重远、沈钧儒等人入行政院任职，宋子文原则上予以认可。蒋介石返回南京后，国民党并未履行释放爱国领袖的承诺，1937 年 4 月 3 日，江苏高等法院以“危害民国”罪向章乃器、沈钧儒等人提起公诉，随后于 6 月两次开庭审理，企图对他们定罪判刑，送反省院反省。国民党的倒行逆施遭到章乃器等人的坚决抵制，全国开展了较前规模更大的营救运动。“七七”卢沟桥事变发生后，全国团结抗战局面已经形成，蒋介石下令释放“七君子”，章乃器等人于 7 月 31 日被保释出狱。

抗战开始后，章乃器发表了不少关于抗战的著作和言论。1937 年 10 月，他将自己在狱中所写的《救亡运动论》中的两部分《抗日必胜论》和《民众基本论》印成小册子出版。他在书中系统地阐述抗日必胜和民众是胜利之本的思想，批判了“惟武器论”，在当时产生了较大的影响，在短短的两个月内重印了三次。

1938 年春，章乃器应安徽省政府李宗仁的邀请就任省政府秘书长，后又任财政厅长。在任职期内，他工作精明能干，廉洁无私，不畏强豪权贵，铲除贪污，节制浪费，卓有成效，使安徽财政渡过了战时困难的局面，迅速好转。他还尽力搞好同新四军的合作关系，并给予了力所能及的帮助。由于他在安徽理财成绩斐然，受到各方人士的好评。

1939 年夏，章乃器离开安徽前往重庆。11 月下旬，他和沈钧儒、邹韬奋代表救国会与国家社会党的罗隆基、胡石青，青年党的曾琦、李璜，第三党的章伯钧，中华职业教育社的黄炎培，乡村建设学会的梁漱溟，以及无党派的张澜等人，发起成立统一建国同志会。统一建国同志会的成立，为各中间党派的联合和稍后中国民主同盟的成立奠定了基础。1941 年 4 月，救国会的上层因对当时签订的《苏日中立条约》意见不一致，章乃器认为该条约有侵犯中国主权的条款，坚持主张应该对这一条约表明自己的不同意见，与救国会其他领导人产生分歧而离开了救国会。

章乃器在重庆期间，致力于实现他的工业化理想，曾创办上川企业公司，并任上海迁川工厂联合会执行委员、常务理事、中国工业研究所所长等职，着力发展民族工业。他还在《大公报》等刊物上发表了一系列经济评论和学术论文，阐述他对战时财政及中国工业化的观点。1944 年，抗日战争进入后期最艰难的阶段，在重庆和桂林等地许多爱国民主人士因反对国民党的腐败政治，要求取消国民党的一党专政，实现民主政治的呼声再度高涨。章乃器作为民族工业的代言人，积极参与了当时的民主宪政运动。中国共产党对这一运动给予了支持，董必武曾秘密派陈钧向章乃器转达中共的提议，请他出面联络工商界人士组成一个政治团体，推动民主运动的开展。1945 年，日本宣布无条件投降，章乃器与黄炎培、胡厥文、杨卫玉等经过多次会商，决定共同发起成立以民族工商业家和知识分子为主体的政治团体“民主建国会”（简称“民建”）。章乃器为民建起草了宣言、政纲、组织原则、章程等文件，强调平民政治和中间道路，并提出“建国之最高理想为民有、民治、民享”，“民治为其中心，必须政治民主，才是贯彻民有，才能实现民享”。该年 12 月 16 日，民建召开成立大会，19 日在第一届理监事联席会议上，章乃器当选为常务理事，成为民建的重要领导人之一。

抗战胜利后，全国人民和各民主党派普遍要求和平，实现民主政治。1946 年 1 月 10 日，政治协商会议在重庆召开。由于国民党不承认民建的合法地位，因此它没有正式代表参加，章乃器担任民盟代表团的顾问。为推动政治协商会议实现和平和民主，章乃器和民建积极开展各种会外活动，曾两次向政治协商会议呈递意见书，获得中共代表团董必武和其他党派人士的赞同。他还是“陪都各界政治协商会议协进会”的负责人之一，并由此遭到国民党反动派的敌视和迫害。2 月 10 日，在重庆较场口召开的陪都各界庆祝政治协商会议成功大会，章乃器和郭沫若、李公朴等任主席团成员。国民党特务刘野樵等人寻衅闹事，大打出手，李公朴、郭沫若均被打伤，章乃器因得到几名青年的掩护送出会场，才未遭毒手。

章乃器于5月由重庆返回上海。此前一月，民建总会已迁往上海。章乃器和民建其他领导人积极参加了国民党统治区的民主运动。国民党在发动反共内战的同时，也加紧对民主运动的镇压，民主人士在上海的处境十分危险困难，1947年11月，章乃器被迫流亡到香港，并与孙起孟等人在香港成立了民建港九分会。在此前后，各民主党派的负责人沈钧儒、章伯钧等人也陆续避居香港，并开始抛弃中间路线，走向一边倒。1948年元旦，章乃器发表《乾纲重振》一文说："'乱世奴欺主，运衰鬼弄人'，这是多年来中国政局的写照，可是于今为烈。……新的开始就是主人'乾纲重振'，自己来管事，把这一班恶奴扫除得一干二净，同时人抬起头来，把鬼打到地狱里去，这就是民主世界，也就是人的世界。"此文是章乃器抛弃中间路线，与国民党当局决裂，向中国共产党靠拢的标志，也是他数十年政治生涯中的一个重要转折点。

12月26日，章乃器与李济深、茅盾等民主人士在中共党组织的秘密安排下，乘轮船离开香港，于1949年元月7日到达大连。他曾撰文热情记述他在解放区的见闻和观感，表达自己的喜悦心情。2月25日，章乃器进入北平。这时民建的其他领导人也已陆续到京，章乃器和黄炎培等被推举成立五人小组，代行常务理事职权。6月15日，章乃器作为民建代表参加了新政协筹备会议，并在9月下旬出席了中国人民政治协商会议，在大会上作了题为《新民主主义的民族工业家的任务》的发言。

1949年10月1日中华人民共和国成立，章乃器被任命为政务院政务委员、财经委员会委员、全国政协常委兼财经组组长。从此，他把全部精力投入国家的经济建设工作。1952年8月，章乃器被任命为第一任粮食部部长。1954年当选为第一届全国人民代表大会代表。在粮食部长任内，他兢兢业业地工作，协助制定粮食统购统销的重大政策，妥善地解决粮食供求矛盾，切实稳定了物价，并使粮食部门扭亏为盈，财务情况有了根本的好转。他在工作中勇于负责，多所建树，曾多次受到毛泽东和周恩来的表扬。

由于章乃器对解放后民族资产阶级的理论政策问题勇于探索，提出了一些新的见解，加上他个性倔犟，为人清高孤傲，在1957年“整风反右”期间受到了不应有的批判，并被划为“右派”。从此以后，章乃器的各种任职均被撤销，开始了漫长的家居生活。1975年章乃器的右派帽子被摘除。1977年5月13日，章乃器在北京逝世。1980年6月，他的右派冤案得到平反改正。

## 主要参考资料

章乃器：《七十自述》，中国人民政治协商会议全国委员会文史资料研究委员会编《文史资料选辑》第82辑，文史资料出版社1982年版。

章乃器：《我的研究动机和研究经历》，《激流集》，生活书店1936年版。

胡子婴：《我所知道的章乃器》，《文史资料选辑》第82辑。

章乃器：《章乃器论文选》，生活书店1934年出版。

许汉三：《我所知道的章乃器》，中国人民政治协商会议全国委员会文史资料研究委员会编《文史资料选辑》第73辑，文史资料出版社1981年版。

周天度主编：《七君子传》，中国社会科学出版社1989年版。

# 章　士　钊

白吉庵

章士钊，字行严，笔名黄中黄、秋桐等①，湖南善化（今长沙）人。生于1881年3月20日（清光绪七年二月二十一日）。其父章锦曾在乡为里正，后业中医。章士钊自幼在其兄执教之私塾读书，勤奋向学，进步甚速，十三岁时在长沙买到一部《柳宗元文集》，从此攻读"柳文"。十六岁时母亲去世，为生计所迫，遂到一亲戚家为"童子师"②。

1901年章在姐姐的资助下，离家到武昌，寄读于两湖书院，在此认识了黄兴。不久，经业师张劭熙的介绍，到朱启钤家教私塾。次年3月到南京，入陆师学堂学军事。以国文成绩优异，得学堂总办俞明震的赏识。

1903年4月，拒俄运动发生，沪上各学校学生在张园集会响应，陆师学生也起而响应，但受到学堂当局的压制，章与林力山率退学学生三十余人赴上海，加入蔡元培等人在上海组织的军国民教育会③，章被推担任军事教习。在此与章太炎、张继、邹容相识，四人意气相投，遂结拜为异姓兄弟。当他从友人王慕陶处得闻孙中山其人，十分敬佩。因章在陆师学堂时学过日语，遂把宫崎寅藏的新作《三十三年落花梦》编译

---

① 章之笔名除上所记之外，还有青桐、孤桐、柯山老人、无卯等。

② 章士钊：《示侄》，《国闻周报》第5卷第16期。

③ 1903年拒俄义勇队被日本政府解散后，中国留日学生在东京又组军国民教育会。是年，上海爱国学社亦组织军国民教育会。

出来，改题为《大革命家孙逸仙》，用黄中黄的笔名出版。这书一出，影响颇大，国人知重孙中山，就从这书开始的，“孙中山”这个名字也从此开始流传天下①。

章到沪不一月，即受聘任《苏报》主笔。由于连续登载了章太炎的《康有为与觉罗君之关系》（即《驳康有为论革命书》节录）及《〈革命军〉序》等反清文章，使《苏报》声名鹊起。清政府勾结上海租界当局于7月初先后逮捕了章太炎、邹容等六人，并于7日查封了《苏报》，章士钊因得主办此案的江苏候补道、陆师学堂总办俞明震徇情，未被追究。

《苏报》被封后，章于8月7日与陈独秀、张继等人又创办了《国民日日报》，同时建立起东大陆图书译印局。这期间，他编辑出版了《苏报纪事》、《沈荩》②等革命小册子。同年11月，他与黄兴由上海赴长沙，酝酿“华兴会”的筹建工作。

1904年春，章与杨守仁等在上海建立“爱国协会”，作为华兴会的外围组织，杨为会长，章为副会长。8月，华兴会决定11月16日在长沙举行起义，章与杨在上海余庆里密设机关，暗中接济。不料因事机不密，长沙起义未经发动即遭失败。10月，黄兴等人先后到上海，计划在湖北、南京等地再举义旗。后因11月19日发生了万福华谋刺前广西巡抚王之春被捕。次日章去监狱探望万福华，被侦探跟踪，结果华兴会在余庆里的机关遭到破坏，张继、章士钊等十余人被捕，因此再起义的计划中辍。后在蔡锷等人的营救下，章等被保释。

章士钊等出狱后即往日本。1905年春他回顾了过去的活动，特别

---

①　章编译是书时，一时疏忽，误将孙之真名（孙文）与化名（中山樵）的姓连缀成文，于是“孙中山”之名便从此流传。事见于章士钊《疏〈黄帝魂〉》，中国人民政治协商会议全国委员会文史资料研究委员会编《辛亥革命回忆录》（一），中华书局1961年版，第243页。

②　沈荩，清末维新派。1903年因揭露《中俄密约》被清政府杖死狱中。此处是人名，也是书名。

是在上海被捕的经过，认为自己“才短力脆”①，连累了同志，感到内疚，“顿悟党人无学，妄言革命，将来祸发不可收拾”②；同时从日本的变法自强中，觉得教育的重要，因而思想起了变化。从此，他想走科学救国的道路，矢口不谈革命。是年，他入东京正则学校专攻英语，为学习欧洲的科学与文化做准备。同年同盟会在东京成立时，章未参加，虽经张继、吴弱男等先后劝说，也无济于事。

1907 年，章编纂的《中等国文典》在上海出版，他用稿费作川资赴英留学。1909 年 4 月他与吴弱男在伦敦结婚，婚后移居阿伯丁，入阿伯丁大学，学法律政治兼攻逻辑学。留英期间，他常为国内报刊撰稿，介绍西欧资产阶级各派政治学说，于立宪政治尤多发挥。

辛亥革命的消息传到国外后，章即携眷返国，次年春抵南京。继而受黄兴、于右任之邀，主持上海《民立报》，同时兼任江苏都督府的顾问。

章既主《民立报》笔政，迭以社论形式发表文章。迨临时政府北迁，小党纷立，互相訾议之际，章于 7 月 5 日发表《政党组织案》，主张将国内现有的政党（包括同盟会）一律解散，然后在一段时间内各抒政见，根据不同政见分为两党，出而竞选，得多数拥护者，管理国家。这就是轰动一时的“毁党造党说”。此论一出，舆论哗然，当时同盟会员对此尤为不满，纷纷著文批驳，并反对以非党人士来主持该报，章士钊因此愤然离去。同年 9 月，章与王无生别创《独立周报》于上海。后来人们举发王无生暗中接受袁世凯的津贴，事涉章士钊。为此，章无法继留上海，适有袁世凯之邀，遂北上。袁早年与吴弱男之祖父吴长庆有旧，所以对章颇为器重，曾授意教育总长范源濂委章为北京大学校长，事已见报，但他固辞未就。

1913 年 3 月，袁主使刺杀宋教仁，反而嫁祸于黄兴，造谣说“宋案”是黄与宋为争当总理而起。章从此看出袁的险恶，于是只身前往上海，

① 章士钊：《与黄克强相交始末》，《辛亥革命回忆录》（二），第 142 页。

② 章士钊：《答稚晖先生》，《甲寅》1925 年第 1 卷第 22 期，第 6 页。

拜晤孙、黄，加入了“反袁”行列。“二次革命”之宣言书，乃章之手笔。同年夏，他奉孙中山之命往说岑春煊联合“讨袁”，会谈颇有成效。继而他又往武昌说黎元洪，无结果而返。7月，孙中山命他为讨袁军秘书长，随黄兴赴南京举事。“二次革命”失败后，他随党人亡命日本。

到东京后，章与陈独秀、谷钟秀等创办《甲寅》月刊，于1914年5月出版。章在第一期上发表《政本》一文，重申两党制的主张，提出政府应当借反对党之刺激而维持其进步。后又发表《学理上之联邦论》，宣称实行联邦制可以用舆论力量达到革命的目的。7月，孙中山在日本组织中华革命党，部分党人拒绝参加，另组织欧事研究会，章任该会书记。其时，欧战已起，日本提出“二十一条”妄图鲸吞中国，因此中日关系日趋紧张。欧事研究会议决通电全国，表示对内对外态度。这个宣言是黄兴领衔，章士钊起草。他们以担心反袁斗争将逼使袁投入日本怀抱为“理由”，主张暂时停止反袁斗争。到1915年冬，袁公开称帝，护国军起，章随岑春煊参加“讨袁”。次年5月，肇庆军务院成立，章任军务院秘书长，并兼两广都司令部秘书长。6月袁死黎继，章代表岑北上，与黎元洪洽商善后。

1917年1月，章在北京出版《甲寅》(先出日刊，后改周刊)，请李大钊、高一涵参加工作。7月，张勋复辟事起，京城混乱，章移居天津，《甲寅》随之停刊。11月，章受北京大学之聘，任文科研究院教授兼图书馆主任。1918年，李大钊由上海到北京，经他推荐，担任北大图书馆主任。

这年5月，南方桂系军阀把持了护法军政府，岑春煊为总裁。章应邀南下，任军政府秘书长。1919年被任命为南方“和议”代表，出席上海的“南北议和”会议。翌年10月，由于粤军回师“讨桂”成功，岑春煊下野，章也随之而去。

章经历几年政局波动与一段沉思之后，对曾经宣扬的西方代议制渐生怀疑。1921年春得黎元洪资助，出国考察。到伦敦后，访问英国学者威尔斯、萧伯纳、潘悌等人，渐悟农业国与工业国之不同，中国政治不宜强学西方。于是当他到柏林时，曾作《草新湖南案成放歌》①一首，提出农业为立国之本的主张。次年1月他父亲去世，奔丧回国。11月，受北京政府教育部之聘，出任北京农业大学校长，准备实践他的重农主张。

章出掌农大刚半年，北洋政府发生内讧。1923年6月，直系军人赶走黎元洪，部分国会议员不满直系所为而南下。章也是议员，感情上与黎接近，乃离京赴上海。10月5日，曹锟贿选为总统，章时任上海《新闻报》主笔，撰文痛斥受贿议员，继而著文抨击"代议制"。综观此时章士钊的议论，他虽然察觉出西方政治制度中的一些流弊，但他却是求救于封建旧文化，思想更趋保守。1924年第二次直奉战争后，段祺瑞被拥上台。段为了网罗知名人士，特邀章北上。章之毁弃国会的主张，恰好投合段意，所以两人在天津会晤时，虽"夙无连谊"，而"一见倾心"②。共议元首名号时，章建议以"临时执政"之名，兼任总统与总理两职。段对这个主张非常欣赏，11月在北京就任临时执政时，章被委为司法总长。从此，章便成了段祺瑞的亲信。

1925年4月14日，段祺瑞派章兼任教育总长。他到任后，宣称要整顿学风，严格考试，甚至要小学生读经，并准备合并北京八所大学。这些钳制性措施，引起了教育界进步人士及广大青年的强烈反对。5月7日，北京学生及各界群众举行纪念国耻游行。适此时报上揭出教育部禁止游行的命令，群众非常愤慨，遂至章宅进行质问，结果遭到镇压，学生受伤与被捕者多人。9日，各校学生四千余人再次集会，要求释放学生，罢免章士钊。章在群众指责下，辞职赴沪。后经段祺瑞函电催促，又北上复司法总长之职。

---

① 章士钊：《草新湖南案成放歌》，《甲寅》1925年第1卷第24期，第23页。诗成之经过，章在诗序里说："草治湖南新案，拟返里试行之。诗兴忽发，且成长歌一章。"其诗云："湘人勤俭夙宜农，立国舍此宜何宗；吾国文明本农化，更有何居足方驾……"

② 章士钊：《答稚晖先生》，《甲寅》1925年第1卷第22期，第9页。

这年五卅运动发生后，全国革命浪潮不断高涨，学校青年尤为活跃。段于7月底又调章出掌教育，要他对“学风”继续“整顿”。此时，章将复刊的《甲寅》杂志作为“整顿”学风的言论阵地。因该刊物封面绘有一虎，其时章之行为又如此，故时人称之为“老虎总长”。他在文化上虽然标榜的仍是“新旧调合”，而实际上是为封建旧文化张目。由于他对中西学术思想都有所了解，所以他反对新文化、新文学的言论，较之其他顽固文人，更具诡辩性。他不顾人们的反对，复以窃据的权力撤换了一批反对他的大学校长。鲁迅在教育部的职务，曾一度被章无理革除，后因鲁迅提请公议，才又得复职。8月1日他派出武装警察护送新任北京女子师范大学校长杨荫榆到校就职，后来竟演变到下令解散“女师大”，以武力镇压学生运动。

在革命高潮到来的1925年下半年，段执政府的反动益为群众所怀恨，章士钊的行径也成为众矢之的。11月28日，为要求查办“金佛郎案”，章的住宅又一次遭到游行群众的包围与冲击。到此，他不得不辞去教育总长的职务。但经段祺瑞的慰留和委派，他又出任执政府秘书长之职。到1926年4月，执政府在几派军阀互斗中垮台，章出走天津，继续在日租界出版《甲寅》周刊。他自己虽已失势，但次年4月，听到李大钊在北京被捕的消息后，曾与杨度积极设法营救。

1928年底，由于前执政府之高级官员皆被南京国民政府列入通缉之中，章遂携眷作第三次欧洲之行，遍游英、比、德等国。到1930年春，章受张学良之聘回国，任东北大学文学院主任。章被通缉一事，也赖张为之说项而撤销。“九一八”事变发生，他离东北赴上海，与杜月笙结识，被杜待为“上宾”，不久执律师业。1934年任上海政法学院院长。1936年秋，应华北冀察政务委员会委员长宋哲元之邀北上，任法制委员会主任。

1937年7月卢沟桥事变发生后，章避难到上海。翌年3月南京“维新”伪政府成立，汉奸梁鸿志诱章入伙被他拒绝。不久章前往香港。1939年2月由港赴重庆。到渝后，国民政府给以“参政员”名义。1943

年章著的《逻辑指要》在重庆出版。

1945 年 9 月抗战胜利后，毛泽东主席到重庆代表中国共产党与国民党谈判战后问题，“双十协定”签字后，毛逗留重庆。时国民党特务猖獗，章以“三十六计走为上策”向毛建言。1946 年他到上海，再执律师业。

1949 年 1 月，中国人民解放战争取得了决定性胜利，蒋介石被迫下野，李宗仁出任国民党政府代总统，提出“和平谈判”。章先后两次被任命为代表，北上参加“和谈”。谈判破裂后，5 月 18 日，他与邵力子联名写信给李宗仁，揭露国民党政府“备战求和”的骗局，说“中共让步不能算少，而国民党中两派不愿和”①，并以亲身经历说明中共对“和谈”的诚意。从此，他脱离国民党反动营垒，参加到人民的行列中来。同年 6 月，他写信给当时湖南省主席程潜，劝他起义，走和平解放的光明道路。

中华人民共和国成立后，章士钊被推选为中国人民政治协商会议第一届全国委员会委员和第二、三届全国委员会常务委员，全国人民代表大会第一、二届代表和第三届常务委员；历任政务院法制委员会委员、中央文史馆馆长等职。晚年以大部分时间从事文史研究工作，并曾在中国人民大学汉语教研室讲授“柳文”。既而以其研究心得，集为《柳文指要》，于 1971 年出版。

1973 年 5 月，他带病赴港探亲访友，7 月 1 日病逝香港。

① 《一封信戳破假和谈大骗局的秘幕》，《南京人报晚刊》1949 年 7 月 8 日。

# 章 太 炎

陈旭麓

章太炎是中国近代资产阶级民主革命的著名思想家，也是一位在国学上多方面深有造诣的著名学者。名炳麟，字枚叔，一作梅叔，因仰慕顾炎武（原名绛）、黄宗羲（字太冲）的为人，改为绛，别号太炎，还有“西狩”、“蓟汉阁主”等十余个笔名。1869 年 1 月 12 日（清同治七年十一月三十日）出生于浙江余杭县东乡的一个书香门第。他的家世，在曾祖父一辈，有资财百万，称巨富；到他的父辈，经太平军兵燹，家境已中落。

章太炎自九岁始，在家里跟随外祖父朱有虔习诵儒家经典。朱老先生授课之暇，常给外孙讲顾炎武、王夫之等人的事迹。太炎又自读蒋良骐《东华录》，获知吕留良、曾静等案，因此，“夷夏之防”印入他幼小的心灵里，播下了反清民族主义的种子。十三岁时，外祖父归养海盐，章太炎跟着父亲章濬学习。十六岁那年，受父命赴县应童子试，患眩厥症，没有去成，此后即绝意科举，除研读经书外，还涉猎史传，浏览老庄。二十二岁那年，父亲去世了，太炎便离家来到西湖边上的“诂经精舍”从俞樾受业。俞樾，字荫圃，号曲园，是从顾炎武、戴震、王念孙父子一脉相承的朴学大师，负盛名，治学深邃，对弟子要求十分严格。太炎在这里首尾七年，精研故训，博考事迹，长进很快，时有创获，为他日后的学术成就打下了结实的根底。在这段时间里，太炎还向名儒高学治、谭献请教经学和文辞法度，向深通“三礼”的黄以周、精通《周礼》和《墨子》的孙诒让、钻研佛学的宋衡问过学，结识了夏曾佑、杨誉龙等朋友。这些师友，对他的学术造诣都有一定影响。

1894年，甲午战起，中国大败。翌年，签订了丧权辱国的《马关条约》。空前严重的民族危机，把章太炎从宁静的书斋里驱赶到资产阶级变法图强的热潮中来。他钦佩康有为等举人的“公车上书”，赞赏康设立强学会，并从杭州寄会费银十六元报名入会。1896年，梁启超、汪康年、夏曾佑等在上海创办《时务报》，邀章入社。章遂于1897年春天离杭赴沪，担任《时务报》撰述，开始投入了政治活动。

那时，章太炎赞同康有为、梁启超的变法维新主张，思想上却有分歧。因为康有为打出孔丘的旗号，倡言“托古改制”，太炎不同意神化孔丘、建立孔教，对于把康有为捧为“教皇——南海圣人”，极端不满，加上学术上一个是古文经学派，一个是今文经学派，门户之见，辄如冰炭。后来他在《自订年谱》中说：“春时在上海，梁卓如倡言孔教，余甚非之。”还说：“康氏之门，又多持《明夷待访录》，予常持船山《黄书》角之。以为不去满洲，则改政变法为虚语。”为此，在《时务报》馆，章太炎与康有为的弟子梁启超、麦孟华等时常争吵，几经动武。勉强工作了几个月，他就愤而离去，往返沪杭间，参与《经世报》、《实学报》、《译书公会报》笔政。

是时，继德国出兵强占胶州湾后，沙俄舰队又侵入旅顺口，帝国主义列强竞相效尤，“瓜分之形，皦如泰山”。1898年1月，章太炎上书李鸿章，祈求他联日抗欧，挽此危局。不久，章太炎应湖广总督张之洞之请，来到武昌。

张之洞是继起的洋务派头目，在改良主义运动高涨的时刻，他趋附维新，以“中学为体，西学为用”为宗旨，撰写《劝学篇》，筹备出版《正学报》。他延揽章太炎入报馆，是想利用章在学术上的成就，增强自己的声誉，章太炎则以为借助张之洞这样大权在握的汉族官僚，或可推动变法，所以欣然应聘。两者趋向既异，矛盾很快就暴露出来。张之洞请章太炎商讨《劝学篇》，章对书中侈谈的要忠于清王朝的“忠君”说教十分反感，认为所谓“忠”，无非是“上思利民”、“朋友善道”和“憔悴事君”三项，现在清王朝蹂躏汉族二百多年，“视民如雉兔”，早已无“忠”可言，要谈“忠爱”，等到革命以后①。这些话，吓坏了张之洞及其幕僚，他们便把章太炎逐出报馆。

章太炎离鄂返沪。不久，《时务报》馆排走梁启超，由汪康年经理，改名《昌言报》，仍聘章太炎参加笔政。这年9月，慈禧太后为首的顽固派在北京发动政变，囚禁光绪皇帝，杀害谭嗣同等“维新六贤”，并到处搜捕维新派人士。康有为、梁启超逃亡海外。12月初，章太炎也因遭受通缉，应日本友人之召，避地台湾，任《台北日报》记者。次年春天，他着手把自己的政论以及关于经学、史学、哲学、文学、音韵等方面的论著，辑订为《訄书》。夏天，来到日本，寄寓梁启超在横滨所设立的《清议报》馆。经梁启超介绍，他认识了孙中山。9月返回上海，参加《亚东日报》编务。是年冬，《訄书》木刻本付梓。

1900年，义和团运动爆发，八国联军入侵，清政府的帝国主义走狗面目暴露无遗。本来，戊戌变法的失败，已激起章太炎对改良主义道路的深深怀疑，而义和团群众的反帝斗争和清政府的残民媚外，更促使了他的觉醒。是年7月，康有为的弟子、谭嗣同的同学唐才常，秉承老师的意图，在上海发起“张园国会”，创设自立会，组织自立军。到会者有容闳、严复、章太炎等八十余人，推举容闳为会长，严复为副会长，唐自任总干事。会中宣布的宗旨是：一、保全中国自主权，创造新自立军；二、决定不承认清朝政府有统治中国之权；三、请光绪皇帝复辟。对于会议宗旨，章太炎坚决反对，认为“不当一面排满，一面勤王，既不承认满清政府，又称拥护光绪皇帝，实属大相矛盾，决无成事之理”②。为表示反清的革命决心，他当场“宣言脱社，割辫与绝”，脱下国服，换上西装，后来还写了《解辫发》一文以明志。断发易服，标志着章太炎与改良

① 章太炎：《艾如张、董逃歌序》，《太炎文录初编》卷2，见《章太炎全集》（四），上海人民出版社1985年版，第240页。

② 冯自由：《革命逸史》第2辑，中华书局1981年版，第77页。

主义决裂，从此踏上了资产阶级民主革命的征途。

8月，唐才常等人在长江流域组织的自立军起义失败，唐被捕杀。章太炎尽管宣言脱离自立会，仍然逃不了黑名单的指名追捕，他只好悄悄地回浙江老家度岁。就在春节那天，他听说捕卒跟踪而至，便躲进一所和尚寺里，十天以后，估计无事，复出上海。这时，他辫发已剪，出入很不方便。恰值美国教会在苏州设立的东吴大学需求教员，经朋友推荐，得赴苏州任教。章太炎曾回"诂经精舍"看望老师俞樾。谁知俞一见到他，就很不高兴，疾言厉色地呵斥，说他从事革命是"不忠不孝，非人类也"①，要鸣鼓而攻之。章太炎对老师一向很尊敬，这次却难以忍受，当即反唇相讥，并写了《谢本师》，声明与俞樾绝断师生之谊。

章太炎少小时就说过"明亡于满清，不如亡于李自成"②那样惊世骇俗的话，在苏州又以《李自成、胡林翼论》为学生命题作文，闻者怪异，被官府发觉，再次下令缉拿。1902年春，他再次逃亡日本，寄住东京的留日学生宿舍，删润译稿，勉强度日。他与住在横滨的孙中山经常来往。孙中山借用会党内部结盟仪式，在中和堂设宴奏乐，与章正式订交。孙、章一起谈了许多问题，包括中国的土地、赋税及革命成功后的政制和建都等问题，章颇受鼓舞。农历三月十九日，是崇祯皇帝忌日，为了借此宣传反对清朝的民族革命思想，章太炎和革命党人秦力山等人，在孙中山的支持下，在东京发起"支那亡国二百四十二年纪念会"，章手撰大会宣言，号召留日学生"雪涕来会，以志亡国"，努力奋斗，推翻清朝。留学生报名赴会者数百人，学界为之震动。清公使蔡钧闻讯，极为恐慌，亲访日本外务省，要求解散此会。日政府徇其请，开会前一日，警察署传讯章太炎等大会发起人。警长问章为清国何省人，章答，"余

---

① 章太炎：《谢本师》，朱维铮、姜义华编注《章太炎选集》（注释本），上海人民出版社1981年版，第121页。

② 李希泌：《章太炎先生的两篇讲演记录》，《兰州大学学报》1980年第1期，第87页。

等皆支那人，非清国人”；问属何阶级，答曰“遗民”①。尽管章等据理力争，大会仍被禁止。预定开会之日，许多赴会者被驱散。章等只得约集一部分人，以聚餐为名，举行了纪念会的仪式，给香港的革命派机关报《中国日报》发了一条消息。

章太炎在日本旅居三个月，返回上海，旋归乡里，重订《訄书》。是年秋，蔡元培在上海的租界里创设“爱国学社”，招章太炎任教。章又于1903年春来到上海。“爱国学社”是一所为资产阶级革命播种的新型学校。它除了讲授一些基础课外，每周有一次讲演会，讲演会的主讲人大都是倡导或倾向民主革命的知识分子，太炎也常到会慷慨陈词。这些讲演稿多在《苏报》上发表，引起了社会的广泛注意。

革命派大造舆论的同时，保皇派也在大造舆论。康有为、梁启超没有吸取戊戌变法失败的教训，仍坚持走不通的改良主义道路，办报著书，诋毁革命，挖兴中会墙脚。1902年，康有为发表了《答南北美洲诸华侨论中国只可行立宪不可行革命书》，公开反对用革命手段推翻清朝政府，说革命无非是“血流成河，死人如麻”，四亿人将去掉一半。原先充当革新首领的康有为，发了这么一大通混淆视听的议论，再加上其门徒翻印兜售，流毒极广。章太炎奋起反击，于1903年6月发表了《驳康有为论革命书》，逐条驳斥了康的论点，论证了革命是最大的权威，“公理之未明，即以革命明之；旧俗之未去，即以革命去之”，革命是补泻兼备的救世良药；章还列举了清朝专制的罪恶，直斥被保皇派捧为圣明的光绪帝为“载湉小丑，未辨菽麦”。文章旁征博引，笔锋犀利，是章太炎革命论述中最光辉的作品，也是中国资产阶级革命史上不可多得的重要文献。6月29日，《苏报》刊载了此文的摘录。

章太炎到爱国学社后，青年革命家邹容也来到这里。邹久慕章的大名，相见恨晚。章也很喜欢这位英姿勃发的青年，不久二人结为兄弟。章大邹十八岁，互以大哥小弟相称。邹写了题为《革命军》的小册

① 冯自由：《中华民国开国前革命史》，中国文化服务社1946年版。

子，请章润色。邹文浅近直截，疾呼革命是“天演之公例”，“世界之公理”，明确指出革命目的是要建立一个完全独立、强大、自由、平等的中华共和国。章太炎看了以后，认为要唤醒民众的觉醒，就需要这样的“雷霆之声”，亲为作序，称之为“义师先声”。《革命军》问世后，《苏报》又发表多篇介绍文章。这样，《革命军》不胫而走，风行国内外。

《驳康有为论革命书》、《革命军》击中了清朝统治者的要害，引起了他们的恐慌和仇视。两江总督魏光焘以“四川邹容所作《革命军》一书，章炳麟为之序，尤肆无忌惮”，又以《驳康有为论革命书》中的“犯上”字句为口实，命令上海道袁树勋查封爱国学社和苏报馆，密拿有关人员，还特派南京候补道俞明震赶往上海，协同办理。就在《苏报》发表《驳康》书节录的那天，上海道和工部局勾结好了，工部局巡捕和中国警探到苏报馆捉人。第二天，又闯入爱国学社，指名要捉蔡元培、章太炎、邹容等人。蔡事前闻讯，已避地青岛，余人均逃散，独章太炎不肯逃，说：革命就要流血，怕什么，清朝政府要捉我如今已经是第七次了。巡捕和警察来到门口，章迎上去，指着自己的鼻子说：“余人都不在，要拿章炳麟，就是我！”他便被扣上手铐，捉进巡捕房。邹容得章太炎自捕房来信，不愿让章独自受苦，自动投案。这就是震动全国的“苏报案”。

章、邹被囚禁后，清朝政府的代表袁树勋、俞明震等向工部局和各国领事多方活动，请求引渡，想将章、邹押解南京，加以杀害。由于帝国主义者要维护他们统治租界的绝对权威，不答应引渡。清政府便延请律师，向租界的会审公廨控告章太炎和邹容。7 月 15 日，会审公廨组织额外公堂，对章、邹进行公开审讯。在租界的公堂上，清政府作为原告，章太炎、邹容作为被告，闹出了国家政府与本国人民打官司的怪事。官司打了十个月，最后判处章太炎监禁三年，邹容监禁二年，监禁期满，逐出租界。

在狱中，章太炎被罚做苦工，因眼睛近视，动作缓慢，常遭狱卒拳打脚踢，甚至用锤子捶他的胸部。章毫不示弱，以拳对打，或夺其锤，并曾绝食七天以示抗议。他常与邹容吟诗唱和，互相砥砺。他别无书看，只得晨夜研诵佛经，把佛教哲理引进了他的思想体系。章太炎仍然十分关心铁窗外面的斗争。一次蔡元培来探监，他们研究并决定组织革命团体。

1904 年冬，光复会成立，章是发起人之一。1905 年 4 月，邹容病逝狱中，章太炎手抚其尸，口张目视，哀恸不能出声。自此，他深深地怀念着"邹容吾小弟"，多次撰写诗文，以志哀悼。

1906 年 6 月 29 日，章太炎刑满出狱，同盟会特地从东京派人来沪迎接，当晚便乘船东渡日本，这是章太炎第三次来到日本，到达东京时，受到留日学生的热烈欢迎。7 月 15 日，同盟会在东京锦辉馆举行欢迎大会，与会者二千余人，章即席演说。他介绍了自己走上革命道路的经过，对今后革命提出了自己的看法，认为最紧要的，"第一，是用宗教发起信心，增进国民的道德；第二，是用国粹激动种性，增进爱国的热肠"①，号召人们抛弃富贵利禄的念头，不惜流血杀头，进行革命。会后，章太炎被委任为同盟会机关报《民报》主编。当时，《民报》正和保皇派的《新民丛报》进行一场大论战，论战的中心问题是要不要推翻清朝，要不要实行民主政治，要不要改变封建土地制度。章太炎挥笔上阵，发表了一系列的文章和时评，以鲜明的革命立场，渊博的中外知识，和同盟会其他言论家无情地抨击了保皇派的谬误，为辛亥革命做了舆论准备。章太炎此时揭示的问题虽然面广而深化了，但他吸取佛教唯识论和西方唯心论哲学，强调自我意志的作用，由早期的机械唯物论走向主观唯心论。文章艰深，用语晦涩，削弱了《民报》的群众性。他在办报之余，还应一些留日学生的请求，举办了国学讲习会，定期讲学，后来又在自己寓所开了一个小班，逢星期日讲授《说文解字》和诸子百家之学，鲁迅、许寿裳，钱玄同、吴承仕等人都是这个小班的受业生。

1907 年 4 月，章太炎和日本、印度等国的一些友人，在东京成立

---

① 章太炎：《东京留学生欢迎会演说辞》，汤志钧编《章太炎政论选集》（上册），中华书局 1977 年版，第 272 页。

"亚洲和亲会"，主张亚洲各国联合反对列强侵略，自保邦国。1908 年，唐绍仪奉命出使美国，路过日本，请日本政府关闭《民报》。东京巡警总厅遂以"扰乱秩序、妨害治安"为由，于 10 月 19 日封禁了《民报》。章太炎十分恼火，亲赴日本裁判厅诉讼，日政府虽然理屈，但坚持不准《民报》续办。章太炎径找唐绍仪算账，唐已他去。章复至留学生总会馆击落唐的画像，践踏之，以泄己恨。

《民报》被禁后，章太炎专事讲学著书，撰写《小学答问》、《新方言》、《文始》、《国故论衡》、《齐物论释》等专著，学术成果日富。

章太炎居日期间，对孙中山的活动已有隔阂，复因《民报》经费问题，大相龃龉。1909 年，章太炎会同陶成章等人重组光复会，章为会长，竟与同盟会分道扬镳。

1911 年 10 月，武昌起义爆发，章太炎于当年 11 月 18 日返回中国。回国后，曾鼓吹"革命军兴，革命党消"①，要求解散同盟会，并从事组织中华民国联合会的活动。次年 1 月，中华民国联合会在上海成立，章任会长，出版《大共和日报》，章为社长。孙中山任临时大总统后，函聘章太炎为总统府枢密顾问。3 月，中华民国联合会改为统一党，章为理事。1 月 14 日，光复会领袖陶成章在上海被陈其美指使蒋介石派人暗杀，因光复会与孙中山有隙，章太炎以为系孙所为，所以，孙要他做顾问，他只是挂个名而已。章太炎认为，清朝被推翻以后，中国应当由一个有能力有实力的华盛顿式的人物来统治。他遍察中国政治舞台，选中了袁世凯，倒向了他，统一党也成了袁的工具。孙中山与袁世凯在建都问题上发生争执，章太炎以统一党领袖的身份，通电拥护建都北京的主张。他自己也赶到北京，在北京设立了统一党党部。在这几个月中，章太炎发表的许多言论，大都不利于革命，而有利于立宪派官僚，好事者为之辑印成册，题曰《太炎最近文录》。

袁世凯当了民国总统，委任章太炎为总统府高等顾问。章起初对

---

①　章太炎：《民国光复》，汤志钧编《章太炎政论选集》上册，第 843 页。

袁充满希望，相处不久，慢慢察觉袁不能容人，始萌去意。是年冬，袁任命他为东三省筹边使，这正合他出京之愿，遂奔赴东北。翌年春，设筹边使署于长春。筹边使这个差事，徒有空名，僚属仅十人，经费又很少，也无事可为。章此行的政绩，就是找人绘制了一幅黑龙江省精细地图。

1913 年 3 月 20 日，宋教仁被暗杀于上海，袁世凯野心家的面目彻底暴露。章太炎闻讯，匆匆离开东北，托事南行，找昔日的老朋友商量对付袁世凯的办法。他觉得对付袁这样手握重兵、爪牙遍布的军阀，须有实力，这一次他看中了黎元洪。恰巧黎此时有事召章，章遂前往武汉与黎商量。黎虽身为副总统，又握有一点军队，但他害怕宋教仁的下场降临到自己头上，不敢惹袁。章无可奈何，又来到北京。袁世凯为了笼络他，授他一枚二级勋章。章目睹袁的所作所为，深感自身安全没有保障，又住了七天，便于 6 月 4 日匆匆回沪，旋即上书辞去东三省筹边使职务。7 月，南方革命党人发动讨袁的“二次革命”，很快就被袁世凯镇压下去，袁的反革命气焰更加嚣张。8 月，袁要共和党党部急电黎元洪、章太炎来京议事。共和党是原统一党与民社党等合并而成的，黎元洪是理事长，章太炎副之。章太炎冒危入京，准备与袁斗争。他一到北京，住进共和党党部，就被袁世凯软禁。

软禁期间，章太炎拒绝袁世凯的收买，几次逃跑都没有成功。章有时狂酗滥饮，借酒浇愁；有时在纸上不断书写“袁贼”二字，聊以解恨；有时把袁送来的锦缎被褥用香烟烧了许多小窟窿，扔出窗外，有时用手杖把室内器具打得粉碎，甚至用绝食来抗议袁的迫害。1914 年 2 月，他手持羽扇，以袁世凯授给他的大勋章作扇坠，径直来到总统府，大骂袁包藏祸心，把总统府招待室陈列的器物全部砸烂。章被几易囚所，并在囚禁中写了不少讽刺袁世凯的诗文和总结辛亥革命经验教训的文章，又一次修订《訄书》，却将原书中具有战斗意义的文字大半删去，更名为《检论》。

1916 年 6 月 6 日，袁世凯在人民唾骂中死去，章太炎得到释放，25 日离京，7 月 1 日抵沪。

袁死后，他的党羽秉政，互相争夺。为了寻找反对北洋军阀的力量，章太炎奔波于南方军阀之间，一度到南洋群岛活动，想在华侨中寻找力量。1917 年，段祺瑞怂恿张勋拥清帝复辟，赶走黎元洪，解散国会，然后以“反复辟”名义赶走张勋，以民国再造者自居，把孙中山制订的《临时约法》完全废弃，继续军阀独裁的统治。9 月，孙中山在广州成立护法军政府，自任大元帅，章太炎被委任为护法军政府秘书长。章往来于香港、广州、云南、贵州等地，想争取军阀支持。后见护法军内部钩心斗角，矛盾重重，遂丧失信心，一路观山玩景，出云南，经四川，过湖北，沿长江东下，已有“见说兴亡事，拿舟望五湖”①之慨，于 1918 年 10 月到达上海。

此后，章太炎既离民众，渐入颓唐，在五四运动开始的时代激流中，他日趋保守。以前，他曾多次公开批判封建统治的精神支柱——孔孟之道，认为孔丘最多算个史学家，根本不是什么圣人。这时，急进的资产阶级知识分子掀起了打倒孔家店的浪潮，他竟斥之为离经叛道，1922 年，他还在报上公开刊文，对自己先前的批孔表示悔恨。晚年，更鼓吹“尊孔读经有千利而无一弊”。以前，他的文章虽然文笔古奥，索解为难，但在与清朝统治者及改良派的斗争中，为了宣传革命，他也写过一些通俗诗文，这时却极力反对白话文，反对新文化运动。以前，他为反对军阀统治到处奔走游说，1920 年却提出了“联省自治，虚置政府”，拥护军阀割据，他自己为一些反动军阀撰写寿序碑文，歌功颂德。他攻击俄国的十月革命，反对孙中山的“联俄、联共、扶助农工”的三大政策。1924 年，公开撰稿领衔，反对国共合作。

但到 1931 年“九一八”事变发生，懔于民族危急，年老的章太炎又投袂而起，主张坚决抵抗日本侵略，强烈谴责蒋介石出卖东三省的罪行。继“九一八”之后，1932 年“一二八”，日本帝国主义又南侵上海，守卫上海的十九路军爱国将士奋起反抗，予敌重创。章太炎听到这一消

---

① 章太炎：《生日自述》诗，汤志钧编《章太炎政论选集》上册，第 820 页。

息十分兴奋，立即向十九路军通电致敬，并写了《书十九路军御日本事》，高度评价了这一仗，认为是自光绪以来，与日本三次大战中从未有过的大捷。后来他又与其他爱国人士发起迁墓，将十九路军阵亡将士从上海迁葬于广州黄花岗烈士墓附近，欲借此表彰忠烈，鼓舞人心，并手撰《十九路军死难将士墓表》，刻石纪念。“一二八”事变之后，章太炎曾拖着老病之躯，北上见张学良，策动抗日，并在燕京大学演讲，号召青年拯救国家危亡。1933 年，他与马相伯发表了“二老宣言”，又与马相伯、沈恩孚发表“三老宣言”，呼吁抵抗日本侵略，收复失地。与此同时，章太炎更强烈反对蒋介石“攘外必先安内”的反动政策。1935 年，“一二九”爱国运动发生，宋哲元进行镇压，章太炎致电宋哲元，认为：“学生请愿，事出公诚。纵有加入共党者，但问今之主张何如，何论其平素？”

晚年，章太炎卜居上海，“卖文字以为活，文则每篇千元，字则另有润格”，并与陈衍发行《国学商兑》学刊。继而迁居苏州，设立国学讲习会，出版《制言》杂志，以肩荷民族文化为己任，“粹然成为儒宗”。逝世前十天，他还带病讲授《说文部首》。因气喘病发作，于 1936 年 6 月 14 日逝世于苏州。

# 章 锡 琛

顾大勇

章锡琛，1889 年 8 月 24 日出生。原名锡檩、锡椿，后改锡琛，字雪村，又字君实。浙江会稽（今绍兴）马山镇人，近代编辑出版家。出身小商人家庭，五岁入私塾读书。十六岁，入县城东文传习所学日文。十七岁，入本县东湖通艺学堂学习。不到半年，章锡琛就不得不结束自己的中学生活，在父母的安排下回家完婚。

对家里的小店生意，章锡琛了无兴趣。在友人的帮助下，他在乡下办起了一所小学，取名“育德学堂”。小学堂中只有两位教员，朋友当校长，章自己做副校长。两年后章考入绍兴山会初级师范学堂。在师范一年的学习进步很大，1909 年以第一名的优异成绩毕业，被学堂监督杜海生留为该校附属小学教师。不久，又兼任明道女子师范学堂教员。

民国元年（1912 年）1 月，二十三岁的章锡琛来到上海，由杜海生介绍进商务印书馆，任《东方杂志》编辑。1920 年后，接任《妇女杂志》主编。次年又兼为《时事新报》编辑《现代妇女》旬刊，为《民国日报》编辑《妇女周报》副刊，是文学研究会、妇女问题研究会、立达学会的最早成员或发起人之一。

主编《妇女杂志》期间，章锡琛果断地调整编辑方针，大胆革新内容，提倡妇女解放和婚姻自由，抨击封建伦理道德和夫权思想，介绍各国妇女运动。《妇女杂志》因发表鲁迅等作家的大量新文学作品，倡导新思想，很受读者欢迎，发行量从近千份激增至一万份。

五四运动后，在反封建礼教的呼声中，关于性道德问题引起重视和讨论。1925年1月的《妇女杂志》是《新性道德专号》，刊登了章锡琛的《新性道德是什么》和周建人的《性道德之科学的标准》。章锡琛在文章中主张性生活必须以爱情为基础。文中引用了福莱尔的“对于性的冲动及性的欲望的自制，实在是第一要务”及“甚至如果经过两配偶者的许可，有了一种带着一夫二妻或二夫一妻性质的不贞操形式，只要不损害于社会及其他个人，也不能认为不道德的”等主张，触动了道学先生们的神经，遂群起而攻之。3月14日《现代评论》第一卷十四期上发表了北京大学教授陈百年的《一夫多妻的新护符》。章锡琛和周建人又各写一篇文章答陈百年，旨在引起公开争论，但是已经不能在《妇女杂志》上发表了，而是由《现代评论》大加删节后，刊在5月9日第一卷二十二期上的“通讯栏”里。鲁迅看到《现代评论》这样扭曲章、周两位的文章，就把它们全文发表在5月15日《莽原》周刊第四期上，并在《集外集·编完写起》里说：“诚然，《妇女杂志》上再不见这一类文章了，想起来毛骨悚然，惊然于阶级很不同的两类人，在中国竟会联成一气。”

陈百年的文章发表以后，商务就不再让章锡琛主编《妇女杂志》。在郑振铎、胡愈之、吴觉农等朋友的支持下，章锡琛于1926年1月创办《新女性》杂志。商务印书馆要求他或者停办《新女性》，或者离开。在商务工作了十四年的章锡琛决意离开，专心主办《新女性》，从组稿、编辑、校对、付印到发行，他全都一力承担，同时还兼任私立神州女校国文教员。

《新女性》杂志社为了克服经费困难，逐渐出版了《妇女问题十讲》、《新性道德讨论集》等一些图书，印刷装潢都很好，销路也不错。于是，大家商量索性办个书店。

从1926年7月开始筹备，章锡琛以商务印书馆的一二千元退俸金为基础，加上兄弟章锡珊的一些资金，8月22日，在宝山路的家中挂出了“开明书店”的招牌。关于书店名称有不同的说法，绍兴鲁迅纪念馆的史料记载为鲁迅取的名，店招为孙伏园所书。开明书店的发起和策划者除了章氏兄弟，还有胡愈之、夏丏尊、刘叔琴、杜海生、丰子恺、胡仲持、郑振铎、孙伏园、钱经宇、吴仲盐(章锡琛的妻弟)等。

1925 年“五卅”惨案发生时,章锡琛曾以妇女问题研究会代表身份参加上海学术团体对外联合会,积极声援爱国群众运动。1927 年“四一二”反革命政变后,他立即写诗在 13 日的报上发表,有“青天白日满地红,白日青天杀劳工”的激愤之语;次日,又与胡愈之、郑振铎、周予同、吴觉农、李石岑、冯次行联名写信向国民党提出抗议,并在 15 日的《商报》上公开发表,率先向社会揭露事实真相,被周恩来誉为“中国正直知识分子的大无畏壮举”。

1928 年冬,章锡琛组织专为开明书店承印书籍的美成印刷所,任副所长。同年改开明书店为股份有限公司,开明的资本从最初的5,000元左右发展到 50,000 元,章锡琛先后被推为协理、经理、常务董事,1934 年被选为总经理,开明书店逐渐成为声誉鹊起的出版机构。

1934 年 2 月,国民党下令查禁 149 种书籍,其中包括鲁迅、郭沫若、陈望道、茅盾、田汉、夏衍、柔石、丁玲、胡也频、冯雪峰、钱杏邨、巴金等 28 位进步作家的书籍,涉及 25 家出版社。开明书店领衔联合同业,两次向国民党上海市党部请愿,章锡琛还和夏丏尊联名写信给蔡元培、邵力子,迫使当局放宽禁书尺度。

1935 年 6 月,瞿秋白在福建长汀就义。鲁迅扶病收集整理了他的遗作译文集《海上述林》。当时出版这本书要冒很大的风险,章锡琛毅然接下书稿,秘密排字制版,由内山完造在日本印行。当时开明资金短缺,买铅材的钱由开明书店编辑所同人捐助。鲁迅在《〈海上述林〉上卷序言》中,对此表示由衷的感谢。

从创办开明书店到抗日战争爆发之前,是章锡琛出版事业的黄金时期。开明书店成立后,首先确定具有中等教育程度的青少年为自己的读者群,出版了大批教科书、文学书籍和青少年读物。

1927 年,由章锡琛亲自创办的《开明活叶文选》是开明书店极富特色的出版物,后来书业多有仿效。这份文选一直办到抗日战争爆发,到1937 年时,已出了两千多篇,成为大中学校普遍采用的国文教材。

林语堂打算编写英文教科书，开出每月300元预支版税的高额条件，四处物色出版者。先联系了北新书局，北新认为风险过大，未果。再由孙伏园做中间人联系开明，章锡琛一口答应。当时开明的资金一共才四五千元，营业额也不大，书编成后是否销得出去，还是一个未知数。但章锡琛觉得林语堂英文底子厚，水平高，值得尝试，他又请丰子恺作了精美的插图。1928年《开明英文读本》上市后，市场反应很好，一个月内加印了几次，林语堂获得的个人版税收入就高达30万之巨，开明也由此获利颇丰。再加上后来与世界书局《标准英语读本》的那场官司和媒体连篇累牍的报道，使得《开明英文读本》在沪上一枝独秀，销量飙升，连商务、中华这样的书馆都自叹不如。

30年代中期，开明还出版了颇有特色的初中课本《国文百八课》，教科书的编辑出版为开明书店打开了局面。

1929年12月开明书店停办《新女性》，废刊词说："废刊的原因很是单纯，就是时代已经不需要了。"代之而起的是1930年1月创刊的《中学生》。这种出版线路的及时调整，是章锡琛对出版与时代关系正确理解的结果。

开明十分重视杂志的编印，其代表性刊物有《新女性》、《一般》、《中学生》、《中学生文艺》、《新少年》(一度改称《开明少年》)、《国文月刊》、《月报》等。

开明的读物往往具备系列性、连续性，是最注重编辑出版丛书的书店之一。它的《开明少年丛书》、《开明青年丛书》、《开明青年音乐丛书》、《开明文史丛刊》、《开明少年文学丛刊》、《世界少年文学丛刊》、《开明文学新刊》等，都成为拥有广大读者、享有较高声誉的优秀系列读物。《开明青年丛书》，包括朱光潜的《谈美》、《给青年的十二封信》，夏丏尊、叶圣陶合著的《文心》、《阅读与写作》等。《世界少年文学丛刊》包括叶圣陶创作的童话《稻草人》、《古代英雄的石像》，徐调孚翻译的《木偶奇遇记》，夏丏尊翻译的《爱的教育》等。《开明文学新刊》包括了茅盾、老舍、叶圣陶、巴金、夏丏尊等著名作家的小说、散文、戏剧集，如朱自清的

《背影》、叶圣陶的《倪焕之》等。文学方面还出版了茅盾的《蚀》、《虹》、《三人行》、《子夜》，巴金的《家》、《春》、《秋》、《灭亡》、《新生》，高尔基著、沈端先译的《母亲》等名著（为逃避查禁，译者署名为沈端先，书名改为《母》）。

除教科书、杂志和青少年读物外，开明书店在古籍和工具书方面也出版了许多有影响的书。《辞通》原名《蠡测编》，后名《读书通》、《新读书通》，最后定为《辞通》。全书共 24 卷 300 万字，是作者朱起凤花费三十年心血写成的。书稿的价值，得到了胡适、钱玄同等众多学术名流和中华书局、文明书局、群学社等多家出版社的一致肯定。然而，由于书稿篇幅极大，内容专门，偏字较多，排印困难等各种原因，出版社往往认为销路有限，唯恐亏本。书稿在多家出版社数进数出达十余年，不能出版，到 1930 年，辗转到开明书店时，章锡琛痛快地答应了下来，并付给作者 6000 元的高额稿费。章锡琛曾对此书编辑宋云彬说："朱丹九（起凤）先生竭尽毕生精力，写成这样一部大著作，不但应该给他出版，也应该多送点稿费，让先生晚年过得舒服些。"令人欣慰的是，这部书稿经过三年的精心整理，到 1934 年正式出版时，取得了意想不到的成功：预约 10000 部，两个月内售罄，又加印数万册，仍然供不应求。章锡琛毅然决定出版《辞通》，是当时出版界的一件大事。接着，开明书店又出版了影印《二十五史》和《二十五史补编》，对史学研究有很大便利，被世人称为"扛鼎之作"；还出版了明末毛晋汲古阁《六十种曲》；出版了叶绍钧编的《十三经索引》和卢芷芬、周振甫编的《二十五史人名索引》等极为实用的工具书。

开明书店的资本最多的时候也不过 30 万元，但章锡琛凭借自己的能力吸引了一大批来源不同的文化人，稳扎稳打，使开明成为旧中国六大书局（商务、中华、开明、大东、世界、正中）之一，后来更和商务、中华鼎足而三。

开明书店拥有由夏丏尊、叶圣陶、顾均正、唐锡光、赵景深、丰子恺、钱君匋、王伯祥、徐调孚、傅彬然、宋云彬、金仲华、贾祖璋、周予同、郭绍虞、王统照、陈乃乾、周振甫等学者、作家担纲的一支知名的编辑队伍。其出版物注重质量，内容、编校、纸张、印刷、装订、装帧设计都十分讲究，在读书界享有盛誉。

开明特别注重培养和使用年轻人，章锡琛亲自给年轻人办讲座，在他们年满出师后都委以重任。章锡琛也希望他的出版事业能在子女们手中传下去。他的儿子在排字房、印刷间、营业部轮流学习了好几年，才调到南京去主持开明分店的工作。这是他理想中的职工教育，他教育出来的新一代要懂得排字、浇版、印刷、装订以及发行等各部门的工作，可以成为出版界的全才。

开明书店门市部敞架售书，所有书籍向读者开放，买不起书的人也可以去读书，进一步体现了开明“破除市侩之营利的方术，专谋著作界及读书界之特殊利益”的办店宗旨。

1937年卢沟桥事变不久，日寇进攻上海，制造了“八一三”事变。第三天，开明书店设在虹口梧州路的经理室、编译所、货栈及美成印刷厂，被日寇炮弹击中，开明所有图版纸型、藏书资料、几百万册存货，以及正在印刷厂待印的《二十五史》全部锌版，美成印刷厂的所有器材，全部被毁，损失达资产的80%以上，元气大伤。这时，日本友人内山完造找到章锡琛，建议合作开办书店，日方提供资金，中方负责经营。章锡琛当场婉拒，表示中日双方正在开战，此举不妥。

开明随后向武汉转移，所运机器、纸张途中遭劫，只得停业。章锡琛乃回沪留守，解决房屋诉讼等问题，并着手恢复印书业务，将纸型秘密运往内地用土纸印刷取得成功。

1941年12月8日上海沦陷后，日军查封开明等书店，强令充当宣传“大东亚共荣”进行奴化教育的工具，遭到一致拒绝。开明的出版工作就此停顿，凡留沪的作家、朋友和同人生活困苦者，章锡琛派人送去生活费，以解燃眉之急，共渡难关。

1943年12月15日，章锡琛、夏丏尊被日军从寓所抓走，震动了文化出版界。经多方营救，十天后获释。两位先生在狱中都显示了中国知识分子的民族气节。出狱后，章锡琛写诗明志，有“要为乾坤扶正气，枉将口舌折侏儒”之句。

抗日战争时期，开明书店设在重庆、桂林、昆明、成都、贵阳、衡阳、吉安、金华等地的办事处，在恶劣的环境中，克服种种困难，显出强劲的活力。开明在重庆参加了国定本教科书联合发行处，承供教科书数量占 7%。开明人还以团结互助、长夜待旦的心情编纂辞书，没有虚掷光阴。

抗战胜利后，章锡琛带领开明同人重新复兴开明，但是由于国民党发动内战，书店的经营区域逐渐缩小，加上钞票一再贬值，经济上的困难甚至超过战时。在白色恐怖下，开明书店艰难中仍然出版了《闻一多全集》和《朱自清文集》等。

开明出版物一直坚持中间偏左的路线，1946 年内战爆发后，周恩来安排上海工作时，把开明书店定位为“第三线”，希望它利用自己的“中间”身份尽可能维持下去。

中华人民共和国成立后，章锡琛辞去开明书店常务董事职务。1949 年 12 月，任中央人民政府出版总署专员、处长，拟定新中国第一个《著作权暂行法》及其《细则》。1950 年 2 月，开明书店向国家出版总署递交了请求公私合营的呈文。6 月，章锡琛代表开明董事会在北京召开的“各单位负责干部会议”上作了“开明书店的新生”的讲话。1953 年，开明书店与青年出版社合并为中国青年出版社，在全国出版行业中第一家实现了公私合营，开明的大部人员进入了国家出版总署。

章锡琛悉心创业不图名利，从不以开明创始人自居。开明书店董事会曾决定在北京北小街购置住宅赠予章锡琛，对他为出版界作出的贡献表示崇敬，并使其安度晚年。当时章锡琛就住在这个院子里，得知消息后，立即要求董事会撤销这一决定，同时迁出该院，另租东单三条的房子居住。

1954 年，章锡琛调古籍出版社任副总编，当时国家正在组织整理出版《资治通鉴》，在排版校对过程中发现了不少问题。章锡琛主动承担了艰巨繁重的扫尾工作，长达数月不分昼夜默默无闻地付出心力。1956 年转入中华书局任副总编，参加中国民主同盟。1958 年反右时被错划为右派分子，1969 年 6 月 6 日含冤逝世。1988 年恢复名誉。

章锡琛一生从事编辑、出版事业，创办、经营开明书店二十余年，集结了一批优秀、正直、进步的文化人，视出版工作为教育事业，编辑、出版了大量以青少年为主要对象的进步书刊；并主持出版了鲁迅、郭沫若、茅盾、巴金、夏衍等现代文学巨匠的名著，以及《辞通》、《二十五史》、《二十五史补编》等重要文史书籍。一生发表译著七百多篇，译有《文学概论》（日译本），著有《新文学概论》、《妇女问题十讲》、《漫谈商务印书馆》等，撰写了《苏联大百科全书》中的"中国出版"条目，校注有《文史通义选注》、《助字辨略校注》、《马氏文通校注》。

## 主要参考资料

章士宋：《章锡琛和开明书店》，《出版史料》2007 年第 2 期。

王建辉：《开明创始人章锡琛先生》，《出版广角》1999 年第 3 期。

# 章宗祥

郑则民

章宗祥，字仲和，浙江吴兴（今湖州市人）。1879 年（清光绪五年）生。父章菊生，为清朝拔贡。

章宗祥幼年进私塾及当地书院读书，继入上海南洋公学。1899 年赴日本留学，初入第一高等学校，后转入东京帝国大学法科学习。1900 年夏天，章回国度假，在上海认识曹汝霖，力劝曹同往日本留学。当时，清政府驻日公使蔡钧压迫、摧残留日学生，引起留日学生强烈不满，他们致函清政府，历数蔡钧罪行，要求撤换蔡钧。1902 年清政府派载振为亲善使节，以唐文治、汪大燮为随员赴日考察。章与曹汝霖、吴振麟等被推为留学生代表，欢迎载振等，并陈述蔡钧的一系列罪行。章和曹对清使“极力逢迎之，大得载振欢心”①。留日期间，章还与曹汝霖结识了也在日本留学的陆宗舆。三人常在一起谈论日本明治维新，对亡命日本的梁启超等十分崇拜，主张中国实行君主立宪制，曾与拥护孙中山革命主张的留学生张继等人进行辩论，甚至发生了激烈冲突。

1903 年，章从日本毕业回国后，同陈彦安结婚，继至北京赁屋于西城翠化街。是年，清政府增设商部，以载振为尚书，杨士琦为右丞，唐文治为左丞，部务由唐主持。章与唐在日本相识，遂奉调到商部任事。次年曹汝霖也回国，任商务司行走。此间，章多次上时务条陈，得到清政

① 大中华国民：《章宗祥》，上海爱国社 1919 年版，第 1、2 页。

府的重视，多被采纳。肃亲王为其“专折特保，得赐进士”①。后章宗祥继任法律馆纂修官，并与曹汝霖、陆宗舆同在进士馆兼职。1905 年他与董康合译《日本刑法》。接着，又辅助商部尚书载振编纂商法，并任农工商部候补主事、民政部则例局提调及记名右参议、宪政编查馆编制局副局长等职。1906 年慈禧太后下诏准备“仿行宪政”。直隶总督袁世凯奏准修订官制，并在北京西郊朗润园设置修改官制馆，亲自主持，以宝熙为提调，章宗祥、曹汝霖、陆宗舆、汪荣宝等三十多人为编修。1907 年东北改设行省，徐世昌出任第一任总督，章曾受派陪同前往奉天视察和办理事务。1909 年，调任北京内城巡警厅厅丞。次年 4 月，章参加审理谋刺摄政王载沣未遂案，向清廷献策：对汪精卫实行软化，以收买人心。随后又赴德参加“万国卫生会议”。回国后改任法律编纂局编修，旋又被任命为清内阁法制院副使。

1911 年 10 月武昌起义爆发后，清政府重新起用袁世凯对付革命势力，先后任命袁为湖广总督、钦差大臣和内阁总理。章宗祥被袁征调参加“襄议枢要”，接着又前往上海，参加了南北议和谈判。袁世凯当上中华民国临时大总统后，章被任命为总统府秘书和法律局局长。1912 年 7 月，章改任大理院院长。1914 年 2 月任司法总长。4 月，袁世凯还命他兼代农商总长。此间，章主持制订了《矿业注册条例施行细则》。同年 5 月，袁取消国务院，改设政事堂，任命徐世昌为国务卿，章宗祥仍任司法总长。1915 年秋，袁世凯利用“筹安会”鼓吹帝制，引起人民不满，并牵涉到法律争议。章以司法总长身份宣布，“筹安会”“于刑法立法丝毫不涉，无所谓违法”②，为袁世凯复辟帝制效力。1916 年 3 月，袁在全国人民的激烈反对下，不得不取消帝制。4 月段祺瑞任国务卿，不久组织了“责任内阁”，章宗祥留任司法总长。他与曹汝霖等四人，成

---

① 大中华国民：《章宗祥》，第 1、2 页。

② 大中华国民：《章宗祥》，第 2、4 页。

为段宠信的“阁员中所谓新派”,“凡有新设施,皆为四人协议而定”①。

袁世凯死后,黎元洪继任总统,段祺瑞仍任国务总理,控制着北京政府的军政大权,依靠日本帝国主义,力图以“武力统一中国”。此时,日本寺内正毅内阁为了达到独霸中国的目的,稍稍改变了袁世凯时代大限重信内阁用强力胁迫中国的侵略办法,而用收买的手段,以借款等方式支持新的傀儡。为了进一步得到日本帝国主义的支持,段祺瑞政府决定加速实现亲日方针,于1916年6月30日任命章宗祥为驻日全权公使。段认为袁世凯统治时期远交近攻的对外政策,不适用于已变化了的国际环境。当章临行前向他请示对日基本方针时,段面授机宜说:“中国对于各国宜取一律看待主义,彼以诚意来,我亦以诚意往。至远交近攻之策,自不适用于今日,现阁方针如是,幸君善为之。”②这表明,段要求章宗祥以驻日公使的身份,诚心诚意地与日方亲善往来。章对段的指示心领神会,认为“政府之见解与余相同,心中为之一安”③。在章出任驻日公使之前,寺内正毅已密派西原龟三到中国调查政情,在北京同段祺瑞、曹汝霖、陆宗舆进行了秘密接触。西原龟三于7月回东京,向寺内提交了《目前对华经济措施纲要》,建议对华实行实业投资,以确保日本在中国的经济基础。章到日本后,多次同西原龟三密谈,共同策划一系列的“亲善”活动。

章一到日本,日本寺内内阁就向章宗祥示意,邀请曹汝霖以中国政府特使身份访问日本,章迅速将此反馈给国内。12月2日,段祺瑞在国务会议上提议派曹汝霖为赴日赠日皇大勋章的专使,获得通过。但在参议院、众议院遭到反对,总统黎元洪也反对派曹出使日本。不久,章又介绍西原再次到华活动,支持曹汝霖出任交通银行总理,1917年1月又由曹出面通过西原龟三向日本兴业、台湾、朝鲜银行团借得500万

① 章宗祥:《东京之三年》,转引自《近代史资料》总第38号,第6页。
② 章宗祥:《东京之三年》,转引自《近代史资料》总第38号,第4—6页。
③ 章宗祥:《东京之三年》,转引自《近代史资料》总第38号,第4—6页。

日元,此为“西原借款”的开端。接着又密议其他借款和建立收支机关问题,为段祺瑞政府取得大量财源。

1917 年初,日本政府经过秘密外交,使英、法、俄、意四国承认它从德国手中所夺到的山东权益。此后,又通过章和陆宗舆等人多次催促段祺瑞政府加入协约国方面对德宣战。本来,在 1914 年至 1915 年间,日本政府是反对中国参加欧战的。但当它强占青岛地区并得到列强承认后,害怕中国参战落后于美国,或受德国利诱站在德国一边,影响欧战全局,对日本也不利,便从 1917 年极力鼓动中国加入协约国一方。段祺瑞政府致电章宗祥,要他探听日本政府的意向。章私访小幡酉吉,了解到日本同意中国与美国一致行动,遂电告段政府。接着,日本内阁决定劝中国参战,本野外相委托西原龟三到中国执行这项使命。4 月 9 日,章电告曹汝霖:“本日与本野长谈,颇得要领,希迅密陈总理……渠及现阁赞成中国加入,受反对党攻甚剧……段总理是否出全力,不顾反对,决意加入,此层与日现阁信用有关,应请确询见复……中国如因加入急需费用,日本与英国可为设法。”曹转告段祺瑞后,并复电章:“总理对日外部推诚相与之意甚为感动!加入志在必行,惟反对甚多,近日召集督军开军事会议,亦为疏通预备加入之地步。”①在章的沟通下,以对德宣战为中心议题,段祺瑞与日本寺内政府相互协调一致。中国政府终于在 1917 年 8 月 14 日正式对德、奥宣战。

1917 年夏,在以日、美帝国主义为背景的“府院之争”中,章宗祥与曹汝霖等坚决站在段祺瑞一边同黎元洪进行对抗。5 月,黎元洪下令免去段祺瑞国务总理的职务。段则在日本的支持下,幕后指挥皖系军阀,以武力威胁黎元洪,并在天津同徐世昌密谋驱黎下台,解散国会。6 月 4 日,陆宗舆从天津致电章宗祥,说:“各省拟举徐世昌为军政府大元

---

① 章宗祥:《东京之三年》,转引自《近代史资料》总第 38 号,第 37、38 页。

帅，废除约法，组织军政府”，并嘱章将此情况转达日本当局①。后日本外相本野约见章宗祥，对“徐之出山”收拾政局表示支持，并说：“必北京政府先事消灭，然后可承认为事实上之政府。俟国宪定议，统一告成，乃可正式承认。”②但段、徐的计划遭到张勋的反对。张带兵入北京，胁迫黎元洪解散国会，并复辟帝制。6 月 11 日，章致电陆宗舆，转达日本首相寺内的话说：“中国时局宜速解决，宜乘此兵权在手，组织纯粹之强固政府。候政局大定，然后再议调和，兼收并蓄。若现在即行迁就，恐非根本解决之道。”③段祺瑞从章的密电中，得知日本全力支持他，并不欢迎中国复辟，遂改变另立政府的打算，假张勋之手解散国会、驱黎下台；然后，又以讨伐张勋复辟为名，驱逐了张勋，重掌了北京政府大权。

1917 年俄国十月革命爆发后，日本为了进攻苏俄和控制中国，诱迫北京政府订立中日“共同防敌军事协定”。章按照段的旨意，经与日本寺内政府多次密谈后，于 1918 年 3 月 25 日和日本外相本野互致《共同防敌换文》。同年 5 月 16 日，双方在换文的基础上，正式订立了《中日陆军共同防敌军事协定》和《中日海军共同防敌军事协定》。根据这些协定，日本的军队以“共同防敌”为名，大批开入我国内蒙和东北，控制东北和蒙古的广大地区。

1918 年秋，徐世昌在安福国会的支持下，出任总统。他和段祺瑞一起，指使章再次向日本借债。9 月下旬，章宗祥在一天内同日本签押了三笔借款，即“满蒙四路借款”、“山东二路（济顺、高徐）借款”和“参战借款”，共计 6000 万日元。其中，“山东二路”的借款与山东问题的中日换文是相关联的。寺内正毅内阁害怕日本 1914 年出兵山东抢到手的利益，到战后有所丧失，除以 2000 万日元借款取得控制“山东二路”的

---

① 1917 年 6 月 4 日陆宗舆致章宗祥电，见日本外务省档案缩微胶卷，MT80，第 5607—5609 页。

② 章宗祥：《东京之三年》，转引自《近代史资料》总第 38 号，第 43—44 页。

③ 章宗祥：《东京之三年》，转引自《近代史资料》总第 38 号，第 46 页。

权利外，又提出处理山东问题的换文。其中有："胶济铁路沿线之日本军队，除济南留一部队外，全部均调集于青岛。"①这说明，中国虽然参战了，但日本军队可以继续占领济南和青岛，还要以换文方式使其占领合法化。按此换文规定，日本要继续占领胶济铁路，仅在形式上由日本驻军改为日人指挥下的"中国巡警队"而已。此外，胶济路归所谓"中日合办"，实际上是要由日本控制。这就严重地损害了我山东的主权。但北京政府急于取得借款，通过曹汝霖电告章宗祥，授权他以政府名义于1918年9月24日，在复照上表示"欣然同意"，承认日本的上述要求。

1919年初，巴黎和会讨论中国山东问题时，中国代表在全国人民的压力下，坚决要求归还在大战期间日本从德国手上抢去的有关我国山东的权利。日本竟以中、日两国早有"欣然同意"的换文等为由，坚持不放弃德国在山东的权利。在与会列强的支持下，日本将夺取到的山东权益明文列入对德和约，这就激起了我国人民的一致反对，成为爆发五四爱国运动的导火线。由于日本帝国主义者在"和会"上以章宗祥签署的卖国换文为侵略借口，引起人民群众、特别是青年学生对章的极大义愤。4月中旬，章从日本回国时，就有中国留学生数百人，赶到东京火车站，质问其订约卖国之罪。据《每周评论》报道说："驻日公使回国的时候，三百多中国留学生，赶到车站，大叫卖国贼，把上面写了'卖国贼'、'矿山铁路尽断送外国人'、'祸国'的白旗，雪片似的向车上掷去。"②

5月4日下午，北京学生三千多人举行示威游行，高呼"外争主权、内除国贼"等口号，一致要求惩办曹汝霖、陆宗舆、章宗祥三个亲日派卖国贼。游行队伍在东交民巷受到帝国主义驻华使馆阻止后，转到赵家楼曹汝霖住宅。当时徐世昌正在总统府设午宴为章回国洗尘，由总理钱能训、交通总长曹汝霖、币制局总裁陆宗舆作陪。他们听到天安门学

---

① 王芸生：《六十年来中国与日本》第7卷，三联书店1981年版，第188页。

② 《苦了章宗祥的夫人》，《每周评论》第19号，1919年4月27日。

生集会游行的事，匆忙结束宴席。曹汝霖陪章同回曹宅。当愤怒的学生向曹宅冲来时，曹避入一小房中，章躲进锅炉房。一些学生将曹、章所乘的汽车捣毁，有人放火烧房。章从锅炉房中仓皇逃出，被学生发现，打倒在地。京师警察总监吴炳湘随即赶到，下令逮捕学生。学生被捕者达三十多人。章被送入同仁医院治疗。在全国工人、学生和各界人民的压力下，北京政府不得不于 6 月 10 日下令将曹、陆、章三人免职。随后，又令中国代表拒绝在《巴黎和约》上签字。此后，章于 1920 年转任中日“合办”的中华汇业银行总理。1925 年改任北京通商银行总理。自 1928 年以后，章就长期居住在青岛。1942 年 3 月，汉奸王揖唐通过曹汝霖邀章到北平，担任伪华北政务委员会“咨询委员”。不久，他又担任了日本侵略者控制下的电力公司董事长。日本投降后，曾遭国民党北平当局逮捕，后经吴鼎昌说项，因无重大罪行，遂获释。章迁居上海。

1962 年 10 月 1 日，章宗祥在上海病死。

# 赵 秉 钧

李宗一

赵秉钧，字智庵，河南汝州（今临汝县）人，生于1859年2月3日（清咸丰九年正月初一）。1878年，他考秀才不中，投入左宗棠所部楚军，随军进驻新疆。1883年，在伊犁充当勘划中俄边界办事员，由于“边防出力”，被“保以巡检遇缺即选”①。1889年改捐典史，分发直隶省，次年到省。二年后补新乐县典史，1895年调署东明县典史，1897年调署东明县中汛管河巡检，并署开州下汛中判。1899年调署天津北仓大使，题补献县管河主簿，不久捐升知县，充直隶保甲局总办，兼统率巡防营，以“长于缉捕”闻名官场。1900年至1901年，他率领巡防营在京津一带镇压义和团。李鸿章担任直隶总督后，委派他为淮军前敌营务处兼统带巡捕三营，并奏保他免补知县，以直隶州知州仍留直隶补用。

赵秉钧心凶骨媚，深沉阴鸷。袁世凯接任直隶总督后，认为他“才长心细”②，于1902年初派他担任保定巡警局总办，创办巡警，并奏保他为知府，加盐运使衔。他和袁世凯的警务顾问三浦喜传（日本人）一起，“参照东西成法”，拟定警务章程，创设警务学堂，选募巡警，迅速地成立了一支有500人的巡警队，分布保定城厢内外，维护“治安”，“成绩昭然”③。不久，清政府命令各省仿照直隶警务章程试办巡警。

---

① 《赵秉钧履历单》，光绪二十九年十一月。

② 袁世凯：《道员赵秉钧请饬交军机处存记片》（光绪三十一年八月十三日）。

③ 袁世凯：《道员赵秉钧请饬交军机处存记片》（光绪三十一年八月十三日）。

同年8月,八国联军交还天津城,附带种种苛刻条件,其中之一是中国军队不得在天津城周围二十里以内驻扎。为适应帝国主义的规定,赵秉钧奉袁世凯之命,把新军改编为巡警,“授以巡警管理各法”,然后率领巡警1500人进入天津城,担任天津南段巡警局总办,日本警官伊藤次郎为帮办,原田俊三为顾问。在伊藤和原田的指导下,他又创办天津侦探队(后改为探访局)和天津巡警学堂。1903年他将天津和保定两所巡警学堂合并,更名北洋巡警学堂。此后又在各州县设立巡警传习所,建立全省巡警网。他在天津“划区域,清户口,督率官弁兵丁昼夜巡守”①,以推行“猛治”,得到袁世凯的赏识。1903年3月,袁世凯奏保他免补知府,以道员留原省补用。8月奉旨照准。

1905年9月,革命党人吴樾在北京火车站炸出洋考察政治的五大臣,举朝惊恐。赵秉钧带天津侦探队队长杨以德进京,协助破案。10月巡警部成立,经袁世凯奏保,赵秉钧担任巡警部右侍郎。由于他的警务才干出众,袁世凯和巡警部尚书徐世昌对他极为信任,巡警部的机要大权都掌握在他手中。对北京的警政,他“事皆亲躬经理,时常便服外出,私行考察一切”,“行踪无定”②。次年1月,他奏请从天津和保定抽调巡警官兵千余人进京,改组北京工巡局为内、外城巡警厅,把北京的警政抓到手,使原来在北京办巡警的肃亲王善耆“地位颇危,仅能自保”③。他把侦探、巡警布置到各个角落,不仅人民遭受迫害,就是达官贵人的言行也都逃不出他的监视,甚至宫廷动静也在注视之列,所有重要情报都能及时地送到袁世凯手里。这样,他便一跃而成为袁世凯集团的特工头子。

1908年底,溥仪继位,摄政王载沣监国,满族少壮亲贵与袁世凯集团的矛盾激化。次年1月,袁世凯被罢官,回河南彰德“养病”。善耆乘

① 袁世凯:《道员赵秉钧请饬交军机处存记片》(光绪三十一年八月十三日)。
② 《大公报》1907年2月6日。
③ 《汤睿致康有为书》1903年。

势夺取北京的警权。3 月,赵秉钧被撤职。从此他闲居天津,时常往来彰德,与袁世凯暗通消息,窥测时机。1911 年 10 月辛亥革命爆发时,他正在彰德参与袁世凯的窃国密谋。清廷被迫起用袁世凯组织责任内阁后,他担任民政部大臣。当时,八旗兵多调入北京城内,扬言要屠杀汉人。人心惶惶,局势混乱。他奉袁世凯之命先入北京,利用自己在巡警界的潜势力,在姜桂题所部毅军的支持下,把新调进的旗兵"一律资遣回城外汛地",撤出旗籍巡警,减免捐税,强令商店营业,戏院开演,迅速地恢复了秩序。

袁世凯为了逼迫清帝退位,从 1912 年 1 月中旬就称病不复入朝,内阁所有奏折及请旨都由赵秉钧和梁士诒、胡惟德三人往来传述。1 月 19 日,他们代表袁世凯列席亲贵王公讨论退位的御前会议,赵秉钧提出内阁解决时局的方案,即清政府和孙中山领导的南京临时政府同时取消,由袁世凯另在天津组织临时政府。当场遭到激烈反对。他很不耐烦地说:"此案实为内阁苦心孤诣于万难之中想出来的办法,若不见纳,除了袁内阁全体辞职,别无办法了。"说罢扬长而去。以后,他和梁、胡多次逼宫,最后隆裕太后曾哭着要求他们"回去好好对袁世凯说,务要保全我母子二人性命"。他又陪着大哭,并"誓言保驾"①。

清帝被迫退位以后,孙中山辞去南京临时政府大总统职,让位给袁世凯。3 月,袁世凯在北京就职,唐绍仪组织内阁,赵秉钧任内务总长。赵秉钧深知袁世凯和同盟会的妥协只是一种策略,当唐绍仪提出在内务部司员中安排几名同盟会员,以表示新旧合作时,他坚决反对,说要害部门必须全用北洋旧人。两人争持不下,他便扬言要率领内务部全体司员辞职,终于迫使唐绍仪让步,而且从此拒不出席由唐召开的国务会议。问其理由,则说:"会议关系本部之事甚少,而现在维持秩序之事诸关重要,故以不赴为便。"

不久,袁世凯逼走唐绍仪,赵秉钧暗中唆使北京军警会议召开特别

---

① 凤冈及门弟子编:《三水梁燕孙先生年谱》上,第 111 页。

会议，威逼参议院通过了袁世凯提出的陆徵祥内阁国务员名单，他仍连任内务总长。8月间，陆徵祥因受参议院弹劾，称病请假，赵秉钧奉命代理。此后，为了骗取同盟会领导人的信任，在袁世凯的授意下，他请人代填了一份加入同盟会的志愿书，同时对应邀进京的孙中山和黄兴极力表示亲热。9月，袁世凯准陆徵祥辞职，提出赵秉钧由代理改为实任。当时，同盟会已改组为国民党，黄兴企图通过赵秉钧实现“政党内阁”主张，便在参议院国民党议员中极力疏通，使赵内阁得以顺利通过。赵秉钧仍兼任内务总长。与此同时，外交总长梁如浩、农林总长陈振先、司法总长许世英都表示愿意加入国民党。本来已宣布脱离同盟会的工商总长刘揆一也表示愿恢复党籍。因此，赵内阁被人称为“国民党内阁”。但对这个“临时现凑的政党内阁”，当时“人多非笑之，谓此非政党内阁，乃系内阁政党”①。

内阁组成不久，赵秉钧就变了腔调。当有人问他加入政党的事时，他说：“我本不晓得什么叫政党，不过有许多人劝我进党，统一党也送什么党证来，共和党也送什么党证来，同盟会也送得来，我也有拆开看看的，也有搁开不理的，我何曾晓得什么党来？”有人说亲眼见过他送到统一党和同盟会的党证。他则摇着头说：“此恐怕不是我写的吧！”

10月3日，赵秉钧到参议院宣布政见，说“以维持现状为主义”。然而，不久他就把国务会议移到总统府召开，一切听命于袁世凯，使内阁变成袁世凯独裁统治的工具。

1913年初，国会选举揭晓，国民党独占优势。国民党代理理事长宋教仁计划组织真正的政党内阁，以限制袁世凯的权力。赵秉钧马上意识到自己的权位有被夺走的危险，便和袁世凯一起策划暗杀宋教仁的阴谋活动，但在表面上他却对宋教仁特别友好。3月20日，宋教仁在上海火车站被刺，伤势很重，延至22日逝世。不几天，正凶武士英及谋杀犯应夔丞被捕，在应夔丞家中搜出赵秉钧给应的密电报一册及叮

---

① 黄远庸：《远生遗著》卷2，商务印书馆1920年版，第153页。

嘱应夔丞"以后有电直寄国务院"之密函一件，还有内务部秘书洪述祖指使应行刺的函电多件，而且在洪致应的函电中，有多处提及袁世凯和赵秉钧指挥暗杀事，如："紧要文章已略露一句，说必有激烈举动。弟(指应)须于题前径电老赵，索一数目。"又："冬电到赵处，即交兄手面呈。总统阅后，颇色喜，说弟颇有本事。"又："毁宋酬勋，相度机宜，妥筹办理。"等等。这些证据被公布出来，宋案真相大白，举国人心震动，舆论哗然。在铁证如山的情况下，上海法庭传赵秉钧出庭对质。赵秉钧拒不出庭，装出一副无辜受累的样子，抵赖说：洪致应函电从未阅过，完全是洪假托名义，"招摇"或"隐射"。又装腔作势地说："鄙人德薄，横遭訾议，亦命运使然，惟抚念生平，四十即抱消极主义，五十以后即抱厌世主义，津沽伏处，久无问世之心。"由于总统一再敦促，才出来帮忙。后来，南方国民党人坚持要他出庭，他便凶相毕露，说"宋之被刺，正犯为武士英，嫌疑犯为应夔丞，与洪述祖究有如何干系，尚未判定"，要我"出庭受质"，完全是"野心枭桀，攘夺政权，藉端发难，血口喷人"。同时，在袁世凯的授意下，他发动特务机关制造假案，反诬黄兴组织"血光团"，派遣团员来京暗杀政府要人，授意北京检察厅票传黄兴到案对质，借以转移全国人民的视线。

尽管赵秉钧使用了这些鬼蜮手段，终不能掩盖事实真相，在全国舆论的压力下，他不得不以"感患牙痛兼头眩"为名引嫌自请免官。袁世凯批准他请假十五日。后来，他一再续假，直到7月16日袁世凯才准他辞职，而让段祺瑞代理总理，组织"战时内阁"，血腥镇压"二次革命"。次日，赵秉钧被任命为步军统领兼管京师巡警。21日又担任了北京警备地域司令官，对京津一带反袁的国民党人进行残酷的政治迫害。

袁世凯扑灭"二次革命"以后，赵秉钧于12月16日接替冯国璋担任直隶都督。1914年初，自上海越狱脱逃的应夔丞来到北京，以功臣自命，要求袁世凯实践其"毁宋酬勋"的诺言。军政执法处侦探长郝占一奉袁世凯密令，于1月19日在京津铁路火车上用电刀将应杀死。这件事使赵秉钧感到兔死狐悲，他为应鸣不平，径自发电通缉杀应凶犯，并抱怨袁世凯说:“如此,以后谁肯为总统做事?”①袁世凯装作不知内情,2月19日又让他兼直隶民政长。但是,没过几天,即2月27日,他在天津督署突然中毒,“腹泻头晕,厥逆扑地”,七孔流血而死②。人们都意识到这是袁世凯“遣人置毒羹中,杀以灭宋案之人证者”。

对于他的死,袁世凯假装非常痛惜,派朱家宝及其次子袁克文赴津治丧,特发治丧费一万元,并送挽词:“弼时盛业追皋益;匡夏殊勋懋管萧。”1915年底袁世凯做皇帝,又追封他为一等忠襄公。

① 《孤愤数袁氏罪恶之种种》,见民心社编《最新袁世凯》,泰东图书局1916年版。

② 《陆锦致袁世凯电》1914年2月27日。

# 赵 戴 文

陈宝珠

赵戴文，字次陇，1867年11月28日（清同治六年十一月初三）出生于山西五台县。父亲赵选三，幼孤贫，赖姑母抚养成人，及少年，作商号学徒，勤俭操持，生计渐裕。赵戴文九岁入学，十二岁时，父亲因商事涉讼，被羁押县署，赵戴文送衣送饭，奔走求援，历时数月，深感诉讼唯有贿赂说情而已，是人世间极不公道之事。

赵戴文十四岁读《松阳讲义》，知有圣贤之学。十九岁应试县书院，所作文章被考官评曰："蛟龙得云雨，终非池中物。"赵戴文得此勖勉，更专心向学。此后几年，就读于定襄白佛堂，除学经史外，兼涉兵学。

1890年，赵戴文入太原晋阳书院就读，受程朱理学之影响甚深。1893年应科试，列一等第一，转入令德堂（山西大学堂前身），深得导师器重，被誉为"魏徵之流亚"。

令德堂毕业后，赵戴文返籍组织民团，任团长。嗣后应聘至山西大学堂及宁武中学执教。

1905年冬，赵戴文鉴于清廷腐败至极，国濒于危，乃赴日留学，入东京弘文师院。他日渐与同盟会员接触，接受了孙中山的三民主义思想，1906年加入同盟会。赵在弘文师院毕业后，即与留学东京回籍度假的同乡阎锡山一起取道上海返国。赵与阎以游历为名在雁门关、五台山一带活动了几个月，在同学、亲友、商人中揭露清政府的腐败无能和卖国行径，甚至对僧侣也传布革命思想。阎锡山假满之后返日继续求学于陆军士官学校，赵戴文留在太原，先后担任农林学堂、晋阳中学堂庶务、斋务长等职，暗中发展一大批学生加入同盟会。

1910 年，任山西新军第八十六标标统的阎锡山筹谋策动新军起义，赵戴文为之运筹擘划。赵、阎与温寿泉等同盟会员发起成立山西军人俱乐部，假名研究学术，暗中鼓吹革命；并组织模范队，假名做训练的表率，以作起义的骨干。

辛亥武昌起义后，各省革命党人纷起响应，山西革命党人加紧策划太原起义。山西巡抚陆钟琦、督练公所总办姚鸿法察此情势，大为惶骇，饬令第八十五标标统黄国梁率一、二两营速至省城。阎锡山即召赵戴文等密商对策，决定领到子弹后即刻起义。赵戴文详细分析新军的起义力量，认为第八十五标的革命力量薄弱，应把工作重点放在发动八十五标上，为阎采纳。会后，赵戴文与南桂馨等人还赴五台商讨起义步骤。

太原起义于 10 月 29 日成功，阎锡山被举为山西都督。清廷震动，派第六镇统制吴禄贞出任山西巡抚，令其带兵入晋镇压革命。吴禄贞先已秘密参加革命，到石家庄后邀阎锡山赴娘子关会晤，商议组织“燕晋联军”，共图颠覆清廷。赵戴文随同阎锡山前往，与谋其事。但吴禄贞被袁世凯收买其部属暗杀，清廷改派张锡銮为山西巡抚，统率第三镇曹锟部进攻山西。阎锡山连召两次军事会议，提出弃守太原，赵戴文附和阎意。会后留副都统温寿泉坐镇太原，阎锡山与赵戴文相偕取道静乐、宁武向北撤退。

嗣后，南北停战议和，1912 年 3 月 15 日，阎锡山被袁世凯任命为山西都督。赵戴文随阎由忻州返回太原，被任命为都督府秘书厅厅长。此后，阎锡山依附袁世凯，积极执行袁的命令，解散山西全省的国民党部，自己亦声明脱离国民党。赵戴文亦步亦趋，唯阎之马首是瞻。旋奉阎锡山派为代理晋北镇守使；翌年 8 月，调任陆军第四混成旅旅长。赵协助阎在山西大力推行“新政”，改造基层政权，谋划甚多；同时主持国民师范学校，兼办山西育才馆、洗心社，为阎锡山培养诚服于己之青年。因其学识渊博，循循善诱，人们以“老先生”相称。

1926年末，赵戴文被阎锡山派往南方与国民政府联络，至江西向蒋介石转达阎锡山的归依之意。蒋介石对赵颇为重视。次年4月，蒋反共“清党”，下令改组各省地方党部，委赵戴文与张继等人组成山西省党务改组委员会。

1928年2月，阎锡山就任国民革命军第三集团军总司令，赵戴文任总参议兼政治训练部主任。第三集团军参加讨伐张作霖奉军之战，6月入据京津，阎锡山兼平津卫戍总司令，赵戴文被任命为察哈尔都统。此后，在阎之推荐下，赵到南京任职，历任国民政府蒙藏委员会副委员长、内政部次长、部长。赵秉承阎的意旨办事，又谨慎处世，以取得蒋介石等人的信任和容纳。在1929年国民党第三次全国代表大会上，赵被选为中央执行委员。同年9月，任监察院院长。

其时，阎锡山为抵制蒋介石的“编遣”，与蒋钩心斗角，还先后支持冯玉祥、唐生智等人起兵反蒋。赵戴文多次劝言阎锡山不要以卵击石，至少不要公开亮相；同时进言蒋要同阎修好，免树新敌。1929年12月初，唐生智出兵反蒋，蒋派赵于12月7日回太原劝说阎锡山讨唐。在赵的劝说下，阎锡山变更态度，通电拥蒋，进而接受蒋的任命，指挥讨唐之战。但是蒋介石洞察阎的两面态度，曾密令韩复榘相机拘阎。在1930年初蒋、阎关系日趋紧张之时，赵戴文再返太原，劝阻阎的反蒋活动。但阎与冯玉祥等各方反蒋势力联合反蒋之阵线已经组成，赵无功而返。是年4月1日，阎出任“陆海空军总司令”举兵讨蒋，中原大战爆发，赵在南京如坐针毡。

中原大战以阎、冯之败北而告终。阎锡山在大连和老家蛰居一段后，又于1932年2月重新主掌山西军政，出任太原绥靖公署主任，赵戴文从南京返回山西，任公署总参议，重又专意辅阎，为其规划山西省政十年建设计划。赵竭力修好阎与蒋之关系，建言阎全力进行山西地方之经济建设，不问晋境以外之事，以消除蒋之疑虑。阎锡山于1935年冬在山西全省组织防共反共的“主张公道团”，自任总团长，以赵戴文为副总团长。该团冠以“主张公道”之名，宣传所谓“公道主义”，以对抗共产主义，活动了一年多光景。

1936年6月，赵戴文出任山西省政府主席。他秉承阎的旨意，将山西地方的“青年救国团”和“建设救国社”合并组成“山西自强救国同志会”，作为推行政令的组织保证，举阎为会长，自任副会长。后来阎认为“同志会”成分不纯，组织松懈，赵戴文又另组“自强救国社”，会员填表登记，并向阎像宣誓后才算正式入社，赵戴文代表阎监誓。

抗日战争于1937年全面爆发后，阎锡山被任命为第二战区司令长官，赵戴文兼第二战区长官部政治部主任。他以七十高龄随军转战于吕梁山区，并经常在士兵中演讲，激励士气，坚定抗日必胜信念。

1939年1月，国民党五届五中全会决定“防共限共溶共”，强化国民党组织，赵戴文被国民党中央选派为山西省党部主任委员，但赵年事已高，实际党务工作由书记长黄树芬负责。

1943年12月17日，赵戴文病逝于吉县克难坡。著有《孟子学说足以救世界》、《军事演讲录》、《清凉山人文稿》、《读经偶笔》、《禅静初谭》、《唯识入门》、《宇宙缘起说》等多卷。

## 主要参考资料

《赵次陇传略》，《国史馆馆刊》第2卷第1期。

山西省政协文史资料研究委员会编：《阎锡山统治山西史实》，山西人民出版社1984年版。

蒋顺兴、李良玉主编：《山西王阎锡山》，河南人民出版社1992年版。

阎伯川先生纪念会编：《民国阎伯川先生锡山年谱长编初稿》，台湾商务印书馆1988年版。

# 赵 登 禹

陈 民

赵登禹,字舜臣、舜诚,1898年7月4日(清光绪二十四年五月十六日)①出生于山东曹州(今菏泽县)附近的赵楼村一户世代务农的贫穷农家,排行第三。七岁上私塾念书,但只读了两年便辍学,在家帮大人干活,割草、放羊。不久,父亲赵锡君因劳累过度去世,靠母亲郝氏支撑一家生活。赵登禹常听村里老人讲武侠故事,赞赏侠客除暴安良、杀富济贫的义举。十三岁时,拜菏泽一带著名武术师朱凤军为师,学习武术,他练功十分刻苦,深得师父器重,学了将近三年,刀、枪、棍、棒样样精通。艰苦生活的磨炼,十五六岁的赵登禹已长得膀大腰粗,臂力过人。

1914年初秋,一次偶然的机会,赵登禹听说当时驻扎在陕西潼关的冯玉祥部队纪律严明,深受老百姓欢迎,遂与同乡好友赵学礼、赵金胜结伴,从菏泽步行一千八百多里路到潼关,投奔冯玉祥的第十六混成旅,被编入该旅第一团第三营佟麟阁连。赵入伍后,严格要求自己,苦练军事技术。由于有了武术功底,他的动作标准、利索,得到长官好评。有一次训练时,冯玉祥发现赵登禹身体魁梧,武术出众,便调他当自己的随从卫兵。

冯玉祥治军严明,亲自给士兵讲政治课,以"不扰民,真爱民,誓死

① 赵登禹之女赵学芬访谈录,1996年3月14日。

救国，反对官僚政府，反对外国侵略”①的爱国爱民思想教育官兵，还将自编的《识字课本》、《军人教育》、《军人读本》等普及读物发给官兵学习。冯本人以身作则，带头读书，并规定在自己读书写字时，不接见任何人，无论谁来赵登禹都要挡驾。在冯的影响下，赵登禹在练兵之余，也抓紧时间学习文化。作为冯玉祥的随从卫兵，对冯的为人处世、治军治学，有了较深刻的了解，潜移默化，终身受益不浅。

1917年秋，冯玉祥率部进驻湖南常德，兼任常德镇守使。当时常德驻有日本领事馆，常有日本浪人仗势欺压中国老百姓，无人敢管。有一次，几个日本浪人酒后闹事，在街上殴打小贩。赵登禹气愤不过，把几个浪人狠揍了一顿，令他们当众向小贩道歉。然后又把他们扭送到旅部交冯玉祥处理，几经交涉，迫使日本领事赔礼道歉，保证不再重犯。1920年前后，赵登禹被任命为旅部直属工兵连第三排排长，跟随部队转战河南、河北、北京等地。由于屡立战功而连续被提拔，先后担任连长、营长、副团长等职。1924年秋，第二次直奉战争爆发，冯玉祥联合孙岳、胡景翼，班师回京，发动了北京政变，把所部扩建为国民军第一军，赵登禹升任团长。

1926年9月，冯玉祥由苏联回国，举行“五原誓师”，不久将所部改编为国民革命军第二集团军，参加北伐。赵登禹被任命为孙良诚部的团长，随即奉命援陕，解西安之围。赵登禹团和刘汝明师克咸阳，攻坝桥，绕道王曲、子午镇，北攻雁塔张家村，击溃刘镇华部，为解西安之围立下战功。1927年初，南方北伐军已胜利进军到长江流域。为了配合北伐军，冯玉祥决定率兵出陕，“援鄂攻豫，会师中原”。赵登禹以战功晋升为旅长。1928年又升任第二集团军第二十七师师长，随宋哲元率领的第四方面军先后剿平樊钟秀部、李云龙部、耿庄、段茂功部、何毓

---

① 1925年冯玉祥任西北边防督办时，创办西北陆军干部学校即规定，学生军装左袖有一圆形臂章，上书“誓死救国，不扰民、真爱民”两行字；左胸佩一方形布徽，上书“废除一切不平等条约”，以此激励学生。

斌、赤亚武部以及党毓昆部。1930 年蒋、冯、阎中原大战时，赵登禹为第四路军第二十五师师长。赵师在河南杞县与蒋介石嫡系冯轶裴的教导第一师和张治中的教导第二师对峙。有一夜，冯军郑大章的骑兵绕袭柳河车站，烧毁蒋军十多架飞机，蒋介石幸免被俘。后来冯、阎军大败，第四路军退到山西运城一带，被张学良改编为第二十九军（军长宋哲元），赵部第二十五师被改为第三十七师（师长冯治安）第一〇九旅，赵为旅长，驻山西猗氏县（今临猗县）及辽县（今左权县）一带，休整练兵。

1931 年"九一八"事变后，第二十九军奉调至北平附近的通县、蓟县一带驻防，赵旅随之到蓟县附近。1933 年 1 月初，日军侵占山海关后，长驱直入热河省。3 月 4 日，赵旅奉命从蓟县出发，向冷口增援。3 月 5 日，日军从热河大举进犯长城各口。驻凌源之东北军万福麟部，于汤玉麟放弃承德后向喜峰口溃退。3 月 6 日，赵旅接命令折回，转向喜峰口。该旅先头部队王长海团冒雪经两天急行军，于 9 日上午抵达喜峰口，抢占关口两侧高地。当天，日军以大炮轰击，在装甲车掩护下，向我阵地猛攻。我军沉着应战，数次肉搏，敌死伤甚重，终未得逞。为便利作战指挥，3 月 10 日，宋哲元特委任赵登禹为喜峰口方面作战前敌总指挥①。3 月 11 日上午九时，日军集中炮火猛烈轰击，掩护步兵两个团向我喜峰口两侧高地猛攻，肉搏十多次，互得互失，双方伤亡惨重。东侧高地刘景山团阵地一度被占，赵登禹和第三十七旅旅长王治邦立即组织力量增援刘景山团，夺回阵地。在激烈战斗中，赵的左腿被炮弹炸伤，他强忍剧痛，坚持指挥战斗。12 月，喜峰口两侧高地被敌占领。赵登禹奉命于午夜分兵四路，包抄奇袭日军，是夜，塞北寒风怒吼，大雪纷飞，赵登禹扶着拐杖，率王长海团绕至敌后，占领日军炮兵阵地，夺大炮十余门，因山僻路险，不便运回，当即加以破坏，使 13 日敌人反攻时，

① 孙湘德、宋景宪主编：《宋故上将哲元将军遗集》（上册），台北传记文学出版社 1985 年版，第 234 页。

炮击甚少。14 日,攻击喜峰口正面之敌于上午十时向后撤退①。由于日军连日进攻长城各口未能得逞,便改变战略,改向滦东进攻。4 月 11 日占领冷口,使喜峰口我军处于腹背受敌之势,第二十九军被迫撤至通州以东沿运河布防。赵登禹经过喜峰口战役,声名大振。国民政府颁奖他青天白日勋章。第二十九军获准增编第一三二师,并以战功提任赵登禹为该师师长。

1933 年 5 月,南京政府与日本签订丧权辱国的《塘沽协定》,并勾结日伪夹击冯玉祥领导的察哈尔民众抗日同盟军。8 月,冯玉祥被迫撤销同盟军总部,宋哲元奉调回张家口继续主持察哈尔省政务。9 月,赵登禹师奉命进驻张北县,该师所部二一七团向被敌伪军李守信所占据的独石口、沽源进攻,夺回了失地。1934 年 10 月,日本天津驻屯军参谋川口清健等由张家口去多伦,途经张北县时,无理拒绝我城防守卫查看证件,被带到一三二师司令部,仍蛮横拒绝查询。我军气急,从特务营选出一百名高大士兵,持着上刺刀的步枪,十人一班,五分钟一换,轮流向敌人头上约一寸远外刺去,让日本人知道中国军队不可侮,迫使川口等人赔礼道歉。1935 年 5 月,日本特务人员数人,经张北南门强行进城,被卫兵带到一三二师司令部,经请示省政府,于次日放行。事后日本关东军代表土肥原以日本人受辱为由,要挟宋哲元,并以武力相威胁,提出无理要求。南京政府屈服于日本的武力威胁,派察哈尔省代理主席秦德纯与土肥原谈判,达成所谓《秦土协定》,保证日本人在察哈尔省自由往来,取消察省国民党机构,设立察东非武装区,第二十九军从察省撤走。

1935 年 8 月 28 日,南京政府任命宋哲元为平津卫戍司令,赵登禹

---

① 《宋哲元报告喜峰口战况致国民政府电》、《宋哲元续报喜峰口战况致国民政府电》(1933 年 3 月 12 日)、《宋哲元报告进犯喜峰口之敌被击退致蒋介石电》(1933 年 3 月 14 日),中国社会科学院近代史研究所中华民国史研究室编《长城抗战资料选辑》,中华书局 1989 年版,第 45、48 页。

一三二师也随军到了北平，驻扎南苑。1936年夏，第二十九军政治部主任宣介溪突然被日本人抓去。赵登禹、冯治安（第三十七师师长兼河北省政府主席）、刘汝明（第一四三师师长兼察哈尔省政府主席）商量，认为日本胆敢擅抓我方高级将领，实在欺人太甚，我们不能示弱，于是派人交涉。赵扬言限日人两小时内放人，否则先将平津一带的日本人杀光再说。同时向所部下令，要求两小时内完成作战准备，待命行动。不久，日方将宣介溪送回，诡称此次抓人系属"误会"。事后，二十九军调整防务，赵的一三二师移驻河北的任丘、沧州、河间一带。1936年1月，国民政府授予赵登禹陆军中将衔。5月，兼任河北省第四区剿匪司令。11月，兼任河北省政府委员。

1937年7月卢沟桥事变后，日军增兵达十多万人，对平津进行军事包围。7月26日，日军攻占平津之间要地廊坊，并向宋哲元发出最后通牒，限第二十九军第三十七师于28日中午以前从北平附近撤退完毕。同日，赵登禹奉命到南苑与佟麟阁副军长共同负责北平防务。次日，第一三二师指挥所到达南苑，赵登禹即召开师、旅、团长会议，发布口头作战命令，进行战斗准备，并亲临前线视察战壕和防御设施，鼓舞士气。28日凌晨，日军集中步兵三个联队，炮兵一个联队，飞机二十多架，向南苑发起攻击。赵登禹和佟麟阁亲临前线指挥作战。在敌人猛烈进攻下，我军伤亡过大，只好且战且退。战至中午，终因寡不敌众，被日军四面包围。佟麟阁在指挥突围时，与日军遭遇，众寡悬殊，弹尽殉国。赵登禹率部向大红门集结，准备反击，当赵所乘汽车驶至大红门御河桥时，突遭埋伏在两侧的日军袭击，当即壮烈牺牲①。同他一起遇难的有副官长赵国治、副官主任李先池、随从副官赵登高以及司机。

南苑血战后，冀察政务委员会派参议田春芳协同北平红十字会到大红门将赵登禹等牺牲将士就地掩埋。赵、佟英勇殉国的消息传出后，

---

① 张寿龄：《佟麟阁、赵登禹殉国追记》，《团结报》1984年7月7日。

全国军民同声哀悼，国民政府于7月31日发布褒恤令，追赠赵登禹和佟麟阁为上将①。抗日战争胜利后，何基沣奉冯治安之命，将赵登禹等第二十九军抗日阵亡将士遗骸由大红门移葬卢沟桥畔。北平市政府将西城南太平桥的一条马路命名为“赵登禹路”，以志永久纪念。

① 《佟麟阁》，秦孝仪主编《革命人物志》第20集，台北“中央文物供应社”1979年版，第67页。

# 赵 棣 华

董丽颖

赵棣华,名同连,字棣华,以字行。江苏镇江大港人。1895 年 9 月 16 日(清光绪二十一年七月二十八日)生于江苏淮阴。父亲赵明达是富裕的盐商。早年就读于常州五中、金陵大学,大学毕业后赴美国留学,先入伊利诺伊大学,后转入西北大学商学系,主攻经济,获硕士学位。在美留学期间,与陈立夫、余井塘、吴大钧等人友善。1926 年学成归国,先后在南京省立第一中学、国立东南大学及国民党中央党务学校任教。同年,经陈立夫、余井塘介绍加入国民党。1927 年,赵棣华到国民党中央组织部任职。1928 年,国民党中央组织部新设立统计、调查研究二科,赵棣华任统计科主任,陈立夫任调查科主任。1929 年,陈立夫任国民党中央党部秘书长,调赵任职秘书处总务科,主管党务财政。在任内,创立全国公务员所得捐。国民党中央华侨捐款保管委员会成立,陈果夫任主席,聘赵棣华为秘书,管理海外华侨捐款。当时华侨捐款甚巨,赵棣华对之保管运用尽心尽力,如南京马路之修筑、中山陵、谭延闿墓、北伐阵亡将士公墓、遗族学校、中央广播电台、"国民大会党"、华侨招待所等等,无不是善用华侨捐款而成。

1930 年,南京国民政府成立主计处,赵棣华任主计官兼统计局副局长,旋升任局长。在任内,悉心从事会计制度的设计和推行,颁发全国会计制度统一规定八大册,修订了预算法、会计法、决算法等主计法令,并推向全国。此举标志着现代化的主计制度在我国的确立。

1933 年,江苏省政府改组,陈果夫任省政府主席,赵棣华被任命为财政厅长。接任财政厅长之初,江苏省财政相当困难,经过一段时间的调查后,赵棣华决定从改革田赋入手。30 年代中国各县地方财政几无制度可言,无统一收支办法,也无完备的账册,全由县长包办,而县长则主要依靠当地的"吏书",因此"苏省田赋制度积弊至深,仅凭书吏挟其私存图册以为鸿秘"。赵棣华改革有三个方面:一是整理土地陈报。第一步是将吏书手中的税册收回,由县政府保管,第二步是办理土地登记,第三步是办理土地清丈。执行第一步时,因为与吏书的利益发生正面的冲突,加以地方乡绅的观望,一开始遭遇到很大的阻力,但赵棣华以惊人的毅力终克完成。土地清丈始于 1935 年,后因抗战爆发而未完成。二是整理田赋附加,把江苏各地一百五十多种名目的附加废除六十多种,禁止二十多个县自行印发辅币小票。三是变更田赋征收办法,由银行代收税款,改纳银为纳元。

赵棣华同时改革了江苏省财政的主计制度。通过制定各县编制地方预算暂行办法、各县动用预备费临时办法、预算科目细则、各县县金库暂行规程、各县地方款项稽核规程、省政府购置审定委员会规程及办事细则、江苏省财政稽核委员会组织章程及稽核细则等一系列的法规,统一收支程序和完善账册,建立预算、收支程序、会计、稽核等一整套地方财政的处理程序。在其任财政厅长期间,规定现金保管、账务记录、收支权限各自独立,而以预算为事先计划与控制之依据,以决算为事后之考核。同时,规定由江苏银行、江苏农民银行、中国银行、交通银行保管现金,作为代理省、县金库;由财政厅派往各县的会计主任登记账务。这样,各县有收支预算、收入以条例与预算为据,支出以支付命令为凭。这些都堪称我们地方财政现代化的创举。

经过赵棣华大刀阔斧的改革后,江苏地方财政逐步好转。1932 年省财政实收九百八十五万元,到 1933 年达到一千一百九十七万元。到 1937 年抗战爆发时,全省许多县金库财政盈余多者数百万元,少者亦有几十万元。

1934年，赵棣华兼任江苏省农民银行总经理。赵棣华为江苏农民银行制定不以营利为目的、所有业务及行政设施无直接以农民利益为旨归的经营方针。在此原则下，江苏农民银行迅速展开业务，分支机构由原来不足三十处，在赵棣华接任后的数年间发展至八十多处，在重要的市镇亦开设有办事处。同时，江苏农民银行严守不在省外设行的原则，以服务本省为目的，将苏南各分行多余的头寸，由总行优先调苏北应用。规定各县城区吸收的存款，全部贷放农业，不得作城市工商业贷款。赵棣华对江苏农民银行的业务进行改革，大力发展农村信用社，同时也向合作社、生产互助会、乡镇代表、农民个人和政府机关放款。赵棣华还发起成立了江苏农村金融委员会，成立农村合作社，还筹建农业仓库，实行青苗贷款、推行农贷，并办理抵押、保管、加工、运销等业务，在发展江苏农村经济方面取得重大成果。以后，国民党CC系以此为起点，成立了全国农村合作社，建立了中国农民银行和中央合作金库。

1935年，赵棣华由财政厅委任为江苏银行董事长。同年，在国民党五大上，当选为中央执委。

1937年全面抗战爆发后，江苏省政府改组，由第三战区司令长官顾祝同兼任省主席，赵棣华留任财政厅长。赵棣华向国民党中央荐计献策：在各战区内设直属行政院的经济委员会，配合军事政治需要，统筹发展经济，对敌进行经济作战。国民党中央采纳了他的建议，首先在第三战区设立经济委员会，任命赵棣华为第三战区经济委员会主任和交通银行协理。这时江苏大部分地区沦陷，赵棣华随顾祝同在江西上饶办公，赵棣华在第三战区经济委员会会议上提出“调整生产，促进贸易，储备物资，加强运输，调节金融，严密缉私”的六大纲要。在当时第三战区大部分地区为日军包围的形势下，赵棣华组织贸易委员会以供应物资；组织合作委员会，以协助运销农产；成立第三战区的五省（苏、皖、浙、赣、闽）通汇处，以流通金融。同时组织水陆联运队处，以辅助铁路与公路运能之不足。通过这一系列的措施协调战时经济，战区的战略物资得到抢运，工业得以扶持，军粮民食有所保障，而金融亦见安定。在任职第三战区经济委员会时，赵棣华与重庆国民党高层保持着密切联系，往返上饶与重庆间达二十多次。在经济建设方面，赵棣华认为，战时经济建设应确立两个基本方针："第一，要以军事为中心，以经济来配合抗战，巩固国防；第二，要在战时树立战后的新经济基础，努力建国，发展民生。"为此赵棣华提出都市工业农村化，把机器工业分散到农村的主张。

1941 年，太平洋战争爆发，交通银行总经理唐寿民陷于香港，未能赴重庆，这引起时任国民政府行政院院长兼财政部长、中国银行总裁的孔祥熙对交通银行的攘夺。交通银行董事长钱新之为抵制孔祥熙，邀请属于国民党 CC 系的赵棣华出任副总经理，并代总经理职。赵棣华上任后，把交通银行的设计处扩充为五科，自任处长，并延揽纺织、冶金、农林、金融经济研究专家多人各司其事。1942 年 7 月，交通银行成为国民政府指定作为"发展实业"的专业银行后，钱新之、赵棣华竭力开拓业务，为发展大后方的工业出力。在赵棣华的主持下，加强银行与实业界的配合，以求发展，赵棣华提出由银行发行公司债与商业债券，代公司募集股票；开办了工厂添购机器设备保值存款；又以交行信托部的名义成立蜀余公司，运销川盐至两湖、滇、黔等地。

抗战胜利后，赵棣华当选为全国银行公会主席，并担任镇江旅沪同乡会会长。1945 年，任中央财务委员会副主任委员。1946 年，国民政府还都南京，赵棣华任国民政府委员。

1947 年，国民党统治区的经济形势严重恶化，为此国民党中央组织部长陈立夫专程来上海会晤赵棣华等人，以谋良策。赵棣华建议开放外汇，取消输入限制，允许直接购买国外生产生活必需品；对全国各种货仓物品进行摸底调查，以最快的速度、最广泛的渠道掌握物资；提出由政府接收的敌伪工矿企业及其国营事业应早日估价，转售给民间，既可以借此收回通货，又可充分调动人民的管理才能和生产积极性；准许人民按法律规定申请经营矿产等资源。赵棣华同时表示，交通银行当鼎力相助政府利国利民的措施。陈立夫后来把赵棣华及其他知名人士的意见汇总后写成报告,交国民政府行政院。但国民政府根本无意采纳,一心推行币制改革。

1948 年,赵棣华随交通银行南迁广州,并接替钱新之为董事长,仍兼总经理。这一年,赵棣华撰写《挽救目前经济危机意见书》上呈蒋介石,痛陈当时财政经济之失策,指出"国内经济秩序如不能安定,则外汇之掌握无补于民生,亦无裨于税源。纵观三年以来,七亿美元之耗损,徒以增少数豪富之积聚,以进而加剧都市奢侈之风尚",反对中国银行抛售黄金政策,认为"徒以助长投机,增贫富之距离"。赵棣华提出"收缩通货,放开物价"为中心内容的多项具体措施。但其时国民政府正准备迁往台湾,这些意见建议也无从采纳。

交通银行随国民政府迁台湾后,赵棣华认为工业起步要以民生事业为前提,故一到台湾即筹备中本纺织公司和台北纺织公司的开工,并以其子赵耀东任总经理。1949 年 11 月,周恩来总理在接见从香港归来的镇江籍银行家徐国懋时,就谈起其对赵棣华的经济管理才能与理财能力的赞赏,并希望赵棣华能回国参加新中国建设。

赵棣华德高望重,备受政府重视,一生兼任职务极多,举其大者有:中央合作金库常务理事、四明银行常驻监察人、新华银行董事、大中银行董事长、大生纺织公司常务董事、中法药房董事长、上海市轮渡公司副董事长、上海华商证券交易所常务理事、中国纸厂董事长、中国纺织机器制造公司监察、中国农业机械公司常务董事、中国植物油料厂常务董事、馥记营造公司常务董事、太平洋保险公司常务董事、中国棉业公司常务董事、中央日报董事、新闻报董事、江苏实业公司董事长、南通学院主席校董等。此外,他还兼任中华民国全国银行公会联合会常务理事、江苏建设协会理事长、上海市参议员、镇属五县旅沪同乡会副理事长、镇江旅沪同乡会理事长等。1936 年,赵棣华和妻子李崇祜还在镇江办有崇华小学。

1950 年,赵棣华随严家淦赴法国参加国际货币基金会议,旧病复发。12 月病逝于美国。

## 主要参考资料

中国国民党党史史料编纂委员会:《革命人物志》第 7 集,台北“中央文物供应社”1969 年版。

赵家连:《财政金融巨擘赵棣华》,中国人民政治协商会议江苏省镇江市委员会文史资料研究委员会编《镇江文史资料选辑》第 37 辑,2003 年版。

赵棣华:《一年来之江苏财政》,《江苏月报》第 3 卷第 1 期(1935 年)。

赵棣华:《江苏地方计政之改革》(1—4),《会计季刊》(1935—1936 年)。

赵棣华:《工业农村化》,《东南经济》第 2 期(1941 年)。

# 赵 凤 昌

陈时伟

赵凤昌,字竹君,号惜阴,江苏武进人,生于1856年(清咸丰六年)。少时家贫失学,入钱庄习贾,因私自挪用钱库款项被辞退。富户朱某鉴其聪明伶俐,为之捐官县丞,分省广东候补。到广州后,赵凤昌先在广东藩司姚觐元幕下任记室,得以饱览群书,精研幕道。1884年,张之洞调任两广总督,赵夤缘得充督署文巡捕。由于他勤奋好学,处事练达,很快便获得张之洞的赏识,被委为督署文案,参与机要,起草文电奏稿,"摹仿之洞书法几能乱真"①。

1889年,张之洞移督两湖,赵凤昌以亲信幕僚随同前往。抵鄂后,升任总文案,掌督署机要。赵凤昌遂借此"与在省寅僚广为结纳,其门如市"②。1893年,朝中爆发了轰动一时的"张之洞大参案",名翰林周锡恩因被赵凤昌揭破其抄袭文章为张之洞祝寿一事而恼羞成怒,在京运动大理寺卿徐致祥参劾张之洞"辜恩负职",附带攻击赵凤昌替人钻营差缺,"声名甚秽"③。结果,清廷在处理此案时为了既不得罪张之洞又能敷衍京官的脸面,遂将赵凤昌革职勒令回籍④,赵凤昌成了张之洞的"替罪羊"。

---

① 刘厚生:《张謇传记》,龙门联合书局1958年版,第93页。

② 许同莘编:《张文襄公年谱》,商务印书馆1947年2版,第82页。

③ 许同莘编:《张文襄公年谱》,第79页。

④ 朱寿朋编:《光绪朝东华录》第3册,中华书局1958年版,总第3220页。

遭此变故，赵凤昌对仕途功名心灰意冷，他决心从此不再涉足官场，但是他的政治热情并未减退。1894 年，赵凤昌回到上海定居，张之洞因对赵所受处分过意不去，仍给他安排一份差使，名义上在武昌电报局挂名支薪，实际上常驻上海为湖广督署办理通讯、运输诸务。赵凤昌遂借此与当地官绅、外国领事建立联系，继续为张之洞提供情报，出谋划策。

赵凤昌回沪定居时，正值甲午战争爆发。他与张謇、屠寄、经元善、何嗣焜等一批与张之洞有雅素的帝党名流过从甚密，常在一起诗酒酬酢，议论朝政，言战之声甚高。维新运动期间，因经元善的介绍，赵凤昌结识了南下办报的康有为、梁启超，"时与讨论"①。

1900 年，北方爆发义和团运动，赵凤昌对此十分敏感，他从电报局连续向张之洞发出"不费一钱的一等密电"②。这些密电大都系报告外国人对此事件的态度和当时的国际形势。是年 6 月，英帝国主义为了向清政府施加压力，派军舰进入汉口、南京、吴淞，一时江海各口岸人心惶惶。这时，赵凤昌向他的武进同乡、正在上海的督办铁路事务大臣盛宣怀提出了一条"保护东南"之策，其内容为："各国兵舰勿入长江内地，在各省各埠之侨商教士，由各省督抚联合立约，负责保护。上海租界保护，外人任之，华界保护，华官任之。总以租界内无一华兵，租界外无一外兵，力杜冲突。"③这一策略的目的在于稳定上海秩序，预防义和团运动在南方蔓延，也为防止外人借机出兵上海。6 月下旬，盛宣怀召集赵凤昌、何嗣焜、张謇等人，在"盛宝源祥宅中"设立临时办事处，决心置清廷的宣战上谕于不顾，由赵凤昌联络张之洞、张謇游说刘坤一，盛宣怀亲自致电李鸿章，陈述"保护东南"之策。他们的建议很快得到了东南三大帅的赞同。6 月 26 日，东南各省督抚的代表与各国驻沪领事在上

---

① 黄濬：《花随人圣庵摭忆》，上海古籍出版社 1983 年版，第 307 页。

② 刘厚生：《张謇传记》，龙门联合书局 1958 年版，第 97 页。

③ 惜阴：《惜阴笔记·庚子拳祸东南互保之纪实》，《人文月刊》第 2 卷第 7 期。

海订定了《东南保护约款》和《保护上海城厢内外章程》，这两个约款的基本内容与赵凤昌所提出的“保护东南”方案毫无二致。这就是著名的“东南互保”。

“东南互保”订立后，赵凤昌等人并没有停止其活动，随着北方形势的进一步恶化，他又和张謇一系的帝党策划了一个拉拢刘坤一、张之洞两位总督联合起来以东南互保为名，而以推倒那拉氏政权为最大目标的计划。具体的方法是用“迎銮”的名义，“将那拉氏与光绪迎到汉口或南京，作为行都，然后再强迫那拉氏交出政权”①。8月初，赵凤昌接到神机营文案庆宽从京中寄来的密信，告以：“宫中传见义和团之红灯照，试演其术，且获赏，我已送老母往西山避祸，南中当知大局去矣！”②赵遂加紧游说张之洞。同时，张謇也一再致函刘坤一，陈述“迎銮”③之策。但是，由于张、刘二督与西太后之间并无根本矛盾，加之西太后很快向列强投降，使他们之间的矛盾缓解，赵凤昌等人的计划遂成泡影。

《辛丑条约》签订后，国内外阶级关系发生了深刻变化，中国民族资产阶级力量逐渐发展。在江浙地区，以张謇为首的资产阶级财团开始崛起。这一时期，赵凤昌与张謇的配合更加密切，他不仅积极参加张謇的经济活动，而且十分热衷于立宪。

1904年，日俄战争在中国爆发，给知识分子以很大震动。是年5、6月间，张謇与赵凤昌、汤寿潜等人聚集于上海，为湖广总督张之洞、两江总督魏光焘起草了一份《拟请立宪奏稿》，请求清廷“仿照日本变法立誓，先行宣布天下，定为大清宪法帝国”④。这是国内较早呼吁立宪的文章。7月，赵凤昌又托内务府满人庆宽将张謇刻印的《日本宪法》十

---

① 刘厚生：《张謇传记》，第97页。

② 惜阴：《惜阴笔记·庚子拳祸东南互保之纪实》，《人文月刊》第2卷第7期。

③ 张謇：《张謇日记·光绪二十六年七月》，张謇研究中心、南通市图书馆编《张謇全集》第6卷，江苏古籍出版社1994年版。

④ 国家图书馆藏：《赵凤昌藏札·奏为时局艰难谨参考各国政史拟请采用宪法实行新政以振积弱而图自强折稿》（以下简称《藏札》）。

二册“径达内廷”，此事引起了西太后的注意，军机大臣瞿鸿禨“旋命其七弟来沪，托凤昌选购宪法各书”①。

日俄战争结束后，两国在美国调停下将于朴茨茅斯签订和约，重新分割中国权益。赵凤昌闻知后，遂在上海串联张元济等爱国人士合电枢臣，要求清政府派专使“预会建言”，以防利权外溢②。他还向署湖广总督端方上《为预筹外患请特简专使陈公义而维危局密折》，请代为转达③。获端方赏识，不断有书信往还。

1906年，清廷颁发“仿行宪政”上谕，国内立宪运动由秘密转入公开。这一时期，赵凤昌经常出入于上海的张园、《时报》馆等处，为张謇等人组织的“预备立宪公会”和资产阶级领导的保路运动出谋划策，曾被江苏铁路公司聘请“担任总公司职务，随时赞划一切”。④

1909年，赵凤昌正式加入了“预备立宪公会”⑤。次年11月，他通过美国传教士李佳白(Gilbert Reid)邀请来华参加“南洋劝业会”的美国民间商团到上海访问，特意在家中设宴招待商团首领大来夫妇。席间，张謇、熊希龄等立宪派领袖与美国人商讨了中美合资，“共营银行、开航业、设商品陈列所、置商品调查员”等事⑥。事后，江浙资产阶级中间掀起了一股“社会联美”的浪潮。

1911年5月，清廷悍然成立皇族内阁，“是时举国骚然，朝野上下，不啻加离心力百倍”⑦。赵凤昌与张謇、汤寿潜、沈曾植等人联名致函摄政王载沣，要求“行宪法，罢亲贵，一新纲纪”。遭拒绝后，赵凤昌“遂

---

① 张孝若:《南通张季直先生传记》附《啬翁自订年谱·光绪三十年六月》，中华书局1930年版。

② 《藏札·张元济致赵凤昌函》。

③ 《藏札·张鹤龄致赵凤昌函》。

④ 《藏札·王清穆致赵凤昌函》。

⑤ 北京大学图书馆藏:《预备立宪公会报》。

⑥ 张謇:《张謇日记·宣统二年十月八日》。

⑦ 张孝若:《南通张季直先生传记》附《啬翁自订年谱·宣统三年四月》。

断言清廷之无可属望，谋国必出他途以制胜矣”①。是年6月，东三省总督赵尔巽上奏清廷，请将赵凤昌开复原官，由他“礼聘到东，备咨要政”②。奏上即获批准。但是赵凤昌却以“病躯”为由，婉辞了赵尔巽的邀请③，继续居留沪上。

1911年10月10日，武昌起义爆发，消息传至上海，赵凤昌立即召集立宪派准备应变。10月15日，他邀约江浙立宪派首领雷奋、沈恩孚、杨廷栋和同盟会员黄炎培到他家惜阴堂开会，“商讨时局前途应付方法”④。会后，雷奋等人即赴苏州，会合从武汉赶回的张謇，为江苏巡抚程德全起草了一份要求清廷解散内阁、宣布立宪的奏折。此后，张謇曾两次来到上海，均下榻惜阴堂，同赵凤昌面商下一步的行动。

11月初，上海光复。赵凤昌感到清王朝大势已去，决心积极向革命党人靠拢。11月12日，他和张謇等人发起，邀请已独立各省谘议局代表和部分革命党人在上海方斜路江苏教育总会召开了临时政府筹备会议，决定成立“全国会议团”，采用共和政体。目前暂时“公认武昌为中华民国新政府”，“并公认上海为临时外交政府之所在地”⑤。13日，赵凤昌等人在《时报》上发表了给革命党人的公开信，要求与革命党人“约定时刻、地点”进行“面谈”⑥。立宪派当天就收到了沪军都督陈其美的回信，赞同“邀各省同志代表联合来沪，组织临时议会”⑦。11月15日，“全国会议团”以“各省都督府代表联合会”的名称在沪成立，赵凤昌在其中扮演了幕后军师的角色。他积极向革命党人建言献策，在

① 赵尊岳:《惜阴堂辛亥纪事》,《近代史资料》1983年第3期(总53号)。

② 《时事新报·赵凤昌开复原官》1911年6月5日。

③ 《藏札·赵凤昌复赵尔巽电》。

④ 黄炎培:《我亲身经历的辛亥革命事实》,中国人民政治协商会议全国委员会文史资料研究委员会编《辛亥革命回忆录》(一),中华书局1961年版,第63页。

⑤ 《藏札·念三日会议结果》,《藏札·组织全国会议团通告书稿》。

⑥ 《时报·唐文治上沪军都督府书》1911年11月13日。

⑦ 《藏札·陈其美复唐文治等函》。

革命党和立宪派之间穿针引线，颇获好感，他家惜阴堂“成为当时讨论国事的会场”①。黄兴、宋教仁、陈其美、黄郛、谭延闿、李书城、李烈钧、柏文蔚等革命党都督和将领均与他过从甚密，“惜阴堂宾客云集，论政以外，兼及论军”②。

12月25日，孙中山抵达上海，于次日造访惜阴堂，向赵凤昌征询对当前局势的看法，其后又“屡至商统一建国诸要端，尤先以网罗英贤及国家财政事”。南京临时政府成立时，孙中山和黄兴多次以各部人选名单向赵凤昌征求意见，赵凤昌答之曰：“建府开基，既须兼纳众流，更当克副民望。”③在他的推荐下，张謇、汤寿潜、程德全等立宪派和旧官僚纷纷被邀进临时政府。1912年初，孙中山甚至亲自致函赵凤昌，邀请他担任临时政府的“枢密顾问”，但是此举却遭到了赵凤昌的婉却④。他抱定不出山、不做官的思想，始终未在临时政府中担任任何职务。

辛亥革命期间，赵凤昌不仅与南方革命党人关系密切，与北方袁世凯之间的联络也十分频繁。先是，早在立宪派筹备临时政府的时候，赵凤昌便提出过一个联络袁世凯共同倒清的方案⑤。稍后，他通过其妻弟洪述祖与袁世凯的亲信唐绍仪建立了联系，唐绍仪便成为他在北方的代言人。1911年11月，洪述祖根据赵凤昌的授意，炮制了一份将以隆裕太后名义颁发的诏书，交唐绍仪转达袁世凯和亲贵奕劻，劝说他们敦请清廷召开国民会议，“投票取决共和、君位问题”⑥。倘不允准，则

---

① 严独鹤：《辛亥革命时期上海新闻界动态》，中国人民政治协商会议全国委员会文史资料研究委员会编《辛亥革命回忆录》(四)，中华书局1963年版，第84页。

② 严独鹤：《辛亥革命时期上海新闻界动态》，中国人民政治协商会议全国委员会文史资料研究委员会编《辛亥革命回忆录》(四)，第84页。

③ 严独鹤：《辛亥革命时期上海新闻界动态》，中国人民政治协商会议全国委员会文史资料研究委员会编《辛亥革命回忆录》(四)，第84页。

④ 《藏札·孙中山致赵凤昌函·赵凤昌复孙中山函》。

⑤ 黄炎培：《八十年来》，文史资料出版社1982年版，第58页。

⑥ 《藏札·拟召开国民会议办法稿》。

"以去就争之"①。12月初，清廷在革命党人和袁世凯的双重压力之下，被迫派出了以唐绍仪为首的议和代表团。

唐绍仪南下之前，曾电约赵凤昌、张謇等"东南人望"赴汉口会议②，但是赵凤昌认为和议在汉口进行不便于自己插手，遂复电唐绍仪"径来沪上开议"③。12月17日，北方代表团抵达上海，次日，赵凤昌便约唐绍仪与黄兴在惜阴堂相见，南北议和也于当天开始。

据时人回忆："这次议和是一个大烟幕，有关会议情况的电报，白天打出去的和晚上打出去的完全不同……重要问题在夜里谈：清帝退位问题、退位后的优待问题、退位后谁来的问题、要外国承认问题，等等。"④"所有和议中主张及致北方电，俱是夜间在赵寓双方商洽。"⑤"在和议过程中，每星期当中总有一天或两天，程德全、汤寿潜、张謇、汪兆铭、陈其美等曾在赵家聚会。"伍廷芳"名义上是南方总代表，实际上做不出什么决定，真正能代表南方意见，能当事决断的倒是这个赵老头子"⑥。种种迹象表明，赵凤昌是议和中的一个神秘人物，他不仅能在南北双方穿针引线，而且能在一定程度上左右南方的意见。

1912年1月中旬，经过激烈的讨价还价，南北双方在惜阴堂里订下了清帝退位后拥袁世凯为大总统的密约。随后，双方又在第一届内阁总理和陆军部长的人选问题上发生了争执。以孙中山为代表的革命党人坚持"内阁总理必须提出同盟会会员"，袁世凯方面则坚决反对。为此，赵凤昌提出了一个折中双方的办法，他建议唐绍仪加入同盟会，然后出任内阁总理，此举得到了双方的赞同。孙中山、黄兴当即表示

---

① 《藏扎·洪述祖致赵凤昌函》。

② 《藏札·唐绍仪致赵凤昌电》。

③ 《藏札·赵凤昌复唐绍仪电》。

④ 余芷江：《辛亥上海光复前后》，《辛亥革命回忆录》（四），第15页。

⑤ 张国淦：《辛亥革命史料》，龙门联合书局1958年版，第292页。

⑥ 冯耿光：《荫昌督师南下与南北议和》，中国人民政治协商会议全国委员会文史资料研究委员会编《辛亥革命回忆录》（六），中华书局1963年版，第363页。

“欢迎绍仪入党，同时即决定请绍仪为国务总理”①。

陆军部长也是内阁中的要职，双方均将此看作掌握实力的关键。南方推举黄兴为候选人，北方则必欲段祺瑞担任此职，一时相持不下，和谈陷入僵局。这时，赵凤昌深恐内阁不早日成立将引起列强的干涉，他急忙函电黄兴和汪精卫等人，劝黄兴以就任参谋总长为调和之计②。在他的劝说下，本已无心恋战的黄兴很快便放弃了对陆军总长的争取。

南北议和结束后，赵凤昌因调停有方而得到了袁世凯的青睐，袁世凯特意发电邀请他到北京政府中担任“顾问”，但是赵凤昌也拒绝了袁世凯的延揽③。他甚至退出了自己曾经参加发起而现在已经公开打上了袁记标签的“统一党”④，以示不介入任何政党纠纷。这一时期，他热心致力实业活动，曾被选为汉冶萍公司总董⑤，不久又和张謇、应德闳合资收买了《申报》股权，俨然成为上海工商巨头。

1913 年 3 月 20 日，袁世凯派人刺杀宋教仁，“二次革命”爆发在即。4 月，孙中山、黄兴通过章士钊秘密联络岑春煊，准备拥岑倒袁，曾经策划于惜阴堂⑥，但是，赵凤昌联络较多的还是国民党中的“法律解决”派。5 月底，他在张謇的授意下，同在沪的国民党“法律解决”派汪精卫、胡瑛、陈陶遗等人共同商订了一份调停南北方案，其主要内容为：一、国民党“决心举项城为正式大总统”。二、袁世凯须申明不撤换皖、赣、粤、湘四省国民党都督。三、坚持“宋案”法律解决⑦。6 月 12 日，

① 刘厚生：《张謇传记》，第 197 页。

② 《藏札·赵凤昌致汪精卫电》。

③ 《藏札·袁世凯致赵凤昌、汤寿潜电》。

④ “统一党”前身为“中华民国联合会”，由章太炎、赵凤昌等人于 1911 年底发起成立于上海。

⑤ 叶景揆：《述汉冶萍产生之历史》，顾廷龙编《卷庵书跋》，古典文学出版社 1957 年版，第 53 页。

⑥ 李根源：《雪生年录》，腾冲李氏曲石精庐 1934 年版。

⑦ 《藏札·为解决刺宋案献策》。

张謇将这一方案电告袁世凯。

袁世凯接到这一方案后，对国民党人采取了欺骗手段，他一方面“同意”调停，一方面又不断向南方调兵遣将，并连续撤免国民党都督。到7月初，形势已经十分恶化，但赵凤昌仍然对袁世凯寄予幻想。7月5日，他还给张謇去信，请张密电袁世凯宽释被捕的革命党人，“借收彼党人心”①。不料“赣宁之役”猝然爆发，赵凤昌的调停之梦被冷酷的现实击得粉碎。

“二次革命”失败及时局的动乱，使赵凤昌“实业生计大受损害”②，但他对革命党人和袁世凯双方都充满了抱怨之情。未久，熊希龄、张謇等好友先后走上了与袁世凯在朝合作的道路，而赵凤昌则因“不肯牺牲”而遭到北京政府的猜忌，袁世凯的爪牙对他“污蔑无所不至”③，甚至无端造谣，说他“欲在上海向某国借兵，另组政府”④，企图加以陷害。

1915年12月，护国战争在云南爆发，赵凤昌立刻投入反袁活动。此前，他曾接到黄兴从美国的来信，请他和张謇、唐绍仪、汤寿潜、伍廷芳、庄蕴宽等“海内人望”联合起来，共同推翻帝制⑤。为此，赵凤昌进行了积极的行动，他一方面利用《申报》大造反袁舆论，一方面秘密游说直系将领冯国璋，企图劝冯在南京建都，造成第三种势力，北逼袁世凯下台，南与护国军并立⑥。但是由于冯国璋首鼠两端，赵凤昌很快便对他失望了。1916年5月17日，黄兴再次从日本给赵凤昌等人来信，希望他们逼令袁世凯“早行退位”⑦。同时，黄兴还派人专程回国联络赵

① 《藏札·赵凤昌致张謇函》。
② 《藏札·张謇致赵凤昌函》。
③ 《藏札·佚名致赵凤昌函》。
④ 《藏札·张謇致赵凤昌函·附张一麐来函》。
⑤ 《藏札·黄兴致张謇、赵凤昌等人函》。
⑥ 《藏札·赵凤昌致冯国璋函》。
⑦ 《藏札·黄兴致唐绍仪、赵凤昌等人函》。

凤昌，准备在宁、皖、赣、鄂一带布置反袁武装①。袁世凯死后，赵凤昌给黄兴去了一封长信，信中把黄兴称作“同志”、“吾党”，期望他“早日归国，解一时纷纠之局，树百年远大之规”②，表示了同革命党人重新合作的愿望。

1917 年 7 月，北京发生“张勋复辟”，赵凤昌再度投入反复辟斗争。他与段祺瑞的幕僚熊希龄联络频繁，积极为“讨逆军”运动军舰前往大沽助战③，同时他还充当了段祺瑞和孙中山之间的调停人。草拟了一个“遵约法”、“唯宪法”、“督团逼散，归罪于逆”的调停方案，希望双方“不争是非”，实现南北统一④。然而随着段祺瑞窃据北京政权和孙中山南下护法，调停活动很快失败。

1917 年之后，中国由表面的统一转入公开的分裂，各派军阀争权夺利，战乱不已，外侮内患，日甚一日。赵凤昌也感到前途渺茫，心灰意懒，他在政治上日渐消沉，实业上一蹶不振。1919 年第二次南北议和时，双方虽然再度将他推为“调人领袖”⑤，但是终于毫无建树。赵凤昌从此息影沪滨，埋头于辞章考据，参禅拜佛。1938 年逝于上海，终年八十二岁。

---

① 《藏札·黄兴致赵凤昌函》。

② 《藏札·赵凤昌致黄兴函》。

③ 《藏札·赵凤昌复熊希龄电》。

④ 《藏札·赵凤昌复熊希龄电·附调停各节》。

⑤ 《藏札·张一麐致赵凤昌函》。

# 赵 恒 惕

周 斌

赵恒惕，字夷午（初字炎午），幼号瑛郎，湖南衡山人。生于 1880 年 1 月 5 日（清光绪五年十一月二十四日）。其父亲赵甓庸为清邑庠生，曾创办白山学堂，在岳北颇有名望。赵恒惕六岁启蒙，姿性不甚聪颖，读书常难于记诵。年十岁，丧母。父甚钟爱，使就外傅。两次应童子试，均不得中。旋以国子监生赴乡闱，亦未中试，乃发誓不再入科场。1900 年，赵恒惕考入两江总督张之洞创办的湖北方言学堂，学习日文。次年，由该学堂选送赴日本留学，先后入日本振武学校及陆军士官学校第六期炮兵科学习。1905 年，加入同盟会。

1909 年，赵恒惕由日回国，应陆军部甄试考取举人，以陆军少校任用。时广西巡抚张鸣岐招致留日学生五十余人佐理军务，赵亦赴桂，在广西兵备处工作。蔡锷此时亦在桂，任广西讲武堂监督，并主持兵备处与学兵营。张鸣岐离桂后，赵随蔡去职返湘。1911 年春，沈秉堃自云南藩司调升广西巡抚，任命赵恒惕为广西干部学堂监督，并接管学兵营。武昌起义爆发后，赵恒惕率学兵营与招编的混成协进入省城，拥护沈秉堃就任广西都督，宣布广西独立。不久，赵率所部随沈秉堃组援鄂北伐军，离桂经湘，开赴湖北孝感作战。黎元洪令赵恒惕任左翼军司令，与右翼军司令李烈钧、中央军司令杜鸿宾一起对抗北军，历时三月有余。南北和议成立后，赵恒惕奉令率部开往南京，临行前向黎元洪借款五万银元，供军队开拔之用。赵恒惕抵达南京下关后，随即将款寄还，黎以战乱之际军官借款归还，事不多见，对赵颇为赏识。

赵恒惕至南京时，正值黄兴整编军队，所部和陈裕时、王芝祥率领的桂军合编为第八师，赵任该师第十六旅旅长，授陆军少将。当时，袁世凯深以南方兵力雄厚为虑，坚令裁减，而湖南军队庞杂，即正规军亦拥有六师之众，都督谭延闿亟谋缩编部队，以解决财政上的困难，又恐军心离散，变生肘腋。1912 年冬，赵恒惕奉黄兴之命自第八师中提精兵一团，以桂军取道湖南返桂名义，返回长沙坐镇，协助谭延闿整编湘军，结果尚称圆满。

1913 年，“二次革命”讨袁，湖南响应，谭延闿派赵恒惕、程子楷率师至岳阳布防。赵部进攻湖北蒲圻，在茶庵岭与鄂军交绥，旋以赣、宁兵败，粤、皖取消独立，袁世凯派汤芗铭领兵入湘，赵恒惕与江隽、陈复初被扣押。袁世凯以赵主张湖南独立，电汤将赵就地正法。幸有伍祯祥旅长以应依军法审办，不可随便处决的理由力争，赵得以不死，被押送北京。当赵解经武昌时，黎元洪电询袁世凯对赵等如何处理，袁答复解送北京军警执法处。黎见该处是全国闻名的杀人机关，犯人有去无回，便再电请袁世凯将赵改送陆军部执法处讯办。袁对黎元洪欲加以笼络，因而准其所请。

1915 年夏，袁世凯图谋称帝，颁布大赦，赵恒惕因黎元洪和蔡锷的力保，获释出狱，寓居北京。是年冬，赵潜赴天津，寓日租界同乡刘揆一家。刘主办《中华日报》，专反帝制，赵常作文助之。后赵浮海至沪，谭延闿说服汤芗铭之兄汤化龙，致函其弟，对赵优容。1916 年 2 月，赵恒惕持汤化龙函札，与曾继梧、陈复初、刘建藩等人由沪潜回湖南，共谋策动汤芗铭独立。其时驻防长沙部队为李右文所辖巡防营六个营，多数官兵为赵的旧部，右文与赵也是老友，赵因以李部为基础，助汤响应讨袁。1916 年 5 月 29 日，汤芗铭迫于各方情势，宣布湖南独立，自任都督，并编组湖南第一军，以曾继梧任军长，陈复初、赵恒惕分任第一、二师师长，李右文任赵部旅长。汤芗铭与陈宧、陈树藩等皆为袁世凯的心腹，既相继宣布独立，影响大局匪浅，袁氏遂于 6 月 6 日抱恨而死，时有“二陈汤”催命之妙喻。

其时，护国军陆荣廷部入衡阳，另有受滇军委派而归程潜统率的军队亦抵达湘潭。汤芗铭暗令陈策部偷袭程军，赵恒惕派员先告知程潜，程得以从容准备，在中途发动攻击，陈策大败。汤芗铭闻讯，于7月4日夜遁离长沙。赵恒惕等共推与湘、桂军人均有旧谊的刘人熙出任督军。不久刘去，谭延闿回省接任督军，并将四个师的湘军缩编为两个师，而以赵恒惕为新编第一师师长，陈复初为新编第二师师长。谭延闿履任仅两月余，其母病逝上海，仓促奔丧，命赵恒惕以第一师师长暂代督军，授陆军中将。谭于翌年(1917年)春间，才返湖南。

1917年，段祺瑞欲以武力平定西南护法势力，命令傅良佐督湘，统率大军南下，而改任谭延闿为湖南省长。谭自知无力抵抗，且第二师师长陈复初与北军暗通款曲，乃离湘赴上海。7月底，零陵镇守使刘建藩与赵恒惕派驻衡阳的第二旅旅长林修海联名通电，宣布独立护法。时赵恒惕因奔父丧，回归衡山原籍，但迫于时势，乃权出督师。赵与刘建藩分领两军夹湘水为陈，在衡山萱洲河一带与北洋王汝贤、范国璋等军对峙达四十余日。终以黄钺司令率敢死队百余人，抄袭敌后，致使敌阵动摇而取得胜利。尔后，湘军乘胜节节反攻，逼傅良佐弃长沙，尽逐北军于湘省之外。是年冬，赵恒惕率部屯驻岳阳。

1918年春，冯国璋委曹锟为四省经略使，遣吴佩孚、张敬尧、张怀芝分三路进攻湖南的岳阳、长沙、醴陵。赵恒惕与刘建藩分别在羊楼司、平江御敌，苦战经月，终以众寡悬殊，自岳阳南撤。谭浩明的援湘桂军坐镇长沙，部署失宜，致张敬尧部抄平江捷径猝至长沙，省城被北军抢掠一空。不久，刘建藩在白关铺失足落水而死，赵恒惕撤兵布防于耒阳、永兴一带，苦撑湘南一隅。是年冬，谭延闿取道广西入湘，因与驻郴州的程潜不和，赵恒惕迎谭驻节永州，迨程赴粤，始进驻郴州。其时，吴佩孚因对冯国璋任皖系张敬尧为湖南督军不满，屯兵衡阳观望，不再进兵。继以直皖两系冲突日甚，吴也无意与湘人为敌，因此与湘军对峙近两年之久。赵恒惕与谭延闿乃商定联吴拒皖之计，派钟才宏、张其锽说吴泯南北纷争，并请军政府主席岑春煊速筹吴军开拔费。军政府立赠毫洋60万元助吴，于是吴佩孚与南方约定，直军退出一处，湘军立刻接防一处，避免战斗。吴军从1920年5月20日开始北撤，湘军兼程推进，痛击张敬尧部于湘潭，于6月12日收复长沙。8月，赵恒惕率军收复岳阳。湖南护法战争至此结束。

湖南光复不久，谭延闿因一身兼任湖南督军、省长和湘军总司令三职，引起了程潜、赵恒惕两派军人的不满，加之谭推行"湖南自治"，主张将湖南超然于南北政争之外，南北双方均不许加兵于湘境，惹恼了一心想借道北伐的广州护法军政府，军政府便派周震鳞到湖南策动程、赵派军人，干扰谭延闿的自治进程。程派军人力谋倒谭而迎程返湘主政，驻扎醴陵的第六区守备司令李仲麟竟发动兵变，于平江劫杀谭的亲信零陵镇守使萧昌炽，并通电指责谭任用的官吏都是一些宵小败类，要求改造湘政。赵恒惕则将其死党叶开鑫部由湘阴调来长沙，与谭延闿明争暗斗，并监视程派。11月，谭延闿被迫离湘赴沪，由赵恒惕接任湘军总司令一职，由民政处长林支宇任临时省长。李仲麟等以拥程之计谋未逞，进行日急，欲与第二旅旅长廖家栋里应外合，攻取长沙。谭延闿的亲信部属乃趁李仲麟来省参加12月24日的军事会议之机，矫赵恒惕军令将仲麟处决。事后，赵恒惕重新改编军队，将程潜部全部缴械遣散，谭、程之争遂告结束。

赵恒惕接任湘军总司令后，加快推行"湖南自治"。1921年1月，他授意省政府委任省议会议长彭兆璜、国会议员吴景鸿、钟才宏为湘中、湘南、湘西三路省宪筹备委员，并聘请李剑农、王正廷、蒋方震、彭允彝、黄士衡等名流专家13人为省宪起草委员，在一个多月内拟出《湖南省宪法草案》和省议会组织法、省长选举法等六部法律草案。赵恒惕于4月21予以公布。其时，湖北因督军王占元克扣军饷而频发兵变，人民不堪其苦，鄂籍国民党人李书城、孔庚、蒋作宾等联袂赴湘，主张湖北自治，请赵恒惕出师援鄂。赵恒惕欲将湖北卷入联省自治范围，以巩固湖南地盘，便组织"援鄂自治军"，自任总司令，令宋鹤庚为总指挥，以原隶鄂军而投湘的夏斗寅为先锋，于7月28日率部攻鄂。"援鄂自治军"

起初虽然得胜，迫使王占元通电辞职，但北京政府旋以吴佩孚为两湖巡阅使，萧耀南为湖北督军，统率大军来援。8月28日，北军攻占岳阳，湘军腹背受敌，迅速从鄂南溃退。9月1日，赵恒惕赴岳阳与吴佩孚签订和约，被迫接受让出岳阳的“城下之盟”。

本来，湖南省内立宪各派因为省议员的名额分配以及究竟采取省长独任制，还是模仿瑞士联邦的政务委员合议制等问题而争论不休，致使省宪草案的审查“三个月也未弄出头绪来”。随着吴佩孚的大军压境，湖南的“立宪自治”形势岌岌可危，立宪各派转争为和，于8月下旬通过省宪草案。复经11月全省公民“总投票”复决，赵恒惕于1922年元旦正式公布《湖南省宪法》。1922年9月10日，在有74县共2593名议员出席的决选中，赵恒惕以1581票的多数获胜，当选为湖南省正式省长。

《湖南省宪法》是当时席卷全国的“省治制宪”运动中唯一颁布的正式宪法，反映了部分资产阶级知识分子要求实行美、法等国联邦政府体制的主张，但赵恒惕不过是借“湖南自治”、“民选省长”的名义，以图割据自保，并未打算真正实行《省宪法》。省宪规定人民有集会结社之权，赵恒惕却先后杀害工人运动领袖黄爱、庞人铨，镇压因“六一”惨案而起的反日爱国运动和共产党组织的岳北农工会，解散水口工人俱乐部等，激起了湖南各界的愤怒声讨。

1923年初，已经跟随孙中山、任广州大元帅府内政部长的谭延闿派岳森来湘，劝赵恒惕出兵帮助孙中山讨伐陈炯明。赵因与陈同属“联省自治派”，且暗订《联防条约》，不愿接受该意见，便指使省议会借口湘省自治，对省外战争严守中立。7月，谭延闿授意沅陵镇守使蔡巨猷宣布湘西独立，并向孙中山自请为湖南省长兼湘军总司令，入湘讨赵。8月初，谭延闿在衡阳通电就职，宝庆镇守使吴剑学、衡阳镇守使谢国光以及张辉瓒旅、陈嘉祐旅等谭派势力随之公开反赵。赵恒惕迅即组织护宪军，率叶开鑫、贺耀组、唐生智部与谭相对抗。9月1日，叶开鑫部第二十五团团长朱耀华，受其舅父张辉瓒的策动，突然绕道宁乡袭取长沙，赵恒惕猝不及防，退走醴陵。随后，赵部署部队由东、北两路会攻长沙，并传闻将有大队北军援赵，谭军恐慌，于9月13日退往株洲。双方军队南自衡山北迄湘阴，夹湘江两岸对峙四十余日。10月中旬，吴佩孚率部向粤汉、株萍路节节进逼，并进驻常德、长沙等地。赵得北军后援，大举进攻谭军。而此时陈炯明军洪兆麟部正围困广州，孙中山急电谭延闿率师回粤驰援。谭乃统领宋鹤庚、谢国光、吴剑学等部两万余人，于11月底以前全部退入广东。

谭赵之战结束后，赵恒惕将湘军改编为四个师：第一师师长贺耀组，第二师师长刘铏，第三师师长叶开鑫，第四师师长唐生智。其中，唐生智战功最大，被赵任命为湘南善后督办，驻守衡阳。唐利用湘南相对富裕的条件，购械扩军，实力远超出湘军其他各部，渐萌发取赵自代之心。赵恒惕虽在主湘期间未滥加赋税，未借外债，亦未发行过纸币，且拨出资金建立湖南大学、湖南纺织厂，拓宽了省城街道，资助湘雅医院和一批私立学校等，但因害怕湖南日益高涨的革命形势影响其统治地位，比较仇视中国共产党及其领导下的工农运动，不仅禁止湖南民众对“五卅”惨案的罢工、罢市、罢课，而且于五卅运动后协助江西军阀镇压安源煤矿工人俱乐部，捕杀工运骨干黄静源，并指使株洲驻军叶开鑫部杀害农协领导人汪先宗等。这不得不激起湖南人民的反赵怒火。中共湖南区委以国民党湖南省党部的名义一面组织群众的反吴(佩孚)驱赵(恒惕)运动，一面争取唐生智脱离赵恒惕，拥护广州国民政府。

1926年3月11日，赵恒惕见唐生智军逼近长沙，且城内市民大会公然倡导“倒赵北伐”，便邀集省城军政长官及各法团、报界四十余人会议，提出辞职，并宣布任命唐生智为内务司司长，代行省长职权。13日，赵离开长沙，取道武汉转赴上海。25日，唐生智接任代理省长，随后命何键率军向驻在湘阴、岳阳一带的叶开鑫部进攻，唐叶战争爆发。5月2日，叶开鑫在吴佩孚的支持下攻占长沙，省议会及少数上层人士电请赵恒惕回湘复职。吴佩孚则与孙传芳议定委赵为湘粤桂联军总司令，要他回湘主持讨唐军事。6月20日，赵恒惕抵汉口，以叶、唐之间的调停人自居，促唐下野息兵，并电请广东不要派兵入湘。7 月初，赵由汉口赴岳阳。此时，唐生智已加入国民党，广州国民政府派胡宗铎、陈铭枢、叶挺等率军入湘提前北伐，应援唐军。8 月 22 日，北伐军攻克岳阳，将吴、叶军队驱逐出湖南，赵恒惕依靠吴佩孚卷土重来的希望随之破灭。此后，赵恒惕辗转北平、大连、上海等地，闭门学佛诵经，达 11 年。

1937 年 4 月，因中日关系紧张，赵恒惕由上海遄返南岳。7 月，抗战爆发，赵以长函致蒋介石，建议长期抗战。11 月，张治中出任湖南省政府主席，奉命成立湖南省军事参议会，聘请赵恒惕任议长，仇鳌任副议长。1939 年 8 月，湖南省临时参议会成立，赵恒惕任议长，对发挥地方自卫力量、安定地方秩序、协助政府抗战御敌，做了一些实事。1944 年，日军大举南进，湖南危在旦夕，日本人想拉拢赵恒惕在武汉另组伪政府，被赵怒斥拒绝。抗战胜利后，湖南省临时参议会改为正式参议会，赵仍为议长。1946 年，赵恒惕于原籍衡山当选为“国民大会”代表，并于次年参加国民党中央召开的“国民大会”，拥护蒋介石竞选总统。1948 年冬，赵应蒋介石电召赴南京参加全国粮政工作会议，因患尿闭症，就医南京中央医院，后转赴台湾治疗。赵见国民党在大陆大势已去，便坚请辞去湖南省参议会议长职务，留台不返。赵恒惕旅台二十余年，先后担任“总统府国策顾问”、“资政”，并参与“光复大陆设计委员会”为委员。平时则焚香诵经，研究佛理，热心倡导佛经的刊印与流通，曾与屈映光等共同主修《中华大藏经全集》等。

1971 年 11 月 23 日，赵恒惕在台北病逝。

## 主要参考资料

凌霄九：《赵恒惕的军政生涯》，中国人民政治协商会议湖南省衡阳市委员会文史资料研究委员会《衡阳文史资料》第 8 辑，1988 年版，第 7 页。

黄士衡:《赵恒惕的省宪活动》,中国人民政治协商会议全国委员会文史资料研究委员会编《文史资料选辑》第30辑,中华书局1962年版,第157页。

姚大慈:《赵恒惕上台的阴谋和血手》,中国人民政治协商会议全国委员会文史资料研究委员会编《文史资料选辑》第30辑,第145—156页。

[美]包华德主编,沈自敏译:《民国名人传记辞典》第2分册,中华书局1980年版,第27—30页。

宋斐夫主编:《湖南通史》现代卷,湖南人民出版社2008年版,第83—95、142—163页。

周德伟:《赵恒惕世家、世国、世天下》,朱传誉主编《赵恒惕传记资料》(一),台北天一出版社1979年版,第11—15页。

丁中江辑:《赵恒惕先生之回忆》,朱传誉主编《赵恒惕传记资料》(一),第16—20页。

童梅岑遗著:《赵炎午飘然离湘的真相》,朱传誉主编《赵恒惕传记资料》(一),第42—43页。

胡养之:《赵恒惕宦海沉浮七十年》,朱传誉主编《赵恒惕传记资料》(一),第70—72页。

《赵恒惕的事功》,朱传誉主编《赵恒惕传记资料》(一),第73—75页。

# 赵　　伸

李希泌

赵伸，字直斋，1876 年 5 月 26 日（清光绪二年五月初四）出生。云南嵩明杨林驿（今杨林）人。赵幼聪颖，年二十，补博士弟子员。1903 年，云南成立高等学堂，师资大多是云南著名的学者，如陈荣昌等，学生都是经过考试择优录取的，赵伸考入该校肄业。时革命书刊《訄书》和《革命军》等已从日本传入云南。赵与同学李根源、罗佩金和李曰垓等托人购买革命书刊，课余他们常聚在一起讨论革命问题。次年，赵被云南当局选送日本留学，入成城学校学习。赵在日本，和孙中山、黄兴、章炳麟、陈天华等均有来往。1905 年 8 月，同盟会成立，赵入会。

1906 年 1 月，孙中山与黄兴要求云南革命党人赵伸与杨振鸿等筹办云南地方刊物，宣传革命。孙、黄对赵伸等说："云南最近有两个导致革命的因素：一件是官吏贪污，如丁振铎与兴禄的贪污行为，已引起全省人民的愤慨；另一件是外侮日亟，英占缅甸，法占安南，皆以云南为其侵略的目标。滇省人民在官吏压榨与外侮侵凌之下，易于鼓动奋起，故筹办云南地方刊物为刻不容缓之任务。"①同年 4 月，云南杂志社成立，李根源与赵伸因系云南留学生同乡会正副会长的缘故，被分别推举为该社正副庶务干事（相当于正副经理）。10 月，《云南杂志》创刊号出版，著文揭露清政府的贪污腐败与帝国主义国家的侵略野心，深受留日

---

① 李根源：《〈云南杂志选辑〉序》，中国科学院历史研究所第三所编《云南杂志选辑》，科学出版社 1958 年版。

学生和云南全省人民的热烈欢迎。至1908年，该刊出版第十三期时，发行份数由创刊的3000册增至10,000册。

1906年11月，云南留日学生有二十余人毕业于振武学校，编入日本联队，赵伸特为他们在云南杂志社举行了一次祝贺会。赵在《云南杂志》第四号上刊布了《云南入队诸君姓名住所录》，并在这篇资料前写了如下一段话："立于廿世纪竞争最烈的地球上，非纯用铁血主义，决不足以保其生存，此有识者所公认也。本年中十一月，吾滇卒业振武学校入日本联队者二十余人，将来学成归国，组织一完全军队，则吾滇或可不致为安南、缅甸。"赵又搜集世界上沦亡国家的悲惨情状，录为一卷，题名为《腥风血雨录》，连载于《云南杂志》第四、五、六号，借以激发垂亡之中国国民"大为醒悟，而早自为计，则东亚病夫三百年来之大病庶有疗乎"。

1908年春节元日，云南杂志社举行《云南杂志》创刊周年纪念庆祝会，到会者万余人，极一时之盛。赵伸在会上演说，将该刊取得的成绩归功于云南绅商侨学各界的共同心与团结心。与会者都认为该刊的迅速发展与得到中外的好评，是与赵伸的精勤努力分不开的。

1908年4月，革命党人在河口起义。赵伸与李根源、吕志伊倡设云南独立会以资响应。他们在东京锦辉馆召开成立大会，到会者万人。赵主持大会，激昂陈辞，宣告云南独立于天下，不再受清廷的统治。章炳麟亦到会，发表演说，表示支持。清朝驻日使馆闻讯，取消赵的留学生官费，赵毫不在意。赵在这年暑期中与黄兴等开办大森体育讲习会，暗中以军事教授革命党人。就学该会者有林时塽、刘揆一、焦达峰、孙武、夏之时、方声洞、林隐民等七八十人。

1909年，赵伸担任同盟会暗杀部副部长，他和陶成章向李英奇学制榴弹。赵并练习投掷，力求命中。日本警厅侦悉其事，到云南杂志社搜捕赵伸，未获。赵变姓名逃亡台湾。广西右江镇总兵龙觐光是赵的拜把兄弟。赵遂从台湾转往广西，在龙部下任管带。1911年重九日，云南起义，成立大汉军政府，都督蔡锷与军政部长李根源迭电催促赵伸回滇。赵回到昆明后，先后负责筹建同盟会云南支部以及改组同盟会为国民党等事务，均由李根源任支部长，赵任副职。民国初建，百废待举，凡政府政令兴革，赵无不参与。

1912 年，云南省议会成立，赵伸当选为议长。1913 年，袁世凯在镇压国民党人发动的“二次革命”后，下令解散各省议会。云南省议会被解散后，赵伸返回家乡杨林。他看到当地的阳宗海经常泛滥为灾，遂与地方父老筹商根治阳宗海的水患。他详细勘测了阳宗海的地形与蓄水量等，制订方案，发动民力，从事开浚。历时三年，工程告竣，为杨林乡民开垦良田八千余亩。

1915 年 12 月，云南宣布护国讨袁，反对袁世凯帝制自为，赵伸出任云南兵工厂会办。赵闻知岑春煊从槟榔屿回国讨袁，已抵达日本，他赶往日本迎接。过香港时，和李根源等磋商护国大计。岑春煊回国后，担任广东军务院的代理抚军长。赵仍返回昆明，全力办理云南兵工厂，他赶制械弹，以供前方急需，并改进榴弹的制作，提高它的杀伤能力。在决定护国战争胜负的纳溪战役中，云南兵工厂制作的榴弹对北洋军起了强大的威慑作用。

1922 年赵伸被补选为参议院议员。次年 6 月，直军首领曹锟决心把黎元洪赶下总统宝座，取而代之。他指使党羽借索饷之名，包围黎的总统官邸，并断绝自来水、电灯、电话以威胁。黎被逼迫出走天津，继往上海。赵伸拥护黎，奔走南北，力主黎应返回北京恢复总统职权，斥责直军首领的专横恣睢。10 月，曹锟贿选当上了总统，赵伸为当时拒绝贿选的参众两院一百七十二名议员之一①。嗣后赵返回家乡云南嵩明，仍致力于地方水利事业，使泛滥为患的阳宗海，“昔日横潦浩渺茫，今日四野稼与粳”②。

1930 年 7 月 27 日，赵伸因病逝世。

---

① 李根源：《雪生年录》“十二年癸亥四十五岁”，腾冲李氏曲石精庐 1934 年版。

② 李根源：《故云南省议会议长嵩明赵君直斋墓碑铭》，《曲石文录》卷 3，腾冲李氏曲石精庐 1934 年版。

# 赵　声

黄德昭

赵声，原名毓声，字伯先，号百先，江苏丹徒大港镇人。生于1881年3月16日（清光绪七年二月十七日）。其父赵蓉曾是个廪生，在家乡教学。赵声幼年从父读书，又练武艺。稍长，魁梧多力，曾入狱救人，被视为“豪侠少年”。十九岁考中秀才。

1901年初，赵声到南京教家馆。时值义和团运动失败后，目睹国势危急，他感叹地说：“有文事必有武备。吾当为班定远，岂能于墨汁中求生活？”①遂辞馆职，以第一名考入江南水师学堂。入校以后日渐倾向反清革命，为学堂监督所不容。数月后他自动退学，寄居和尚庙读书。庙旁为江南陆师学堂，一次偶代某生作文，得到该校监督俞明震的赏识，特许其入学，至1902年底毕业。在此期间，他进一步受到国内革命思潮的影响，认真研究西方资产阶级民主主义政治学说，并决心从事革命活动。

1903年2月，赵声东渡日本考察军政，在船中对友人说：“生平最佩服孙文。”②到日本见到黄兴等革命志士，大受鼓舞。不久赵由日本回国，先在本乡创办阅书报社、小学堂、体育会，积极宣传革命。后去南京两江师范学堂任教，内结员生，外联同志，秘草“七字唱本”，号《保

---

① 佚名：《赵烈士事略》，扬州师范学院历史系编《辛亥革命江苏地区史料》，江苏人民出版社1961年版。

② 束世澂：《赵声传记考异》，《建国月刊》第15卷第5期。

国歌》①,大量印刷,广为散发传播。

是年秋,全国兴起拒俄运动,赵声参加南京学生在北极阁的集会。他登台演说,慷慨激昂,受地方当局所忌,乃去长沙任实业学堂监督。不久他闻袁世凯扩练北洋新军,辞职北上保定,得见袁世凯,想通过投军进行革命活动。袁世凯闻赵有革命思想,乃虚与委蛇,名义上委赵办文书,实则形同软禁。赵知中计,设法逃离保定,往北京,出榆关观察东北形势。那时皖人吴樾正在北京谋刺清政府大吏,赵、吴结识,互倾肝胆,成了莫逆挚友。赵南归过天津时,曾有诗寄赠吴樾,中有"大好头颅拼一掷,太空追攫国民魂"②之句。其后吴樾果因炸清五大臣而殉难,赵得讯悲痛不已。

1905 年秋,北洋陆军将在河间举行秋操,赵声乘机潜入某镇为队官,谋相机策动革命,筹划未成,不久失望南归。他先到南京入督练公所任参谋官,后赴广西任巡防营管带。在广西期间,赵不时向士兵灌输反清革命思想,激励本地人士发动革命,因广西清吏防范严密,一直无从下手,便回到南京任暂编南洋陆军第九镇十七协三十三标二营管带,半年后被统制徐绍桢擢升为标统。其间他先后保举冷遹、柏文蔚、林之夏、倪映典、熊成基等革命青年入第九镇任官佐。

1906 年春,赵声在南京加入同盟会③,更加注意扩大革命行动,于营内设阅书报社,加紧向士兵灌输革命思想。所部士兵因闻太平军故事,恨曾国藩,火毁其后湖神庙。江督端方得知,想借此事兴大狱,加赵以罪,得徐绍桢力保,才以免职了事。

1907 年春,赵声至广东,任新军二标三营管带,不久升第二标标统。这时粤省新军中已布满了革命种子;而廉州团绅刘思裕统率万人

① 《保国歌》是辛亥革命时期革命党的宣传品,辞气慷慨,可与《猛回头》、《警世钟》相媲美。全长一百三十四句,内容详见《辛亥革命江苏地区史料》。

② 赵声:《赵声遗诗》,邹鲁编著《中国国民党史稿》第 5 册,中华书局 1960 年版,第 1391 页。

③ 《吴旸谷传》,《中国国民党史稿》第 6 册,第 1448 页。

会(地方团兵)发动抗捐斗争。粤督周馥急派赵声和防军统领郭人漳前行镇压。赵原准备相机举事,因联系失时,致刘思裕已先为郭部管带林虎所杀。但钦、廉两府的群众抗捐斗争,在同盟会员王和顺的联络和策动下继续发展,并请援于同盟会越南总部。7月,张人骏督粤,续派赵声及郭人漳各带新军三四千人前往镇压。孙中山前此已派黄兴等与赵、郭联系,赵、郭皆表示要反戈相应。而当王和顺率起义军进克防城并转至钦州城下时,率先入驻钦州的郭人漳动摇,对起义军不予响应,致使赵声原定俟钦州一下,即在合浦举兵响应的计划落空,钦廉之役至此宣告失败。赵声经此两役,内心深为痛苦,率部回廉州后曾赋诗道:"八百健儿齐踊跃,自惭不是岳家军。"①

1908年冬,粤督张人骏改调赵声任新军第一标统。赵愤郭人漳的背约,宣布与郭绝交。郭既为赵所不齿,便不时向张进谗。同时端方也由江南密电戒张:"声才堪大用,顾志弗可测,毋养虎肘腋,致自贻患。"张由此疏赵,削其兵权,改调陆军小学堂监督。赵声处境日益困难,遂于1909年3月弃职回江苏丹徒故里。端方下令缉捕,他乘夜逃往杭州。

1909年秋,孙中山派党人在香港设同盟会南方支部,谋划发动广州新军起义。经过一段时间的准备,赵声受南方支部电召南来主持,预定1910年2月24日(农历元宵节)起事。2月7日,赵借迎其父亲抵港的机会,与倪映典等起义领导人由广州到港,计议起义军事。未料2月9日农历除夕夜,广州新军与警察发生冲突。赵等紧急磋商,认为新军可能由此被遣散,决定起义提前至2月15日进行。当赵等赶回广州时,形势更为严峻,倪映典当机立断,于12日率部起义攻城。进攻途中中计受伤被俘,为清军杀害。赵声时在城内,因事变猝起,与各方无法联络,起义失败。赵在清吏缉捕下逃至香港乡间。

广州新军起义失败后,许多革命党人泄气。同年冬,孙中山约集赵

---

① 赵声:《赵声遗诗》,邹鲁编著《中国国民党史稿》第5册,第1391页。

声、黄兴、胡汉民等在马来半岛的槟榔屿举行会议，决定集中全力在广州发动起义。计划取得广州后，军分两路北伐，赵声率东路军经江西，向南京推进，黄兴统西路军入湖南，向武汉进军。1911 年 1 月中旬，赵、黄、胡等回港设立领导起义的总机关统筹部，由黄兴任部长，赵声任副部长，决定 1911 年 4 月 13 日发难，并通知各省党人积极来会。到 4 月 8 日，推定赵为起义总指挥，黄为副指挥，准备发动十路进攻，赵自率苏、皖党人百人攻清军水师提督李准驻地。不料就在这一天，忽有新从南洋来的温生才谋刺李准，误击署广州将军孚琦事发生，粤督张鸣岐和李准加强了防范，原订起义日期不得不因此推迟。又因广州熟识赵的人多，遂由黄兴于 23 日率党人先入，赵续至。起义日期几经变动，到 4 月 27 日(农历三月二十九日)，由于情况紧急，黄兴被迫发动，于当日下午 5 时亲率党人攻入总督衙门，各路队伍和清兵巷战了一日夜，终因寡不敌众，遭到失败。赵等 28 日晨赶到广州，已无法参加战斗，只好撤退。这次起义伤亡很大，后得遗体七十二具，葬于黄花岗，世称“黄花岗七十二烈士”。

由于连遭挫折，特别是两次广州起义失败，赵声忧愤成疾，于 1911 年 5 月 18 日病逝于香港。1912 年南京临时政府成立后，孙中山为了表彰他的功业，追赠他为上将军①。

---

① 柳弃疾:《丹徒赵君传》，柳亚子著，王晶垚、王学庄等编《柳亚子选集》(上)，人民出版社 1989 年版，第 137—142 页。

# 赵 寿 山

徐乃杰

赵寿山，原名赵生龄，1894 年 12 月 17 日(清光绪二十年十一月二十一日)生于陕西鄠县(今户县)。自幼家贫，以务农为生。九岁时因得私塾老师魏鹿候的资助才能读完私塾。少年时，听到列强谋瓜分中国，遂有掮洋枪打洋鬼，富国强兵等救国思想。1909 年考入陕西陆军小学，辛亥革命后入西北大学预科(后改为省立三中)，以后转入陕西陆军测量学校读书。1913 年秋在陕西陆军测量局任测量员。1917 年秋在陕西靖国军司令部任科员。1919 年到冯玉祥陆军第十六混成旅任上尉参谋兼教导团学兵团地形教官。1921 年升任少校参谋①。

陕西靖国军反对北洋军阀的斗争失败后，杨虎城坚持靖国军旗帜退至陕北三边地区，改编为陕北镇守使署步兵团进行整训。赵寿山钦佩杨虎城的革命爱国精神，对帝国主义侵略和北洋军阀统治不满，接受杨虎城邀请，于 1924 年春参加杨虎城部队。历任教导队排长、队副、军事教官等职，讲授地形学，训练部队。他在陕北结识了共产党人魏野畴及榆林中学校长杜斌丞。

1924 年 10 月，冯玉祥推翻了直系曹锟的北京政府，成立了国民军。杨虎城被委任为国民军第三军所属陕北国民军前敌总指挥。同年冬，由陕北出师南下关中耀县、岐山、宝鸡等地与陕督吴新田部作战。

---

① 赵寿山:《自传简历》，陕西省户县政协文史办编《赵寿山将军》，中国文史出版社 1994 年版，第 417—422 页。

教导队扩编为教导营驻耀县，赵寿山任第二中队长、教导营营长等职。在这期间，教导营曾请三民军官学校教官魏野畴、邹均、屈武、董汝城等为该营学生讲话，宣传孙中山“联俄、联共、扶助农工”的革命主张。

1926 年 1 月，北洋军阀指使河南刘镇华的镇嵩军进攻陕西国民军，围攻西安。赵寿山随杨虎城部在西安守城八个月，进行了艰苦战斗。11 月西安解围后，杨虎城部改编为国民军联军第十军，赵寿山任该军第二师混成团团长。1927 年 5 月，杨虎城部随冯玉祥东出潼关参加北伐战争，赵寿山留在陕西渭北地区任补充团团长。

随着蒋介石与冯玉祥矛盾的激化，杨虎城部成了双方争取的对象。利用这个矛盾，1928 年秋，赵寿山率领全部留陕部队脱离冯系控制，离开陕西向山东进发，在单县与杨部在前方的部队会合，改编为暂编二十一师，赵寿山任第七团团长。

1929 年 4 月，杨虎城率部投蒋。部队调至河南，击溃了唐生智所部，占领了南阳、驻马店。1930 年 5 月，蒋、冯、阎中原大战，杨虎城为第十七路军总指挥，参加了对冯、阎作战。杨虎城率部自豫西转战入陕。赵寿山任南阳后方留守司令，后又随军先后攻占洛阳龙门。在进军陕西潼关时，赵部绕道潼关南太峪镇，继出潼关西十里的吊桥，迫使驻守潼关的冯系宋哲元部仓皇北撤朝邑，从而占领了陕西大门潼关，保证了杨部向西安进军。赵寿山部还在渭北收编了宋哲元余部八千余人，继之又在蒲城地区收编冯系刘郁芬余部八千余人。10 月杨虎城受任为陕西省政府主席，赵寿山率部驻三原，升任第十七路军十七师五十一旅旅长。

同年 12 月，赵寿山旅奉命进驻汉中。赵任汉中绥靖区司令达四年之久。在这期间收编了冯系王志远旅为独立旅，击退了四川军阀刘存厚、田颂尧侵占汉中的部队，消灭了陕南土匪王三春、李纲五、罗也辉等部，统一了汉中地区。

1932 年 10 月，红四方面军由鄂豫皖苏区转移至川陕途中路经陕西，11 月 27 日进逼长安，击溃杨虎城部十七师及警卫团。12 月 10 日红军越秦岭，在汉中城固升仙村击溃了赵寿山旅，缴枪六百余支。汉中震惊，闭门固守。与此同时，蒋介石以追击红军为名，派其嫡系胡宗南的第一师进驻陕西汉中，企图夺取陕西地盘，消灭地方势力。

赵寿山为了保存实力，不愿与红军作战。经过孙蔚如、杨虎城同意，他通过军部少校参谋武志平（中共地下党员）及进步人士杜斌丞等关系，与红四方面军建立了联系，秘密订立了互不侵犯协定。在这个基础上，赵寿山经常为红军在西安采购和运送电讯及医药卫生等器材，支援了红四方面军不少军用物资。1935 年 2 月，这种合作为张国焘“左”倾机会主义路线所破坏，红四方面军发起陕南战役，合作局面破裂。

3 月，红四方面军由汉中地区转移，开始长征。当时在安康活动的红二十五军也向陕北转移。赵寿山旅奉命调往陕北前线与红军作战，分驻在陕北黄陵、洛川、白水等地。

当时赵寿山一方面看到日本帝国主义灭亡中国的野心日益猖狂；另一方面看到蒋介石坚持内战政策，他的部队被调到陕北前线与红军直接作战，感到非常苦闷与矛盾。他向杨虎城请假去外地看病，借此观察形势，寻找出路。10 月离开陕西，首先到达北平，刚好在“一二九”运动前夕，他看到日本帝国主义策动华北事变，灭亡中国的军事行动已迫在眉睫，看到蒋介石的所谓“攘外必先安内”，实际上是卖国政策。通过“一二九”运动，他看到了广大革命群众轰轰烈烈的抗日救亡运动。这一切对他的思想转变起了很大的推动作用。当时他曾经企图说服冯玉祥部下宋哲元、韩复榘共同合作，从泰安迎回冯玉祥，建立北方政府，抗日反蒋，挽救国家危亡。但由于冯系内部矛盾重重未能实现。不久，他由北平至南京，随即转到上海。在上海半年多时间内，他与抗日救国会的进步人士杨明轩、赵葆华、杨晓初、李馥清、韩述之等人经常接触，深受他们的影响，又读了一些进步书报杂志，分析了形势，自称“知识一天一天的增加，思想也就因之明朗化”①。从此，他响应共产党的号召，基

① 赵寿山：《与蒋介石廿年武装斗争史》，《赵寿山将军》，第 320—411 页。

本上形成了抗日、反蒋、联共等主张。思想上有了一个较大的转变。

1936年10月，赵寿山回到陕西，向杨虎城作了多次汇报，并上了“抗日建议书”，主张停止内战一致抗日，联合共产党与红军，联合东北军，加强十七路军内部团结。赵寿山激动地向杨建议：“目前的形势对国家的兴亡、对我们的前途来说，只有反蒋联共抗日这一条路。看蒋介石最近调兵遣将的举动，是要对红军大举进攻，还要把我们也拉入内战旋涡，甚至会消灭我们。因此，是否可以考虑蒋介石如果来西安，必要时我们把他扣起来，逼他联共抗日。”①这些建议对杨虎城联合张学良发动西安事变起了积极的作用。

西安事变发生后，以周恩来为首的中共代表团到西安做了大量工作，保证了西安事变和平解决。赵寿山接受中国共产党“停止内战，团结抗日”、“和平解决西安事变”的主张。当时他任省会公安局局长，负责治安。他号召全体警士“站在民族的立场上，保护爱国青年，拥护救国团体。我们要作革命的警士，爱国家救民族的警士，不要做那帝国主义者的走狗汉奸的工具”②。为了准备对南京“讨伐军”作战，杨虎城又任命赵寿山为渭北警备司令，驻三原县城，将十七路军主力集结到泾阳、三原一带。这时，红军为了配合作战，主力也开到关中一带，驻三原云阳镇和富平庄里镇一带。在这期间，赵寿山多次和博古、彭德怀、任弼时、贺龙、左权、杨尚昆、罗瑞卿等面谈，他的司令部也成为红军南下的联络站，十七路军因此广泛地受到了抗日教育。他公开向共产党表示“准备上山入伙”③(意思是参加红军，参加共产党)。他接受了共产党派干部帮助他工作的建议。1937年初，中共陕西省委委派申敬之为特派员到十七师工作，派蒙定军、胡振家负责领导三十八军地下党工

① 赵寿山:《与蒋介石廿年武装斗争史》,《赵寿山将军》,第320—411页。

② 《公安局长赵寿山告诫部属阐述一二·一二意义》,西安《解放日报》1936年12月18日。

③ 赵寿山:《与蒋介石廿年武装斗争史》,《赵寿山将军》,第320—411页。

作。随后杨明轩、孔叔东、杨晓初、崔仲远等相继来十七师进行上层统一战线工作。

西安事变和平解决后，蒋介石背信弃义，扣留了张学良。杨虎城被迫出国考察。十七路军被缩编为三十八军，赵寿山被任命为该军第十七师师长。

抗战爆发后，杨虎城回国即被蒋介石逮捕，赵寿山对此极为不满。当时军统局西北区情报站转报蒋介石，说“杨虎城旧部的中心人物不是孙蔚如而是赵寿山。他思想左倾，跟他多年的秘书为共产党员。西安事变时期，赵寿山主张扣留委员长，并坚决反对释放。西安事变后，他认为受压迫，被歧视，对杨虎城被监禁极为愤慨”，说“赵寿山为杨将军在军事方面的化身”①。

蒋介石以抗战为名，命令三十八军各师分别开赴华北抗日前线。7月21日，赵部十七师从三原开拔，8月2日到达河北保定，先后参加了河北保定以北新安镇一线的阻击战、漕河战役、阜河战役。10月，赵部十七师一万三千余人，奉命扼守山西娘子关正面阵地。在反复争夺关口外的雪花山主阵地，夺取井陉车站，退守砭驴岭战斗中，日军两面夹击，飞机轰炸、炮火猛烈，使部队遭受重大伤亡。赵寿山临危不惧，亲自带领官兵与日军血战十三昼夜，始终坚守了娘子关正面阵地。但由于指挥不统一，参战各军有的企图保存实力，在激战中右翼溃退，十七师后方受到敌军威胁，不得不撤出战斗。部队经苦战后仅存二千七百余人。这次战斗对十七师来说是一曲悲壮的凯歌，曾给日军以重创。

同年11月8日太原失守，山西境内国民党军队纷纷向晋东南溃退。十七师这时已疲惫不堪。中国共产党为了保存这支抗日武装力量，建议赵部在晋西八路军留守兵团驻地进行整训，重整旗鼓。赵寿山接受了建议，率部经太原以南转移到离石县碛口一带，在八路军河防部

---

① 张严佛：《抗战前后军统特务在西北的活动》，中国人民政治协商会议全国委员会文史资料研究委员会编《文史资料选辑》第64辑，中华书局1979年版。

队萧劲光旅帮助下进行了整训。赵寿山先后至绥德、延安参观，受到毛泽东、叶剑英和其他领导人的接见，决心与共产党共同合作抗日。年底至 1938 年，十七师先后在洪洞、赵城及晋东南长治、高平、晋城、阳城、垣曲等地开展游击战，直接受八路军总部和东路军指挥。

1938 年秋，蒋介石把原十七路军编为三十八军和九十六军两个军。赵寿山被任命为三十八军军长，进驻平陆县茅津渡一带，背靠黄河，面向日军，开展了长期的斗争。同年冬，赵寿山接受共产党的主张，在茅津渡举办了训练班，自任班主任，改造旧军官，培养新干部。训练班提出四大口号：经济公开、人事公开、自我教育、自觉纪律；三大禁令：禁烟（禁吸大烟）、禁赌、禁嫖①。训练班进行了国际时事和国共合作抗战的政治教育，明确指出蒋介石如果抗战就拥护他，不抗战就反对他，教育官兵要团结奋斗，抗战到底。在此基础上发展了一批共产党员，师、旅、团均建立了共产党的组织，从而提高了部队的战斗力。

三十八军在中条山坚持了两年四个月的战斗，先后十一次粉碎了日军对中条山的扫荡，保住了原有阵地。日军由于大量被杀伤，曾先后补充新兵十九次，称中条山是他们军事侵华的盲肠炎②。国民党第一战区长官卫立煌也称三十八军是中条山的铁柱子③。

蒋介石对这支“杂牌”军的这种变化和赵寿山的“赤化”极为恼怒，于 1941 年 1 月下令南调至黄河以南，在河南巩县、汜水、荥阳一带集结。不久中条山即为日军占领。赵部三十八军作为河防大军一部，驻守黄河铁桥南端邛山头桥头堡阵地二年多。

这时国民党已转向消极抗日积极反共，赵寿山感到国共合作前途渺茫，决心投向共产党，并要求参加中国共产党。1942 年底经中共中央批准入党。1943 年冬，蒋介石调赵寿山到重庆国民党中训团受训，

---

① 范明：访问记录。

② 孙蔚如：《回忆录》，未刊稿。

③ 赵寿山：《与蒋介石廿年武装斗争史》，《赵寿山将军》，第 320—411 页。

使他与部队脱离。1944 年 3 月，又以明升暗降的方式，调赵寿山至甘肃武威蒋军嫡系部队任第三集团军空头总司令，而派嫡系亲信张耀明接替三十八军军长，实行其“抽梁换柱”、“分编遣散”阴谋。赵寿山临走前向旧部揭露了蒋介石的阴谋，并做了布置。三十八军一部二千三百余人遂于 1945 年 7 月 17 日在河南洛宁之故县镇起义，投奔解放区。以后以这一部分队伍为基础，成立了西北抗日民主联军三十八军。

抗日战争胜利后，赵寿山决定脱离国民党奔赴解放区。他借口去美国考察水利，于 1946 年 11 月卸去第三集团军总司令职务，到达南京、上海，然后在共产党的秘密护送下，由上海经北平、天津，于 1947 年 3 月进入晋冀鲁豫解放区。7 月 6 日发表反蒋通电，公开宣告起义。10 月，任西北人民解放军副司令员。1948 年 1 月，赵寿山被任命为中国人民解放军第一野战军副司令，并参加了前敌总指挥部工作，直接与蒋介石、胡宗南国民党军队作战，为解放大西北、进军大西南作出了贡献。

中华人民共和国后，赵寿山转到政府部门工作，先后担任过青海省人民政府主席和陕西省省长。1956 年当选为中国共产党第八次全国代表大会代表。1954 年、1959 年和 1964 年先后当选为第一届、第二届、第三届全国人民代表大会代表，和第二届、第三届全国人民代表大会常务委员会委员。1959 年和 1964 年先后当选为国防委员会委员。

赵寿山于 1965 年 6 月 20 日因病于北京逝世。

# 赵　倜

邢汉三

赵倜，原名金生，1871 年（清同治十年）生于河南汝南县。其父赵子宣，不务正业，好赌博。家中仅有坟地一亩余，靠其母佃种地主土地度日，生活困难异常。赵倜八岁时，经人介绍到上蔡县城一家药铺当学徒，东家请有塾师，见赵聪明，令他给儿子伴读，改名倜，字周人。赵在私塾读书四年，能写通顺文章，被派到药铺帮助记账。赵认为日与算盘为伍，没有前程，坚决求去，于 1883 年重返汝南。

赵倜返回汝南后，找不到出路，迫于生活，受佣于同村武状元赵云鹏家。赵云鹏在外居官多年，有钱有势，赵倜小心服侍，奉命唯谨。赵云鹏见他年富力强，办事可靠，又有文化，1887 年派他代管收租事务。赵倜不辞劳苦，办事井井有条，更得主人信任。1890 年赵倜向主人表露“投笔从戎”的意愿，主人为其转荐于清政府将军马玉昆。时马部驻防济南，派赵在所部做文书工作。赵为人随和，又会书写，马部军官都乐于与他交往。赵于暇时学骑马打枪，勤学苦练，学得一身好本领，受到马玉昆赞赏，1894 年被提拔为骑兵管带。中日甲午战争爆发后，马玉昆率毅军赴朝作战，赵随往，曾在平壤南门外与日军血战。1898 年毅军改武卫左军，赵倜随马玉昆入该军，驻山海关内外。

1900 年 4 月，八国联军攻天津，赵倜随马玉昆统率的武卫左军参加守卫大沽口和京津线的战役，作战失利，赵仅率残部数骑逃入北京。8 月 14 日侵略联军打到北京城，光绪及慈禧逃离北京。赵倜随马玉昆护驾，因奉上谕赴保定冒险提取军饷有功，深得慈禧的赞赏。帝、后到达西安后，对护驾官员论功行赏，赵被越级提升为统领。

1902年马玉昆任武卫左军总统官，赵倜随侍左右，十分殷勤。1908年马玉昆死后，姜桂题继任武卫左军总统官。赵协助姜治理军务，颇著劳绩，升任武卫左军全军翼长。辛亥革命时，赵倜奉袁世凯命率部进驻陕、晋、豫边区潼关一带，镇压阎锡山、张凤翙的反清起义，当地驻军数万皆归赵指挥，为他以后攫取河南军政大权打下基础。1912年秋，白朗率领的农民起义军在豫西崛起。1914年1月，赵倜受任"豫南剿匪督办"，督率在豫各军围剿白朗起义军。因未能在限期内"肃清狼（朗）匪"，曾受革职留任处分。赵所部主力，多为骑兵，乃改围剿为追剿，4月尾追白朗起义军至陕西、甘肃西部，再折回河南。由于这趟辛苦，袁世凯撤销了赵的处分。8月，赵倜所部在宝丰与白朗军作战。白朗不幸中弹牺牲，所部随而溃散，赵倜以剿灭白朗有功，被袁世凯特任为宏威将军。9月又改为德武将军，督理河南军务。1916年7月任河南督军。

赵倜督豫八年，是其一生最显赫的时期。他统治河南，除依靠其军队作为资本外，主要赖其纵横捭阖的本领。赵对袁世凯力表忠顺，取得袁的信赖。袁妄图称帝时，段芝贵于1915年9月联合十四省将军密呈袁"速正大位"，赵列名其中，表示拥戴。12月受袁封为一等侯。袁世凯败亡后，段祺瑞接掌北京政府大权。赵倜乘河南省长田文烈1917年12月调为农商总长之机，谋得兼任河南省长职，从此全省军政大权集于一身。他为巩固自己的统治，提出"豫人治豫"口号。他一面笼络省议会议员，广植党羽；一面放手编练"巡缉营"三万余人，以厚实力。他在开封成立了修械所，兼制子弹。"巡缉营"危害地方，河南人民饱受其苦。

1919年初，北洋军阀内部直皖两系斗争日益尖锐，段祺瑞想以亲信曲同丰督豫控制河南。赵倜闻讯后，立即派人赴湘与吴佩孚联系，愿互为声援，得吴赞同，段乃将易督之举搁置。同年冬，段决意去赵，总统徐世昌不敢过于违背直系，只同意将赵兼省长职免去，赵得以仍任督军。

1920 年 7 月，直皖战争爆发后，赵倜与直系联合，结为反段同盟，直系主力部队顺利通过河南。奉系从东线助直攻皖，不过四天，皖军一败涂地，吴佩孚坐镇洛阳。但赵倜不愿将河南地盘拱手让直，吴、赵之间斗争激烈。吴采取借刀杀人的手法，于 1921 年春唆使驻在信阳的冯玉祥以索饷为名，公开反赵，又指使原河南第一师师长成慎通电讨赵，商定南北两路夹攻，夺郑州、取开封，驱赵下台。赵见情势危急，分电姜桂题、张作霖等求援。吴恐事态扩大对己不利，把责任推到成慎身上，率兵击杀成慎。经过这次事件，吴、赵间的矛盾表面上虽似缓和，实际更加深了。赵早已与张作霖派来的人秘密联系，至此决心联奉反直。

1922 年 4 月第一次直奉战争爆发，赵倜与奉密约，应允战争打响后即出兵郑州，断吴后路，南北合击打败直军。吴佩孚早料及此，做了相应布置，策划败奉驱赵，一战成功。吴率部北上时，留冯玉祥坐镇洛阳，对付赵倜。双方在河南调兵遣将，枕戈待发。5 月 5 日，主战场奉军已被击败。赵倜误得情报为奉军大捷，认为时机已至，当天发出宣言，名为武装中立，实则以武力驱逐在豫直军。双方激战于郑州附近。最初势均力敌，互有进退；嗣因奉军败报传出，赵倜所部军心涣散，渐形不支。赵的三弟赵杰任前敌总指挥，见大势已去，下令全线后撤。赵倜为保全性命，带亲信数人，化装逃往上海。5 月 10 日，总统徐世昌下令"免去赵倜河南督军职务，听候查办"。至此，赵倜结束了他在河南的统治。

赵倜在河南任职八年，罪恶累累，搜刮所得，大部归入私囊。除在北京、天津广置宅第外，在汝南老家购置农田数十顷，重租盘剥农民。此外，存入天津英商银行数十万元。

赵倜由河南逃到上海时，张作霖亦败退关外。不久，赵潜至沈阳见张，受张聘为高等顾问，徐图进展。1924 年第二次直奉战争时，冯玉祥发动北京政变，河南入国民军之手，赵倜返豫之谋未能实现。1927 年 2 月，张作霖以援助吴佩孚为名，派兵入河南，进驻郑州、开封等地，赵倜随奉军回到开封。他原想东山再起，不意事与愿违，到开封不久，北伐军已逼近。奉军土崩瓦解，赵倜随之狼狈而逃。到北京后，受张作霖委为督战专使。1928 年 6 月赵随奉军退出关外。年底张学良宣布“东北易帜”后，赵随张学良进北平，过其寓公生活。1930 年中原大战时，赵倜认为有机可乘，欲动员张学良率兵参战，自己借以死灰复燃。迨张表态拥蒋时，奉军对河南无从染指，赵回豫企图又成空想。

赵倜 1933 年患癌症死于北平。

## 主要参考资料

赵桿龙、周伯明口述，刘亚荃整理：《赵倜的生平事迹》，中国人民政治协商会议河南省委员会文史资料研究委员会编《河南文史资料》第 3 辑，河南人民出版社 1980 年版。

张熙清：《关于赵倜生平的补充材料》，中国人民政治协商会议全国委员会文史资料研究委员会编《河南文史资料》第 7 辑，1982 年版。

# 赵燏黄

钱听涛

赵燏黄，谱名汝询，曾名一黄，字午乔，号药农。1883 年 2 月 27 日（清光绪九年正月二十日）生于江苏常州一个富有文化气息的商人家庭。其父赵埔，字映沅，钱庄经理，擅书法。

赵燏黄幼习经史，曾应科举试，后在常州延陵书院山长刘申孙家教家馆。喜吟咏，常与邑人吴伯乔相唱和，不愿继承父业从商。光绪末叶，浙江镇海学人钟观光留日归来，在上海创办科学仪器馆并附设理科传习所讲授理化，赵燏黄于 1904 年秋入该所学习。1905 年春，赵由同里蒋维乔介绍至吴江同里镇金松岑主持的同川学校教授理化。柳亚子时为该校学生，鼓吹革命，赵受到影响。因在理化传习所时学习过日本药化学家下山顺一郎之化学著作，赵遂东渡日本，自费留学。经预科正则英语学校学习，于 1906 年秋入上野东京药学专科学校，1908 年夏毕业。萍浏醴起义，赵在预科学习的先后同学刘道一牺牲，赵受到震动，写诗哭刘。同年秋赵考入东京帝大学药学科，补江宁官费生，师从下山顺一郎学习生药学、本草学；后又从日本另一药学家长井长义学习药物化学。1908 年秋与留日同学王焕文、伍晟等在东京成立中华药学会，公推王为会长、伍为总干事、赵为书记（秘书）。1911 年 4 月黄花岗起义前后，赵由伍晟、孙润畲介绍加入同盟会。武昌起义成功，赵参加留日医药学生组织的红十字会卫生救护队回国。先在浙江汤寿潜都督府所属卫生部任药局长；南京临时政府成立后任内务部卫生局科长；政府北迁后任北京政府内务部佥事、卫生司科长、代理司长。1914 年政府改组，赵卸职离京，赋闲居沪，不久至汉口在同学所设之药房任药师①。

1915 年 8 月，经留日学友华裳吉介绍，赵爀黄到浙江公立医药专门学校任药科教授，讲授药用植物学、生药学、卫生化学。赵痛感洋药充斥市场，外国人采购国产药物为原料，提炼后返销中国，利益外流，疾呼发展祖国药学。他竭力主张药学独立，不能从属于医。浙江医专药科为国内首创，赵以培养药学人才为职志，曾一周授课达十六小时，培养出黄鸣驹等一批日后享有盛名的药学专家。课余常率学生入西湖山地采药，在校内自辟药圃，种植药用植物，又向俚医学习草药知识。赵一生从事生药学、本草学研究，是在浙江医专十余年教学中奠定的基础。

1928 年，蒋梦麟执掌国民政府教育部，一度勒令浙江医专停止招生，赵忿而离校。适蔡元培为院长、杨杏佛为总干事之中研院筹建，在上海设立化学研究所，内设国药研究室；加之杨杏佛夫人赵志道为赵爀黄族叔赵凤昌之女，夙有往来，赵遂应中研院之聘为专任研究员。他曾提出一个以十年为期研究国产药材、编撰《实验新本草》的庞大计划，惜未能完成；但他勤奋撰述不辍，在 1931 年至 1932 年出版了《中国新本草图志》两集，蔡元培为之作序，称道此书“将一扫旧式本草之瑕点，而显其精萃”。赵此时在上海中法大学药科任兼职教授，将在浙江医专时所用教材与徐伯鋆合作，编著《现代本草生药学》(上册)出版，蔡元培又为之作序，认为“一新二千年来吾国本草之壁垒”；后由其学生叶三多完成下册，长期成为我国药学院校生药学的主要教材。

1933 年底，赵爀黄应北平研究院院长李石曾及该院生理学研究所所长经利彬之聘，担任生药学专任研究员，乃举家北迁。他在研究工作中认识到药材鉴定与药效有密切关系，而鉴定药材必须弄清中药原植物，弄清中药原植物则必须至中药原产地或药材市场实地考察，乃亲自

① 赵爀黄 1943 年、1955 年两次手订自传稿(未刊)。

到河北祁州(安国)、河南禹州(禹县)等地考察北方药材。1935年12月,他与著名的植物分类学专家、他青年时代的老师钟观光以及钟补求、林熔、刘慎谔、吴征镒等植物学家亲赴祁州,采购药材三百余种,用一辆汽车运回北平研究,写出《祁州药志(附北平)第一集:菊科及川续断科之生药研究》,以及两集《本草药品实地之观察》。他又十分重视将生药学与本草学结合研究,不遗余力地搜集各种古代本草版本。在1923年撰著《〈本草纲目〉今释》的基础上,又发表《历代本草沿革史论》。1935年他在平郊妙峰山采到五加皮,经鉴定,发现并非历代本草上的五加皮,而是叫"杠柳"的根皮,含有毒性,制出的"五加皮酒"应严加控制。他认为明代集大成的李时珍《本草纲目》行世已三百余载,亟待重修,为此做了不少准备工作。

抗日战争爆发后,北平研究院工作停顿,赵燏黄只身南下省亲。1938年母亲病逝后,即留在其弟赵汝调开设的上海新亚药厂任国药研究顾问。毕业于日本千叶大学药科的赵汝调,原是受赵燏黄影响而赴日留学的,专攻化学制药。由于赵燏黄早年在日本学习过从麻黄中提取麻黄素之工艺,而华北盛产麻黄,新亚药厂决定在北平设立华北分厂,任赵燏黄为厂长,从事麻黄素生产。赵克服种种困难与一批制药人员试制成功,1940年至1945年共提取三百多公斤麻黄素,除满足国内需要还远销国外。

赵燏黄在主持麻黄素生产之同时,仍坚持生药学、本草学研究工作。1941年3月,留在北平的北大医学院设立中药研究所,赵应院长鲍鉴清之聘为医学院额外教授及中药研究所专任研究员。当时医学院及研究所设备甚差,赵将自藏的参考书、生物标本和显微镜带去使用,先后发表《蒙古本草之原植物》、《蒙疆所产本草药材关于其原植物之考察》等多篇论文。但因北平沦于日本帝国主义之铁蹄下,赵常怀故国之思,以吟诗遣愁,有"新亭对泣自年年,禾黍荒凉夕照边;燕子不来春又去,野花犹放蒋山前"之句。平时与同里族兄、赵瓯北后人赵沆年时相过从,鉴赏书画。赵沆年之女赵元珠等为姚依林领导的中共地下党员,后赴抗日根据地，日伪乃将赵沆年逮捕，赵燏黄多方设法营救，始释。

抗日战争胜利后，赵燏黄一度担任北大医学院药学系主任。不久因国民党当局派员接收，赵燏黄等一批留学德、日的医药教授被排挤离校，中药研究所亦随之取消①。当时赵早年学生孙荫坤任北平陆军医院院长，将部分离开北大的教授聘至该院，赵任挂名的药局主任。但赵不愿离开研究生药学、本草学工作，乃自办“赵氏生药化学研究所”，与少数学生一起在家继续研究撰著，同时在北平市立药学讲习所及迁平的沈阳医学院讲授生药学。

1949 年初北平解放后，医院由华北人民政府接收。在卫生部长殷希彭支持下，赵燏黄于是年 8 月重返北京大学医学院药学系任生药学教授，并恢复中药研究工作。赵绝处逢生，欢欣鼓舞，以六十六岁高龄精神焕发地投入工作。1950 年冬左眼因青光眼失明后仍坚持教学，1953 年复开设本草药课程。1958 年卫生部委托北京中医学院办中药研究班，赵为师生解答疑难，协助编写《中药简史》。与此同时，赵之中药研究工作也已开展，先后任中央卫生研究院中医药研究所顾问、研究员。赵仍不遗余力收集历代本草，特别是发现了明钞宋本孤籍《履巉岩本草》为稀世之珍，经赵建议由北京图书馆收藏。赵一生以个人财力收集到历代本草八十部近千册，为国内第一，声名远播海外。赵身后连同其他藏书五千六百余册均捐献给国家。

赵燏黄曾在中国药学会多次当选为理事、监事，任药典审查委员会委员、药学教育委员会委员、中央卫生会议委员。解放后任《中华人民共和国药典》编纂委员会委员，有《赵燏黄四十年奋斗精神提倡药学言论集》两册行世。他一生收藏明清名人书札等书画数千件，为北京有名书画收藏家、鉴赏家，并遗有《去非草堂诗稿》。

1955 年后赵燏黄总结一生经验，撰写《本草新铨》巨著，惜仅完成

---

① 赵燏黄 1955 年手订自传稿；罗卓夫、孙敬尧主编：《北京医科大学的八十年》，北京医科大学、中国协和医科大学联合出版社 1992 年版，第 63 页。

上卷总论初稿，于1960年7月8日溘逝。

附注：本文资料主要为赵燏黄子女赵雪华、赵则久、赵爱华及胞妹赵衍辰提供，并访问中华书局离休干部赵元珠；参考中国中医研究院李经纬撰写的《中国生药学泰斗——赵燏黄先生年谱》（《中华医史杂志》1983年第4期）、章国镇撰写的《我国现代本草学和生药学先驱赵燏黄——纪念赵燏黄先生诞生一百周年》（《中国中药杂志》1984年第2期）等。

# 赵 元 任

熊尚厚

赵元任，字宜仲、宜重，号重远，祖籍江苏阳湖县(今武进县)。1892年11月3日(清光绪十八年九月十四日)生于天津。祖父赵执诒曾任冀州等地知州多年，父赵衡年中过举人。赵元任青少年时代曾在常州私立溪山学校、南京江南高等学堂预科等校就读。1910年他留学美国康奈尔大学学数学，1915年升入哈佛大学攻读哲学获博士学位，1919年任康奈尔大学讲师。

赵元任在美国读大学的时候，除主修数学、物理、哲学等科外，还选修了语言学、声学等课程。早在青少年时代，他就对语言学有浓厚的兴趣，在听和说方面都颇赋天才。对冀州、保定、常熟、苏州、南京以及福建等地方言一学就会，能在一周内学会一种方言，听觉特别灵敏。在南京江南高等学堂，他对《马氏文通》一书产生兴趣，萌发了他对中国文法研究的想法。在美国康奈尔大学选修国际音标，使赵元任对语言学的研究大开眼界于是他在哈佛大学选修语言学和高级和声学，同时开始研究中国方言。

1920年，赵元任应北京清华学校的聘请回国执教，担任物理、数学和心理学的讲师。美国哲学家杜威来华讲学时任翻译。翌年，他再次赴美任哈佛大学哲学讲师。此时，赵元任进一步研读语言学，专程去法国莎娜学院进修语言学理论。1923年，他任哈佛大学中文系教授，次年前往英、法、德研究语言学。嗣因清华设立研究院，他于1925年回国任国学研究所导师；同时从事国语统一工作，为国语统一筹备会(不久改名国语统一推行委员会)成员,被该会举为国音字典增修委员会起草委员。他灌注了一套国语留声机片并创制罗马字拼音式。同时,他还与北大教授刘半农等发起“数人会”,专门研讨语言音韵学,担任聚会主席,经常和钱玄同等对国语运动问题进行讨论。1929年春,中研院历史语言研究所成立,他任研究员兼语言组主任,从此专注于语言学的研究。此后,还曾任清华留学生监督、中研院评议会评议员和院士。

赵元任推崇瑞典语言学家高本汉(B. Karlgran),以其西方语言学的研究方法进行古音拟则、方言调查,成为中国现代语言学开创人之一。1927年他研究吴语,在江、浙两省调查了三十三个地方,于次年发表《现代吴语的研究》。继后在湖北、湖南、四川、云南、广东、安徽、江西等省进行大规模的方言调查,先后撰著有《南京音系》、《中山方言》、《钟祥方言记》等著作。与此同时,他发表了《音位标音法的多能性》这篇音位分析理论的重要论文,后被列为现代语言学的经典著作,被国际语言学界公认为必读文献。在20世纪40年代到50年代,他发表论著《湖北方言调查报告》(与丁声树等合著)及论文数十篇。他的许多学术成果受到国际语言学界的重视。

赵元任的后半生在国外度过,长期从事教学工作。1938年他应美国夏威夷大学之聘前往任教,嗣后相继任哈佛大学、耶鲁大学教授,哈佛大学中国话速成班主任,美国陆军专科训练班中国语主任,加州大学东方学系教授兼主任等,编著《国语入门》、《粤语入门》作教材,还参加过哈大中文大辞典的编纂工作,对美国的中文教育作出了贡献。他曾任美国语言学会会长、联合国教科文组中国首席代表,主持过联合国教科文组语言学暑期讲习会。他会英、德、法、日、俄及希腊、拉丁等多种语言,蜚声于国际语言学界。

赵元任长期从事音位学理论、中国音韵学、汉语语法、语意及方言、中古音等多方面的研究,一生著有专著三十余种、论文一百多篇,被我国语言学界称作“汉语之父”。

赵元任的另一成就是创作新风格的中国音乐。他的父母为昆曲名票，他从中受到音乐、戏曲艺术的熏陶。留美时期，他对音乐非常喜爱，且具一定的音乐素养，其后，他创作过《和平进行曲》、《全国运动会会歌》以及《结婚进行曲》等；并为胡适、刘半农、徐志摩的诗词谱过一些歌曲。其中最著名的是1936年为上海百代公司灌注的唱片《教我如何不想他》。其歌曲集出版有《新诗歌集》、《儿童节歌曲集》，与此同时还曾任北平女子师范大学音乐系教授。由于他对音乐的爱好及对语言和音乐的双重理解，在乐曲创作方面成绩卓著。

除语言学和音乐外，赵元任早年与任鸿隽、杨杏佛等合办过《科学月刊》，发起创立中国科学社，积极提倡普及科学知识。他发表过《用数》、《地果圆乎》、《中西星名图考》等多篇介绍自然科学知识的文章；还翻译过《中国音韵学研究》（与罗常培合译）、《阿丽思漫游奇境记》等。

1960年赵元任退休后仍然继续从事著述，或参加国际语言学界的学术活动。其主要论著有《中国话的文法》、《语言和符号系统》、《云南方言调查报告》、《中国社会语言学面面观》等。同时还研究“通字”①，草拟了《中国通字草案》，出版《通字概说》一书，主张推行通字以解决汉字的繁难问题。

赵元任热爱祖国，对故土的依恋之情很深，在其耄耋之年，曾于1973年和1981年两次回国观光游历，会见了国内学术界的许多老朋友，参加清华大学七十年校庆活动。

1982年2月24日，赵元任病逝于美国马萨诸塞州的黄山医院。

---

① 即：“给字书里认为‘相通’的引申义和种种变异，选出一个汉字和一种罗马化的拼写来。”从一万个汉字中选出二千个各大方言都能通用字，作为中文书写系统的主体。不够表达的地方就用各大方言都能通读的现代假借字，以求解决汉字的繁难问题。

## 主要参考资料

赵元任:《早年自传》,台北传记文学出版社 1984 年 7 月版。

赵元任:《我的语言自传》,台北中研院《历史语言研究所集刊》第 43 本(1971 年),第 3 页。

[美]赵元任著,叶蜚声译:《赵元任语言学论文选》,中国社会科学出版社 1985 年版。

杨时逢:《追念姑父——赵元任先生》,台北《传记文学》第 40 卷第 4 期。

# 赵紫宸

寿祝衡

赵紫宸，1888 年 2 月 29 日（清光绪十四年正月十八日）出生于浙江德清县一个小商人家庭。少时敏思好学，先就读私塾，诵读“四书”、“五经”等古籍，并学习联句吟诗，期望考取秀才求得功名；惟因家境贫寒，乃辍学家居练学珠算记账，准备日后随父从商。由于鸿志难遂，精神空虚苦闷，常常求神拜佛，但企求上进的心愿并未息止。

1905 年，赵紫宸闻悉苏州有一所基督教教会办的萃荣中学，不收学费，即离家去苏州求学。他入校后勤奋攻读，获得了新的科学文化知识，眼界逐渐开阔；同时也受到了宗教的熏陶，逐渐成为一名虔诚的基督教徒。1910 年赵在萃荣中学毕业后，考入美国教会办的东吴大学。该校收费昂贵，赵四处筹措，最后动用了他母亲多年节衣缩食积攒的全部积蓄，才勉强凑齐。在东吴大学，他勤勤恳恳地读了四年，成绩特优，1914 年毕业后被选送去美国田纳西州万德比尔大学（Vanderbilt University）社会系学习。他在美国半工半读，生活俭朴，仅有一套西装，衬衫是晚上洗了白天穿。经过三年刻苦学习，他出色地完成了学业，毕业成绩名列第一，获得金质奖牌。

赵紫宸于 1917 年回国后，在母校东吴大学任教，讲授社会学大纲、社会管理、十八及十九世纪英国工业革命、社会进化、圣经文学及伦理学等课程。1922 年任东吴大学教务长。

1926 年，由美以美会的汇文大学神学馆和公理会的华北协和道学院合并而成的燕京大学神科，改为燕京大学宗教学院，赵紫宸应聘到燕京大学任教授，不久继刘廷芳任宗教学院院长。该学院招收文理科大学毕业生专门进行基督教的教育，宣示“发扬中国文化遗产，研究基督教学术”，以培植学生在中国传布教义、建造教会、推广美国基督教思想和美国“友谊”。宗教学院还竭力在燕京大学形成宗教气氛，其教授都在文理各系兼课，以便把宗教学院的精神渗透到整个燕大。赵紫宸主持宗教学院，怀着“为基督尽忠心”的虔诚感情，期望培养出一批批人才在中国发展基督教事业，尽心竭力，整日奔忙。

当时燕京大学宗教学院在宗教思想方面是属于美国现代派和自由派的，与南京金陵神学院的正宗派、教会派相对峙。由于受到燕京大学美籍哲学教授博晨光(Lucius Chapin Porter)的影响，宗教学院曾讨论过放弃《圣经》中的《旧约》，而以中国先贤圣训代替的问题。许多教授虽然知道《旧约》里讲些什么，却对中国文化的底蕴不甚了了，因而讨论旷日持久，不得要领。赵紫宸主持宗教学院后，由于他对基督教抱有“自传”的热忱，同时又对中国古代文化哲学思想有相当深刻的理解，因而能把西方的基督教教义与中国古代思想家的哲学思想结合起来，形成了他独具一格的基督教哲学思想体系。他在宗教学院主讲系统神学和宗教哲学等课程期间，编著了一系列神学著作，贯串着“自传”的精神，体现了他中西并重、物质与精神并重、理论与实践并重的哲学思想体系，受到国内外基督教人士的高度评价。他的主要著作有:《耶稣传》、《圣保罗传》、《基督教进解》、《基督教哲学》、《耶稣的人生哲学》、《基督教中心信仰》、《基督教与我的人格》等。《耶稣传》既依据有关史料、传述和经典著作，又阐发他自己的心得体会和独到见解。《基督教进解》包括“知识与信仰”、“基督教与中国文化”、“基督教本身——耶稣基督”、“上帝论解”、“论救法”、“教会生活”、“基督教与世界”等论述，其中引用中国古代哲学思想著述，阐发基督教教义，内容丰富，立论谨严。

赵紫宸自 1928 年起，兼任燕京大学宗教学院主办的《真理与生命》月刊主编计九年。该刊以登载阐发基督教美国现代派、自由派思想的文章为多，赵经常撰写一些阐述自己宗教哲学思想的文章。“九一八”

事变日本帝国主义侵占我国东北后，该刊也发表了一些宣传抗日爱国的文章。在1931年10月1日出版的《真理与生命》上，赵发表《基督徒对于日本侵占中国国土当持什么态度》一文，严正指出应当“将此次事实之真相，宣告于世界信众，并联合世界信众，特别是日本的信众，一致反抗日本帝国主义侵犯中国、扰乱世界的罪恶”，表明了他抗日爱国的立场。

由于对于我国古典文学有深厚的根底，特别是诗方面的造诣，赵紫宸在燕京大学曾兼任中国古典文学教授，讲陶渊明诗等课程，东吴大学赠予文学博士称号。1932年—1933年他曾赴英在牛津大学讲授中国文化。他一生先后赋诗词五千余首，取材宽，含意深，既重格律又不受拘束；虽然带有宗教色彩，但许多诗篇爱憎分明的态度以及热爱祖国和人民的思想感情亦甚鲜明。在太平洋战争爆发、日美处于战争状态后，赵与燕京大学十几名教授被日本宪兵队囚禁半年多，他在被囚期间赋诗一百七十余首，忠贞爱国的感情溢于言表。他的诗词后来成集的有《南冠集》、《玻璃声》等。

赵紫宸任燕京大学宗教学院院长，除1946年一度离职外，直至1952年该学院停办，前后达二十多年。他为支撑萎靡不振的宗教学院，寻求经济上的支援，劳心焦思，不遗余力。他曾去美国向教会人士游说，争取捐款；也向国内入教的资本家募集；他走访金陵神学院不止一次，企望分得一点美国捐款；对于燕大校长司徒雷登的颐指气使，他也竭力忍受。直到解放以后，宗教学院成了一些敌视新中国的人躲避和活动的场所，他仍怀着“为基督尽忠心”的虔诚心情，四处奔波募捐，筹集经费，竭力维持宗教学院，而对师生此时的种种活动却无暇顾及。

20世纪30年代和40年代，赵紫宸先后去过耶路撒冷和美、英、荷、日、印等二十多个国家进行讲学和教会活动，受到各国宗教界的尊重。1947年美国普林斯顿大学赠予神学博士称号。1948年参加世界教会协进会在荷兰首都阿姆斯特丹举行的成立大会，被选为六主席之一。嗣因该会支持不义战争，赵愤而辞去主席职务，并在报上发表声明。他笃信基督教，但他热爱祖国，希望基督教能为中国服务。1948年冬，美国协和神学院聘他为客籍教授，他不就，于解放前夕毅然回到祖国。

赵紫宸回国后，出席了中国人民政治协商会议第一届代表会议，迎接了中华人民共和国的诞生。此后，他担任北京市政协第一、二、三、四届委员、常委等。他虽年逾花甲，但仍不倦地学习，乐于接受新事物，热爱新中国，拥护中国共产党领导。他和宗教界爱国人士一道，积极发起中国基督教"三自"爱国运动，揭露帝国主义利用宗教毒害我国人民和青年的种种事实，号召摆脱帝国主义势力对中国教会的控制。晚年他对西方基督教教义继续进行了许多研究。

1979年10月21日，赵紫宸因病在北京去世。

## 主要参考资料

赵紫宸：《燕京大学的宗教学院》，中国人民政治协商会议全国委员会文史资料研究委员会编《文史资料选辑》第43辑，中华书局1964年版。

赵紫宸：《基督教进解》，青年协会书局1950年4月版。

赵紫宸：《圣保罗传》，青年协会书局1947年10月版。

吴芷芳：《记宸师点滴》，中国人民政治协商会议北京市委员会文史资料委员会编《文史资料选编》第12辑，北京出版社1982年版。

王瑾希：《基督教界爱国人士赵紫宸》，《文史资料选编》第12辑。

# 郑 伯 昭

陈曾年

郑伯昭，广东香山(今中山市)人，1863年(清同治二年)生。年轻时曾在上海美国人主办的中西书院读书。

19世纪末，英、美两国的卷烟开始向世界各地倾销，中国的一些主要城市，如上海、广州等地，都逐渐出现了烟草制品。郑伯昭于三十岁时，同广东同乡在上海合伙组成永泰栈。该栈的初期业务，是在菲律宾设立泰记烟厂，利用当地烟叶制成"绿树牌"和"真老头牌"雪茄，运至上海销售。1901年起，同代理销售英、美两国卷烟的公发英行订立合约，代销"老刀牌"(Pirate)和"皇后牌"(Ruby Queen)香烟。1902年上海英美烟公司成立，继续维持合约，永泰栈为当时代销英美烟公司香烟的六家大同行之一。郑伯昭年轻时就是一个深谙行情善于经营的商人，烟业同行称之为"潮阳麻子"，以形容其苛刻精明。永泰栈在推销这两种牌号的香烟时，经常超额完成英美烟公司规定的任务。"老刀牌"打开销路之后，英美烟公司收回自销，永泰栈在上海继续销售"皇后牌"，并将它推广到京津一带。

1905年，美国发生虐待华工的事件，引起上海各界人士的激愤，各界人士发起抵制美货运动，提出"不用美国货，不吸美国烟"的口号。美国对华贸易当即遭到严重损失，特别是在中国设厂的英美烟公司更受影响。英美烟公司不得不将设在上海的制造厂——美国纸烟公司，改为大英烟公司。郑伯昭这时已担任永泰栈的经理，他用蒙混手法，将"皇后牌"的中文名称改为"大英牌"，销路遂蒸蒸日上。

英美烟公司在中国通过各级分支机构，直接经销一个时期以后，感到外籍人员对中国各地的言语风俗习惯甚难掌握，并要担负较大的风险，不如自己退居幕后，运用中国的买办商人更为有利。1911 年，公司资送郑伯昭、邬挺生两人赴英考察，参观了在伦敦的英美烟公司总公司和制造卷烟的工厂。

1912 年郑伯昭被授权为“大英牌”香烟的中国独家代销商。1917 年 11 月，英美烟公司董事托马斯和郑伯昭在纽约签订合约，议定自 1918 年起十五年内由郑伯昭担任“大英牌”和“锦扇牌”香烟在中国的独家经理，条件是不得销售其他公司的产品，每出售一箱付以不超过四元的佣金，部分佣金并可在国外付以外汇。

郑伯昭在永泰栈工作多年后，在推销业务上已扎稳根基，于是决定摆脱永泰栈，自立门户。1919 年他在上海九江路设立永泰和烟行，并将“大英牌”和“锦扇牌”的经销权也带了过来。经过了两年的努力，成绩斐然。1921 年进一步和英美烟公司合组永泰和烟草股份有限公司，资本额为 100 万元(英美烟公司占股份 51%，郑占 49%)，郑伯昭任董事长兼总经理。永泰和对外自称完全是中国人创办的公司，实际上货款收入和账房核算皆由英美烟公司控制。

1925 年“五卅”惨案之后，全国人民对英帝国主义屠杀中国人民的罪行愤慨万分，纷纷发起抵制英货运动。英美烟公司在华业务首当其冲，特别是大英牌香烟的销路更是一落千丈。郑伯昭马上将“大英牌”的中文名称再改为“红锡包”；还广贴传单说“红锡包”“现已由大美国驻沪总领奉到大美国华盛顿外务部示，证明确系用美国烟丝制造；且完全在美国境内制造之货”①；并在“红锡包”的烟壳上加印上英文“美国制造”字样。不久，“红锡包”的销售量就恢复正常。同一牌号的香烟，在抵制美货时，变为英国货；抵制英货时，又

① 上海社会科学院经济研究所编：《英美烟公司在华企业资料汇编》，中华书局 1983 年 12 月版，扉页照片。

变成美国货。郑伯昭就是这样运用翻手为云、覆手为雨的手法来迷惑吸烟群众，帮助英美烟公司规避中国人民反帝爱国的斗争锋芒而开展其业务。

郑一向重视卷烟推销网点的建立和运用，他选择各地有实销能力的商人作为经销对象，并在保证金、赊销等方面放宽条件，在销售佣金方面采取累进优惠办法，因此在外埠也能迅速打开局面。永泰和在全国各大城市设有四十多个据点，以联系众多的经销商。郑伯昭的买办才干，深得英美烟公司的信任和倚重，1930 年干脆把自己直属的“东方部”和“上海部”撤销，将这两个地区所有各种牌号香烟的推销和管理工作，全部都交给了永泰和。

太平洋战争爆发之前，英美烟公司在中国市场上的销售量每年约为九十万箱（五万支装）。根据 1923 年至 1941 年的十九年统计，永泰和共计销售英美烟公司各种牌号的香烟四百二十三万箱（平均年销二十二万二千六百余箱），营业额共计为法币九亿四千一百万元。郑伯昭获得的佣金收入，历年来的总和约为法币二千四百万元左右。

英美烟公司作为一个外商企业，受当时中外通商条约时限制，不得在内地购置产业，但扩展业务又迫切地需要在内地购置大量产业。为了解决这一矛盾，1920 年由郑伯昭出面，组织了宏安地产公司，向中国政府登记注册，成为一个“法人”（“自然人”的对称，依法成立并能以自己的名义行使权利和负担义务的组织）。这个公司实际上完全是替英美烟公司在中国内地管理产业的一个买办机构。

英美烟公司成立之后，收取了经销人员、仓库管理员和出纳人员的大量保证金，并利用这笔资金在上海购置了很多房地产。但是，英美烟公司是专做烟草业务的，不便做房地产生意，为了掩盖自己的房地产所有权，便与郑伯昭勾结，于 1927 年在上海成立了一个昌业地产公司。昌业的资本额为实收资本九十万两，名义上是郑伯昭拿出来的，实际上由英美烟公司所属的大英烟公司，掌握所有权文书，即权柄单。因此，它是英美烟公司的另一个由郑伯昭出面经营的买办企业[①]。

由于郑伯昭出面效力，从而绕过了中国政府控制外商企业的各项条文和法令的约束。英美烟公司为了酬谢郑伯昭，在所属的不少企业中安排了郑伯昭、郑的妻弟黄以聪和郑的儿子观柱、观锠、观城、观桐等人为董事或股东，并给以高薪和大量佣金，有时还给以大笔额外酬劳。如为了感谢他们在日军侵略中国时替英美烟公司掩护昌业地产公司的股权有功，郑观桐和郑观城两人在抗战胜利后，就分别获得了特别红利金法币三百五十万元[②]。

郑伯昭利用其所获得的巨额财富，在上海购置了大量房地产，先后开设了奥迪安电影院[③]、百老汇电影院[④]和新光电影院[⑤]，还取得了美国派拉蒙、哥伦比亚等影片公司的新片专映权。他在香港亦设置了东南地产公司，并在国外拥有巨额存款。

郑伯昭忠心耿耿地为英美烟公司服务，充分发挥了职业买办的作用，做了许多英美烟公司所做不到的事，而其本人则成为极为富有的大买办商人。

郑伯昭于1937年“八一三”事变时离沪去港，把永泰和托付给黄以聪继续经营。上海解放前夕，郑在沪的大部分家属也包了飞机前往香港。

郑伯昭于1951年在澳门病故。

---

① 上海社会科学院经济研究所编:《英美烟公司在华企业资料汇编》，中华书局1983年12月版，第48—49页。

② 上海社会科学院经济研究所藏颐中档案抄件。

③ 奥迪安电影院位上海北四川路宜乐里旧址，1925年12月9日开幕。该影院设备上乘，足与当时最著名的卡尔登电影院相伯仲。1932年“一二八”战事中，影院被毁。

④ 百老汇电影院为奥迪安电影院在上海公共租界东区设立的连锁电影院，1930年9月25日开幕。

⑤ 新光电影院为郑伯昭在上海公共租界中区经营的另一戏院，建筑参照西班牙及意大利的中世纪式样，1930年11月21日开幕。

## 主要参考资料

上海社会科学院经济研究所编:《英美烟公司在华企业资料汇编》,中华书局1983年版。

程仁杰:《英美烟公司买办郑伯昭》,中国人民政治协商会议上海市委员会文史资料工作委员会编《文史资料选辑》1978年第1辑(总21辑),上海人民出版社1978年版。

陈子谦、平襟亚:《英美烟草公司史话》,中国人民政治协商会议全国委员会文史资料研究委员会编《文史资料选辑》第17辑,中华书局1961年版。

汪熙:《从英美烟公司看帝国主义的经济侵略》,《历史研究》1976年第4期。

# 郑 洞 国

沈荆唐

郑洞国，字桂庭，湖南石门人。1903 年 1 月 13 日(清光绪二十八年十二月十五日)生。其父郑定琼务农，兼做裁缝。郑洞国七岁起在父亲启蒙下读《论语》等书，后入塾读“四书”、“五经”。1917 年入石门中学附属小学，两年后升入石门中学。虽家境清寒，但长兄郑潼国是石中校长，供给所费，学业得以不辍。郑勤奋苦读，成绩优良，在五四运动中，曾和同学上街宣传，清查日货，受到爱国主义的熏陶。1922 年从石门中学毕业后，到本县磨市乡小学执教，一年后赴长沙，考入湖南省商业专门学校攻读。

1924 年春，郑洞国偕同乡同学数人南下广州，报考国民党陆军军官学校，被编入第二队，与湘籍同学、共产党员王尔琢、贺声洋等交谊甚笃，受到进步思想影响。11 月，军校编建两个教导团，郑洞国任教导一团第二营第四连党代表。1925 年 2 月参加东征讨伐陈炯明叛军，在攻打淡水城时，报名参加奋勇队，冒矢登城击溃守敌。教导二团第三营党代表蔡光举不幸在激战中阵亡，郑升任第三营党代表。3 月与叛军战于棉湖，郑与营长金佛庄率部担任侧翼掩护，坚守阵地；接着又随主力攻占五华、兴宁。6 月回师广州参加平定刘震寰、杨希闵叛乱，第三营强攻滇军赵成梁师龙眼洞、瘦狗岭阵地奏捷。第二次东征时，郑担任潮州野战医院党代表。翌年 3 月任国民革命军第一军三师八团第一营营长。

北伐战争开始后，郑洞国所在之第三师先为总预备队留粤，10 月编入东路军，在何应钦指挥下入闽作战。永定之役，第八团担任主攻，郑指挥第一营果断坚决，勇猛顽强，受到嘉奖。11 月郑升任第八团团长。底定福建后，所部北上入浙进攻孙传芳军。1927 年 2 月 18 日进占杭州后，经泗安、广德、溧阳、句容，于 3 月下旬进抵南京。不久郑因病入院医治，8 月出院后赶赴前线，被任命为徐州警备司令部参谋长，后调任由第一军一部扩编的第九军教导团团长。

1928 年北伐奉张结束后，全国军队实行编遣，郑洞国任第二师第五旅第十团团长。此后在蒋桂战争、蒋唐战争、讨伐石友三及蒋、冯、阎中原大战中，郑率团随同第二师转战各地。1931 年底任南京警卫第一师第二旅第四团团长；不久又回第二师升任独立旅旅长，参加"围剿"鄂豫皖苏区红四方面军。嗣后改任第二师第四旅旅长，驻洛阳。1933 年 3 月，所部奉命驰援长城抗战，在古北口抗击日军近两月；在南天门一线的激战中，郑率全旅将士英勇作战，不怕牺牲反复冲杀，给敌军以重创。1934 年春，郑奉命率第四旅参加第五次"围剿"红军战事。10 月红军主力转移，郑率部尾追至芷江。翌年郑升任第二师师长，驻防徐州、蚌埠一带。

抗日战争爆发后，正在庐山训练团受训的郑洞国奉命回部队率第二师挺进保定驻防，投入平汉路保定会战，于 9 月下旬多次击退日军的进攻。后因敌军突破满城一带防线，第二师与友邻部队失去联络，后方机关亦遭日军骑兵包抄，郑指挥所部与日军血战一昼夜后，被迫从保定突围，随后转移到林县一带山区打游击战，曾袭击安阳城及机场，威慑敌人。参加漳河战役后至洛阳休整。此时敌军已攻陷滕县，向运河逼进。郑奉命率第二师火速开往徐州抗击日军，于 1938 年 3 月 19 日至运河南岸布防，隔河猛烈轰击北岸韩庄正渡河之敌军。旋即开往白城秘密集结，参加了攻击枣庄、北大窑、峄县的激烈战斗。4 月初在杨楼、底阁一线参加迎击日军第五师团坂木支队的战斗，又与友军合力击溃第十师团濑谷支队，在台儿庄战役中立下战功。随后郑率部夜击退守峄县之敌，攻占地势险要的制高点九山，在燕子河大刘庄一线抗御日军,坚守阵地两旬余,直至5月上旬才奉命撤出防线,开往归德。嗣后郑升任第九十五军军长,率部参加了武汉保卫战。

1938年底,国民政府军事委员会组建新编第十一军(后改番号为第五军),郑洞国调任荣誉第一师师长,不久任副军长兼荣一师师长。这是我国陆军第一支机械化部队,装备精良;荣一师则是由伤愈官兵组成,虽均有作战经验,军事素质较好,但纪律松弛,有些人还居功自傲。郑洞国对所部严明纪律,赏罚分明,并加强训练,努力提高部队战斗力。1939年12月,第五军开赴桂南参加昆仑关之战,以荣一师担任主攻,郑亲临火线指挥,所部将士英勇奋战,连克罗塘、四一一高地、界首等几个重要据点,并两次攻入昆仑关,为收复昆仑关大量歼灭敌军作出重要贡献。随后,郑调任新编第十一军军长。郑率部参加枣宜会战后,担负宜昌以西、宜都以北长江一线防务。他注重部队的训练,努力提高官兵的军事、政治素质,对于敌军多次大规模进犯,均能有力抗御,坚守防地。1942年秋,他率部配合主力反攻宜昌,歼敌甚众。

郑洞国的战功以及他善于带兵、练兵,颇获好评,亦受到蒋介石的重视。1943年秋,郑洞国被调任中国驻印军新一军军长。新一军是由一年多前协同英美盟军入缅作战失利后退入印度的远征军新三十八师和新二十二师组成,在兰姆珈参加史迪威主持的军事训练,并获得美械装备,具有较强的战斗力。郑到职后,努力提高部队的士气和斗志,同时协助史迪威(Joseph Warren Stilwell)和索尔登(Daniel Isom Sultan)协调美军人员与我国官兵的关系,促进相互间的了解和友谊,也抵制了盟方某些不尊重我国格人格的要求和做法。10月,郑率新一军开始了缅北反攻战役。全军由列多出发,在丛山密林中一面筑路一面攻击前进,在美国空军和工兵部队配合下,克服在亚热带森林中行军的种种艰难险阻。郑经常不畏艰苦亲临前线,鼓舞士气,组织战斗。驻印军先后取得了胡康河谷战役、孟拱河谷战役、密支那围攻战役的胜利,大量歼灭了日本第十八师团的有生力量。

1944年8月，郑升任驻印军副总指挥兼新一军军长，成立副总指挥部，继续率部前进，相继攻克八莫、南坎，于1945年1月27日在芒友与卫立煌指挥的滇西远征军胜利会师，全线打通了中印公路。此后，郑指挥新一军次第攻占贵街、新维、腊戍、细包等地，全部肃清了中印公路沿线地区的日本侵略军。在1945年6月举行的国民党第六次全国代表大会上，郑被选为候补中央执行委员。

抗日战争胜利后，郑洞国被任命为第三方面军副司令官，9月与司令官汤恩伯抵沪，接收南京、上海。嗣后兼任京沪警备副司令。

1946年2月，郑洞国被蒋介石任命为东北保安副司令长官，并代理因病就医的杜聿明司令长官职务。这时，出关的几十万国民党军队正在大举抢占东北，郑洞国抵锦州后，即指挥各部沿北宁路疾进，先进占苏军撤出的沈阳，接着又占领了东北民主联军控制的鞍山、营口、辽阳、海城、抚顺等城市。蒋介石利用《东北停战协议》大量运兵进入东北，郑洞国部署国民党军队分两路推进：新一军和七十一军沿中长路北进，新六军和五十二军进攻本溪。北进部队遭到民主联军反击受阻，郑赶赴开原设前进指挥所督战，但久攻四平街不下。5月，郑任前敌总指挥，率新六军及七十一军、五十二军各一部北上，先后攻占四平街、长春、永吉等城镇，与民主联军隔松花江对峙。8月，郑又指挥第十三军、九十三军及七十一军一部大举进攻热河，经两个月的激战，凭借强大兵力，控制了热河大部分城镇，为北宁路解除了威胁。

进入1947年，北满和南满的民主联军频频发起攻势，长春、通化、四平街、本溪等地先后告急，郑洞国秉承蒋介石旨意，放弃一些城镇，收缩兵力，固守大中城市。8月，陈诚接替熊式辉任东北行辕主任，撤销东北保安司令长官部，郑洞国改任东北行辕副主任。但在东北民主联军先后发动的秋季攻势和冬季攻势打击下，陈诚将五十余万军队编组成四个兵团实施的“机动防御”方针，实处于被动挨打的地位，大批有生力量被歼，中长路被彻底破坏，沿线自长春至开原只控制四平一城；北宁路也被切断。郑无能为力。

1948年1月，蒋介石派卫立煌接替陈诚主持东北战局，成立“剿匪”总部，郑洞国和范汉杰为“剿匪”副总司令。2月，东北人民解放军（即原民主联军）发动强大攻势，次第攻克辽阳、营口、鞍山、法库等重要城市，3月又克四平街。国民党几十万军队只能收缩在沈阳、长春、锦州三个孤立地区。郑洞国衔命固守长春，并被蒋介石任命兼第一兵团司令官和吉林省主席。郑感到在北面十分孤立，处在解放军层层包围之中，随时有覆灭之虞，曾建议主动放弃长春，以便集中兵力于沈阳、锦州之间，能战能守也能退，但是蒋介石和卫立煌都不同意弃守长春。郑无可奈何，指挥新七军、六十军及兵团直属部队、地方保安部队共约十万兵力，困守在长春孤城。城内粮食、燃料日益匮乏，粮械供应均赖空运。郑于5月派部队出击，想到郊区搜购一些粮草，结果遭到解放军反击，不仅兵员伤亡甚众，还丢失了机场。在解放军紧缩包围之后，城内十万兵员和二十万市民处境极为艰难。气候渐寒，军粮、寒衣只能靠空投供应，所得之数甚微，门窗、桌椅均充作燃料或取暖，官兵饥寒交迫，士气丧失殆尽。

辽沈战役开始后，解放军主力南下围攻锦州，郑洞国调集两个师企图突围，遭到解放军狙击。以后蒋介石几次下令郑率部突围南下，郑亦认为只有突围才是求生的唯一出路，但是新七军和六十军等官兵均已饥饿疲惫不堪，体力虚弱，众将领皆无突围信心。10月16日夜，曾泽生率六十军宣布起义，郑洞国则还想“效忠”党国，拒不停止抵抗。19日上午，李鸿、史说率新七军全体官兵宣布放下武器。郑洞国与兵团直属部队孤守在中央银行大楼，延至21日凌晨，终于被迫放下武器，长春和平解放。

郑洞国在中华人民共和国成立后，历任水利部参事，国防委员会委员，全国政协第三、四届委员，第五、六、七届常委，民革中央第五、六、七届副主席，黄埔军校同学会副会长，中国和平统一促进会常务理事等职，致力于祖国统一大业。

1991年1月27日，郑洞国于北京病逝。

## 主要参考资料

郑洞国:《我的戎马生涯》,团结出版社 1992 年版。

杜聿明、郑洞国、覃异之:《古北口抗战纪要》,中国人民政治协商会议全国委员会文史资料研究委员会编《文史资料选辑》第 14 辑,中华书局 1961 年版。

郑洞国、覃异之:《中国驻印军始末》,中国人民政治协商会议全国委员会文史资料研究委员会编《文史资料选辑》第 8 辑,中华书局 1960 年版。

郑洞国:《从猖狂进攻到放下武器》,中国人民政治协商会议全国委员会文史资料研究委员会编《文史资料选辑》第 20 辑,中华书局 1961 年版。

《郑洞国同志生平》,《团结报》1991 年 2 月 27 日。

# 郑 介 民

马振犊

郑介民，原名庭炳，字耀全，号杰夫，1898年（清光绪二十四年）出生于广东文昌县一个破落的地主家庭。其父郑兰馥，晚清县学生员，对他寄予厚望，尽力供其读书。郑介民少时进私塾，十七岁转入广东省立琼崖中学。他接受革命思想的影响，秘密参加了“琼崖民军”，在陈继虞部任书记，后因遭到通缉，与几个同乡一起亡命马来亚，更名为介民。在吉隆坡，郑一边在橡胶园、养鱼场等处帮工，一边帮助编辑《益群日报》。

1924年初，孙中山在广东黄埔创立陆军军官学校，消息传到南洋，郑介民回国报考，但名落孙山。失望之余，他投入广东省警卫军吴铁城部当学兵。在黄埔军校第二期招生时，他终于通过了考试。进入黄埔军校之后，郑介民除了努力学习之外，还十分留意校内的政治动态，不久便加入了“孙文主义学会”，与贺衷寒、王伯龄、陈诚、潘佑强等一起，与“青年军人联合会”相对抗。郑在“孙文主义学会”中十分活跃，经常将各方面情况向上级密报，获得校长蒋介石的好感。

郑介民从黄埔军校毕业后，被蒋介石当做“骨干分子”送往苏联，进入莫斯科中山大学学习“政治经济”专业。他通读了《俄国革命史》、《中国革命史》、《政治经济学》、《唯物辩证法》等书，不但没有增长一点共产主义思想，相反更加反对马克思主义。在校期间，他撰写了《民族斗争与阶级斗争》一书，认为中国社会的主要问题是民族问题，马列主义的阶级斗争学说并不适合中国国情，共产主义在中国行不通。

1927年8月，郑介民从莫斯科中山大学毕业回国。此时正值蒋介石受桂系等势力的排挤而下野，郑被中央军校总队长贺衷寒安置在军校总队部任政治教官，不久改任第四军政治部秘书。

1928年1月蒋介石复出，任国民革命军总司令，郑介民立即晋见，向蒋表示效忠之意，并向蒋报告了他所悉心收集的留苏黄埔生的思想动态，蒋介石认为郑介民颇有才干，决定留其在身边担任侍从副官，专门从事搜集情报的工作。从此，郑介民开始了他的特工生涯。

蒋介石在南京确立统治地位后，竭力建立个人独裁专政，排斥异己势力。以李宗仁、白崇禧、黄绍竑为首的桂系，在北伐讨奉之后控制了从南岭横贯长江蜿蜒以迄长城的纵向"一条龙"区域，形成对南京国民政府围迫之势，蒋介石颇为不安。郑介民分析局势后，主动向蒋请缨，前往李宗仁的大本营武汉，以他与李宗仁之弟李宗义在中山大学的同窗关系，进行侦察与瓦解工作。他骗取李宗义的信赖，隐瞒了在南京政府供职的身份，住进了李宗仁第四集团军的总司令部，与李宗义同居一室，并顺利接近了桂系的最高层。平时他装出一副老实谦恭之状，对李宗仁言必称"德公"，博得了李的信任，议论军机亦不回避，使其迅即有所收获。他还以交友手段贿赂总部机要人员，弄清了桂系各部兵力配置与装备情况。最后连第四集团军电讯密码本都拿到手，拍照送往南京，使桂军调动部署一切机密全为南京所掌握。

郑介民还利用桂系内部矛盾进行挑拨离间活动，在湖北籍将领中散布"鄂人治鄂"的主张，又在广西籍将领中挑拨说"当权发财的是湖北人，打仗拼命的却是广西人"，使桂军内部裂痕加深。郑介民在武汉的这些活动，受到了蒋介石的赞赏，得到了他的全力支持与严密掩护，直到蒋桂战争结束，李宗仁等对郑介民的真面目尚一无所知。

1929年7月，郑介民被蒋介石派往广西，出任省政府委员兼省党部整理委员，继续在桂系内部进行特务活动，不断向蒋介石密报桂系的情况。后郑介民从广西回到南京，在参谋本部任上校参谋。

1932年3月，第二次下野复出的蒋介石集合黄埔系骨干分子组织

“中华民族复兴社”(简称“复兴社”),郑介民列名为九名“中央干事”之一。“复兴社”下设有特务处,蒋指定戴笠为处长,郑介民为副处长。郑介民身为黄埔二期毕业生,又曾留学苏联,结果却被名列黄埔六期肄业生戴笠之下为副,心中愤懑不平,但他明白蒋对戴笠的特殊信任,便竭力克制自己,表面上对戴客气谦让、融洽相处,在工作中则卖力效忠于蒋,以显露自己的才华。其时,十九路军在淞沪抗战中英勇抗日,但在《淞沪停战协定》后被调往福建。郑介民即在第十九路军中派遣了一批潜伏特务,与他们保持严格的单线联系,使特务深藏而便于秘密活动。1933 年 11 月“闽变”发生,郑介民利用这批特工获取了有关“福建人民政府”的大量情报,甚至得到了十九路军内部联络密电码,使蒋介石在调兵平息“闽变”过程中能够轻易得手,连戴笠也不得不称赞郑介民有“制敌先机”之明。

1934 年春,郑介民被派往北平,兼任复兴社华北区区长,重新调整部署了复兴社特务处在华北区的工作。5 月,他主持刺杀了汉奸张敬尧。嗣后,他奉蒋介石之派,率“军事考察团”赴欧洲德、意、英、法、奥、瑞士等国访问。郑介民特别注重了解德、意等国法西斯特务机构的组织及活动方法,刻意研究、搜集资料。在柏林与罗马,郑介民受到了希特勒、墨索里尼的接见。他兴奋异常,引为资本,四处吹嘘。他每到一地就在华侨和留学生中大力鼓吹效忠蒋介石,并发展复兴社组织。归国后,他向蒋介石送交了长篇考察报告,并进行了当面汇报,得到了蒋的夸奖。他协同戴笠对特务处的工作进行调整与充实,效法德、意法西斯的做法,控制交通与通讯,监督无线电台与干扰广播,派遣特务进入机关、部队、工厂、学校,加强警察机构的工作,等等。郑随即被蒋任命为参谋本部第二厅第五处少将处长,主管情报工作。

“七七”事变后,全面抗战爆发,郑介民在参谋本部第二厅又主管对日作战的情报工作,并兼任于 1938 年 8 月成立的军事委员会调查统计局主任秘书,但因戴笠对军统局大权抓得很紧,郑遇事只能退让三分,力免龃龉。嗣后,参谋本部改组为军事委员会军令部,郑介民升任军令部第二厅中将副厅长，仍掌理军事情报业务。

1939年9月，郑介民离职入陆军大学将官班学习。他阅读了大量军事理论著作与有关间谍战的资料，在以后几年中陆续写出《军事情报学》、《谍报勤务教范草案》、《游击战术之研究》等书籍。郑勤奋好学，钻研写作，因此获得“积学勋章”。

1940年夏，郑介民被蒋介石派往南洋一带“巡视”，拓展海外情报组织。他对于日军对南洋的战略进攻及盟军防御对策进行了专题研究，著有《中日战争太平洋列强政略的判断》一书。

1941年12月日军偷袭珍珠港，太平洋战争爆发，中国与英、美、苏等国结成反法西斯同盟，协同对日、德作战，蒋介石出任中国战区统帅。次年1月，在新加坡召开了盟军军事会议，郑介民被蒋派赴出席。他在会上提出了放弃无险可守的新加坡、集中兵力保卫印度尼西亚、使之成为西南太平洋盟军基地的建议，但未被采纳。主持会议的西南太平洋盟军总司令英国上将魏菲尔（Archibald P. Wevell）过分相信英军的战斗力，不料半个月后，在日军发动强大攻击面前，新加坡英国守军六万人竟一败涂地缴械投降。魏菲尔这才致电蒋介石，承认没有听从郑介民建议之过失，郑在蒋心目中的地位于是再升。他随即被派担负与南太平洋盟军统帅联络的重任，先后去爪哇、印度、锡兰、埃及等地，在盟国协同对日作战方面起到穿针引线的作用。他还被蒋介石指定为“中美联合参谋会议”成员。由于他对战局和一些军事问题好做分析判断，常常提出一些独到见解，受到美国方面的重视，后来连美国驻华大使司徒雷登(John Leighton Stuart)也称赞他是“国民党中有数的军事谋略家”。

在1945年6月举行的国民党第六次全国代表大会上，郑介民被选为中央执行委员。

抗战胜利后，蒋介石假意同中共和谈的同时，不断挑起军事冲突。1946年1月，国共双方达成停战协定，并在北平成立监督停火的“军调处执行部”，郑介民被蒋介石派任为“军调处执行部”北平办事处国民党方面的代表，与中共代表叶剑英共事。郑在商洽停战之同时，又背地里挑选三万余名军统特务，或分派各地“调处小组”任职，或潜往各解放区进行破坏活动。是年3月，戴笠坠机身亡，军统局几名主要成员钩心斗角争夺局长职位，蒋介石思忖再三，最后选中郑介民接任军统局长。

在国民党内外严厉指责和强大压力之下，军统局于1946年10月被迫改组易名为“国防部保密局”，内外勤人员减少了两万余人，而诸如“警察总署”、“交通警察总局”等公开的警特组织以及其外围“中国新社会事业建设协会”、“东方经济通讯社”等团体机构亦不如戴笠在世时那样俯首帖耳地听命了。郑介民虽为局长，但副局长毛人凤竭力控制实权，将郑氏人马排挤在实力圈之外。毛人凤还在郑介民五十寿辰时，利用郑妻贪财的弱点，暗地怂恿大小特务赠送寿礼，将各种珍贵礼品摆满一堂，用微型相机拍照后向蒋介石举报；又煽动特工遗属前来大闹寿堂，演成轰动一时的丑闻。毛还在特务中对郑介民“汰弱留强”、“紧缩开支”的做法横加指责，以获取人心。经过这一番权术争斗，从事了大半生特务工作的郑介民，终于敌不过毛人凤，于1947年12月被蒋介石免去了保密局长的职务，改任国防部常务次长兼行政院物资供应委员会副主任，主管国防物资工作，以利用其与美国军方的交往，向美国多要些军援与剩余物资，供内战之需。不久，郑又转任国防部参谋次长。但郑介民竭尽全能也帮不了蒋介石多少忙，更无力挽回颓败的战局。

1949年10月初，郑介民从广州赴美国，秘密列席了美国参谋长联席会议。他讲述蒋介石发动的内战所陷之危局，期盼美国军方能继续给予更多的援助。11月中旬，他归国经香港赴台湾，继续追随蒋介石。1950年3月，他列名“国民党革命行动委员会”委员；1953年11月，出任国民党中常会“敌后区小组”组长；1954年10月，任台湾“国家安全局”局长；1957年后又任“国防部大陆工作处”处长、国民党中委第二组主任，后转任台湾“总统府战略顾问”。在台期间，他专注于对中国共产党和苏联的情报搜集和研究，并经常向蒋介石汇报，在有关会议上做讲演，还著有《苏俄现阶段的国家战略》、《共产党反右倾运动的最新动向》

等书。

1959 年 12 月 11 日，郑介民因心脏病猝死于家中。

## 主要参考资料

沈醉等撰：《我们所知道的郑介民》，中国人民政治协商会议全国委员会文史资料研究委员会编《文史资料选辑》第 90 辑，文史资料出版社 1983 年版。

陈少校著：《黑网录》，群众出版社 1979 年版。

沈醉：《我的特务生涯》（续篇），香港金陵出版社 1986 年版。

沈醉：《我所知道的军统内幕》，香港中原出版社 1985 年版。

沈醉：《我这三十年》，湖南人民出版社 1984 年版。

# 郑　螺　生

陈　民

郑螺生，福建同安县人，生于 1870 年（清同治九年）。幼年随祖父南渡至马来亚的怡保（又称坝罗）侨居。长大后，即驾牛车以运输为业。后稍有积蓄，即自设“吉承隆”号，经营粮油、杂货。因热心公益事业，常为侨胞排难解纷，遂成为当地福建帮之帮长。

戊戌变法失败后，康有为流亡日本，1900 年到新加坡，曾游怡保。初时，郑螺生对康有为颇为钦敬，给予热情接待；后阅东京《民报》，逐渐认清康有为立宪保皇的真面目，特别是在保皇会南洋分会长邱菽园于新加坡《天南新报》揭露康有为骗款卖友的丑行之后，便与康断绝关系。此后，郑倾心民主革命，与李源水等倡办道南俱乐部，订阅《民报》、《革命先锋》、《新福建》、《新广东》等报刊，在华侨中积极宣传排满革命。当时，南洋华侨中了解革命宗旨的人还很少，阅读上述报刊的人多被讥为“狂士”。但郑螺生等毫不气馁，坚持宣传不懈。

1907 年，孙中山由陈楚楠、林义顺等陪同到马来半岛，组织同盟会霹雳分会，郑螺生与李源水等首先加入同盟会，分别被举为该分会的正副会长。从此，凡筹饷及宣传起义等事，郑螺生无不竭尽全力完成。因他对三民主义的坚定信念，孙中山曾字之曰“维成”。

由于同盟会霹雳分会的积极宣传，革命思想逐渐深入所属各埠的广大侨胞，如参加广州起义的黄花岗烈士郭继枚、余东维，刺杀清政府将军孚琦的温生才，谋刺清水师提督李准的陈敬岳，都是霹雳同盟会的会员。清政府为了笼络华侨，破坏同盟会的活动，于 1907 年派钦差杨士琦到南洋"抚慰"华侨。杨到怡保时,当地保皇会召开大会欢迎。郑螺生与李源水等人赶到会场,在杨士琦登台演讲时,郑突然递上质问书,大意是:我国自来多灾多难,我们侨胞在家乡无衣无食,不得已而远渡重洋。过去在国内还得不到政府的照顾,现在政府反而千里迢迢到南洋来抚慰我们,实在有点舍近就远,令人费解。杨士琦一时无言以对,急得满脸通红,举座哗然。其秘书打圆场说,诸位这般举动,岂不怕得罪杨大人?听众不以为然,哄堂大笑。接着又有数人起立质问,"欢迎大会"终于不欢而散,使得清廷愚弄华侨的图谋难以得逞。

1910 年 11 月,孙中山由美洲取道南洋赴日本,至槟榔屿(又称庇能),约胡汉民、黄兴、赵声等会商,决定在广州再行举义,并为此扩大筹饷 10 万元。由于保皇党的破坏,在华侨中筹款颇为困难,郑螺生竭力奔走劝募,自己除捐现金 1000 元外,并变卖其拥有的福建、江苏铁路股票,以助军饷。黄兴对郑螺生和李源水的热心极为赞誉,在给他们的信中写道:"列兄筹款苦状及毁家纾难之义举,尽情宣告,无不奋励激发,勇气百倍。"1911 年 3 月,黄兴从香港赴广州参加起义时还特写绝命书寄给郑等人:"本日驰赴阵地,誓身先士卒,努力杀贼。"①

辛亥革命后,同盟会霹雳分会改组为国民党霹雳直属支部,郑螺生当选为常务委员。1913 年,国民党新加坡总支部成立,郑当选为常务委员,热心革命不减当年。对于反对袁世凯的护国战争,他筹饷声援。后来他因犯英殖民政府之忌,被驱逐出境回国。1917 年孙中山在广州组织护法军政府,郑被委为大元帅府庶务司长。1927 年后历任南京国民政府监察院监察委员、侨务委员会委员。1931 年"九一八"事变,他对东北养兵数十万、不作抵抗而拱手让敌,以致江山割裂、国土沦丧,十分愤慨和焦虑。为了支援反抗日本侵略的民族解放战争,他筹划在侨胞中募集军饷,并寄家书嘱其在南洋的儿子道:"日寇内侵,国难日亟,

---

① 黄警顽:《南洋霹雳华侨革命史迹》,上海文华美术图书公司 1933 年 2 月版。

侨胞爱国，正在斯时，航空建设，尤为需要，快劝亲友，节衣缩食，集资后援。”①1932 年 10 月，迁就日本侵略者意图国际共管我国东北的《国联调查团报告书》发表，郑螺生立即与张永福、方之桢等归国华侨联名致电国民党中央、国民政府各部会及各机关团体，“挥泪陈词”，指出该《报告书》大不利我国，“谬点难以殚述”，并针对其错误论点，提出“绝对反对东三省设立自治政府”、“绝对反对所谓顾问委员会议”等十二项正义主张，呼吁全国同胞“输财效死，各尽所能”，“一面援助东北义军，一面出师讨伐伪国”②。

1937 年抗日战争爆发，郑螺生因年迈体弱，返回马来亚，但仍积极宣传抗战，鼓励华侨捐款救国。1939 年 12 月 14 日，郑病故于马来亚怡保。

① 黄警顽：《南洋霹雳华侨革命史迹》，上海文华美术图书公司 1933 年 2 月版。
② 《归国华侨对报告书批评》，《海外月刊》第 3 期，1932 年 11 月，第 144 页。

# 郑 汝 成

汪小平

郑汝成,字子敬,一作子进,直隶静海独流镇人,1862 年(清同治二年)生。早年从学静海名儒杜麟孙。十九岁入清末洋务派创办的天津水师学堂学习军事。水师学堂是光绪六年(1880 年),经直隶总督李鸿章奏准,派前船政大臣吴赞诚在天津筹办,派严复为总教习,聘用英国军官教练,仿英国海军教习章程制订条例和计划。1881 年建成招生,郑汝成应考入选,为第一届驾驶班学生。1884 年以优异成绩毕业。天津水师学堂驾驶班第一届毕业生共三十名,学成毕业后多上舰实习,郑汝成在"威远"舰实习①。这批毕业生后来多为北洋水师的骨干。

1886 年,清政府决定选派三十三人作为第三批海军留学生前往英国、法国学习海军军事。郑汝成作为清政府选派的留学生,赴英国军校,入格林威治皇家海军学院学习军事理论。毕业后,派往英国地中海舰队,上"额格士塞兰德"号军舰实习,同时在该舰实习的还有后来成为民国初年的海军总长刘冠雄等。郑汝成在英国学习时,主修枪炮及铁甲舰,成绩优秀,考试"屡列高等"。

1890 年,郑汝成留学期满回国,在北洋兵船候补,擢蓝翎五品顶戴千总。不久,北洋海军提督丁汝昌向李鸿章保荐郑汝成为"康济"舰大副,称:"郑汝成,系由天津水师学堂驾驶学生出身,曾经出洋肄业,学成

---

① 《海军各学校历届毕业生名册》,张侠等编《清末海军史料》上册,海洋出版社 1982 年版,第 440 页。

回华，在船候补。该员年富力强，于船学、操务讲求精熟，堪以升署精练左营守备，充康济船大副”①。

1891年，威海水师学堂（刘公岛水师学堂）总办丁幼亭离职，郑汝成奉调接任，不久又兼任总教习。1895年初，甲午战争爆发。刘公岛被日舰攻陷，威海水师学堂也随之解散，郑汝成遂转入天津水师学堂任正教习。清廷在甲午战败后，北洋水师全军覆没。郑汝成为海军教习，无所用。三年后，郑投入时在天津小站督练新式陆军的袁世凯麾下。

1902年夏，直隶总督袁世凯在保定成立直隶军政司，自兼督办。军政司下设兵备、参谋、教练三处。其时，郑汝成已成为袁世凯的干将，帮助袁办军校。郑先任教练处帮办（总办冯国璋），同时兼任保定北洋武备师范学堂监督。北洋师范武备学堂是短训班性质的军校，为袁世凯训练新军军官的一种方式。1903年，出任北洋陆军速成武备学堂总办，这是当时规模最大、设备最完善的陆军武备学堂，是为培养北洋常备军基层军官所设置的，毕业生散布北洋各军，对北洋军的形成影响甚大。这两所军校都是袁世凯培植自己势力的重要工具②。

1907年，清政府决定重建海军，郑汝成重回海军任职，任陆军部海军处机要司司长。1909年秋，随筹办海军大臣载洵、萨镇冰出访欧洲，考察各国海军及订购新舰。该年9月，考察团先后访问了意大利、奥地利、德国、英国的海军学校和船厂，并向意大利订购炮舰一艘，向奥地利订购驱逐舰一艘，向德国订购驱逐舰三艘、江防炮舰两艘，向英国订购巡洋舰两艘。郑汝成因熟悉欧洲列强海军，在考察过程中贡献良多。1910年，任筹办海军事务处军法司司长。同年底，清政府改筹办海军事务处为海军部，郑汝成改任军制司司长。1911年春，烟台海军学堂发生学潮，该校发生汉满学生斗殴事件，郑汝成奉命前往处理。当时，

① 《(李鸿章)奏郑汝成升署守备为康济船大副片》，张侠等编《清末海军史料》下册，第563页。

② 李宗一：《袁世凯传》，中华书局1980年版，第108页。

烟台海军学堂的满族八旗子弟有二十余人入学，水平低下，故设专班。汉满学生不相往来，秋季运动会因比赛而斗殴，满族学生全部离校告状，遂由登莱青道台出面解决，勒令学校开除肇事汉族学生，由此激起汉学生对清廷的极大不满。郑汝成到后旋即接任该学堂监督，接替同情学生的谢葆璋，并兼海军部一等参谋官，授海军协都统衔。

郑汝成来烟台不久，就爆发了辛亥革命。烟台革命党人深受武昌起义胜利的鼓舞，准备在烟台发动起义。而敌视革命的郑汝成则采取措施，对革命党人严加防范。1911 年 11 月 12 日，革命党人在烟台发动武装起义。海军警卫队和海军练营的部分官兵宣布反正，转向革命，随即开进烟台市区。烟台的其他军警也纷纷倒戈，一夜之间烟台即告光复。烟台起义成功后，郑汝成见大势已去，便带着烟台海校中的几十名满族学生逃回北京，海军警卫队也有部分官兵逃散①。

1912 年，袁世凯继任临时大总统，任命郑汝成为总统府高等侍卫武官。旋奉袁命往南京办理留驻那里的南方民军的裁汰、整饬、发饷事宜。1913 年，郑汝成擢升海军中将。7 月，被袁世凯任命为上海镇守使，率陆军第七、第十九旅驻防上海，统辖驻沪海陆各军及江南制造局，协助冯国璋、段芝贵所部袁军在江苏、江西两省的作战。随着“二次革命”爆发，陈其美担任上海讨袁军总司令，设司令部于南市，并在 7 月 18 日宣布独立。此时，上海讨袁军约有七千五百人；吴淞要塞司令姜国梁也投向革命党人，并对进逼吴淞口的“飞鹰”号驱逐舰进行炮击。其时，陈其美认为兵工厂是部队的命脉，以免于战火为由，派人前往制造局，试图游说郑汝成，“中立”江南制造局，封存武器弹药。郑汝成予以拒绝。郑一边命令士兵们抓紧修筑工事，一边积极向袁世凯报告。事变发生后，袁马上任命郑汝成和海军总司令李鼎新为前敌指挥，与上海讨袁军对峙。

---

① 崔士杰：《辛亥革命烟台起义亲历记》，烟台市政协文史资料委员会编《烟台文史资料》第 14 辑，1991 年版。

7月23日凌晨，陈其美指挥讨袁军向江南制造局出击，激战一小时，攻入该局第一道大门。高墙内的敌军凭借有利地形和火力优势，固守第二道大门；郑汝成、李鼎新则让黄浦江上"海筹"、"应瑞"、"肇和"、"海琛"、"镜清"等舰集中炮火助战，对讨袁军阵地进行猛烈轰炸，讨袁军损失重大。当晚，讨袁军再次向江南制造局东、西两侧进攻，一度突破东栅门，但被黄浦江上各舰的炮火击退。讨袁军并未气馁，又相继向江南制造局发动了几次进攻，但终不能克。8月13日，大批援军抵达，郑汝成率舰至吴淞口，与北洋政府海军部派来的海军陆战队会合，轮番猛轰吴淞炮台；海军陆战队也迂回江湾，从侧面进行袭击。讨袁军伤亡严重，只好放弃吴淞炮台，转移到嘉定，最终不得不解散队伍，宣告失败。

8月至9月，镇压了讨袁军起义后，郑汝成先后兼任上海警备地域司令官、淞沪一带接战地域司令官、江南制造局总办，又获海军上将之衔，并被授权"指挥一切事宜"。至此，郑汝成掌握了除租界以外的军政大权。郑一切唯袁世凯马首是瞻，先后对上海民众在辛亥革命中取得的成果进行清算。带有地方自治色彩的上海市政厅被改为上海工巡捐总局，观察使被改称沪海道尹，县民政长被改称县知事，各初级审判厅也全部被裁撤①。郑汝成疯狂捕杀革命党人，对于藏身租界的一些上海讨袁军官兵，或诱捕，或收买流氓下毒手，后来又按照袁世凯的电令以"划分警权"名义满足租界当局的扩张要求，换取其帮助捉拿"国事犯"。

1914年夏，范鸿仙（字光启）接受孙中山指示抵沪，在葛罗路设立机关，一面联络革命志士，一面说服驻军中有反袁倾向者做内应，准备攻打上海镇守使署；不料，该行动为郑汝成侦悉，范光启在机关起草军书时遇害，受牵连的二百多人也都被枪毙②，以致中华革命党成立后在上海建立的组织受到重大的打击。

① 张姚俊：《郑汝成命丧外白渡桥》，《世纪》2008年第5期。

② 张姚俊：《郑汝成命丧外白渡桥》。

1915 年 5 月 9 日，袁世凯接受日本政府最后通牒，承认耻辱的“二十一条”，并加快恢复帝制的步伐。在群情激愤之中，郑汝成却指责反日爱国运动是“煽惑滋事”、“要挟政府”，对反日运动加以镇压。郑汝成的倒行逆施的行径，备受袁世凯的青睐，为袁在东南的心腹，袁世凯曾说“异日代冯国璋者，舍郑汝成莫属，而郑之才非华甫所能敌，诚后来者之彦也”①。郑声言：“一身独当东南各省反对之冲。”②10 月，郑汝成受封为将军府彰威将军。1915 年秋，陈其美奉孙中山之命潜回上海。10 月 29 日，他设机关于法租界环龙路渔阳里五号，筹划在沪发动起义，并准备采取暗杀的方式秘密除掉郑汝成。陈其美认为，上海为东南第一要区，吴淞要塞扼长江之口，制造局为后方重地，都是军事上的必争之地。但海军不得，则上海难下，上海不下，则东南难图。而郑汝成拥精兵控海军，又干练多才，为“袁氏江南屏藩”，故要想取上海，须先除去郑汝成，“逆酋不杀，则上海与海军二者皆不能急图也”③。11 月 10 日，郑汝成在前往日本驻沪领事馆举行的天皇即位招待会途中，行至上海虹口租界附近外白渡桥被革命党人王晓峰、王明山刺杀身亡，终年四十三岁④。

袁世凯获知郑汝成被暗杀消息后，大为震惊，叹息“坏我长城，南方无宁息矣”，并即刻下令：“郑汝成追封一等彰威侯，照上将阵亡例从优议恤。”给治丧费银二万元，拨予天津所属小站营田三千亩给其家属，以资赡养，并在上海及原籍建立专祠。同时，任命松江镇守使杨善德为上海镇守使。而王晓峰、王明山两位革命党人被捕后自租界引渡解归上海镇守使署，12 月 7 日在西炮台被杀害。

---

① 袁克文：《辛丙秘苑》，上海书店出版社 2000 年版，第 17 页。

② 压伏：《国士王晓峰王明山略传》，《民口杂志》第 2 卷第 11 号(1916 年)。

③ 蒋中正：《陈英士先生癸丑后之革命计划及事略》，何仲箫编《陈英士先生纪念全集》(上集)，《近代中国史料丛刊》第 53 辑，台北文海出版社 1970 年影印版，第 120 页。

④ 压伏：《国士王晓峰王明山略传》。

# 郑 孝 胥

陈贞寿

郑孝胥，字苏戡，号太夷，福建闽县（今福州）人。生于1860年5月2日（清咸丰十年闰三月十二日）。他的先世原籍福清县，父亲郑仲濂，咸丰二年进士，历任翰林院庶吉士、工部营缮司、吏部稽勋司主事。郑孝胥早年由叔祖郑虞臣教读经史。二十岁，补博士弟子员。

1882年，郑孝胥中福建省正科乡试解元。1885年，赴天津入李鸿章幕。1889年，考取内阁中书，同年秋，改官江苏试用同知。第二年任镶红旗官学堂教习。1891年，郑东渡日本，任清政府驻日使馆书记官。次年，升驻日领事，不久升神户、大阪总领事。1894年中日甲午战争爆发，郑回国居南京教敷营，后为署两江总督张之洞练自强军，擢升至监司。1898年戊戌变法，光绪帝下诏广求人才，郑孝胥在乾清宫独奏练兵之策，光绪帝遂派他以道员候补在总理各国事务衙门章京上行走。变法失败后，郑至武昌。次年，张之洞奏办京汉铁路南段，命郑孝胥为主办京汉路南段总办，兼办汉口铁路学堂。

1900年，义和团运动兴起，郑孝胥佐张之洞筹划所谓保全东南半壁之策，由张之洞授权盛宣怀和江海关道余联沅等，与各国驻沪领事正式会商，订立了所谓《东南互保章程》。

1903年，郑孝胥辞铁路事，旋赴上海任江南制造局总办。此时，广西西部和西南部十余州县农民因不堪苛捐重税的负担，发动起义，部分清军也哗变，在桂越边境行动。清政府惊恐不安，朝议整饬边防应以精军驻防。两广总督岑春煊以郑孝胥善知兵，又好用奇计，遂奏请以道员四品京堂候补督办广西边防事务，专折奏事。郑孝胥乃率湖北武建军左右旗八营共二千余人到龙州，剿抚兼施，把抗捐抗税的农民镇压下去。郑孝胥在龙州三年，练民团，创设学社，开办学堂，并选社中俊秀出洋留学①。1904 年，郑孝胥奏撤边防督办，1905 年告病回籍，至上海，筑“海藏楼”，与海内人士诗文往还，并集股创设日晖织呢厂。

1906 年 9 月，清廷为抵制革命，下诏预备立宪。12 月，郑孝胥与朱福诜、张謇、雷奋等苏、浙、闽三省名士及实业界二百多人在上海成立预备立宪公会，声言以“奉戴上谕立宪之旨趣，开发地方绅民之政治知识为目的”②。但清廷空言立宪，缺乏诚意，加之革命浪潮蓬勃发展，于是立宪派开始把活动重心由开通绅民知识宣传转向为速开国会的请愿活动。1908 年 7 月，郑孝胥等为了“劝告”和“要求”清政府加快立宪的步伐，联名向清廷请愿要求召开国会③；又以预备立宪公会名义发函湖南宪政公会、湖北宪政筹备会、广东自治会，以及豫、皖、直、鲁、川、黔等省立宪党人，相约于是年 8 月各派代表齐集北京，向都察院递呈请愿速开国会书。清廷乃发布以九年为预备期限颁布宪法召集议会之诏。

1909 年，郑孝胥由岑春煊推荐于东三省总督锡良，任锦瑷铁路督办兼葫芦岛开埠事宜，居天津颜氏园，往来于京、津、奉天之间。次年，随锡良入京。不久锡良去职，郑孝胥遂赴沪。1911 年夏，郑孝胥至长沙任湖南布政使甫十日，湖广总督瑞澂因厘定颁行外省官制派郑孝胥赴京陈述，郑遂于 9 月入京，居舍饭寺，等待召见。10 月，武昌起义，郑急驰回任，途次上海，长沙已为革命军光复，道阻不行。不久，中华民国成立，郑孝胥遂韬晦上海。

郑孝胥自认是对清王朝忠心不贰，以不做民国官、不拿民国钱的遗

---

① 区震汉等修，叶茂茎总纂：《龙州县志》上册，广西壮族自治区博物馆 1958 年油印本，第 225 页。

② 杨幼炯：《中国政党史》，商务印书馆 1937 年版，第 42 页。

③ 杨幼炯：《中国政党史》，第 42 页。

老自居，隐居“海藏楼”，以诗酒自娱。他嫉恶共和，闭门不与世事。室中花瓶犹插清朝黄色小龙旗，凡诗文简札题字，均用宣统甲子，未尝书民国年号，以示对清室的忠心①。

郑孝胥工诗善书法，1913 年在上海组织“读经会”，1917 年在唐元素所创的“丽泽文社”讲学（1920 年该社改名“晦鸣文社”），并创立“恒心字社”。郑孝胥诗主崇孟郊，著有《海藏楼诗集》十三卷。他的书法，出入汉隶北碑间，中年以后，自谓去肉存骨，变为瘦削，尝鬻字自给，岁入数千元。

1923 年夏，郑孝胥经陈宝琛引荐入故宫，甚得溥仪器重。他为清室复辟出谋献策，曾几次向溥仪建议：“要成大业，必先整顿内务府。”②次年 2 月被破格授为“总理内务府大臣”，掌管印钥。他的整顿计划是开源节流，为复辟取得财政上的保证。“开源”的办法，是把清宫《四库全书》运到上海出版，但遭到北洋政府当局的扣压。

1924 年 10 月，第二次直奉战争中，冯玉祥回师北京，囚禁曹锟，迫使溥仪取消帝号，移出紫禁城，迁居什刹海醇王府。郑孝胥和陈宝琛、罗振玉等密谋逃脱之计，并由郑与日本兵营竹本多吉大佐商定，助溥仪潜离醇王府，先至德国医院，再入日本使馆“避难”。溥仪逃入日本使馆后，郑孝胥暂时南归上海。

1925 年 2 月，溥仪由日本驻京使馆书记官池部保护，出走天津，居日租界“张园”（后移“静园”）。郑孝胥不久亦赴津。在天津期间，郑孝胥认为要复辟成功，惟有“列强”帮助“共管中国”。他对溥仪说：“大清亡于共和，共和将亡于共产（按指北伐战争），共产则必然亡于共管。”③因此，郑孝胥主张“用客卿”、“门户开放”，同任何愿意帮助复辟的国家勾结。他认为：“对外国人只要待如上宾，许以优待，享以特权，外国人

---

① 贾逸君：《中华民国名人传》，北平文化学社 1933 年版。

② 溥仪：《我的前半生》，群众出版社 1980 年版，第 159 页。

③ 溥仪：《我的前半生》，第 243 页。

绝无不来之理。”①当罗振玉劝溥仪出洋到日本去联日复辟时，郑孝胥则力劝“留津不动，静候共管”。

1926 年 5 月，郑孝胥经罗振玉介绍，和在中国满蒙边境一带活动的白俄股匪谢米诺夫勾结，结成盟兄弟。他又给张宗昌和谢米诺夫撮合，让白俄党羽多布端(汉名包文渊)到蒙古举兵起事，企图袭取满蒙地区，建立“反赤复国”根据地。郑孝胥还给溥仪推荐一个奥国亡命贵族阿克第男爵回欧洲展开活动，以取得复辟的声援。他又为溥仪推荐一个叫罗斯的英国人，为复辟专办《诚报》。后来，他通过罗振玉的介绍，认识到“黑龙会”和日本军部系统的力量相当强大，决定暂时放下追求各国共管的计划，转而期望日本军国主义首先加速对中国的干涉。1928 年 9 月 22 日，经溥仪和日本驻华公使芳泽的同意，郑孝胥和他的长子郑垂、日本浪人太田外世雄东渡日本，向日本军部及“黑龙会”活动，图谋复辟，受到各种热心于复辟的日本朝野要人的接待。当时，日本参谋本部总长铃木贯太郎、次长南次郎等劝他“取奉天为恢复之基”②。

“九一八”事变后，郑孝胥认为复辟时机已到，用溥仪名义派人到日本，找刚上台的陆相南次郎和“黑龙会”首领头山满进行活动。他代溥仪起草了一封给南次郎的信，谓：“此次东省事变，民国政府处措失当，开衅友邦，涂炭生灵，予甚悯之。兹遣皇室家庭教师远山猛雄赴日，慰视陆军大臣南大将，转达予意。我朝以不忍目睹万民之疾苦，将政权让之汉族，愈趋愈紊，实非我朝之初怀。今者欲谋东亚之强固，有赖于中日两国提携，否则无以完成。如不彻底解决前途之障碍，则殷忧四伏，永无宁日，必有赤党横行灾难无穷矣。”③三星期后，日本关东军派军部参谋土肥原至津引诱，郑孝胥则从中协助，竭力唆使溥仪赴东北复辟。

---

① 溥仪：《我的前半生》，第 246 页。

② 溥仪：《我的前半生》，第 251 页，《郑孝胥日记》摘录。

③ 溥仪：《我的前半生》，第 277 页。

11 月 10 日，郑孝胥父子陪同溥仪乘日军司令部运输部“比治山丸”轮船偷渡白河，后转乘“淡路丸”渡海至营口，旋入旅顺。

1932 年 2 月，郑孝胥两次赴奉天，与日本关东军司令官本庄繁以及张景惠、臧式毅、熙洽等一伙，密商建立伪满洲国。3 月 8 日，在日本关东军导演下，溥仪粉墨登场为伪满洲国“执政”。次日，郑孝胥出任伪国务总理，5 月兼任伪军政部总长，未几卸军政部总长职，8 月兼任伪文教部总长。9 月 15 日，郑孝胥与日本新任关东军司令官兼第一任驻伪满“特命全权大使”武藤信义大将正式签订了出卖中国东北主权的《日满议定书》，确认日本在中国东北的“一切权利和利益”，在“日满共同防卫”的借口下，确认了关东军对“满洲”的实际统治①。次年 3 月，又签订《委任经营合同》，规定将东北所有铁路及铁路所属财产，全部交给“南满铁道株式会社”。此外，他还帮助日本军国主义大力推行奴化教育，灌输“顺天安民”、“亲仁善邻”、“王道政治”等反动谬论，并亲自兼任伪满日文化协会会长。1934 年 3 月 1 日，伪满洲国改“执政”为帝制，溥仪正式“登基”，郑孝胥改任伪国务总理大臣。21 日，郑被派赴日本进行所谓“修聘”，“朝觐天皇”以答谢所谓“友邦援助之盛意”。回来后，被叙勋一位，并赐伪景云章。

郑孝胥虽是伪满国务院的总理大臣，却要事事听命于其部下日本人的总务厅长，郑曾因发牢骚惹恼了日本主子。1935 年 5 月 21 日，日本关东军司令官南次郎以郑孝胥“倦勤思退”需要养老为名，另换了一个对主子更为忠顺的张景惠接替了他。但为了掩盖矛盾，郑孝胥下台后，仍被赐给“前官礼遇”。1936 年 1 月，郑移居长春柳条路自筑的新宅，创办“王道书院”。同年底，日本帝国还赠他“勋一等旭日大绶章”。

1938 年 3 月 6 日，郑孝胥在“王道书院”公开演讲后，突患肠疾，于 3 月 28 日死于长春。

---

① 姜念东等编：《伪满洲国史》，吉林人民出版社 1980 年版，第 147 页。

# 郑毓秀

李援朝　侯　爽

郑毓秀，1891年3月20日（清光绪十七年二月十一日）生。广东新安县西乡乡屋下村人。祖父郑姚，在香港经营地产兼营造业而成为大商人。父亲郑文治，在清政府户部任官。母亲出身将门，受过良好教育。1897年，郑毓秀随家人迁居广州，并在广州入私塾读书。期间，坚决反对缠足而获成功。1903年，随母亲去北京，入北京崇实女校接受新式教育。1904年，13岁的郑毓秀毁弃祖母为她许下的婚约，随后郑家搬至天津，入美国教会办的中西女校读书。

1905年，郑毓秀赴日留学。在日期间，她接受了孙中山反清革命思想，1906年经廖仲恺介绍加入同盟会。同年秋，郑毓秀被任命为同盟会京津地区联络员并返回国内，负责传递情报、接送革命党人、秘密运送炸弹进京等革命活动。1907年，郑毓秀加入以专门刺杀清廷要员为目的的“敢死队”，也是其中唯一的女性。1910年，帮助进京行刺载沣的汪精卫运送炸弹。1911年武昌起义后，郑毓秀积极响应，踊跃参加酝酿在天津起义的活动，译写照会，为革命党人秘密运送军火、传递情报等。

1912年1月15日，郑毓秀作为主要负责人，组织革命党十二人行刺时任清廷内阁总理的袁世凯。由于计划突变，刺袁未遂，军警当场捕获了张先培、黄之萌等十余人。郑毓秀当时也在现场，她凭借机智勇敢得以脱身。随后，为营救战友而奔走，设法请来外国记者出面保释，救出其中七人。一个月后，郑毓秀又加入行刺宗社党核心人物良弼的暗杀活动。郑毓秀接到任务后，吸取了刺袁行动失败的教训，改变行刺方法，派革命党人彭家珍接近良弼，然后近距离将其炸死。在郑毓秀等人周密安排下，刺杀良弼的行动获得成功。

辛亥革命后，郑毓秀在北京积极参与由唐群英等留日女学生发起的女子参政运动。1912 年 2 月 20 日，郑毓秀等人联络各女子团体在南京开会，决议组成“女子参政同盟会”，宗旨是“要求中央政府给还女子参政权”，其方法是“应联络全国女界各举代表来宁组织统一机关部，以厚团体而利进行”。之后“女子参政同盟会”在郑毓秀、唐群英等人的领导下，围绕女子参政问题开展了一系列的活动。3 月，郑毓秀参加了由李石曾等人在北京开办的留法预备学校，学习法文。4 月 1 日，郑毓秀又与潘连璧、伍崇敏等人在天津创办《女子国学报》，以提倡国学，发达女权，辅助共和为宗旨。8 月，郑毓秀在北京创办《爱国日报》，抨击时政。1913 年底，乘船与吴稚晖等人前往法国，开始了长达十三年的欧洲留学生涯。

1914 年，郑毓秀取法文名苏眉（Soumay Tcheng），在巴黎索邦（Sorbonne）的一所女子中学学习法文。同年，考入索邦大学（巴黎大学的前身）攻读法政专业。经过三年苦读，1917 年郑毓秀以优异的成绩获得巴黎大学法学硕士学位，并且继续攻读博士学位。在求学期间，她还加入法国法律学会，是该学会首位中国人。她还凭借自己一口流利的法语，在法国大学成立中法协会时登台演说，向数千听众宣讲了中华民族灿烂的古代文化，以及爱和平、重信义的传统美德，使听众对中国的认识耳目一新，郑毓秀也因此扬名巴黎。1916 年 3 月，郑毓秀担任“华法教育会”女生事务员。11 月 27 日，郑毓秀应召回国，报告欧洲战况并联络中国与同盟国的关系促进共同抗击德国。1918 年，郑毓秀受南方军政府吴玉章主持的外交调查委员会委派，在法国进行国民外交工作。

1919 年 1 月巴黎和会期间，郑毓秀被任命为巴黎和会中国代表团成员，担任联络和发布新闻工作。同年，郑毓秀也参加了由中国留学生和华工在巴黎成立的“中国国际和平促进会”，并接受广州军政府外交部任命，担任外交名誉会员。5 月 9 日，中国国际和平促进会在巴黎召开国耻纪念会，郑毓秀在大会上发言：“协约胜利，吾人失败！协约有所得，吾人反损失！合约自达和平之前途，及遗吾人以黑暗前途！此等条件，吾人誓不能签字！”作为当时中国留法学生组织的重要领袖，郑毓秀还组织留学生到中国代表团驻地游行、请愿，要求代表团拒绝在和约上签字。6 月 27 日晚，郑毓秀率领数百名中国留学生和华侨工人包围了中国首席代表陆徵祥的下榻地，要求其不要再和约上签字。最终陆未去凡尔赛宫签字，使中国保留了收回山东的权利。

1920 年 10 月，郑毓秀应受四川省长杨庶堪、黄复生、吴玉章等的邀请，赴四川宣传男女平等，鼓励女生出国留学。11 月，郑毓秀与张申府、蔡元培、陈大齐等人同船赴法国。郑还亲自带张振华等二十名女生赴法，并为她们筹措旅费，送至巴黎勤工俭学。其中张振华于 1930 年获理学博士学位。12 月，郑毓秀在巴黎出版法文本自传《革命的回忆》(*Souvenirs D'enfance Et De Revolution*)。

1921 年法国经济低迷，中国留法学生生活十分清苦。2 月中旬，中国驻巴黎领事馆突然通知于 3 月 15 日停发维持费。2 月 28 日，十名学生代表要求驻法公使陈箓每月发给学生学费四百法郎，陈箓不允，双方发生冲突。1922 年 3 月 20 日，郑毓秀生日宴会结束后，华法教育会秘书长李鹤龄在郑毓秀巴黎的住处行刺陈箓，郑尽自己所能帮助李鹤龄脱离险境。此外，郑毓秀还多方奔走，向法国政府及所认识的法国各界名流寻求援助，请求他们帮助中国留学生渡过难关。其中法国参议院参议员于格勒鲁夫人允诺给包括向警予在内的蒙达尼女子学校二十一名女生每月生活费三百法郎，一年为期。向警予 1922 年 3 月 14 日给中法协会的信中，多处提到郑毓秀在巴黎帮助她们解决困难的活动。9 月，郑毓秀与方君瑛同赴比利时首都布鲁塞尔，参加组织万国家庭教育预备公会的会议。1923 年 5 月，国际妇女参政会第九次大会在罗马召开，女权运动同盟会派郑毓秀等前往参加会议，郑毓秀向大会详细介绍了中国妇女参政的情况，受到与会各国代表的称扬。

在参与女权斗争的同时，郑毓秀也未放松对法律的学习。1924年，郑毓秀写成《中国比较宪法》，获得巴黎大学法学博士学位，成为中国女子在欧洲获得法学博士学位第一人。在法期间，她结识了江西青年学生魏道明。1926年郑毓秀回国后，和魏道明在上海法租界设立了魏郑联合律师事务所，开中国女律师之先例。由于郑毓秀受过欧洲法律知识系统训练，个性极强，机智伶俐，所以很快在上海司法立法界获得显著地位。她曾利用自己的关系疏通法租界当局，释放了被捕的大学教授杨杏佛；也曾作为著名女伶老生孟小冬的辩护律师，调解其与京剧大师梅兰芳的官司。同年，郑毓秀编著的《国际联盟概况》一书，由上海商务印书馆出版。

1927年4月，郑毓秀任江苏省政务委员会委员。同年，国民革命军到达上海，任命卢兴原为上海临时法院院长，成立这个法院的目的是要由中国法官审讯在租界中涉及中国人的案件。年底，北京政府司法部长王宠惠任命郑毓秀继卢兴原为上海临时法院院长，因卢兴原拒不离职郑毓秀并未就任。不久，郑毓秀担任法租界第二特别法院院长。

1927年春，魏道明任司法部秘书长，魏郑联合律师事务所不得不解散。郑毓秀后来追述说：法律界的伙伴关系结束了，而我们俩人间的伴侣关系却开始了。同年8月，郑毓秀和魏道明结婚。之后，郑毓秀被任命为上海法政大学校长。该校原是孙中山先生为培植革命建设的法政人才所建，郑毓秀担任校长后，制订了改进校务与扩展计划，并将自己在欧美考察时所搜集的大批世界最新法政名著全部捐赠给图书馆，同时也将自己所著的《国际联盟概况》和《中国比较宪法》作为学生的教科书，培养了不少法律人才。

1928年初，南京当局派郑毓秀去巴黎，了解法国政府对处于激变中的中国政府的态度。12月，南京国民政府立法院成立，郑毓秀获任为第一届立法委员，是仅有的两位女委员中之法学专家，另一位是蒋介石的夫人宋美龄。

1929年1月，郑毓秀被任为建设委员会委员，3月又被选为赈灾委员会委员。同时，郑毓秀还被推为民法起草委员会五委员之一，与傅秉常、林彬、史尚宽、焦易堂共同拟订《中华民国民法》五编。为了在民法中增添保护妇女权益的内容，郑毓秀浏览了大量的欧美有关法律，并将其与中国国情结合，写进草拟中的民法条款中。她本着法国大革命人权宣言"人人生而平等"的理念，在《民法》条款中，规定未婚、已婚女子，与男子同享平等的继承权；承认夫妻彼此有继承遗产的权利；规定家庭中未婚成年女子有权签订或废止婚姻契约；已婚妇女有保留自己的姓氏，不冠夫姓的权利等。近代的"立法"尽管夹杂了许多封建主义的因素，但较之中华法系的旧法，还是有进步意义的，尤其是郑毓秀将婚姻自主权利第一次写进中国的法律条文，并通过法律把男女平等、普及教育、一夫一妻等民国妇女解放的新观念在《民法》草案上得到落实，这是郑毓秀对中国法制发展的贡献。

抗日战争时期，郑毓秀任立法委员，兼任教育部次长。她还协助宋美龄策划战时工作，组织妇女慰劳三军将士，救护伤患等无不悉力以赴，劳瘁不辞。1942年9月，魏道明任驻美使馆职员，郑随魏赴美。不久，魏道明接替胡适任驻美大使，郑毓秀积极参加社会救济工作和公共事务。1943年初，宋美龄访问美国，郑毓秀起到颇为重要的作用，之后出任"各国援华会"名誉主席。深谙政治的罗斯福夫人称赞郑毓秀具有政治头脑，不同于历任中国外交大使夫人。继任总统杜鲁门的夫人虽不过问政治，但也和郑结为知己。此间，郑毓秀又以女法学毕业生列名于美国大学生联合会第七批妇女协会会员。1943年，郑毓秀又出版英文自传《我的革命生涯——魏道明夫人自传》（*My Revolutionary Year, the Autobiography of Madame Wei Tao-ming*）。

抗战结束后，郑毓秀夫妇回国。1947年，郑再次被选为立法院委员。魏道明出任台湾省主席期间，郑毓秀随夫定居台湾。1948年，郑毓秀夫妇移居美国，先在纽约，后在南加利福尼亚。1959年12月16日，郑毓秀因癌症于洛杉矶辞世。

## 主要参考资料

唐冬眉:《穿越世纪苍茫——郑毓秀传》,中国社会出版社 2003 年版。

王惠娅:《近代中国第一位女法学博士暨律师》,台北《侨光学报》第 15 期(1997 年)。

《国际妇女参政会第九次大会经略》,北京《晨报》1923 年 8 月 28 日。

周蜀云:《中国第一位女博士的故事——郑毓秀叱咤政坛》,秦孝仪主编《革命人物志》第 16 集,台北“中央文物供应社”1977 年版。

徐辉琪:《唐群英与“女子参政同盟会”纪事》,《贵州社会科学》1981 年第 4 期。

李宗侗:《巴黎中国留学生及工人反对对德和约签字的经过》,台北《传记文学》第 6 卷第 6 期。

郝铁民:《中国近代法学留学生与法制近代化》,《法学研究》1997 年第 6 期。

# 郑 正 秋

张 洁

郑正秋，原名伯常，别号药风，广东潮阳县人，生于1888年（清光绪十四年）。幼年被上海一个贩卖鸦片的巨商认领为“螟蛉子”。郑少时聪慧过人，十四岁时肄业于上海育才公学。成年后参与其义父的鸦片生意，成了一个很会赚钱的少老板。但后来由于“所托非人”，资产亏蚀过半。

清末，郑正秋因对清廷的政治腐败不满，和一些革命人士相结识。那时他对京戏很感兴趣，经常出入各大剧场，并以“正秋”为笔名在当时鼓吹革命的《民呼》、《民吁》和《民立》报上发表剧评，这是上海出现“剧评”的开始。

1912年底，京剧著名演员谭鑫培在上海新新舞台演出。因年老体弱，唱做衰退，观众李午初喝了倒彩，引起新新前台老板黄楚九的恼怒，率众殴辱李某，引起诉讼。郑为李鸣不平，在报上写批评文章。从此，他就被人看作“不畏强御的剧评家”①。后来，他一度出任上海《民言报》的戏剧编辑，又在当时的《民权报》、《中华民报》等开辟专栏，发表戏剧评论文章。后自办《图画剧报》，主张改良旧戏，提倡新戏，认为戏剧必须是改革社会、教化群众的工具。从这时起，他开始与新剧发生关系。

---

① “中国话剧运动五十年史料集”编辑委员会编：《中国话剧运动五十年史料集》第1辑，中国戏剧出版社1958年版，第75页。

1913年，上海亚细亚影戏公司顾问张石川认为郑正秋是自己经营电影生意最好的合作者，因而邀郑正秋、杜俊初、经营三等组成新民影戏公司，承包了亚细亚影戏公司的编剧、导演、搜罗演员和摄制影片的全部业务。这时，郑编写了他的第一部电影剧本《难夫难妻》（又名《洞房花烛》），并与张石川联合导演了这部影片。这部影片是根据郑"改革社会，教化群众"的观点，以郑家乡潮州的封建买卖婚姻习俗为题材。当时还没有女演员，所有角色全部由男演员担任。由于这部影片抨击了当时不合理的封建婚姻制度，所以1913年9月底在上海新新舞台首次放映时，曾轰动一时，引起了社会上广泛的共鸣。随后，他因与张石川意见分歧，离开电影界去从事新剧活动。

同年底，郑正秋组成新民新剧社，在上海兰心大戏院演出，剧目有郑自编的《恶家庭》、《火浣衫》、《义丐武七》等，其他还有《遗嘱》、《家庭恩怨记》、《婚变》、《血手印》、《恨海》、《爱之花》，以及一些外国家庭故事剧如《空谷兰》、《梅花落》等约三十余出。这些剧目的内容，大都是描写有关家庭和婚姻问题的。由于"浅显易懂，颇多兴味"，因而"男女老少，个个欢迎"①。

郑正秋在新民新剧社，一面当老板，一面当编导和演员，能胜任多种角色。如在《义丐武七》中扮"武七"，在《武松与潘金莲》中扮"武大郎"，在《恶家庭》中扮"老太太"等，都能演得惟妙惟肖，得到好评。但新民新剧社因敌不过张石川、经营三组织的民鸣社的竞争，一年后被迫并入民鸣社。从此郑不愿再负领导责任，专做演员和编导。

1915年，郑退出民鸣社，另组大中华新剧社。1918年又组织药风剧团在舞台演出。1919年参加笑舞台和平社新剧部。至1921年，他曾一度登报脱离新剧界去做交易所生意，结果一败涂地，又回头重新搞新剧。

---

① "中国话剧运动五十年史料集"编辑委员会编：《中国话剧运动五十年史料集》第1辑，第69页。

在近十年的新剧活动中，郑所编演的新剧，虽标榜“改良风俗，破除迷信”和“改革社会，教化群众”，而实际上则相反。因此，剧评家啸天曾对此提出批评，说所演新剧，“除家庭儿女外无剧本，除妒杀淫盗外无事实，除爱情滑稽外无言论”，并“未能导人为善”①。1918 年郑在《药风敬告》一文中也发出过慨叹说：“新剧为我国所必当有者，因社会万恶，不可无药药之耳。乃剧人不德，使吾有新剧万恶之叹。”最后还说他想筹几十万资本，编演正当的小说戏。随后，郑编演过一些具有爱国思想的新剧，如《隐痛》、《石家庄》、《桃源痛》、《蔡锷》、《中山被难》、《窃国贼》、《徐锡麟秋瑾合传》、《女学生的觉悟》等，都具有较好的内容，风格有所变化。

1922 年，郑和张石川、周剑云、郑鹧鸪、任矜苹又合作创办了明星影片公司。他们都感到影戏潮流将来势必发达，这是一项有利可图的事业；另一方面，在郑说来，仍把电影作为“改革社会”的工具②。在制片方针上，郑仍主张艺术应“教化群众”，强调应摄制“长片正剧”③；但张石川却认为这种理想只应先作尝试，从业务发展着想，仍应“处处惟兴趣是尚，以冀博人一粲”④，郑不得已而屈从之。

郑在“处处惟兴趣是尚”的方针下，先后编写了《滑稽大王游华记》、《掷果缘》、《大闹怪剧场》、《张欣生》等，但这些低级趣味的影片并不受观众欢迎。明星公司营业不振，经济情况岌岌可危，只好回头采纳郑正秋拍摄“长片正剧”的主张。于是郑又开始编写宣扬“改良主义”的所谓“社会片”，其主要思想不外是“教孝”、“惩恶”和“劝学”之类。他的第一部创作是 1923 年完成的《孤儿救祖记》，由于在艺术上“全片富于影戏

---

① 上海《新剧杂志》第 1 期(1914 年)。

② 上海《影戏杂志》第 1 卷 3 号(1922 年 5 月 25 日)。

③ 郑正秋：《明星未来之长片正剧》，《晨星》创刊号，1922 年上海晨社出版。

④ 张石川：《敬告读者》，《晨星》创刊号。

色彩”①,“带有较多的民族生活气息”②,故事情节曲折动人,上映后颇为轰动,因而摇摇欲坠的明星公司的经济得以复苏。

《孤儿救祖记》获得成功后,郑于1924年编写了《苦儿弱女》、《好哥哥》、《玉梨魂》,1925年又编写了《盲孤女》、《二八佳人》、《一个小工人》、《小情人》、《上海一妇人》和《最后的良心》等。这些环绕“妇女问题”的影片,在一定程度上揭露了封建婚姻、蓄婢制度和娼妓制度的吃人罪恶,有其进步意义。

但在1927年中国革命进入低潮之后的形势下,郑又开始趋向以武侠片为中心的创作以迎合小市民观众的口味,如《侠风奇缘》、《山东马永贞》、《黑衣女侠》、《北京杨贵妃》、《血泪黄花》、《梅花落》等。郑将平江不肖生(向恺然)的《江湖奇侠传》改编成《火烧红莲寺》。此片在上海放映时颇为轰动,票房收入激增。明星公司见有利可图,三年之内竟将《火烧红莲寺》改编达十八集之多。从此,什么《火烧青龙寺》、《火烧剑锋寨》、《火烧九龙山》、《火烧七星楼》、《火烧韩家庄》等等,一时“火烧片”空前泛滥,受到当时社会舆论的抨击。此后,郑虽表示不愿再与“武侠片”同流合污,但在1929年编演了《战地小同胞》后,又回到改编文明戏的老路上去,把《碎琴楼》、《桃花湖》、《红泪影》等搬上银幕。

到“九一八”、“一二八”事变后,郑思想上才开始有了一些变化。他带有悔悟的心情说:“横在我们面前的只有两条路,一条是越走越光明的生路,一条是越走越狭窄的死路。走生路是向时代前进的,走死路是背时代后退的。”③敌寇深入、民族危亡的形势下,神怪、武侠和鸳鸯蝴蝶之类的影片已失掉了观众,因此他曾积极主张聘请左翼文艺工作者担任明星公司的编剧顾问。他参加了中国电影文化协会工作,曾在《明

---

① 上海《申报》1923年12月26日。

② 程季华主编:《中国电影发展史(初稿)》第1卷,中国电影出版社1980年版,第62页。

③ 上海《明星月刊》第1卷第1期(1933年)。

星月报》上发表过一篇《如何走上前进之路》的文章。

由于思想倾向上的改变，他的创作实践上也有了明显的变化。如1931年写的《自由之花》、《春水情波》和1933年编写的《姊妹花》等，有了比较进步的内容。特别是《姊妹花》，剧中描写的贫富对立，在一定程度上揭示了当时的阶级矛盾。这部影片的故事情节曲折动人，描写细腻通俗，当1933年在上海公映时，曾轰动一时，创造了连映六十余天的票房纪录。

郑自幼体质素弱，经常患病，为了解除痛苦，逐渐染上吸食鸦片的恶习。至拍摄《姊妹花》时，他虽已戒绝烟瘾，但身体健康已每况愈下，难以正常活动，只能躺在床上进行导演。《姊妹花》问世后，1934年又勉力完成了《再生花》和《女儿经》里的一个片断，以及《热血忠魂》的部分编写工作，终于1935年7月16日病逝于上海。

# 郑振铎

陈福康

郑振铎，常用笔名西谛、C. T.、郭源新等。原籍福建长乐县。1898年12月19日（清光绪二十四年十一月初七）生于浙江永嘉（温州）。郑振铎出身贫苦，童年时父亲亡故，依靠母亲针黹零活的微薄收入，勉强读到中学。1917年夏到北京，考进铁路管理学校，为官费生，寄居在叔父家。课余常到附近的北京基督教青年会阅览室阅读社会学和文学书籍，接触到新思潮和俄国文学，并在那里先后结识了耿济之、瞿秋白、许地山等人。

1919年五四运动爆发，郑振铎积极参加爱国学生运动。6月，学校因五四运动提前放假，他被迫回到温州。他在温州参与发起“救国讲演周报社”和“永嘉新学会”，创办《救国讲演周刊》和《新学报》。暑假后回校，11月他与瞿秋白、耿济之等人创办《新社会》旬刊，由北京基督教青年会所属“社会实进会”刊行。“社会实进会”原具有宗教色彩，由于新思潮的冲击，宗教色彩日淡，郑与瞿、耿等人参加进去，逐渐使之成为一个强调“社会改造”的进步团体。他先后任该会编辑部副部长和部长。他在《新社会》发刊词里，提出要创造一个“没有一切阶级一切战争的和平幸福的社会”。该刊虽然带有空想社会主义和改良主义的色彩，但充满激烈的反帝反封建精神，1920年5月被北京政府的京师警察厅以“主张反对政府”①的罪名查禁。8月，他们又创办《人道》月刊，但仅出

① 参见郑振铎致张东荪的信，《时事新报·学灯》1920年5月25日。

一期，因青年会方面胆小而被迫停刊。在此期间，他还与瞿秋白一起，参加过李大钊组织的秘密学习小组的活动①，并参加过进步社团“曙光社”。他在1919年12月《新中国》杂志上发表了列宁的《俄罗斯之政党》等译文，是我国较早译成中文的列宁著作。1920年夏，他和耿济之一起最早翻译了《国际歌》歌词，后来发表在《民国日报》副刊《觉悟》和《小说月报》第十二卷号外上。他还参加了北京社会主义青年团，在1921年3月30日团的第四次大会上被选为出版委员，与李大钊等一起负责宣传出版工作②。

新文化运动促进了郑振铎对文学的爱好，他阅读了很多英文版的俄国19世纪文学名著和进步文学理论书籍；在《晨报》副刊、《新青年》等报刊上发表创作、评论及译文，并为“共学社”主编了《俄国戏曲集》等丛书。1920年11月，他与沈雁冰、叶圣陶、耿济之、周作人等共十二人，在北京发起成立了当时我国最大的新文学团体“文学研究会”。他任书记干事，负责经营会务，并为改革后的《小说月报》在北方组稿和审稿。

1921年3月底，郑振铎于北京铁路管理学校毕业后，被分派到上海火车站任练习生。5月，经沈雁冰介绍进商务印书馆编译所工作，后负责编辑《文学研究会丛书》。他还在张东荪主编的《时事新报》编辑《学灯》副刊。5月10日，他负责编辑的文学研究会机关刊物《文学旬刊》，也作为《时事新报》的副刊创刊。同时，他参与创刊了《戏剧》月刊和《诗》月刊。1922年1月，他创办了我国最早的儿童文学刊物《儿童世界》周刊。1923年1月起，他接替沈雁冰主编《小说月报》。在此期间，他先后发表了《文学与革命》、《新文学观的建设》等文章，与封建复

---

① 郑振铎:《回忆早年的瞿秋白》,《文汇报》1949年7月18日。又参见郑振铎1952年日记上的自编年谱。

② 据中国社会科学院近代史研究所等编《五四爱国运动档案资料》(中国社会科学出版社1980年版)和刘仁静的回忆。

旧的“载道派”和庸俗低级的“娱乐派”进行了斗争，成为当时著名的文艺评论家之一。他积极提倡为人生的现实主义文学，还提出了一个革命的文学口号——“血与泪的文学”，要求进步作家创作出“带着血泪的红色的作品”①。

1923年3月，郑振铎与商务印书馆同事周予同、顾颉刚等共十人，发起成立“朴社”，集资出版书籍。这以后，他在上海大学讲授文学课。1925年五卅运动中，他愤于当时上海各报对于如此残酷的大屠杀不敢说一句公道话，因而于6月3日与叶圣陶、胡愈之等人主编了以“上海学术团体对外联合会”名义办的《公理日报》，揭露和抨击了英、日帝国主义的暴行，受到群众的热烈欢迎。该报发行所就设在他家里。他还根据自己的亲身经历，写了《街血洗去后》等著名诗文。6月24日，《公理日报》被迫停刊，他愤然写了《停刊宣言》，指出“‘公理’是要实力来帮助的。赤手空拳的高叫着‘公理’，‘公理’是无用的”，表示要继续斗争。8月22日至29日，上海商务印书馆工人举行大罢工，他被推选为工会代表和罢工执行委员会委员，参加了由陈云领导的这一革命斗争。9月，他又参加发起成立“中国济难会”，这是由中国共产党领导的革命组织，旨在营救被捕革命者及帮助其家属。年底，为抗议反动军阀杀害工人领袖刘华，他与郭沫若、沈雁冰等共四十三人签名发表《人权保障宣言》。这一时期，他先后撰写出版了《俄国文学史略》、《文学大纲》等著作，并翻译了不少外国文学作品。

1927年2月，郑振铎与胡愈之、叶圣陶等人组织“上海著作人公会”，并积极参加上海工人武装起义胜利后的临时革命政权组织“上海市民代表会议”的活动。“四一二”政变的次日，他参加抗议游行，险遭毒手，得工友掩护才脱险。14日，他与胡愈之等共七人撰写了一封抗

---

① 西谛：《我们的杂记》(一)，《时事新报·文学旬刊》1923年5月2日。

议书，谴责蒋介石等人血腥屠杀革命人民，“演此灭绝人道之暴行”①。因为白色恐怖，郑于5月被迫只身远走欧洲，在法、英等国住了一年多。他离开祖国时，写下了激动人心的散文《离别》，表示这是“暂别”，不久即将以更猛烈的力量来加入国内的斗争。他在国外抓紧时间学习、观察和著述，除了研究中国古代小说、戏曲之外，还参观了许多博物馆，编著了《近百年古城古墓发掘史》以介绍世界重要考古发现，同时还创作了短篇小说集《家庭的故事》中的大部分作品。

郑振铎于1928年10月回国后，即参加发起“中国著作者协会”，并任执行委员。他仍在商务印书馆工作，并先后在复旦大学、中国公学等校执教。1931年9月，他应郭绍虞的邀请，到北平任燕京大学教授，并代理中文系主任；一度兼任清华大学中文系教授。1933年7月，他提议创刊了继《小说月报》以后全国最大的进步文艺刊物《文学》月刊；次年1月又与章靳以一起在北平创办并主编《文学季刊》，为的是有些进步作家的文章不能在上海《文学》月刊上发表时，可以拿到北平来发表②；10月，又参与创办文学刊物《水星》月刊。在北平期间，他撰写出版了《插图本中国文学史》(六十章)，图文并茂，史料丰富，很受读者欢迎；还创作了小说集《取火者的逮捕》，借希腊神话题材热烈歌颂中国共产党领导的革命斗争；另外又编辑出版《中国文学论集》、《佝偻集》，还和鲁迅合作编选出版了《北平笺谱》等。

郑振铎在燕京大学因聘请进步教员而遭到顽固势力的忌恨与攻击，被迫辞职，于1935年4月回上海，8月任暨南大学文学院院长兼中文系主任。这期间他编辑综合性大型文学丛刊《世界文库》，参加了《中国新文学大系》的编辑工作，并参加了鲁迅主持的瞿秋白遗著《海上述林》的编辑出版工作。1936年，他出版了历史小说集《桂公塘》、论文集

① 郑振铎等：《就“四一二”惨案对国民党的抗议书》，中国人民政治协商会议全国委员会文史资料研究委员会编《文史资料选辑》第70辑，中华书局1980年版。

② 靳以：《和振铎相处的日子》，《人民文学》1958年第12期。

《短剑集》等著作。

在国民党当局发动的“文化围剿”中，郑振铎于1935年12月参加“上海文化界救国会”。次年6月，与周扬、沈雁冰、叶圣陶等共四十人发起成立“中国文艺界协会”，并当选为理事。同年10月，和鲁迅、沈雁冰等共二十一人联合发表《文艺界同人为团结御侮与言论自由宣言》。11月，鲁迅逝世，他亲往参加入殓仪式和执绋送殡，并参加“鲁迅先生纪念委员会”。1937年7月，郑振铎参加组织“上海文化界救亡协会”，并于8月和郭沫若、邹韬奋、沈雁冰、胡愈之等共三十人合编该会机关报《救亡日报》。次年3月，“中华全国文艺界抗敌协会”成立，他被选为理事。

日本帝国主义1937年11月侵占上海后，租界成为“孤岛”。郑振铎坚持抗日救亡活动，与胡愈之、王任叔、周建人、许广平等共二十人组织“复社”，先后出版了《鲁迅全集》、《列宁选集》、《西行漫记》、《联共党史》等书籍。他并在中国共产党文委领导的“上海社会科学讲习所”讲课。1941年12月，太平洋战争爆发，日军侵占租界，他在暨南大学坚持上完“最后一课”，化名为“陈敬夫”，以文具商店职员的假身份蛰居起来，继续坚持抗日救亡地下斗争。他全力收购古书，发起组织“文献保存同志会”，抢救和保护祖国的珍贵文化遗产，其中最珍贵的有《脉望馆抄校本古今杂剧》等书。在这期间，他编写出版了《中国俗文学史》，还以“玄览居士”、“纫秋山馆主人”等名影印出版了不少珍贵古籍。

抗战胜利后，郑振铎积极投入检举揭发汉奸的斗争和清理文物图书的工作。他坚决反对国民党反动派的亲美反共政策，因而不断遭到迫害，但他不畏强暴，坚持斗争，成为著名的民主战士。1945年10月，他创办并主编了《民主》周刊，几乎每期都撰写尖锐的政论。他还在《周报》等刊物上发表了大量文章以及散文《蛰居散记》（连载）。1946年1月，他和李健吾等人创办了大型文学月刊《文艺复兴》。4月又为《联合晚报》主编《文学周刊》副刊。10月，《民主》周刊被反动派禁止，他在“休刊号”上发表《我们的抗议》，表示：“本刊虽然被生生的缢死了，但永不死的是她的精神”，“她会复活的！凤凰从火焰中重生，那光彩是会灿烂辉煌的。”这期间，他与马叙伦、周建人等发起成立了“中国民主促进会”，任理事；中华全国文艺界协会上海分会成立，被选为常务理事；他还与郭沫若等人发起组织“全国学术工作者协会上海分会”，与郭绍虞等人发起成立“中国语文学会”，为团结文化界做了许多工作。他还编辑了《中国历史参考图谱》、《中国版画史图录》、《域外所藏中国古画集》等表现中华民族光辉历史、揭露帝国主义侵略罪行的大型图集。

1949 年 2 月，郑振铎在中国共产党上海地下组织的安排下，秘密绕道香港，于 3 月 18 日到达刚解放的北平。4 月，去捷克斯洛伐克布拉格参加第一届世界和平大会。7 月，出席中华全国文学艺术工作者第一届代表大会，被选为全国文联和全国文学工作者协会常务委员。9 月，参加中国人民政治协商会议第一届全体会议，被选为政协全国委员会委员。中华人民共和国成立后，被任命为中央文化部文物局局长，嗣后兼任中国科学院考古研究所所长，领导全国文物保护和考古研究工作。他还担任全国文联主席团委员、中国作家协会理事、文化部副部长、全国人民代表大会代表、政协第二届全国委员、中国科学院哲学社会科学部委员、文学研究所所长、中国民间文艺研究会副主席等职务。在繁忙的公务之余，他编辑出版了《中国文学研究》等著作，并主编了《伟大的艺术传统图录》、《古本戏曲丛刊》、《中国古代版画丛刊》等。

郑振铎为促进中外文化交流，多次出国访问和讲学。1958 年 10 月 17 日，他率领中国文化代表团取道苏联前往阿富汗和埃及进行友好访问，18 日飞机在楚瓦什苏维埃自治共和国的卡纳什地区失事，不幸遇难。

郑振铎不仅是我国现代著名作家、文学批评家、文学史家、考古学家，也是一位著名的藏书家。他数十年间节衣缩食，呕心沥血，收藏了将近十万册珍贵的图书。他逝世后，他的家属遵照他生前遗愿，将他全部藏书及其日记、手稿献给了国家。另外，他在解放前收藏的很多古代陶俑，生前即全部献给了国家。

# 钟 荣 光

李 坚 余齐昭

钟荣光,字惺可,广东香山(今中山市)人,1866 年 9 月 7 日(清同治五年七月二十九日)生。父钟玉龙原务农,后往香港从商。钟荣光自幼随父居香港。后至广州,随岭南国学家吴道熔学习,十七岁中秀才,1894 年中举人。后在广州设馆教徒。

中日甲午战争后,钟荣光受到中国战败的刺激和反清思潮的影响,思想上发生了变化。他结识了孙中山和革命党人郑士良、区凤墀等,在他们的影响下,于 1896 年加入兴中会,追随孙中山从事革命活动。同年,钟荣光与友人创办广东最早的报纸之一《博闻报》(后改名为《安雅报》);以后他又创办《可报》,发表了不少针砭时弊、抨击朝政的文章,不到两年,报馆即遭封闭。1898 年钟荣光响应孙中山的主张,尽释家中的婢女和侍妾,并供他们读书①,一改过去纳妾蓄婢的旧习俗。次年钟荣光受美国牧师、格致书院监督尹士嘉(Oscar F. Wisner)的聘请,任该院汉文总教习②。当时史坚如是该校学生,参加 1900 年 10 月孙中山发动的惠州起义,在广州谋炸署理两广总督德寿,不幸事败被捕。钟荣光闻讯后,曾通过尹士嘉转请美国驻广州领事等人多方营救。

1900 年格致书院更名岭南学堂,迁澳门。这时沙俄出兵侵占我国

---

① 《纪念钟荣光先生特刊》,岭南大学 1947 年印,第 4 页。

② 陈序经:《有关岭大与钟荣光的几点回忆》,中国人民政治协商会议广东省广州市委员会文史资料研究委员会编《广州文史资料》第 13 辑,1964 年版,第 42 页。

东三省，举国哗然。钟荣光在澳门联合海外名流一百五十人，致电中俄谈判代表李鸿章力主拒绝签约。1904 年岭南学堂复迁广州，开始招收女生。女生没有宿舍，钟荣光让出自己的住宅两间给她们寄宿，积极支持大学男女同校。1907 年，钟等代表岭南学堂赴日本参加世界基督教学生组织会议，顺道往华北考察教育，在天津被清政府以革命党图谋不轨罪名逮捕，拘押三十五天之久，经同乡营救，始得出狱。

钟荣光于 1908 年任岭南学堂教务长。这时，学校正在用纽约董事会的捐款兴建图书馆。他不愿仰赖外国人资助，于第二年往世界各地，向华侨宣传募款建校，并号召华侨子弟归国升学。募得款项后，建造学生宿舍和添置图书仪器。

1911 年武昌首义后，11 月 9 日广东光复。为了支援革命，钟荣光极力支持岭南学堂学生组织“岭南学生协助军政府筹饷队”，出发劝捐、宣传演说、演戏，捐得五六万元，上缴军政府。

南京临时政府成立后，钟荣光以老同盟会员的身份出任广东省教育司司长。他大力推行教育总长蔡元培的民主办学方针，改革旧学，提倡新学，废除尊孔读经，成立中小学教科书编纂委员会，改革教学内容。他还增设公共体育场，设立图书馆，派巡回演讲队到各县宣传科学常识，破除封建迷信。袁世凯继任临时大总统后，于 1913 年 9 月派龙济光任广东都督。龙残杀革命党人，打击革命势力。钟荣光亦被列入黑名单，幸事先得知消息，藏在美国友人地窖中，黑夜逃到沙面，后乘美舰去香港转往美国①。

钟荣光在赴美途中，感怀时局，痛惜革命事业遭受挫折，撰《广东人之广东》一书，叙述民初要政及革命党人的新精神，揭露北洋军阀祸国殃民的暴政。此书在美国出版后，使海外华侨了解到袁世凯统治的真相，增长了支援革命的热情。

钟荣光抵美国后，入哥伦比亚大学选修教育学。1915 年任纽约国

---

① 祝秀侠:《钟荣光与岭南大学》,《中外杂志》。

民党支部长，并创办《民气报》，团结华侨，宣传反对袁世凯的斗争。1916年，岭南文理科大学成立，钟荣光于次年初返国后任该校副监督，为该校第一个中国负责人。1918年，钟荣光去南洋各地向爱国华侨募捐，为岭南大学兴建归国侨生的宿舍筹集资金。即于是年特设华侨班，招收回国华侨子弟百余人入学，为我国大学招收华侨学生返国就读之滥觞。

五四运动时，钟荣光兼任广东教育会副会长。他同情和支持学生的爱国行动，广州学生示威游行，岭南学生组织的军乐队走在最前头；学生有被捕者，他设法进行营救；校内演出歌颂十月革命的话剧，他从不阻拦。

钟荣光有感于我国以农立国，而农业落后，广东农业人口占全省人口八成以上，而粮食不能自给，决心创办一所农科大学，以培养农业人才。他得到广东省财政厅长廖仲恺的支持，由省财政厅拨款，于1921年成立岭南农科大学，任校长。校内设教学、试验、农业、推广四部分；分蚕桑、园艺、田艺、畜牧等系，校本部并附设果木种植场、实验农场。为在校外设分农场，钟荣光亲自勘察了许多地方，最后在潮安、香山（今中山）、海南定点。农场注意培植优良品种，出产的水稻、木瓜、柑橘、荔枝等，享有盛誉。农场还由澳洲引进桉树和银桦，大力育苗推广。农具方面，也引进一些美制割草机、手扶播种机、手扶除草机、手扶中耕机和手扶单铧犁等①。钟荣光还提倡在校内种竹，共种一百三十余种，其中有一种白粉单竹后来被命名为“荣光”竹，以纪念钟荣光对种竹事业的提倡。岭南农科大学对于造就农业专门人才，推广农业科学知识，介绍优良品种，改良蚕、稻品种，都有一定贡献。

孙中山很支持钟荣光的事业，早在1912年5月就到岭南学堂作《非学问无以建设》的讲演。1922年6月16日，陈炯明发动叛乱，炮轰

---

① 谭锡鸿：《我所知道的岭南大学农学部》，《广州文史资料》第13辑，第172页。

总统府。宋庆龄脱险到沙面友人家后,打电话请钟荣光帮助,钟立即派船接宋到岭南,后又转送至永丰舰会见孙中山。宋庆龄在钟的协助下,安全出走香港转往上海①。7月初钟荣光还到永丰舰给孙中山传送信件②。1923年孙中山返广州重建大元帅府后,曾应钟之邀先后在岭南作过两次讲演。

国共第一次合作时,钟荣光积极支持孙中山“联俄、联共、扶助农工”的三大政策。黄埔军校建成后,不少岭南大学的学生参加军校。军校与广州之间的交通,主要靠水上轮渡,钟荣光将岭南大学的码头提供军校共同使用。孙中山在广州其他学校宣讲三民主义,钟常常让岭南大学的学生整队前往聆听。

1925年6月“沙基惨案”发生,岭南大学师生参加示威游行,教员区励周和学生许耀章惨遭屠杀,岭南大学出现爱国反帝热潮。英籍副监督白士德(Alexander Baxter)发表为帝国主义暴行辩护的言论,受到学生的强烈谴责,被逐离校。这时钟荣光在美洲,次年6月他返国,适值“沙基惨案”一周年。他在纪念会上发表演说,愤怒谴责帝国主义,积极支持师生的爱国行动,引起学校美籍人士的不满,说他反对美国人。这时,爱国师生又提出收回教育权,钟荣光积极参加这一运动。在大革命风暴的影响下,纽约董事会被迫将岭南大学交回中国人自办。1927年1月私立岭南大学校董会成立,钟荣光被选为校长兼校董会主席。1930年,外国教会创办的博济医院并入岭南大学,为纪念孙中山而改为孙逸仙博士纪念医院。钟荣光积极筹款扩建医院,经各方奔走,医院于1935年建成。

抗日战争爆发时,钟荣光已年逾七旬。1938年他宣告退休,担任

---

① 马湘:《跟随孙中山先生十余年的回忆》,中国人民政治协商会议全国委员会文史资料研究委员会编《辛亥革命回忆录》(一),中华书局1961年版。

② 罗翼群:《记孙中山南下护法后十余年间粤局之演变》,中国人民政治协商会议广东省广州市委员会文史资料研究委员会编《广州文史资料》第4辑,1961年版,第29页。

岭南大学名誉校长，迁居越南海防。同年被任命为国民参政会参政员，曾多次到重庆出席国民参政会。1940 年日军进犯越南，钟荣光迁居香港。1941 年 12 月日军占领香港后，钟荣光身陷敌境，心脏病日重，于 1942 年 1 月 7 日因病去世。

## 主要参考资料

《南大与华侨》第 1—12 卷。
《岭南大学校报》第 1—126 期。

# 周 宝 箴

张钧陶

周宝箴，四川江北县人，生于1864年（清同治三年）。清末民初经营复兴和炭厂达二十余年。

复兴和炭厂初名甲子洞，乃其先世周世瑜从湖南原籍来川，于1741年创办，矿在江北县二岩，煤藏丰富，煤质尤佳。周氏子孙世代相传，后改名兴隆公炭厂。百来年间，获利颇丰，先后开办了窑罐厂、酿酒厂、织布厂、造纸厂，以及贩运粮食和木船运输等业务，置田产一万余亩。然子孙管理不善，加以同、光年间嘉陵江两次洪水为害，炭厂冲毁，损失不赀，生机濒绝，一筹莫展。这时，以周宝箴为首的一批有钱有势的族人，组织策划，另谋出路，于1904年把兴隆公炭厂租赁过来，改名“复兴和”，继续经营。

周宝箴经营“复兴和”，资本总额为8500两，外股约三分之一，大都是原来兴隆公炭厂预收煤款及所欠米账的债权人，以债权转为投资；其余三分之二，均为房族股东。当时重庆工业渐兴，航运需煤日增，井下采掘的煤层亦转丰厚，营业开始兴旺，年年获利。经营了十年，到1914年，增资为15300两，牌号加上崇记，工人增到一千以上，日产煤二百余吨，有十家行商组织代销，进入了“复兴和”的黄金时代。1924年资本总额再增到18500两，易牌号为“竣记”，排挤了外姓股东，增加了新的家族股东，再度独占了煤矿。

周宝箴经理“崇记复兴和”，正值军阀混战时期，散兵土匪四处窜扰，他为维护周氏家族利益和炭厂的经营，买枪招兵，保厂保族，迅即以办剿匪驰名江北县。当时遍地匪警，但是二岩周围几十里，由于他的势力，无匪来犯，许多地主都来二岩居住，借以得到保护。他掌握了整个北碚所辖区域的地方团防武力，为军阀办招安，号称“江防司令”。他照每挑煤炭抽办团费五十文，以团防武装力量替地主豪商们保镖，护送货船到合川一带，颇有声势，成为军阀防区的风云人物。

周宝箴与地方军阀声气相通，互为勾结，尽管处在混乱局面，“崇记复兴和”继续垄断了铜元局和川北一带的销场，年平均利润在30％以上。1920年，川、滇、黔军阀在四川混战时，铜元局为黔军袁祖铭占据，将全部煤船劫持军用，煤商损失綦重。上游来重庆买煤的木船不敢再来，川北销路遂告中断。但周宝箴凭借地方势力，善于应付环境，且为军阀策划军费，因而业务并未受到很大影响。

1919年，周宝箴拨巨资与川军二十八军邓锡侯部旅长林翼如、二十一军刘湘部军需处长洪渊泉等大小军阀伙办同人益炭厂、开采合川麻柳坪隔蚕孔煤窑，自任经理，结果因距离较远，兼顾乏力，亏本两万多银元。1923年，周又与上述诸人组织嘉陵汽船公司，买汽船两艘，开办重庆至合川的短航客运，又因不谙业务，照料不周，折本一万余银元。由于他与上述诸人关系密切，在折伙算账时，都由他应付了事。他在经理“崇记”时，还通过四川省政府驻渝办事处主任刘国华，获得由实业厅发给的临时矿权执照，以便于大量开采，不受任何阻拦。

周宝箴经营“复兴和”时，其经营方式已带有资本主义性质，然其封建性质的经营遗风犹在。所沿袭下来的“把头”制度加以发展，将“碛头”（即采煤工作面）部分出租给“把头”和技术较高的矿工，由他们去招雇工人。周氏族人及其在职亲信，大多充当了“把头”。每个“把头”掌握矿工由几人到几十人，他们直接结付工人工资，自负盈亏，自取厂名，称为租客厂。于是由原来直接生产的“包箱”制，一变而为与矿主直接发生租赁关系的“把头”制，“把头”与矿主按产量分成，主佃双方各得一半。工人出力，“把头”渔利，矿主赚钱。矿工的待遇极苦，终岁勤劳，不得温饱。其有“跳厂”（即由甲厂跑到乙厂工作）者，动辄遭非刑吊打，比军队惩办逃兵还酷。

1926年周宝箴病故。其子周雨槎接任经理，于1934年将“复兴和”改组成为复兴隆煤矿股份有限公司。

## 主要参考资料

周家鼐等:《复兴隆煤矿史略》，中国民主建国会重庆市委员会等编《重庆工商史料》第2辑，重庆出版社1982年重版。

# 周 凤 岐

汪仁泽 陈光贻

周凤岐，原名源清，号恭先，浙江长兴县人。1879 年 6 月 24 日（清光绪五年五月初五）生。兄弟六人，他排行第五。童年时，因家贫干过放羊、樵柴等活，后附读于族人周杏顾家。因其聪颖好学，塾师免收其束修，且寄予厚望，改源清名为凤岐。1900 年周考取秀才，不久又补了廪①。

1903 年，周凤岐考入浙江武备学堂第四期，两年后毕业，留学堂任区队长。1906 年春，经秋瑾介绍与夏超、俞炜等同入光复会。不久，在蒋尊簋所办的浙江陆军第二标任弁目学堂队官、学兵队队长等职，颇受蒋的器重。1910 年，周被保送进保定陆军军官学校第三期进修。

辛亥武昌起义爆发，周凤岐因军校遣散而回原籍。其时嘉兴、湖州地区盗贼蜂起，族人周峰帆等招兵保卫乡里，由周凤岐和长兴合溪警察所巡官夏超主其事。浙江光复后，新军第八十一标管带代理标统朱瑞率部驰援民军进攻江宁，周凤岐与夏超率千余人响应，被委为先行军，参加攻取南京。浙江民军凯旋回浙后，周部驻扎湖州。1912 年 8 月，朱瑞继蒋尊簋任浙江都督，任周为都督府参谋长。1913 年春，宋教仁被刺，不久“二次革命”爆发，驻甬独立第四十九旅旅长顾乃斌等人通电响应，但不久事败，顾等离职。朱瑞因曾宣布“浙江自保”，袁世凯以朱

---

① 《周凤岐事迹纪要》，中国人民政治协商会议浙江省委员会文史资料研究委员会编《浙江文史资料选辑》第 7 辑，1963 年版。

附己，于 1914 年 6 月 30 日授朱瑞兴武将军督理浙江军务，朱乃以周凤岐署四十九旅旅长①。

1915 年，袁世凯帝制自为，朱瑞附逆，浙人愤慨。次年 4 月，浙军旅长童葆暄与嘉湖镇守使吕公望等合谋发兵夜袭将军署，朱瑞仓皇遁走。屈映光、吕公望相继代浙督，周凤岐曾在吕任内担任督军署参谋长，掌握督署大权。1917 年 1 月，北京政府任命淞沪护军使杨善德为浙江督军，周凤岐反对，先图阻拒，后又谋倒杨，均告失败，因此两度去日本暂避。1919 年 8 月杨善德病死，卢永祥继任浙江督军，翌年沈金鉴为浙江省长，周与沈熟识，经沈疏解，卢允既往不咎。周返国后，任浙江警备司令部总参议，并兼省道局局长等职，为卢所用，并逐渐取得信任。

1924 年 9 月，江浙军阀混战，浙督卢永祥命浙军第一师潘国纲部防守赣闽边界，卢自率北军一师及浙军王宾一旅防守苏皖边界；命周凤岐留守杭州。9 月，闽军孙传芳部趁机入浙，占领仙霞岭一带，周和夏超在杭州密谋驱卢迎孙入浙。其时，潘国纲部军心不稳，该部石国柱团已与周暗通；伍文渊团也擅离防地衢州，使孙传芳大军得以长驱入浙。9 月 17 日卢永祥被迫发出同意“浙人治浙”宣言，卢本人则移沪督师，浙江省长张载阳声明卸职，委警务处长夏超代理省长，将所兼暂编浙江陆军第二师师长一职委周凤岐代理。10 月，周、夏迎孙传芳入杭州。孙为酬答驱卢拥迎之功，以夏超为浙江省长，以陈仪、周凤岐分任浙军第一、二师师长②。不久周部改为第三师，10 月被孙传芳派往宁波，镇压“浙江自治委员会”③，后奉孙传芳命移驻江苏常州。

1926 年 7 月北伐战起，已是浙、闽、皖、苏、赣五省联军总司令的孙传芳，以“保境安民”为词暂取中立态度，企图坐收渔利。周凤岐曾建言

---

① 斯道卿：《浙军十八年的回忆录》，《近代史资料》1957 年第 2 期。

② 上海宏文图书馆编著：《江浙战史》，1924 年版。

③ 《浙东独立事件经过》，《东方杂志》第 21 卷第 20 期，第 5—6 页。

孙响应北伐遭拒。8 月下旬，北伐军攻克湖南岳州、湖北通城，吴佩孚军溃败。孙传芳感到唇亡齿寒，于 8 月 30 日颁发“援赣计划”，调周凤岐部为总预备队移守九江。不久江西战事转剧，周派参谋樊松甫向北伐军输诚。浙江省长夏超于 10 月中旬在杭州宣布独立；周凤岐则于 11 月初率部离开九江移师湖口，转向贵池，拟间道芜湖回浙。孙传芳获悉后，即命卢香亭师追至贵池截阻，迫令周部回驻常州；同时孙又派孟昭月师入浙，夏超兵败身亡，浙江独立受挫。12 月 11 日，周凤岐在衢州宣布就任北伐军第二十六军军长职，并于 19 日在富阳宣告自治，但遭孙传芳军进击，退回衢州。随后周与北伐军刘峙等师配合，向金华、兰溪进攻。1927 年 1 月 18 日，周被任命为浙江临时政治会议委员。周部 2 月 2 日进占金华，中旬向绍兴推进，曾在诸暨北之姚公埠与孙军激战，18 日进占绍兴。

蒋介石到沪后，加紧策划清党反共政变，调周凤岐第二十六军到上海接防，4 月 8 日颁布《战时戒严条例》，委白崇禧、周凤岐为淞沪戒严正、副司令。4 月 12 日凌晨，帮会流氓袭击工人纠察队，周凤岐借口“工人内讧”，下令二十六军解除工人纠察队的武装，并打死打伤工人三百多人。次日上海二十多万工人罢工，数万群众示威游行，进至宝山路三德里附近向二十六军二师司令部要求释放被捕工人、发还被缴枪支时，周即按照蒋介石的密令，用机枪向手无寸铁的游行队伍扫射，一时枪声大作，死伤枕藉，适值大雨如注，宝山路上血流成河①，造成“四一二”清党反共大屠杀事件。为了奖励周凤岐的反共行径，蒋介石的南京政府先后任命周凤岐为政治会议浙江分会委员、浙江省军事厅长和军委会委员等要职。

同年 8 月，蒋介石下野，杭州也发生政潮，张静江辞去浙江省主席，杭州市长邵元冲亦辞职他去。周凤岐在桂系的支持下于 8 月 19 日返

---

① 中国第二历史档案馆编：《中华民国史史料长编稿》（1927 年 4 月），南京大学出版社 1993 年版。

杭州，代理浙省主席兼戒严司令，并将杭州市政府改组，控制了浙江的军政大权。但好景不长，他的大权独揽为蒋介石所不能容忍；加之蒋下野后东渡日本，要求浙江省库拨款十万元作旅费，为周所阻难，也使蒋产生不满①。龙潭战役后，蒋的嫡系第一军向浙沪转移，陈焯任二十六军副军长代理军长，何应钦任浙江主席，蒋伯诚为浙江军事厅长，周凤岐被迫辞去一切职务，闲居上海租界②。

1930 年，阎锡山、冯玉祥联合反对蒋介石，周与冯驻沪代表戈定远联系，愿策动旧部反蒋。蒋则派张群往说，要求周中立，并允予以安排。周不为所动，称“蒋在一天我终不吃蒋的饭”③，蒋遂对周下通缉令。1931 年陈济棠、李宗仁、白崇禧联合反蒋，1933 年第十九路军将领联合李济深在福建成立人民政府，周凤岐均参与其事。

1937 年抗战军兴，蒋介石撤销对周凤岐的通缉令。11 月 9 日周应白崇禧电邀，携抗战意见书赴南京要求面谒蒋介石，但逗留十余天，终未被接见。11 月 25 日南京形势危急，周由南京回长兴家乡，28 日长兴沦陷。日军大肆烧杀，周竟以不吃眼前亏为辞，劝亲友组织为虎作伥的维持会。1938 年 2 月，周在日伪小汽艇护送下返沪事敌，其子周斯男曾跪泣劝父义不投敌，国民党军统人员亦早已注意其行动。1938 年 3 月 7 日下午，周准备乘汽车外出之际，突遭狙击，身中八弹，当场毙命④。

---

① 《周凤岐事迹纪要》，中国人民政治协商会议浙江省委员会文史资料研究委员会编《浙江文史资料选辑》第 7 辑，1963 年版。

② 《申报》1927 年 10 月 1、2 日。

③ 《周凤岐事迹纪要》，中国人民政治协商会议浙江省委员会文史资料研究委员会编《浙江文史资料选辑》第 7 辑，1963 年版。

④ 《申报》(汉口版)1938 年 3 月 8、10 日。

# 周 佛 海

闻少华

周佛海，湖南沅陵人。1897 年 5 月 29 日（清光绪二十三年四月二十八日）出生于一个地主家庭。其父周夔九曾入湘军幕府，参与镇压太平天国革命，晚年赴闽任莆田县知事。周佛海幼年丧父，他和弟妹三人由其母抚育。

周童年在乡村私塾读书，1912 年考入沅陵高等小学。次年因欺负新同学受到谴责而自动退学，旋转入长沙兑泽中学，随后又转入沅陵中学。

1917 年，一个偶然的机会，周佛海得到师友资助旅费，前往日本求学。到东京后开始学习日语和其他课程。1918 年 5 月 6 日，东京中国留日学生集会，反对“中日共同防敌军事协定”，遭到日警殴打并被捕多人。在东京的留学生大多数主张罢学回国，周也不例外地回到国内。因生活无着落，经人介绍到在奉天（今辽宁）安东县办厘金的一个同乡那里谋事，孰知到后实无事可做，所看到的是“满目芦苇，几家土屋”，感到“前途渺茫”，“几欲跳海自尽”①。两个星期以后，他又回到东京，经过短时间的准备，竟侥幸考取东京第一高等学校官费生。一年以后，预科毕业，周被分发到鹿儿岛的第七高等学校，读书以外还给中华书局译些书稿，并给《解放与改造》杂志撰文，挣些稿酬。

当时的日本，一方面资本主义迅速发展，另一方面西方社会主义思

---

① 周佛海：《苦学记》，《往矣集》，平报社 1945 年版，第 15—16 页。

潮不断涌入。《社会主义》、《人道主义社会主义之父——卡尔·马克思》等论著相继出版，周佛海也程度不同地受到这股新思潮的影响，“看到共产主义和俄国革命的书籍很多，对于共产主义的理想不觉信仰起来”①。

1920年周佛海由日本返国。原打算回湖南省亲，正碰上湖南发生湘军谭延闿、赵恒惕驱逐祸湘的张敬尧，交通梗塞，他只好滞留上海。这时陈独秀因主办《新青年》鼓吹新思想，为军阀当局所不容，也避居上海。周佛海通过张东荪的介绍认识了陈独秀，又结识共产国际的代表维经斯基，对在中国建立共产党组织发生了兴趣。

1921年7月23日，中国共产党在上海召开第一次全国代表大会，周佛海以留日学生党员代表身份参加，会后仍回日本。第七高等学校毕业后，他又升学到京都帝国大学经济系，于1925年5月毕业回国。

周佛海入党后也曾对马克思主义做过肤浅的探讨，在比较了英国产业革命时期与当时的中国经济状况后，认为“人的要素和物的要素，在中国几等于零”②，从而得出马克思主义不适合中国国情的谬论。

1924年1月，国民党召开第一次代表大会，标志着国共两党的全面合作。这时戴季陶任国民党宣传部部长，周佛海系应戴的约请由日本返穗的，不久任宣传部秘书兼广东大学教授，月支薪水240元。按当时规定，共产党员在社会任职有薪给收入者，须交纳部分薪水作为党费。周妻杨淑慧却说：这钱挣来不容易，何必交党费，还是退了吧！周佛海早就有退党打算，为此，他拒绝参加党的组织活动，并散布对党的不满情绪。中共广州区执行委员会曾对周进行教育挽救，但无效。为纯洁党的组织，9月同意了他的脱党要求。

脱党后的周佛海，为了表明他要当一名“国民党的忠实党员”，他纠集广东大学的几名教授，创办《社会评论》，以攻击共产党为能事。1925

---

① 周佛海：《扶桑笈影溯当年》，《往矣集》，第27页。

② 周佛海：《逃出了赤都武汉》，大同书局1927年8月版。

年，他还在《孤军》、《独立青年》等刊物上发表一系列的反共文章。

北伐军于1926年7月由广东出发，10月攻克武汉，周佛海通过戴季陶的介绍得到北伐军总司令蒋介石的信任，委以中央军事政治学校秘书长兼政治部主任。这时国民党内左、右两派斗争激烈，周除向蒋秘密汇报武汉情况外，决心寻机逃离大革命中心的武汉。

1927年5月，正当夏斗寅叛军逼近武汉时，军校学生开赴前线作战，周奉命在校留守，因得以伺隙由汉口携眷搭乘英轮潜逃。但在上海上岸时，却遭到南京政府的逮捕，经过其妻杨淑慧多方奔走，找到上海特派交涉员郭泰祺及王世杰等人疏通，并经吴稚晖、戴季陶等人营救，监禁半个月后得到释放。

周佛海获释后，蒋介石任他为筹备中的中央陆军军官学校政治总教官。同年8月，南京政府中蒋系与桂系矛盾加剧，蒋不得不宣布下野，随后到日本。周失去靠山，也去职离宁赴沪。此时戴季陶任中山大学校长，周遂应召赴粤相助。不久又回沪，奉蒋命与戴季陶、陈果夫等创办政治评论刊物《新生命月刊》。

接着，周又创办了新生命书局，《三民主义之理论的体系》一书即在此时完成。

蒋介石于1928年复任总司令后，周又被派为南京中央陆军军官学校政治部主任。同年夏北伐战争告一段落，7月蒋到北京西山碧云寺祭灵并酝酿编遣军队问题，周佛海、邵力子、陈布雷、陈立夫等随行。

国民党第三次代表大会于1929年3月召开，周佛海被指派为党员代表。这时正是蒋桂战争前夕，周为蒋草拟讨伐李（宗仁）、白（崇禧）的宣言，并随蒋出发到武汉。蒋桂战争以桂系失败告终，周因反桂有功，被蒋任命为训练总监部政治训练处处长，兼总司令部政治部主任。次年在蒋、阎、冯中原大战中，周则忙于为蒋草拟通电、宣言和宣传大纲。

1931年3月，蒋介石与胡汉民在约法问题上发生激烈争论。蒋不顾胡的反对,于5月召集国民会议,形成宁粤对立。国民会议后,周又随蒋赴江西“剿共”。11月国民党第四次代表大会召开,周佛海当选为中央执行委员。宁粤妥协的结果,蒋介石再次下野。蒋在下野前安排顾祝同为江苏省主席,并徇顾的请求任命周佛海为江苏省政府委员兼教育厅长。

1932年蒋与汪精卫合作重新上台,汪任行政院长,蒋自任军事委员会委员长。周佛海于1935年继陈公博之后任国民党中央民众训练部部长,此前他还参加秘密组织蓝衣社的活动,是“中统”特务首领之一;同时又是军事委员会委员长侍从室的组长之一,成为蒋氏贴身机要人员。

西安事变发生后,1937年1月汪精卫兼程回国,周佛海与邵力子等奉命去香港迎汪,汪、周彼此引为同调。

“七七”抗战爆发后,周佛海对抗日抗争前途悲观绝望,他认定“战必大败,和未必大乱”。在“八一三”后,周与来南京西流湾八号住所的客人顾祝同、熊式辉、朱绍良、梅思平、罗君强、陶希圣、高宗武等大唱和平低调(即鼓吹妥协投降),胡适感到此处的气氛与外面大不相同,就称之为“低调俱乐部”。同年年底,周佛海与陶希圣等在汉口成立“艺文研究会”,由周佛海任总务总干事。该会网罗所谓文化界人士,制造反共降日的舆论,并先后在长沙、成都、重庆、西安、香港等地设立分会。周佛海从此就转而成为以汪精卫为首的亲日集团的主要骨干了。

从1938年初到年底,围绕着中日战争,日本政府对蒋、汪进行诱降分化。7月,周瞒着蒋介石秘密派高宗武、周隆庠由香港到日本,试探对日妥协的途径与条件,高与日本陆相板垣征四郎、参谋次长多田骏、国会议员犬养健等多次晤商。双方确定以汪精卫为收拾时局的对象。汪精卫、周佛海得知上述消息,并获悉日本五相会议决定“起用中国第一流人物”。汪、周对此心领神会,于11月决定授权高宗武、梅思平再往上海,与日方代表举行秘密谈判。11月20日,高宗武、梅思平与影佐祯昭、今井武夫秘密签订《日华协议记录》及《谅解事项》，并拟定了汪精卫响应日本招降声明及出逃的计划。27 日，梅思平由上海经香港到重庆，向汪精卫送交与日方签订的秘密协议。

12 月 5 日，按预定步骤周佛海由重庆飞往昆明为汪精卫做出逃的准备工作。18 日汪精卫等由重庆飞往昆明。次日，汪精卫偕周佛海、陈璧君、陶希圣、曾仲鸣等逃往越南河内。22 日，日本首相近卫文麿发表"第三次对华声明"，对汪进行公开招降。27 日周佛海、陈公博、陶希圣等人携汪精卫声明电稿由河内到香港。29 日汪精卫响应近卫声明，向国民党中央和蒋介石发出《艳电》，31 日在香港《南华日报》上刊出，标志着汪精卫、周佛海等一伙人公开叛国降日。

1939 年 5 月，汪精卫由日本人保护从河内到上海，周佛海等与汪会合，旋即住进愚园路一一三六弄，开始伪政权的筹建工作。

为了制造舆论，7 月 9 日汪精卫首次在沦陷区发表《我对于中日关系之根本观念及前进目标》的广播讲话。周佛海也精心炮制了《回顾与前瞻》的长篇文章，为敌人张目。周佛海分析当时对时局有三种观点："一是战必大败，和必大乱；二是和必大乱，战未必大败；三是战必大败，和未必大乱。"他觉得第三种看法是对的。他的根据是"中国的人的要素，物的要素，组织的要素，没有一件能和日本比拟"①，表明他是个民族失败主义者和民族投降主义者。

周佛海不只是做些汉奸理论的宣传，在准备汪记伪"六大"时，他还组织了"学艺研究社"，作为收罗汉奸的机构，派罗君强为总干事，一时投机政客、国民党失意分子、无行文人均逐臭前来，周佛海则一律予以接待，发给生活津贴，留作伪政权成立时之用。

汪伪政权终于在 1940 年 3 月 30 日敲响开场锣鼓，周佛海沾沾自喜地说："第三次中政会，通过中央各院部会人选，余所预拟者，大体均

① 周佛海：《回顾与前瞻》，《周佛海先生论文集》，中国日报馆版，第 4—5 页。

照样通过。此次中央,实余助汪先生组成。”①

周佛海叛国投敌,他的地位仅次于汪精卫、陈公博。周在伪政权中曾任中央执行委员会常务委员、中央政治委员会常务委员兼秘书长、行政院副院长兼财政部长、警政部长暨中央储备银行总裁、中央军事委员会副委员长、财政部中央税警总团总团长、清乡委员会副委员长、上海特别市市长兼保安司令等要职。

周佛海落水当汉奸后,兜售汉奸理论,拼凑汉奸班底;对于人事、外交、军事、财政、特工等大权,无不力求控制。

周佛海不遗余力地培植私人势力。早在1939年秋,他即笼络易次乾、耿嘉基、罗君强、金雄白等结为“金兰之谊”。汪伪政权成立后,周又与李士群、罗君强、汪曼云、金雄白等十人结成小团体,把他们安插在各伪部、会内,使其成为周的耳目,从而使周佛海的个人势力渗透于各个角落。

周佛海对特工组织也不放松控制。汪伪特工总部头目丁默邨、李士群,就是由周一手拉进汪记国民党中央常务委员会和中央执行委员会的。在汪记六届一中全会上,周佛海又顺利通过建立特务委员会的组织,自兼主任委员,直接控制特工总部。

汪伪的主要“外交”活动就是和日本主子打交道,周佛海很轻易地操纵了“外交”大权。伪政权建立后,外交部长名义上由褚民谊担任,但重要交涉仍由周与日本直接进行。褚民谊曾就《中日关系基本条约》的签订情况说:“这件事由周先生(周佛海)和影佐大佐二人去办理,不用我操心,等他们谈妥后,我来盖章。”②

周佛海还将他的权力触角伸向军事方面。伪政权成立后,周设法

---

① 蔡德金编:《周佛海日记》“1941年3月22日”条,中国社会科学出版社1986年版。

② 田守成:《褚民谊和汪伪组织》,中国人民政治协商会议江苏省暨南京市委员会文史资料研究委员会编《江苏文史资料选辑》第3辑,1981年重印本。

成立了“肃清委员会”，自兼主任委员，下设“和平建国军总指挥部”，其任务是收编投靠汪伪的各种杂牌武装。其后周又筹建直辖于自己的税警团，由周的亲信罗君强主持实际工作，周自兼团长。把税警团搞成一支训练有素，装备较好、拥有几万人的汉奸武装。

财政金融是周佛海全力经营的一个重要方面。伪政权建立后，周出任财政部长，其亲信则分任盐务、关务署长。1941 年在周佛海策划下，又筹建了伪中央储备银行，他兼任总裁，并在上海、苏州、蚌埠、扬州、广州、武汉等地建立分行。

汪伪秉承日本侵略者的旨意，于 1941 年 6 月，在南京设置“清乡委员会”，汪精卫为委员长，周佛海、陈公博为副委员长。“清乡”前后进行了三期，给沦陷区人民带来了极大的灾难。

同年 8 月，周佛海与日本派遣军副总参谋长土桥拟定《长江下游地带物资统制暂行调整要纲》。建立隔绝地带，对某些物资实行封锁，并实行食盐按人口配给制度。汪、日还联合成立中央及地方物资统制委员会。

但随着反法西斯战争的节节胜利，投机成性的周佛海眼看大势不妙，又想投入蒋介石的怀抱，进行政治投机。1942 年 10 月，周派军统特务程克祥去重庆，向蒋介石输诚，通过戴笠面交其亲笔信。信中表示希望沟通宁、渝之间的联系，促成“全面和平”的实现，希望宁、渝合流。1943 年 3 月 5 日，周佛海在上海会见被捕释放的吴开先，准其返回重庆，要吴向蒋介石“相机传达和平意见”①。5 月，程克祥由重庆返上海，带回电台及译电、报务等人员，并向周佛海报告会见蒋介石、戴笠等人情况。以后直到抗战胜利前夕，周和戴笠之间信使往返不断。

周佛海迎合蒋介石的反共心理，11 月 25 日会见胡宗南驻上海代

---

① 蔡德金、李惠贤编：《汪精卫伪国民政府纪事》，中国社会科学出版社 1982 年版，第 198 页。

表洪复礼，详细讨论了联合反共和阻止长江南北两岸地区新四军发展问题。1944 年 2 月 13 日，周佛海在接见伪政治部保卫局副局长胡均鹤时，令其今后“移重点于对付共产党”①。4 月 3 日，周委托国民党在上海的情报人员葛湛侯去重庆，向蒋介石转达日本关于实现中日全面和平及蒋、汪联合反共的意见。

1944 年 11 月 10 日，汪精卫在日本病死，周佛海又任伪军事委员会副委员长。1945 年 1 月，周兼任上海市长前，曾征得戴笠同意，周同时还兼任上海市警察局长、保安司令等职；派他的心腹罗君强任上海市秘书长兼财政局长。

2 月 23 日，周佛海、陈公博召集一次以反共为目的的军事会议，庞炳勋、孙良诚等伪军头目参加。会议详细讨论了汪、日军事协定，议定：美国如在中国登陆，日军则全力抵抗，汪方军队则主要对付八路军、新四军。3 月 11 日，顾祝同派谢企石会见周佛海，转告国民政府“咸望南京与重庆配合，共同‘剿共’”②。

1945 年 8 月 15 日，日本决定接受苏、美、中、英四国《波茨坦公告》，宣布无条件投降。国民党军事委员会侍从室奉蒋介石之命，任命周佛海为军事委员会上海行动总队总指挥，命令他指挥伪中央税警总团、上海市保安队等伪军，负责维持上海市及沪、杭一带治安。

周佛海受宠若惊，19 日他声称已奉命任上海行动总队司令，并成立了行动总队司令部。他宣布：（一）本司令部所辖区域内各部队，未得委员长（指蒋介石）之核准，不得擅自移动及受任何方面之收编。（二）与治安有关之集会等行动，未经本司令部核准，不得举行。（三）对已停战之日军及日侨，不得侮辱或伤害。（四）人民纳税之义务，仍当履行，不得借词拒纳。

国民党当局慑于舆论压力，9 月 30 日军统局还是将周佛海、丁默

① 蔡德金、李惠贤编：《汪精卫伪国民政府纪事》，第 239 页。

② 蔡德金、李惠贤编：《汪精卫伪国民政府纪事》，第 267 页。

邨、罗君强等汉奸软禁起来，并由军统局长戴笠用飞机亲自押往重庆白公馆，后又以叛国罪转移到南京受审。在审讯中，周佛海狡辩说：他参加南京伪政府的前半段，是“通谋敌国，图谋有利本国”，后半段则是“通谋本国，图谋不利敌国”①。国民党南京高等法院判处他死刑。周不服，多次申请复判。

1946 年 3 月，戴笠因飞机失事死去，周佛海的处境更为不妙（因戴是周在抗战期间与重庆联系的重要人物），他哀叹：“雨农（戴笠的字）死，我也完了。”②不过周佛海在 1947 年 3 月 26 日仍然得到蒋介石的特赦令，由死刑改判无期徒刑。1948 年 2 月 28 日③，周佛海因心脏病和其他并发症，死于南京老虎桥监狱。

## 主要参考资料

周佛海：《往矣集》，上海平报社 1945 年版。

周佛海：《逃出了赤都武汉》，大同书局 1927 年版。

陈公博、周佛海著：《陈公博周佛海回忆录合编》，香港春秋出版社 1971 年版。

《周佛海先生论文集》，“中华日报丛书”之四。

蔡德金编注：《周佛海日记》，1937 年 7 月至 1945 年 6 月（缺 1939 年），中国社会科学出版社 1986 年版。

公安部档案馆编注：《周佛海狱中日记》，中国文史出版社 1991 年版。

蔡德金、李惠贤编：《汪精卫伪国民政府纪事》，中国社会科学出版

---

① 朱子家：《汪政权的开场与收场》第 4 册，香港春秋杂志社 1963 年版，第 106 页。

② 朱子家：《汪政权的开场与收场》第 4 册，第 102 页。

③ 周之友：《周佛海浮沉录》（田伏隆主编《湖南文史》第 37 辑，1990 年版）认定周死于正月初五，即 2 月 14 日，可供参考。

社 1982 年版。

黄美真编:《伪廷幽影录——对汪伪政权的回忆纪实》,中国文史出版社 1991 年版。

朱子家:《汪政权的开场与收场》(第 1—4 册),香港春秋杂志社 1959、1960、1961、1964 年版。

# 周 鲠 生

虞宗胜

周鲠生，原名览，湖南长沙人。1889年3月18日(清光绪十五年二月十七日)出生在一位塾师家里。周鲠生家境贫寒，四岁时母亲去世，十岁时父亲亡故。他幼年在父亲教书的私塾里跟读，父亲去世后，在父执资助下于1900年进了谭延闿在湖南创办的省立第一小学。由于学习成绩优秀，1906年被送到日本留学，先学实业，后来转入早稻田大学学习政治经济。辛亥革命爆发前，周鲠生在日本加入同盟会。不久从日本回国，撰文抨击封建专制制度，积极投入反对清王朝的斗争。

1912年元旦，湖南都督谭延闿拨款，由黄九言、曾毅、杨端六等主办的汉口《民国日报》创刊①，周鲠生与李剑农等受聘任编辑。袁世凯继任民国大总统后，该报由于抨击军阀专横跋扈，反对独裁统治，不久被查封，编辑人员遭通缉。周鲠生在国内无法立足，于1913年7月由上海出国。周先在英国爱丁堡大学学习政治经济，获得硕士学位，后到法国巴黎大学攻读法学，获得法学博士学位。1919年五四运动爆发，正在法国学习的周鲠生参与了巴黎的中国工人和学生包围中国出席巴黎和会代表住所，阻止和会代表在凡尔赛和约上签字的爱国活动。

---

① 刘运祺等编：《辛亥革命诗词选》，长江文艺出版社1980年版，第18页注①。

1921年，周鲠生由巴黎回国，入商务印书馆当编辑。翌年应蔡元培之聘，担任北京大学政治系教授。在这期间，除教学外，潜心于国际法和外交史的研究。1924年末，全国掀起要求召集国民会议和废除不平等条约的运动，周将自己在北京大学的讲稿整理出来，以《不平等条约十讲》为名出版；同时在《东方杂志》、《太平洋》杂志、《北京大学社会科学季刊》、上海《民国日报》等报刊上发表大量论文，力陈不平等条约对中国主权的危害，以及废除不平等条约的必要性和迫切性。

是年底，段祺瑞公布了《善后会议条例》，决定召开御用的善后会议，周鲠生开始时对段此举抱有幻想，他在《我们所要的一个善后会议》一文中写道："老实不客气地说，我们对于现在的执政府是很不满意的；我们对于他的解决时局的诚意和能力也是怀疑的。但我们究竟不能因此就连他所准备召集的、而我们认为有召集的必要和成功之可能之'善后会议'，也一概的反对或冷视。反过来，我们认为对于这种会议应予以充分的注意和督察。"①可是，善后会议并没有给人们带来希望，和平民主的秩序并没有实现。周鲠生的幻想破灭了。他在《时局的危机》一文中说："总之，今日时局的危机已经是很明显的，执政府和善后会议似乎全没有应付这个危机的决心和能力。国人最初对于段政府召集善后会议解决时局的希望，一天薄似一天。"残酷的现实使他认识到："根本的方法，是在民众势力的组织上做工夫。无论时局变化如何，毕竟国事还须得国民自己来负责；非到人民觉悟到自己责任和利益，而其努力有确实的组织时，恐怕特别势力总不会消除，政治总不会上民治自由的轨道的。"②

1926年2月，广东国民政府筹备改组广东大学为中山大学，周鲠生参加了筹备工作。1927年3月，北伐军占领南京后，他到南京担任东南大学（后改名为中央大学）教授、政治系主任。后来他被聘参与制

① 《现代评论》第1卷第2期，1924年12月20日。

② 《现代评论》第1卷第13期，1925年3月7日。

订宪法的工作，由于不满蒋介石的独裁统治，几个月后以“不愿从政”为辞自动退出。

1929年9月，周鲠生应聘到武汉大学任教。1935年1月担任该校法科研究所主任，同年10月改任法律系主任。1936年任该校教务长兼法律学系主任，直至1939年。在武汉大学执教期间，周鲠生除了讲授宪法、外交史、国际公法等课程外，仍然致力于国际法和外交史的研究，取得了丰硕的成果，先后写成并出版《国际法大纲》、《近代欧洲政治史》、《近代欧洲外交史》、《现代国际法问题》、《国际政治概论》、《国际公法之发展》、《万国联盟》、《领事裁判权》等专门著作，以及《近代国际政治小史》、《法律》等小册子。在这些著作中，《国际法大纲》一书是他根据自己多年从事国际法的教学编辑出版的，内容繁简适中，要点俱备，书首附有基本参考书目，书末附载文献资料，是各大学和法政专科学校的基本教材。《近代欧洲外交史》夹叙夹议，从维也纳会议开始，将近百年来国际风云，各国外交政策，著名外交家的活动，尽收书中，是当时最受欢迎的畅销书之一，由于供不应求，很快增订再版三次。《现代国际法问题》、《国际公法之发展》等书，对现代国际法的一些基本理论和现实问题及发展趋势，均有详尽论述，且见解独到。

周鲠生研究国际法，不只是停留在评介国际法典及国际法的发展变化上，也很注意研究现实问题。他曾就自己的研究成果，结合国际国内形势的发展变化，为维护祖国的尊严、民族的独立和国际和平秩序，在《东方杂志》、《武汉大学社会科学季刊》等杂志上，发表了大量有关国际法及时评的文章。

1931年，日本帝国主义侵占我国东北后，英、法等国操纵的国际联盟，借口调解中日争议，派出一个调查团，花了七个月的时间，草拟了一份歪曲事实的《国联调查报告书》。周鲠生在《武汉大学社会科学季刊》上连续五期以《东省事件与国际联盟》为题，从国际法的角度，揭露国联所谓调解的骗局。他在文章中指出：“东省事件发生以来，快到一年有半的时日，中国自始即依赖国联，不但迄今尚无解决，日本的暴行且有加无已。所以中国人对国联的失望，甚至唾骂国联……亦在情理之中。"①

不久，某些国家企图通过吸收日本扶持下的伪满洲国加入"国联"，以取得与日本的妥协。周鲠生对此非常气愤，他在《所谓满洲国之承认问题》一文中，根据国际法关于一个国家所应具备的条件，引用《国联调查报告书》中称，满洲国"其主要政治及行政权，均操诸日本官吏及日籍顾问之手"，揭露了企图将伪满洲国作为独立国家吸收入"国联"的阴谋。他呼吁全国人民坚持不承认伪满洲国，以"对于日本的侵略政策构成一个法律的大阻碍"②。在全中国人民的反对下，"国联"终至不敢吸收伪满洲国加入。

1939 年，周鲠生赴美讲学，并在美国从事研究工作。1945 年 4 月他担任旧金山联合国组织会议中国代表团顾问。在美国期间，他根据自己多年对国际问题的研究，结合世界各国学者对太平洋战争的研究成果，写成《赢得太平洋上的和平》一书，在国外出版。

1945 年夏，周鲠生回国，担任武汉大学校长。他为抗战取得胜利而兴奋，准备为繁荣祖国的教育事业贡献出自己的力量。在武汉大学三五级同学毕业纪念册上，他写下"以日进不已之精神，做继往开来之工作"的题词③，以示对学生们的嘱托和自己的决心。可是，1946 年 6 月蒋介石公开挑起内战，人民的和平愿望破灭了。此后，国民党政府因战争经费激增，大量削减教育经费，武汉大学每月的教育经费不够支付水电之用。为了使学校教育工作不致停顿，周鲠生动员全校师生员工想方设法，维持学校工作照常进行。周对于进步学生所组织的"反饥饿、反内战、反迫害"的反蒋爱国运动，表示同情。1949 年 4 月，白崇禧对周鲠生说：武大有几百名共产党员，要注意。周说："武大的情况我清

① 《武汉大学社会科学季刊》第 3 卷第 3 号，1933 年 3 月。
② 《武汉大学社会科学季刊》第 5 卷第 1 号，1935 年 1 月。
③ 《国立武汉大学民三五级同学录》。

楚，说那里有几名共产党员还差不多，说那里有几百个中共党员，那不可能。”①他率领全校师生员工，坚决反对国民党当局企图搬迁武大的阴谋。在学校安全互助团、学生自治会联合召开的团结应变座谈会上，他明确表示：“在任何情况下，决不迁校。”并号召全校师生员工“群策群力，团结联防，互助应变……共渡难关”②，使武汉大学的教研设备和图书资料基本上完好地保存了下来。

中华人民共和国成立后，周鲠生继续担任武汉大学校长，并任中南军政委员会委员兼文教委员会副主任。1950 年到北京担任外交部顾问，以后又兼任外交学会副会长，他历任第一、二、三届全国人民代表大会代表和第三届人大法案委员会副主任委员。1956 年他加入了中国共产党。60 年代初期，周鲠生虽已逾七旬高龄，体弱多病，仍然不辞辛劳，抱病坚持著作，在原著《国际法大纲》的基础上，写成了《国际法》一书，约六十万字，概括了近代和现代国际法学的研究成果，旁征博引，详为论证，受到后学者的重视。

1971 年 4 月 20 日，周鲠生因病医治无效，在北京逝世。

附注：本文的写作曾得到周鲠生的女儿、武汉大学物理系教授周如松，周鲠生的同事燕树棠，周鲠生的学生、武汉大学法律系姚梅镇、李谋盛、杨鸿年等的帮助和提供资料，特此说明。

---

① 吴仲炎：《武汉大学在解放前夕的应变斗争》，中国人民政治协商会议湖北省武汉市委员会文史资料研究委员会编《武汉文史资料》第 1 辑，1980 年版，第 110 页。

② 吴仲炎：《武汉大学在解放前夕的应变斗争》，中国人民政治协商会议湖北省武汉市委员会文史资料研究委员会编《武汉文史资料》第 1 辑，1980 年版，第 110 页。

# 周 谷 城

汪仁泽

周谷城，湖南益阳人。1898 年 9 月 13 日（清光绪二十四年七月二十七日）生。祖辈世代务农。周谷城七岁入周氏族立两等小学，既学经史古籍，又读英语、算学等课。1915 年入中学，读了四年，毕业后考入北京高等师范学校英文部。1919 年五四运动期间，他一面参加学生爱国运动，一面利用罢课停学时间广泛阅读哲学及其他社会科学类的书籍。

周谷城于 1921 年毕业后，任职长沙湖南第一师范学校，执教英语和伦理学，并撰著《生活系统》，由上海商务印书馆于 1924 年出版；译著《实验主义理论》、《战后世界政治之关键》也先后出版。他与湖南一师小学部主任毛泽东时相交往，开始从埋头执教著述转向关心国家大事。在 1925 年到 1927 年的大革命期间，他积极参加反对帝国主义和军阀的革命活动，来往于长沙、武汉、上海、广州等地。他曾同徐特立等组织教育工作者协会，并在船山学社任教，参加省农民协会任顾问，又任省农运讲习所教员。1927 年春，在武汉参加毛泽东主持的全国农民协会，任宣传干事，曾发表《农村社会之新观察》一文，受到邓演达等的赞赏。周并任自修大学的教员，所著《农村社会新论》一书也在这时出版。

1927 年 7 月大革命失败后，周谷城遭到通缉，乃避走上海租界。他对革命的热情未减，同情和支持邓演达等另组新党继续革命。他从事写作和翻译工作，以所得稿酬维持生活，先后撰著出版《中国教育小史》（1929 年）、《中国社会之结构》（1930 年），译著《文化之出路》（1928

年)及《苏联的新教育》、《苏联及其邻国》等。他为《教育杂志》和《东方杂志》等刊物撰写和翻译了不少有关政治、学术方面的文章。

1930 年,周谷城至广州中山大学任教授,兼社会学系主任。他开始运用辩证唯物主义和历史唯物主义的观点和方法进行教学和著述,并继续深入研究中国社会问题。他为了揭示中国社会性质转变的原因,试图实现社会改造,著述《中国社会之变化》、《中国社会之现状》两书,由新生命书局出版。他还翻译了《黑格尔逻辑大纲》,最初是用英汉文对照本印行,后由商务印书馆出版了中文本。他又翻译了《小逻辑》,其中的上半部曾在艾思奇主办的《思维月刊》上连载发表。由于他支持进步学生,继续从事爱国民主运动,遂不为当局所容,于 1932 年夏被迫离职。

周谷城从广州至上海,任暨南大学教授兼史社学系主任。他承担每周十二节课的繁重教学任务,用自己编写的讲稿,讲述自己的观点,不受教科书的影响。他将多年积累的教学讲义和史学研究所得,开始夜以继日地撰写《中国通史》。

抗日战争爆发后,上海于 1937 年 11 月沦于敌手。新来的暨南大学校长因周谷城支持进步学生的活动,又用自编讲义讲课,乃以反对所谓"本位文化"为辞,撤销他史社学系主任的职务。周谷城不予计较,继续埋头著述,《中国通史》上下两册于 1939 年由上海开明书局出版。他提出了"历史完形论"①,"意在指出历史事情的有机组织和必然规模"②,写出一部客观存在的统一整体的历史。为此他采用科学的逻辑分析方法。书中引用了英国分析哲学流派先驱者伯特兰·罗素(Bertrand Russell)的逻辑原子论,来论证分析历史事实的重要性;并认为要维护完形论通史的撰述,还必须做到:"选材以历史自身为标准","行

---

① 《中国通史》,开明书店版,上册前有《导论·历史完形论》,解放后各版都删去了《历史完形论》。

② 周谷城:《我是怎样研究世界史的》,《历史教学问题》1982 年第 3 期。

文以说明史事为标准”①,“标题以符合内容为标准”。周在中国历史分期问题上,结合对世界史的考察,认定新莽元年(公元9年)是中国封建社会的开端。他还认为孔丘是贵族奴隶主的代表,其中心思想是“仁”,是以“人”为思想的根源、言论的中心和行动的准则。由于该书运用新的史学理论和观点,史料丰富,因此吸引了许多读者,并被不少高等院校采作教学用书,由开明书店一版再版。敌伪御用文人对此惶惶不安,造谣说周“是拿了俄国人的卢布写的”②。不久,《中国通史》被敌伪当局列为禁书。

其后,周谷城讲课时仍用他的《中国通史》作为讲稿,因此又被暨南大学新任的史地系主任认为“有马克思主义嫌疑”,禁止他讲授《中国通史》,责令他改教世界历史,且限定他教世界史学史。周深知中国史和世界史在历史学科中是相互有机联系、脉络相通的,“研究中国史而不研究世界史是很不方便的”③,乃乐于改教世界史,一直到80年代。他进而深入研究世界史,并破除了史学界流传的“欧洲中心论”,认为世界历史是完整的整体,应对中外历史和文化进行对比研究。他撰写了《世界通史》第一至三册,由商务印书馆出版。

1942年春,周谷城移居重庆,改任复旦大学教授,曾兼该校历史系主任、教务长,并受聘为民主政团同盟顾问。他与中共地下组织取得了联系,继续参加抗日民主运动,经常给进步学生以支持和帮助,并多次营救遭迫害的进步学生。1944年起,他在《宪政》等进步刊物上发表多篇坚持抗战、反对独裁的文章。抗战胜利后,1946年夏他随复旦大学回沪。当时该校进步力量与国民党特务势力斗争十分尖锐,他积极配合和支持中共的地下工作,尽力保护革命师生,虽因此受到威胁恐吓,

① 《中国通史》,开明书店版,上册前有《导论·历史完形论》,解放后各版都删去了《历史完形论》。

② 张志哲:《中国通史和周谷城教授》,《社会科学》1984年第4期。

③ 《周谷城自传》,《晋阳学刊》1980年第2期。

但坚决斗争，从不屈服。他同张志让等组织大学教授联谊会（简称“大教联”），团结沪上广大教授，参加“反内战、反饥饿、反迫害”等民主运动，并发起签名参加“大教联”发表的十多次爱国民主宣言。

周谷城在复旦大学执教长达五十余年。教学之余先后撰著出版的主要著作有：《中国政治史》（1942 年中华书局出版）、《中国史学之进化》（1948 年生活书局出版）、《古史零证》（1956 年上海群联书店出版）、《形式逻辑与辩证法》（1960 年社会科学出版社出版）、《史学与美学》（1981 年上海商务印书馆出版）；译著有《新英国与新世界之建设计划》、《美国与战后世界之关系》（1943 年独立出版社出版）。1981 年人民出版社出版了《周谷城史学论文选集》。此外他在报纸杂志上发表学术论文二百多篇，并主编《中国文化史丛书》、《世界文化丛书》等。他治学七十余年，著作宏富，从史学到哲学，从美学到政治，涉及社会科学的许多方面。他在历史专业方面，对世界历史、中国历史、中国古代文化史以及中外历史和文化的比较等诸多领域中，均有所创见和建树。

中华人民共和国成立后，周谷城历任第一、二、三、五、六届全国人民代表大会代表，第六、七届人大常委会副委员长。上海市政协副主席，上海市人民代表大会常委会副主任。1954 年加入中国农工民主党，历任该党上海市委员会主任委员，中央委员会副主席、主席、名誉主席。他还是中国史学会常务理事兼主席团执行主席、上海史学会会长、上海哲学社会科学学会联合会副主席等。

周谷城 1996 年 11 月 10 日在上海因病逝世。

# 周　建　人

罗幼娟　邵桂花

周建人，本名松寿，字乔峰，笔名克士、乔峰、松山、高山、嵩山，1888年11月12日（清光绪十四年十月初九）生于浙江绍兴府会稽县（今绍兴县）东昌坊口新台门周家。父周凤仪，母鲁瑞，长兄周树人（即鲁迅），仲兄周作人，周建人行三，弟周椿寿六岁时夭折。

1893年10月，周家遭变故，祖父周德清因科场贿赂案，被监禁八年始获释，家道遂中落。在建人八岁时，父亲周凤仪忧郁成病故去。

周建人幼年读书于三味书屋，继入会稽县立小学堂。毕业后，因家境衰落辍学在家自修生物学和文字学。1902年兄周树人负笈东渡留学日本。1906年仲兄周作人也赴日留学。家事都由建人协助母亲操持，并依靠勤奋自学成才。稍长，先后在本县塔子桥小学任教员和校长。民国初年，改任县小学养成所教员。两年后，周建人出任明道女子师范、成章女子学校生物教员。青年时期的周建人思想就很进步，曾与鲁迅一起联名写信给县议会议长，要求开办学校。

1919年12月，周建人抵北京，翌年初入北京大学旁听科学总论、哲学等课程。1921年9月赴沪，任商务印书馆编辑，负责编写中、小学动植物教科书、自然科学小丛书等工作。在沪期间，曾任《东方杂志》、《妇女杂志》助理编辑，《自然科学》杂志编辑，并发表文章，提倡妇女解放，主张男女平等和婚姻自由。

1923年，周建人由同事沈雁冰介绍与瞿秋白相识，并应邀任上海大学生物学教授，讲授进化论，研究达尔文学说，同他人一起翻译《物种起源》、《科学杂谈》。他还写过大量的科学小品，为普及科学知识做了有益的工作。当时，周建人还先后任神州女学教员、暨南大学及安徽大学教授。他经常应松江女中校长侯绍裘的邀请前往演讲，除继续宣传妇女解放与男女平等外，还鼓励青年参加革命，传播进步思想。1925年，周建人与陈长蘅合著的《进化论与善种论》一书，被列为“东方文库”之一。

1927年4月，鲁迅偕许广平离穗赴沪，与周建人同住在上海闸北横浜路景云里23号。周建人对蒋介石集团搞“四一二”政变倒行逆施，曾多次进行谴责。此后，他更加同情和倾向中国共产党领导的人民革命。同年12月，鲁迅主编的《语丝》周刊复出，周建人经常为该刊撰稿。并经常为鲁迅与中共党人交往担任通讯联络做掩护工作。1931年12月，与夏丏尊、郁达夫等二十余人组织上海文化界反帝抗日同盟。

1932年12月，宋庆龄、蔡元培、杨铨（杏佛）、鲁迅等在上海发起成立“中国民权保障同盟”，反对国民党政府迫害进步人士，并营救被捕的革命志士，周建人积极参与该盟的筹备工作。次年1月17日，中国民权保障同盟在上海成立，周建人被推为该盟调查委员会调查员。他积极进行调查和揭露国民党反动派迫害“政治犯”的罪行。

1933年，商务印书馆印行《小学生文库》第一集，内收周建人选辑的《奇象》八册及所著《燃烧》、《微生物》、《动植物的过冬》、《人类的祖先》、《漆树和桐油树》、《车》、《农作物害虫驱除法》、《颜料》、《昆虫标本的采集和制作》（与徐应昶合著）、《植物标本的采集和制作》等。

1935年2月，共产党人瞿秋白被国民党反动派逮捕，瞿从狱中致函周建人，请代通知党组织设法营救，并与鲁迅、瞿夫人杨之华取得联系。是年6月18日，瞿秋白在福建长汀遇害。周建人奉长兄之命，将此噩耗转告杨之华女士。是年12月，周建人与马相伯、沈钧儒、王造时、钱基博等署名发表《上海文化界救国运动宣言》。

1937年“七七”事变，全民抗战开始，当时周建人任教上海储能中学。抗战期间，坚决拥护中国共产党的抗日民族统一战线主张，反对国民党顽固派消极抗战、积极反共的政策。他和许多留居上海的文化教育界爱国知识分子组织马列主义读书会，紧密团结，坚持民族解放斗争，拒绝为汉奸买办报刊写稿。

1941年，商务印书馆出版了周建人所著《动物图说》和《植物图说》等书。

1945年8月，抗日战争胜利后，周建人积极投入爱国民主运动，在生活书店、新知识书店任编辑时，经常在进步报刊《民主》、《新文化》、《文萃》、《文汇报》、《联合晚报》上发表文章，抨击国民党当局独裁、内战的政策，宣传民主与和平。为了不断研究时局，商讨斗争策略，周建人和马叙伦等定期在一家私营银行旧址聚会座谈，共商国是。同年12月30日，周建人与马叙伦、许广平、王绍鏊、林汉达等进步民主人士在上海发起成立“中国民主促进会”，简称“民进”，周建人任第一届中央理事会理事。民进成员多是从事文教工作的上层知识分子，会章规定“以发挥民主精神，推进中国民主政治之实践为宗旨”，对推进上海的爱国民主运动作出了积极的贡献。

当时，周建人已年近六旬，因思想进步而被商务印书馆解雇，生活很清苦，但他不计个人安危，一心投入民主运动的洪流中，深入群众，到学校团体、工厂去演讲。他的演讲语言幽默，分析深刻，深入浅出，很有吸引力。

1946年5月，上海六十八个人民团体为了进一步扩大和平民主力量，进而开展反独裁反内战的斗争，组成了“上海人民团体联合会”，周建人、马叙伦、王绍鏊、林汉达等二十九人被推为理事，发表宣言，提出立即停止任何方面内战，实行政协决议，要求蒋介石切实实行四项诺言、取消保甲制、取消特务组织等十七项政治主张。6月，中共代表团同国民党南京政府代表团进行最后一次谈判之际，上海人民团体联合会于6月中旬组织赴南京请愿团，向国民党当局呼吁和平。6月23日，中共中央上海局组织一百五十多个人民团体近十万群众，到北火车站集合，欢送以马叙伦为团长的上海人民和平代表团去南京。会后举行声势浩大的示威游行。周建人不畏强暴、不避艰险，走在队伍前面，始终参加这一活动。当晚，请愿团到达南京下关车站时，遭到特务暴徒围攻凶殴达五小时，团长马叙伦和代表多人受重伤，造成“下关惨案”。消息传来，周建人义愤填膺，立即撰文谴责国民党反动派的法西斯野蛮暴行。他还对国民党南京政府向美帝国主义出卖内河航行权，对市民实行五家联保，警员警管区制等卖国独裁的行径提出强烈抗议。

当国民党在完成战争准备后，立即撕毁“停战协定”和“政协决议”，悍然向解放区发动全面进攻。同时在国统区疯狂逮捕杀害爱国民主人士。周建人却在这白色恐怖十分严重的情况下，于 1948 年 4 月，毅然加入了中国共产党。同年秋，周建人从上海辗转到达当时中共中央所在地河北省平山县西柏坡村。

1949 年 1 月 31 日，北平和平解放，周建人出任华北人民政府教育部教科书编辑委员会副主任。5 月，中国共产党召开新政协，成立联合政府，“民进”立即致电响应。6 月，周建人以“上海人民团体联合会”首席代表身份参加了中国人民政治协商会议筹备会议。同年 7 月，周建人为出席“中华全国文学艺术工作者代表大会”的代表，隶属南方第一团。9 月，他以“民进”正式代表之一出席了中国人民政治协商会议第一届全体会议。会议期间，周建人担任中央人民政府组织法草案整理委员会委员。

1949 年 10 月 1 日，中华人民共和国成立后，周建人出任中苏友好协会总会理事。11 月，他就任中华人民共和国中央人民政府政务院出版总署副署长。1950 年 4 月，民进召开第一次全国代表大会，正式宣布以政协之《共同纲领》为其政纲，接受中国共产党的领导，以团结、教育、改造中、上层知识分子为主要工作，周建人历任民进第一、二届中央理事会理事，第三届中央理事会常务理事兼文教部长，文教委员会主任委员，第四、五届中央委员会副主席、代理主席，第六、七届中央委员会主席。

1951 年 1 月，周建人改任浙江省人民政府副主席。11 月，调任政务院出版总署图书期刊司司长。为揭露美帝国主义在朝鲜战场以及我国东北实施细菌战的事实,我国组织了“美帝国主义细菌战罪行调查团”,周建人参加了东北分团,随团赴东北和朝鲜进行实地调查。

1954 年 8 月,第一届全国人民代表大会召开,周建人当选为代表出席会议。9 月,当选全国人大常务委员会委员。11 月,出任国务院高教部副部长。12 月,任全国政协第二届常务委员。

1955 年 6 月 18 日,瞿秋白殉难二十周年纪念日,中共中央为之在北京八宝山革命烈士公墓举行遗骨安放仪式,周恩来主祭,周建人为陪祭人之一。同月,任出席各国议会联盟中国代表团执行委员会委员。1956 年 2 月,任国务院推广普通话工作委员会委员,稍后任汉语拼音方案审订委员会委员。9 月,周建人任中尼(泊尔)友好协会会长。12 月,任中国对外文化协会常务理事。

1957 年 5 月,周建人任国务院科学规划委员会委员。12 月,任浙江省人民委员会委员、省长,兼浙江省科学技术委员会主任。1958 年 3 月,周建人出任国务院对外文化联络委员会委员。6 月,兼中国科学院浙江分院院长。8 月,继续当选出席第二届全国人民代表大会代表。11 月,连任浙江省人民委员会委员、省长。周建人在任省长期间,能秉公办事,不徇私情,其堂姑母周丹凤在得知周建人任浙江省长要职后,曾写信请其为子女安排工作,被周建人回信婉言拒绝,但表示经济上有困难可以帮助。此后,每月寄钱接济,并帮助其子女求学。

1958 年 12 月,周建人出任民盟三届中央常务委员、民进五届中央委员会副主席(后任代理主席),六届中央委员会主席。1959 年 4 月,周建人当选为第二届全国人大常务委员会委员、三届全国政协常务委员会委员。

周建人早在 20 年代就开始学习马列主义著作并致力于唯物辩证法的研究,造诣很深。解放后,他写过很多论述认识与实践,谈思维与存在关系的短文,如他写的关于“一分为二”的文章,就受到毛泽东的称赞。

1980年9月,在五届人大三次会议上,周建人以年迈请辞人大常委会副委员长职务。1984年7月29日,周建人因病逝世于北京。

## 主要参考资料

闵敬瑄:《中国民主促进会主要创始人小传:周建人》,《人物》1982年第1期。

《周建人同志生平》,《人民日报》1984年8月7日。

马蹄疾:《鲁迅与周建人》,《鲁迅与浙江作家》,香港华风书局1984年版,第57页。

关志昌:《周建人》,刘绍唐主编《民国人物小传》(八),台北传记文学出版社1987年版。

# 周 瘦 鹃

史全生

周瘦鹃，原名国贤，字祖福，号怀兰室主人、紫罗兰庵主人，江苏吴县（今苏州市）人。1895年5月31日（清光绪二十一年五月初八）出生于城市贫民家庭。六岁丧父，母亲给人家做帮佣。由于生活艰难，他妹妹、弟弟送给人家做养女、养子。童年时代的贫苦境遇，使他“虽逢新年，也没有什么兴致，眼瞧着邻家孩子们玩着花花绿绿的耍货，只是眼热”①。

但是周瘦鹃早年还有机会在私塾读了几年书，1909年以“义务生”（即免费生）考入上海民立中学。1912年毕业后，任民立中学初中英语教员。

周瘦鹃在中学读书时即爱好文学，作文常名列全班之冠。1911年3月，他怀着试探的心情翻译了一篇法国政治小说《百合魔》，以“泣红”的笔名投《小说月报》，被采用。以后他又翻译了哀情小说《孤星怨》和话剧《爱之花》，均在《小说月报》发表。从此便开始了他的文学生涯②。1912年开始用“瘦鹃”笔名。1913年，他经民立中学国文教员孙警僧（一名经笙）介绍，一度加入“南社”。

1916年，周瘦鹃应聘任中华书局编辑。这时，他翻译了一部《欧美名家短篇小说丛刊》，交中华书局出版。其中不仅收译了英、美、俄、德、法等国的作品，也收译了塞尔维亚等几个弱小民族的优秀短篇小说，这

---

① 周瘦鹃：《先父的遗像》（1922年），《半月》杂志第2卷第11期。

② 周瘦鹃：《花前琐记》，通俗文艺出版社1955年版，第68页。

在我国翻译史上还是第一次，得到了鲁迅的赞誉，鲁迅称他“用心颇为恳挚，不仅志在娱悦俗人之耳目，足为近来译事之光”，“当此淫佚文学充塞坊肆时，得此一书”，犹如“昏夜之微光，鸡群之鸣鹤”①。

1920 年 4 月，周瘦鹃应《申报》馆之聘，任该报副刊《自由谈》编辑，直到 1941 年 12 月太平洋战争以后，《申报》由日伪接管，他才离开。其间在 1932 年 12 月，史量才为革新《自由谈》的内容，改聘黎烈文编辑，另辟《春秋》副刊交周编辑。周瘦鹃编《春秋》是“新旧综合，以有意义有趣味为主旨”②，吸引了不少读者。

在编辑《申报》副刊的同时，周瘦鹃还先后编辑了多种期刊。1921 年 3 月，他主编复刊后的《礼拜六》周刊。这是一个“供一般社会人士作消闲遣兴之需”的刊物，所载文章“以哀情及社会性质者居多数”③。由于迎合了一般小市民所好，曾经风行一时。四个月后，他因编辑《半月》杂志而辞去《礼拜六》的编务工作。《半月》是继《礼拜六》以后又一个有较大影响的刊物，封面印有谢之光所绘时装仕女。1922 年夏至 1924 年夏，他编辑《紫兰花片》出版，这是专辑他个人作品的杂志，每期二十个题目始终不变，也算“是个创举”④。1925 年 6 月，《上海画报》编辑毕倚红生病，他继任编辑，从第七十期起编到第四百三十一期。1925 年《半月》停刊，他另编《紫罗兰》。此外，他还与赵苕任合编《游戏世界》杂志，与严独鹤合编《中华》图画杂志，还独自编辑过《紫葡萄》、《良友》、《新家庭》等刊物。所有这些刊物也都和《礼拜六》一样，“以趣味是尚”，被称为“鸳鸯蝴蝶派”或“礼拜六派”。沈雁冰曾指出，“礼拜六派”对于

---

① 鲁迅：《〈欧美名家短篇小说丛刊〉评语》，见《文艺百家》1979 年第 1 期。

② 郑逸梅：《民国旧派文艺期刊丛话》，魏绍昌《鸳鸯蝴蝶派研究资料》，上海文艺出版社 1962 年版，第 400—401 页。

③ 郑逸梅：《民国旧派文艺期刊丛话》，魏绍昌《鸳鸯蝴蝶派研究资料》，第 290 页。

④ 郑逸梅：《民国旧派文艺期刊丛话》，魏绍昌《鸳鸯蝴蝶派研究资料》，第 343 页。

中国国民的毒害是“抛弃了真实的人生不察不写，只写了些佯啼假笑的不自然的恶札”，“在思想方面说来，毫无价值”①。对此，周有所辩白，说当年《礼拜六》所刊载的小说、杂文等，“大抵是暴露社会的黑暗，军阀的横暴，家庭的专制，婚姻的不自由等等，不一定都是些鸳鸯蝴蝶派的才子佳人小说”②。

这期间，周瘦鹃除了编辑刊物以外，还写了大量作品，主要有：《紫罗兰集》、《紫罗兰外集》、《紫兰芽》、《我们的情侣》、《滑头世界》、《奇谈大观》、《瘦鹃短篇小说集》等。他的著作也和他所编的刊物一样，大都是宣扬“趣味”和“游戏”的文学，间或也有一些以反侵略斗争为题材的作品，如《亡国奴日记》、《风雨中的国旗》、《爱国歌》等。他的翻译比著作还多，除了《欧美名家短篇小说丛刊》以外，还有《福尔摩斯别传》、《犹太灯》、《蛇首》、《鱼雷》、《情案》、《冰天艳影》、《红颜知己》、《翻云复雨录》等多部。

周瘦鹃癖好紫色，不仅他编辑的许多刊物和所著书的名中多带有一个“紫”字，他住的房子叫“紫兰小筑”，他的书房称“紫罗兰庵”，这是因为他早年曾热恋过一个女友，英文名字叫做 Violet(即紫罗兰)的关系。

1922 年七八月间，周瘦鹃参加了旧派小说作家先后成立的两个文艺团体：上海的“青社”和苏州的“星社”，在他们出版的《长青》、《星光》上发表过一些文章。这两个文艺团体都没有章则，也没有什么活动，只是用聚餐的方式互相交往，后来无形中解散。

1936 年 9 月，以鲁迅为首，上海文艺界发表了一个《文艺界同人为团结御侮与言论自由宣言》，号召文艺界各派联合一致，宣传抗日。周瘦鹃也列名其中。

“八一三”事变以后，日本侵略军入侵上海，《申报》为抗拒日方新闻检查，一度自动宣布停刊，周瘦鹃回到苏州。苏州沦陷后，他又先后流

① 沈雁冰：《自然主义与中国现代小说》，《小说月报》1922 年第 13 卷第 7 号，第 1 页。

② 周瘦鹃：《花前新记》，江苏人民出版社 1958 年版，第 47—48 页。

亡到浙江南浔和皖南黟县，备受颠沛流离之苦。后来《申报》复刊，他才回到上海。

1941年12月，《申报》被汉奸陈彬龢接管，周瘦鹃离开《申报》，在上海开设了一家香雪园盆景店，以卖盆景花卉糊口。

抗战胜利以后，《申报》为国民政府接收，周瘦鹃入报馆而被拒。他一气之下回到苏州，产生了愤世嫉俗的隐退思想，整天以养鱼种花自娱。1947年，他翻译出版了《世界名家短篇小说集》。

周瘦鹃自称是一个"爱美成癖"的"花迷"，工作之余，总是栽花接木，从不间断。即使在抗战期间流亡皖南山村时，也不忘栽插花木。早在1934年时，他以多年稿费的积蓄，在苏州买了一块占地四亩多的园圃，架屋垒石，挖地种植，浇灌剪接，建起了一座美丽的花园。可是，日本侵略军一到，精心修建的花园毁于一旦。抗战胜利后，他虽然努力经营，终未能恢复旧观。

周瘦鹃对于盆景艺术造诣甚深。他的盆景布置得千姿百态，典雅脱俗，给人以一种心旷神怡的艺术感受。早在抗战以前，周就经常参加莳花展览会，颇获好评。抗战时期，他又参加过几次在上海租界举行的"中西莳花展览会"，以他那高超的盆景艺术，压倒了西方人的园艺，连续三次获得锦标杯。

中华人民共和国成立后，周瘦鹃重新拿起抛弃多年的笔杆，歌颂祖国的大好河山，歌颂社会主义新生活，先后出版了《花前琐记》、《花花草草》、《花前新记》、《花前续记》和《云行集》等散文集，并为港、澳中文报刊写了许多介绍祖国社会主义建设的文章。他还发挥盆景艺术的才华，为苏州和外地许多园林设计贡献了力量，同时修复了他那残破的周家花园。1963年，他那些盆景被拍成电影。周先后被推选为中国人民政治协商会议第三、四届全国委员会委员，江苏省第二、三届人民代表大会代表，省文联常务委员，并任省文史馆馆员、苏州市园林管理处副主任等职。

1968年8月12日，周瘦鹃在苏州去世。

# 周西成

范同寿

周西成，字继斌，号世杰，贵州桐梓县人。1893 年 4 月 11 日（清光绪十九年二月二十五日）生。祖籍江西，其父周廷燊为地主。

周西成十六岁进入桐梓县公立明德小学堂，1911 年毕业后，一心想弃文就武。适逢同乡赵文彬从保定军校毕业，到黔北一带募兵，周与妹夫毛光翔等相约入伍。

辛亥武昌首义后，11 月 4 日贵州光复，成立大汉贵州军政府，旧军队被改编，周西成转入军政府都督杨荩诚的卫队部，任副目。12 月随杨荩诚所率北伐黔军出征，师至常德，因南北议和，暂驻常德待命。次年 3 月滇军据黔，驻常德黔军遭到遣散，周乃于 1913 年进贵州讲武学堂。第二年，被分派到驻防毕节的李嘉勋巡防营充哨官。其后，被调至贵州陆军第六团第三营任连长。1916 年初护国战争中，周西成在护国第一军右翼总司令戴戡率领下，出师四川。1917 年 7 月，入川黔军与川军发生川黔之战，黔军战败，戴戡战死，周率全营突围回黔。1918 年春，周西成拨归贵州陆军第一混成旅，曾先后驻防湖南沅陵、芷江、洪江等地。1920 年，督军刘显世被逐，代理黔军总司令卢焘擢升周为第一混成旅十团二营营长。1921 年 7 月，黔军响应孙中山号召，派第二混成旅旅长谷正伦率兵四团援桂，周西成营拨归谷直接指挥。至柳州后，周因不同意谷将其改编为警卫营，率队返回铜仁，仍归属第一混成旅。1922 年 1 月，第一混成旅内部在是否拥袁祖铭回军定黔主政问题上发生分歧，旅长窦居仁离职赴沪，周西成趁机以全旅粮饷无着为辞，逼走参谋长徐朝光，控制了该旅，随即自称旅长。4月，孙中山组织第二次北伐，四川讨贼军总司令石青阳派人与周西成联系，时回黔主政的袁祖铭正迫周放弃旅长头衔，周即于6月率队入川，进驻彭水，受石青阳委为四川讨贼军第三混成旅旅长，并经石介绍加入国民党。

周西成善于以同乡、戚族关系网罗亲信，周旋于西南各军阀势力之间。早在1920年被提升为营长时，即利用职权将既是同乡又是戚族的毛光翔、刘楷森、江国瑶、王家烈等提升为连长。当上旅长后，又将上述诸人晋升为团、营长。1923年2月，唐继尧派唐继虞率滇军护送刘显世回黔主政，袁祖铭退入四川，周西成乘机与遵义、桐梓一带巨匪罗成三相勾结，于四川涪陵向黔北推进。中途，罗成三受滇军委为旅长，反戈伏击周军，周遂将罗部击溃，杀罗成三，占领遵义。

周西成占据遵义后，贵州军务督办唐继虞恐其进袭贵阳，派张汝骥部绕攻遵义，周为保全实力，暂退綦江。此时，袁祖铭已在川战中获胜，坐镇重庆。周曾多次向袁输诚，但袁怀疑他与支持熊克武部的滇军有勾结，不予理睬。周乃与石青阳联系，被石委为川东边防军第二师师长。同年7、8月，周西成利用川军内讧的机会，三次攻占重庆铜元局，掳获大批钱财。10月，熊克武攻占重庆，改委周西成为四川讨贼军第三师师长。1924年2月，杨森、袁祖铭攻占成都，熊克武退走黔境，周西成在四川立足不住，回师向黔，驻赤水一带。

是年底，唐继尧因唐继虞在贵州弄得民穷财尽，遭到舆论谴责，不得不令滇军放弃遵义，周西成迅即派犹国材部占领遵义，并分兵驻守绥阳、桐梓、湄潭、余庆各县，1925年初又占据毕节等黔西北诸县。于是，东起湄潭、西至威宁的广大地区，皆为周西成所控制。周以赤水、习水、仁怀为中心，整顿交通，发展商务，自设兵工厂、造币厂，广积粮款，实力日益壮大，逐渐形成虎踞黔北和黔西北、进而窥视贵州全省的局面。

此时袁祖铭已受北京政府任命为川黔边防督办，势力甚强。他见周西成野心勃勃，恐成大患，乘击败熊克武的机会，竭力将周拉入其部。周此时对袁虽然心怀疑惧，但很想借助袁的支持夺取贵州军政大权，遂与袁重修旧好，并结为儿女亲家，逐渐博得袁的信任和器重，被委为黔军第三师师长。

1925 年 2 月 17 日，北京政府特任王天培为贵州军务督办，周西成为会办，任彭汉章为贵州省长。彭汉章手下仅有三旅一团兵力，黔北和黔西北的广大地区在周西成的控制之下，黔东南十余县则为王天培部所占，地方税款常为驻军截留，彭无力控制；加上彭部军纪败坏，民怨沸腾。袁祖铭看到彭汉章无力理好黔事，又恐彭、周发生冲突，决定将二人的职务对调。1926 年 1 月，袁通过北京政府改委周西成为贵州省省长，彭汉章任军务会办，驻防黔东。周上台后，竭力安插大批同乡、同学和戚友担任军政要职，非桐梓系的政治势力或个人则加以排挤，以致当时有“有官皆桐梓”之说。

5 月，四川杨森、刘湘联合驱逐袁祖铭，袁不能敌，撤回黔北。周西成恐袁夺取贵州的统治权，他一面朝夕趋承于袁的左右，博取袁的信任，一面对袁的部下进行种种拉拢，共促袁部向外发展。时逢广东国民政府出师北伐，袁祖铭考虑到贵州无法解决他庞大的军费开支，遂受委为国民革命军左翼军前敌总指挥，采纳周西成“问鼎中原”的建议，经黔东出兵湘西。

同年 12 月，国民党中央派遣张道藩、李益之等人到贵州筹办建党事宜，周西成虽然早已加入国民党，却不愿国民党势力插足贵州。1927 年春，周寻找借口，将张、李二人逮捕，并将李益之暗杀。事后，周以李有“共党嫌疑”上报蒋介石。蒋介石又派王度、黄乾堃等为贵州省党部筹备委员，但王、黄在贵州同样遭到周的冷遇，无法开展工作。

蒋介石发动“四一二”政变后，周西成派代表赴南京活动，被任命为国民革命军第二十五军军长兼贵州省政府主席。当时，蒋介石与武汉国民政府对峙，指使粤、桂、川、黔四省军阀出兵进攻两湖。周西成欣然响应，除派人在上海发“讨共”代电外，并委其第二师师长犹国材为“讨共总指挥”，出兵湘西，企图乘机开拓地盘，扩充个人实力。后犹部为湘军击退回黔。

周西成统治贵州后,竭力加强对进步思想的钳制和对进步人士的迫害。遵义省立第三中学校长黄齐生,因支持进步学生的活动,并在校刊上发表过反对封建包办婚姻的文章,一直为周所忌恨。1927 年夏,周下令将黄齐生解职,旋以"接近共党嫌疑,主张自由恋爱"为名加以通缉,迫使黄逃往四川。同年 8 月,又因贵阳达德中学师生与共产党员王若飞及黄齐生等时有书信往来,对他的封建反动统治不满,周便以"达德学校结党营私,谋为不轨,勾结共产党,捣乱贵州"为名,将该校查封解散。

周西成的封建迷信和专制思想都很浓厚,他的军署大堂设有"三军司令"牌位,经日香烟不断。每月望朔,必亲赴贵阳八大庙敬香祈祷。凡新委任的文武官员,必须到城隍庙跪拜敬香,宣誓效忠,才准上任。在他统治贵州的几年里,任何对现政权的不满和反抗,都遭到严厉镇压,甚至在外地报刊上著文反对过他的贵州人,回到家乡就遭杀害。

周西成执掌贵州军政大权的三年中,在整顿吏治、清除匪患、整理财政、兴办实业方面,曾做过一些努力,并收到一定效果。早在 1926 年 8 月,周就下令成立"财政厅查案委员会",对贵州历届军阀政府的财政状况进行详细调查;同年,成立贵州路政局,着手兴建公路。此外,还兴办了发电、造纸、采矿等一些实业项目。因而在他统治期间,财政状况较前略好。1927 年冬,云南胡若愚、张汝骥与龙云之间的争权斗争愈演愈烈,周西成与胡、张联合,委毛光翔为"援滇总司令"率部出战,企图趁机扩大地盘。但黔军在滇境连战皆败,受到很大损失。营长顾万武被围后投降滇军,周将其全家二十七人悉数枪杀。

1928 年秋,原黔军师长、国民党第四十三军军长李燊欲打回贵州,派人到南京与何应钦、王伯群联系,获得一批军械,于 10 月中旬由鄂西来凤誓师回黔。周西成闻讯,命王家烈率部抵御。11 月 9 日,李燊部进占酉阳,19 日围铜仁,王家烈师屡战不利,周亲赴驰援,方将李部击退。是时,蒋桂之争激化,蒋介石为将第四十三军留驻湘鄂边境牵制桂系,电令双方停战,李军退走,战事始歇。

1929年3月,蒋介石以讨桂为由,委龙云为"第十路讨逆总指挥",电令驻滇黔军归入龙云所部,假道黔境入桂。接着蒋又电周,声称"中央决心讨桂,势在必行",令周"当机立断,通电表示赞助中央大计,勿稍犹豫"。周认为滇军仅两师兵力,不足为惧,断然拒绝蒋的电命,扬言誓与胡若愚、张汝骥并力消灭龙云,结成云贵联军,东下与蒋一决胜负。随即率教导师偕同毛光翔、黄道彬师迎击滇军。此时,滇军两师与李燊部由盘县攻入黔境,周军因指挥混乱,中路被突破,盘县、普安相继失守。5月22日,周西成亲率留守安顺的总预备队驰援镇宁,被李燊部袭其后,全线溃败。激战中,周中弹负伤身死,时年三十六岁。

## 主要参考资料

毛光翔撰:《周西成墓志铭》,贵州省遵义地区文物管理委员会、遵义地区文化区编《遵义地区文物志》,1984年版,第169—170页。

王家烈:《桐梓系统治贵州的回忆》,中国人民政治协商会议贵州省委员会文史资料研究委员会编《贵州文史资料选辑》第2辑,贵州人民出版社1979年版。

李世祚修,犹海龙纂:《桐梓县志》卷8《军务志》,黔南铅石印刷局1929年版。

《军事杂志》第13期。

刘其贤编:《黔东战记》,文通书局1929年版。

黄乾堃:《贵州军阀桐梓系》(未刊稿)。

谢孝思:《黄齐生传略》,中国人民政治协商会议贵州省委员会文史资料研究委员会编《贵州文史资料选辑》第3辑,贵州人民出版社1979年版。

贵州省档案全宗2、全宗39、全宗60有关案卷,贵州省档案馆藏。

# 周　信　芳

李仲明

周信芳，名士楚，艺名麒麟童，浙江慈溪人。1895 年 1 月 14 日（清光绪二十年十二月十九日）出生于江苏清江浦（今淮阴市）。前辈多为仕宦。其父周慰堂业余喜爱京剧，乃搭班演青衣，艺名金翠仙。周信芳五岁开始学戏，六岁时在杭州拱宸桥天仙茶园首次登台，表演《黄金台》中的娃娃生，取艺名“七龄童”（按虚岁计）。是年，周信芳给来杭州贴演《扫雪打碗》的老生小孟七配演定生（娃娃生），为表现人物在雪地奔走滑倒的场面，周在戏中于急急奔走中走了一个“吊毛”，博得满堂彩声。1906 年，周信芳参加王鸿寿（艺名“三麻子”）的满春班，王鸿寿向周信芳传授了不少老生戏和红生戏，王独特优美的做派对麒派的形成和发展起了重要的作用。1907 年，周信芳拜南派名家李春来为师，改艺名“麒麟童”。

1908 年，十三岁的周信芳到北京参加喜连成科班，和梅兰芳、林树森等带艺搭班。周信芳在京首演《定军山》、《翠屏山》、《戏迷传》，获好评。他与梅兰芳合作演出了《九更天》和《战蒲关》。1909 年，因光绪、慈禧相继去世，清廷规定“国丧”期间不准演出，周信芳遂搭班去天津，参加了新戏《二县令》、《好心感动天和地》、《巧奇冤》等戏的排演。是年冬，周嗓音倒仓，次年虽渐有好转，但未能恢复到原来的宽亮程度。周信芳心里着急，慢慢地他留心并吸取汪笑侬、孙菊仙的唱法，使自己略微沙哑的嗓音，唱起来苍劲浑厚，吐字清晰有力，且在唱腔中常以停顿，用胡琴过门衬托，形成“笔断意不断”的艺术效果。

1912年，谭鑫培在上海演出期间，周信芳向谭学了《御碑亭》、《桑园寄子》等戏。谭特别提到演《御碑亭》时要用眼神变化来表现人物的复杂心情，使周深受启发。时值辛亥革命前后，周信芳受潘月樵、汪笑侬等爱国艺人的影响，至1919年共六七年间，先后排演了《民国花》、《新三国》、《宋教仁遇害》、《王莽篡位》、《赛金花》、《杨乃武》、《英雄血泪图》、《党人碑》、《学拳打金刚》等戏。《申报》曾于1913年3月30日登载"玄郎"的文章《记廿八日夜之新新舞台》，评论《宋教仁》一剧：剧场内"座无隙地、环立而观"，卖座"实为开幕后破题第一遭"；"麒麟童饰宋先生，语言稳重，体态静穆，尚称职。永诀一场，做工既妙肖，发音又呜咽，甚至有泣下沾襟者"①。他在五四运动后编演的《学拳打金刚》，因为戏中猛烈抨击封建专制势力，矛头直指卖国贼，因此只演了一天，就遭禁演。田汉曾写诗赞扬这一时期汪笑侬、周信芳等编演的新戏："喜为人间吐不平，早年英锐已知名。曾因王莽诛民贼，亦借陈东励学生。"②

在编演新戏同时，周信芳排演了《琵琶记》、《乌龙院》、《萧何月下追韩信》、《临江驿》等戏，并于1924年在北京演出《追韩信》等戏，受到北京观众的欢迎。1923年，为声援"二七"大罢工，他编演了《陈胜吴广》。此后他排演了连台本戏《汉刘邦统一灭秦楚》、《华丽缘》、《龙凤帕》、《封神榜》等。1927年，周信芳参加了田汉主持的南国社，同年12月他参加南国社举办"鱼龙会"的演出，与欧阳予倩、高百岁、唐槐秋等合作演出了京剧《潘金莲》。翌年秋，周信芳任南国社戏剧部长，又于9月初与夏月润、欧阳予倩、李桂春、赵如泉等倡议，创办《梨园公报》。1929年，周信芳任上海伶界联合会宣传部长、会长，主持《梨园公报》工作。他在刊物上先后发表《谈谭剧》、《谈谈学戏的初步》、《最苦是中国伶人》等文

---

① 沈鸿鑫、何国栋著：《周信芳传》，河北教育出版社1996年版，第37—38页。

② 田汉：《向周信芳同志的战斗精神学习》，《周信芳艺术评论集》，中国戏剧出版社1982年版，第1页。

章。1930年9月，周信芳闻某军阀强迫余叔岩演戏，乃撰文《伶人亦有自由否》，揭露、斥责军阀官僚势力轻视伶人已经到了剥夺自由的程度，愤而指出："某巨公，以军需孔亟着名伶演戏筹款，其征叔岩，试问此项是何义务？然人各有志，演与不演，乃个人之自由也，毁誉自有舆论，强迫为之，不啻剥夺自由。呜呼！军阀之专制，使无辜者叩头如捣蒜，平等何在？"①

1931年"九一八"事变发生，日本侵略者野蛮侵占东三省。周信芳在上海看到报纸，十分愤慨，他对戏班同人说："我们不能像姜太公那样，再稳坐钓鱼台了。我们不能再演《封神榜》了，我们要演能唤起民心的戏。"②他与尤金圭夜以继日地编写连台本戏《满清三百年》，整理出《明末遗恨》、《洪承畴》、《董小宛》三个戏，其中《明末遗恨》演出达半年之久，场场客满，颇为轰动。戏中崇祯皇帝悲愤地告诉皇太子："你们要知道，亡了国的人就没有自由了。"而当公主问崇祯："儿有何罪？"崇祯以颤音回答："儿身为中国人，就是一项大罪！"台下群情激愤，愤怒者、抽泣者及每一位看戏的人都受到深深的感染。1932年春，周信芳组织移风剧社，前赴山东、天津、东北、北京、江苏、湖北等地演出，将近三年。1935年周率剧社返回上海，更受戏迷欢迎。

20年代到30年代，周信芳不仅一直与进步文化团体来往，编演了大量新戏；而且表演技艺日愈成熟，形成独步南方的麒派艺术特色。周信芳在代表剧目《乌龙院》、《清风亭》、《四进士》、《追韩信》、《徐策跑城》、《打渔杀家》、《扫松下书》、《打严嵩》中塑造的宋江、张元秀、宋士杰、萧何、徐策、萧恩、张广才、邹应龙都以剧中人物的正直、质朴以及他真实、生动、优美的表演而各具特色，深受观众喜爱。他把这些舞台艺术形象的创作、表演，融于生活气息浓郁、艺术感染力强烈的麒派艺术中，给人壮美、激昂的美感享受。他的唱腔质朴刚劲，在每一腔、每一

① 沈鸿鑫、何国栋著：《周信芳传》，第85页。

② 沈鸿鑫、何国栋著：《周信芳传》，第98页。

句、每一字上都用足气力；在唱、念上，他讲究咬字、喷口、重音和节奏，力求把剧中人物的思想情感准确、细腻地表达给观众。他在《四进士》、《清风亭》中的大段念白，抑扬顿挫，感人肺腑。他的做工极富创造性，在吸取王鸿寿等前辈艺术家表演特色的基础上，注重创新，像《追韩信》中萧何观诗，《跑城》中徐策步伐的快慢等变化，都凝练地表现了萧何、徐策的不同心情。正如周信芳所说："在表演上我总是力求真实，无论唱、做、念、打，我总力求情绪饱满，力求体现角色的性格和当时当地的思想感情。"①

1937年"七七"事变发生，周信芳率移风社被困在天津，一个月后才回到上海。10月6日，由田汉、欧阳予倩主持，上海文化界救亡协会在卡尔登戏院举行座谈会。周信芳认为，京剧界的爱国艺人要同整个文化界的同志联合起来，积极投身于民族抗日救亡运动。他与欧阳予倩倡议，成立文化救亡协会歌（平）剧部。几天后，歌剧部成立，周任主任，他与高百岁、金素琴等演员到淞沪战场的前沿阵地、后方伤兵医院等处进行慰问宣传。他还到电台进行义播劝募，播唱《明末遗恨》，并义演《红菱艳》和《武松与潘金莲》。

上海沦陷后，周信芳仍坚持演出，排演了《温如玉》、《香妃恨》、《文素臣》、《徽钦二帝》等；特别是《徽钦二帝》的公演，周信芳饰演的宋徽宗有很多唱念，令观众激动，如徽宗被金兵俘虏，往东北押送时对百姓的两句唱："只要万众心不死，复兴中华总有期。"反面人物张邦昌有一段念白："我这个皇帝，是你们要我出来做的，无非是维持维持地方而已。"这副北宋汉奸的无耻嘴脸，又恰与当时汪伪政权的汉奸们相似，每演到此必引起观众的嘲笑。该戏的公演引起上海汪伪特务机关"七十六号"的注意，他们写恐吓信威胁周信芳等主要演员，最后迫使英租界工部局勒令停演。该戏只演了三个星期就被迫停演，周信芳非常愤慨，他后来把因同样原因不能公演的《史可法》和《文天祥》两剧的新戏预告挂在卡

① 刘厚生：《战斗的表演艺术家——周信芳》，《周信芳艺术评论集》，第34页。

尔登戏院舞台两侧，以激发观众的民族爱国热情。

1940年1月，上海的进步人士举办慈善义演救济难民，周信芳率移风社演员和话剧演员联合演出了话剧《雷雨》，他主演周朴园，金素雯、桑弧、胡梯维、高百岁等参加了演出。周信芳的表演受到观众的肯定，报纸评论他是一位多才多艺的艺术家。周信芳认为："对于人物性格的分析和角色的内心活动，话剧在这方面抓得很紧，演员的体会也深，京剧如果也能够这样，那就好了。"①

抗战胜利后，周信芳与田汉在上海重逢，两人长谈京剧改革问题。1946年9月21日，应周恩来邀请，周信芳到周公馆参加座谈会，周恩来在会上作了形势报告，揭露了美国和蒋介石政府的内战阴谋，鼓励与会者留在上海，坚持进步文化工作。1947年，周信芳毅然在《文汇报》上发表反对内战的文章，国民党特务恐吓他，他也不动摇。1949年5月上海解放。6月下旬，周信芳到北京参加全国第一届文学艺术工作者代表大会和第一届中国人民政治协商会议。

中华人民共和国成立后，周信芳以极大的热情参加京剧的改革、创新，先后排演了《文天祥》、《信陵君》、《闯王进京》、《义责王魁》、《海瑞上疏》、《澶渊之盟》等新戏。1952年，他参加第一届全国戏曲观摩演出大会，获荣誉奖。1953年，他任赴朝鲜志愿军慰问团副总团长，到朝鲜慰问演出。1955年和1961年，国家文化部、中国文学艺术界联合会、中国戏剧家协会等先后在北京联合举办"梅兰芳、周信芳舞台生活五十年纪念"和"周信芳舞台生活六十年纪念"演出庆祝活动，周均获奖。1956年，他率上海京剧院访问苏联。

周信芳于1959年加入中国共产党，他曾当选第一、二、三届全国人民代表大会代表，历任中国戏曲研究院副院长、华东戏曲研究院院长、上海京剧院院长、中国戏剧家协会副主席兼上海分会主席、上海市文联副主席。1975年在上海逝世。著作有《周信芳文集》、《周信芳戏剧散

① 沈鸿鑫、何国栋著：《周信芳传》，第146页。

论》、《周信芳演出剧本选集》、《周信芳演出剧本新编》及艺术经验记录《周信芳舞台艺术》。摄制戏曲影片有《宋士杰》和《周信芳舞台艺术》(包括《徐策跑城》、《下书、杀惜》)。传人有高百岁、陈鹤峰、沈金波、童祥苓、萧润德、霍鑫涛、张学海及子周少麟等。

# 周　星　棠

徐凯希

周星棠，原名以灿。1877年（清光绪三年）出生于汉口。原籍浙江绍兴。幼读塾学，聪颖敏捷，后因家境窘困辍读，随父亲周庆和改习钱业。稍长，娶汉阳黄陵矶徐氏为妻，略有资本，开办晋安、阜通钱庄及盈丰玉机器米厂，一度兼任日本住友银行买办，在汉口金融界崭露头角，结识工商各界名流。

1909年，为表示对外商歧视华人的不满，周星棠受地皮大王刘歆生委托，出面邀约工商界知名人物梁俊华、韦紫封等，集股筹资兴建汉口华商跑马场，与洋商跑马场相抗衡，周星棠任总经理。

1912年，应昌、大维两公司为争夺湖北布、纱、丝、麻四局承租权，均以租期未满为由，向湖北军政府要求继续租办。黎元洪下令取消租约，交楚兴公司承租。应昌公司借旧股折算问题继续纠缠，经周星棠等多方斡旋，终使双方达成协议。同年12月，楚兴公司正式具章承租，周作为发起人之一，投资35000两，仅次于总理刘象羲，占新增股金约13%，当选为公司董事①。嗣后，欧战爆发，楚兴公司经营有方，连年盈利，引起省内一伙军阀官僚垂涎，租期未到，即被萧耀南下令，转交湖北将军团组织的楚安公司经营。周星棠协助徐荣廷等，以楚兴公司历年积累及个人分红、添招新股，相继创办大兴、裕华两个纺织股份有限公

---

①　“裕大华纺织资本集团史料”编辑组编：《裕大华纺织资本集团史料》，湖北人民出版社1984年版，第6页。

司，周分任公司董事。不久，接任大兴公司董事长。

北京政府时期，周星棠出任临时参政院参政，兼任省长萧耀南的财政顾问。1920 年，刘歆生因买卖亏空，积欠法商汇理银行借款 200 万元。刘无力偿还，声言要破产还债，汇理银行准备接收刘歆生全部财产。周星棠极力劝阻刘不要宣布破产，以免汉口大片地产落入外人之手。同时，他促请省、市财政当局出面予以清理、偿还，终使法商阴谋未能得逞。1922 年华北大旱，周星棠在武汉工商界率先发起募捐，被推为领袖率队前往信阳、安阳等地放赈。因成绩显著，被授予二等嘉禾章。

1923 年 4 月，汉口总商会改选，周星棠出任会长。1924 年 8 月，江浙战起，申汇价涨，银根奇紧，汉口出现开埠以来前所未有的金融恐慌。适逢比期将至，一般商人惶惶不安。为维持市面不发生大风潮起见，周星棠先以私人产业代汉口钱业公会担保，向银行公会借款 30 万元，另由中国银行放出 30 万元，共同维持市面。同时，周一面与各银行联系放宽贷款抵押，一面主持汉口总商会与钱业公会联席会议，支持钱业公会发放临时流通券五百万元。他面谒萧耀南，请求通知官钱局暂行借出有价证券，作为临时流通券担保品。几经周折，终于度过中秋大比，收兑临时兑换券。全市商号除少数倒闭外，大多幸免于难。

1925 年 2 月，周星棠以湖北财政整理委员会委员、汉口总商会会长身份进京，为汉口划为特别市多方奔走，面谒段祺瑞。“五卅”惨案发生，武汉商界举行抗议游行，汉口总商会立即为沪案垫款一万元，由中顺银行转交上海总商会。6 月 11 日，汉口英租界义勇队使用机枪射杀中国抗议群众，酿成惨案，汉口总商会宣布对英经济绝交。周星棠在总商会址主持“汉案追悼大会”，发表沉痛演讲①，强烈要求废除一切不平等条约。6 月 21 日，他被推选为湖北沪汉案救济会副主任理事。

---

① 中共武汉市委党史办公室编：《五卅运动在武汉》，武汉出版社 1988 年版，第 125 页。

同年10月,吴佩孚在武汉东山再起,为兴师讨奉,四处筹措军费。吴先令湖北官钱局加印官票五百万串,遭到全省各界一致反对。12月,吴又以“十四省讨贼联军总司令”名义,下令在汉强制发行军需汇兑券3000万元,声言倘敢拒绝行使及有意破坏本券者,定按军法从严惩治。武汉商界人人自危,纷纷避往他埠。12月5日,周星棠邀集省商会联合会、汉口各团体联合会及三镇商会代表一百六十余人,举行联席会议,严正声明本会绝未闻此事,更未曾收到任何契据,会议决定赴督署请愿。6日,周星棠等组织五团体代表三百六十余人,联袂步行至督署请愿,向萧耀南呈递请愿书①。周痛切陈词,言明发行军需券,后果不堪设想。萧当面允称,此券绝不在汉发行,更无强迫行使之意,旋即手谕,请代表转告绅商各界。吴佩孚阴谋至此流产。

1926年3月,湖北官钱局因军政各署长期垫借无度、官票发行过滥,酿成全省性的挤兑官票风潮。武汉各团体及官绅各界组成全省官票维持会,推周星棠任主任,负责主持。周多次召集工商各界举行联席会议,向当局明确提出罢免官钱局局长,起诉舞弊员司;召集各法团联席会议,讨论维持官票具体办法;结束官钱局,收兑官票,改组为省银行。

同年4月,汉口总商会第十一届改选,周星棠再次连任会长。7月,北伐军自广东出发,势如破竹,直逼鄂境。吴佩孚、陈嘉谟通令在汉发行军用票,以应急需。周星棠邀同武昌、汉阳商会负责人,组织商界代表多次赴督署请愿交涉。北军以武汉商界立即筹款200万元为条件,同意暂不发行。指定由汉口总商会代为筹办。周几经推延,勉强筹交三十余万元。吴佩孚得款后即败走。北伐军占领汉口后,新任市长刘文岛召集商界开会,要求汉口总商会将余款一百六十余万元作为军事借款。适值武汉市场困顿,金融枯竭,一时难以收齐。周星棠先以私人产业向中南银行抵押20万元,垫付北伐军,余款陆续筹措补足。

---

① 《民国日报》1925年12月11日。

北伐军围困武昌期间，城内发生严重粮食恐慌，周星棠等出面与守军将领会商，愿筹款三十万元作遣散费，并与北军接洽，保证守军将领平安出境。陈嘉谟同意，刘玉春以对不起吴大帅而拒绝。9月末，城内饥荒日见严重，蛇鼠猫狗早已被吃尽。周星棠与红十字会等团体再次分途向攻守双方军队，要求开放城门，允许妇孺出城觅食。几经斡旋，终使平湖、文昌两城门开放六天。四万七千余难民乘汉口总商会租用轮驳逃出，并送入食米一千石、棺木五百具。10月10日武昌被攻克，在同日举行的汉口市民庆祝国庆大会上，周星棠当选为主席团成员。11月，周出席湖北政务委员会召开的劳资仲裁会议，被推选为全省劳资仲裁委员会委员①，负责调处商民协会纠纷案件。经过数月努力，全省劳资纠纷渐告平缓。

1927年1月，武汉人民为抗议英国水兵杀害中国工人，一举收回英租界，改为汉口第三特别区。英国在汉各银行、工厂相继宣告停业，致使武汉市场金融呆滞，华商蒙受重大损失。周星棠以汉口总商会名义，向英商公会提出抗议，要求赔偿损失，呈请外交部向英国交涉。3月，武汉政府下令组成第三特别区管理局，周被任命为三名华董之一②。4月，武汉市政府正式成立，周星棠出任市政府委员③。

同年蒋介石发动“四一二”政变后，武汉国民政府为打破经济封锁，实行集中现金政策。武汉市场顿起金融风潮，铜元绝迹，申汉汇兑不通，国库券及中国、中央、交通三行汉钞币值猛跌。4月23日，汉口银钱业各公会推举周星棠，与武汉政府财长、省财政厅长，以及中国、中央、交通三行行长等，组成金融讨论会，研究恢复申汉汇兑问题。6月，武汉政府为筹集北伐军出师河南军费，发行北伐胜利有奖债券，成立劝

---

① 中国人民政治协商会议湖北省武汉市委员会文史资料研究委员会编:《武汉文史资料》第15辑，1984年版，第121页。

② 田子渝主编:《武汉国民政府史》，湖北人民出版社1986年版，第162页。

③ “武汉国民政府资料选编”编辑组:《武汉国民政府资料选编》，湖北人民出版社1986年版，第523页。

销委员会，前往各团体接洽劝销。周星棠经与各业讨论，率先认购四万张，折洋 20 万元。

同年 7 月，武汉金融风潮愈演愈烈，中国、中央、交通三行汉钞每元仅折现洋一角，金融恐慌达于极点。周星棠沉着应付，竭力维持①，多次召集各商帮开会集议，讨论维持金融措施。最后综合五点意见，呈报当局采择施行。武汉财政当局即予公布，对恢复市场元气起到一定作用。

1928 年 4 月，汉口总商会换届改选，周星棠提名黄文植继任会长。此间，周历任武汉市政府常务委员、财政部顾问、汉口市政府参议、外交部第二特别区（旧俄租界）董事，两次代理第三特别区管理局长，以及国民经济建设委员会委员和中华道路建设协会夏口分会会长。

1931 年汉口特大水灾，周星棠与贺衡夫等工商界人士发动募捐，救济灾民，参加复堤及善后工作，先后担任湖北水灾善后委员会常务委员、国民政府救济水灾委员会湖北分会执行委员、湖北水灾救济总会常务委员。

1932 年 4 月，国际联盟李顿调查团来汉，分别约见旅汉日侨和武汉各界代表。周星棠与汉口市商会会长贺衡夫应邀前往，当场批驳日商关于中日关系紧张成因的诡辩，并将谈话记录整理为意见书，呈交国联调查团。

1933 年，武汉第一纱厂因日纱倾销，内部管理不善，负债累累。为扭转营业困顿局面，董事会推举周星棠为董事长，出面主持，期望借助周的声望来扭转颓势。周星棠接任后，多次与债权人英商安利英洋行谈判，请求暂缓债期，放宽经营限制，无奈颓势难以挽回。1935 年末，亏损已达 400 万元，所欠债款不但未减少，积欠利息一项竟突破 200 万元，终因无法维持，第三次宣布停工。经全体股东大会讨论，认为债权人操纵厂务，有违复工合同规定，致使营业不振，亏累甚巨。经周星棠出面与安利英洋行谈判，始将不合理欠款予以削减，积欠本息从 1200

① 《汉口商业月刊》第 2 卷第 5 期，第 128 页。

万元，减至830万元。周提出止息还本，英商则要化债为股，将未付息金折合为260万元，划入第一纱厂股本项下。另将厂方原有股金489万元，折合为340万元，双方股本共为600万元。以此，英商在董事会中要有三分之一席位。旋经股东大会多次磋商，予以否决。几经周折，最后达成将全部机器、厂房、生财另行出租，以所得租金抵偿债务。1936年10月，复兴实业公司承租第一纱厂，周星棠遂辞去董事长职务。

1934年7月，周星棠认股七万元，与汉口烟土大王赵典之等创办汉口商业银行，11月正式开业，周任董事兼总经理，主持行务。该行主要经办各种存款、抵押放款、押汇、贴现、汇兑买卖生银及有价证券、兼理储蓄、保险和房地产业务。创办人因多为工商界名流，"纯粹为汉埠商界所组合"，开张后业务十分活跃①。除省内各商埠外，另设办事处于北平等地。嗣后因董事长赵典之不懂银行业务，周与之经常发生争执，不久愤而辞职。

周星棠毕生从事工商业，热心社会公益慈善事业。辛亥革命后，他主持恢复华商赛马公会和华商总会②。增设商团，组建济良所，修复张公堤，创立县道局，推广义务教育平民学校，出面筹组华洋义赈会。周历任西安大华纺织公司、郑州豫丰纱厂、山东中兴煤矿公司董事、重庆庆华颜料厂董事长，以及中央银行、中国农民银行、中国信托公司董事等职，在国内享有一定声望。他连任汉口总商会会长六年，倡设商事公断处，注重维护华商利益，"举凡病殃商民之事，皆剔除无遗"。

抗日战争时期，周星棠历任国民参政会第一、二届参政员，一直与中共人士保持往来。当日军攻占武汉前夕，周迁居大后方。

1942年，周星棠病逝于重庆。

---

① 《汉口商业月刊》第1卷第12朝，第108页。

② [美]柏脱等编，勃德译：《中华今代名人传》，上海传记出版社1925年版，第107页。

# 周 学 熙

朱信泉

周学熙，字缉之，别号定吾，六十岁以后别号止庵，又号卧云居士①，安徽至德县（今东至县）人。1866 年 1 月 12 日（清同治四年十一月二十六日）生于金陵（今南京）。其父周馥于 1861 年底入淮军李鸿章营幕，办理文案，为镇压太平军、捻军效力，受到李鸿章的赏识，累获拔擢。1871 年李鸿章督直，奏调周馥到北洋办理河工，任永定河道、津海关道，后来升任四川布政使、山东巡抚，署两江总督，调两广总督等职。

周学熙七岁入塾读书，稍长得长兄周学海的辅导，学业大进，1880 年十六岁中秀才。1883 年跟随周馥的幕宾邵班卿等人讲论舆地、公牍并治举业和词章，从而“粗得窥见各学门径”②。翌年从李慈铭问学，颇得老师的好评。1886 年其父周馥捐饷，部议给奖，周学熙得以候补郎中被签分工部都水司主稿上行走。1893 年参加顺天乡试，中举人。后来多次参加会试未中，且以家累渐重，决定放弃科举正途，做异路功名的探求。1897 年，周学熙通过亲戚、时任开平矿务局总办张翼，谋得开平矿局董事、驻上海分局监察职务，观察开平煤炭在南方的销售情况。次年，周学熙报捐候补道，由北洋大臣裕禄札委为开平矿务局会办，不久任总办。这是周学熙接触新式工矿事业的开始。

1900 年八国联军进犯天津，周学熙护送眷属去沪避难。不久，周

① 周学熙晚年以“卧云居士”作为别号，乃取陆放翁诗“身卧云山万事轻”之意。

② 周学熙：《周止庵先生自叙年谱》，天津印字馆 1948 年版，第 9 页。

馥奉命随同奕劻、李鸿章办理和议条款事宜，周学熙为随侍其父于1901 年 2 月 12 日抵达北京。《辛丑条约》签订后，周学熙到济南投效山东巡抚袁世凯，被委为山东大学堂总办。他编印《中学正宗》、《西学要领》和天文、地理、格致等课本，以进行"中体西用"的教法。

1902 年 5 月，周馥在袁世凯督直后升任山东巡抚，成了周学熙的顶头上司，按照惯例需回避，于是周学熙被转分到直隶候补，7 月经直隶总督袁世凯委派总办银元局。时值庚子之后，北方糜烂，私钱遍布，物价沸腾，民生凋困。袁世凯决定设局制造铜元和银元，以济市面并为直隶增辟财源。周到差后，利用天津河北大悲院烬余故址，移用东局子修械厂的旧机器和上海旧存锈蚀残缺之件，招来机匠漏夜改造安装，仅费时七十日就开工铸出铜元。周的办事才能和效率，深受袁世凯的赏识。

1903 年 4 月，周学熙经袁派往日本考察工商和币制事宜。他在日本两月，悉心考察东邻获得富强之道，认为"日本维新，最注意者练兵、兴学、制造三事"①，除练兵为国家之事外，兴学校、办工厂则以民办居多，从而坚定了他发展民营工业的决心。他回国后，随即条陈袁世凯请在天津设立工艺总局，作为振兴北洋实业的枢纽，以"考求直隶全省土产及进口所销各货，凡有可以仿造者，力为提倡保护，不必官事制造，但厘定章程，专司考察，择取日本凭帖奖牌之类，鼓舞而奖励之"，并说"果能得其要领，三五年间必然有勃然兴者"②。这一建议十分符合袁世凯举办"新政"以博取政治声誉、发展工业使游民就业而隐患可消的意愿。随后，周被委派为直隶工艺局总办。他认为"工非学不兴"，1903 年在天津开办高等工业学堂，培养化学和机械制造方面的人才和师资。翌年开办实习工厂，供学生实习，并招收工徒培训工匠。同年 8 月开办考工厂（1906 年底改名为劝工陈列所），展出所购集的国内外制品，并兼

① 周学熙：《东游日记》跋文，《周止庵先生自叙年谱》。

② 周叔媜：《周止庵先生别传》，上海书店 1991 年版，第 4 页。

寄售货品，借以开通民智，劝导绅商投资工业。1905年冬，创办教育品制造所，招工制造各种教育用品，以应教学的需要。周还由直隶工艺总局投资开办造纸厂，作为示范；又以官督商办方式，开办劝业铁工厂；以官助商办方式，开办染织缝纫公司、造胰公司、牙粉公司和玻璃厂等。

为了推动直隶全省发展工艺，该局指导顺直各属府州县厅，先后设立了工艺局、所六十余处，作为地方振兴工艺的指导机关，甚中尤以推动高阳土布发展成绩显著。周学熙因振兴工艺而累获提升，由一个候补道而署天津道，授通永道，升长芦盐运使，署直隶按察使，但仍兼直隶工艺局总办。在这期间，周还先后兼任过教养局总办、淮军银钱所会办、北洋支应局总办和天津官银号督办等要差，由此可见袁世凯对周的倚重和信任。北洋官营实业的兴办，虽然喧闹一时，但并没有可靠的根底。其经费来源，起初依靠银元局造币鼓铸的余利拨付；嗣后，周担任盐运使，则改由运库支付，是一种因人成事的做法。当1907年8月袁世凯卸去直督，同年底周学熙因丁母忧而去官，北洋官营实业就因人事变迁而迅速废弛。但在此期间，周学熙所负责筹办的滦州煤矿和启新洋灰公司，则获得了一定的成功和发展。

滦州煤矿筹办于1906年初。早在1902年，周学熙就奉直督袁世凯之命，办理收回八国联军入侵期间被英商骗占的开平煤矿，经四年交涉而无进展。后来经周报准，一面向英国人交涉收回开平，一面另创滦州煤矿，进行抵制。1907年9月，北洋滦州官矿有限公司(后改名滦州矿务公司)正式成立，周学熙任总理，资本200万两，其中官股80万两，商股部分则由周氏家族和长芦盐商、直隶的各县知事以及在滦矿有职务的人员分认。起初，滦矿在开平镇附近用土法开采，因产煤多、成本低，销路甚好。转年又增资100万两，购进德国机械，各支矿并铺设铁路与总矿相连，规模日渐完备，成为近代化的企业。而英商骗占的开平矿，则处于滦矿包围之中，矿区的蕴藏量也因多年开采而日渐枯竭。到1909年冬，开平英商见一再阻挠无效，才同意由滦矿备款赎回之议，办法是由清政府为滦矿担保，发给债票，赎回开平。但此议却遭到擅卖开平矿的原督办张翼的阻挠，以致清政府不允为发行债券担保，遂使赎回之议搁浅。开平英商见有机可乘，决心吞并滦矿。采用大肆跌价倾销煤炭，使滦矿遭到很大的经济压力；其后开平又托人说合，饵以厚利，要求两矿合并。滦矿股东在与开平苦斗经年之后，正不堪跌价竞销所造成的巨额赔累，以及对辛亥革命爆发后政局前途可能影响股东权益的疑惧，认为和开平合并不仅有厚利可图，且可藉洋人的势力保护产业。滦矿资本家们从自身的私利出发，抛弃了先前“以滦收开”的初衷，反而接受了“以开合滦”的办法。周学熙曾为此作辩解说：“此次联合之意，倡自开平。而董事提议，股东赞成，实非学熙之本心。”①1912 年 1 月 27 日，双方签订了“开滦矿务总局联合办理合同草案”，6 月 1 日签订正式合同。合同中，虽有十年后滦矿有权以双方商定的公道价值，将开平公司全产购回的条文，但 1922 年到期时，滦矿股东并未赎回开平。其时，国内北洋军阀混战频仍，不赎回开平矿反可以得到英帝国主义势力的庇护，并有超额利润可图的缘故。开滦联合的第一个十年中（1912—1921），获利高达 6809 万元②。它为周学熙等原滦矿股东带来丰厚的股息，分派股息后的余额，周建议以“新事业存折”名义积累起来，作为日后举办新事业的基金。

启新洋灰股份有限公司成立于 1906 年，周学熙任总理。启新的前身是唐山洋灰公司，当时由开平矿务局垫款管理，经周学熙与开平多方交涉，始于 1906 年 8 月 26 日正式收回。公司决定新招股本一百万元③。向丹麦斯密士厂购得卧式旋转钢窑及钢磨，在唐山设总厂，加上老厂机器，年产洋灰 24 万桶。1909 年启新添股本 30 万元，在唐山马

---

① 周学熙：《呈直督张陈明开滦联合颠末表明心迹文》，《周止庵先生别传》，第 30 页。

② 淳夫：《周学熙与北洋实业》，中国人民政治协商会议天津市委员会文史资料研究委员会编《天津文史资料选辑》第 1 辑，天津人民出版社 1978 年版，第 18 页。

③ “启新”在新股 100 万元招齐之前，曾由天津官银号和淮军银钱所借垫行本、坐本共 100 万元。七个月后股款收齐，随即归还了上述借垫款。

家沟增设分厂，先建机器制砖厂。次年又扩充新股150万元，添置新式窑磨，年产洋灰增至43万桶。1912年启新改组，完全商办，成为华北地区首屈一指的大型民营工业。

启新洋灰由于销路好，企业不断扩充，到1923年已拥有甲、乙、丙、丁四个厂，年产洋灰150万桶，在国内产销方面一直处于独占地位，直到刘鸿生在上海开办的华商水泥厂和姚锡舟在南京开办的中国水泥厂的产品于1922年问世，才打破启新洋灰的独占局面，但启新仍占优势。

启新兴办获得成功，首先由于国内工矿、交通和建筑等业对洋灰的需求日增；再是得力于当时“舍实业无以富国，利权待挽，非众擎不足为功”①的发展民族资本主义思潮的推动。以启新的开办集股而言，它得到愿将宦囊转化为工业资本以获厚利的北洋官绅们的支持，第一期开办股本100万元，不消半年就全数招齐。在股款招齐之前，还得到淮军银钱所和天津官银号的低息垫款以为周转。而启新的主持人周学熙素以廉洁干练著称，颇得投资者的信任，也是个重要因素。再是启新在当地找到水泥的主要原料——坩子土，并获得滦矿供应的廉价燃料，使生产水泥的成本大为减轻，所以启新产品一问世就能独步国内市场，取得高额利润，并为国家堵塞漏卮。启新以民营企业而取得成功，对华北地区近代工业的发展，起了一定程度的推动作用，也为周学熙等人后来创办华新纺织公司等企业开辟了道路。周学熙本人则由一个北洋官吏成为知名的民族工业资本家。

周学熙兴办实业的才能，深得袁世凯的青睐。民国初年曾两次被袁世凯任命为北洋政府的财政总长。第一次任财长是1912年7月，正是袁世凯政府佯奉和平统一，而实际上蓄意消灭资产阶级民主派势力，搞专制独裁之际。袁于翌年3月20日指使歹徒暗杀国民党代理事长宋教仁之后，加速了发动内战的步伐。为了筹措内战军费，袁指派总理

---

① 周学熙：《禀直督陈启新洋灰公司扩充总厂添机加股请咨部立案文》，《周止庵先生别传》，第22页。

赵秉钧、外长陆徵祥、财长周学熙于 4 月 26 日和英、德、法、日、俄五国银行团签订了 2500 万英镑(约合二亿八千万银元)的《善后借款合同》。这一条件苛刻有损主权而事先又未经参议院审议的非法借款合同的签订,自然遭到国会和国民党人的反对和指责。周学熙为此刊出《布告善后借款情形文》和《中国善后借款合同案汇编》,为自己和袁政府辩解。随后,周于 5 月 16 日请假,避往青岛(9 月 11 日免职)。周学熙就任财长之初,曾提出《财政政见书》和《财政方针说明书》,企图对当时财政有所整理和建树,但实际情形是"内外同一困穷,举措动生牵掣",结果只能"多成纸上空谈"①。

周学熙第二次任财长是 1915 年 3 月,他原想利用袁世凯镇压"二次革命"和"白朗军"之后取得暂时统一局面,在财政和实业方面有所作为。他提出清丈田亩,以增加田赋收入;整顿场产,以裕饷项;实行烟酒公卖,以增辟税源;清理官产,以补助国库收入等办法,为袁政府筹措军政费用。在经济政策方面,提出创办民国实业银行,以推行都市工业建设;创办县农工银行,发展乡村经济等。同年 8 月,筹安会成立,周对复辟帝制不予附和,并上书袁世凯劝阻,继又请辞财长职,袁不准。后来周请病假,乞居北海养病避嫌,直到次年 4 月才准去职。从此,周学熙无意做官,而专心于实业。

华新纺织公司创设之议,始于 1915 年。其时正值第一次世界大战进入第二年,欧美帝国主义国家忙于战争,无暇东顾,棉纱、棉布输入锐减,价格飞涨,纱厂利润倍增。周学熙见有大利可图,授意王锡彤、马萍等人具呈大总统袁世凯批准,创办华新纺织股份有限公司,计划筹集资本 1000 万元(官四商六),在直、鲁、豫三省设厂。周利用财长的职权,拨官款 80 万元订购纱锭 25000 枚,并发表他的九弟周学辉为公司督办,决定先建华新津厂。但不久袁世凯复辟帝制败亡,时局动荡,股东疑虑观望,津厂建设迟缓。1918 年曹汝霖任北洋财政总长时,以华新

① 《周止庵先生别传》,第 109—110 页。

商股未集，决定将华新津厂改为官办。股东闻讯十分焦急，连日开会商讨对策，后经周学熙向徐世昌总统疏通，才允准改归商办。于是华新成立董事部，改推周学熙为主任，邀杨寿枏为副主任①。由杨寿枏从无锡招聘工匠来津，漏夜赶工安装机器，到 1919 年 1 月，华新津厂便竣工投产。津厂采取包工制，工人受到资本家和包工头的双重剥削。津厂开工后，当年就获得利润 140 万元，到 1922 年共赢利 413 万元，超过该厂 200 万元开办资本的一倍以上。

华新津厂既成，周学熙加速进行华新青（岛）厂的建设，并于 1919 年底建成投产。青厂资本 150 万元，纱锭 20000 枚，周学熙任专董，以他的次子周志俊实际主持。在华新青厂建成前后，日商在青岛先后建了九家纱厂，与华新竞争十分激烈。为了维护企业的生存，华新青厂只有在业务经营上、生产管理上尽心竭力，出奇制胜。周志俊曾赴欧美考察纺织技术，回国后增添设备，使该厂成为纺织印染的全能厂，经营赖以不坠。

华新三厂建于河北唐山，有纱锭 24000 枚；华新四厂建于河南卫辉（今汲县），有纱锭 20000 枚。唐、卫两厂资本主要由启新和滦矿的“新事业存折”基金投入。唐、卫两厂投产时，国内纱厂已处于不景气状态，由于两厂所在地区产棉既多，纱销亦畅，因而投产后尚能年有盈余。华新津、青、唐、卫四个厂的建成，是周学熙为首的北洋实业集团的鼎盛时期。

周学熙所经营的企业，虽以前述滦矿、启新、华新等厂矿为主干，但他先后参加创办的还有京师自来水厂、滦州矿地公司、耀华玻璃公司（与比利时商人合营）、普育机器厂和启新机器厂等。为了抵制北洋交通系官僚对华新纱厂的觊觎，1918 年周学熙应北洋政府总统徐世昌的邀约，担任全国棉业督办并兼长芦盐垦局督办。周曾组织棉垦公司以开拓原棉生产，因各处原盐滩业主意见分歧，阻碍甚多，北洋政府又不

---

① 杨寿枏是周学熙的儿女亲家，无锡业勤纱厂厂东，有经营纱厂的经验。

给予实际支持,结果毫无进展。1920年底,周辞去全国棉业督办和盐垦局督办职务。

为了使产业资本能获得金融资本的挹注,周学熙在清末便重视对天津官银号(1910年改名为直隶省银行)等金融资本的运用。1915年担任财长时,曾提出创办民国实业银行的建议,不久周氏去官,事遂搁置。1919年北洋政府财政部决定开办中国实业银行,以熊希龄任总董,周学熙任总理,总行设在天津。1923年华新卫辉纱厂为筹措资金,发行公司债180万元,即由该行担保。后来由于行内人事矛盾,周辞去中国实业银行总理职务,另创华新银行为所经营的厂矿调剂资金。由于军阀对银行的恣意摊派,使银行不堪苛索,1931年周将华新银行闭歇,另设久安信托公司办理资金调剂,由其子周志俊经理。

以周学熙为首的北洋实业集团的大股东,多为北洋上层人物。以启新洋灰公司的股东而言,可分为以周学熙家族为主的安徽系,和以袁世凯的子弟袁心武、袁凤镳、袁铸厚和亲信王锡彤等组成的河南系,以及后来倒向河南系的实力派李希明系。周学熙有创业的才干和毅力,但工作中也有刚愎自用、独断独行和任人唯亲的情形,这些便成为河南系袁家兄弟们夺取企业领导权的口实。在1924年的启新股东常会上,周学熙受到河南系和其他不满周氏的大股东们的指责,周因此称病辞去启新洋灰公司的总理职务。为了应付北洋实业集团内部的矛盾和当时欧美资本主义国家经济危机对我国民族工业的影响,周于1924年成立了"实业总汇处",任理事长,以为控制所属各企业的枢纽。但各公司的负责人常自行其是,使周难以统驭。实业总汇处仅存在一年,便改组为实业协会,由周任会长,王锡彤、李士伟任副会长。这个协会也只维持了两年,到1927年初改为实业学会,成了研究性质的学术团体。周也在这一年引退,不再直接过问企业的事务了。

南京国民政府成立后,由于新官僚资本的兴起和扩张,尤其是1931年日本帝国主义强占我东北后,日本财团乘机窜进华北,对我国民族工商业的压迫加剧,周氏所经营的实业就日趋衰落。1936年华新津厂以欠债过多周转不灵，被迫售与日商公大纱厂。不久华新唐厂也因欠债200万元，吸收“东洋纺绩”投资300万元，成了中日合办厂。同年耀华玻璃公司中的比利时商人所执股份被日商旭日公司秘密购去，耀华也成了中日合办厂。1937年“七七”事变后不久，青岛沦陷，华新青厂被日本宝来纱厂吞并。周与杨寿楣合资经营的无锡广勤纱厂则被战火所毁。开滦煤矿于太平洋战事发生后，被日本侵略军接收改为军管。

周学熙兴办实业，开端于直隶工艺总局，发源于启新洋灰公司，发展于滦州煤矿，到华新四个厂建成，则达到事业的鼎盛时期，成为我国华北地区首屈一指的实业集团。周学熙与南方知名实业家张謇齐名，有南北二“四先生”的赞誉①。但是，在旧中国由于帝国主义、军阀和官僚资本主义的沉重压迫，周氏手创的一些民族资本主义企业同样也摆脱不了被摧残和被吞并的命运。他曾为“实业救国”理想遭到破灭而慨叹说：“毕生十事九成空。”②他自引退后，曾捐资在安徽家乡兴学，植树造林和赈济灾荒。他还成立师左堂刻书局，先后编刻丛书五十余种，以备家塾教授子弟之用。晚年则以读经、赋诗和念佛自遣。

1947年9月26日，周学熙卒于北平寓所。

---

① 南方实业家张謇在张氏兄弟中行四，周学熙在周家兄弟中亦行四。他俩在清末民初均以兴办实业而知名，故当时有南北二“四先生”之说。

② 周学熙：《检阅自叙年谱有感》，《周止庵先生别传》，第189页。

# 周至柔

颜　平

周至柔，原名百福，字至柔，浙江临海人，1899年11月30日（清光绪二十五年十月二十八日）生。其父周滕珊，中年去世，周至柔由母亲抚育成人，一生侍奉母亲甚孝。周早年在本乡私塾启蒙，后考入浙江省立第六中学，爱好文学，尤喜读陆游等人诗词。1919年投笔从戎，考入保定陆军军官学校，为第八期步科生，与陈诚、罗卓英等为同期同学，交谊甚笃。1922年毕业后，与陈诚一同被分发至浙江陆军第二师见习，嗣后升任排长、连长。

1924年春，周至柔南下广州，得到先期至粤的陈诚的关照和引荐，进入黄埔陆军军官学校，任上尉教官。1925年两次参加东征讨伐陈炯明，第二次东征后任虎门要塞司令部参谋长。北伐战争爆发后，周奔赴韶关，任第二十一师第六十三团团副，于1927年1月由赣入浙，在龙游、兰溪一带与孙传芳军卢香亭部作战。2月在桐庐浪石埠架桥渡江，攻击孙军孟昭月部，15日进占新登，18日克复杭州。接着所部从嘉兴攻击前进，3月18日攻占吴江，21日进据苏州，并向常熟追击前进。“四一二”政变后，陈诚继任第二十一师师长，周升任补充团团长，不久调任第二十一师参谋长，协助陈诚指挥作战，8月参加龙潭战役。9月周被委为军事委员会军政厅长江上游办事处主任。

1930年4月，周至柔复任第十一师参谋长，继任第三十三旅旅长，参加中原大战，随同陈诚先后参加马牧集、归德、济南、郑州等战役。战后升任第十四师副师长，翌年升任师长。5月他率十四师参加第三次

“围剿”工农红军的战争,在陈诚指挥下次第侵占广昌、雩都(今于都)。后又奔赣江,企图寻找红军决战,但遍寻不得,全师疲惫不堪。1933年2月又参加第四次“围剿”,协助陈诚以“分进合击”的战术进犯革命根据地,东奔西突,虽遭败北,但仍然晋升为第十八军副军长。

周至柔好学、勤思与谦逊、诚恳,深受陈诚的赞许。其时蒋介石筹划建设空军,周至柔在陈诚推荐下,被蒋介石派赴欧美各国考察航空事业。周认真考察研究意大利、德国、美国等国的航空建设与空军训练,同时刻苦自学英语。考察回国后,他向蒋介石呈交了考察报告与建设中国空军计划书,强调空军在国防建设中的重要地位和特殊作用,并对在中国如何有步骤地建设一支空军提出了具体方案。蒋介石对周的考察和建议深表满意,于1934年7月任命他为设在杭州笕桥的中央航空学校教育长,着手培训飞行和地勤人员。周到职后,从各地选拔素质优秀具有一定文化科学知识、体魄健壮的青年,进行严格的技术训练和精神训练。他强调“训练重于作战”,要求每个学员精确掌握技术,做到万无一失。他自己也勇敢学习飞行的实际操作技术,曾多次单独驾驶飞机到上海。他把“精神训练”提到很重要的位置,指出“精神的有无、钝锐,实决定了最后之成败”。他所谓的“精神”,即是蒋介石所倡导的“智、仁、勇”,说“攻击精神是军队的灵魂,是发挥战斗力的基本条件”,面对敌人要不畏不惧,勇于攻击,胜而后已。在战术训练上他提倡要有创意和灵敏新锐的头脑,敢于为人之所不为,能人之所不能,以少胜多,以弱胜强,多行奇袭。在技术训练上,他要求每一个学员都一丝不苟,熟练掌握每一个技术要领。他推行严格的纪律,说“整饬重于训练”。他提出航校的教育方针是“忠勇、精诚、德性、纪律”。

1935年1月,蒋介石为迅速建立起空军,成立航空建设委员会,自兼委员长,以夫人宋美龄为秘书长,周至柔为常务委员。翌年2月周为航委会主任。周加快训练空军飞行人员。航校第一、二、三期学员先后毕业,在南昌成立了一个训练总队,分设驱逐、轰炸两组,先后共组成驱逐大队、轰炸大队和支援地面作战的攻击大队共十个,让他们在美国和意大利制造的作战飞机上操作驾驶，实际提高战斗技巧。同时将毕业的大量地勤人员和机械修理人员派赴各地，新建军用机场。周还选派一批航校学生赴意大利学习飞机制造，后来与意大利合作，在南昌建起中国第一座飞机制造厂。

抗日战争爆发后，国民政府军事委员会组建空军前敌总指挥部，任命周至柔兼总指挥。周立即部署拥有各型飞机三百〇五架的十个空军作战大队分驻句容、江都、广德、蚌埠等机场，进入战备状态；同时在东海岸的鱼山、大陈等地设立对空监视电台，并在一些重要城市设立防空部队。8 月 13 日淞沪抗战爆发，航委会当即举行紧急作战会议，决定空军参战。周即部署于 14 日凌晨驻江都的第五大队携重磅炸弹飞至上海轰炸游弋在长江的日本第三舰队，又令第二大队从广德飞往上海轰炸日本舰队和在汇山码头登陆的日军；并派请缨作战的高志航第四大队立即从周家口飞往杭州笕桥。第四大队刚抵笕桥，便得空袭警报。高志航即率两队机群二十七架紧急升空迎战，分组拦截敌机，英勇作战，击落敌机三架，首创中国空军胜利纪录。15 日，日机六十余架分批轰炸南京、杭州、嘉兴、曹娥等地机场时，周至柔指挥各战斗大队奋起迎战。第四大队在杭州上空击落敌机十六架，并协同第三、第五大队及航校暂编大队在南京上空击落敌机十四架。第九大队在曹娥上空击落敌机四架。16 日，第四、第五、第三大队分别在杭州、南京、扬州、嘉兴、句容上空击落敌机八架。17 日又主动出击轰炸上海敌军司令部及其虹桥基地，并击落敌机二架。19 日，第二大队轰炸机群在第四大队驱逐机群的掩护下袭击敌航空母舰，炸沉一艘巡洋舰。周至柔指挥我国空军连日奏捷，大振国威，国民政府决定把 8 月 14 日首战胜利之日定为“空军节”。日本侵略军不敢大意，出动更多的飞机来攻击、轰炸，使我空军损失不小。由于我国尚不能自行制造飞机，各飞行大队难以得到应有的补充，投入战斗的飞机日益减少，只能在夜间气候恶劣之时奇袭制胜，而日间的制空权则落入日军之手。

1938 年春，航空建设委员会改组，钱大钧担任航委会主任，周至柔改任委员兼主任参事。5月,中央航空学校改为空军军官学校,从重庆迁往昆明,蒋介石自兼校长,周至柔任教育长,实际负责全校工作,全力培训空军指挥人员。1939年夏,周又调回航委会任主任,全力进行空军整训,将空军作战部队编为七个大队和一个独立中队,另有四个苏联志愿大队,共有各型飞机215架。在是年12月的昆仑关战役中,周派第四、第五大队飞往柳州、桂林,配合地面部队作战,并拦截敌轰炸机群,击落敌机六架。以后在重庆、成都等地的空战中,亦有所获。但是面对占据很大优势的日本空军对重庆等地的狂轰滥炸,周至柔难以招架。

1941年4月,国民政府军事委员会设立空军总指挥部,周至柔被任命为总指挥。他组织各大队飞行人员到美国和印度卡拉奇(今属巴基斯坦)去接受新的飞行训练,学会驾驶从美国订购来的P—40、P—43、P—66驱逐机和B—29轰炸机。他将拥有337架飞机的七个作战大队和一个混合大队与美国空军协同作战,在此后配合陆军抗御日军的历次交战中,共击落日机216架,击伤46架,击毁149架;并炸毁敌军车四百余辆,大小舰船六百艘。

周至柔在领导空军建设和指挥空军作战中的功绩,受到蒋介石的嘉奖。1942年2月,他随同蒋介石夫妇访问印度。1943年11月又随同赴开罗出席中、美、英三国首脑会议。在1945年的国民党第六次全国代表大会上,他当选为中央执行委员。他又任军事委员会委员长侍从室第一处主任之要职。

抗日战争胜利后,国民政府于1946年5月改组军事机构,设立空军总司令部,周至柔任空军总司令。这时,蒋介石发动全面内战,周至柔贯彻执行蒋介石的命令和意图,指挥空军配合陆军部队进攻解放区。他凭借美国支援大量B—25、P—40、P—51等新型作战飞机的空中优势,对解放区和解放军阵地进行狂轰滥炸和肆意扫射,还不时进行空中侦察。在战局转入防御之后,则忙于对被围困的国民党军队空投粮食和武器。他虽然忠实听命于蒋介石,呕心沥血地调度空军频频出动,但无力挽回国民党军节节溃败的颓势，只能在掩护地面部队溃退及抢运兵力、物资方面效几分力。

周至柔随同蒋介石撤退到台湾后，进一步得到蒋介石、陈诚的器重，于 1950 年 3 月被任命为国民党军队参谋总长兼空军总司令。他下力革除国民党军队的积弊，核实发饷制度，将 84 万兵员核实为 597000 人，并以 60 万人为目标，以减轻财政负担；创立军储优息制，以改善士兵物质生活，并号召军队生产自给。他还推行“主管官任期制度”，以杜绝长年连任而自成山头、自立派系的弊端。1954 年 7 月，他改任为“国防会议”秘书长，但将大权拱手交给副秘书长蒋经国。1956 年 4 月，他率领百名将领组成“星云考察团”赴美国考察军事。1957 年 8 月，他继严家淦任台湾省主席，并兼台湾省保安司令及民防司令。5 年后卸职，任“总统府”参军长。1967 年 2 月任“国家建设计划委员会”主任委员，兼“总统府”战略顾问。1969 年 4 月，他被选为国民党第十届中央常务委员，以后又任第十一、十二届中央评议会委员。他更热心于体育运动，1956 年 6 月被推举为台湾“中华全国体育协进会”理事长和“中华奥运会”主席。1965 年起任高尔夫球协会理事长达十八年，倡导甚力，在台湾有“高尔夫之父”之称。

1986 年 8 月 29 日，周至柔因心脏病突发病逝于台北。

## 主要参考资料

陈训正编著:《国民革命军战史初稿》,1929 年南京版。

台湾“国防部史政局”编:《剿匪战史》,“中华大典编印会”,成文出版社 1967 年版。

陈诚:《抗战经过概要》,中国第二历史档案馆藏。

杨伯涛:《陈诚军事集团发展史纪要》,中国人民政治协商会议全国委员会文史资料研究委员会编《文史资料选辑》第 57 辑,中华书局 1978 年版。

国民政府军事委员会战史编纂委员会档案，中国第二历史档案馆藏。

秦孝仪主编：《中华民国重要史料初编——对日抗战时期》续编(三)，中国国民党中央委员会党史委员会1981年版，第303—316页。

# 周 钟 岳

谢本书

周钟岳，字生甫，号惺甫，又号惺庵，白族，云南剑川人。1876 年 10 月 17 日（清光绪二年九月初一）出生书香门第之家。他从五岁起开始读书，到十五岁已读完《三字经》、《论语》、《大学》、《中庸》、《孟子》、《诗经》、《书经》、《四书集注》、《易经》、《朱子》、《礼记》、《春秋》、《左传》、《周礼精华》、《公羊传》、《穀梁传》、《性理精义》、《史记菁华录》等书，并练习作文。由于自幼阅读大量古书，旧学有相当基础，加上“少年记性颇强，十五岁以前所读各书，约能背诵”①。所以，“颖悟异常”，“落笔惊人”②，多次在云南丽江应府试，大理应院试，都名列前茅。

1898 年，周钟岳在剑川被延聘教私塾。1900 年肄业于大理西云书院，被在省襄办团练的赵藩约为文案。1902 年 5 月，赵藩去湖南长沙开办四川济楚盐局，周钟岳前往司文牍。1903 年初，赵藩以四川臬台兼管学务，聘周为学堂教员。同年秋，周回昆明参加癸卯科乡试，中试为第一名举人。

1904 年，周钟岳由云南学务处派往日本留学，入东京弘文学院学

---

① 参见《惺庵回顾录》第 1 卷（手抄本），现存云南省政协文史资料研究委员会。《惺庵回顾录》共 4 卷，除第 1 卷外，尚有续录、三编、四编，所记自 1876 年起至 1947 年止，前后共七十二年，为周钟岳亲身经历的回忆录。其中，大部分已整理登刊于中国人民政治协商会议云南省委员会文史资料研究委员会编《云南文史资料选辑》（分别刊于第 3 辑、第 5 辑、第 6 辑、第 8 辑、第 26 辑、第 41 辑），但早年部分回顾录未刊。

② 《惺庵诗稿》10 卷，1934 年上海中华书局印，陈荣昌序。

习师范一年。第二年10月入早稻田大学,学习法政。周钟岳在日本时,曾与范熙壬等合组《新译界》杂志社,并著有《法占安南始末记》一书,又汇辑师范讲义为《师范丛论》十卷。

1907年底,周钟岳回到云南,担任省学务公所普通课课长兼省城两级师范教务长。此时,正值英、法组织隆兴公司掠夺云南"七府矿产事件"发生,清政府竟然与英、法签订了不平等条约。云南人民十分愤慨,设立"保存云南矿产会"、"矿务调查会"等,坚决要求废约。云南绅商各界推举李增、周钟岳为赴京代表,向北京外务部请愿废约。1910年秋,又发生了英国侵占云南"片马事件",群情更加激愤,组织"保界会"进行斗争。云南谘议局又推周钟岳、李日垓为赴京代表,请求北京外务部抗议英国侵略片马。1911年7月,周钟岳、李坤、顾视高等人乘赴京出席教育会议之机,约同云南籍的京官,就"七府矿产"和"片马事件"要求外务部采取行动。由于全国人民的斗争,"七府矿产"开采权终于被收了回来,但"片马事件"的交涉未能取得结果。

1911年10月10日,辛亥武昌起义爆发,北京震动。周钟岳于10月15日离京南返,"凑一角色,无徒在台下观也"①。他已经意识到可能会出现"亡秦恐归三户"②的局面。周钟岳南下途中,亲见革命气氛甚炽,颇受感染。他在日记中写道:"至沪后,闻某处某处失守之信……人人欢迎;忽《时事新闻》有革命军小挫之揭示,观者愤恨,几欲毁其报馆。于此亦可见人心之趋向也。"③11月12日周钟岳到达昆明。此时云南响应辛亥武昌起义,已成立以蔡锷为首的军都督府,周被任命为秘书长,专司文牍。此后一年,云南军都督府的重要文电大部分为周钟岳起草。这些文电,后来择其要者辑成一书,名《天南电光集》。"云南光

① 《惺庵回顾续录》。

② 《闻武昌兵起出都南旋》,《惺庵诗稿》卷4,第5页。

③ 《惺庵日记》(1911年10月22日)手稿,现藏云南省图书馆。

复以后之事，借此可窥一斑矣。”①

1912 年 8 月，周钟岳被任命为云南教育司长。次年 2 月，兼任云南光复史编纂局总纂。经过半年多的努力，编成云南光复史十册，另有《云南光复诸人事略》一册②。“虽仓促成书，而事皆征实。”③1913 年 4 月，周钟岳改任滇中观察使，1914 年 8 月因病辞职。1915 年 2 月，周应蔡锷邀约赴京，担任全国经界局秘书长兼局评议委员会主任。他在经界局任职期间，根据蔡锷的指示，与同事合作，编成《经界法规草案》、《中国经界纪要》、《外国经界纪要》等书④。

1915 年 8 月，“筹安会”出笼，袁世凯蓄谋已久的复辟帝制的阴谋表面化了。11 月，蔡锷潜赴天津，乘船东渡日本，经香港、海防去云南，发动反袁护国战争。蔡离天津去日本时，电告周钟岳代拟请假三月赴日就医的呈文。周在蔡上船后，将呈文送给袁世凯。袁派人搜查蔡锷的所有文电，一无所获。周钟岳被监视，乃改名周谧，化装为商人，逃往天津，转赴日本学习英文⑤。

1916 年年底，由于蔡锷的建议，周钟岳回国到四川成都，就任四川督军署秘书长，协助代理四川督军罗佩金。次年，驻川的滇、黔军与川军发生武装冲突，滇军失败退出成都，周钟岳亦随之返回昆明。

这年 7 月，孙中山南下护法，云南督军兼省长唐继尧亦于 8 月 1 日通电“响应”，组织了靖国联军，自任总司令，以周钟岳为总司令部秘书长。唐以“护法”之名，出师四川，亲自率军进驻贵州毕节，周钟岳亦随

---

① 参见《惺庵回顾续录》，《天南电光集》。《天南电光集》手稿现存云南省图书馆，经整理后刊于中国社会科学院近代史研究所资料编辑组编《辛亥革命资料类编》（近代史资料专刊，中国社会科学出版社 1981 年版）。

② 《呈明编纂光复史情形请函复省议会文》，《惺庵文牍》（一）手稿，现存云南省图书馆。

③ 《惺庵回顾续录》。

④ 皆已收入蔡锷撰，刘达武辑《蔡松坡先生遗集》，蔡公遗集编印委员会 1943 年版。

⑤ 《惺庵回顾续录》。

军至毕节。1918 年 5 月,广州非常国会决议改组广州军政府,废除元帅制,改为总裁制。孙中山虽是七总裁之一,实权却掌握在滇、桂军阀手中。孙中山大失所望,愤而辞职,通电斥责滇、桂系军阀“置根本大法于不顾”,“南与北如一丘之貉”。唐继尧收到这个通电后,竟批道:“无耻已极。”周钟岳也鹦鹉学舌地批道:“一片糊说。”①

1919 年 11 月,唐继尧因其祖母和父亲先后去世,请假治丧,以周钟岳代理云南省省长。1920 年 6 月,在“废督裁兵”的声浪中,唐继尧宣布废除督军称号,专任靖国联军总司令,而以周钟岳为云南省长,但大小事务仍得听命于唐继尧。

1920 年爆发了川滇战争,驻川的滇军先胜后败。滇军第一军军长顾品珍以“士兵厌战”为由,准备班师回滇,驱逐唐继尧。唐派周钟岳前往毕节,以慰劳滇军为名,观察动静。顾品珍问周钟岳,唐继尧“既促开和会,何必出兵以争四川?既废除督军之名,何必创树联军之帜?”周钟岳尽力为唐解释,说他“非有争川之心,始终不过欲排除护法碍阻而已”。设联军总司令部,不过“以为收束军队之机关”②。同年底,周钟岳回昆明向唐继尧汇报,说顾品珍的言行“殊属可疑”。唐继尧为了稳住顾品珍,即任命顾为云南东防督办。顾品珍仍率师向昆明进发,唐继尧军心动摇,被迫于 1921 年 2 月通电辞职,逃往香港。

顾品珍进驻昆明,以滇军总司令名义控制云南,请周钟岳继续担任省长。周表示:即去无以对地方,然仍留无以对联帅(指唐继尧)。只答应维持两个月。1921 年 4 月,周钟岳辞去省长职,回到老家剑川。

1922 年 3 月,唐继尧率兵重返昆明,再次控制了云南军政大权。他电请周钟岳来昆,委以云南盐运使兼枢密厅厅长、省法制委员会会长职。唐继尧参与南方军阀“联省自治”的合唱,改组省政府,周钟岳为之修订省政府组织大纲,把唐继尧推上了“民治”省长的地位。1925 年 2

① 唐继尧、钟岳在孙中山电文上的批语。原件存云南省档案馆。

② 《惺庵回顾续录》。

月，段祺瑞在北京召开善后会议，唐继尧派周钟岳等为云南代表出席。1926 年 1 月，唐继尧任命周钟岳为省内务司长兼赈务处总办。后内务司改为民政司，周继为民政司长。

1927 年 2 月 6 日，昆明、蒙自、昭通、大理四镇守使龙云、胡若愚、张汝骥、李选廷联合发动政变，举兵进逼昆明，迫唐继尧交出政权。政变后，以胡若愚为省务委员会主席，周钟岳被推为省务委员会常委、代理内务厅长。

新的省务委员会成立后不久，周钟岳草拟了新政府大政方针意见书和新政府宣言两件。意见书声明，“就大势所趋及环境情况观察”，云南决定加入蒋介石的南京政府，以“确定本省地位”。6 月，胡若愚、张汝骥与龙云所部发生新的武装冲突，周钟岳曾出面吁请双方不得在省城作战，使昆明免遭战火之厄。随后辞职远游江苏、浙江等地。

1930 年初，云南拟设通志馆，省政府聘周钟岳为筹备主任。次年，正式任命他为云南通志馆馆长，主编《新纂云南通志》凡 266 卷，印成 140 册。后又编纂《续云南通志长编》，自中华民国元年至二十年(1912 年至 1931 年)为限。该书 1941 年完成初稿，1943 年进行了审订，但一直未能付印。

抗日战争全面爆发后，1938 年，南京政府迁至重庆。云南省主席龙云特派周钟岳为省府代表飞重庆表示慰问。他说：“既定抗战政策，无论战事进展如何，绝不宜中途变更。”表示滇省除已派出第六十军参加抗战以外，还可再派出两军①。

1939 年 4 月，蒋介石电邀周钟岳至重庆中训团讲学。周钟岳到重庆后，蒋介石多次宴请，要他返昆后转告龙云，公开表明与已经叛国的汪精卫断绝关系。为了利用周钟岳的无党派人士身份装点门面，笼络和分化地方实力派，蒋又任命周钟岳为国民政府内政部长，兼行政院所属县政计划委员会主任委员，1944 年 11 月，改任国民政府委员兼考试

① 《惺庵回顾录四编》。

院副院长。

抗日战争胜利前夕，蒋介石与龙云地方势力之间矛盾十分尖锐。蒋利用周钟岳与云南地方实力派的特殊关系，让周钟岳带着他给龙云的亲笔信，进行疏通，要龙云就任中国陆军总部副总司令的职务。同时，又暗中部署解决龙云和控制云南的活动。1945 年 10 月 3 日凌晨 2 时，在昆明的杜聿明率领国民党中央军，向龙云的部队发起突然进攻，占领了除五华山制高点以外的昆明全城，宣布免去龙云本兼各职，调任军事参议院院长。龙云在五华山上据险抵抗。行政院长宋子文出面，请周钟岳写信劝龙云服从。龙云被迫屈服，去重庆就任军事参议院院长职，但实际上被蒋软禁。蒋介石用武力解决云南，使周钟岳大为感慨，逐渐丧失对蒋介石国民党的信心。

1947 年 7 月，周钟岳以年老多病为由，辞去考试院副院长职，回到昆明。蒋介石政府则给周钟岳以总统府资政的空衔，以示笼络。周钟岳回到昆明后，埋头于整理文史资料，著书立说。1949 年秋冬之交，云南省主席卢汉在准备起义的过程中，两度登门拜访周钟岳，征询他对云南起义的意见。周钟岳表示支持，并为他出谋献策①。

1949 年底云南和平起义。1953 年周钟岳被聘为云南省文史馆馆员，1954 年任中国人民政治协商会议第二届全国委员会委员。1955 年 6 月 19 日，周钟岳在昆明病逝。遗嘱将所藏图书字画分赠云南大学、云南省图书馆、剑川县图书馆②。

---

① 未刊调查访问记录。

② 《惺庵遗嘱》辛卯（1951 年）4 月，见《惺庵回顾录四编》之附录。

# 周 自 齐

张树勇

周自齐，字子廙（亦作子沂、子贻），山东单县人，生于1871年（清同治十年），副贡出身，京师同文馆毕业。该馆成立之初，称“洋务学堂”，实际上是清末培养译员的一所学校，附属于总理各国事务衙门，初仅学汉语和外语，后增设天文、数理化、外国史地及各国法律等课程，又设有印刷所，译印各种书籍。周毕业后，于1896年（清光绪二十二年）作为出使美国大臣伍廷芳的随员赴美，并就近入美国学校深造。后历任驻美使馆书记官、参赞等职。1903年1月，又为驻古巴总领事兼参赞，常川驻扎代办使事。1908年，驻美公使伍廷芳奉召归国述职，由周自齐代办使事。时美国为拉拢清政府，以便与日、俄争夺东北地区的权益，决定退还部分庚子赔款并充作中国派遣留美学生的费用。为此，周自齐奉命多次与美国政府进行交涉而获得退还庚子赔款一千二百余万美元，并成立中美文化基金会，负责经管退还的赔款。后经清政府外务部及学部决定，设立“游美学务处”，委任周自齐为该处总办，综理退还庚款及留美学生事宜。清末宣统年间，周奉调归国，先在外务部任参议，旋即提升为左丞。时袁世凯为外务部大臣，对周出使美国，深通洋务，又闻其素性敦厚，有较强的办事能力，颇为赞赏。不久，周调任度支部首领而掌握该部之实权①。清末，曾随载洵等视察日本海军。

① 一说曾任度支部咨议官，后入袁世凯内阁充度支部副大臣。参见贾逸君编《中华民国名人传》（北平文化学社1933年版）卷2，第69页“周自齐”条目。

民国成立之初，政治动荡，山东一省一时并立着双重政权：一是武昌起义后被革命党人推为都督的胡瑛驻节烟台；一是由清朝巡抚改名充任都督的张广建驻节济南。1912年3月，袁世凯为北京政府临时大总统后，立即任命颇得他信任的周自齐为山东都督兼民政长，遂使周跻登封疆大吏之列。1913年8月，周调任中国银行总裁。9月，出任熊希龄内阁交通总长。是即所谓“人才内阁”，亦即以进步党为中心而组成之内阁，时周自齐挂名进步党并为该党名誉理事。自此，周自齐开始进入交通系，与梁士诒、朱启钤一起成为旧交通系的三巨头。12月，陆军总长段祺瑞暂时被袁世凯派往湖北武昌取代黎元洪为鄂督，以夺黎之兵权，周一度兼陆军总长职，此举亦可看出袁对周自齐的格外垂青。

1914年2月，内阁总理熊希龄辞去兼任的财政总长一职，改由交通总长周自齐接任，致使周得机插足于财、交两界，一时成为北京政坛红得发紫的人物。不久，熊希龄辞职，改由时任外交总长的孙宝琦兼代国务总理，周自齐仍留任财政总长。5月，袁世凯下令废国务院和国务总理，改设政事堂和国务卿，隶属于总统府，秉承总统旨意处理政务，派徐世昌为首任国务卿，财政总长周自齐等与袁世凯关系密切、被视为清一色之嫡系，均蝉联未动。

1915年3月，周署理农商总长，4月张謇奉准辞农商总长后，周正式接任。是年底，日本国筹备大正天皇加冕典礼，袁世凯初派驻日公使陆宗舆为中华民国全权代表前往祝贺，但日本政府嫌陆的官位低而深表不满，时袁正在僭位称帝之际，为求得日本帝国主义的支持，乃于1916年1月，委派周自齐为特使赴日疏通，并向天皇赠送大勋章，以示祝贺。开始，日本对周特使之行亦很重视，准备以亲王之礼予以隆重接待，后报纸揭载，谓是行必有诡谋，军界则有电阻其行者。濒行，日使告外交部，谓日本宫廷不允接待，致使周自齐赴日之举未能成行。但值得一提的是，袁为显示特使地位之重要，以博得日本之欢心和支持，特把已封为中卿的周自齐升授为上卿衔，与已公布的文官官秩令仅封徐世昌一人为上卿的地位相埒。

袁世凯帝制自为之时，政事堂会同各部设立大典筹备处，以朱启钤为处长。周自齐等一些亲信为处员，为袁称帝进行大肆活动。周自齐为使袁早日登基，办理国民事务局尤为卖力。然而，袁只做了八十三天皇帝，便在全国上下的反对和声讨之中，于1916年3月被迫取消帝制。但袁仍把住权力不放，企图以总统地位来收拾残局。时任财政总长的孙宝琦痛感财政蹶竭，筹款力不从心，一再请辞。5月，袁只好改派周自齐署理财政总长，同时兼任盐务署督办。周上任伊始，便伙同梁士诒等交通系要人，下令中、交两行停止兑现货币，搜刮老百姓钱财，并以湖南矿产做抵押，向美国波士顿银行借款。后因遭到全国人民的强烈反对和四国银行团的干涉，致使借款的打算搁浅。6月6日，袁世凯在内外交困之下病情加剧死去。

袁死后，副总统黎元洪继任总统，并于同年7月14日下令惩办帝制祸首，时南方向北京政府提出了惩办帝制祸首的名单，即除筹安会“六君子”外，加上周自齐、梁士诒等七人，共十三人，人称“十三太保”。最后决定将时称“帝制八凶”的周自齐、杨度、孙毓筠、梁士诒、朱启钤、夏寿田、顾鳌、薛大可等八人通缉拿办，周随即亡命日本。1917年7月，张勋复辟乱平，黎元洪引咎辞职。8月，冯国璋以副总统入京代行大总统职权，其时周自齐返国居津。不久时任国务总理的段祺瑞采纳研究系的建议，召集临时参议院以改造国会，对黎元洪在张勋复辟前解散的旧国会不予恢复，并采用武力征南政策。对此，孙中山发起护法运动，南下广州成立护法军政府，于是形成南北相持局面。此时，旧交通系之梁士诒、朱启钤、周自齐等人，见段祺瑞对南用兵屡遭失败，遂联合一些名流人士，主张调和南北，并公推徐世昌出面进行斡旋。1918年3月，冯国璋徇曹锟等人之请，以时事多艰，人才难得，将帝制祸首梁士诒、朱启钤、周自齐三人下令取消通缉。随后，周又重新活跃在北京政坛。

同年9月，徐世昌被皖系操纵的安福国会选举为大总统，而与徐接近的旧交通系梁士诒、朱启钤、周自齐等人便遵照徐的指令在安福国会中大肆进行活动，并为了政治上的需要，联合非安福系的国会议员以对抗把持国会的安福系，进而抵制选举曹锟为副总统。10 月，徐世昌正式就任总统职，同时主张南北议和。其时，周自齐伙同熊希龄、张謇、蔡元培、王宠惠等社会贤达及各派系要人联名通电发起和平期成会，以声援全国人民和各方面人士渴望结束内战促成南北和平统一的愿望。11 月初，该会在京宣告成立，一时和平声浪高涨。12 月，中国派代表团出席第一次世界大战后在巴黎召开的和平会议，徐世昌接受梁启超及林长民的建议，在总统府内设立外交委员会，汪大燮为该会委员长，周自齐等人为委员，该会实际上是总统的外交问题决策中心。

1919 年 9 月，靳云鹏继龚心湛之后兼代国务总理，靳氏为便利向美国借款，初拟提名周自齐为财政部长，后因安福系强烈不满，而使周屈就币制局总裁。1920 年 8 月，靳云鹏第二次组阁，周自齐任财政总长并兼任盐务署和币制局督办。时在直皖战争之后，皖系既败，靳以张作霖、曹锟推荐并联络奉、直两系而为内阁总理，故周旋两系之间，唯恐失欢。直系吴佩孚以战胜余威，向中央政府索款，并截留京汉、津浦路款。周自齐上任伊始，中央财政竭蹶，无以复加，而向新银行团借款的计划又未能奏效，于是周自齐与时任交通总长的叶恭绰及国内公债局局长梁士诒研究，以为欲救靳阁危机，非令财政即有办法不可，眼下外债之路既绝，增税亦复不宜，惟有发行内债一策可解燃眉之急。然近年来因滥发内债而失信用，且矛盾错综复杂，债权债务双方皆以为苦，非先将以往所发内债加以整理，使信用得以恢复，势不能再事发行，周自齐等因费数月之经营，拟出整理计划，后阁员中有谗于靳氏，谓周、叶所为，实欲将所有财源均用之于整理内债，令内阁穷困以至于倒。于是，靳云鹏决心去掉周、叶以自保，后采用内阁总辞职办法，重新组阁，使周、叶均不继任，此事方告解决。

1921 年 11 月，中国派代表团参加华盛顿会议（亦称太平洋会议），时周自齐被徐世昌任命为中国代表团的高级顾问，随团赴美。同年 12 月，靳云鹏在大总统徐世昌、奉系军阀张作霖以及旧交通系梁士诒、周自齐等人的反对下，内阁宣布总辞职。18 日，徐世昌令外交总长颜惠庆暂时兼代国务总理，并于 24 日正式任命旧交通系首领梁士诒为内阁总理。但是，梁的任命遭到直系军阀的强烈反对，特别是遭到吴佩孚的猛烈攻击。1922 年 1 月 25 日，梁士诒被迫请假出京，徐世昌暂时委派外交总长颜惠庆兼代国务总理。其时正值直奉战争爆发前夕，颜甚感处境艰难，一再请辞兼代阁揆职务。对此，徐遂于 4 月 8 日下令准兼代国务总理颜惠庆以及兼署教育总长齐耀珊辞职；9 日，任命周自齐署理教育总长并兼署内阁总理。徐让周出任阁揆有如下考虑：首先是徐、周私交甚笃，合作愉快，不至于遇事掣肘，加之周出使美国多年，徐欲借助他熟悉美国政情，为日后向美国借款预做准备；其次是周原属旧交通系而又隶籍山东，与奉张固夙有渊源，与洛吴亦有同乡之谊，使张作霖、吴佩孚、梁士诒等军政要人俱不便出面反对，能度过内阁危机。然而，对周自齐的任命一经发表，首先提出异议的是梁士诒。梁从法理上指出："内阁未被批准辞职以前，只能由原班阁员代理总理，周自齐并非阁员，代理总理是违法的。"①对于梁士诒的指责，徐世昌自知理亏，于是便采用 9 日倒填 8 日的手法发表任命周自齐署理教育总长，以便蒙混过去。

第一次直奉战争之后，直系控制了北京政权，时大总统徐世昌虽曲意逢迎，但是直系军阀首领曹锟、吴佩孚仍指责他为非法国会选出的非法总统。徐得不到军阀的支持，自己又没有武力做后盾，黔驴技穷，终于 6 月 2 日宣布辞职，并将总统印信交付国务院保管后，匆匆离京赴津。同时，以国务总理周自齐为首的全体内阁成员，联名致电旧国会众参两院议长，告以"东海顺从民意，宣告辞职，依法交国务院摄行职务"②。因内阁是非法总统任命，所以周自齐不敢用内阁的名义摄行总统职权，故特声明："自齐等遭逢世变，权领部曹，谨举此职权奉还国会，

① 陶菊隐：《北洋军阀统治时期史话》第 6 册，三联书店 1958 年版，第 102 页。
② 刘楚湘：《癸亥政变纪略》，"恢复法统"一节，1924 年 9 月初版，第 6 页。

用尊法统，暂以国民资格维持一切，听候接收。”①而早在徐世昌下台之前，直系内部谁来接替徐出任总统意见不一。一部分人特别是曹锟之弟曹锐主张应立即把其兄曹锟捧上总统宝座。但曹锟的大将吴佩孚深感这样做没有法律依据，恐怕招来物议，不如先把被张勋赶下台的总统黎元洪拉出来做傀儡，让他补完法定任期，然后再由旧国会名正言顺地把曹锟选为总统。双方几经磋商并征得曹锟的首肯，便由曹、吴的代表赶赴天津与在家赋闲的下台总统黎元洪进行交涉。时黎元洪及其左右的人也暗中进行活动，并频向曹、吴示好，经过多次的讨价还价终以“法统重光”的骗局，暂时又把黎元洪捧上了大总统的宝座。6月2日徐氏既退，3日周自齐便致电黎元洪：“国事重要，首座不可虚悬，自齐等暂维现状，未便久摄，故请钧座即日莅京视事，并推恩洪（指时任交通总长的高恩洪——编者）明晨来津迎迓。”②6月11日，黎元洪入京上任。同日，周自齐将大总统印捧呈黎元洪。次日，黎提出颜惠庆为国务总理，周自齐自行解职。实际上，周从1922年4月9日署理内阁总理到同年6月12日免职，在临时内阁任上只干了两个月或说六十三天，只起个看守内阁的作用，没有什么作为。卸职后，黎元洪委任周自齐为考察实业专使，同董康等人一起赴欧美各国进行考察。返国后，其妻病故，周平时慑于阃威不能涉足花丛，今脱离羁绊，在港任情纵欲遂染性病③，经多方医治无效，1923年10月20日病逝于北京。

---

① 刘楚湘：《癸亥政变纪略》，“恢复法统”一节，1924年9月初版，第6页。

② 《申报》1922年6月5日。

③ 曹汝霖著：《一生之回忆》，台北传记文学出版社1980年版，第185页。

# 周 作 民

徐国懋 洪葭管

周作民,原名维新,江苏淮安人。生于 1884 年 2 月 12 日(清光绪十年正月十六日)。他的父亲周佩香是个举人,在乡里设馆教学。周幼年随父读书,十五岁时转入谈觐孙办的东文学堂就读,汉文教师为罗振玉。1902 年秋赴粤,入广东公学,学费多由已受聘该公学的罗振玉相助。1906 年考取官费赴日留学,入京都第三高等学校,肄业两年半,因广东官费停发,只能归国。1908 年秋,在南京法政学堂任翻译,同时自习财政经济。辛亥革命后,任中华民国南京临时政府财政部库藏司科长。

1912 年 3 月,临时政府北迁,周作民随同去北京,在财政部继续供职。1913 年,熊希龄以国务总理兼掌财政,对他赏识,擢升为库藏司司长。由于库藏司经手军政款项的发放和汇划,周因而与代理国库的中国、交通两银行的负责人,以及各地军阀及其军需人员,有较多交往而相结识。

1915 年,周学熙重掌财政,周作民因未得重视,具呈辞职。后经当时任交通银行总行协理的任振采推荐,至该行任稽核课主任,不久,兼任交通银行芜湖分行经理。当时倪嗣冲任安徽督军,倪的心腹王郅隆任安武军后路局总办,周作民在安徽与这两人结识,这是他后来创办金城银行的契机。

1917 年 5 月,金城银行成立,主要投资人即为倪嗣冲与王郅隆。倪投资 17 万元,王投资 10 万元,合占资本总额 50 万元的 54%;加上其他军阀、官僚投资 16 万元,因之 86%的资本来自军阀、官僚。金城由王郅隆任第一任总董,周作民任总经理,设总行于天津法租界,并在北京、上海两地设立分行。

金城银行成立后,周作民利用政治势力,左右逢源,业务发展迅速。经过三年时间,存款由40万增加到1198万元,放款由378万元增加到851万元,纯益由9万元增为89万元,在华北获得了与中国、交通、盐业三银行并列的地位,奠定了发展的基础。该行获利途径之一,是承购北洋政府的公债、库券和进行财政性投放。这样既为银行获得巨额利润,又为北洋政府度过财政困难提供了支持。

1921年金城银行与盐业银行、中南银行组成联营机构,次年大陆银行亦加入。这四家银行的总经理吴鼎昌、周作民、胡笔江、谈荔荪为联营机构的领导人。四行联营的主要内容是:(一)成立四行联合准备库,以中南银行钞票为四行共同发行;(二)设立四行储蓄金,后来又合办四行信托部。1934年以储蓄会的资金,在上海建成一座高达二十二层的国际饭店。这些都给四行扩大业务带来了不少有利条件。

周作民办金城银行是以皖系为靠山,但他恐遭政治失败,连带事业失败,常标榜他并非安福系,仅借安福系势力为事业取得各方面的便利而已。1927年,金城银行的资本总额已增为700万元。不久,北洋军阀统治垮台,金城银行失去了原有政治上的靠山。于是周作民通过政学系的黄郛、张群、杨永泰和钱新之的关系,积极向国民党政权靠拢,先后担任国民政府财政委员会委员、行政院驻平政务整理委员会委员、冀察政务委员会委员等,兼职多起。他在业务上的措施,除了继续保持在华北各分行的业务优势外,开始逐渐将重心南移,加强长江流域各行的机构,并在广州与香港等处添设新机构。1935年,金城银行第八届董事会决定周作民担任总董兼总经理,集大权于一身。1936年1月,总行迁到上海。到抗战前夕,金城在全国各地的分支行处已增加到六十五处。

周作民在日本留学时,很赞赏三井、三菱的一套经营方针,因此,他想以银行为核心,控制一些工矿、交通及贸易企业。在他的主持下,金城银行的放款和投资有其特点。他放款集中于少数重点户，主要投放于其本行投资的企业和自营附属事业。在工业放款中，主要投放于纺织工业、化学工业、煤矿工业和面粉工业。1933 年金城与中南银行一起，组成诚孚信托公司来管理已经收购的新裕纱厂和北洋纱厂，并且代管恒源纱厂；又以扬子纺织公司名义，收购了大生一、二厂并入新裕。在诚孚公司下，设有制造纱厂部件的诚孚铁工厂，还开办了纺织实验所，吸收和培训纺织业的管理人员和技术人才。由于他对永利化学公司创办人范旭东的信任，金城银行对这个公司的放款也较多。1926 年该公司制造洋碱时期，金城曾单独予以 60 万元的透支。后来在创办硫酸铵厂期间，又联合其他银行继续予以支持，金城的放款金额曾达到 240 多万元。周作民与卢作孚的民生公司关系也很深，在资金上亦多方面予以通融。金城银行对永利化学公司和民生实业轮船公司的投资，分别占这两大企业资本总额的 9.73%和 16.66%。

在周作民的主持下，金城银行的规模和存款总额，在抗日战争前的私营银行中，长期居于第二位，个别年份曾跃居第一位，超过了上海商业储蓄银行。在这期间，金城承购公债和进行公债投机，仍是获利的途径之一。

1935 年下半年，在国民党政府亲日外交推动下，周作民和吴鼎昌一起，曾率经济考察团访问日本，回国后成立中日贸易协会，吴鼎昌任会长，周作民任副会长。12 月，“冀察政务委员会”成立，国民党势力退出华北，周作民为了维护金城的财产安全和经济利益，把平、津、沪三个分行，交给留日出身的几个经理负责。周正是利用与日、蒋双方都有特殊关系，使金城银行于抗战期间，在国民党统治区和日伪占领区，都能同时继续营业。

抗日战争爆发后，周作民被任命为农产调整委员会主任委员，实际上他很少过问。1937 年 11 月间，他在南京参加这个委员会会议后回沪时，因沪宁路火车已经中断，遂乘轮去武汉，绕道香港回沪。随后他在成为孤岛的上海租界上，依然指挥沦陷区金城银行各地分支行。

1941年12月太平洋战争爆发时他正在香港,日军占领香港后被拘留。1942年3月,日方把他和李思浩、林康侯、唐寿民一起遣送回沪。日方意图是要他们这些人与日伪合作。周作民除任金城银行和有关投资企业的职务外,未出任任何伪职,只是与日本和汪伪方面的一些头目有所接触。抗日战争胜利后,国民党特务对他进行恐吓和敲诈,几有逮捕之势。后经张群、吴鼎昌等疏通,经蒋介石批准,知照有关军、政、司法机关,说他过去担任秘密工作,"迭有报告,希加保护"。1948年8月,国民党政府实行币制改革,发行"金圆券"。9月,又迫使各商业银行出售黄金、外汇,向"中央银行"缴存现金,进行增资。金城也被迫出售了原来陆续积累的外汇。当时,蒋经国任上海区经济管制督导员,对金融界头面人物进行威胁,要周作民交出私人外汇,并下令非经蒋经国许可,不准离沪。但在美国陈纳德民用航空公司的庇护下,周终于安然离开上海,飞穗转港。这些严酷的事实,使周作民终于看清了国民党政府的真实面目。

1951年6月,在中国共产党的方针政策感召下,周作民由香港回到北京。他是私营金融业老一代头面人物中,第一个于解放后回归大陆的,旋即被邀为中国人民政治协商会议全国委员会委员。1951年9月,"北五行"(即盐业、金城、中南、大陆、联合五银行)公私合营,他任联合董事会董事长,1952年12月,六十家合营银行和私营银行成立统一的公私合营银行时,他任联合董事会副董事长。在私营金融业的社会主义改造过程中,他响应中国共产党的号召,接受企业改造,并带动其他同业,促成了联营、联管。

1955年3月8日,周作民因心脏病猝发,病逝沪寓。

## 主要参考资料

中国人民银行上海市分行金融研究室编:《金城银行史料》,上海人民出版社1982年版。

《周作民日记》(部分抄件)。现存中国人民银行金融研究室。

《金城银行创立二十周年纪念刊》,1937 年上海世界书局代印。

籍孝存、杨固之:《周作民与金城银行》,中国人民政治协商会议天津市委员会文史资料研究委员会编《天津文史资料》第 13 辑,天津人民出版社 1981 年。

# 周 作 人

萧栋梁

周作人,初名魁寿,字星杓,参加县考时改名奎绶,号介孙,入南京水师学堂时改名作人。原字起孟、启孟,后改启明,号知堂。笔名有:开明、子荣、仲密、药堂等;晚年改名遐寿,号苦茶庵老人。浙江绍兴人。鲁迅胞弟。1885 年 1 月 16 日(清光绪十年十二月初一)生于一个渐趋破落的士大夫家庭。六岁开蒙,接受传统的诗书科举教育,十二岁丧父。十七岁考入南京江南水师学堂,隶管轮班,学习日文和希腊文六年,阅读梁启超《新民丛报》、谭嗣同《仁学》以及《天演论》、《原富》、《民约论》、《穆勒名学》等,开始接触西方新思想,并翻译《侠女奴》、《玉虫缘》,开始走上文学道路。同时也接受了佛教思想影响,形成悲天悯人思想和佛家相对观念,埋下后来消极变节的种子。

1906 年考取公费留学日本,先在东京中华留学生会馆讲习班学日语。次年夏入私立法政大学预科肄业,因眼睛近视改学土木工程。一年后毕业,入立教大学,并改学古希腊文。课余与许寿裳、钱玄同、朱希祖及鲁迅等到《民报》社听章太炎讲《说文》,持续一年。1909 年周作人与日本羽太信子结婚,后在日本生活两年,爱好日本简单质朴的生活方式和民风。周作人在日本留学六年,加快了接受西方思想的进程,并与鲁迅共同从事文学活动,一起翻译出版了《域外小说集》,表示出对匈牙利、波兰等国及祖国命运的关心。周氏兄弟实际上成为介绍和翻译中欧、东欧新文艺的最早之人。

1911 年夏,偕妻子羽太信子返回绍兴。辛亥革命时只是闲住家中，翻看旧书或为《古小说钩沉》抄录资料。1912 年民国建立后，任浙江军政府教育司课长，后又改任视学，因其妻即将分娩未到差。1913 年 4 月，任绍兴教育会会长并主编《绍兴县教育会月刊》（后改为《绍兴教育杂志》），兼省立五中英文教员。在浙江的七年里，他一面教书，一面继续研究日本和西方文化、乡土文化及乡贤前辈的著作，包括徐渭、张岱、毛奇龄、章学诚、范宣等人的著作，打下了中西学问的深厚根底。

1917 年春北上，经鲁迅向蔡元培校长推荐，先任北京大学附属国史编纂处编纂员半年。同年秋任北大文科教授仍兼国史编纂处编纂员，后兼北大日文系主任。1920 年兼女高师教授，1922 年又兼燕京大学副教授，1929 年秋改为文学讲师，直到 1937 年，共计在北京大学任教近十年。最初以相当精力投身到正在兴起的新文化运动中，参与《新青年》和稍后的《每周评论》的工作。1918 年以前与陈独秀、鲁迅等经常在《新青年》杂志发表文章，提倡民主与科学，反对专制和迷信，提倡新道德，反对旧道德；提倡新文学，反对旧文学。1919 年起，与陈独秀、鲁迅、钱玄同、胡适、刘半农、沈尹默任《新青年》杂志编委，轮流编辑该刊。他在文学革命运动中发表了《人的文学》、《平民文学》、《个性的文学》和《思想革命》、《祖先崇拜》等重要文章，表达了他以人道主义为核心的文学观，阐明了在文学革命之后必须有思想革命的深化，清算旧文学、旧道德、旧思想，用科学、民主、自由的新思想来重建国民性，表现出改革的热情和希望。还在《新青年》上译载普罗文学作品，介绍“新村”生活，宣传日本武者小路实笃的“新村主义”。其小品散文力主平和冲淡，恬静闲适，在“五四”时期曾产生较大影响。1920 年秋，任《新潮》月刊编辑部主任。11 月，与郑振铎、瞿世英、王统照、耿济之、沈雁冰、叶绍钧等发起文学研究会，至 1921 年元月 4 日正式成立。该会为民国以来第一个新文学团体，其宣言就是周作人起草的，表明他这时有较高的社会声望。不久，上海、广州分会相继建立，产生了较大的影响。1922 年，文学批评集《自己的园地》由北京晨报馆出版。1924 年冬与鲁迅、孙伏园、章依萍、林语堂、钱玄同、章川岛、李小峰等创办《语丝》周刊，且是《语丝》前期的主要编者，并在该刊发表了《日本狂言》、《希腊小诗》，与“正人君子”陈源、“老虎总长”章士钊等以及与日本文化侵略展开斗争；对国民党反共“清党”也有揭露。他自称所主张的是革除三纲主义的理论，以及附属的旧礼教、旧气节、旧风化，等等。1926 年为女师大之事，与现代评论派大打笔战。

但在北大工作期间，他也发现自己没有找到执著的“信仰”，1924 年曾因听信妻子谗言，而与兄长鲁迅失和。1928 年发表《闭门读书论》，继“文学店关门”之后又宣布“杂文店”关门，当起“隐士”来了，实际是思想开始落伍和消沉了。他写作草木虫鱼系列文章，博物和民俗并读，古书越读越多，“浮躁凌厉”之气消失。1930 年主编《骆驼草》，不久停刊。1932 年起常为林语堂主编的《论语》、《人间世》、《宇宙风》等刊物写稿。从“九一八”事变到“七七”事变，他感到祖国“风雨如晦”，已经是明季一片亡国之象了，并有了亡国之后做遗民的打算。不过，“文学店”并未关门，周作人对新文学和古文学的关系研究甚深，对“公安派”文学作了阐发，对蒋介石的“清党”产生疑惧，对太平天国等革命斗争的效果产生怀疑，从而形成了苟全生命于乱世的混世哲学。

1937 年 7 月抗战爆发后，北京大学南迁，周作人与孟森、冯祖荀、马裕藻由校方任为留校教授，负责保护校产。对此左派文化人对他予以督责，胡适等人也加以劝阻，但他一意坚持，借口有十口之家的“家累”，又有海派与京派之争，到南方左派要杀他等等，硬要留在北京“苦住”。1938 年又开始兼任燕京大学客座教授。1939 年元旦在居处遇狙受伤，秋起沦为汉奸，任伪北京大学文学院长。同年，李大钊长女李星华及其弟李光华，因冀东暴动失败无法安身，回到北平，周为李星华安排在北大会计科当出纳；其后李星华姊弟二人去延安，周为之预支两月薪金做路费，并为之办了出北平的“良民证”。12 月汉奸汤尔和死后，周继汤尔和担任伪华北政务委员会教育总署督办，后又任伪华北综合调查研究所副理事长。1941 年 5 月，出席东亚文化协会会议。1943 年 1 月发表《中国的思想问题》，说中国人生存受到威胁时也会反抗，引起日本文人指责其为反动老作家。加之汉奸集团内部倾轧，2 月初周被解去伪华北政务委员会委员兼常委及教育总署督办职，3 月又经汪精卫任伪华北政委会委员。对于沦为汉奸担任伪职，他自称是“老而为吏”，不以为耻，且诋毁岳飞等抗金将领，反说秦桧的求和保存半壁江山是有才识。抗战胜利后，1945 年 12 月 6 日，被国民党政府以曾任伪职、充当汉奸逮捕，押北平炮局胡同监狱。1946 年 5 月 27 日，周被押解南京老虎桥监狱。11 月 16 日被南京首都高等法院以“共同通谋敌国反抗本国”罪，判处有期徒刑十四年剥夺公权十年，全部财产除酌留家属生活费外没收。周不服，以留校教授、保管北大校产，忍辱冒死不辱使命，在校抵抗奴化教育等有利证据，请复判。当时北平十五名教授联名致信国民党当局，亦请求量刑从轻。1947 年 12 月 19 日，国民党最高法院改判周为十年有期徒刑。郑振铎曾在《惜周作人》一文中说：中国文艺界在十四年抗战中最大损失是周作人附逆。周在狱中三年写了几种《说文》著作和几百首诗歌。1949 年 1 月 26 日，国民党政府以局势转变，周被保释出南京老虎桥监狱，暂住上海友人家，于 8 月 15 日回到北平。

新中国成立后，周作人在北京人民出版社从事翻译和著述，译有《日本狂言选》、《伊索寓言》等作品；并在上海《亦报》和《大报》发表九百多篇小品随笔，后在海内外发表《知堂回忆录》、《鲁迅的故乡》、《鲁迅小说中的人物》等。

周作人一生著译甚多，主要著作：解放前有《雨天的书》、《谈龙集》、《泽泻集》、《谈虎集》、《永日集》、《周作人散文抄》、《看云集》、《知堂文集》、《夜读抄》、《苦雨斋序跋文》、《苦茶随笔》、《苦竹杂记》、《风雨谈》、《瓜豆集》、《秉烛谈》、《药堂语录》、《药味集》、《药堂杂文》、《风雨后堂》、《立春以前》；解放以后的著作有《过去的工作》、《知堂乙酉文编》、《知堂回想录》、《鲁迅的青年时代》等。其著译解放后曾辑集为《周作人文类编》(10 册)、《周作人散文全编》(14 册)、“苦雨斋译丛”等。

1967 年 5 月 6 日，周作人在北京去世。

## 主要参考资料

张菊香主编:《周作人年谱》,南开大学出版社 1985 年版。

文洁若:《周作人的晚年》,《读书》1990 年第 6 期。

周作人著,张明高、范桥编:《周作人散文集》,中国广播电视出版社 1992 年版。

南京市档案馆编:《审讯汪伪汉奸笔录》,江苏古籍出版社 1992 年版。

# 朱葆三

陆志濂

朱葆三，名佩珍，字葆三（珊），以字行，世籍浙江黄岩。1848 年 3 月 11 日（清道光二十八年二月初七）生于平湖县乍浦。其父朱祥麟曾任平湖乍浦营、定海营游击等军职，1851 年将家眷迁到定海县城，1859 年移居定海东乡北蝉村。1861 年，朱的父亲患病，家境顿趋困难，母方氏托人把年仅十四岁的朱葆三带往上海学艺谋生。离家时，随身仅带一只旧竹箱和一床旧铺盖。

起初，朱葆三在上海一家“协记”吃食五金店当学徒。该店经售罐头食品兼营小五金，生意规模不大。朱白天在店里辛勤工作，晚间还抽空勤奋学习。上海当时已是新兴的对外开放商埠，华洋杂处，洋行势力很大，会讲几句洋泾浜式的英语，在和洋人做生意时很有用处。协记邻近的一家店铺有个学徒，每月花三块钱学费去夜校补习英语。朱葆三付不起学费，就拜此人为小先生，把每月省下的 5 角月规钱送给小先生权充学费，从而间接学会了一些洋泾浜英语。由于他能挤时间刻苦自学，举凡语文、珠算、英语、记账和商业尺牍等有关商业知识都学了一些，加之工作勤勉、生活节俭，因此为店东所赏识，一再给予提拔。在七年里，朱由学徒升任账房，再升经理。在掌管协记期间，赢利可观，他从而也分得了许多红利和额外酬劳金。其后店主去世，“协记”歇业。1878 年，朱葆三利用这些年积蓄下来的钱作资本，在上海新开河地方独资开设“慎裕”五金店，专营大五金。

朱葆三本人由学徒出身，熟知业务，精于管理并善于用人。“慎裕”

所雇用店员都是一些好手，如顾维钧的父亲顾晴川精通账务、老练可靠，被聘为总账房；其他店员在进货、推销或门市应客方面都有专长。由于他用人得法，经营有方，"慎裕"营业渐臻发达。在业务往来中，朱曾结识了以经营五金业发家的叶澄衷，两人成为至友。于是他把"慎裕"五金店迁到叶澄衷置产的上海福州路四川路大楼里继续营业，并兼营进口贸易。"慎裕"由于年年盈利，商誉日增，俨然执同业之牛耳。

朱葆三在五金行业中崭露头角后，经济实力也日趋雄厚。从 19 世纪末开始，他跨越五金业，先后创办和投资了不少企业。如他和当时的官方或商界著名人物联合创办或投资的银行有中国通商、浙江实业、四明、中华和江南银行等，并在这些银行里担任重要职务。他所投资的保险业，有华安、华兴、华成保险公司和华安合群人寿保险公司等。投资于交通运输业的，则有宁绍轮船公司、长和轮船公司、永利轮船公司、永安轮船公司、舟山轮船公司、大达轮步公司以及法商东方航业公司等。投资于公共事业方面的，有上海华商电车公司、定海电气公司、舟山电灯公司、上海内地自来水公司、汉口自来水厂以及广州自来水厂等。投资于工矿企业方面的，有上海绢丝厂、上海华商水泥公司、柳江煤矿公司、长兴煤矿公司、大有榨油厂、海州赣丰饼油厂、龙华造纸厂、日华绢丝公司、上海第一呢绒厂、中兴面粉厂、立大面粉厂、和兴铁厂、宁波和丰纱厂、同利机器纺织麻袋公司以及马来亚吉邦橡胶公司等。

此外，他还与人联合举办了一些慈善、公益和教育事业，如与沈仲礼发起举办中国红十字会。后又陆续举办了华洋义赈会，救济灾区灾民。余如济良所、广义善堂、仁济善堂、惠济善堂、四明公所、定海会馆、四明医院、吴淞防疫医院、上海公立医院、上海孤儿院、新普益堂、普益习艺所、妇孺救济会、同义慈善会、联义慈善会、贫民平粜局、上海时疫医院等。教育事业方面有上海商业学校、同济医工学校、定海公学（现舟山中学）、尚义学校、宁波益智学校等。

朱葆三的发迹，不只基于经营"慎裕"得法，更得力于他的买办生涯。1890 年后，朱进入英商平和洋行任买办。由于外商洋行在上海等通商口岸迅速扩张，依附于洋行的买办们的经济实力也随之发展起来，其中一些经济实力雄厚者，并在所经营的行业公所中取得了领袖地位。1904 年，上海商务总会成立，朱便当上了协理。此外，朱葆三曾先后担任过宁波同乡会会长、联华总会董事、上海公共租界工部局公断处处长、上海总商会会长、全国商业联合会会长等社会公职。

清末，朱葆三与苏松太上海道袁树勋私谊甚厚，曾被任为道署总账房。朱推荐顾晴川任道署会计员并司出纳银库。其时，各省上缴之庚子赔款，均先解送上海道库，袁树勋把大宗库银委托朱出面拆放，获取余利，从而使"慎裕"成为运用道库存银，向沪地各钱庄拆放的"领袖"钱庄。朱葆三亦因此增强了在工商界的地位和实力。

1905 年 7 月 21 日，上海商务总会为美国限制华工入境和虐待华工，发动抵制美货和收回苏浙铁路权利的斗争。朱葆三作为上海商务总会协理，在反对美国虐待华工的斗争中，团结其他行业的工商界代表人物，坚决站在上海商务总会总理曾铸一边，表现得很积极、很活跃。

1905 年夏季，上海的绅士以官办马路工程局腐败为由，申请改为绅办，以试行地方自治。是年阴历十月，遂有上海城厢内外总工程局之设，苏松太道袁树勋在上海绅商互选和推荐的七十六人中，选定李平书为总工部局领袖总董，朱葆三等为办事总董。前者"常川驻局"，后者"常川到局"。朱葆三还与上海总商会会董、出口公会发起人、宁波人陆维镛和棉布业出身的宁波商人虞芗山等宁波帮，共同发起组织"商界共和国"。

1910 年前后，包括朱葆三在内的上海商务总会、上海城自治公所、上海商团公会等一些团体的领导层人物，对清政府玩弄君主立宪的骗局已逐步察觉而有所醒悟，先后在不同程度上对革命活动表示同情和支持。

辛亥革命前，虞洽卿、朱葆三等宁波帮头面人物发起组织"宁商总会"，会址在上海公共租界云南路。"宁商总会"执有香港英政府注册的公共租界工部局第一号总会执照，当时上海人叫它"特别照会"，非常过硬。公共租界巡捕房未经会审公堂的允准，不得任意到“宁商总会”内搜查财物和拘捕任何人。朱葆三、虞洽卿等人常在业余时去宁商总会打牌、约人会谈；同时也是掩护革命党人秘密集会，暂避风头的最好掩护所。

1911 年 10 月 10 日武昌起义爆发，胜利的消息传到上海后革命形势迅猛发展。11 月 3 日，上海起义，朱葆三随清政府末任上海道刘燕翼（襄荪）逃避到租界洋务局。此时他们获悉清政府南京督署复电，内容有“上海革命事起，商团尽叛，已命南京、松江两地进兵，无论革命党、商团，擒获者全数正法”等语。朱葆三即托词去斜桥寓所迁移家眷，暗中潜往毛家弄商团司令部通报，使商团及时得到情报，赶在清政府派兵之前举行起义。恰值当晚杨谱笙、高自白率敢死队和商团攻克了制造局，张士珩逃跑，上海宣告光复。朱葆三由同情革命进而投身革命。

上海光复后，主要任务是组织苏浙联军进攻南京，消灭长江下游清军的各据点，因此军需浩繁。11 月 6 日，沪军都督府成立，陈其美任都督，沈缦云为都督府财政总长。不久，沈赴南洋募款去职，陈其美会同沪上各界代表在味莼园（张园）开会，公举朱葆三继任财政总长。他提出以毋苛捐、毋滥费、毋挠权三个条件相约而后上任。此时上海商业凋敝，金融恐慌，筹集款项十分困难，而每月用款之多恒逾百万。朱本人不支薪水，车旅之费亦自掏腰包，所聘顾问、参议亦各尽义务，不领分文。为了解决上海光复后各项浩繁的开支，沪军都督府拟动用前清政府上海道存放于各钱庄的庚子赔款，但此款早已被末任上海道刘燕翼存于各钱庄、道库的公款存折，送交比利时领事保管。陈其美以此为由将钱业公会总董朱五楼软禁，迫使钱业同人提供借款。后经各方磋商，由朱葆三出面具名负责发给收据始得解决，遂有“道台一颗印，不及朱葆三一封信”之说。1912 年 1 月，中华银行成立，朱为董事之一，不久被选为董事长。同年 2 月，他辞去财政总长职。

1919 年，五四运动发生，5 月 9 日（佳日），上海总商会正副会长朱葆三、沈联芳用上海总会名义，提出中日直接交涉青岛问题的主张，激起各界舆论的严厉抨击。13 日，上海总商会发出“元电”为“佳电”辩解。14 日，上海各团体反对，并在国民大会上提出罢免朱、沈两人。当时朱葆三年已七十二岁，平时很少过问会务，仅画押署名而已，一切由沈联芳主持。朱葆三叹曰：“一、不满人意，怨尤丛集，难一；二、不理众口，乌能取信，难二；三、‘佳电’是非可征诸将来之事，实无足深辩，难三。有此三难，乌能再留。”1920 年，朱、沈两人相率引咎辞职。

此后，他致力于社会慈善事业。1926 年夏季，时疫盛行，朱葆三冒暑前往时疫医院察看，顺道劝募捐款，因年老体弱而染疾不起，加之胞弟捷三在定海病逝，悲痛不能自制，终于 9 月 2 日在上海寓所病逝。上海法租界公董局破例将外滩附近的一条马路命名为“朱葆三路”（今溪口路），以示对他的尊敬。

## 主要参考资料

上海市工商联档案资料：《沈燮成访问录》1962 年 11 月 23 日。

《朱葆三辞职书》，《申报》1912 年 2 月 21 日第 7 版。

《上海总商会档案》全宗第 37 号编目 1—30；《申报》1919 年 7 月 1 日第 10 版。

# 朱 光 潜

宗志文

朱光潜，字孟实，安徽桐城人，生于1897年10月14日（清光绪二十三年九月十九日）。他的祖父和父亲都是塾师，有较高的古典文学修养，均累应科举不第。他六岁入父亲的塾馆读书，十岁左右开始学写策论时文。幼年时代的这种训练，培养了他写论说文的能力，使他“写说理文很容易，有理都可以说得出，很难说的理能用很浅的话说出来”①。1912年朱光潜十五岁时才进正式小学，半年后升入桐城中学。这所学校是古文家吴汝纶创办的，特别重视教授桐城派古文。朱光潜在这里学写了一手道地的古文，还养成了对中国古典诗词的浓厚兴趣。

1916年冬，朱光潜于桐城中学毕业，在家乡当了半年小学教师。1917年夏考入武昌高等师范，1918年经选拔去香港大学学习，次年正式转入该校教育系，主要是学习英国语言和文学，以及生物学和心理学。这几年学习，是他从中国传统文化转入西方文化的转折点，也是他一生学术生涯的重大转变时期。1919年五四新文化运动时，朱光潜正在香港大学读书，在那里看到《新青年》，读到胡适的《文学改良刍议》和提倡白话文的文章，“心里发生过很大的动荡”，对文言文要改成白话文，“有切肤之痛”，但终因已受到西方文化影响，“看出新文化运动是必

① 朱光潜：《从我怎样学国文说起》，《朱光潜全集》第3卷，安徽教育出版社1987年版。

需的”①，开始支持新文化运动，放弃文言文而学习白话文。

1923 年香港大学毕业后，朱光潜应邀到上海吴淞中国公学任英文教员，兼任校刊主编。这时正是五四运动后的低潮，各政治派别对“中国向何处去”展开了激烈的争论，他采取“超然物外，不问政治”的态度，绝不介入。1924 年江浙战争爆发，中国公学停办，朱光潜转往浙江上虞白马湖春晖中学教英文，结识了匡互生、朱自清、丰子恺等人。1925 年初，朱光潜与匡互生等人因对该校校长的专制作风不满，回到上海，与夏丏尊、叶圣陶等十余人创办立达学会，筹办立达学园。

同年，朱光潜考取安徽官费留英，进爱丁堡大学文学院学习。1928 年获文学硕士学位。当年转入伦敦大学研读英国文学，并在法国巴黎大学注册听课，大部分时间在大英博物馆看书。1931 年他又转学到德国斯特拉斯堡大学文学院研究所研究美学和心理学，写成论文《悲剧心理学》并出版。1933 年获该校博士学位。

朱光潜留学八年期间，刻苦学习，勤于写作，他的第一本著作《给青年的十二封信》于 1928 年出版。文章针对当时青年知识分子思想上的苦闷和彷徨，通过介绍文艺、美学、哲学等谈青年修养问题，意见中肯，很受青年欢迎，产生了广泛的影响。其他写成初稿的有《文艺心理学》、《谈美》、《诗论》等。

1933 年 7 月，朱光潜回国，应北京大学文学院院长胡适邀请，任西语系教授，讲授西方名著选读、文学批评史，同时在清华大学和中央艺术学院讲授文艺心理学等。他一面讲课，一面勤奋著述。1936 年将回国前后写成的十五篇文稿辑成《孟实文钞》出版。其中《我与文学》、《谈学文艺的甘苦》、《谈趣味》、《诗的主观与客观》、《诗人的孤寂》等，如他在序中所说，代表他十年来的兴趣偏向，是他的一种单纯的精神方面的自传。

朱光潜回国时，正是文艺战线上京派与左联尖锐对立的时候。他

① 朱光潜：《从我怎样学国文说起》，《朱光潜全集》第 3 卷。

的文艺思想是属于京派的，但在其主编的《文学杂志》试图超越于左右两派之间的主张，“我们对于文化思想运动的基本态度，用八个字概括起来，就是‘自由生发，自由讨论’。……文艺也应该有多方面的调和的自由发展”。后因抗日战争全面爆发，《文学杂志》仅出刊两期。

抗日战争爆发后，朱光潜举家迁入四川。他在这里参加中华全国文艺界抗敌协会，被选为理事，暑假后任四川大学文学院院长兼外文系主任。1938 年，他因反对国民党当局干预校务，无理撤换原校长张颐，任命特务头子程天放任校长，乃参与学校里的“易长风潮”，辞去文学院长职务。朱光潜在反程运动中的表现，引起中共方面的注意，周扬于 1939 年初曾写信邀请他到延安参观。这时，他正赴内迁至四川乐山的武汉大学任教，加之一些留欧好友的劝阻，未能成行。

1942 年，朱光潜兼任武汉大学教务长，并加入国民党。在此之前，朱光潜在未被征求意见的情况下，经提名为三民主义青年团中央干事会干事，1941 年被选为三青团中央候补监委。1947 年三青团与国民党合并，他又变成国民党中央监委。实际上，他对参加国民党的政治活动毫无兴趣，对国民党政府的腐败非常不满，思想上十分苦闷，又找不到解决问题的办法，1948 年曾与北京大学十七位教授联名上书蒋介石，呼吁解决人民经济生活上的痛苦。他说自己当时“是一个温和的改良主义者”①。

抗日战争胜利后，朱光潜重返北京大学任西语系教授兼系主任，1947 年兼文学院代理院长。虽然这时生活清苦，时局动荡，他仍然专心致志于教学和研究工作。他翻译的克罗齐《美学原理》，撰写的《克罗齐哲学述评》，第一次在国内系统地介绍西方美学。他的译文既忠实于原著，又流畅易懂，为美学在我国传播起了启蒙作用。

北平解放前夕，国民党派飞机接朱光潜去台湾。这时，他已逐渐看清历史发展的方向，断然拒绝，一心留在北平等待解放。1949 年 1 月

---

① 朱光潜：《自我检讨》，《人民日报》1949 年 11 月 27 日。

北平解放后，他说："我像离家的孤儿，回到母亲的怀抱，恢复了青春。"①不久，他参加民盟组织的土改参观团，到西安郊区考察。接触农村土改后，他"明白了群众的力量伟大，不依靠群众就准要失败"②。

朱光潜精通英语、德语和法语，为了便于学习马列主义，他参加北大组织的俄语学习速成班，突击学会了俄语。1952 年知识分子思想改造运动时，他开始认真学习马列主义原著，钻研辩证唯物主义和历史唯物主义，并结合新的观点重新探讨自己在学术研究中的问题，清理批判自己的唯心主义观点，自我检讨说自己思想上"错误的根源，在从洋教育那里得来的那一套为学术而学术的虚伪的超政治的观念"③。

1956 年开始全国范围的美学问题大讨论，朱光潜的美学思想受到激烈而严峻的批判。美学大辩论一直持续到 1962 年，五六年间朱光潜撰写了数十篇论文，如他在《自传》中说："我积极地投入了这场论争，不隐瞒或回避我过去的美学观点，也不轻易地接纳我认为不正确的批判。"1963 年，他所撰写的《西方美学史》上下两卷出版，这是我国第一部全面系统地阐述西方美学思想发展的专著。"文革"期间，朱光潜受到迫害，但他仍然认真地学习马克思主义原著，潜心于学术研究。

朱光潜是北京大学一级教授，历任第二、三、四、五届全国政协委员、第六届政协全国委员会常务委员，中国民主同盟第三、四、五届中央委员，中国美学学会会长、名誉会长，中国外国文学学会常务理事、顾问，中国文学艺术界联合会委员，中国作家协会会员、顾问，中国科学院哲学社会科学部学部委员。

1986 年 3 月 6 日，朱光潜因病去世。

---

① 朱式蓉：《朱光潜从迷途到通径》，复旦大学出版社 1991 年版，第 30 页，

② 朱光潜：《从参观西北土地改革认识新中国的伟大》，《人民日报》1951 年 3 月 27 日。

③ 朱光潜：《最近学习中的几点检讨》，《朱光潜全集》第 10 卷。

# 朱家宝

黄有成

朱家宝，字经田，号墨农，云南华宁县人。1860年12月25日（清咸丰十年十一月十四日）生。其父朱学诗务农兼营杂货店。朱家宝五岁开蒙识字，十六岁中秀才，十九岁中举人。1892年中进士，“钦点”翰林院庶吉士。

朱家宝入翰林院不久，授礼部祠祭司①司官。后历任直隶省平乡等县知县、保定知府、通永道道台、江苏按察使。1906年，得到东三省总督徐世昌的赏识和荐举，升任吉林巡抚。1907年安徽巡抚恩铭被刺，朱转任安徽巡抚。他是一个“精于公牍”、办事认真的官僚，案上的座右铭是“官须自做，事必躬亲”。他恪守封建的君臣之道，认为“为仁臣者不当纳私”，并以此为由，拒绝过一些向他求官的亲友。

朱家宝主政安徽后，鉴于恩铭被徐锡麟刺死，对革命党人的活动十分警惕。他侦知熊成基和第三十一混成协炮兵营管带倪映典谋在农历除夕于安庆再次起义，先将倪革职。1908年他率安徽新军三十一协前往太湖参加秋操时，得知熊成基等人计划在太湖秋操时发动起义，即对派赴秋操的士兵官佐严加挑选，阻止革命党人前去，破坏了起义计划。熊成基等随即改变计划，决定11月19日以马炮营为主力，在安庆首先发难。朱家宝抵太湖后，闻光绪帝和西太后先后死去，立即返回安庆，

① 祠祭司，始于南朝祠部，掌祭祠之事。后来变为礼部，而以祠祭司为礼部所属四司之一，明清改为祠祭司。

加强对革命党人的防范。熊成基开始行动时,朱就得到了秘密报告,立即严令紧闭各城门,调重兵防守,并亲自率队督战。同时命令碇泊江中的清军舰发炮轰击,摧毁义军阵地。朱家宝继调援军进逼城郊,迫使义军突围出走。

朱家宝不仅严密防范革命党人,对民间聚事暴动也竭力镇压。1910 年,皖北各府迭遭水患,灾民众多,不断爆发起义,朱惊惶万状,连连派兵镇压。5 月 10 日,镇压了蒙城、凤台两县交界的双涧集饥民暴动,起义领袖五人、骨干四人及十三个“协从”的群众均被杀害。宿州板桥陈集地方,有千余饥民起义,也被朱“飞饬各营合力剿办”。6 月初,宣城连续大雨,山洪暴发,东、西、北三乡大小数圩接连溃决,灾民不得食。7 月 6 日,该县双桥镇饥民千余人要求救济,又被朱派巡防营弹压。朱家宝的镇压行径受到了清廷的表扬,说,“幸得立时殄灭”,“办理尚称妥速”①,对他“加头品顶戴”,使其成为清廷宠臣。

1911 年,武昌起义爆发,各地纷纷响应,安徽革命党人也密谋起义。朱家宝采取措施,加强了对革命党人的防范:先是抽调部分精锐,组成一个战时混成营,约八百余人,由其义子朱基为管带率领,开往皖鄂交界的英山县驻防,以图阻止武昌革命军入皖;同时电请两江总督张人骏派张勋所部江防营两营到安庆布防;三是拉拢新军,特意提前五天发饷,并每人发子弹五十发。安庆革命党人知道这个消息后,加紧起义的准备工作。10 月下旬,新军中革命党人的秘密活动被朱侦悉。他先以“新军不可恃”为由,下令收缴了各军子弹;接着把江防营调进省城,并把兵舰也调到江面上威慑安庆。朱的行动激怒了新军,纷纷采取抗议行动,携带被褥到城中各当铺典当,每件索价三元,各当铺穷于应付,拟闭门停业。朱见势不妙,便拨款帮助各当铺,以压制新军的抗议。10 月 31 日夜,在革命党人的策动下,驻皖新军六十二标及马炮营联合进攻省城。朱即令江防、巡防各营闭城死守,新军因无内应散去。朱乘势

---

①　清宣统二年三月二十一日军机处电旨。

命令新军各营长官，按人发银六元，缴其军械，全部遣散。不久，九江独立，威逼安庆。11月15日，谘议局主张顺应潮流，响应起义，要求朱家宝出来担任临时都督宣布安徽独立，静观待变。朱初以“忠臣不嗣二君”，不允所求。这时，苏、杭皆独立，警电纷驰，形势逼人。袁世凯密电朱家宝，要他“顺应时势，静候变化，不可胶执成见，贻误大局”。谘议局联合商会等团体决定11月8日自行宣布独立，朱才决定随机应变，回答咨议局说：“军心如此，民心如此，各省踵蹑而行，我敢独异？请公策自保，吾遵奉施行耳。”①11月8日，谘议局出面宣布安徽独立，推朱家宝为都督，但遭革命党人的激烈反对。11月11日，革命党人召集军、学等界代表集会，自行宣布独立，推同盟会会员、革命党人王天培为都督。次日在督练公所成立都督府。朱以“事权不一”，“省垣秩序紊乱”为词，辞都督职，还印于谘议局，准备离皖。这时，王天培因推行改革措施过急，触怒了群众，加之资望浅，皖人不拥戴，被赶走。20日，安庆全城罢市，要求朱家宝复任都督。不久，革命党人吴旸谷请江西赣军黄焕章部来皖维持秩序。不料黄部抵皖大肆抢劫，并在城中索饷哗变。朱误以为赣、皖两军联合抓他，急从都督府东墙穴壁逃出，躲入天主教堂，后由天主教堂护送至天津，不久到北京。

袁世凯任临时大总统后，对朱家宝十分信任。1913年1月，朱任参议院议员。1914年2月，任直隶省民政长兼直隶都督。1916年，曹锟任直隶督军，朱改任直隶省长。不久辞任。

1917年7月张勋复辟前，朱家宝参加过策划复辟的徐州会议和其他一些活动。他在给张勋的信中，诬蔑孙中山领导的反清革命“是非淆乱，人心险诈”；宣称他自己“素性迂拙，岂能与为浮沉”，辩白他之所以当民国的“都督”、“省长”，是因为“元首一再慰留，不得不黾勉从公”②。他与张勋心怀清室，沆瀣一气。张勋复辟时，朱家宝当上了“民政部尚

① 张国淦编：《辛亥革命史料》，龙门联合书局1958年版，第242—245页。

② 朱家宝给张勋的信，《张勋藏札》，第57页。

书”,颇为得意。复辟失败,朱亡命日本。

翌年,北京政府先赦洪宪和复辟帝制犯,又宣布张勋免于缉究。不久,朱家宝乃结束亡命生活,回到了天津,闲居贝子花园。

朱家宝善书法,习黄山谷体,笔力挺健、洒脱,颇为时人推许。他的著作有《海藏园序》、《廷尉天下之平论》、《审乐和政疏》等。

1923 年 9 月 5 日,朱家宝在天津病故。

# 朱 家 骅

林 泽

朱家骅,字骝先,一字湘麐,浙江吴兴姚家坝人。1893 年 5 月 30 日(清光绪十九年四月十五日)出生于商人兼地主的家庭。父母早亡,赖其胞兄朱祥生抚育成长。朱祥生经营丝业,后在张静江的两浙盐务公司当账房,因此朱家骅少时就认识了张静江。朱家骅六岁入塾,十三岁入南浔正蒙学堂,十五岁改进南浔公学,1908 年秋考入上海同济德文医学校(即同济大学前身)。辛亥革命爆发,他参加"中国敢死团"任驻汉代表,在汉口战地及伤兵医院服务三月①。

朱家骅在同济毕业后,于 1914 年初自费留学德国柏林矿科大学,研究地质,张静江曾予资助。1917 年初回国,在北京大学教德文。越一年,得蔡元培帮助,获教育部公费赴瑞士研究地质学,1920 年转学到德国,1922 年得柏林大学博士学位。1924 年回国,仍在北大任地质系教授兼德文组主任。在这期间,朱家骅曾参加北京学生声援"五卅"等爱国运动,表现积极。又参加国民党的翠花胡同派,与右派有所区别。后来受北洋政府的通缉,乃不得不潜行出京,暂回原籍隐避②。

1926 年间,国民党中政会秘书长周觉自广东抵浙,劝戴季陶去广州参加国民革命运动,朱家骅因与周有戚谊,乃偕行赴粤。朱家骅先在

---

① 胡颂平:《朱家骅年谱》,台北传记文学出版社 1969 年版,第 5 页。

② 杜伟:《我所知道的朱家骅》,中国人民政治协商会议浙江省委员会文史资料研究委员会编《浙江文史资料选辑》第 2 辑,1963 年版,第 90 页。

石井兵工厂当秘书，自认为大材小用，牢骚满腹，一度为蒋介石撤职扣押，经周觉挽戴季陶缓颊释出①，转任广东大学教授。10月，广东国民政府为纪念孙中山，改组广东大学为中山大学，废校长制，任戴季陶、顾孟馀、徐谦、丁惟汾、朱家骅为校务委员。当时其他四人都不在校管事，朱代理校务委员长。1927年4月，广州国民党右派进行“清党”后，广东省政府改组，朱因戴推荐，登上政治舞台，任广东省政府委员兼民政厅长，并任广州政治分会委员，仍兼中山大学校务。朱创办两广地质调查所，自任所长。8月，任省教育厅长，兼中山大学副校长②。是年冬，朱家骅回浙江，在张静江手下任浙江省政府委员兼民政厅长。

朱家骅在浙江，提出“用新人，行新政”的口号，组织“北大同学会”作为联谊场所，吸引青年知识分子参加政府工作。1928至1930年间先后举办三次县长考试，设置典试委员会亲主其事，以观察应考者的容貌和辩才，三次共录取五十余人。同时还开办浙江省地方自治专修学校和浙江省警官学校，都自兼校长。自治学校为培养全省各县区级官吏，三期共毕业五六百人，都以区长或自治指导员任用。警官学校为整顿和掌握全省警察实力而设，分正科和速成科两部分，也办过三期，均以县警察局长、分局长和警佐任用，还将正科第一期优秀毕业生三十余人，分送奥国和日本留学。

为推行新政朱家骅组织新政考察团前往豫、晋两省考察，回来后仿照山西的街村制，在浙江推行村里制（后改为乡镇制），意在实施孙中山的《地方自治开始实行法》。他还整理田赋地籍，动用许多人力办理土地陈报，清丈全省土地，声称这是“平均地权”的一个步骤。此外，还推行了清查户口、兴办团练、普及卫生、禁溺女婴、移民东北、整饬吏治等。

朱家骅治理浙江颇受蒋介石等人的赞赏。1929年3月，朱家骅出席国民党第三次全国代表大会，参加主席团，当选为中央执行委员和中

① 魏思诚：《朱家骅触犯蒋介石坐了禁闭室》，浙江省政协文史资料未刊稿。

② 何祖培：《对杨子镜“一点订正”的补充》，浙江省政协文史资料未刊稿。

央政治会议委员，从此参与国民党统治的中枢活动。

朱家骅在浙经营数年，声名日盛，到1930年国民党浙江省党部全省代表大会选举时，他的部属与亲信几乎占据了省党部委员候选人名额的三分之二。与CC系引起了权力的争夺，结果遭到陈果夫的排斥，在选举中失败①。他还和张静江为省党部委员候选人问题酿成交讧，戴季陶居中调解无效，是年9月朱家骅被迫离职。

其时戴季陶还兼任中山大学校长，朱家骅也还挂着副校长名义，于是戴让位于朱。1930年11月，南京中央大学校长张乃燕去职，朱又得到戴的支持，调任中央大学校长。1931年春，朱兼任管理中英庚款董事会(1943年改称中英文教基金董事会)董事长。朱家骅提出在大学和高中实施军训的方案，为蒋所采纳，交由中央政治会议通过，通令全国施行。

1931年底，朱家骅被任命为国民政府教育部长。朱主持订定中小学课程标准及小学法、中学法等，创办中央图书馆、博物馆、编译馆，提出在各大学增加政治训练的方案，设置训育员，以中央政治学校毕业生充当，用以监视进步师生的言行。1932年11月，朱家骅调任交通部长，竭力整顿巨额亏累债务。1935年12月行政院改组，朱家骅改任中央政治委员会代秘书长。1936年春，中央研究院院长蔡元培聘请朱家骅兼任该院总干事②。1940年3月蔡元培病故后，朱又任代理院长多年。

1936年冬，蒋介石调朱家骅为浙江省政府主席并兼民政厅长。他已无十年前的锐气，因循守旧一味应付。卢沟桥事变后，日本侵略军飞机常至杭、嘉、湖一带骚扰，朱往往于黎明驱车逃离杭州去富阳躲避空袭，把政务委之于僚属。1937年11月淞沪战事失利，日本侵略军在金

---

① 1930年陈果夫当中央组织部长，为便于对浙江的控制，采用“乙种选举法”，由省选出省党部执行委员加倍人选，上报中央圈定。

② 傅润华：《中国当代名人传》，世界文化服务社1948年7月再版，第41页。

山卫全公亭登陆，嘉兴、湖州随告沦陷。朱惊惶失措，忙将省政府迁往金华，寇未见而人先遁，造成地方一片混乱，舆论哗然。12月，朱卸省主席职。

朱家骅卸任后去武汉，1938年3月，被蒋介石派为国民政府军事委员会参事室主任。4月，改任国民党中央执行委员会秘书长，同时兼党务委员会主任委员，并按中常委决定兼充中央调查统计局局长①。7月，三民主义青年团成立，朱为干事会常务干事，不久兼代中央团部书记长，并主持中央训练团党政训练班第一、二、三期工作。1939年12月，朱家骅转任国民党中央组织部长，主管国民党党务。他在各大学设立党部广泛吸纳知识分子入党。同时期他仍兼“中统”局长，抓紧机会经营特务组织，自立门户，广为发展。朱任国民党中央组织部长长达四年半，他所造成的派系力量，一时可与陈果夫、陈立夫的派系势力相抗衡，被称为“新CC系”。1944年5月，朱卸中央组织部长职，11月，再任行政院教育部长。1945年3月，国民党在重庆召开第六次全国代表大会，朱继续当选为第六届中央执行委员，并以派系力量，分占中委名额，与二陈竞争激烈②。

1946年，国民党政府“还都”南京，朱家骅主持战时教育复员工作，修订中小学课程标准，重订大学课程。当时蒋介石热衷于内战，教育经费奇缺，教育事业支离破碎。全国学生反内战、反饥饿运动兴起后，朱疲于奔命，竭力加以压制。1948年冬，平津解放在即，南京亦已风声鹤唳，朱家骅派大批人马把故宫、中央博物院、中央研究院、北京图书馆的文物书籍等大量运往台湾，并把中研院搬迁去台湾。12月，行政院改组，朱不再任教育部长，改任行政院政务委员。1949年夏，朱在广州出

① 胡梦华:《国民党CC集团的前前后后》，中国人民政治协商会议天津市委员会文史资料研究委员会编《天津文史资料选辑》第6辑，天津人民出版社1980年版，第180页。

② 胡梦华:《国民党CC集团的前前后后》，中国人民政治协商会议天津市委员会文史资料研究委员会编《天津文史资料选辑》第6辑，第204—208页。

任行政院副院长①。不久,朱随同国民党政府撤往台湾。

朱家骅在台湾任蒋介石的"总统府资政",1963 年 1 月 3 日因心脏病去世。

① 大陆杂志社编:《朱家骅先生逝世纪念册》,1963 年 6 月台北印。

# 朱 经 农

娄献阁

朱经农，原名有畇，改名经，字经农。祖籍江苏宝山，1887年8月14日（清光绪十三年六月二十五日）生于浙江浦江县城。父亲其恕（字仁甫）曾助堂兄朱其昂创办轮船招商局，后任知县，又在石门厘金局做事。

1894年，其父病故，时朱经农刚满七岁，兄弟四人均未成年，由母亲抚养，生活十分艰苦，仍坚持在家攻读。朱的三叔其懿长期在湖南做官，于1896年将他们全家接到长沙，后朱经农过继给五叔聪甫为嗣。其时新政在湖南盛行，姑丈熊希龄和叔父其懿都是维新人物，多次携朱经农到南学会听讲演，朱经农颇受启迪。

1898年戊戌政变后，朱其懿由长沙调往衡州任知府，熊希龄也闲居衡州，朱经农便向熊希龄和一位姓彭的老师学习《左传》、《说文》等。1901年，朱经农前往上海姐姐家同外甥顾月江一起学习，并准备投考南洋公学，后因病作罢。

1902年，朱经农回到湖南，三叔其懿已改任常德知府，遂往常德就读于名儒易纬舆门下。翌年，考入常德府中学堂，与进步青年覃振、戴修瓒等同学，课余结伴去启智书局阅读《浙江潮》、《洞庭波》等新书，渐萌民主革命思想。

1904年，朱经农赴日本留学，先后在巢鸭弘文学院和成城学校就读。1905年，经同学龚练百介绍加入中国同盟会，结识黄兴等革命领袖。同年冬，中国留日学生为反对《清国留日学生取缔规则》相继归国。

朱经农回到上海后，与姚宏业等筹办中国公学，1906 年春开始上课。教员有于右任、马君武等人，还聘有日人任教。朱一面当学生，一面做翻译，半工半读，被称为"中国公学之秀"①。1908 年，两江总督端方所派监督破坏学校的民主制度，酿成学潮。朱经农是学生代表被开除，多数学生在极端气愤之下整队离校，另组织中国新公学，朱被推为三干事之一。新校经费十分困难，支持一年有余，至 1909 年冬新旧公学合并，才得解决。

1910 年，三叔其懿在沪病故，朱经农扶柩回长沙营葬。为赡养家庭，他留湘任湖南高等实业学堂英文教员，兼农业学堂翻译。1911 年辛亥革命时，他参加戎幕。不久，都督焦达峰、陈作新被害，朱遂出走上海。

1912 年秋，朱经农应宋教仁等之请，由上海赴北京，任《民主报》编辑和《亚东新闻》总编辑；同事有景耀月、金葆光等。两刊实为同盟会与稍后成立之国民党的喉舌。朱以"澹如"等笔名多次发表文章，指斥袁世凯及其同党倒行逆施，"蠹国病民"，司法行政"依一人之意向为转移，一喜一怒百小民生死系之"②，致使国会无形解散，民德日益沦亡，法律破坏殆尽，此乃足以亡我民国之三大隐忧。因此遭到袁的忌恨。

1913 年"二次革命"发生，北洋当局下令将上述两报刊封闭，并指名索捕朱澹如等。朱经农避往天津。同年 7 月，熊希龄组阁，朱得其庇护，回京后暂居熊宅，旋由熊函荐于农商总长张謇，任统计事宜。迨袁世凯搞帝制自为，朱深为不满，于 1916 年前往美国。

朱经农在美，初任中国教育部留美学生监督处书记，业余入华盛顿大学听课，进行半工半读。1920 年，取得官费，辞去监督处的职务，转入哥伦比亚大学师范学院，为研究生。留美期间，他先后获学士及硕士

---

① 胡适：《喜朱经农来美》，《胡适留学日记》（四），商务印书馆 1948 年第 2 版，第 935 页。

② 朱经农：《民国之三大隐忧》，《民主报》1913 年 5 月 27 日第 2 版。

学位。朱在美加入基督教,成为忠实信徒。又常与胡适、任鸿隽交往,共同探讨文学改良问题。朱赞成写白话文,认为胡适的"《建设的文学革命论》所主张甚是"①,但谓"白话诗无甚可取"②,尤反对以罗马字代替汉文。

1921 年,朱经农应北大校长蔡元培之邀由美回国主讲教育学,后又在北京女子高等师范学校兼课。在太平洋会议召开之际,朱曾撰《废止一九一五年中日条约及其附属文件之研究》和《各国在华租界地性质之研究及请求取消之理由》两文,刊于《东方杂志》,对帝国主义的侵略及军阀混战的危害加以谴责。

1923 年,朱经农应王云五之邀至上海商务印书馆,协助王赶编新学制中小学教科书,很快出版了数十种学生和教员用书。这套书就是为了配合教育改革的课程需要,内容充实,具有一定的科学性,在中国近代教育史上占有比较重要的地位。在编教科书的过程中,朱曾多次在《教育杂志》、《教育与人生》等刊物上发表文章,参加有关各门课程的讨论,并翻译出版美国实用主义学者杜威《明日之学校》一书。他还曾撰《职业指导与初中课程》等文,强调学生的技能培养,并与陶行知一起改编《平民千字课》,助熊朱其慧、晏阳初等搞"平民教育",同时替《申报》编辑供平民阅读的副刊。

1924 年秋,朱经农兼任沪江大学国文系主任,讲授教育学。1925 年,"五卅"惨案发生后,圣约翰大学学生为抗议帝国主义的血腥暴行全体退学,学生家长张寿镛等另创光华大学收容退学学生,推朱经农为教务长,他辞去沪江的职务,积极进行筹划,经过数月准备即开学上课,并在教学与管理方面均保持与圣约翰相等的水平。这期间朱还常去大夏

---

① 《朱经农致胡适的信》(1918 年 6 月 5 日),《胡适文存》卷一,上海亚东图书馆 1925 年版,第 109 页。

② 《朱经农致胡适的信》(1916 年 8 月 2 日),《胡适留学日记》,商务印书馆 1948 年第 2 版,第 998 页。

大学夜校教书。1926年，他担任主编《教育大辞书》工作。

同年，朱经农曾赴广州暗中与国民党中央取得联系，回沪后同吴稚晖、杨杏佛等冒险从事党务工作。1927年，北伐军攻占上海，国民党上海市政府成立，黄郛为第一任市长，朱被任命为教育局局长。当时教育局仅有二十余人，但办事效率很高，他对教育计划与布置"既不急就，亦不躐等"①，处处从未来着眼。1928年春，朱辞去教育局长的职务，一度任市政府参事。不久被蔡元培调往南京，任大学院普通教育处处长。同年秋，大学院改组为教育部，朱留任普通教育司司长，1930年升任常务次长，是年冬随部长蒋梦麟辞职。朱长期主管中小学教育，国民党政府初年的有关教育规章制度多出自他之手。

1931年春，朱经农到沪任中国公学代理校长。4月，上海市教育局教育讨论会成立，被推为委员长。同年夏，受聘为山东齐鲁大学校长，迁居济南。

1932年9月，朱经农担任湖南省政府委员兼教育厅厅长，到任后即对全省教育进行实地考察，并相继组设湖南教育设计委员会、初等教育研究委员会和职业教育研究委员会，以推动教育的发展。他在湘任职十余年，克服了抗战时期的严重困难，至离任之前，基本上已做到全省范围内平均每一百户有一所四年制小学，每一乡（镇）有一所六年制小学。中等学校由原来的一百多所增加到二百五十多所。高等教育，除先后将湖南大学与湘雅医学院改为国立，又于1941年在南岳创办农、工、商三所专科学校。

1943年3月，朱经农奉调至重庆，任中央大学教育长，校长系蒋介石兼任，校务实由朱负责主持。一年之后，蒋介石辞去校长兼职，朱也离开中央大学。

同年，朱经农写成《教育思想》一书，后由商务印书馆出版。该书回

---

① 潘公展：《纪念一位中国教育家》，《革命人物志》第17集，1977年台北出版，第73页。

答了教育理论方面有关问题的争论,阐发了他的教育观点。朱不赞成个人主义和国家主义的教育,而提倡民治主义的教育,认为此种教育学说“一方面维持个人的发展,一方面注重社会的秩序,对于国家的自由和民族的平等十分尊重,同时希望大同之治……或可供吾人建立教育政策的参考”。他认为“学校是好社会的雏形”,“应以切合社会需要为施教的目标”,并主张中国教育必须以精神训练、国防科学、生产技能为中心,教育家要“把儿童当作有机的主体”,“一切课程须适合自然发达的原则”①。他反对阶级斗争论,并主张调和科学与宗教的矛盾。

1944 年 3 月,朱经农被任命为教育部政务次长。翌年 5 月,当选为国民党中央监察委员。抗战胜利后,他辞去次长职务,仍去上海继王云五任商务印书馆总经理,同时兼光华大学校长。1946 年 11 月和 1948 年 3 月,朱两次出席国民党政府召集的“国大”。

联合国教科文组织 1947 年 9 月在南京召开远东区基本教育研究会,朱经农被邀参加,会后曾撰文发表感想。1948 年 11 月,他作为中国首席代表赴中东出席联合国文教会议,会议结束时上海已经解放,朱暂留美国,着手撰写《中国教育思想史》,不久完成初稿。1950 年,应聘在康涅狄格州哈特福德神学院任教,至 1951 年 3 月 9 日,因心脏病去世。著译书籍除前述各种外,还有《爱山庐诗抄》、《近代科学的宗教观》等。

① 朱经农:《教育思想》,商务印书馆 1947 年再版,第 20、39、34、14、13 页。

# 朱　培　德

胡训珉

朱培德，字益之，1889 年 10 月 29 日（清光绪十五年十月初六）出生于云南盐兴县猴盐井（今属禄丰县）。其父朱秉堃为盐兴县广通书院山长，兼营盐业。朱培德五岁时被祖母带到安宁读书。七岁时父亲去世，遂由祖母、叔父抚养长大。少年时喜欢骑射和武术。

1908 年，朱培德考进云南陆军第十九镇随营学堂。两年后，随营学堂并入云南陆军讲武堂，朱为丙班生，受到严格的军事训练，并受反清革命思想宣传的影响，常秘密阅读革命书刊，参加了同盟会。辛亥革命爆发时，讲武堂学生参加云南"重九"起义。起义胜利后，朱培德被派入李根源指挥的西征军第二师任一等副官，后改任中队长。

1912 年秋，讲武堂改名为云南陆军讲武学校后复课。翌年 6 月，朱培德被调回讲武学校第四期步兵科乙班深造。1914 年夏毕业，被派往新编步兵第三团一营一连任连长。1915 年春升第二营营长，被派往思茅、普洱边界驻防，因当地是著名的瘴疠之地，士兵大半病死于疟疾。朱培德也染患重病，年底始回昆明。

这时，蔡锷、唐继尧等发动"护国战争"，朱培德所在的第三团编入护国第一军，随蔡锷开赴四川作战。不久，朱培德营扩编为支队（相当于团），任支队长，编入李烈钧护国第二军方声涛梯团，于 1916 年初向两广进军。朱培德率部师次滇桂边龙潭时，同袁世凯派来进犯云南的龙瑾光部激战，获胜后进至广东肇庆。在此，朱部整编为第二十五团，任团长。又经三水、清远取道韶州北进，行军到琶江时，袁世凯死。时龙济光部阻挠，朱率部与龙军十个营战于源潭，坚持数昼夜终于获胜。随攻清远，得龙部陈福祥率三个营来降，朱率军开往广州。护国战争结束后，北京政府调龙济光任琼崖矿务督办，将护国第二军改编为“驻粤滇军”，归陆荣廷统辖，朱培德升任驻粤滇军第七混成旅旅长，率该旅驻扎广州市区。

1917 年 8 月，孙中山南下广州领导护法运动，组织护法军政府，朱培德在广州加入中华革命党。在广州护国军政府内部，滇桂军阀唐继尧、陆荣廷竭力控制领导权。这时，龙济光在琼崖称兵，旬日间陷高雷四邑，守军节节败退。广州危在旦夕，朱培德站在驻粤滇军总司令李根源一边，表示不能坐视。李根源任命朱培德为梯团长，率滇军三个支队会同粤桂各军为南路讨龙，相继占领恩平、阳江、高雷。旋北洋军由赣南偷袭粤北，朱又奉命赴援南雄。南雄解围后，朱培德因战功，被李根源升任滇军第四师师长，仍率部驻扎广州，兼任广州卫戍司令。

1920 年 2 月，滇桂军阀为争夺驻粤滇军的领导权又起纷争。唐继尧电令解除李根源驻粤滇军军长职务，谓驻粤滇军由本督直辖，就近秉承李(烈钧)参谋长办理。朱培德奉唐之命，调集军队袭击驻粤滇军司令部。但李根源得到桂系陆荣廷支持，迅速控制了局势，朱培德闻讯连夜化装逃到香港，与滇军将领磋商对策。3 月辗转回队，率部分滇军退至湘南，编成三个旅，朱自任师长。途经郴县时应谭延闿之请助击张敬尧，与张军战于衡山获胜，使谭军进占岳州。旋奉唐继尧命继续行军入川，进抵渝、叙、泸之时，滇军已败，唐继尧嫌他行动迟缓，解除了他的职务，朱遂离职经重庆去上海。

同年 10 月，桂系陆荣廷把持的广州军政府垮台，11 月，孙中山重返广州。1921 年 6 月，粤桂战争时，原朱培德所率之滇军由湘西开到桂西北。10 月，孙中山着手在桂林筹建大本营，准备依靠滇、粤各军北伐。但这时亡命香港的唐继尧重金收买了杨益谦，计划由杨率滇军护卫唐继尧回云南。为了保住这支重要武装，大本营参谋总长李烈钧召朱培德回桂林稳定滇军，孙中山并委朱为援桂第二路司令。唐继尧闻讯极为紧张,亲自会见朱培德,倾其囊中仅余二十万元予以收买。朱培德对唐继尧并无好感,追随孙中山的决心已定,他收下唐的巨款后,暗中控制了滇军。当杨益谦私自调动滇军准备与唐继尧会合时,大部分将士拒绝服从命令,少数已经出发的部队也被朱培德率部截回,杨只身逃走。11月,孙中山发布了任命朱培德为"中央直辖滇军总司令"的命令,并予以嘉勉。12月底,朱培德率所部滇军在桂林集体加入国民党。不久,他又通电声讨唐继尧,表示决心北伐,决不回滇。

由于陈炯明的破坏,孙中山取道湖南北伐的计划受挫,被迫改道赣南北进。1922年4月,朱培德率滇军在李烈钧指挥下,担任中路前敌总指挥,由韶关入江西,会同粤、赣各军一起北伐。6月,当北伐军前锋进至江西吉安时,陈炯明在广州发动叛乱,炮轰总统府,孙中山趋登楚豫舰,北伐军急忙回师靖难,被阻于韶关。不久,又因友军失利,朱培德率部且战且退,多处被截,后焚弃辎重,率轻骑经乐昌、蓝山等地入桂,将桂林土匪梁华堂驱逐之。

1923年4月,朱培德会同滇军杨希闵等率部入粤,驱逐了陈炯明,迎孙中山重回广州任海陆军大元帅。当时盘踞广州的滇桂各派军阀之间矛盾极为尖锐。为了保证大元帅府的安全,又避免各派军阀的疑忌,孙中山调朱培德滇军回广州,将朱部编为"大本营巩卫军",并任命朱培德为大本营巩卫军军长兼大本营参军长、代理军政部长,给了朱培德特殊的荣誉。10月,朱培德在保卫广州之战中击败陈炯明。朱的声誉隆起,愈加受到孙中山的信任。

1924年9月,孙中山准备再次北伐。朱培德任北伐军中路总指挥,率部随孙中山北上,集结于广东北部乐昌一带,旋率军入江西,击败吴佩孚部。是年冬,孙中山北上,朱部奉命回广州。次年3月孙中山在北京逝世后,云南军阀唐继尧企图乘虚而入,宣布就任副元帅,勾结杨希闵、刘震寰,准备里应外合,夺取广州。6月5日,朱培德就任建国滇军司令,调集军队参加平定杨、刘的战斗,收编了杨、刘残部,为巩固广东根据地作出了贡献。

当时，广东革命政府正在进行一系列改革，各种力量明争暗斗十分激烈。朱培德深知军事实力的重要，抓住时机重振滇军。他向国民党中央和苏联顾问团表示坚决赞成关于统一军政、民政、财政的决定，主动要求尽快在滇军中建立政治工作制度，特别要求获得大量新式武器装备。由于长期以来朱培德追随孙中山，服从国民党的指挥，他的要求很快得到批准。中国共产党派朱克靖等一批云南籍党、团员到朱培德军中组织政治工作机关，动员了一批云南进步青年加入朱培德军。国民党中央也拨给他大批枪械物资，把赣军和川军残部拨给他整编。经过共产党人和国民党左派的努力，残破不堪的滇军大为改观。1925 年 7 月，国民政府在广州成立，朱培德担任国民政府委员、军委会委员兼军需部长。8 月，滇军改编为国民革命第三军，下辖三个师，他任第三军军长。在第二次东征期间，朱培德兼任南路讨贼军总指挥，指挥第三、第四军和一部分桂军进兵粤南，歼灭了邓本殷部。

在国共合作的前期，朱培德拥护孙中山的方针，在 1926 年 1 月的国民党第二次全国代表大会上，当选为中央执行委员、中央政治委员会委员。在相当一段时间内，他靠拢国民党左派，对蒋介石有所不满，尤其对蒋以领袖自居，蓄意扶植嫡系、排斥异己的专横跋扈行径颇为反感。3 月 20 日，蒋介石制造“中山舰事件”，蒋的亲信、第三军军校校长熊式辉擅自派兵包围第三军政治部。朱培德闻讯立即撤销熊式辉的职务，慰问政工人员；同时，联络第二、四、六各军，准备共同制裁蒋介石。但是其他各军只求自保，在蒋介石纵横捭阖之下，朱培德无能为力。嗣后，他见风转舵，曾和谭延闿一道奔走于汪、蒋之间，充当调解人。但汪精卫十分消极，称病隐匿。此后，他一度附和蒋介石，在国民党二届二中全会上，列名为“整理党务案”的提案人之一。

1926 年夏，北伐战争开始，朱培德任右翼军总指挥，率第三军集中于湖南浏阳、醴陵一带，防御江西孙传芳军。9 月 6 月，朱培德率第二、三两军进攻萍乡、莲花，在仰天岗一带与孙军主力邓如琢部激战，取胜后第三军前锋到达南昌城下，主力在牛行一带布防。但在敌军猛攻下，全军退至蛟桥、万寿宫一带。在中共政治工作人员带领下，部分下级军官和士兵不顾敌人的猛烈炮火奋勇出击，取得万寿宫大捷。11月初，在江西的北伐军发起总攻，朱培德率第二、三、十四军及第五军一部发起第二次牛行战役，11月8日占领南昌，结束了江西战事。在江西的苦战中，一万人的第三军，伤亡达六千多，损失之惨重是北伐各军中少见的。

由于第三军的战功，朱培德被任命为江西省临时政治委员会委员和代理主席、南昌警备司令。他不仅充实了第三军，还招收流落于湘西、赣南的滇军残部金汉鼎、杨池生、杨如轩等部加以收编，把第三军扩编为第五路军，下辖第三、第九两军。他请云南讲武堂同学、滇军名将朱德任第三军军官教育团（后改名为第五路军军官教育团）团长，培训各级军官。

其时，国民革命军总司令蒋介石亟欲在南昌建都，把国民党中央和国民政府完全控制在自己手中，因而不愿让朱培德坐大，更不肯让朱控制江西地盘，致使朱培德同蒋介石的矛盾激化。朱遂采取反蒋左倾的立场。1927年2月，蒋介石任命李烈钧为江西省主席，国民党右派囊括了省政府全部要职。蒋的部属甚至扬言要暗杀朱培德的爱将第三军军长王均和第三军政工人员。蒋建都南昌的企图遭否决后准备东进时，以委朱培德为江右军总指挥为名，调走朱的两个师，并把它们拆开，使之无法互相策应。蒋还亲召朱部第九师长曾万钟长谈，意图收买。顷刻之间，朱培德几乎被搞得手无一兵。他一气之下跑到九江，派员向武汉政府表示：他追随总理多年，服膺三民主义，拥护三大政策永远不变；对蒋介石的倒行逆施，他很痛恨，他要拥护武汉政府到底①。因此，武汉政府明令王均管理南昌卫戍事宜。国民党二届三中全会继续选举朱培德为国民政府委员、中央执行委员、

① 梅原：《朱培德对政治工作的“欢迎欢送”》，中国人民政治协商会议全国委员会文史资料研究委员会编《文史资料选辑》第45辑，中华书局1984年版。

军委会委员。

3月下旬,蒋介石率军离赣东下,朱培德立即公开反蒋。他一面下令调回第三军东进部队,一面派军队解除蒋军留守部队张群等武装,并把李烈钧的省政府赶到上饶一带,甚至派军队保护"四二"暴动的群众,捣毁了程天放等反动分子把持的伪省党部。南昌的反动空气暂时被遏制,朱培德也取得了武汉政府的信任。4月5日,武汉政府改组江西省政府,朱培德就任省主席,王均和黄实分别担任省政府委员和财政厅长。朱培德又推荐第三军政治部主任朱克靖兼省政府秘书长,任命朱德兼南昌公安局长。这样,朱培德终于独掌江西省大权,但他余恨未消,又亲书长信寄何应钦,历数蒋介石的罪恶,动员何应钦反蒋。

蒋介石深知江西战略地位之重要,曾数次函电致朱表示:"兄环境之困,弟亦深知"①,劝他"不可自毁历史"②,责成他保护被捕的反动分子。上海《民国日报》对王均、朱克靖等破口大骂之时,对朱培德则微妙地不著一词。朱培德察言观色,眼看蒋介石在南京、上海已经得手,声势日大,便停止了自己的反蒋言行,再次避居九江,留下日后同蒋介石修好的余地。

"四一二"政变后,蒋介石在南京成立国民政府,宁汉分裂,但双方都没有立刻摊牌,朱培德也不愿他人染指江西。5月14日—15日,他代表汉方同李宗仁在湖口江面军舰上会谈并达成协议:宁汉双方暂不交锋,各自北伐,江西暂守中立。

随着武汉汪精卫集团反共声浪的高涨,朱培德也逐步改变了他的左倾姿态。5月,许克祥在长沙发动"马日事变"后,朱提出"打倒劣绅,保护正绅",实行"缓和"政策的口号。他派兵查封了《三民日报》,给第

---

① 《民国日报》(上海)1927年5月25日。

② 程天放:《我所亲历的四二事变》,传记文学社编辑《程开放早年回忆录》,台北传记文学出版社1968年版。

三军一百四十多名政工人员发了路费，用军舰押运“礼送”出境①。6月5日，朱培德下令南昌全城戒严，将AB团分子程天放等释放；又命令省总工会、农协停止活动，通令各县停止工农运动，还派兵围缴工人纠察队和农民自卫军的枪械。他再一次强令“礼送”袁玉冰、方志敏等二十多名共产党人和国民党左派出境。

7月15日，武汉汪精卫集团公开反共，旋以唐生智为总司令率军东征，朱培德深恐唐生智乘机兼并江西，乃调集军队布置警戒。月底，叶挺、贺龙军开入空虚的南昌城，8月1日南昌起义爆发，朱培德措手不及，驻守南昌的四个团除两个营闻风逃走外，其余全部被歼。他慑于起义军声威，包围南昌后不敢进攻，将主力置于赣南主要交通要道，待到起义军南下，曾于大庾岭拦阻。等张发奎军尾随而下之后，江西重新成为朱培德的一统天下。

是年8月，蒋介石下野，不久宁汉合流。朱培德随汪精卫等到南京、上海，经过国民党各派的激烈争吵，暂时达成了“党政统一”，朱被推为国民党特别委员会委员、南京国民政府委员、军委会委员及主席团委员。但南京国民政府和特别委员会实为桂系和西山会议派控制，汪精卫未能遂愿，很快回到汉口。朱培德也回到江西，力谋稳固自己的阵脚。10月，南京政府下令讨伐唐生智，朱培德接受了南京委任的第五路军总指挥职，把军队集结于九江、铜鼓。但朱仍受汪精卫影响，态度暧昧，使败退的唐军得以从容后撤。

汪精卫因广州事变受到围攻，于12月被迫出国。蒋介石于1928年1月复任国民革命军总司令，朱培德只好俯首投入蒋介石门下。为预防不测，他命令王均：“中央如果要缴械，不要抵抗，把枪五支五支地

---

①　据赵济时（中共党员，任第三军第九师政治部主任）回忆：被“礼送”的共产党员分为两批走的，时间大约在5月中下旬。另据梅原《朱培德对政治工作的“欢迎欢送”》一文中称：朱培德在“礼送”共产党后，曾派黄实到武汉向中共道歉，并数次表示继续欢迎中共政治工作人员，去第三军工作。

捆好上交。”①朱到南京后，主动向蒋介石要求参加对张作霖的北伐。蒋当时的地位尚不稳固，对朱培德此举甚为欢迎。3 月，朱培德率第三军及第三十一军（原第九军）大部北上。5 月，朱被任命为第一集团军前敌总指挥。国民党二届四中全会也将朱选为南京国民政府军委会常委。此后，工农红军在江西建立根据地，蒋介石命令朱培德“进剿”。11 月，朱培德任湘赣“剿匪”总指挥，率部赶回江西，全力围攻红军，一度占领井冈山，后被工农红军逐出。

1929 年 1 月，蒋介石成立国军编遣委员会，朱培德为常委、第一编遣区办事处主任。他的两个军被就地缩编为第七、第十二两个师，仍称第三军，以王均兼军长。

3 月，蒋桂战争爆发，朱培德被蒋介石任命为前敌总指挥，奉命以“讨逆军第一路总指挥”名义，出兵配合蒋军进攻长沙。桂系失败后，他又退回江西继续“剿共”。9 月，朱培德辞去江西省主席，被任命为参谋本部参谋总长，为蒋介石奔走编遣各派部队事宜。

朱培德的政治地位不断上升，成为国民党内少数几个还能得到蒋介石一点尊重的“元老”。但是朱有过公开反蒋的历史，过去一直与汪精卫、胡汉民引为知己，又曾是桂系李宗仁、白崇禧的盟友，因而尽管朱培德处处谨小慎微，事事效忠于蒋，蒋对他仍然深加戒备，处心积虑地削弱他的实力，蚕食以至侵吞他的地盘；所谓“升迁”只不过是蒋逐步架空朱的手段。朱培德由独领一方的军事将领变成了蒋介石的高级幕僚。他的两个师被分别调离江西，除人事安排外，其余军务一概无权过问，此后他只好在国民党各军事实力派之间充当一个调解人。

1929 年 9 月，汪精卫、唐生智等策划发动“护党救国运动”，事前陈公博秘密致电朱培德，要他率部起兵响应。朱为自保，把陈的密电交给

① 据云南省政协胡彦回忆，时胡彦在朱部任副旅长。

了蒋介石①。事变发生后，第三军正处于唐军后方，被编入唐军序列，但朱培德授意第三军保持“中立”，在新郑一带作壁上观。混战结束后，仍回到蒋军序列。

“九一八”事变后，在全国人民声讨和反蒋各派系的强烈胁迫下，蒋介石被迫下野。1932 年元旦，孙科组织新的国民政府，朱培德任参谋长。但不到一个月，蒋介石与汪精卫合作重新上台，3 月 2 日被推举为军事委员会委员长兼军事参谋部参谋长，朱培德乃改任没有实权、专管日常行政事务的军委会办公厅主任。翌年，兼代训练总监。蒋介石去江西指挥“剿共”战争时，南昌行营成为国民党权力中心，朱培德在南京为蒋介石看守空城，调拨粮草。1933 年 12 月，当何应钦兼代北平军分会委员长时，蒋介石曾拟挽朱培德出任军政部长，他谢辞。年底，他被任命为军事训练部总监。他唯蒋之命是从，谨慎办事，使蒋渐觉放心。1934 年 12 月，朱被蒋任命为代理参谋总长，常常代表蒋介石周游各地，参加各类礼仪性的活动。朱还受命主持修建沪宁线上的国防工事工程。1936 年 8 月，朱又奉命率员入桂游说，充当国民党派系斗争的调停人，与李宗仁、白崇禧等谈判解决“两广事变”，达成了“和平”协议。这一年，他晋升为一级陆军上将。

就在朱培德为新生活运动鼓吹“军官的新生活”之时，他的第三军遭到一连串打击。早在 1931 年春，第三军在参加“围剿”鄂豫皖苏区时，在苏家埠被红军徐向前部击溃三个团，总指挥第七师副师长厉式鼎被俘，是第三军有史以来最惨重的失败。由于蒋介石克扣军饷，只给军官们发生活费，第三军勉强支持到 1935 年 4 月，被迫自行缩编，从而激起部分军官和士兵的反对，旅长以下军官集体向蒋介石致电申诉，这在封建地方观念极为浓厚的第三军中是很少见的，直到朱培德亲自出马才告平息。1936 年 10 月，朱培德的亲信第三军军长王均在甘肃堵截

---

① 陈公博著，汪瑞炯、李锷、赵令扬编注：《苦笑录：1925 年至 1936 年陈公博回忆》，香港大学亚洲研究中心，1979 年。

红军北上时飞机失事身死，第三军实权落入亲蒋的曾万钟手中，朱培德发家的资本和最后的倚仗被蒋介石夺走。虽然他连续被选为国民党第三、四、五届中央执行委员、中央政治委员会委员，但此时也不由哀叹功劳再大也没有用，自我慰藉为人不要出风头，不要做第一号人，生活享受要合乎本分。他经常流露思乡情绪，还劝阻亲属从军从政，要他们专攻自然科学。

1936 年 12 月西安事变，蒋介石被扣在西安。南京的反蒋分子乘机大肆活动，朱培德同何应钦、唐生智、程潜等被举为军委会常委，一时在争夺中央领导权的混乱中颇为活跃。西安事变和平解决后，蒋回到南京，于 1937 年 2 月召开国民党五届三中全会。会议期间，朱按惯例注射德国进口的补血药剂后，突然血液中毒，于 2 月 17 日去世，终年不足四十八岁。

# 朱 庆 澜

丘 琴 姜克夫

朱庆澜，字子桥，祖籍浙江绍兴。其父朱锦堂在山东知府衙门任幕僚，朱庆澜于 1874 年生于山东历城县（现济南市），后落户于辽宁锦州。幼读诗书，经科举考选为附生。1893 年，经父执友介绍去关外谋生，初任巡警总局巡检，后转入巡防营。因作战勇敢，由哨长逐步提升为队官，接着升任驻防锦州的第三营管带，后又擢升统兵五营的统领。

1904 年，赵尔巽出任盛京将军，因朱庆澜在辽西剿灭胡匪、缉拿海盗有功，又因朱父是赵父任山东巡抚时旧属，故对朱特别倚重，调朱任营务处督办，协助赵整编奉省军队，裁汰老弱，编成四十营。1906 年又调任统领，统率步、骑、炮八个营，驻军沈阳，为将军府的亲兵。

1909 年 6 月，赵尔巽调任四川总督，以朱庆澜办事干练，又奏明朝廷调朱来川，初委为巡警道，继委为陆军第三十三混成协协统。1911 年 2 月，三十三混成协扩编为暂编陆军第十七镇，朱升任统制。他延聘由日回国的程潜、方声涛等为军官，想把十七镇训练成卫国劲旅，并与革命党人建立友谊，萌发了民主革命思想。时清廷宣布取消商办铁路法案，引起了粤、湘、鄂、川等绅商的强烈反对。四川各界组织保路同志会，发动请愿，新任川督赵尔丰开枪镇压，射杀群众四十余人，激起了四川民变。10 月，武昌起义爆发，11 月 27 日，四川宣布自治，推谘议局议长蒲殿俊为都督，朱庆澜为副都督。大汉四川军政府成立后，诸事未集，加之军政府许诺发放的三个月恩饷又未能如数发给，在军队里引起很大的不满。12 月 8 日，蒲殿俊、朱庆澜等在成都东校场阅兵，巡防军遂因索饷发生哗变，乱兵向检阅台开枪，蒲、朱逃匿。乱兵到处抢劫焚掠，全城极为混乱。其时，尹昌衡于乱中驰赴凤凰山军营，急召第六十五标标统周骏、管带宋学皋率新军入城剿捕乱兵。尹昌衡以平乱有功被举为都督。朱为官廉正，他统帅的十七镇官兵又未参与镇压保路的民众，遂得与外籍军官安全离川。

1912 年 3 月，袁世凯就任民国临时大总统，因黑龙江都督宋小濂系文人，不谙军旅，北京政府陆军部遂派朱庆澜出任黑龙江督署参谋长，旋宋离职，朱代理都督。1913 年 10 月，朱被任命为护军使兼民政长。1914 年 5 月，民政长改为巡按使，他仍兼该职。6 月，护军使名目裁撤，朱改任镇安右将军兼巡按使，督理黑省军民两政。1915 年袁世凯帝制自为。9 月，朱列名段芝贵等十四省将军通电拥袁称帝，12 月被袁封为一等子爵。1916 年 5 月，黑龙江第一师师长许兰洲和其参谋长李景林串通一气，乘袁世凯复辟失败之际谋夺巡按使职位，鼓动部下威逼朱让贤，朱被迫离职。朱在黑省主政四年，政绩为黑省人所称道。黑省马贼猖獗，不断攻城破邑，朱除亲率骑兵追剿外，并在各县编练保安队清乡，社会秩序随之安定；民初黑省人烟稀少，朱勘测荒地，减赋招收冀鲁饥民开垦，逐渐成为我国粮仓；当年沙俄不断越界侵略，朱督工建成工程艰巨的嫩（江）漠（河）公路，以固国防。从这时起朱即注重社会救济事业，在省城办有女子教养院、孤儿院、博济工厂等。朱生活俭朴，离职时骑马挎刀带随从一人至昂昂溪乘火车入关，其朴素风貌在黑省传为美谈。

1916 年 6 月，袁世凯病死，黎元洪继任总统，段祺瑞任国务总理。段独揽大权，为借助朱庆澜的声望，收拾袁称帝时宣布独立的西南局面，于同年 10 月任命朱为广东省长，加卓威将军衔。朱到任广东时形势极其复杂而棘手：桂系陆荣廷所部进兵广东驱逐龙济光后，即派其部下陈炳焜任广东督军，桂系军队控制省城、东江、西江地区；倾向国民党的李烈钧率滇军两个师驻防韶关和北江地区；此外还有龙济光留下的地方保安队和辛亥时期的民军散驻各地。陈炳焜排斥异己，从不补给，这些部队就各在防地筹饷，与当地人民发生了矛盾。朱庆澜同情这些部队的处境，以省长名义发行“救国公债”，予以接济。同时，将保安队四十营编成省长亲军，委国民党人陈炯明为警卫军司令，归省长指挥调遣，以增强对抗桂系的实力。

1917年7月，张勋拥溥仪复辟。朱庆澜首先发电声讨，同时为反对以段祺瑞为首的北洋军阀集团毁法，派员赴上海欢迎孙中山以广州为根据地领导护法运动。孙中山乘应瑞舰到达汕头，派章太炎先行至广州接洽。为保卫孙的安全，朱派警卫军统领国民党人魏邦平兼任广州警察厅长。同时李烈钧亦电方声涛、张开儒率滇军两个师集结广州郊外，在这种情况下孙中山抵穗时，陈炳焜被迫与朱庆澜一道去江岸迎接。同年8月，国会议员在穗召开非常会议。9月，选孙中山为海陆军大元帅，陆荣廷、唐继尧为元帅，成立军政府，与北洋军阀政府展开斗争。朱庆澜倒向孙中山方面，使段祺瑞十分恼火，便发表朱庆澜为广西省长，朱以广东自主为由拒绝接受。桂系始终把朱庆澜看作眼中钉。这时，陈炳焜借口军事时期，军权必须统一，要求改编警卫军，朱被迫交出二十营。陈为挤走朱，吞并其警卫军，策动肇阳罗镇守使李耀汉起兵驱逐朱庆澜。朱将省长印交与省议会，将警卫军交给陈炯明，未理睬陈炳焜，即回上海。从此，孙中山为首的国民党人有了一支自己的正规武装。

此时朱庆澜以国事纷扰，难有作为，遂联络有志之士从事教育事业，在祖籍绍兴市柯桥镇创办渔后村小学。在第二故乡锦州市创办成德女子中学，其夫人徐雅志在沈阳协助阎宝航办贫儿学校，接着又创办崇德女子中学等。

1921年11月，列宁领导的苏俄政府宣言放弃庚子赔款并将中东铁路交还中国。时张作霖任东三省自治保安总司令，提出保境安民口号，延揽人才，整顿内部。朱庆澜两度在东北任职，素有贤名。经孙中山推荐，张作霖于1922年10月任命朱庆澜为中东路护路军总司令，拨出四个旅归朱指挥，分驻满洲里至绥芬河铁路沿线。12月，东三省议会联合会划中东路沿线为东三省特别行政区,张作霖又任命朱兼特别区行政长官,所有区内军警、外交、司法、财经、教育等机关均归朱管辖。

时苏俄红军正与白俄军在远东交战,为防止白军利用中东路对红军作战,朱在中俄边境实行戒严,将退入我国境内的谢米诺夫等白军予以缴械,从而保持了东北地方当局对赤白两军战斗中的中立立场。随后,张作霖决定甩开曹锟的北京政权派代表与苏联直接谈判;而苏联亦正视张作霖系东北实际统治者事实,希望取得中国地方政府的承认,经朱庆澜协同张作霖派出的全权代表郑谦与苏联全权代表库兹涅佐夫多次谈判,于 1924 年 9 月终于签订了《中华民国东三省自治政府与苏维埃联邦之协定》(即《奉俄协定》),规定:(一)中东铁路六十年后由中国无条件收回;(二)中东铁路理事会由奉俄会商解决。

朱庆澜在东省特区任职期间,不仅协助张作霖收回铁路共同管理权及特区境内的土地和森林资源经营权,而且排除英、日帝国主义者的干扰,促进东三省地方当局与苏联和平共处。同时,朱还促成东三省当局与苏方签订收回松花江、黑龙江航行权协定,由朱召集哈市绅商组织"戊通公司",购买大批船只航行两江流域。商民为了表示对朱的感戴,将吨位最大的一只船命名为"庆澜"号以志纪念。此外,朱对哈埠市政建设、振兴实业、繁荣市场、发展文教事业亦有贡献。由于朱不同意张作霖穷兵黩武政策,在第二次直奉战争爆发前辞职离哈。

1925 年冬,张作霖战胜直系,控制了北京政权,曾任命朱庆澜为胶澳商埠督办,朱以军阀混战不息,难以从事建设,婉辞谢绝。从此即脱离军政界,献身于社会救济事业。1927 年,北伐军与张作霖安国军作战,山东、河南沦为战场,两省旱魃肆虐,又加贪官无穷搜刮,致饿殍遍野。朱庆澜一面组织灾民赴吉、黑垦荒,一面又联合平津各慈善团体,成立华北慈善联合会,募款一百八十万元。朱亲赴哈尔滨劝募和购买赈粮运往灾区,救活灾民数百万人。1929 年,南京国民政府任命朱庆澜为赈务委员会常务委员。东北行政委员会任命朱为东北赈务委员会委员长。1930 年,蒋、阎、冯中原大战期间,陕、甘遭受特大旱灾。朱庆澜又通过华洋义赈会、佛教会及华北、东北各慈善机关进行募捐，从东北募集赈粮十六万担，亲自押运通过交战军防区运往西北，使灾民得以延命。同时，朱还在西安、扶风等地设置教养院，收容无家可归的儿童上千人。蒋介石亦于1931年春任命朱庆澜为监察委员，朱鉴于国民党内派系斗争纷扰，以赈务繁忙为词，拒绝就任。由于军阀连年混战，水利废弛，致是年夏长江堤防溃决，沿江六七省均发生水患，受灾民众五千万余人。南京国民政府成立救济水灾委员会，并发行救灾公债，募集巨款，朱任常委兼灾区工作组主任，主持以工代赈修复沿江堤防。

1931年5月，因蒋介石软禁胡汉民，国民党分裂为南京和广州两个国民政府。正当宁、粤两军在湘南开战之际，日本帝国主义发动“九一八”事变。朱庆澜于9月20日代表全国五千万灾民致电蒋介石、张学良、汪精卫等党政要员，呼吁举国团结奋斗，同舟共济。由于张学良执行蒋介石的不抵抗的方针，致使日军数月内即占领辽、吉、黑三省重要城镇和铁路交通线。留在关外的东北军余部和蜂起的民间武装仍以义勇军的名义在各地与日本侵略者进行战斗。流亡关内的东北各阶层爱国人士高崇民、阎宝航、杜重远、卢广绩、车向忱等组织“东北民众抗日救国会”与“辽吉黑民众后援会”，募集钱款、物资援助义勇军抗战和安置东北难民。朱庆澜被推举为后援会会长。

1932年1月，日寇对上海发动进攻，南京国民政府迁都洛阳。4月召开国难会议，朱应邀与会。是年7月，广东又发生粤系军阀陈济棠、陈策混战。朱与查良钊代表全国废战会议赴粤劝阻。1933年初，日本帝国主义侵略魔爪伸向热河，张学良对过去执行不抵抗政策有所悔悟，决定率兵与日军一战。黄炎培、穆藕初、朱庆澜、熊希龄、杜重远等发起组织“东北热河后援协进会”，推选朱庆澜为会长，周作民为副会长，积极展开援助工作。同年2月，行政院代院长宋子文由张学良陪同到承德，对驻热河的将领进行动员并部署作战事宜。黄炎培、穆藕初、朱庆澜等几位年届花甲的爱国老人在杜重远等陪同下也深入汤玉麟、万福麟两军团阵地慰问。他们回平不久，承德竟于3月4日失守。张学良引咎辞职，由何应钦代理北平军分会委员长，而何竟于5月31日与日方签订了《塘沽协定》。在泰山蛰居的冯玉祥乃愤起前往张家口，联合中共收容退入察哈尔的东北义勇军，组建“察哈尔民众抗日同盟军”。蒋介石、何应钦为扑灭抗日同盟军，调兵遣将进行包围封锁，朱庆澜却从募集来的抗日捐款中电汇十万元予以资助。蒋闻讯非常恼火，CC派控制的宣传机器为破坏朱的名声，捏造朱在后援会有贪污嫌疑。朱一贯廉洁奉公，查不出贪污事实。何应钦根据日本要求，于7月15日将“辽吉黑民众后援会”查封。朱庆澜屡遭打击和污蔑，非常伤心，遂隐居寺院念佛。这期间，他在西安大兴善寺办理了受戒讲经事宜，遍游西北名山古刹，曾组织慈善界整修西安市南郊大慈恩寺及寺内大雁塔、长安县大兴教寺，及该寺唐玄奘师徒三人塔院、眉县法门寺及斜塔、华阴县少华寺及白水县仓颉庙。影印《碛砂大藏经》等，对保存西北文物古迹作出了一定贡献。

1935年冬起，日本帝国主义加紧吞并我华北的步伐，蒋介石继续坚持反共内战，灾民遍地。朱庆澜深感炎黄子孙将有亡国之痛，经冯玉祥等推荐，于1936年出任国民政府赈务委员会委员长。1937年“七七”抗战爆发后，朱以极大的爱国热情主持战区难民的救济和转移工作。他虽年过六旬，仍然冒着日军炮火和飞机轰炸的危险，奔波于郑州、开封、许昌及陕、甘、川等地，为救济难民忘我地工作。朱除在后方许多城市设难民救济站外，还在洛阳、西安、汉中、万县等处设立难童教养院，收容失去亲人的幼童。

1938年5月，日军攻陷徐州、开封，国民政府军委会为阻止日军沿平汉线直趋武汉，下令掘开黄河大堤，水淹日军，造成黄泛区一百三十余万人无家可归。朱庆澜建议运送灾民至陕北黄龙山开垦谋生，得到国民政府批准，任命朱为黄龙山垦务局长，由政府拨款实施。他于1939年春亲往陕北勘察，主持开荒事宜。这时中共陕西省委为开辟渭北的工作，曾派党员和进步人士进入垦区工作，朱均予掩护。来陕的中共东北特委领导的抗日救亡团体成员和东北抗日烈士家属亦多受到朱的庇护和照顾。他为抗日和救灾昼夜奔忙,以至积劳成疾,咯血不止,1941 年 1 月 13 日病逝于西安,陕人举行公祭后,遵照遗嘱葬于终南山麓。

## 主要参考资料

朱德君、朱权:《先父朱庆澜传略》,政协天津委员会未刊稿。

刘绍唐主编:《民国人物小传》第 1 册,台北传记文学出版社 1984 年版。

杨家骆主编:《民国名人图鉴》,辞典馆,1937 年。

张钫:《风雨漫漫四十年》,中国文史出版社 1986 年 11 月版。

中国社会科学院近代史研究所民国史研究室编:《中华民国史资料丛稿·民国大事记》,中华书局版 1978—1987 年。

# 朱　瑞

朱宗震

朱瑞，字介人，浙江海盐县人。1883 年（清光绪九年）生①。父朱廷桢，朱氏系海盐望族。朱瑞三岁丧父，随长兄学习，十二岁又复丧母及长兄。1902 年考入秀水中学堂，1903 年归试，补县学生员。日俄战争爆发，朱瑞深感外患日棘，认为"非修戎事不足以图强"②，于是投考南洋陆师学堂。1905 年冬，毕业回浙。时浙江正训练新军，朱任职于督练公所、参谋处，旋调充步队第二标执事官，即与标统蒋尊簋创设弁目学堂，训练新军骨干达三年之久。

当时光复会、同盟会在浙江十分活跃，朱瑞受革命思潮影响，于 1906 年加入了光复会，同时参与同盟会的革命活动。翌年 7 月，秋瑾在浙江运动革命，被清吏捕杀。朱瑞因参与秋瑾的革命活动，也被密告，为浙江当局所怀疑，后经运动浙绅疏通得免株连。1909 年，皖抚朱家宝为规复安徽混成协，补募训练新军，调朱瑞任安徽督练公所参谋处提调兼测绘学堂监督。至 1910 年，朱瑞复回浙江，任步队营管带。自"秋案"发生后，浙江光复会元气大伤，至此逐步恢复，朱回浙后也为重整光复会积极奔走。

武昌起义爆发后，江浙一带革命党人密谋起义，朱瑞积极参加了起

---

① 朱瑞出生年月，未找到明确记载，此据张謇撰《兴武将军海盐朱公墓志铭》，卒年为三十四岁，按虚岁推断。

② 《兴武将军海盐朱公事略》，张世桢编《朱兴武将军哀挽录》，1916年版，第1页。

义的准备活动，其家也是革命党人聚会的地点之一。10月间，朱瑞被升为八十一标代理统带，活动更为便利，遂负责联络军警，并被革命党人推定为一标司令官。上海起义成功后，浙江革命党人在上海的支援下，加速了革命的步伐。11月4日，浙江革命党人决心起义。傍晚，朱瑞先行至城内工程营，通知革命同志准备内应，劈开城门，迎接城外起义新军，随后回到杭州笕桥驻地。当晚10时左右，朱瑞集合队伍，宣告起义，亲率本队入城，占领了闸市口至武林门一线要道，包围旗营，展开激战。至5日下午，旗营被迫投降。

杭州光复后，沪军都督陈其美倡议组织联军进攻南京。浙江新军也组成一混成支队，由朱瑞任支队长，于11月14日率部离杭北进，至镇江与各路革命军会合后，发起攻宁战役。11月25日，朱瑞指挥所部浙军在马群与清军激战，击毙清悍将王有宏，再战于孝陵卫，复配合友军强攻天保城，三战三捷，攻占南京。12月3日，浙军由太平门入城。入城后，浙军渐次扩编为一镇，朱瑞升任浙军第一镇统制官。1912年1月下旬，浙军奉命北伐，进抵符离集，南北和议成立，遂回驻南京。

攻宁之役，以浙军之功为多，朱瑞等浙军将校居功自傲，与各方面一再发生龃龉。镇军将领林述庆进入南京后，以江宁临时都督自命，遭到朱瑞的强烈反对，几乎发生火拼，后经调停，由苏州的江苏都督程德全移驻南京。革命党人酝酿大元帅人选，朱瑞鄙视黄兴为汉阳败将，主张推举黎元洪。时光复会领袖陶成章等与同盟会不睦，朱瑞也卷入了党派纷争之中。南京临时政府成立，陆军总长黄兴就很难指挥浙军。1912年1月16日，孙武等推黎元洪为领袖，于南京发起组织民社，朱也为发起人之一。5月，民社与其他党派合组为共和党，朱也就成为共和党员，与同盟会分道扬镳。南北和议成立后，朱瑞力主定都北京，“创议联合各军，设联军参谋团，尊重中央（指袁政府——引者）政令，融畛消域”①。并通过屈映光以及袁世凯的秘书陈仲恕、陈叔通兄弟结纳袁

① 《兴武将军海盐朱公事略》，张世桢编《朱兴武将军哀挽录》，1916年版，第3页。

世凯。

南京陆军部为整编军队，先后将浙江驻宁军队编为第六师，驻浙军队编为第二十五师，又于 3 月 29 日合编为第五军，任朱瑞为第五军军长兼第六师师长。南京临时政府结束后，南京留守府实施裁军，首先遣回客军。朱瑞于 4 月 29 日率浙军离宁回浙。

浙江军界在辛亥革命之后，留日士官生与南京陆师、保定速成派之间，矛盾日多。后两派拥朱瑞与留日派对抗。朱因攻宁之功，掌握了浙军主力，在浙的威信也得以提高，加以得到袁世凯的支持，乘隙攻击留日派浙督蒋尊簋，蒋被迫请求辞职。7 月 23 日，袁世凯任命朱瑞为浙江都督。但朱自回浙后，即发现患了肺病，不久赴沪养病，所以迟至 8 月 21 日才莅任视事。9 月 23 日，朱瑞又被袁授以陆军中将加陆军上将衔。

朱瑞任浙督后，日益倾向拥袁。他强调："今日吾国趋势，中央集权之策，已成有力之舆论"①，"各省长官，实为官吏，宜委任不宜选举"②，反对同盟会关于内阁制及省长民选的政治主张。1913 年 3 月宋教仁被杀案发生后，朱一再强调"维持邦本"③、"谨守法律"④、"保卫地方"⑤，反对"二次革命"。在南北风潮中，他伪充调停人，致电黎元洪及苏、滇、川、闽诸督，请黎联合各省"一方电请大总统励（履）行职权，确立威信；一方致电皖、赣、粤、湘四省晓以大义，共遵轨道"⑥。朱瑞袒袁的做法太露骨，不像调停人，黎元洪、程德全都不赞成。迟至 6 月 10 日，他才与滇、川两督联名发表上述内容的通电。

湖口起义爆发后，革命党人多次策动朱瑞独立，省议会议员莫永贞

---

① 枕戈待旦生编：《浙江朱都督政书初编》，商务印书馆 1913 年版，第 17 页。

② 枕戈待旦生编：《浙江朱都督政书初编》，商务印书馆 1913 年版，第 20 页。

③ 朱瑞巧电，《时报》1913 年 4 月 24 日。

④ 朱瑞佳电，《民立报》1913 年 5 月 12 日。

⑤ 朱瑞布告，《时报》1913 年 5 月 25 日。

⑥ 江苏都督府密电密件室抄存件，中国第二历史档案馆藏。

等也函请浙江独立。朱多次召开军界会议，权衡利弊，最终拒绝了革命党人的要求。7 月 20 日，朱瑞发布通电，表示“中立”。他宣布：“自今以往，但当一意保我治安，不问其他。如有乘机骚扰，或派遣军队者，不问来自何处，凡妨害我浙生命财产者，一律视为公敌。”①然后，朱瑞派出军队向苏、浙边界布防。同时，他又通过种种手段，迫使已经宣布独立的宁波取消独立，并用武力镇压了嵊县的反袁武装。上海讨袁军进攻制造局之役失利后，朱瑞即令浙军越入苏境，压迫讨袁军，公开助袁。

但是，朱瑞在“二次革命”时的迟疑态度，引起袁世凯的怀疑。朱鉴于地位动摇，加紧向袁献媚，遂请求入京晋见，并于 11 月 22 日抵达北京，受到袁的隆重接待和笼络。对袁来说，朱在南方仍有着对付革命党人、稳定政局的重要作用。此后，朱奉命唯谨。在财政上，他大肆搜括以支持中央财政，在各省中最卖力。在政治上，他竭力拥袁独裁。1914 年 1 月 28 日，朱瑞发布长篇通电，请袁改变现行体制，强调“第就今日中国之情势论，则窃以为非行总统制，无以望政治之修明，图国家之强盛……伏祈大总统鉴已往之弊端，顺国民之心理，毅然主用总统制，罢除内阁制度”②。袁世凯改变政体后，于 1914 年 6 月 30 日授朱瑞为兴武将军，督理浙江军务。

1914 年至 1915 年间，中华革命党人夏尔玙、夏之骐等在浙多次设立秘密机关，准备起义，均被朱瑞破获，许多革命党人遭到朱的残杀。参加革命的会党领袖王金发向袁世凯政府投诚后，仍依违于政府与革命党人之间。1915 年，5 月，王金发以调查旧部动静，消弭乱萌为辞，向当局请准后赴浙，即被朱瑞捕杀，与王偕行的中华革命党骨干姚勇忱也同时遇害。

“筹安会”出笼后，朱瑞迎合袁意，于 8 月 31 日密呈表示：“辛亥冬，美人安德森尝为瑞言，中国欲图国家之发达，共和制实不如君主制，瑞

---

① 《申报》1913 年 7 月 21 日。

② 《申报》1914 年 2 月 2、3 日。

闻私言,心窃韪之。”请袁“定君主之制”①。至9月15日,朱复与浙江巡按使屈映光联名电请袁世凯称帝,“实行军国主义”②。至11月2日,朱又以浙江全体军官名义,请袁“俯顺人心,早正大位”③。迨袁接受帝位,封朱为一等侯,朱也急急向袁称臣。

护国运动掀起,时局大变,朱瑞察风观向,迟疑不决,遂与江苏都督冯国璋进行联络,以决进退。冯劝其“待时而动”④。1916年3月,朱与冯国璋等五将军密电致袁,要求其“速行取消帝制”⑤。

当时,反袁各派正策动浙江军界宣布独立,朱瑞深感进退两难,多次召集军界秘密会议,朱倾向于参谋长金华林的意见,拟宣布中立。时驻上海的北洋军队正向浙江方向移动,传言系朱瑞所召,引起各界愤慨。4月12日晨,中华革命党人和浙江军界童保暄、夏超等部起义,纷纷拥向将军署,朱瑞闻讯潜逃,赴沪藏匿。

朱瑞原患肺病,经此事变,病情加剧,离浙后曾致函屈映光,表示“无意世事”⑥。不久,朱瑞由上海移居天津,1916年8月3日在津病逝。

---

① 朱瑞密呈,中国社会科学院近代史研究所藏。

② 朱瑞、屈映光致袁世凯电,中国社会科学院近代史研究所藏。

③ 朱瑞致参政院电,中国社会科学院近代史研究所藏。

④ 《民国日报》1916年2月14日。

⑤ 《时报》1916年3月24日。

⑥ 《民国日报》1916午4月21日。

# 朱 绍 良

赵建群

朱绍良，原名宝瑛，因敬慕汉初名臣张良而改名绍良，字一民（也作逸民），原籍江苏武进县。1891年10月28日（清光绪十七年九月二十六日）生于福建福州。其父朱清泽时在福州任南台海防同知，母华氏。朱绍良十六岁始入竟成两等小学读书，并在暑假期间随福建名孝廉程希箴习文章诗词。次年转入福建陆军小学。两年后改入南京陆军第四中学。不久，又被选送日本振武学校留学。1910年，他在东京加入同盟会。

1911年9月间，朱绍良因父亲去世回国奔丧。10月，武昌起义爆发，他前往汉口参加革命。次年初，入陈其美沪军都督府任参谋。同年冬返回福州，进福建陆军小学担任教官。1913年，朱绍良参加了讨伐袁世凯的“二次革命”，失败后避居日本。12月，入宇都宫野炮兵第十四联队实习。次年实习期满，即转入日本士官学校第十一期炮科学习，与何应钦、谷正伦、贺耀组等同学。1916年朱绍良毕业归国，随何应钦到贵州投身黔军。当时贵州已经宣布讨袁，组织起护国军。朱受到时任护国黔军东路支队司令王文华的重用，被充实到讲武学校，协助举办模范营，为黔军培植新生力量。

“护国运动”结束后，王文华升任黔军第一师师长，朱绍良也被调该师任团长、师参谋长。1917年，滇、黔、川三省军阀为争夺对四川的统治权，展开了混战。8月，朱随王文华率黔军第一师屯集川黔边境伺机出击。9月，黔军入川。这时，朱担任黔军司令部参谋长，随王文华率部配合滇军分路奇袭重庆,迫使川军从川南撤退。12月,黔军进驻重庆后,朱兼任重庆卫戍司令官,并在王文华暂离重庆期间,受命代行总司令职权,策划一切,颇得全军称许,一时被誉为"黔军小诸葛"。

1920年,四川各军联手驱逐黔军。10月,黔军退出重庆。这时,王文华决定回师贵州夺取军政大权,但又碍于刘显世的甥舅关系,于是委卢焘代理黔军总司令,率部回贵州,自己则称病到上海。朱绍良随行赴沪。次年3月16日,王文华在上海"一品香"旅社门口被人刺杀。此后,朱绍良没有再回黔军。

1923年初,朱绍良去广州。3月,被孙中山委为大元帅大本营参谋。次年2月,杨庶堪出任广东省长,朱绍良被聘为广东省政府顾问。6月,杨庶堪辞职,他也离开广州去上海。北伐前夕,朱绍良再至广东,于1926年4月间见到蒋介石,被委为国民革命军第四军第十师参谋长。他随军北伐,参加过著名的汀泗桥、贺胜桥战役。北伐军攻占武汉后,蒋介石挑起"迁都之争",朱则因是蒋介石的支持者,于1927年2月被调任国民革命军总司令武昌行营参谋长。3月下旬,朱绍良继彭汉章为国民革命军第九军军长。"四一二"政变后,朱于5月间再升任国民革命军总司令部参谋长。7月6日,被南京政府特任军事委员会委员。这时,国民党内部各派系之间的矛盾日趋激化,蒋介石于8月13日宣布下野。于是,朱也不得不随着离职。1928年1月9日,蒋介石在南京宣告复职,朱绍良随即被召回。2月7日,在国民党二届三中全会第四次会议上,朱再次被推为军事委员会委员,并于3月13日接任军事委员会军政厅厅长,后任办公厅主任。7月,蒋介石为削弱冯、阎、桂各派的实力,提出要"整理军事"进行裁兵。23日,第一集团军整理委员会成立,朱绍良调任委员。实行编遣后,原先的军均改为师,9月15日朱任陆军第八师师长。

1929年初,蒋桂战争爆发,时在安徽合肥的朱绍良受命率部"西征武汉"。3月2日,蒋介石委朱为第二军军长兼第八师师长,辖第八师、第十三师和独立第一旅,集结部队于霍山附近。27日,第二军的大部推进至鄂、皖交界的英山一带；随后陆续进占罗田、广济、蕲春、黄冈和麻城等地，并于4月2日到达宋埠、团风一线。4月3日，李明瑞所部的第三路桂军在黄陂、孝感倒戈。桂军胡宗铎、陶钧和夏威部闻变后，即向鄂西方向败退，计划据守荆州、沙市和宜昌。7日，蒋介石委朱绍良为第二路追击队司令官，率部追击。蒋介石企图用兵广西，于19日又任命朱绍良为讨逆军总预备队总指挥，率第八师、第十五师和第五十七师于4月底集中武汉附近，相机推进。不久，胡、陶、夏在蒋介石的武力进剿和金钱收买下接受招抚，联名发表通电下野，部队听候改编，朱绍良的第八师遂进驻荆州。

是年9月中旬，张发奎联合桂系在宜昌举兵反蒋。11月，张、桂联军进击广东。这时，朱绍良被擢升为讨逆军第六路总指挥，奉命率第八师、第三师和第五十师援粤。12月5日，第八师抵广州，旋由粤汉路转赴前线。12日，第八师占领了象山，次日又进驻花县，解了广州之围。随后，张、桂联军北退，朱率部尾追，经过滃江口战役，迫使张、桂联军由广宁退回广西境内的怀集、贺县。1930年1月底，朱部进逼荔浦时，遭到桂军的有力抵抗，被迫后退至梧州。后由梧州经武林进攻桂平，最后在海、空军的掩护下，经过鏖战，才于5月13日进占桂平。之后，朱绍良率部回到南京。

中原大战爆发后，朱绍良又奉蒋介石命赴陇海线战场，任左翼军总指挥，辖第十五军、第五十二师、第八师和第四十七师，负责第四、五、六守备区的防守作战。朱部的任务是牵制住冯玉祥部，协同平汉路的友军对冯部实行包围，迫使冯部退往陈留、通许一带而予以歼灭。然而，朱部进展缓慢，于10月1日方夺下通许，4日进占中牟。随后，朱部奉令在陇海线北侧地区集结待命。

中原大战结束后至1933年初，朱绍良参加了蒋介石所发动的对苏区工农红军第一至四次军事“围剿”。1932年初，朱绍良因“围剿”很不得力，一度被蒋介石免职。6月，蒋介石发动第四次“围剿”，并自兼鄂、豫、皖三省“剿匪”总司令。朱绍良又被召回，任总司令部参议，充当蒋介石的智囊。8 月，被调任湘鄂赣边区“剿匪”总指挥。10 月，蒋介石开始组织“围剿”中央苏区，朱奉调任右翼总指挥，统辖八个师。至次年 3 月，第四次“围剿”又被红军粉碎。在此期间，于 1931 年 11 月国民党第四次全国代表大会上，朱绍良被选为中央执行委员会候补委员。12 月 3 日，朱继何应钦为驻赣“绥靖”主任。12 月 15 日，蒋介石宣布下野，委朱绍良代理主持南昌“剿总”，直至蒋次年 1 月重新上台。

1933 年初，蒋介石为了加强对西北地区的控制，决定调朱绍良接替邵力子任甘肃省政府主席，5 月朱赴兰州就任。

不久，朱又兼任甘肃省民政厅厅长。8 月，被委新成立的甘肃绥靖公署主任。朱绍良到任以后，力图取得地方势力的支持。他拉拢地方士绅以及盘踞一方的大小军阀，尤其对马步芳、马步青、马鸿逵和马鸿宾这西北“四马”的笼络、培植更为用心。1934 年初，朱绍良借助地方军阀的实力，为蒋介石把孙殿英这一股异己力量消灭在宁夏境内。

朱绍良在治甘过程中的主要用人政策是使用本地人，而且他把实施这一政策看作加强国民党政权统治的一个步骤。朱初到甘肃时，各地县政仍是沿袭清朝的六科房旧制。1935 年，他接受胡宗南的建议，委托胡在陇南办“地方自治人员训练班”，训练县治人员。1938 年，朱绍良又成立“西北干部训练团”，培训军政干部。他实行各县县长由省政府委派；钱粮税款须按省政府统一规定征收，并一律解交财政厅；各实力派部队的编制和粮饷，应分别报请国民政府核定，所需军费由省政府统一拨发。然而一些地方军阀依然阳奉阴违，划地为王，自行其政，任意派粮派款派丁，广大民众处于水深火热之中。

朱绍良采取的另一手法，就是对地方各派势力之间的矛盾加以利用，以达到驾驭他们的目的。马鸿逵曾向蒋介石非议朱绍良，称朱在甘仍是采用以回制汉、以汉制回、以回制回，以汉制汉的旧办法。

对于甘肃省毒品泛滥，朱绍良并没有采取积极措施禁绝鸦片，只是把原先的“甘肃省禁烟善后局”改换成“甘肃省禁烟委员会”，做些表面的戒烟工作，而鸦片仍是公开大量地种植，因为“省政府亦恃亩税（即鸦片税)为政费之大宗”。国民政府甚至特批甘肃缓禁鸦片三年。由于朱绍良“安定”西北有功,1935 年 4 月被晋升为二级陆军上将。11 月在国民党第五次全国代表大会上又当选为中央执行委员会委员。

红军开始长征后,1935 年 2 月 24 日,蒋介石特任朱绍良为“剿匪”军第三路总司令。朱即对甘肃境内的中央军和杂牌部队作了统一部署,并派大批人马修筑了许多碉堡,加强防御工事,企图阻挡红军北上抗日。当红军进入陇南后,朱把部队编为四路,每一路都划定了追击路线。10 月 2 日,朱又任西北“剿匪”第一路军司令。10 月 20 日,兰州下东门火药库发生大爆炸。朱绍良因此事件而被国民政府免去甘肃省政府主席职,专任甘肃绥靖公署主任,督理军务。甘肃省政府主席由于学忠接任。

1936 年 12 月 12 日发生西安事变,朱绍良正奉召在西安开会,因此也同时被拘。事变和平解决后,朱被蒋介石委任为第三集团军总司令,设司令部于陕西凤翔,受命集结驻在甘肃的中央军和杂牌部队,部署攻击东北军。后在国共谈判的推动下,蒋介石未敢对东北军下手,先是将其调离西北,第三集团军次年 3 月奉令撤销,朱飞南京转赴上海休养。

“八一三”事变后,朱绍良奉调第三战区,任第九集团军总司令。9 月下旬,蒋介石把参加上海作战的国民党军队分为右翼、中央和左翼三路,委朱绍良担任中央军总司令,辖第九、第二十一两个集团军;设指挥部于真茹,负责黄浦江以西、蕴藻浜南岸地区的作战。但整个淞沪会战都是在蒋介石直接指挥下以“持久消耗战略”进行的,朱绍良一切秉承蒋介石的旨意办事,处处打防御战,而没有抓住战机主动出击。10 月 25 日,大场失守,中央作战军陷于四面受敌绝境,不得不放弃北站到江湾间的阵地,于 26 日指挥主力撤到苏州河南岸;接着向青浦、白鹤港线转移。

此时,国民党政府在兰州成立第八战区长官司令部,朱绍良再奉派西北,任副司令长官及甘肃省政府主席。蒋亲兼司令长官,朱则以副职摄行司令长官职权。第八战区的辖区主要是甘、宁、青以及绥远的一部分。1938年1月，在第八战区长官司令部政务委员会的成立会上，朱提出的施政方针，首要一条即为“安定中求进步”。在11月南岳军事会议上，朱被任命为第八战区司令长官。此后，朱秉承蒋介石和国民党五中全会“溶共、限共、防共、反共”的方针，采取措施加强陇东十县的政治、军事力量，企图形成对中共领导的陕甘宁边区的包围，并逐渐推进，以达到取消陕甘宁边区的目的。他主持制订了陇东十县反共工作的“八项方针”、“十二原则”，以及“特种工作大纲”，并把“西北干部训练团”第三期毕业生九十多人派到陇东，充实陇东地区国民党的政治力量。朱还多次向国民政府申请增拨反共特别经费，要求按月补助临时费五万元。他按照蒋介石的军事部署，抽派新二军驻扎陇东一带，并指挥人马在陇东、河西和兰州周围构筑所谓“国防工事”，修建了大量碉堡。与此同时，他指挥所部在陇东接连制造反共摩擦事件，致使八路军驻兰州办事处被迫撤销，“甘肃在乡军人抗日联络委员会”也被解散。

1940年11月，朱绍良的甘肃省政府主席职由谷正伦接任，他专任第八战区司令官。1941年4月，朱兼任“陕甘宁边区”总司令，受命统一指挥陕北一带的国民党军队，加紧反共。次年3月，又兼军令部西安办公厅主任，这个机构的前身是天水行营。不过，朱只是名义上的主任，操纵实权的是代主任胡宗南。

1942年，甘南人民因不满国民党的统治，起义反抗。第二年春，队伍迅速发展到约十万人，由甘南扩展到兰州附近，形成震动全国的“甘南民变”。蒋介石急令朱绍良限期平息。朱调派了七个师的正规军、两个骑兵旅、四个保安团、二十余县的自卫队以及马步芳的三个团，并动用空军的飞机，花了将近十个月的时间，才将起义镇压下去。1942年7月，朱绍良奉命以国民政府正式代表的身份同翁文灏、毛邦初一起携带蒋介石的“手示”到新疆与盛世才商谈在新疆确立国民党的统治，以及遣返苏联顾问的问题。8月中旬，蒋介石偕宋美龄到兰州，定下所谓解决新疆问题的方针，并向朱绍良作了“推进新疆工作之要点”的指示。

29日,朱陪宋美龄前往迪化(今乌鲁木齐),再一次威胁利诱盛世才,最后谈妥了盛投附蒋介石的条件。9月17日,盛世才逮捕了在新疆的中共党员。1943年,蒋介石委盛世才兼任国民党新疆省党部主任委员、国民党中央监察委员和第八战区副司令长官。

1944年,随着苏军对德战争取得节节胜利,盛世才打算重新与苏联建立联系,于是炮制了一个"阴谋暴动案",以国民党为打击对象,于8月12日逮捕了重庆派去的国民党军政人员。鉴于盛世才的反复无常,蒋介石决定将其调离新疆。朱绍良受命进行军事部署,陆续把第四十二军、新二军以及甘肃师管区的几个补充团调派新疆。8月18日,朱奉命去迪化,"劝"盛世才辞职。在军事压力下,盛世才被迫应允。29日,国民政府颁令调盛世才到重庆任农林部长,新疆省政府主席由吴忠信接任,在吴到任前由朱绍良暂行代理。

1946年4月,国民党政府在西北设立行辕,由张治中任主任。第八战区长官司令部宣布撤销,朱绍良调任国民党军事委员会副总参谋长兼办公厅主任,负责处理抗战胜利后国民党政府由重庆还都南京等善后事宜。朱还按照蒋介石的命令,督促民生轮船公司全力起运川粮,为发动全面内战做物资准备。

1947年3月,朱绍良调任重庆行辕主任。1948年重庆行辕改为重庆绥靖公署,他仍任主任,辖四川、云南、贵州和西康四省。在朱主持下的重庆行辕及绥靖公署全力推行蒋介石的所谓"戡乱"方针,不断从西南向内战前线输送兵员和粮食,造成西南粮食匮乏,以致重庆发生几万人的抢米风潮。

1949年1月,蒋介石在被迫下野的前几天仓促调朱绍良任福州绥靖公署主任兼福建省政府主席。22日,朱绍良抵福州,为了拉拢福建地方势力,朱以"保家卫国"和"反共救国"为口号,竭力笼络他们,以图负隅顽抗。他重视对沿海岛屿的控制,曾命福州绥靖公署参谋长范诵尧"今后应据海岛生根",嘱就此原则速拟计划。随后把保安部队部署到沿海岛屿。4月,朱到闽南一带巡视,检查各地的防务,布置反共任务,同时在当地加紧征粮抓丁。6月中旬,人民解放军攻占古田,逼向福州。朱叫喊要"集中力量,保卫大福建"。8月16日,朱还对下属说:"对保卫福州有充分信心,希望大家保持镇静,不要自相惊扰。"就在这天,他随汤恩伯乘专机潜往厦门,而后转赴台湾。17日,福州市解放。

在台湾,朱绍良曾任蒋介石的"总统府战略顾问"、"总统府国策顾问",受聘为国民党中央党史会委员。由于无所事事,朱绍良曾一度热心于"老人福利协进会"的工作。1963年12月25日,他因突发脑溢血,在台北去世。

## 主要参考资料

周开庆:《朱绍良先生年谱》,台湾商务印书馆1973年版。
姚琮:《陆军一级上将朱君家传》。

# 朱惺公

任嘉尧

朱惺公，原名松华，又名松庐。江苏丹阳人。1901年（清光绪二十七年）生。父朱紫阳，为当地中医内科医生。朱家境清寒，早岁辍学，仅读到小学毕业。十五岁时，由同乡介绍到上海浦东一家衣庄当学徒，办事勤恳，业余刻苦自学求进取，并从事写作。满师后，曾在老西门创设鼎新书店。1929年任杭州《浙江商报》编辑，曾在报端撰长篇小说《浙江潮》连载。一度创办湖上出版社，并发刊《湖上之花》文艺月刊①。

30年代初，朱惺公到上海，先在《时代日报》任编辑，后到中国化学工业社广告课任职，曾为中国化学工业社编辑成立二十周年纪念刊。他设计的广告，常独具风格别出心裁。这期间，他为报刊写过不少评论文章，涉及政治、法律、经济和社会诸问题，表现了一个正直的爱国报人对时弊的“率直、果敢、咒诅和慨叹”②。“八一三”抗战军兴，苦战三月后中国军队西撤，上海沦为“孤岛”，与外地交通暂时隔绝，商业萧条。中国化学工业社紧缩机构，裁撤广告课，朱惺公失业。

朱惺公为谋生计，以其微小的资本，与友人合办机杼出版社。但书生从商，不善经营，加以当时市面萧条，不久便宣告失败。出版社倒闭后，经济益趋困窘。朱一度在法租界法大马路（现名金陵东路）骑楼下摆一旧书摊，借以勉强糊口，生活更加穷困，曾寄一便条给中国化学工

---

① 据朱惺公的表弟龚天宇提供的书面材料。

② 朱惺公：《惺公评论集》序言，上海机杼出版社1933年8月版，第5页。

业社老同事林汝康云:“弟家八十八师为难,请兄接济。”初,林不明其意,嗣详“八十八”乃“米”字,盖朱家断粮难为无米之炊也,即送去米半担帮助渡过难关①。

这件事为中国化学工业社经理李祖范所悉,前往探望,见家徒四壁,惟书籍数架而已。当时,朱有子名庸庸,才五岁。李询问为什么叫“庸庸”?朱引用苏东坡诗云:“人人生子望聪明,我被聪明误一世。但愿我子愚又鲁,无灾无忧到公卿。”并慨叹说:“庸庸只求无灾无忧而已,公卿岂敢望也。”②

李祖范鉴于朱惺公潦倒困顿,乃烦友人张似旭(时任上海中文《大美晚报》总经理,与李同为留美学生)介绍朱惺公于 1938 年 2 月进《大美晚报》,任《夜光》副刊编辑。

饱经忧患的朱惺公,在国难当头、敌伪气焰咄咄逼人之际,主持《夜光》副刊编辑工作,是十分艰巨的。当时,“孤岛”上海的《申报》、《新闻报》、《时报》等大报无法出版,《文汇报》、《导报》、《每日译报》挂的是“英商”招牌,《大美报》、《大美晚报》、《华美晚报》挂的是“美商”招牌,才得免于日本新闻检查机构检查,继续宣传抗日爱国。敌伪则以威胁利诱、软硬兼施,恐吓信、警告信、手榴弹等恐怖手段交替运用。在这些魑魅魍魉面前,朱惺公不为所动,置生命于度外,坚持宣传抗日爱国。

他曾在《华美》杂志第二卷第一期上,发表一篇《首先做除奸工作》的文章。指出:要抱定宗旨,敌忾同仇,绝不与汉奸们妥协合作。假使人人都能把汉奸当作最大敌人,而时时刻刻注意他们的行动,揭露他们的罪恶,“万夫所指”的汉奸们,自将陷入他们的绝路上去。在 1938 年 11 月的《夜光》上,刊出了四期《菊花专辑》,以菊花喻抗战,朱惺公写道:“我歌颂菊花,我钦景菊花。我以为菊花生来一个战士。它挺起了孤傲的干枝,和西风战,和严霜战,和深秋时的细雨战,更和初冬时的冷

---

① 作者访问原中国化学工业社襄理林汝康笔录。

② 访问原中国化学工业社经理李祖范笔录。

雪战。抗战时期的国民，皆宜效法。”他还说：“菊花一名‘节花’，又名‘更生’。它真像现在的中国将从战斗中求取‘更生’。菊本作鞠。菊花的抗战精神是‘鞠躬尽瘁’，至死不屈的。”

1939年3月至4月的《夜光》版上，先后刊出了署名“杰”的《中日关系史参考》十八篇，论列中日二千余年来之关系，呼吁团结御侮；朱惺公发表了《民族正气——中华民族英雄专辑》，介绍了宋末抗元的文天祥，扶明灭元的田兴，守城御倭侮的南水仙（明嘉靖年间无锡县令王其勤），抗清死守江阴的阎应元，誓不仕清的顾炎武等人，发扬古代民族英雄坚持大节的革命精神。还发表了《明代何以能平靖倭寇?》，以及史沫特莱（Agnes Smedley）的《悼无名战士》（新四军抗日战士）等文章，并连续刊载了《汉奸史话》，把历来的汉奸一个个暴露在光天化日之下。1939年4月6日，时逢清明，朱惺公撰四言长诗《祭抗战阵亡战士》，表达了中国人民抗战必胜，日本侵略者必败的信念。这些激动人心的文章，对“孤岛”上海的广大读者来说，是很大的鼓舞，很大的鞭策；另一方面，这些宣传抗日的文章，对敌伪来说，真是芒刺在背，恨之入骨。于是，朱惺公一连接到了好几封恐吓信。那时，《文汇报》社早于1938年4月22日被敌伪扔了手榴弹，炸死了营业部职员陈桐轩。眼看敌伪又要向朱下毒手了，朱惺公却大义凛然，于1939年6月20日在《夜光》上刊出署名“惺公”的一篇文章，题为《将被“国法”宣判“死刑”者之自供——复所谓“中国国民党铲共救国特工总指挥部”书》，该敌伪特工组织的恐吓信扬言：今后《夜光》上如再发现“反汪（精卫）”的文章，即将派员对朱执行“死刑”。朱惺公严正驳斥道：“这年头，到死能挺直脊梁，是难能可贵的。贵‘部’即能杀余一人，其如中国尚有四万万五千万人何？余不屈服，亦不乞怜，余之所为，必为内心之所安、社会之同情、天理之可容！如天道不灭，正气犹存，余生为庸人，死为雄鬼，死于此时此地，诚甘之如饴矣。”①

有署名“病伶”作诗《生挽不怕死之惺公》，以资赞扬。朱本人于6

① 见《大美晚报》1939年6月20日《夜光》版。

月29日拈七绝一首以明志，有云：“懦夫畏死终须死，志士求仁几得仁?”充分反映了他大无畏的、不怕牺牲的斗争精神。

朱惺公主编的《夜光》上，还刊载了陈剑魂的《改汪精卫诗》：

当时“慷慨歌燕市”，曾羡“从容作楚囚”。

恨未“引刀成一快”，终惭“不负少年头”。

残暴成性的敌伪黑手，对这位威武不能屈的新闻界战士是决不会放过的。1939年8月30日下午4时20分，朱惺公甫从寓所外出，行未及十数步，在北河南路、天潼路附近，有暴徒三人由路旁窜出，两人强执朱两臂，另一暴徒持手枪进行恫吓，朱面对强暴，仍岿然不为所动，英勇不屈，昂首自若，视死如归，终遭杀害。遇难时，年仅三十八岁。遗妻及子庸庸，当时庸庸只有七岁①。

次日的《大美晚报》刊载朱惺公遇害的消息，并发表了社评《丧失一位同志》，指出：“朱先生为人勇敢，意志坚强，始终尽忠于报业，从未因着恐吓而稍受影响。朱先生是个真正的烈士。他曾竭力求作真实的中国人，并鼓励其读者，亦作真实的中国人。‘东亚新秩序’者杀了这位良善、能干、方正的人以后，决不能获得皈依者。”

“八一三”战争爆发后，朱惺公的遇难，是上海“孤岛”初期新闻工作者死得最壮烈的一位。在1939年9月1日的追悼会上，有两副挽联颇能说明朱的为人。上海文化界联谊会的挽联是：

读书明气节，挽士林之颓气；

严词斥叛徒，为民族而增光。

商务印书馆同人的挽联是：

诛伐群邪，挥笔如剑；

扶持正义，舍身成仁。

① 见《大美晚报》1939年8月31日新闻版。

# 朱蕴山

刘秋阳

朱蕴山，名汶，字锡蕃。1887年11月3日(清光绪十三年九月十八日)生于安徽六安县。父朱瑞生，性格刚强正直，早年参加太平天国起义，官至天王府考证官、军师参赞，太平天国失败后退隐六安嵩寮家乡。

朱蕴山四岁学识字，六岁入私塾，十八岁中秀才。1906年，考入徐锡麟主办的安徽巡警学堂，经徐介绍加入光复会，秘密参加反清活动。1907年，他参与徐锡麟刺杀安徽巡抚恩铭的起义活动，与徐一起被捕，并被押赴刑场陪斩。

1908年冬，朱蕴山加入中国同盟会，参加宋玉琳、韩衍组织的读书会，担任联络工作，并协助韩衍办《安徽俗话报》，任经理兼发行人，积极进行革命宣传。辛亥革命爆发后，朱蕴山和韩衍一起成立维持安徽统一机关处，组织青年军，被委为皖中招抚使兼青年军皖中总队长，负责省城治安。

民国成立后，朱蕴山回家乡创办寮察学校，自任校长，暗中从事反袁活动。1913年“二次革命”时，他受到安徽当局通缉，被迫前往北京，不久转到上海。翌年，他回乡又发起创办山河高等小学、南官亭广王城高等小学、毛坦厂高等小学。1915年，与柏文蔚等在安徽秘密策划讨袁，任皖中招抚使。他积极筹集反袁起义资金，以至把自家大部分田地卖掉，但不久事泄而被捕，袁世凯死后获释。

朱蕴山出狱后，到上海、北京、山东等地活动，呼吁同乡团结起来，救乡救皖，反对军阀倪嗣冲。1917年8月，在京曾与陈独秀共商反倪大计。他与安徽著名教育界人士刘希平、高语罕、李光炯等，从反军阀斗争中认识到，要改变中国面貌，应从长计议，从改革教育培养青年入手。为此，朱蕴山参与芜湖工读学校、安徽职业学校的筹建工作，任常务董事。1918年9月又参与创建省立第三甲种农业学校、六安女子学校，任文牍兼修身教员。1921年春，他与李光炯等创办《评议报》，任主笔，评议安徽时政，宣传革命思想，推动学生反对倪嗣冲之侄倪道烺贿选省议员和拒绝李兆珍入皖的斗争。1922年秋，与李光炯一起发起“废督裁兵”运动。

朱蕴山于1923年春专程到上海谒见孙中山，赞成改组国民党，随后加入了国民党。翌年冬，他赴天津再次晋见北上的孙中山，后赴北京参加孙中山倡议召开的国民会议促成会。1925年夏，在上海会见了陈独秀，随后又回安徽发展国民党左派组织工作。1926年1月，他作为特邀代表出席国民党第二次全国代表大会。在广州由高语罕、薛卓汉介绍，陈延年批准，加入了中国共产党。会后，在中共华南局负责人陈延年、谭平山的支持下，朱蕴山被国民党中央发表为国民党安徽省临时党部执行委员，并被指定为临时省党部筹备委员会召集人，回安庆成立省党部，执行孙中山三大政策，任组织部长。7月，他策动六霍、太湖起义以响应北伐，后因事泄未成。

1927年3月，蒋介石派暴徒捣毁安徽省党部，朱蕴山以省党部名义通电反蒋，后离开安庆。“四一二”政变后，朱蕴山受到通缉，在共产党组织的接应下前往武汉。后南下江西，参加南昌起义，任国民革命委员会常委及党务委员。嗣后，朱蕴山转赴上海，得知陈独秀已被解除中共中央总书记职务。1928年春，朱蕴山参加谭平山等组织的“中华革命党”，还与国民党元老柏文蔚等人组织护党大同盟，公开反对蒋介石。1930年8月，邓演达回国后，中华革命党改名中国国民党临时行动委员会，即第三党。朱蕴山任中央干事，并于同年脱离中国共产党。1931年8月邓演达被捕后，他多方设法营救。在邓被害后，他脱离了第三党。

“九一八”事变后，朱蕴山对蒋介石的不抵抗政策极为愤慨，力主抗日反蒋，参与组织青年军人抗日联合会。“一二八”淞沪抗战爆发后，他赶赴杭州，推动第八十七、八十八两师支持十九路军抗日。战后蒋介石将十九路军调往福建“剿共”，他为挽救十九路军，认为必须联合红军共同抗日反蒋，乃出任秘使，多次往返于上海、福州和香港之间。与此同时，还北上察哈尔，会晤冯玉祥、方振武，共议反蒋抗日大计。回上海后，他再次向中共中央力主联合十九路军抗日反蒋，设计十九路军起兵杭州，瑞金红军北指南昌，冯玉祥挥戈南下苏皖，可使蒋介石腹背受敌。但因王明把持中共中央，实行关门主义的错误路线，朱蕴山联共反蒋计划不被采纳。1934 年 1 月福建人民政府失败，十九路军及第三党负责人转移香港，组织中华民族革命同盟，李济深任主席，朱蕴山当选为委员。7 月，朱北上天津，主持华北民族革命同盟工作，任主任；同时与冯玉祥、方振武、吉鸿昌联合，推动抗日工作。工农红军长征到达陕北后，中共中央为扩大统一战线，通过各种渠道对阎锡山进行统战工作，朱蕴山受中共委托三赴太原。经过商议，与阎锡山达成三点协议：一、取消以反共为宗旨的山西“公道团”组织；二、取消对陕北红军的封锁；三、组织抗日团体，发动民众抗日。后来阎锡山还允许八路军在太原设立电台和办事处。

1937 年 7 月抗战爆发后，国共实现第二次合作，朱蕴山回到安徽从事民众抗日发动工作。朱建议第五战区司令长官兼安徽省政府主席李宗仁成立安徽民众总动员委员会，李任主任，朱为总务部长、代主任，并兼任第五战区党政委员会副主任。朱广泛团结上层民主人士和各地青年，开展抗日民主运动。1939 年春，蒋介石实行“限共、反共、溶共”政策，桂系将领廖磊主皖后，改组民众总动员委员会，朱蕴山愤而去职，于 5 月到达重庆。其后，朱在周恩来、董必武的支持下，往来于川、康、滇、桂等省，团结联络国民党民主派人士李济深、龙云、刘文辉等，反对蒋介石的独裁专制政策。他受李济深委托参加中国民主政团同盟的筹备工作，在1941年3月中国民主政团同盟正式成立时，被推举为中央常务委员兼国内关系委员会副主任。1943年，他与陈铭枢等发起组织三民主义同志联合会。翌年9月，中国民主政团同盟在重庆召开全国代表大会，改组为中国民主同盟，他当选为中央委员，后任中央常委，并任国内关系委员会副主任，积极从事抗日民主运动。

抗日战争胜利后，朱蕴山投身反对内战、要求和平的民主运动。1945年10月，他当选为三民主义同志联合会中央干事会常务干事，参与主持日常工作。1947年秋，朱受李济深、何香凝委托，联络国民党民主派谭平山、柳亚子、陈铭枢等至港，参加了中国国民党革命委员会的筹备工作。1948年1月，中国国民党革命委员会成立，朱被选为中央常委，兼代政治委员会主席。5月，与李济深等代表民革中央发表声明，响应中共中央召开新政协的"五一号召"。12月，他和李济深等人由香港起程北上，1949年1月到达大连，不久与其他民主人士发表联合声明，表示接受中国共产党领导。

1949年4月，朱蕴山受周恩来委托，与刘仲容等由北平秘密前往南京，敦促国民党当局接受中共八项主张，尽快在《国内和平协定》上签字。在南京期间，他们会见了李宗仁、白崇禧、于右任、何应钦等人，宣传了中共的和平民主主张，破除国民党"划江而治"的幻想，终因蒋介石等人的顽固立场而未有结果。

1949年9月，朱蕴山参加了中国人民政治协商会议第一届全体会议，被选为全国委员会委员。中华人民共和国成立后，历任政务院人民监察委员会委员，全国政协第二、三、四届常委，第五届副主席；第一、二、三届全国人民代表大会代表，第四届全国人大常委、第五届副委员长；民革中央第二、三、四届常委兼组织部长，第五届中央主席。

1981年4月30日，朱蕴山逝世于北京。

## 主要参考资料

中国国民党革命委员会台央宣传部编:《纪念朱蕴山文集》,中国文史出版社1987年10月版。

李正西、洪啸涛:《朱蕴山》,黄山书社1988年版。

胡允恭:《金陵丛谈》,人民出版社1985年版。

# 朱 执 信

尚明轩

朱执信是我国资产阶级民主革命派著名的活动家和理论家。他原名大符，字执信，号秋谷，笔名蛰伸、县解、去非、前进等，原籍浙江萧山县。1885 年 10 月 12 日（清光绪十一年九月初五），出生在广东番禺，父亲朱启运，当过张之洞的幕僚。

朱执信童年进私塾读书。稍长，跟从舅父汪仲器学习数学。1902 年，入广州教忠学堂读书。他勤奋好学，和学友共同集资购阅新学书报，并组织“群智社”，探求新知识。1904 年，应广东省留日考试，以官费东渡日本留学，入东京法政大学速成科攻读经济学。在东京他结识了孙中山及许多革命留学青年。目睹清政窳败，在民族危机的刺激下，他产生了反清革命的思想。1905 年 7 月，参加中国同盟会①，后被选任评议部议员兼书记。

从 1905 年到 1908 年，朱执信在《民报》上发表了一系列政论文章，阐述孙中山的三民主义，驳斥改良派的反对革命的谬论。在《论满洲欲立宪而不能》、《驳“法律新闻”之论清廷立宪》和《心理的国家主义》等文中，他从当时存在的国内民族矛盾现状出发，抨击了清政府对外妥协对内镇压的反动政策，说明这个政府乃是内忧外患的祸根；揭露了清政府

① 1905 年 7 月 30 日，孙中山邀约各省有志革命的留学生和旅日华侨七十余人，在东京赤坂区霞关内田良平宅召开中国同盟会筹备会议。会议临结束时，孙中山领导大家举行宣誓加盟仪式。朱执信于此日加入同盟会。

假立宪的骗局，驳斥了康、梁之流所散布的种种胡说。他指出清朝统治者不可能进行任何真正的改革，力主以革命求共和，反对改良主义的调和论，号召人们摒弃对清政府的幻想，举起反清的旗帜，为“驱除鞑虏，恢复中华”而斗争。朱执信在这段时期的理论活动，在作为辛亥革命思想准备的革命派和改良派大论战中，立下了显赫的功勋，使他成为名噪一时的人物。

朱执信在1906年1月写的《德意志社会革命家小传》一文中，片断地介绍了马克思、恩格斯的革命活动和《共产党宣言》、《资本论》的某些内容。尽管由于阶级和时代的局限，对科学社会主义无力进行正确、全面的介绍，甚至有很多错误，但他肯定社会革命不可避免，称赞“马克思欲以阶级斗争为手段，而救此蚩蚩将为饿莩之齐氓”①。这种提法虽仍不恰当，但比之当时一般的民主主义者，显然具有更为远大的眼光。

1906年，朱执信自日本归国后，先后在广东高等学堂、政法学堂及方言学堂等校任教。他以教员的职务为掩护，积极宣传革命，征集同志，与新军中的赵声、倪映典等人经常秘密策划反清斗争。同时，积极从事联络和发动民军，进行武装起义。“自丁未（1907年）以至辛亥（1911年），凡广东革命诸役，无一不与。”②1910年2月的广东新军之役，他负责发动顺德一带民军起来支援。1911年4月的广州“黄花岗之役”，他是进攻督署的“选锋”（突击队）之一，随同黄兴攻入督署，在激战中负伤。这次起义失败后，他逃亡到香港。

武昌起义爆发后，朱执信在广东发动民军起义，对于促成广东“兵不费刃”而光复起了重大作用。之后，他担任广东军政府总参议，着手编练军队，准备北伐。南北和议达成后，他又被委为广（州）阳（江）军务处（后改称绥靖处）督办和广东审计院院长。1913年“二次革命”失败后，朱执信离开广州到上海，后又赴日本，参与孙中山领导的反袁斗争；

① 《民报》第2号。

② 《朱执信先生墓表》，广州执信女子中学编《朱执信先生殉国十周年纪念册》。

1914年，他奉命返粤，与邓铿策划发动反袁武装斗争。接着，又主持驱逐龙济光的军事活动，由于所联络的各路民军举义时间不一致以致失败。在这期间，朱执信先后两次到达新加坡、马来亚的怡保等地为讨袁筹款而奔走。1915年至1916年，为讨伐袁世凯，他在广州及东莞、阳江、雷州等处，陆续策划了一系列的武装斗争。

与此同时，朱执信仍然坚持理论宣传活动，为《民国》杂志撰写了许多捍卫共和、反对袁世凯专制的政论。在《无内乱之牺牲》、《暴民政治者何?》及《革命与心理》等文中，他揭发了袁世凯祸国殃民的罪行，驳斥了当时反动分子把革命者及其主张诋毁为"暴民"和"暴民政治"的谬论。他反复指出"民心恶袁"，袁记政权的稳定只是暂时的，坚信民主革命必然胜利。

在护法运动期间，朱执信一直是孙中山的主要助手之一。1917年7月，他担任孙中山大元帅府的军事联络及掌管机要文书的职务。1918年5月，他又随同孙中山离开广州到上海，协助孙中山办理海外侨胞捐款事宜，并担任与福军及陈炯明军的联络，准备驱逐窃踞广州的桂系军阀。1919年秋至1920年夏间，他曾多次到福建漳州与驻扎该地的粤军进行策划，并和在粤的魏邦平、李福林军相联络，积极从事驱逐桂系军阀的军事活动。除此之外，他还协助孙中山撰写《建国方略》等著作，并奉命在上海创办《民国日报》副刊《星期评论》和《建设》杂志，担任编辑撰述工作。

当中国旧民主主义革命业已走到终点，孙中山的政治活动陷于绝望的困难日子里，俄国十月社会主义革命和我国爆发了五四运动，给朱执信带来了希望和信心，他著文予以赞颂，并学习俄文，准备钻研苏俄的革命理论。在他此后的很多著述中，显示出他的思想发生了重大变化。

1919年春南北和议时，针对有人把国内和平的希望寄托在向南北军阀实力派的乞求上，朱执信指出：像今天南北军阀"拥兵据地"的这种"实力"，是"旦夕倒坏"的实力，是"千人所指，无疾而死的实力"，不是真正的实力。他断言说,“国家之中最有力者为人民,人民所归向者,始谓之实力”①。

朱执信比当时一般的资产阶级革命派看得更远一些,他不但一向坚持比较激进的“平均地权”的纲领,而且由于时代革命思潮的影响,逐渐认识到来自下层革命群众的力量。“今后革命,顾不纯恃会党,顾其力亦必不出于豪右,而出于细民,可预言也。”②在《野心家和劳动阶级》、《没有工做的人的生存权和劳动权》等文中,他说:“我以为中国的革命是难免的。工人的力量是一天增加一天。”又说:“离开了农工的帮助,学界也没有真正的力量。”他把日益增长的“工人的力量”视为中国革命的重要因素。他支持工农劳动人民的斗争,并且发出“运动乡下人爱国才有用”的呼声,鼓励青年学生到农村发动农民参加爱国运动。

朱执信赞扬“五四”时期革命知识分子参加“打倒孔家店”的斗争。在《青年学生应该警戒的两件事》一文中,他指出:“现在的学生,已经把从前儒家那些谬说通通打破了。”

朱执信热情地赞颂布尔什维克的刻苦牺牲精神,他说:“俄国布尔什维克精神,只是在他们那为社会牺牲的精神上。他们共产党员工作时间比非共产党员多,而所受的俸给特别比非共产党员少。要有这样的牺牲精神,然后才可以作成一个革命事业。”③他从俄国的革命经验中,注意到赤卫军的功绩和列宁培育赤卫军的方法,指出:“现在俄国的赤卫军,就是国内劳农阶级的乳母。有了赤卫军的保护,他们国里头的种种组织,才可以保持发达。”④俄国的军队“一面做防卫主义的武力,一面又是共同经济建设的先锋”⑤。他想以当时苏俄的劳动军为榜样,

---

① 《所谓实力派之和平》,《朱执信集》下册,上海建设社 1921 年版,第 541 页。

② 《论社会革命当与政治革命并行》,《民报》第 5 号。

③ 《革命党应该如何?》,邵元冲编《朱执信文存》,民智书局 1925 年版,第 437—438 页。

④ 《匈俄苏域政府的兵》,《朱执信集》下册,第 661 页。

⑤ 《兵的改造与其心理》,《朱执信集》下册,第 392 页。

来建立一支新的部队。为此,他翻译了列宁颁布的苏俄《劳动军法规》。由上所述可以看出朱执信也像孙中山一样,对俄国十月社会主义革命的成功,怀着向往的心情,从而使他对中国革命增加了信心,在晚期的政论中闪现出新的光辉。

当然,他对人民群众的认识,对列宁的理论之了解,还存在各种局限(例如,他重视工农劳动人民,还仅仅是认为革命离不了"农工的帮助";他认为"实行共产主义……不必以各取所需随之"等等),他用以观察和论述社会问题的基本观点,仍然没有超越资产阶级民主主义思想体系。

朱执信始终积极地参加孙中山领导下的革命工作。他极端反对逃避革命斗争的行为,深恶痛绝吃饭不干事的人们,曾说:"现在这些自命高尚而作隐遁生活的人,都是过分贪婪。既然吃众人做成的饭,穿众人做成的衣,住众人做成的房子,就应该为众人做事。"[①]1920 年夏,戴季陶和胡汉民对孙中山领导的革命活动不满,逃到湖州去过所谓"隐遁生活",朱执信曾写信给予严厉斥责。

1920 年夏,孙中山决心驱逐桂系军阀,"统一南方"。为此,朱执信于 6 月下旬再次被派赴漳州,敦促驻扎在那里的粤军西进讨桂。稍后,他又不避艰险地奔赴广东,联络国民党旧部和民军响应讨桂军事行动。在他的策动和民军纷起的压力下,虎门要塞司令丘渭南宣布独立。9 月 21 日,朱执信到达虎门调停驻军与东莞民军的冲突时,被桂系军阀杀害,为中国资产阶级民主革命献出了生命,时年方三十五岁。他一生写了近百篇政论文章,主要著作编为《朱执信集》(上下册)。

---

① 《朱执信先生纪念专刊》附录类,1929 年版,第 23—24 页。

# 朱志尧

朱文炜

朱志尧,字宠德,号开甲,天主教徒,教名“尼各老”(Nicolas)。1863年9月7日(清同治二年七月二十五日)生于上海南市董家渡。朱氏祖居江苏青浦潭西丝网埭,捕鱼为业,康熙末年始信奉天主教。后移居金家庄,再迁诸巷,渐由渔而商,自湖而海,贸迁有无,获利甚丰,家业日盛。到1850年时,朱家自有四桅大沙船,经营贩运;到朱志尧父亲的年代,拥有沙船七艘、钱庄三所和一大批房地产。1860年迁居上海南市董家渡。

朱志尧幼时,经常到造船场去观看工厂造船,对铁工活极感兴趣,曾闻其父说“木匠一工,不如铁工一烘”①。稍长,从二舅父马相伯读于徐汇公学,又学习八股,先后应试八次皆未中。1882年,朱家沙船在山东洋面两次遇到台风,“沙钓覆没,庄资破产”②,遂家道中落。1887年,他的三舅父马眉叔主持招商局局务,盛宣怀为督办,朱志尧经马相伯介绍任招商局“江天轮”买办,往来上海、宁波间。几年后,调任“江裕轮”买办,行驶上海、汉口线。1893年,朱趁休假时机第九次应试,中青浦县附生。

朱志尧做了十年轮船买办,积累起一些经验,想自己办点事业。他认为“人弃我取,人取我与”是“经商之道”。他看到当时盛宣怀所办织

① 《家史》,朱志尧档案卷80。

② 《家史》,朱志尧档案卷80。“沙钓”,即沙船。“庄资”指钱庄的资金。

布局，积压大量棉籽，苦无出路，便在工余参考外国资料，做轧棉籽油计划，画成轧机图样一式，建议盛宣怀办棉籽油厂，盛大为赞赏。时洋人福开森(John Calvin Ferguson)在旁，说机器可向美国购来。数月后，机器运到试用，不料故障迭起，洋工程师亦束手无策，盛大为懊丧，迁咎朱志尧，朱乃乘机自荐。原来此种进口机器只适用于洋种棉籽，不适用粒小而坚硬的中国棉籽，朱志尧请来铁匠共同研究，自造轧机一台，半月即成，效用颇佳。因再添备零件，将洋机改装。1897 年，盛宣怀开设大德油厂，委朱志尧为总办。从此，朱潜心西学，并助其弟朱云佐(法商东方汇理银行第一任买办)创《格致新报》，传播西洋科学知识；又办中西书室，经售法文书籍。1898 年，《格致新报》停刊，并入《沪西汇报》。是年 7 月，朱云佐去世，朱志尧由马相伯介绍，马眉叔担保，继其弟任法商东方汇理银行买办。

《辛丑条约》之后，在民族危机的刺激下，民族资产阶级纷纷提出“振兴实业”、“挽回利权”。朱志尧认为“惟有机器，仍购自外洋，漏卮莫塞”，乃向舅父马相伯求教问计，决定创设机器制造厂，定名“求新”。1904 年在南黄浦租地七十亩开办，规划建造。是年，大德油厂获利四万一千两，这极大地鼓舞了朱志尧，乃于 1905 年初另创同昌油厂，全套轧棉籽油机设备均为“求新”制造。“求新”制造业务发展很快，1905 年至 1911 年七年中，产品不下百种，较著者计有大小轮船 40 艘，蒸汽引擎共 5000 匹马力，榨油机榨床 200 部，大小桥梁 40 座，以及自重六十六吨半的上海内地自来水厂抽水机等。在当时，许多产品都是先人一着的创举，在中国机器制造史上均属空前。

“求新”机器制造项目不断扩大，朱志尧的社会地位也日益提高。自 1904 年迄至 1913 年第一次世界大战以前，他发起创设、投资及支持了一批与“求新”制造修理有关的工矿企业。除了创设大德油厂(任总办)和同昌油厂(主要出资人)外，他还投资于新诚米厂、汇西布厂、“尼各老”砖厂，以及担任华商电气公司、内地自来水厂、申大面粉厂、中国图书公司、苏路公司等董事。对通州资生铁厂、常州厚生机器厂以及新祥机器厂、合兴机器厂、南洋机器厂等机器同业，也曾给予支持。

朱志尧身为买办，又是天主教徒，在经济上依赖洋人，但在机器制造上，却并不迷信洋人。他曾多方设法，将外国机器改进，使求新制造的机器更适合我国的需要。有些机器，“外国制造者不适用，求新制造者，试用颇著成效”①。

1910 年，朱志尧与马相伯同时就任江苏谘议局议员，在南京赁屋住了一个时期，常骑马到郊外马鞍山、采石矶等处游山探矿。1912 年，朱志尧发起创立宝兴铁矿公司，资本一万两。朱投资两千两（至 1919 年资本达四十五万两，朱有股份九万七千五百两），开采安徽当涂铁矿；并着手开办长兴煤矿，作为办炼钢厂的准备。

朱志尧独资经营的“求新”厂的资本，从 1904 年的四万八千两，到 1906 年增至十六万两，1910 年又增加到三十余万两，发展很快。同时，朱志尧还投资于其他事业及房地产。据估计，朱志尧 1910 年时的资产总值约达八十万两。不过，他用于企业的资金，大都是以房地产及企业股份向法商东方汇理银行及教会抵押借贷而来，每年负担利息甚重。至 1913 年，朱志尧经手向东方汇理银行抵押借款共达一百七十二万两。这样巨额的债务，压得他喘不过气来。为了能延期偿还债务，朱志尧曾到北京与马相伯同谒袁世凯，请求维持。经袁同意，再通过亲戚沈志贤与审计院副院长徐恩元的关系，得到北洋政府财政部担保，朱志尧向东方汇理银行借款的归还期延长四年。

但是第一次世界大战期间，“求新”由于油料涨价等原因，遭到一连串的亏损，使朱志尧债台高筑，焦头烂额，走投无路。1917 年，东方汇理银行到期逼债，北洋政府财政部拒绝继续担保。至此，朱志尧告贷无门，束手无策，于 1918 年 4 月 2 日，签订将“求新”厂售与法国邮船公司及歇乃达钢厂的草合同，估值为五十一万二千两，订明四个月履行合同。地方绅董、商会闻讯，反对将“求新”厂售与洋商，要求北京政府收

---

① 《求新制造机器轮船厂图说》，朱志尧档案卷 65。

为官办，但政府答称款巨难筹，要上海总商会维持，相互推诿。8月法商通知朱志尧履行合约。次年3月1日，法商向北京法国公使馆控告。几经交涉，北京政府外交部核准中法合办，6月1日接管“求新”厂，核定资本为一百二十万两，中法各半。中国资本中，保留朱志尧股份十万两及董事职位。同时将同昌油厂抵押给上海24家银行、钱庄，借款三十一万两，了结东方汇理银行的债务。

“求新”厂的出售，对朱志尧是个重大打击，十五年苦心经营付之东流，但他还任东方汇理银行买办，在中法“求新”厂及其他企业中仍是董事，在社会上还有一定地位。因此，他力图东山再起。朱出身航业世家，主张自辟航线，经营航运。1924年6月，江苏巨商杨在田邀他合办大通仁记航业公司，专驶沪扬线。朱为大通公司设计符合航线要求的船只，向中法求新厂定造千吨级“隆大”轮一艘，后抵押借款再造“鸿大”轮，一年之中成船二艘，价值四十余万元。几年间，发展迅速，又再添轮二艘。朱志尧深知长江各主要口岸，都被怡和、太古、招商局三大公司霸占，是无力与之竞争的；只有大公司不走的较小码头，尚有回旋余地。1928年春，再集资20万元，创设合众航业公司，朱投资2万元。是年秋，先购船两艘，行驶上海—海州、连接陇海铁路客货运输业务。未及一年，营业日上，又添购一轮，自辟进射洋河直通苏北阜宁航线。

“大通”成立以后，与大达公司有过激烈竞争，经朱志尧设法改进轮机，提高航速，取得优势地位，迫使“大达”与“大通”联营，竞争始告结束。

1915年，朱志尧与虞洽卿、陆伯鸿曾合组大通地产公司，各出资一万两，向上海巡捕局订立合同，租得南市新马路以外沿浦滩地及岸线等地，30年为期。国民政府成立后，曾将该地没收，后经虞洽卿向蒋介石交涉，收回租赁权15年，重新订约付租，得到赔偿损失费15万元，朱、虞、陆各得5万元，并各得租地1/3。虞洽卿设立的三北公司，朱志尧设立的大通公司，分别在此建立码头，1930年朱志尧在租地上集资建造合众仓库公司。

1926年，朱参加美国费城“赛会”，同时参加在美举行的天主教“万国圣体大会”。他企图通过美国天主教上层分子，为冶铁炼钢事业找到大笔借款的机会，未能成功。从美国回来，朱志尧拟以己子继代买办职位，未获洋人同意。1927年2月买办合约终止，朱退出东方汇理银行。朱志尧在中法求新厂保留的十万两股份的股金，是向东方汇理银行抵借的，曾还过两万两，1930年11月由巴和律师出面，将股份作价了结。至此，做了三十年买办的朱志尧，从法国资本中完全退了出来。在此期间，朱曾任上海机器公会名誉会长。

1937年抗日战争爆发，“八一三”沪战起，南市首当其冲，朱志尧在经营求新大败以后，创立的三个航业、仓库公司，都遭到严重损失；所有八艘航轮，除一艘逃往重庆外，其余全部被征用，沉没于马当及连云港。朱志尧对此一筹莫展，遂将活动转向教会方面。

朱志尧是个虔诚的天主教徒，他与天主教的密切关系，不但表现在信仰、思想及教会会务活动方面，而且深入到他的有关事业方面。在经营“求新”时期，经常向教会若瑟堂、三德堂、普爱堂、首善堂等处大量借款，为教会买过大量土地，曾任上海公教进行会副会长，罗马教皇曾“钦赐”给他“圣西尔物斯德赉骑尉勋位”。抗战前几年，朱志尧每逢礼拜日（即星期日），常到无锡看守所监狱讲道布经。抗战期间，转到上海马思南路看守所及难民所讲道。1942年，他将东沟地产200亩出售，得伪中储券300万元，其中170万元全部捐输各地教会及天主教举办的慈善事业。

抗战胜利后，朱志尧曾产生过一些幻想，一方面向国民政府交涉收回大通、合众等公司产业；另一方面，通过主教于斌向国民政府要求赔偿战时损失、贷给巨款及由政府担保向加拿大借款购船，结果都未成功。解放前夕，大通公司仅存的“隆大”轮，又被当局征用沉没在上海江海关码头。至此，朱志尧的事业几乎完全破产。

1955年3月17日朱志尧在上海病逝。

## 主要参考资料

上海市机器工业史料组编:《上海民族机器工业》,中华书局 1979 年版。

张若谷:《马相伯先生年谱》,商务印书馆 1939 年版。

《朱志尧档案》,上海市工商业联合会藏。

# 朱 自 清

娄献阁

朱自清，字佩弦，1898 年 11 月 22 日（清光绪二十四年十月初九）出生于江苏东海县。原籍浙江绍兴，祖父和父亲做过些地方小官。1903 年全家从东海搬到扬州定居。

朱自清幼年随父母课读，后入私塾，再入小学。在小学时，他的英文已学得不错。1912 年考入扬州两淮中学读书，学习成绩很好。

1916 年夏天，他离开扬州赴北京，进北京大学预科，第二年入本科哲学系，三年中修完了哲学系全部课程，1920 年大学毕业。

朱在北大读书时，是校内学生刊物《新潮》杂志社（1919 年 1 月创刊）的社员。在五四新文化运动的影响下，他开始试作新诗。

从大学毕业到 1925 年暑假，朱自清先后在杭州第一师范、扬州第八中学、吴淞中国公学、台州六师、温州第十中学、宁波四中、白马湖春晖中学等处教书。在此期间，他一面授课，一面努力写作。1920 年冬，文学研究会成立，他为早期的会员之一。1922 年 1 月，他同俞平伯、叶圣陶等创办了《诗》月刊，这是“五四”以来最早的一个诗刊。同年 6 月，又和俞平伯、叶圣陶、郑振铎等人合印了诗集《雪朝》。与此同时，他还加入了当时一些新诗人组织的“湖畔”诗社。

从这年 11 月起，他和俞平伯在通信中多次讨论当时小资产阶级文化人中所流传的一种“刹那主义”。他不同意只求刹那享受的刹那主义，而主张每一刹那都要充分利用起来做一些事，以求心之所安。用他的话说是："随顺我生活里每段落情意底猝发的要求，求个每段落的满足。"①他认为这是比较"积极"的。

1923年3月，他的第一首长诗《毁灭》在《小说月报》上发表，引起了当时诗坛上的广泛注意。同年10月写成《桨声灯影里的秦淮河》，此文发表后，被人誉为"白话美术文的模范"②，后来收在《踪迹》一书里。

1925年"五卅"惨案发生，他为抒发胸中的愤懑，写《血歌》一首。

这年8月，北京清华学校聘朱自清任中国文学系教授。此后他的创作转向散文，同时开始了古典文学的研究。

1926年"三一八"惨案发生时，他在游行的队伍里，亲身目睹了这一历史惨剧。事后他以愤怒的心情写了具有历史价值的《执政府大屠杀记》，详细地叙述了惨案经过："请大家看看这阴惨惨的二十世纪二十六年三月十八日的中国！"他在文章末尾说："这回的屠杀，死伤之多过于'五卅'事件，而且是'同胞的枪弹'，我们将何以间执别人之口！""我们国民有此无脸的政府，又何以自容于世界！"③

"三一八"之后他回到书斋，继续做自己的研究工作。1926年广东革命政府出师北伐，掀起了大革命风暴，但由于蒋介石的叛变，1927年继之出现的是国民党政府的反动统治与白色恐怖。在这种局势下，他感到苦闷、彷徨。1928年2月，他的《那里走》一文坦率地表露了这种心情。朱承认自己是"小资产阶级"，离开了小资产阶级，就"没有血与肉"。他说："在旧时代正在崩坏，新局面尚未到来的时候，衰颓与骚动使得大家惶惶然……只有参加革命或反革命，才能解决这惶惶然。"但他"既不能参加革命或反革命"，也总得找个依据，好"安心地过日子"。于是就钻进"国学"里去消磨一生。他虽然意识到这只是"暂时逃避的

---

① 朱自清的信，见O.M编《我们的七月》，亚东图书馆，1924年。

② 浦江清：《朱自清先生传略》，《国文月刊》第72期，1948年。

③ 朱自清：《朱自清文集》，开明书店1953年3月第1版，第765、773页。

一法"①,但是仍然选择了这条道路。

同年10月,他的第一本散文集《背影》出版,这本书收集了他四年来所写的散文,其中《背影》一文传诵一时,被选为中学国文教材。

1930年暑假后,朱代理清华中国文学系主任。1931年8月到英国留学,并漫游欧洲数国。"九一八"事变时他正在英国,他虽关心事变,但感到"没有法子"。1932年8月回国。从9月起他正式主持清华中文系。这时闻一多也从青岛来清华任教,这是他们两人共事的开始。

1934年,朱担任《文学季刊》和《太白》杂志的编辑。1935年7月起,着手为《新文学大系》编选《诗集》。同年冬,爆发了"一二九"救亡运动。12月16日,他随清华学生游行队伍进城,眼见到国民党当局镇压学生,他很愤懑。当时的民族危机已经很严重,但危机的根源是什么,如何去挽救,他并不明确,对蒋介石国民党政权的本质也缺乏认识。故1936年12月西安事变发生后,清华教授开会决定发讨伐张学良的通电时,朱参加了会议,并被选为起草委员会的召集人。稍后他在日记中曾明确写道:"余之立场与政府相同。"②

1937年"七七"抗战爆发,清华与北大、南开联合成立临时大学于长沙,次年又迁往昆明,改称西南联合大学。朱随学校南行。这一重大事变,暂时打断他的安居治学生活,他为南迁以来未能集中精力于研究工作而感到十分苦恼。1939年寒假以后因健康关系他辞去联大中文系主任。

1940年到1941年他在成都休假期间,看到了一群一群的贫民抢米仓、吃大户的情形,后来他写了《论吃饭》一文,对饥民表露同情。这时国民党统治区物价飞涨,一般贫民没有饭吃,他的生活也感到日渐困难。休假结束后,他把眷属留在成都,自己返回西南联大。为躲避敌机

---

① 朱自清:《那里走》,《一般》第4卷第3号(1928)。

② 王瑶:《朱自清先生的日记——纪念他逝世一周年》,《光明日报》1949年8月10日。

轰炸，他随清华文科研究所住到乡下，有时进城去上课，人们常见他衣服的纽扣掉了，缀上些布条系着。

到了抗战后期的两三年，一般教学人员的生活更加困苦，但他仍然认真地进行教学、研究和著述的工作，几年内写成了《新诗杂话》、《诗言志辨》、《国文教学》等不少著作，但是他的身体面貌却变得更加衰弱和憔悴。

抗战胜利之后，国民党反动派在昆明屠杀反对蒋介石内战政策的大中学师生，造成了震动全国的“一二一”惨案。这对朱自清是个很大的刺激，他“悲愤不已”①，遂积极支持昆明师生向反动当局抗议。1946年1月20日，他公开签名于昆明文化界反内战的时局宣言。

同年5月，西南联大结束，师生分批离滇返平，6月他先回到成都家中。7月11日，中国民主同盟云南支部负责人李公朴在昆明遇刺身死。四天之后，民盟又一负责人、他的好友闻一多也遭到国民党特务的暗杀。这对朱自清是更大的刺激。他在日记中写到：“此诚惨绝人寰之事。”“手段如此之卑鄙！此成何世界！”②8月16日他写《挽一多先生》诗，把闻一多比作“照见了魔鬼，烧毁了自己，遗烬里爆出个新中国”的“一团火”③。他于同年10月回到北平（今北京）清华，受聘为“整理闻一多遗著委员会”的召集人。他花费了一年多的时间，编成了《闻一多全集》，在为《全集》写的《序言》中称闻是斗士、诗人和学者。

在闻一多被害前的一两年内，朱自清的政治见解已经有了一定提高。1944年他曾在成都对他的夫人说：“以后中间路线是没有的，我们总要把路线看清楚，勇敢的向前走。”他自己承认不如青年人走得快，但

① 王瑶：《朱自清先生的日记——纪念他逝世一周年》，《光明日报》1949年8月10日。

② 王瑶：《朱自清先生的日记——纪念他逝世一周年》，《光明日报》1949年8月10日。

③ 季镇淮：《朱自清先生年谱》，见《朱自清文集》。

要求“赶着走”①。闻一多的惨死加速了他的转变。1947年2月23日朱领衔发表抗议国民党北平当局任意逮捕人民书，5月24日他又签名于“反饥饿、反内战”的宣言，并手持宣言稿到处请人签名。此后他走出书斋，接近青年，几次和同学一起扭秧歌。秧歌是解放区流行的民间舞蹈，因此人们称赞他这是“向一个新时代学习的态度”②。

1948年初，朱已受胃病的折磨，身体越来越坏，但他仍坚持写作，并积极参加群众运动。此时国民党对青年学生的压迫日甚一日，殴打与逮捕学生的事不断发生；各校师生员工用罢课、罢教、罢工来反对迫害的行动也一天比一天激烈。4月9日与11日，国民党的特务暴徒先后冲入北平师范大学和北大，肆意毒打并逮捕学生。为此，12日清华开教授会，决定13日罢教以示抗议，他被推为宣言起草人之一。

同年6月，北平学生掀起了反美扶日运动，朱为抗议美国的扶日政策，在拒绝领取美援面粉宣言上签了名，并说：“余等既反美扶日，自应直接由己身做起，此虽只为精神上之抗议，但绝不应逃避个人责任。”③这事影响他家庭生活，但他宁可让家人挨饿，也不愿再领这种面粉。7月9日，他又签名抗议国民党北平当局“七五”枪杀流亡北平的东北学生事件。

在这期间，他的胃病几次复发。7月23日，他扶着手杖带着重病，参加《中建》半月刊社在清华举行的“知识分子今天任务”的座谈会。在发言中他比较清醒地估计了自己，承认自己需要向工农学习，需要改造。到8月初，他的胃病更加严重了，入院救治无效，12日终于在贫病交迫之下死去。在他死前神志尚清醒的时候，还嘱咐家人不要购买国民党政府配售的美国面粉。毛主席对朱自清晚年从民主自由主义者转

---

① 季镇淮：《朱自清先生年谱》，见《朱自清文集》。

② 季镇淮：《朱自清先生年谱》，见《朱自清文集》。

③ 王瑶：《朱自清先生的日记——纪念他逝世一周年》，《光明日报》1949年8月10日。

变到反帝国主义的革命立场上来，宁肯饿死不领美国“救济粉”的反抗精神，给予称赞，赞扬他和闻一多一样，都“表现了我们民族的英雄气概”①。他的全部著作共约一百九十万言，大部分收在《朱自清文集》里。

① 《毛泽东选集》，人民出版社1967年横排本，第1385页。

# 诸 文 绮

汪仁泽

诸文绮，名人龙，以字行，原籍江苏武进。1886年2月25日（清光绪十二年一月二十三日）生于上海。父亲在上海南市开设景泰顺帽顶店。诸文绮少年时就读上海龙门师范学堂，毕业后考取江海关当职员。旋因不愿受洋员的颐指气使，放弃高薪辞职回家。其后，他自费东渡日本，先进语言补习学校学习日语，后又考取名古屋高等工业学校，攻读化学，并取得上海劝学所供给的地方留学生公费补助。在学期间参加了孙中山领导的中国同盟会。

1910年，诸文绮自日本名古屋高等工业学校毕业回国，经清政府留学生考试，授以进士衔，并任农工商部部员。此时，他又兼任无锡县立实业学校校长，曾参加同盟会在无锡地区的反清秘密活动。辛亥革命后，他至苏州任江苏省立工业学校染色科主任教员，兼授全校英文课。

诸文绮执教的江苏省立工业学校，是培训我国早期纺织印染工业技术骨干力量的基地。他不仅授课，且进行纺织机械的设计。当时国内尚不能自制丝光线，市场需用均向日本洋行订购，非但价高而且交货迟缓。为此诸文绮自行绘制机器图样，委托合众机器厂制成丝光线机，又自行设计工艺程序。半手工式的丝光线试制成功，为国内首创。

丝光线的试制成功，使诸文绮萌生了经营实业挽回利权的信念，便集资在上海创办启明丝光染厂。初系两合公司性质，诸自任无限责任股东兼总经理。由于产品质量不亚于外资，因此销路日旺，除江浙一带外还远销南洋及华北各地，一时供不应求。此时厂址由虹口迁至南市，租地自建新厂房，并在爱多亚路(今延安东路)设发行所。1914 年，诸申请获得北京政府批准专利五年，使用双童牌注册商标，出品各种丝光纱线。1916 年又盘进立大织布厂，成为启明厂的织部，遂改厂名为启明染织厂，并增产用丝光线织成的花色色织丝光布，以及府绸、线呢、被单、毛毯、围巾、毛巾等多种产品。时值第一次世界大战期间，我国民族工业获得一定发展，启明厂在此期间发展迅速，到 1918 年已成为有职工五百人的中型厂，以后又增设门市部，无论产品质量和机器设备都在上海染织工业中名列前茅。

1919 年秋，诸文绮发起组织染织业同业公会，成立后被推为主任委员。这年他与张公权等合资创办永元染织厂；又与季铭义、沈选青等集资创办大新染厂，诸任总经理。为了解决纺织印染的染料问题，他于 1923 年集资 10 万元，创办大中染料厂于上海龙华，生产染料硫化元，产品质量良好。同年又与达丰染织厂崔福庄等合资，在江苏江阴青阳镇购进已停业的勤康染整厂，成立万源白织厂，自任董事长，并在上海设第二分厂，规模不断扩展。1924 年，诸在丝织商标的花边机上获得启发，试制色织布打样机成功，成为全国首创。用该机在设计新的花式布时，可先打出样布，不必如过去先上布机织样而浪费大量布匹。该机此后在色织同业中普遍应用，并推广到毛纺织等业。

诸文绮深感实业的兴办和发展与金融的调剂关系至大，1927 年与亲友集资在上海闵行创办浦海银行，自任董事长，以其弟诸尘绮任经理。其间他又联络同业，集资创办中国染织银行，任常任董事兼总经理，调剂同业间的资金周转，博得同业的普遍好评。诸文绮先已用化名在上海证券物品交易所、纱布交易所登记经纪人，从事证券、期货交易，由于他善于观察国内外市场变化，资力雄厚，因此多操胜算，获利颇丰。

声望日隆的诸文绮先后担任上海公共租界工部局华人委员、纳税华人会执行委员、法租界纳税华人会常务监察委员、上海市商会执行委员。他还任星华地产公司董事长、宝康银行常务董事，以及中国布业银行、中孚信托公司、中国绸业银行、联业保险公司、中华化学工业社、大新化学厂等二十余家企业的董事、监察人等职。

诸文绮早年参加过同盟会，因此对国内时政一直比较关注。1927年初，北伐军逼近沪地，诸曾积极参加国民党沪东支部的工作；并为上海三次工人武装起义出资出力，功成不居。4月，南京国民政府成立，他经友人相邀，一度就任财政部浙江卷烟公卖局第四分局局长。别人视为肥缺，但他以不谙官场为辞，不久即挂冠而去。此后即专务实业，绝意仕途。

1931年"九一八"事变后，诸文绮与友人王性尧等深感日本帝国主义侵略日亟，乃积极参加抵制日货、提倡国货运动。1932年"一二八"淞沪战起，诸为救济战区难民，除自己认捐外，并多方奔走劝募，不遗余力。是年3月起，诸参加了张公权、王性尧组织的上海实业界人士"星五聚餐会"，每周聚会一次，商讨提倡国货、改进国货事宜。8月间，中华国货产销协会成立，张公权当选理事长，诸与王性尧等分任理事。

1937年淞沪抗战爆发后，诸文绮自疗养地浙江莫干山赶回上海，但在战区内的启明厂房已毁于兵燹。经诸重新购置机器设备，在租界内另觅两处新厂房，分设印花、色织两部，继续开工生产。上海沦陷后，敌伪多次派人利诱诸出任伪职，他坚决拒绝，于1939年只身避居香港，将沪上企业交由其长子诸尚一负责经营。香港沦陷后，诸被迫返回上海。他为保持晚节，不受敌伪胁迫，于1943年经浙江桐庐进入后方，转辗到达重庆。此时，他目睹国民党统治日趋腐败，贪污盛行，事以贿成，深表愤慨，经常参加民主人士聚会。

诸文绮鉴于培育国家建设人才的重要，早在抗战前，除在神州法政专科学校、南洋医科大学执教授课外，并在闵行筹办文绮纺织专科学校，迨至第一期校舍工程方竣，适值抗战军兴，被迫停办。抗战胜利诸回沪后，复集中财力进行第二期工程建设，落成后开学，自兼校长。该校招收高中毕业生，授以印染纺织专门技术，附设实验工场，重视课堂教学和生产实验相结合，前后毕业了两期具有大专程度的纺织印染技术人才百余人。此时国民党政府挑起全面内战，滥发纸币，通货恶性膨胀，造成百业凋敝、民不聊生的局面，诸所经营的企业皆面临困境。

诸文绮于 1946 年经章乃器介绍，加入民主建国会。他积极参加“星五聚餐会”等民主人士集会，在中国共产党的影响下，投身反蒋、反内战活动。1948 年秋，他响应中国共产党关于召开新政协、成立民主联合政府的号召，离沪出走香港，11 月和章乃器等人经东北进入解放区。1949 年 5 月上海解放后，6 月诸自北平南返，任上海市工商业联合会筹备委员。1950 年 11 月，他应长兄之函邀离沪去香港，经营以饲养肉鸡为主业的家庭农场。1957 年一度回沪，接受政府给予的企业定息。1963 年 7 月 15 日因病在香港去世。

## 主要参考资料

《诸文绮传略》(未刊稿)。

诸文绮家属、亲友及原启明厂职工 1984 年—1989 年间采访、座谈记录。

杨家骆主编:《民国名人图鉴》，1937 年 1 月辞典馆初版。

《中国名人年鉴》(上海之部)，中国名人年鉴社 1943 年版。

《中华全国中日实业家兴信录》(上海之部)日文本，上海兴信所 1940 年版。

# 竺可桢

阎 铁

竺可桢，字藕舫，杰出的科学家和教育家。1890 年 3 月 7 日（清光绪十六年二月十七日）出生于浙江绍兴东关镇（今属上虞县）。同胞六人，他最年幼。在本镇天华府小学读书时，受民主革命思想影响①，为探求救国救民的道理，1905 年去上海入澄衷学堂读书，1909 年考进唐山路矿学堂（唐山铁道学院前身）工土木工程，学习勤奋，成绩冠全班。他认为我国自古以农立国，发展农业是治国之本。1910 年考取公费留美，入伊利诺斯大学农学院学习。1913 年毕业后，转入哈佛大学地学系攻读气象学。1916 年发表第一篇气象学论文，之后在美国气象、地理等刊物上多次发表关于雨量和台风方面的文章。1918 年获哈佛大学哲学博士学位②。同年秋回国，到武昌高等师范学校（武汉大学前身）讲授地理和气象学。1920 年转南京高等师范学校（后改东南大学，即南京大学前身）与柳诒徵共同主持史地学部，讲授地学通论、气象学、世界气候、地质学等课程。我国最早的一批近代地理学家如胡焕庸、张其昀等人和气象学家，多属这一时期该校的学生。1925 年，竺受上海商务印书馆之聘任编辑，一年后又应邀赴天津南开大学教书。1927

---

① 蔡元培、秋瑾、徐锡麟、章太炎等都是浙江人，他们的民主革命思想对当地教育界有很大的影响。

② 当时哈佛大学不分自然科学、社会科学，凡研究生毕业合格者都给哲学博士学位。

年，应中研院院长蔡元培的邀请，赴南京筹建中央气象研究所，次年该所建成，竺担任所长。在此之前，中国基本上没有自己的气象事业，沿海和长江下游虽有一些气象所，多半是帝国主义控制下的海关所设立的，主要为外国资本家在华航运服务，气象资料和台风警报全为外国人所办的徐家汇天文台所掌握。

在旧中国办研究所，经费短缺，人员不足，困难重重。竺可桢经过七八年的苦心经营，到抗战前夕气象研究所已有四十名工作人员，并在各省设置四十多个气象站和一百多个雨量站，先后开展了高空探测、无线电气象广播、天气预报等工作，出版了中国气象资料，发表了许多研究论文，为我国的气象学奠定了基础。

1936 年，竺可桢出任浙江大学校长，同时仍兼任气象所所长和中央研究院院士。他锐意整顿浙大，废除前任校长强制推行的军训制度，增强民主和学术空气。他认为“教授是大学的灵魂”①，四处聘请有造诣的教授，还尽量充实图书仪器。抗日战争爆发，他率领师生向内地转移，两年中四迁校址，最后在贵州遵义和湄潭定居下来。每到一地，即使只有两三个月的间歇，他仍然坚持科研和教学活动。

竺可桢艰苦创业，提倡“学理之研究重于物质之享受”②。贵州物质条件十分困难，就以炭炉代酒精灯，土制瓷杯做培养皿，祠堂、庙宇权充试验室。尽管这样艰苦，科研与教学却取得了优异的成绩。理学院的数学系和生物系，工学院、农学院、文学院和史地研究室，都有相当数量较高水平的论文和专著在国内外发表。1944 年 4 月和 10 月，英国剑桥大学生物化学教授李约瑟曾两次访问浙大，对浙大师生在战时物资设备十分困难的情况下，教学与科研居然获得了可观的成果，学术风气也颇浓厚，表示惊叹。他在为浙大师生作“战时与平时之国际科学合

① 1936 年 4 月 25 日就职演讲辞《大学教育之主要方针》，《竺可桢传》，浙大校史编辑室编著(供内部参考用)，第 68 页。

② 《竺可桢传》，第 198 页.

作”的讲演时，称赞浙大为“东方的剑桥”①。1945 年 6 月，浙大生物学教授谈家桢在美国哥伦比亚大学作《中国西南果蝇之调查及分类》报告，美国学者以中国抗战八年尚能做出如此研究，无不惊讶②。

浙大在抗战胜利前夕，已拥有六院、二十五系、四个研究所，另有一个拥有八个系的龙泉分校，学生比抗战初期增长了四倍③。由于竺可桢苦心经营，浙大逐渐成为国内著名的高等院校之一，对抗战时期的教育事业作出了优异的贡献。

竺可桢从年轻时候就抱着“科学救国”、“教育救国”的理想，可是现实总是和他的愿望相左。国民党当局对文化机关千方百计地加强控制，对进步师生残酷迫害。竺可桢主持正义，珍惜人才，对受迫害的进步师生总是设法给予维护。1941 年 12 月日军占领香港前夕，行政院副院长孔祥熙慌忙用飞机接他的家眷离港，连哈巴狗都带上，而对滞留香港的大批文化界和其他知名人士却弃而不顾。再加上平时人民对国民党统治的不满，于是爆发了反对孔祥熙的运动。当时在昆明的西南联大首先发难，接着在遵义浙大学生也举行示威游行。为防止国民党当局开枪镇压，竺可桢亲自走在游行队伍的前头，卫护学生。

1945 年 3 月 5 日凌晨，浙大教授费巩在重庆江边码头被国民党特务秘密绑架，竺可桢得知费巩失踪消息后，立即四处奔走，打探营救，竭尽了全力。他的日记中有关营救费巩的记载，就有七八十处之多。

1947 年 5 月，国民党统治区掀起轰轰烈烈的“反饥饿、反内战、反迫害”运动，国民党特务为此大肆逮捕进步学生。这年 10 月 24 日，浙大学生自治会主席于子三被捕，29 日被杀死在浙江保安司令部狱中。国民党反动派为掩盖罪行，伪称于子三是自杀身死。竺可桢闻讯赶往保安司令部察看，反动当局要他证明于子三系自杀，他严词拒绝，愤然

① 《竺可桢传》，第 194—195 页。

② 《竺可桢传》，第 199 页。

③ 《竺可桢传》，第 200 页。

离去①。接着反动当局在“御用”的《华南日报》上刊登“于子三畏罪自杀”的歪曲报道。竺可桢为说明事实真相,11 月 4 日亲到南京,向《申报》、《大公报》、《中央日报》记者发表谈话,指出“于生致死主要凶器及创口之真相,均尚需调查,其死因或将成为千古疑案”。《申报》记者问:“于子三是否自杀?”竺答:“此事将成为千古奇冤。”他的谈话登报后,引起很大反响。国民党教育部长朱家骅要竺可桢在报上更正。竺斩钉截铁地回答:“报载是事实,我无法更正。”②之后,一个“反迫害于子三运动”在蒋管区内兴起。

解放前夕,国民党教育部曾一再催促竺可桢去台湾,后来又送来飞机票,他毅然拒绝,只身潜赴上海。为躲避国民党特务追踪,他机警地躲在上海一处实验室里,直到解放。

1949 年 7 月,竺可桢接到周恩来的邀请,立即赶赴北京参加全国科学工作者代表大会筹备会。7 月 19 日,周恩来设宴招待竺可桢和其他几位科学家,共商发展我国科学事业的大计。9 月,他出席第一届全国政治协商会议,对发展科学事业提出建议,被大会采纳并在《共同纲领》第四十三条中有所说明。同年 11 月,中国科学院成立,竺可桢被任命为副院长。他被选为全国人民代表大会第一至四届代表、人大常委会委员。他还是全国科学技术协会副主席,中国地理学会理事长,中国科学院生物、地学部主任,综合考察委员会主任,中德友好协会会长。他虽然社会活动繁忙,仍然不遗余力地从事科学研究工作。

竺可桢从新旧社会对比和革命实践中,逐渐加深了对共产主义事业的认识,1962 年他被批准加入中国共产党。他在入党的时候说:“终于找到了自己的归宿。”③这是一位终生孜孜不倦地从事科学事业,执着地追求真理的学者满怀欣慰的自白。郭沫若为竺可桢入党写了祝贺

---

① 《竺可桢传》,第 243 页。

② 《竺可桢传》,第 246 页。

③ 《竺可桢日记》,现存中国科学院《竺可桢文集》编辑小组。

词:“雪里送来炭火,炭红,似熔钢。老当益壮高山仰,独力更生榜样。”①

竺可桢致力的研究工作,跨越不少学科,在气象学、地理学、自然科学史方面,均有卓越贡献,是中国气象学、近代地理学的奠基人。他对教育、科研组织和科学普及工作的贡献也很大。

他是我国高等学校中讲授近代地理学的先驱者,他创办的东南大学地学系②,是我国最早具备近代地理教学内容和教学设备的地理系。他编的《地学通论》是我国最早的近代地理学教科书。他在浙大建立的史地系的地理组,培养了不少人才。解放后,他又亲自主持和筹建中国科学院地理研究所。我国地理的综合考察、自然区划、国家大地图集的编纂,以及历次地理学规划,都是在他领导或直接指导下进行的。

竺可桢认为地理学是研究现代地面环境的科学,应着重研究“现代地球表面的岩石圈、水圈、气圈和人类的相互作用”,应向实验科学方向发展,将了解自然与利用改造自然结合起来,特别强调地理学要为农业服务。

竺可桢用了很大的精力领导和指导我国自然资源的综合考察工作。他根据国家的需要,先后组织了华南热带生物资源、黄河中游水土保持、西北沙漠、西南南水北调地区,以及黑龙江、新疆、甘肃、青海、宁夏、内蒙古、西藏等省、区的综合考察。此外,对海洋综合调查和冰川、盐湖的考察也积累了系统资料,为国家建设提供了参考数据。

竺可桢一生著述甚丰,公开发表的文章为二百七十二篇,还有大量的手稿、油印稿、书信和日记。

竺可桢是我国最早利用现代科学技术研究台风的人。1918 年在美国发表《台风中心若干新事实》,提出台风眼中温度剧升,是由于有下沉气流。1924 年发表的《远东台风新分类》和 1925 年发表的《台风的

① 《竺可桢文集》,科学出版社 1979 年版,卷首第 5 页。

② 地学系后分为地理、大气、地质三个系。

源地与转向》，分析了1904年至1925年二百四十七次台风的季节分配源地、运动途径及其转向地点，并提出新的台风分类法，将台风分成中国、日本、印支、菲律宾、太平洋、南海①六个类型。

关于季风研究，1933年在第五届太平洋学术会议上，他提出《中国气流之运行》一文，总结我国30年代气象台站网资料，阐述我国天气与气候的变化规律。这是我国最早的有关东亚大气环流的研究。1934年发表《东南亚季风与中国雨量》一文，讨论季风成因，指出夏季东南季风强盛时，长江流域主涝、华北主旱的规律。这篇文章为我国长期天气预报的研究提供了重要基础。

关于气象和区域气候，1922年发表《南京之气候》，1936年出版《中国气象概论》，系统地概述了当时所掌握的气象资料，对中国气象作了全面论述并对高空气候作了分析。1936年发表的《气候与人类及其他生物关系》，是他着重研究气候与人类和生产的关系方面的重要论述，同年发表《杭州之气候》。解放后，他更加重视农业气象和气候的研究工作，培育人才，设立机构。1963年发表《论我国气候若干特点及其与粮食作物生产的关系》，着重论述光能在作物生产量形成中的作用，分析了温度、降水对粮食作物的影响，从而指出我国农业生产有很大潜力以及可采取的途径。这篇论文综合分析气候因素对农业生产的影响，为科学种田提供了依据，得到毛泽东主席的赞许。

物候是竺可桢很重视的学科之一。他每天亲自观测、记录物候与天气，特别注意物候在农业中的作用，并注意搜集古代有关物候的文献。1931年发表《论新月令》一文，分析1921年至1931年南京物候记录，论证按物候安排农事比依据二十四节气更为适宜，主张以物候观测为基础，制订新农历。1934年至1937年，他开始建立物候观测网，“七七”事变后中辍。解放后，从1950年至1973年，连续二十四年，他每天观测物候，从未间断。在他倡导下，中国科学院地理所、植物所和北京

---

① 南海台风原文为：China Sen Typhoon.

植物园于1962年共同组织全国物候网,观测记录一直在正常进行。他的《物候学》1963年出版,1973年科学出版社修订重版,是一本非常有实用价值的科普读物。

关于气候变迁,他对古今中外有关的气候资料广征博采,以新的科学方法加以整理,形成完整体系。1925年曾发表《南宋时代我国气候的揣测》,在30年代又多次发表中国气候变迁的论文,分析我国两千年的水旱资料。他长期注意搜集世界历史上各个时期气候变迁的资料,从动植物分布、冰川进退、雪线升降、河流湖泊冻结等变化中,研究从古迄今的气候变迁,注意考古和气象仪器观测记录中所获得的资料。1961年发表《历史时代世界气候波动》一文,阐述20世纪上半期气候变暖的事实,追溯整个历史时期以至第四纪各国水旱寒暖的历程,以中国历史上的寒冬与欧洲记录相比较,发现17世纪后半期长江下游寒冷期与欧洲"小冰期"是一致的。1966年写成《我国五千年气候变迁初步研究》(英文稿),后来的中文稿于1972年发表在《考古学报》,英文稿1973年发表于《中国科学》上。这一著作,立论严谨,博大精深,深受中外学术界推崇,美、英、苏、日等国的书刊竞相介绍。日本气象学家古野正敏说:"在气候学的历史中,竺可桢起了巨大作用。""经过半个世纪到今天,他所发表的论文,仍然走在学术界前面。"①英国《自然周刊》说:"竺的论点是特别有说服力的,着重说明了气候变迁的途径。西方气象学家无疑将为能获得这篇综合性研究文章感到高兴。"②这篇水平很高的著作,是他八十二岁时发表的。

在自然科学史方面,自20年代开始,他先后发表过三十多篇文章,涉及天文、地理、气象和一些理论问题的探讨。1944年发表《二十八宿起源之时代与地点》,曾得到国内外学术界好评。1926年发表《沈括对于地学之贡献及记述》,全面评述了沈括的成就。1942年发表《徐霞客

---

① 《竺可桢文集》,第XII。

② 《竺可桢文集》,第XII。

之时代》中指出:"欲求霞客之以求知而探险者,在欧洲并世盖无人焉。"①竺可桢对我国另一位科学家徐光启也评价极高,认为徐超过了培根。1962年、1963年竺可桢写过专门纪念徐光启的文章②。

竺可桢治学谨严,提倡"求是"。他强调科学实验,注重亲临第一线观测试验,取得第一手资料。1965年8月,他已七十五岁高龄,放弃去北戴河休假的机会,却到甘肃河西走廊考察农业区划,先后到兰州、酒泉、玉门、安西、敦煌等地,每日行程二百余公里,完成他一生最后一次野外考察。

竺可桢每天必写日记,就在出国参加会议或在野外考察十分繁忙劳累的情况下,都坚持不断。他1936年以前的日记,已在抗日战争中散失。自1936年1月1日至1974年2月5日,共三十八年零三十六天的日记,全部保存下来,竟无一日间断,共八百余万字。天气与物候是他每日必记的内容,其他如中外科研的新动向、新观点、新问题以及其他大事,无不扼要记载。这是竺可桢为后人留下的非常有价值的科学遗产之一。

1974年2月6日,竺可桢病逝于北京。

① 《竺可桢文集》,第XIV。
② 《竺可桢文集》,第XIV。

# 庄 银 安

陈 民

庄银安，字吉甫，号希复，福建同安县人。生于1854年(清咸丰四年)。早年出国到缅甸谋生，初在仰光华侨商人经营的泰昌号当佣工，由于谨慎勤敏，颇为店东苏天祐所倚重，并将女儿许配给他。庄银安成家数年，稍有积蓄，遂独立开设源记栈号，向缅甸当局申请开荒，进行垦殖，颇有所获。平时热心于华侨社会福利事业，为侨胞排忧解难，在社会上有一定声望。1903年冬，庄与陈甘泉、徐赞周等创办中华义学，以中国传统文化教育华侨子弟；同时又附设益商夜校，以利白天无暇读书的侨胞进修。

1904年春，康有为自印度至仰光，以保救清光绪皇帝、实行新政相号召，随之在仰光成立保皇会，华侨商人受骗的颇多。由于庄银安在当地华侨中素负重望，康有为屈尊拜访，对庄推崇备至，拟推举他出任仰光保皇会会长。庄以为康有为热心爱国，有意接受，但其执友陈甘泉极力劝阻，因康有为伪造“衣带诏”蒙骗华侨事，美洲、新加坡等地华侨已有所揭发，新加坡名士邱菽园还登报声明脱离保皇会。恰于此时，秦力山经新加坡的李竹痴介绍，到达仰光，5月由陈甘泉引见庄银安。秦力山详述1900年汉口自立军起兵失败的经过，揭露康有为欺骗华侨的行径，促使庄银安宣布与保皇会脱离关系。

庄银安热心华侨教育事业，为办好中华义学，他与陈甘泉请秦力山重修中华义学章程，加强民族主义思想教育。不久，清政府派视学员萨君陆到缅甸宣传清廷“德政”，并提出将中华义学改称中华学校，向北京学部领取助学金。义学校董考虑个人利禄，加以接受。庄银安与徐赞周等抗争无效，遂与该校脱离关系，另将所设益商夜校改组为日校，聘请国内学者陈仲赫等主持校务，除原有中、英文及工商课程外，另加民族主义思想教育。辛亥革命后，该校改称共和学校，为缅甸华侨社会造就不少人才。

1908 年 3 月，同盟会本部派员来到仰光，建立同盟会分会，庄银安及徐赞周、陈仲赫等十余人率先加盟，并在仰光大贺胥公园召开成立大会。由于保皇势力的影响，同盟会仰光分会成立后三个月仅发展会员三十七人，而且为回避忌者耳目，同盟会公开称为“演说社”，后改为“觉民书报社”。同年 5 月，云南河口起义失败。庄银安以为时机尚未成熟，需加强革命宣传，便与徐赞周、陈甘泉等集资八千多盾（缅币），于是年 8 月创刊《光华报》，以“开通民智，振兴祖国”①为宗旨，取名“光华”乃是“光复华夏”之意。这是同盟会在缅甸的机关报，庄银安任报社总理，主持笔政的先后有居正、杨秋帆、吕天民等，都是由孙中山自新加坡推荐来的。《光华报》出版月余，同盟会声势大振，会员增至四百多人。是年 9 月，孙中山特派汪精卫、吴应培两人到仰光指导会务，改订同盟会章程。11 月 20 日，正式召开选举干事大会，公推庄银安为正会长兼主盟员。

庄银安主办《光华报》大力鼓吹革命，抨击康梁保皇谬论，还刊载了陶成章所著《浙案纪略》一书。旋因该报揭露清政府驻仰光领事萧永熙敲诈侨商事，萧借故威胁报社股东迅速解散报馆，否则抄没本籍财产。多数股东慑于权势，迫使该报停刊拍卖。康党间接出资购入，改名《商务报》，鼓吹保皇。庄银安及同盟会同志只得另行集资，再次筹办《光华报》，于 1909 年 11 月 1 日继续出版，主笔政的有陈仲赫、居正、吕天民等。

---

① 吕天民：《光华报与同胞诀别言》，“中华民国开国五十年文献编纂委员会”编《中华民国开国五十年文献》第 1 编第 12 册，台北正中书局 1964 年版，第 692 页。

1910年，保皇党又与清领事合谋，诬告《光华报》鼓吹无政府主义，提请英国殖民当局将该报当事人驱逐出缅甸。英驻缅总督下令递解主笔居正及报馆庶务陈汉平两人出境，《光华报》第二次被迫停刊。庄银安避居马来亚槟榔屿。

庄银安抵槟后，又与该地同盟会员陈新政、黄金庆筹资，创办槟城《光华日报》，聘请东京《鹃声月刊》撰述人雷铁崖为主笔，于1910年11月1日正式出版，成为同盟会在马来亚的机关报。

同盟会缅甸分会自成立后，主要力量集中在筹款维持机关报《光华报》，进行革命宣传，对孙中山所需求的款项，不能大量提供。1908年11月，汪精卫从仰光去新加坡时，庄银安等募款二千八百多盾以应之。陶成章以江、浙、皖、赣、闽五省革命军费的名义筹饷，庄银安等也只助以一千多盾。1909年初，河口败军将士聚集新加坡，给养困难，庄银安等多方筹措，又得二千多盾接济。

辛亥武昌首义后，各省纷纷响应。南洋各埠同盟会员以福建尚无声息，便公推庄银安为南洋总代表，回厦门督促。福建光复后，都督孙道仁聘请庄银安为顾问；厦门市参议会也选庄为议长兼财政长。1913年“二次革命”失败后，庄银安返回缅甸，创办大同油厂，获巨利。1913年，由冯自由荐任临时稽勋局名誉审议。

庄银安晚年回福建家乡颐养天年，被省政府委任为厦门市侨务局委员。

1938年庄银安病逝于厦门。

# 邹　鲁

闻少华

邹鲁，字海滨，原名澄生，笔名亚苏。广东大埔人，生于1885年2月20日（清光绪十一年正月初六）。他是一位资深的国民党元老，孙中山生前的重要助手之一，又是早期的国民党党史专家，他还创建了驰名中外的广东大学（即中山大学），更是一位反共先锋。

邹鲁系客家人，其父邹应森是个裁缝兼小贩。据说他的先世曾住在安徽当涂，后辗转迁往江西、福建，最后在广东定居。其父常勉励他读书救国。其母木氏勤俭耐劳，对幼小的邹鲁常讲一些圣贤豪杰的故事。在这种家庭熏陶下，邹鲁自幼就朦胧地懂得应当刻苦力学，长大后报效国家、民族的浅显道理。

邹鲁从八岁起入私塾读书。私塾附近有家书报社，他常往阅览。在维新革命思潮扑面而来之际，他从中获取一些新的知识。1903年，邹进潮州韩山书院学习。1905年，离书院到大埔县教书，经人介绍加入兴中会会员尢列组织的革命团体中和堂。1907年，邹到广州进广州法政学堂，和教员朱执信、同学陈炯明过往密切。在此期间，他因仰慕爱国人士广州府中学堂监督丘逢甲的风范，投刺求见，被丘氏收为门生，“以后做事多所提携，革命多所庇护”，成为邹鲁念念不忘的恩师。

1908年，邹鲁与朱执信、赵声等发动广州巡防营起义。由于发会票泄露事机而致失败，葛谦、谭馥等同志先后殉难。翌年冬，由胡汉民主持的同盟会南方支部在香港成立，朱执信介绍邹鲁加盟。

广州新军于1910年发动起义，邹鲁担任巡防营的联系工作，他还与朱执信、陈炯明、胡毅生等人分头联络谘议局、学界及报界人士。当起义因故提前发动之际，邹鲁正在潮汕运动民军，但新军很快失败。他得知消息，即赶回广州，动员粤商自治会办理营救新军事宜，做了大量安抚逃兵等善后工作。

1911 年初，革命党人准备在广州大举起义，为做舆论准备，派邹鲁在该地办报，《可报》便于 4 月 1 日应运而生。《可报》开办月余，“军队里以及社会上，突然革命风气很浓厚”，但也引起清政府的警惕，很快就被查封。

同年 4 月 27 日（农历三月二十九日），著名的黄花岗之役打响了，革命党人虽英勇奋斗，终遭失败。邹鲁因参加该役不得不出逃香港，但仍继续从事筹款和进行暗杀清吏的工作。10 月武昌起义后，11 月广东响应，邹鲁在香港负责筹组起义军的人力和财力。由于汉阳失守，粤方为支援武昌起义军，组织以姚禹平为总司令和以邹鲁任兵站总监的北伐军，邹随军经上海至南京。南京临时政府成立后，他回到广东任官银钱局总办。其时，广东纸币贬值百分之五十，邹到任不到一月，竟奇迹般地使币值得到恢复。

1913 年 2 月，邹鲁以国会众议员身份到北京。3 月袁世凯派人暗杀宋教仁，上海地方检察厅票传国务总理赵秉钧，赵有恃无恐拒不到案，邹鲁在国会中提案质问赵氏为何不到厅接受审查？4 月袁政府与五国银行团签订借款，当此案咨送国会时，邹即提出弹劾案，指出全体国务员都违法失职，应予全体罢免。

“二次革命”以后，袁世凯先是胁迫国会选举他为正式总统，然后下令解散国会，并逮捕国会中的国民党议员。邹鲁只得逃往天津，旋赴上海。不久，孙中山命他赴粤助陈炯明讨袁。陈失败后亡命海外，邹则于 1913 年 10 月赴日本追随孙中山组织中华革命党。

1914 年，作为中华革命党党刊《民国》杂志在东京创刊，邹鲁任编辑。不久《民国》杂志停刊，邹回香港从事倒袁活动，并到南洋筹款。

1915 年，袁世凯欲帝制自为，在日本威逼利诱下，承认卖国的“二十一条”，全国迅速掀起反袁高潮。邹鲁与林虎、李根源共同主持两广讨袁军事，在水东、北海等地策动军队起义，均遭失败。1916年6月，袁世凯死。8月国会恢复。邹鲁由沪入京，复任议员。次年，黎元洪与段祺瑞因参战问题形成“府院之争”，黎召张勋入京，酿成复辟丑剧，国会被解散。邹鲁只得离京赴沪。他在国会中，曾提出广东禁赌、全国禁烟并提议查办张勋等重要提案。

出于护法目的，孙中山于1917年7月率舰南下广州，进行讨逆护法，邹随孙南下。9月，孙中山被选为中华民国军政府海陆军大元帅，邹鲁任大元帅府参议，并代理财政部次长。1920年至1921年，邹任两广盐运使，采用标本兼治，由六百万元的年收入激增至一千余万元。

邹鲁和桂军刘震寰部关系较深，对粤军内部情况也比较熟悉。1922年当陈炯明进行叛变和孙中山决定讨伐时，任邹鲁为大总统特派员，策动桂军讨陈，并进行瓦解粤军的工作。

1923年2月，孙中山由沪抵穗，再设大本营，重组政府，任命邹鲁为广东省财政厅长，又任邹为广东高等师范校长。不久广东高等师范、法政大学和农业专门学校合并为广东大学，邹为筹备主任。1924年夏，广东大学成立，邹任校长。孙中山对邹办教育很有信心，曾鼓励他说：“你办教育，素来是很有经验的。历来汝对我说话常注意到青年，而且谈到教育问题见解亦很对，现在广东的教育不但濒于破产，而且未能接受本党的主义，还是你出来担任改进罢。”

中国国民党在孙中山主持下进行改组，1924年1月于广州召开第一次全国代表大会，邹鲁被选为中央执行委员和中执委常务委员兼青年部长。国民党“一大”后，邹鲁对“三大政策”表示怀疑，认为“联俄、容共实为一大问题”。当时在广东的学生中，中国共产党组织了一个“新学生社”，工作很活跃；邹鲁就成立广州市各学校校长联合会，加强辅导各校教员和学生；还组织“民权社”、“民社”等，与“新学生社”对抗。

孙中山于1925年3月去世。8月,国民党左派领袖廖仲恺又遭右派刺杀。邹鲁利用“五卅”惨案全国反对帝国主义之机,离粤北上,经上海到北京。11月23日,邹鲁与林森、居正、戴传贤、谢持、叶楚伧、邵元冲等在北京西山碧云寺孙中山灵前,召开非法的国民党“一届四中全会”。在这次会议上,通过“取消共产党在本党党籍,开除国民党中央执行委员会的共产党员”、“取消政治委员会”、“解雇顾问鲍罗廷”、“移中央执行委员会于上海”、“因反对共产党而被开除出国民党者分别恢复党籍”等一系列决议。

“西山会议”后,邹鲁等人在北京等地设立国民党地方党部。他们又在上海组织了国民党中央党部,创办《江南晚报》作为宣传机构。1926年3月29日,他们在上海召开非法的国民党第二次代表大会,产生了国民党第二届中央执行、监察委员会,邹鲁任执行委员。

在广州的国民党中央于1926年1月召开国民党第二次代表大会,大会通过《弹劾西山会议案》和《处分违犯本党纪律党员决议案》,给“西山会议”头面人物邹鲁等人以开除党籍的处分。

1927年,蒋介石、汪精卫相继发动了“四一二”和“七一五”的清党反共事件,形成了沪、宁、汉三个国民党中央党部和两个政府的奇特局面。是年9月,在反共一致的政治基础上,组成了国民党“中央特别委员会”,邹鲁为特委会委员。但该会内部矛盾重重,到同年11月即形解体。

1928年初,邹鲁获得出国考察机会。他从容游历了二十九个国家,对各国的政治、经济、教育、风俗等方方面面予以注意研究。在这年的岁末回国,其后著有《二十九国游记》一书问世。

邹鲁回国后暂居上海,集中精力编写《中国国民党史稿》。早在1918年他即与朱执信共同搜集“三二九”史料,朱执信牺牲后,邹独立完成《黄花冈七十二烈士事略》一书,孙中山为之作序。1924年,邹又重编《三月二十九日革命史》及《红花冈四烈士传》。1928年经胡汉民审正,将书名《中国国民党史料》改定为《中国国民党史稿》,吴稚晖并为此书作序。该书在 1938、1944 年两度增订补充，有很大改进，是书“编次精当”、“征引详确”，是早期国民党史的一部力作。

1930 年在新军阀中原大混战中，国民党反蒋各派联合起来，邹鲁以“西山会议派”代表身份参加。他们在北平组织国民党“中央党部扩大会议”，并成立“国民政府”与南京政府对抗。反蒋战争失败后，扩大会议被迫迁往太原，邹鲁由北平转往太原，与汪精卫等完成《太原约法草案》，旋即逃往天津。

由于“约法”问题上的争执，蒋介石于 1931 年在南京软禁了国民党元老胡汉民。以此为导火线，国民党又分裂为宁、粤两方。粤方在广州召集国民党中央执监委员会非常会议，另组反蒋的“国民党中央”和“国民政府”。邹鲁任粤方中央党部的委员和国民政府委员。

同年，“九一八”事变发生，由于全国人民对国民党各派的谴责(特别是对宁方蒋派)，南京和广东方面不得不宣称“共赴国难”，暂时停止内争，并在上海召开“和平统一会议”，邹鲁为粤方六代表之一。直至次年 1 月，宁、粤才宣告统一，形成蒋介石、汪精卫合作局面。广州的中央党部及国民政府均予撤销，另设西南执行部、西南政务委员会。邹鲁任该部、会的执行委员和政务委员。他还接受了一项任命，即国立中山大学校长。

从 1932 年起直到 1940 年，邹鲁在中山大学任内当了长达八年校长，他对中大的建设倾注了大量心血。邹鲁的教育思想概括地说有如下几点：1. 教育应着重爱国教育与人格教育，强调民族精神教育，反对殖民教育。2. 教育的实用性，主张实科教育与职业教育，反对升学主义的教育。3. 教育理论与实际结合，学校与社会结合。4. 强调生产教育，他认为教育应培养国民的生产技能和劳动习惯，使每个人都成为社会生产者。此外，邹鲁对学制的改革，对课程的修订、教材的编审、翻译等，都有其具体主张。尽管这些主张有其局限性，但在当时仍具有一定的实用性。在中国近代教育史上，仍有其参考价值。当然，邹鲁在其任内也有其不合时代潮流的一面，例如主张复古、读经，还要求中文系把《孝经》列为必修课，并把学生运动一概说成"害国"运动，等等。

邹鲁对中山大学的另一贡献是完成石牌建校。他制订六年建校计划，分三期完成。1934年秋，农、工、理三学院首批迁入新校址。次年夏，文、法两学院竣工，相继迁入。"凡教职员学生宿舍、工厂、电灯厂、自来水厂、蚕丝馆、试验室，乃至牛栏、猪舍，莫不完备。"至1937年夏，天文台、体育馆、研究院等先后竣工，相继投入使用，使中山大学成为全国规模宏大、校舍设备堪称完备的高等学府。

中国国民党于1935年末召开第五次全国代表大会，邹鲁力主西南代表应该出席，以维护团结。在五届一中全会上，他被选为中央常委，还兼国民政府委员。次年夏，邹鲁赴欧洲参加世界大学会议及德国海德堡大学五百五十周年纪念会。邹在世界大学会议上提出教育应以仁爱为哲学基础，才能维护世界和平案，这是针对德国法西斯化的现状而有所揭露和批判的提案。"七七"事变后，邹鲁由粤赴南京，共赴国难。上海失陷后，邹鲁随国民政府进川。1939年2月，国防最高委员会成立，邹任常务委员。1940年，因病力辞中山大学校长职。

抗日战争胜利后，邹鲁回到南京。1946年10月蒋介石六十寿辰，邹鲁撰《寿蒋主席六秩大寿》，对蒋歌功颂德。1947年，蒋介石当上总统后，邹鲁当选监察院监察委员。1949年，国民党统治崩溃，邹鲁由广州至台湾。国民党进行改造，邹任中央评议委员。

1954年2月，邹鲁七十寿辰，蒋介石亲临致贺。2月13日，邹鲁因脑溢血病逝于台北。

## 主要参考资料

邹鲁：《回顾录》，独立出版社1947年版。

邹鲁：《澄庐文选》，正中书局1948年版。

邹鲁：《二十九国游记》，商务印书馆1947年版。

冯自由:《中国革命运动二十六年组织史》,商务印书馆 1948 年初版。

郑彦棻:《邹鲁传》,秦孝仪主编《中华民国名人传》第 1 册,台北近代中国出版社 1984 年版。

# 邹　　容

尚明轩

邹容是近代民主革命宣传家，原名绍陶，又名桂文，字蔚丹（一作威丹），留学日本时改名为容。他是辛亥革命时期年轻的资产阶级革命家和著名的《革命军》一书的作者，四川巴县（今重庆市）人，生于 1885 年（清光绪十一年）。他的父亲邹子璠，是个拥有巨资的富商。

1891 年，刚满六岁的邹容进私塾读书。十二岁参加县里的童生考试，因主考官出生僻题目刁难考生，他非常气愤，用拒考进行反抗。1898 年，在重庆跟日本人学习英、日语，获得机会阅读资产阶级的书报，接触到西方民主学说，吸收新的思想，打开了眼界。

同年 6 月开始的戊戌变法，使邹容大为激动，他很同情维新派。在维新运动兴起时，他如饥似渴地阅读了《天演论》、《时务报》等新学书刊，增长了民主要求，开阔了政治视野。同年 9 月，变法失败，邹容悲愤异常，对主张流血变法、慷慨就义的革新志士谭嗣同特别敬仰，常悬其遗像于座侧，并题“赫赫谭君故，湖湘士气衰。惟冀后来者，继起志勿灰”的悼念诗以自勉。这首诗，虽然设有摆脱英雄造时势的唯心史观，但鲜明地表达了邹容对新旧事物的爱憎，和他不畏强暴、敢于斗争的坚强意志。

从此，少年的邹容便对科举制度十分不满，他向热衷于科举功名的父亲宣布：“臭八股儿不愿学，满场儿不爱入”；提出了“衰世科名，得之又有何用”①的疑问，勇敢地反对封建科举制度。他在重庆吕翼文主办的经学书院学习期间，对孔孟儒学进行了大胆的抨击，“指天画地，非尧舜，薄周孔，无所避”②，因而被吕翼文开除。此后，他更加鄙弃“旧学”，一心向往“新学”。

1901年夏，邹容到成都参加官费留日学生考试，被录取。由于邹容敢于接受新思潮，主张革新，清四川总督奎俊竟以“聪颖而不端谨”的罪名，在留学生临出国前宣布取消了他官费留学的资格。

邹容被开除后，毫不气馁，更加坚定了到外国去追求新知识的决心。他于同年9月，到上海进江南制造局附设的“广方言馆”补习日语，准备自费到日本留学。在广方言馆学习期间，他日益关心国家和民族的危亡，看到祖国大好河山沦落在外国侵略者的铁蹄之下，而同学中某些人却只知升官发财、对祖国的安危无动于衷，他极为愤慨，曾书写别人的诗，借以述怀：“落落何人报大仇，沉沉往事泪长流。凄凉读尽支那史，几个男儿非马牛！”③邹容把自己的悲痛和愤懑寄托在书录的诗句里面，深重的民族灾难激励着他更加发奋努力。

邹容在争取自费留学的过程中，遭遇到亲族的种种阻挠，他舅父刘华廷以谭嗣同被害为例相恫吓，并以“将英文读好”，“吃着不尽”（意即当买办）相诱惑，要他放弃留学。邹容丝毫没有动摇自己的坚定意志，他认为刘是“一直顽固，所发之论，全无生气”，“总总谬论，不堪入耳”，并果断地表示：“虽粉身碎骨不计，乃人之义务也！”④他冲破了重重阻力，毅然踏上自己选定的道路。

---

①　《邹容略传》，邹鲁编著《中国国民党史稿》第5册，商务印书馆1944年增订版，第1241页。

②　章炳麟：《赠大将军邹君墓表》，中国史学会编《中国近代史资料丛刊·辛亥革命》（一），上海人民出版社1957年版，第365页。

③　因明子：《有感》，《清议报》第81册《诗文辞随录》，第1页。

④　《邹容第二十三次家书》（原件藏四川重庆市博物馆），见周永林编《邹容文集》，重庆出版社1983年版，第37—38页。

1902年春，邹容离开沉闷的广方言馆，到了日本，进东京同文书院学习。他结识一些具有先进思想的革命青年，又阅读了卢梭的《民约论》、孟德斯鸠的《万法精理》及《法国革命史》、《美国独立檄文》等西方资产阶级革命理论和革命历史的书籍，进一步提高了革命民主思想从而积极参加留学生的革命运动。1903年的春节，留日学生在东京举行团拜大会，邹容在会上发表慷慨激昂的演说，号召人们反对腐朽的清朝政府。此后，凡留日学生开会，他每会必到，到必争先演说，很快成为留日学生中传播革命思想、反对清朝封建腐朽统治的最年轻的激进分子。为了传播革命思想，唤起国人觉悟，他还参照法国资产阶级革命及美国独立的自由平等学说，结合中国情况，开始着手编写鼓动资产阶级革命的通俗读物《革命军》。当时，清朝政府的南洋学生监督姚文甫，在日本破坏留学界的革命活动，迫害留学生，作恶多端，民愤甚大。1903年3月，邹容乘姚生活腐化激起众怒的时机，偕同几个留学生痛殴姚文甫，并称欲取其头，以惩其恶。吓得姚魂不附体磕头求饶，哀乞宽大，邹说："纵饶汝头，不饶汝发辫。"将其辫发剪掉，悬于留学生会馆的正梁上，并在其旁大书："禽兽姚文甫之辫。"①事后，姚文甫通过清政府驻日公使准备对邹加以谋害，他在友人劝阻下离日回国。

这一年4月中旬，邹容回到了上海，住在"爱国学社"，和章炳麟建立了友谊。邹容的志气和才能得到章的赏识，被亲昵地称为"小弟"。在章炳麟的帮助和影响下，邹容的革命民主思想日渐成熟，积极参加"爱国学社"的各种活动。1903年4月27日，他在张园召开的拒俄大会上，就反对沙皇俄国对我东北三省的侵略问题发表议论，犀利激昂，滔滔不绝，深获与会爱国者的好评，许多学生纷纷要求入会②。

也就在这个月，他奋笔疾书，续写旧稿，完成了富有战斗性的宣传

---

① 《复报》第10期。

② 《论中国学生同盟会之发起》，《苏报》1903年5月30—31日，收入周永林编《邹容文集》，第89—92页。

民主革命的著作《革命军》。全书约有两万言，分做七章，比较全面地论述了当时的革命诸问题。序末署名“革命军中马前卒邹容记”。章炳麟为它写序，称它是震撼社会的“雷霆之声”。这本书由几个革命党人集资，于1903年5月在上海出版。

邹容在这本充满着爱国热情的书中，以激烈的言词，明白流畅、痛快淋漓的文字，无情地揭露了清政府反动卖国的种种罪恶，热情地歌颂革命事业的伟大，宣称革命是“至尊极高，独一无二，伟大绝伦之一目的”，革命是“天演之公例”，“世界之公理”，是“顺乎天而应乎人”的伟大行动。指出献身革命是每一个人不可推卸的责任，无论老年、中年、壮年、少年、幼年，无论男女，都要“相存、相养、相生活于革命”。邹容在这本书中大力宣扬了资产阶级的革命主张，号召人民起来学习英、美、法等国的资产阶级革命，跟封建主义进行斗争；并“模拟美国革命独立之义”，提出了结束中国君主专制制度及建立“中华共和国”的革命纲领。虽然由于时代和阶级的局限，他在这本书中主要宣扬的还只是基本上的资产阶级民族主义革命加上不多的资产阶级民主主义革命，而且其中尚有不少偏颇之处；但在当时，这种与改良主义针锋相对的革命主张，深深地打动了无数爱国者的心弦，武装了革命者，成为激发广大人民走向革命的“教科书”。《革命军》在辛亥革命的准备时期，起了“振聋发聩”的号角作用，它促进人们的觉醒，推动了革命高潮的到来。

清朝统治者对《革命军》一书问世惊惶万分，认为“此书逆乱，从古所无”，作者邹容和作序人章炳麟“劝动天下造反”，“尤非拿办不可”①。1903年6月，因《革命军》而引起的所谓“苏报案”事件发生。同月30日章炳麟被捕，邹容不愿让章一人承担责任，愤然于7月1日挺身而出，到巡捕房投案。他在敌人的会审法庭上，慷慨陈词，坚强不屈，使敌人狼狈不堪。英租界当局竟无理地对他宣判“永远监禁”，在社会舆论

---

① 兼湖广总督端方致两江总督魏光焘电（清光绪二十九年闰五月初八日[1903年7月2日]），中国第一历史档案馆藏《苏报鼓吹革命清方档案》。

猛烈抨击下，1904 年 5 月又宣布改判刑两年。1905 年 4 月 3 日，邹容在帝国主义的迫害下，死于上海租界华德路提篮桥狱中。由友人刘季平葬于上海华泾黄叶楼，时年方二十岁。“一朝沦地狱，何日扫妖氛！”①这位年轻的资产阶级革命家在狱中，犹念念不忘革命事业的成败。临终之前，他在《绝命词》中，渴望的仍然是“愿力能生千猛士”，埋葬清王朝。

邹容死后，人们哀为“国殇”，很多人悼念他。《革命军》一书的传播更为迅速和广泛，风行国内外，各地纷纷翻印，印数达百万册以上，在清末革命书刊中占第一位。1912 年 2 月，孙中山领导的南京中华民国临时政府追赠邹容为“大将军”，表彰他的革命功勋。生前的“马前卒”，死后的“大将军”，概括了邹容的革命历史，也是《革命军》的历史。其著作编为《邹容文集》。

① 邹容：《狱中答西狩》，《辛亥革命烈士诗文选》，中华书局 1962 年版，第 14 页。

# 邹韬奋

宗志文

邹韬奋，原名恩润，江西余江县人。1895年11月5日（清光绪二十一年九月十九日）出生于福州。他的祖父曾任福建延平府知府，父亲邹国珍清末在福州做候补官，北洋政府时任过财政部的科长。邹韬奋五岁由父亲启蒙教读《三字经》，稍长在家塾就读。1909年入福州工业学校学习，开始接触现代科学知识。父亲希望他长大做工程师，1912年送他进上海南洋公学（交通大学前身）附属小学学习。他在这里由小学、中学一直读到大学。但是他对数理化没有兴趣，喜欢语文和历史。开始他还想满足父亲的愿望，读到电机工程科二年级时，微积分等课程使得他困窘不堪。1919年暑假后转学到上海圣约翰大学文科三年级，学习外国文学，选修教育学。

圣约翰大学是当时上海有名的贵族学校，学费很高，邹韬奋靠半工半读完成学业。1921年夏毕业后，到上海纱布交易所担任英文秘书。这里待遇比较优厚，但他对这种工作没有兴趣。1922年春进中华职业教育社，参加编辑《教育与职业》月刊和丛书，同时在中华职业学校兼职教英文。不久，他又参加刘湛恩组织的职业指导运动，在上海和江浙一带的中学里举办职业指导运动，对那里的学生进行选择职业的指导，并编著《职业教育概论》、《江苏中等以上学校投考须知》等书。

1925年10月，《教育与职业》月刊改为《生活》周刊，报道职业教育的消息；每期印千余份，大部分赠送职业教育社的社员，在社会上没有什么影响。1926年邹韬奋接办《生活》周刊，力求改进，定宗旨为“暗示人生修养，唤起服务精神，力谋社会改造"①。内容包括时评、短论、社论和通讯、随笔、游记、传记等，注重"趣味化"、"有价值"的材料。文风提倡"短小精悍"、"明显畅快"，文章一般不过一二千字，很少长篇大论。编排上"极力独出心裁"，力求活泼新颖。编辑部在一间小小的过街楼里，发行部、广告部、总务部也都在此，工作条件很差。编辑一共三人，其中一人是兼职。投稿的人很少，大部分稿子都由邹韬奋一人撰写，他不得不用六七个笔名。每期有"小言论"，都是他执笔，根据当时的重大问题发表意见。虽然只有数百字，很受读者重视。这时，《生活》的政治观点，还是"力求政治的清明与实业的振兴"②之类的改良主义。从第二卷开始，设有《读者信箱》专栏，开始只是讨论职业教育和青年修养问题，后来转变到讨论社会问题。邹韬奋很重视读者来信的答复工作，每天差不多要用半天时间看信，除选小部分在《生活》上公开发表和解答外，大部分直接回信答复，有的复信长达数千字。

邹韬奋办《生活》周刊，倾注了他的全部热情，除了撰稿，还要跑印刷所、看校样，以至封面设计、广告、发行，都要自己动手。每期校样看三次，他说："看校时的聚精会神，就和在写作的时候一样，因为我的目的要使它没有一个错字……至少能使它的错字极少。"③由于他的努力，《生活》办得很有生气，销量逐年增加，到 1929 年每期达八万份。他摆脱一切兼职，全力以赴，常常"做到深夜还舍不得走"。他的妻子有一次笑话他"恨不得要把床铺搬到办公室里面去"④。他因为日夜伏案工作，劳累过度，胸部时常剧痛，数年不愈。

《生活》周刊不断揭露旧社会的黑暗。1930 年 11 月第六卷第一期中，邹韬奋写了一篇《民穷财尽中的阔人做寿》，揭露安徽省主席陈调元

---

① 《生活》周刊第 2 卷第 1 期，1926 年 10 月。

② 《本刊与民众》，邹韬奋著《韬奋文集》第 1 卷，三联书店 1956 年版，第 6 页。

③ 《经历》，《韬奋文集》第 3 卷，第 75 页。

④ 《经历》，《韬奋文集》第 3 卷，第 76 页。

花十多万元为他母亲做寿，极尽奢侈之能事，斥之为“丧心病狂的举动”。1931 年 8 月，《生活》揭露交通部长王伯群用贪污来的钱娶小老婆，挥金数十万元。稿子付排后，王派人携十万元见邹，说是给《生活》的补助经费，他当场拒绝，坚持发表该稿。

1931 年“九一八”事变后，民族危机使邹韬奋的思想起了急剧的变化，他开始积极寻求“世界的大势”和解决“中华民族的出路”问题。他反对国民党政府的不抵抗政策，主张抗击日本帝国主义的侵略，说：“自‘九一八’国难发生以后，我想竭尽我的心力，随同全国同胞共赴国难；一面尽量运用我的笔杆，为国难尽一部分宣传和研讨的责任，一面也尽量运用我的微力，参加救国运动。”①9 月 26 日出版的《生活》周刊上，他写了四篇《小言论》，呼吁全国人民团结起来，一致对敌。以后各期，皆以宣传抗日救国作为中心内容，贯穿着强烈的爱国主义精神。11 月，《生活》周刊两次发动募捐，援助马占山和东北义勇军抗日，第一次即收转读者捐款十二万元。

“九一八”事变初期，邹韬奋对国民党政府还抱有幻想，随着国民党当局对外采取不抵抗政策，对内加强独裁专制，压制抗日活动，他的幻想破灭了，不再把抗日救国的希望寄托在国民党身上。这时，他开始接触到中国共产党的抗日政策，受到马克思主义思想的影响。1932 年他说：“作者自己和自己作前后的比较，自觉思想上的方向日趋坚定，读者于前后各文中或亦可看出一二。”②1933 年 3 月，汤玉麟不战而退出热河后，《生活》发表邹韬奋的《惩汤声中的推究》一文，对汤大加鞭挞，更进一步责问：“中国的军阀们谁不是积满了私财？”“军阀们不干鸦片害人的生意而从中发财的有谁？”并指出，“身负军事重责，一向安居后方逍遥的，试问有多少？ 不过逃的形式不同罢了”。他“推究”出这一切

---

① 穆欣：《邹韬奋》，中国青年出版社 1958 年版，第 66 页。

② “韬奋文集”编辑委员会：《韬奋的思想发展》（代序），《韬奋文集》第 1 卷，第 12 页。

“逃”的祸首是国民党政府。

《生活》周刊鲜明的抗日立场，博得了广大读者的爱戴，同时也触犯了帝国主义和国民党政府。帝国主义不许有抗日内容的《生活》在租界内发行，国民党当局对它则软硬兼施。1932年初，胡宗南找邹韬奋谈话，两人就抗日问题和《生活》的主张进行了一场激烈的辩论。胡企图说服邹改变立场，拥护国民政府。邹回答：“只拥护抗日政府。不论从那一天起，只要政府公开抗日，我们便一定拥护。这是民意，违反了这种民意，《生活》周刊便站不住，对于政府也没有什么帮助。”①邹韬奋坚持抗日的立场，国民党政府就想方设法限制《生活》发行。开始是不断检查扣留，1932年7月，以“言论行动，毁谤党国”的罪名，禁止邮递。但《生活》周刊不胫而走，仍然传遍全国。它继续宣传抗日，教育启迪了许多追求进步的读者，特别是青年。当时社会上流传许多谣言，对邹韬奋恶意中伤。他顽强不屈，明确表示：“我的态度是一息尚存，还是要干，干到不能再干算数，决不屈服。”②他预料《生活》周刊随时有被封禁的危险，于7月正式建立生活书店，以备《生活》被封禁后继续作为服务进步文化事业的中心。还预先写好一篇《与读者诸君告别》的文章，准备在《生活》被封禁时发表，重申“宁为保全人格报格而决不为不义屈”的决心。

1933年1月，邹韬奋参加宋庆龄、蔡元培等发起成立的中国民权保障同盟，被选为执行委员，参与营救被国民党政府逮捕的革命者和爱国人士。6月20日，民权保障同盟的秘书长杨杏佛在上海被国民党特务暗杀。邹韬奋这时也经常被特务盯梢，社会上传言他已被列入黑名单，朋友们一再劝他暂时躲避。7月，他被迫流亡海外。他说，“此次离国，实带着苦闷和憧憬而去”，“最伟大的莫过于大众意志的力量”，“深

---

① 毕云程：《邹韬奋五周年祭》，《世界知识》第20卷第6期(1949年7月)。

② 《不相干的帽子》，《韬奋文集》第1卷，第64页。

信大众必有光明的前途"①。他的苦闷,是找不到"世界大势"发展的方向和中华民族的出路,但他对中国的前途充满信心。

7月14日,邹韬奋从上海乘轮起程,历经意大利、瑞士、法国、英国、苏联、美国,对那里的社会进行了考察。在英国停留的时间最长,有十四个多月,除在伦敦大学政治经济学院听讲外,大部分时间在英国博物馆的图书馆研读马克思列宁主义著作及其他社会科学书籍。经过对资本主义欧美各国和苏联的实地考察,以及对马列主义的刻苦研读,他的思想起了很大的变化。特别是目睹中国国际地位的低下和侨胞遭遇的痛苦,使他"痛心彻骨"。他开始用马克思主义的观点分析"世界大势"发展的方向和中华民族的出路。他认为,"世界大势"发展的方向是资本主义必然灭亡,社会主义必然胜利;同时肯定中华民族的出路"在努力于民族解放的斗争"。他说,这种斗争的"中心力量须在和帝国主义的利益根本不两立的中国的勤劳大众的组织。这样的中心力量才有努力斗争的决心和勇气,因为他们所失的就只不过一条锁链"②。显然,他在这里所说的中心力量,是指劳苦大众和工人阶级的政党中国共产党。这时,他已经摆脱出国时的苦闷,摆脱资产阶级改良主义思想。

经过两年多的国外考察,邹韬奋于1935年8月回国。《生活》周刊已于他出国的当年12月16日被国民党政府密令封闭。1934年生活书店创办《新生》周刊,继续宣传抗日,但在他回国前两个月《新生》也被迫停刊,主编杜重远被捕下狱。他回上海的当天,从轮船码头直接驱车漕河泾监狱探望杜重远,两人互相鼓励,决心为抗日救国继续奋斗。

邹韬奋回国时,正值日本帝国主义加紧侵入我国华北各省之时。8月1日,中国共产党提出停止内战,团结一切抗日力量,建立民族抗日统一战线的主张。在这个号召的影响之下,他于11月在上海创办《大众生活》周刊,重新擎起《生活》周刊的旗帜,响应中国共产党的号召,宣

---

① 《萍踪寄语》(初集),《韬奋文集》第2卷,第9页。

② 《萍踪寄语》(三集),《韬奋文集》第2卷,第219—221页。

传抗日救国,宣传抗日民族统一战线。"一二九"运动爆发后,《大众生活》每期都以大量的篇幅报道运动发展情况及响应这一运动的文章,鼓励学生再接再厉,继续开展救亡运动。12月18日,上海各界救国会成立,邹被选为执行委员。《大众生活》继承《生活》的传统,与读者保持密切的联系,读者来信平均每天约一百封,发行量每期二十万份,对全国的抗日救亡运动起了很大的推动作用。国民党当局故伎重演,一方面限制《大众生活》发行,一方面对邹韬奋施加压力。国民党中央宣传部长张道藩和复兴社书记长刘健群一起找他谈话。他们先是"好言相劝",见他始终不肯就范,刘健群恐吓说:"老实说,今日蒋介石杀一个邹韬奋,绝对不会发生什么问题……邹韬奋不过白死而已。"邹义正词严地回答说:"我不参加救亡运动则已,既参加救亡运动,必尽力站在最前线,个人生死早置之度外!"①不久杜月笙又出面约他到南京和蒋介石"当面一谈",他婉言拒绝。于是,《大众生活》很快于1936年2月被勒令停刊,邹被迫再度流亡。

3月,邹韬奋出走香港。7月,他在那里和沈钧儒、章乃器、陶行知联名发表《团结御侮的几个基本条件与最低要求》,支持共产党提出的建立抗日民族统一战线的主张,要求国民党联合红军共同抗日,表示要坚定不移地站在救亡战线的立场上,直至中华民族取得完全胜利②。在此之前的6月,他在香港创办《生活日报》,坚持反对日本帝国主义、反对内战的立场,日销两万份。他为了办报日夜辛苦,但仍然困难重重,不仅经费困难,印刷条件差,而且政治上很受限制。香港的新闻检查很严,连帝国主义这个词都不能用,只能写"××主义"。他不得已,《生活日报》只办了五十五天,于8月1日停刊。

不久,邹韬奋返回上海,积极筹备《生活日报》在上海复刊。国民党政府制造种种麻烦,他只得将《生活日报周刊》改名《生活星期刊》在上

① 穆欣:《邹韬奋》,中国青年出版社1958年版,第161页。

② 《生活知识》第2卷第6期。

海出版，一面积极参加救亡运动。他与救国会的几个负责人，为支持上海日本纱厂工人的反日大罢工，多方奔走，并组织了罢工后援会。

救国会的抗日活动，虽然采取合法斗争的方式，仍然遭到镇压。1936年11月22日深夜，国民党政府逮捕了邹韬奋和救国会的其他负责人沈钧儒、章乃器、李公朴、沙千里、史良、王造时共七人，时称“七君子”之狱。全国立即展开了声势浩大的营救运动，各界人士纷纷向国民党政府提出抗议。次年4月3日，江苏高等法院以所谓“危害民国为目的而组织团体，并宣传与三民主义不相容之主义”①，罗织成十大罪状，向七人提出公诉。6月开庭审讯时，邹韬奋等人宣称他们救国无罪，对审判者提出的问题，进行了义正词严的驳斥。6月下旬，宋庆龄、何香凝、胡愈之等人发起“救国入狱运动”，得到全国人民的热烈声援。“七七”事变后，全国人民的抗日救国斗争风起云涌，不可遏止，国民党政府7月31日被迫将七人释放出狱。

邹韬奋出狱后，立即着手筹办《抗战》三日刊，8月19日在上海创刊。它一再宣传中国共产党提出的全面抗战的方针，抨击国民党片面抗战的政策。9月22日《中国共产党共赴国难的宣言》提出后，26日邹韬奋在《抗战》上发表时评《全国团结的重要表现》，盛赞这个宣言“光明磊落，大公无私”。该刊还发表中共负责人所写的一些文章，报道八路军在敌后战斗的情况等。

11月上海沦陷后，邹韬奋到武汉，继续编《抗战》三日刊。1938年7月，《抗战》三日刊与柳湜主编的《全民周刊》合并，改名《全民抗战》三日刊，邹任主编。创刊号上发刊词《全民抗战的使命》中说，这个刊物负有两个使命：“一是巩固全国团结，提高民族意识，灌输抗战知识，传达解释政府的国策，剖析国内政治、军事、经济、文化以及国际之情势，为教育宣传的任务。另一是使政府经常听到人民的声音，民间的疾苦，动员的状况，行政的优劣，使政府在领导抗战、实施庶政上得到一种参考，

---

① 时代文献社编：《七君子事件》，时代文献社1937年版，第15页。

为我们的政治任务。”《全民抗战》很快就受到广大读者的欢迎，每期销三十万份。该刊还编印战地版，大量分送抗日部队，以激励士气。这时，邹韬奋已被聘为第一届国民参政会的参政员。7月6日至15日在汉口举行第一次大会时，他提了三个提案：一是调整民众团体以发挥民力；二是具体规定检查书报标准并统一执行；三是改善青年训练以解除青年苦闷而培植救国干部。他为了争取言论自由，在讨论第二个提案时，据理力争，几经辩论后，他的提案勉强通过。但大会刚刚闭幕，国民党当局就公布了《战时图书、杂志原稿审查办法》，钳制抗日言论。

同年10月，邹韬奋到重庆，继续主编《全民抗战》。由于他在参政会上大力进行争取言论自由的斗争，他主持的新闻出版事业，更加遭到国民党的忌恨。《全民抗战》的送审稿件常常遭到故意留难，有的无故被“免登”，有的被删改得面目全非。他为了挽救“许多读者所急迫需要的好文章”，几次“走几十里山路”，跑到审查机关去“据理力争”①。尽管他有时被那些审稿者弄得十分生气，还是坚持将杂志办下去，不愿“自动撤退阵地”。

生活书店从“七七”事变后，大量出版了一些抗日救亡读物和马列主义书籍，并在重要城市建立了五十多个发行点。随着国民党消极抗日，积极反共日益猖狂，生活书店也横遭摧残。1939年4月，西安分店被封，工作人员被捕。7月，国民党中央宣传部公开强迫邹韬奋将生活书店与他们办的正中书局、独立出版社合并，同时要求他加入国民党，并许以高官厚禄，都被他严词拒绝。接着，生活书店各地的分店不断被封闭，至1941年1月皖南事变时，除重庆外，其他五十多个分店都被封闭。邹韬奋本人随时有被逮捕的危险。他愤然辞去国民参政员的职务，2月25日化装潜离重庆，经衡阳、桂林到达香港。5月，他在香港恢复了《大众生活》周刊。《复刊词》中表示，要不惜一切牺牲，鼓吹宣传进步的、有利于民族前途的措施，对于退步的、有害于民族前途的现象“不

① 《抗战以来》，《韬奋文集》第3卷，第192—193页。

能默尔无言”。

太平洋战争爆发后，邹韬奋在中共领导的东江游击队帮助下，于1942年1月9日离开香港到东江抗日民主根据地。这时，国民党已密令各地特务搜索他的行踪，“就地惩办”①。4月，他在中共地方组织的帮助下，离开东江根据地，匿居广东梅县乡间。9月离开梅县，10月到达苏北抗日民主根据地。这时他已患耳疾，发病时痛得坐卧不宁，但仍坚持参观访问、调查研究，还写文章，发表演说，赞扬抗日根据地的光明，揭露国民党统治区的黑暗。

1943年初，邹韬奋的耳疾日益严重，经诊断发现是癌症，乃秘密赴上海治疗。经过手术和放射治疗后，1944年2月病情稍轻，他坚持在病床上写《患难余生记》。一个多月写了六万字，因病情恶化不得已搁笔，未能完稿。6月1日他口述遗嘱，呼吁全国坚持团结抗战，早日实行真正的民主政治，建设独立自由幸福的新中国；并向中国共产党中央委员会提出要求追认为共产党员，将其骨灰移葬延安。7月24日邹韬奋在上海去世。9月28日中共中央电唁邹韬奋逝世并追认他入党。

邹韬奋一生著述极多，生前大都已编印成书。解放后编辑出版了《韬奋文集》，共三卷。

---

① 胡耐秋：《韬奋的流亡生活》，三联书店1979年版，第93页。

# 左 舜 生

李义彬

左舜生是中国青年党的主要首领之一。名学训,字舜生,别号仲平。湖南长沙人。生于1893年10月13日(清光绪十九年九月初四日)。祖父莘农,前清举人。父子立,家馆塾师,兼业中医。母吴氏,湖北蒲圻人。

左舜生七岁入塾,随父读《三字经》和"四书"之类。1911年冬小学毕业。不久,入长沙新成立的外国语专门学校学习英语,兼习日文。1914年秋,在其长兄资助下,入上海震旦大学学习法语,与曾琦、李璜同室居住。他在这里学习了三年,因其长兄失业,失掉经济来源,中途辍学。1917年秋,到南京同学黄仲苏家任家庭教师。

"五四"前夜的中国,内忧外患日益严重,民族危亡迫在眉睫,广大爱国青年纷纷觉醒,奋起救国。1918年6月30日,王光祈、李大钊等在北京发起筹组少年中国学会,宗旨为团结青年,在科学精神指导下,通过发展社会事业(即实业和教育),把衰败腐朽的中国改造成青春年少的中国。不久,学会筹备处主任王光祈到南京,介绍左舜生加入了这个学会。

1919年"五四"爱国运动兴起后,北京学生代表黄日葵、许德珩(都是少年中国学会会友)到南京策动学生罢课,左舜生曾与他们一起到金陵大学做发动工作。年末,左到上海中华书局编辑所任职,不久任该所新书部主任,编辑、出版了在中国近代学术、文化界发生了深远影响的新文化丛书、教育丛书,他还主编了《中国教育界》杂志。

少年中国学会于 1919 年 7 月 1 日在北京正式成立，左舜生被推选为学会评议部评议员。翌年，评议部主任曾琦出国留学，左接任评议部主任职务，一直到 1924 年 7 月为止。

在新文化运动中，左舜生广泛接触了“五四”时期的社会思潮，日本武者小路的新村思想对他有颇大影响。1919 年夏，他在《时事新报》上发表了《小组织的提倡》一文，主张由少数青年组织一种“学术、事业、生活的共同集合体”。参加这个“集合体”的成员必须有独立的工作能力，与家庭断绝经济关系，劳动所得归集体分配和使用，子女也由集体负责教养。他企图用这种乌托邦的办法来改造中国社会。“五四”以后，随着国内外形势的发展和文化统一战线的分裂，少年中国学会内部开始分化，左与曾琦、李璜、陈启天等成为学会中的右翼，他们站在一起，与学会中信仰马克思主义的左翼李大钊、邓中夏、黄日葵、高君宇等相对立。当时，李大钊等极力要把这个宗旨笼统、成分复杂、组织松散的学会改造成一个信仰马克思主义的革命团体，左舜生等右翼竭力加以反对。左唆使上海的会员写信给北京的会员，主张学会“多研究些学理，少叙述些主义”①。在少年中国学会 1921 年 7 月召开的南京大会和 1922 年召开的杭州大会上，围绕这个问题，双方展开了面对面的争辩。高君宇在杭州大会上明确表示：“我们的团体非有明白的主张不可，这种主张就是主义。我自身是信仰马克思主义的……希望学会采取马克思主义。”②左舜生在会上坚持只从事“社会活动”，反对“争辩规定共同主义”③。可是他却利用长期主持会务、编辑《少年中国》月刊的权力，与陈天启等人，从 1923 年下半年起，接连刊载宣传国家主义的文章。他反对学会“规定共同主义”，只是反对传播马克思主义，反对把学会改

① 《上海会员致北京会员》，《少年中国》月刊第 1 卷第 1 期，1919 年 7 月 15 日。

② 《1922 年杭州大会纪略》，《少年中国》月刊第 3 卷第 11 期，1922 年 6 月 1 日。

③ 《南京大会纪略》，《少年中国》月刊第 3 卷第 2 期，1921 年 9 月 1 日。

造成社会主义团体的遁词而已。

学会中的右翼分子在宣传国家主义主张的同时，开始网罗党羽，筹建组织。1923年12月2日，留学法国的曾琦、李璜等在巴黎建立中国青年党，宣称主张实行“全民政治”，反对阶级斗争。与此同时，在国内的左舜生、陈启天等乘李大钊等忙于革命事业、无暇顾及会务的机会，把持了少年中国学会的领导权。

1924年9月，曾琦、李璜等回到国内。左舜生以少年中国学会会友的身份同他们一起在上海创办《醒狮》周报，作为青年党的机关报。左任该报总经理，负责发行工作。他还经常以“黑头”笔名在《醒狮》上发表文章，进行反苏、反共宣传，声言：“吾人反对苏俄在华宣传共产；对所谓中国共产党之行动，更绝对不赞成。”①他还说，在中国宣传共产主义“是列强想共管中国的唯一原因”②。他把苏联与英、美帝国主义等量齐观，进行攻击和诬蔑。

1925年春，左舜生正式加入中国青年党，党号谔公。1926年7月青年党召开第一次全国代表大会，左被选为中央执行委员会常务委员。这时，他在中华书局资助下，去法国游学。8月15日到达巴黎，游览名胜古迹后，即寓居市郊，专心读书，每周定时去巴黎大学上课。旅居法兰克福的好友王光祈约其赴德一游，也未成行。他1927年8月离法，9月回到上海，仍回中华书局任职。左舜生离国十四个月，国内政局巨变。蒋介石发动“四一二”政变后，青年党与蒋介石在反共这一点上已经完全一致。但由于蒋介石坚持“一个党、一个主义、一个领袖”的政策，因之在一段时间内他们还没有合流起来。这时青年党一方面反对蒋介石的所谓“党治”，同时仍坚持反共立场。1930年7月，红军攻占长沙，反共势力大为震惊。左与陈启天在上海创办《铲共半月刊》，登载各地的所谓“匪情调查”，诬蔑共产党“杀人放火”“毁灭文化”。左在这

① 《醒狮》周报第48号，1925年9月5日。

② 《醒狮》周报第8号，1924年11月29日。

个反动刊物上接连登载《曾、左、李平乱要旨》，详细介绍曾国藩、左宗棠、李鸿章镇压太平天国起义军的“经验”，以资国民党反动派参考，为蒋介石“围剿”工农红军出谋献策。统治四川的军阀刘湘，把这篇文章作为军事学校的教本。

1931年“九一八”事变后，国内阶级关系发生变化，民族矛盾逐步上升为主要矛盾，全国人民掀起了抗日救国热潮。这时，青年党想借机取得合法地位，实现与蒋介石“合作”。为此，左舜生与陈启天在上海创办《民声周刊》，发表了一些主张抵抗日本侵略，保卫国家领土主权的文字，同时鼓吹青年党与国民党停止内争，一致对外。“一二八”后，他通电全国，呼吁支持坚持淞沪抗战的第十九路军。他和王造时被上海四十余团体推举为代表，前往平津，策动张学良、吴佩孚抗日。他支持蒋介石的“先安内而后攘外”的国策，说什么“在共产党未解除武装以前，全国人不应有反对剿共之举”①。1932年，左辞去中华书局的职务，到复旦大学、大夏大学任教。尽管青年党一再向国民党靠拢，在一段时间里仍未见容于蒋介石。于是他们又开始与反蒋势力接近，进行投机。1933年11月，陈铭枢、蔡廷锴组织“福建人民政府”，举起反蒋旗帜，左带领一批青年党员到福州，后见形势对陈铭枢等不利，又悄悄地溜回上海。

1933年初，日军进犯冀东，直逼平津。南京当局再次屈辱妥协，派黄郛与日本签订了丧权辱国的“塘沽协定”，受到全国人民一致反对和唾骂。左舜生以“仲平”笔名于1934年春在上海《时事新报》上发表《时事诤言》，替国民党开脱罪责，说什么：在抗战还没有准备的条件下，主持签订协定的人，处在那样一个险恶的环境，能有这样的结果，实在已经不大容易。黄郛在津浦线南下火车上见到此文，喜出望外，到沪后多方打听，始知此文出自左舜生手。遂通过沈怡邀左到莫干山畅谈了一整天。莫干山长谈，启动了青年党与国民党“合流”的步伐。同年5月，

① 左舜生：《废止内战与武力统一》，《民声周报》第32期，1932年7月20日。

蒋介石电邀左于暑期到庐山见面。行前，左在上海中国饭店与曾琦交换意见，“他提出了三个必守的原则：一、团体不失立场；二、个人不失身份；三、为国家之故，可能与国民党合作，但决不参加国民党内的派系斗争”。① 曾琦同意左的上述意见。左舜生于7月上庐山谒蒋，陪同前往的有青年党的重要骨干分子何鲁之。这是青年党头目与蒋介石第一次会见。1935年春夏之交，左应邀到南京国民党的中央政治学校任教，时间长达七个学期之久。由于左舜生对促成青年党与国民党“合流”，使青年党摆脱受当局打压的困境有功，在当年7月召开的青年党第八次全国代表大会上，被选为中央执行委员会委员长。

同年12月9日，北平学生举行示威游行，反对日本侵略者搞所谓“华北自治”，要求蒋介石“停止内战，一致对外”。左舜生完全站在南京政府一边，对“一二九”爱国运动进行攻击，说学生“结队游行，请愿，喊口号，发传单”的爱国行为，“等于痴人说梦”②。

1936年夏，左舜生由青年党骨干分子崔万秋(曾留学日本)陪同去日本十余天，先后访问了门司、马关和东京等地。行前，曾到北平面见日本华北驻屯军司令田代皖一郎。此行名为参观访问，实为观察日本对华政策的动向。

在西安事变爆发后的一个来月时间里，左舜生接连发表了《彻底反对容共联俄》和《写在西安事变之后》等文章，攻击张学良、杨虎城的爱国行动。把张、杨对蒋实行“兵谏”说成是“突然叛变，动摇国本”。说他们“显然是受了中国共产党的麻醉”。他还攻击中国共产党“杀人放火，威胁民众”，再次为蒋介石“先安内而后攘外”政策辩护，说什么“先解决共产党的红军而后能积极对日是没有错的”。他竭力阻挠和反对建立抗日民族统一战线，高喊“今后任何人敢于主张容共，即任何人将为全

---

① 沈云龙：《述往事，悼舜老》，台北《传记文学》第15卷第5期。

② 左舜生：《非常时青年自处与指导》，《国论》第1卷第7期。

国国民的众矢之的”①。

1937年初，经左舜生斡旋、撮合并亲自陪同曾琦前往奉化拜谒蒋介石，长谈两次，进一步讨论了青年党与国民党的“合作”问题。“七七”事变后，蒋介石被迫承认了抗日民族统一战线。国民政府设立国防参议院时，左作为青年党代表被聘为参议员。1938年4月21日，左以青年党中央执行委员会委员长名义致函国民党总裁蒋介石、副总裁汪精卫，表示竭诚拥护国民党临时全国代表大会所通过的宣言和《抗战建国纲领》。4月24日，蒋、汪复函左舜生，称：“本党念职责之艰巨，尤望集中全国贤智之心思才力，以共济此日之艰危，而谋国家久远之福利。”②至此，青年党正式获得合法地位。同年，国民党政府迁至武汉，废国防参议院，成立国民参政会，左亦以青年党代表资格被指定为参政员。在武汉期间，左还创办了青年党的机关报《新中国日报》，一度任经理。

抗日战争期间，青年党仍坚持反共立场，特别是反对中国共产党在敌后建立抗日民主根据地的正义行动。左舜生在一届三次参政会上就曾发表过攻击晋察冀抗日根据地的言论。这时候，青年党虽然已经取得了合法地位，但是仍未得到官职。因之对蒋介石的法西斯独裁政策有所不满，声言要求“实施宪政”。皖南事变后，蒋介石进一步强化其一党专政，引起许多民主人士的强烈不满。1941年3月，黄炎培等人发起组织中国民主政团同盟（后改为“中国民主同盟”）时，青年党参加，左舜生任民盟秘书长。1945年7月1日，左与黄炎培、章伯钧、傅斯年等六人到延安参观访问，调解国共两党关系，曾与毛泽东、周恩来、张闻天、林伯渠、刘少奇等晤谈，其主旨是“政治民主化”、“军队国家化”问题。延安五日的见闻，给他的深刻印象是：“军队的素质要比文人来得好”，“党员和公务员的生活，相当与老百姓接近，因此没有脱离群众。”及至1946年1月政治协商会议召开前夕，青年党与国民党秘密勾结，

① 《写在西安事变之后》，《国论》第2卷第5期。

② 左宏禹编：《抗战建国中之中国青年党》，国魂书店1939年4月版，第15页。

在名额分配上提出无理要求，企图以此来分裂和破坏民盟，结果被赶出民盟。

抗日战争胜利后，青年党于1945年11月在重庆举行第十次全国代表大会，左舜生被选为中央常委兼宣传部长。1946年1月，左作为青年党的“东南党务复兴委员会”的主要负责人飞往上海，恢复东南地区的青年党组织，并在上海创办青年党的报纸《中华时报》。10月，左到南京参与调解国共两党关系，所提出的三项办法，明显偏袒国民党，被中共代表拒绝。11月16日，左以宣传部长名义，代表青年党宣布参加蒋介石召开的国民大会，左本人亦作为青年党的代表参加了这次会议，并被选为大会主席团主席。1947年4月，青年党终于撕下“在野”和“第三势力”的外衣，参加南京国民政府，左出任行政院农林部长，任职时间共一年又八个月。

在中国人民解放战争获得全国胜利前夕，左舜生于1949年4月逃离祖国大陆，先到台湾，9月转赴香港。在港创办反共刊物《自由阵线》，并先后在香港新亚学院、清华书院讲授中国近代史。在旅居香港的二十年间，曾数去日本访问，1963年去美国讲学。1969年9月到台湾调解青年党的内部矛盾，同年10月16日病死于台湾。

# 《中华民国史人物传》第一至八卷目录索引

（按姓氏笔划顺序排序，中文数字表示卷数，
阿拉伯数字表示页数。）


## 二　画

| | | |
|---|---|---|
| 丁文江 | 二 | 621 |
| 丁西林 | 二 | 626 |
| 丁贵堂 | 二 | 603 |
| 丁惟汾 | 二 | 616 |
| 丁超五 | 二 | 592 |
| 丁福保 | 二 | 599 |
| 丁默邨 | 二 | 608 |

## 三　画

| | | |
|---|---|---|
| 于右任 | 七 | 4664 |
| 于冲汉 | 七 | 4652 |
| 于学忠 | 七 | 4659 |
| 土肥原贤二 | 六 | 3560 |
| 尢　列 | 七 | 4646 |
| 万福麟 | 六 | 3565 |
| 上官云相 | 五 | 2974 |
| 卫立煌 | 六 | 3865 |
| 马　济 | 四 | 2527 |
| 马　衡 | 四 | 2509 |
| 马　麒 | 四 | 2536 |
| 马占山 | 四 | 2581 |
| 马师曾 | 四 | 2548 |
| 马约翰 | 四 | 2577 |
| 马步芳 | 四 | 2489 |
| 马应彪 | 四 | 2572 |
| 马君武 | 四 | 2530 |
| 马宗汉 | 四 | 2588 |
| 马相伯 | 四 | 2554 |
| 马星野 | 四 | 2560 |
| 马叙伦 | 四 | 2541 |
| 马鸿宾 | 四 | 2514 |
| 马鸿逵 | 四 | 2519 |
| 马寅初 | 四 | 2563 |
| 马超俊 | 四 | 2498 |
| 马福益 | 四 | 2506 |
| 马福祥 | 四 | 2502 |

## 四 画


| | | |
|---|---|---|
| 丰子恺 | 二 | 796 |
| 王　泰 | 六 | 3720 |
| 王　振 | 六 | 3836 |
| 王一亭 | 六 | 3784 |
| 王士珍 | 六 | 3714 |
| 王小航 | 六 | 3750 |
| 王天纵 | 六 | 3728 |
| 王天培 | 六 | 3724 |
| 王云五 | 六 | 3818 |
| 王少堂 | 六 | 3706 |
| 王文华 | 六 | 3737 |
| 王以哲 | 六 | 3789 |
| 王正廷 | 六 | 3840 |
| 王世杰 | 六 | 3708 |
| 王占元 | 六 | 3831 |
| 王用宾 | 六 | 3809 |
| 王乐平 | 六 | 3690 |
| 王永江 | 六 | 3802 |
| 王亚南 | 六 | 3765 |
| 王亚樵 | 六 | 3770 |
| 王芝祥 | 六 | 3847 |
| 王尧臣　王禹卿 | 六 | 3775 |
| 王光祈 | 六 | 3636 |
| 王志莘 | 六 | 3854 |
| 王芸生 | 六 | 3812 |
| 王克敏 | 六 | 3685 |
| 王伯元 | 六 | 3616 |
| 王伯群 | 六 | 3609 |
| 王希天 | 六 | 3743 |
| 王怀庆 | 六 | 3650 |
| 王郅隆 | 六 | 3858 |
| 王国维 | 六 | 3642 |
| 王和顺 | 六 | 3645 |
| 王金发 | 六 | 3665 |
| 王金铭 | 六 | 3671 |
| 王性尧 | 六 | 3761 |
| 王宠惠 | 六 | 3628 |
| 王承斌 | 六 | 3620 |
| 王荆山 | 六 | 3676 |
| 王荫泰 | 六 | 3796 |
| 王闿运 | 六 | 3680 |
| 王统照 | 六 | 3732 |
| 王晓籁 | 六 | 3755 |
| 王造时 | 六 | 3825 |
| 王家烈 | 六 | 3656 |
| 王家襄 | 六 | 3660 |
| 王陵基 | 六 | 3695 |
| 王揖唐 | 六 | 3780 |
| 王懋功 | 六 | 3701 |
| 王缵绪 | 六 | 3861 |
| 井勿幕 | 三 | 1549 |
| 太　虚 | 六 | 3371 |
| 区寿年 | 五 | 2707 |
| 戈公振 | 二 | 910 |

| | | |
|---|---|---|
| 贝祖贻 | 一 | 56 |
| 冈村宁次 | 二 | 884 |
| 内山完造 | 五 | 2677 |
| 毛人凤 | 四 | 2597 |
| 毛健吾 | 四 | 2592 |
| 仇　亮 | 五 | 2864 |
| 方声洞 | 二 | 761 |
| 方声涛 | 二 | 765 |
| 方振武 | 二 | 775 |
| 方液仙 | 二 | 770 |
| 方椒伯 | 二 | 757 |
| 方鼎英 | 二 | 751 |
| 尹昌衡 | 七 | 4641 |
| 巴　金 | 一 | 4 |
| 邓　铿 | 二 | 565 |
| 邓初民 | 二 | 560 |
| 邓泽如 | 二 | 586 |
| 邓宝珊 | 二 | 554 |
| 邓荫南 | 二 | 582 |
| 邓锡侯 | 二 | 570 |
| 邓演达 | 二 | 575 |
| 孔伯华 | 三 | 1596 |
| 孔祥熙 | 三 | 1599 |

## 五　画

| | | |
|---|---|---|
| 古应芬 | 二 | 927 |
| 左舜生 | 八 | 5568 |
| 石友三 | 五 | 3101 |
| 石筱山 | 五 | 3098 |
| 龙　云 | 四 | 2311 |
| 龙鸣剑 | 四 | 2306 |
| 龙济光 | 四 | 2300 |
| 平　刚 | 五 | 2779 |
| 卢　汉 | 四 | 2317 |
| 卢永祥 | 四 | 2328 |
| 卢兴邦 | 四 | 2323 |
| 卢作孚 | 四 | 2338 |
| 叶圣陶 | 七 | 4610 |
| 叶企孙 | 七 | 4605 |
| 叶恭绰 | 七 | 4592 |
| 叶鸿英 | 七 | 4595 |
| 叶景葵 | 七 | 4598 |
| 叶楚伧 | 七 | 4587 |
| 田　汉 | 六 | 3524 |
| 田　桐 | 六 | 3536 |
| 田中玉 | 六 | 3548 |
| 田文烈 | 六 | 3542 |
| 田耕莘 | 六 | 3521 |
| 田颂尧 | 六 | 3531 |
| 史　良 | 五 | 3110 |
| 史迪威 | 五 | 3106 |
| 史量才 | 五 | 3116 |
| 丘逢甲 | 五 | 2860 |
| 白　朗 | 一 | 16 |
| 白崇禧 | 一 | 10 |
| 白毓昆 | 一 | 23 |

| | | |
|---|---|---|
| 包尔汉 | 一 | 43 |
| 包达三 | 一 | 40 |
| 冯玉祥 | 二 | 818 |
| 冯占海 | 二 | 832 |
| 冯自由 | 二 | 846 |
| 冯国璋 | 二 | 809 |
| 冯治安 | 二 | 837 |
| 冯德麟 | 二 | 801 |
| 司徒乔 | 五 | 3149 |
| 司徒美堂 | 五 | 3142 |
| 司徒雷登 | 五 | 3135 |
| 边守靖 | 一 | 60 |


六 画


| | | |
|---|---|---|
| 邢士廉 | 七 | 4161 |
| 吉鸿昌 | 三 | 1370 |
| 老　舍 | 三 | 1643 |
| 老洋人 | 三 | 1649 |
| 达浦生 | 二 | 525 |
| 成舍我 | 一 | 493 |
| 师　复 | 五 | 3068 |
| 光绪帝 | 二 | 976 |
| 吕　超 | 四 | 2465 |
| 吕公望 | 四 | 2470 |
| 吕志伊 | 四 | 2484 |
| 吕思勉 | 四 | 2475 |
| 吕彦直 | 四 | 2480 |
| 朱　瑞 | 八 | 5493 |
| 朱执信 | 八 | 5515 |
| 朱光潜 | 八 | 5458 |
| 朱自清 | 八 | 5526 |
| 朱庆澜 | 八 | 5486 |
| 朱志尧 | 八 | 5520 |
| 朱绍良 | 八 | 5498 |
| 朱经农 | 八 | 5471 |
| 朱家宝 | 八 | 5462 |
| 朱家骅 | 八 | 5466 |
| 朱培德 | 八 | 5476 |
| 朱葆三 | 八 | 5453 |
| 朱惺公 | 八 | 5506 |
| 朱蕴山 | 八 | 5510 |
| 伍廷芳 | 六 | 4046 |
| 伍连德 | 六 | 4043 |
| 伍朝枢 | 六 | 4038 |
| 任可澄 | 五 | 2894 |
| 任白涛 | 五 | 2881 |
| 任卓宣 | 五 | 2906 |
| 任鸿隽 | 五 | 2886 |
| 任援道 | 五 | 2899 |
| 华之鸿 | 三 | 1212 |
| 庄银安 | 八 | 5544 |
| 刘　公 | 四 | 2122 |
| 刘　峙 | 四 | 2282 |
| 刘　湘 | 四 | 2257 |
| 刘子敬 | 四 | 2287 |
| 刘王立明 | 四 | 2224 |

| | | |
|---|---|---|
| 刘开渠 | 四 | 2190 |
| 刘天华 | 四 | 2219 |
| 刘文典 | 四 | 2230 |
| 刘文辉 | 四 | 2234 |
| 刘仙洲 | 四 | 2242 |
| 刘半农 | 四 | 2097 |
| 刘存厚 | 四 | 2108 |
| 刘成勋 | 四 | 2103 |
| 刘师培 | 四 | 2211 |
| 刘纪文 | 四 | 2171 |
| 刘芦隐 | 四 | 2202 |
| 刘茂恩 | 四 | 2208 |
| 刘国钧 | 四 | 2139 |
| 刘建绪 | 四 | 2180 |
| 刘柏森 | 四 | 2092 |
| 刘显世 | 四 | 2252 |
| 刘显潜 | 四 | 2248 |
| 刘复基 | 四 | 2118 |
| 刘冠三 | 四 | 2125 |
| 刘冠雄 | 四 | 2129 |
| 刘桂棠 | 四 | 2135 |
| 刘积学 | 四 | 2166 |
| 刘航琛 | 四 | 2153 |
| 刘海粟 | 四 | 2147 |
| 刘海楼 | 四 | 2145 |
| 刘鸿生 | 四 | 2158 |
| 刘揆一 | 四 | 2197 |
| 刘道一 | 四 | 2115 |
| 刘湛恩 | 四 | 2265 |
| 刘静庵 | 四 | 2186 |
| 刘震寰 | 四 | 2276 |
| 刘镇华 | 四 | 2270 |
| 齐白石 | 五 | 2803 |
| 关伟林 | 二 | 972 |
| 关麟徵 | 二 | 968 |
| 江　庸 | 三 | 1407 |
| 江亢虎 | 三 | 1399 |
| 江加走 | 三 | 1396 |
| 江朝宗 | 三 | 1390 |


## 七　画


| | | |
|---|---|---|
| 汤子敬 | 六 | 3452 |
| 汤化龙 | 六 | 3425 |
| 汤玉麟 | 六 | 3445 |
| 汤用彤 | 六 | 3442 |
| 汤尔和 | 六 | 3419 |
| 汤芗铭 | 六 | 3437 |
| 汤寿潜 | 六 | 3431 |
| 汤恩伯 | 六 | 3414 |
| 冰　心 | 一 | 65 |
| 许广平 | 七 | 4313 |
| 许云樵 | 七 | 4330 |
| 许世英 | 七 | 4320 |
| 许地山 | 七 | 4297 |
| 许冠群 | 七 | 4308 |
| 许雪湫 | 七 | 4326 |

| | | |
|---|---|---|
| 许崇智 | 七 | 4285 |
| 许鼎霖 | 七 | 4303 |
| 许德珩 | 七 | 4293 |
| 阮忠枢 | 五 | 2932 |
| 阮玲玉 | 五 | 2928 |
| 孙　武 | 五 | 3332 |
| 孙　岳 | 五 | 3341 |
| 孙　科 | 五 | 3297 |
| 孙　渡 | 五 | 3276 |
| 孙　震 | 五 | 3345 |
| 孙中山 | 五 | 3351 |
| 孙本文 | 五 | 3253 |
| 孙立人 | 五 | 3302 |
| 孙传芳 | 五 | 3258 |
| 孙多森　孙多钰 | 五 | 3281 |
| 孙连仲 | 五 | 3308 |
| 孙秀三 | 五 | 3335 |
| 孙良诚 | 五 | 3315 |
| 孙宝琦 | 五 | 3246 |
| 孙洪伊 | 五 | 3290 |
| 孙烈臣 | 五 | 3320 |
| 孙道仁 | 五 | 3264 |
| 孙殿英 | 五 | 3270 |
| 孙蔚如 | 五 | 3325 |
| 孙衡甫 | 五 | 3286 |
| 严　重 | 七 | 4404 |
| 严　复 | 七 | 4385 |
| 严　修 | 七 | 4390 |
| 严宝礼 | 七 | 4377 |
| 严独鹤 | 七 | 4382 |
| 严裕棠 | 七 | 4399 |
| 劳乃宣 | 三 | 1638 |
| 苏汰余 | 五 | 3238 |
| 苏炳文 | 五 | 3230 |
| 苏曼殊 | 五 | 3234 |
| 杜月笙 | 二 | 679 |
| 杜聿明 | 二 | 671 |
| 杜定友 | 二 | 662 |
| 杜重远 | 二 | 684 |
| 杜斌丞 | 二 | 655 |
| 杜锡珪 | 二 | 665 |
| 杨　杰 | 七 | 4474 |
| 杨　度 | 七 | 4462 |
| 杨　铨 | 七 | 4491 |
| 杨　森 | 七 | 4497 |
| 杨士琦 | 七 | 4507 |
| 杨文恺 | 七 | 4542 |
| 杨永泰 | 七 | 4553 |
| 杨廷宝 | 七 | 4536 |
| 杨宇霆 | 七 | 4558 |
| 杨寿枏 | 七 | 4513 |
| 杨希闵 | 七 | 4548 |
| 杨虎城 | 七 | 4468 |
| 杨荩诚 | 七 | 4480 |
| 杨树达 | 七 | 4519 |
| 杨树庄 | 七 | 4525 |

| | | |
|---|---|---|
| 杨笃生 | 七 | 4459 |
| 杨振鸿 | 七 | 4573 |
| 杨爱源 | 七 | 4445 |
| 杨庶堪 | 七 | 4531 |
| 杨善德 | 七 | 4502 |
| 杨登鹏 | 七 | 4455 |
| 杨粲三 | 七 | 4451 |
| 杨增新 | 七 | 4564 |
| 杨衢云 | 七 | 4485 |
| 李　杜 | 三 | 1707 |
| 李　纯 | 三 | 1688 |
| 李　弥 | 三 | 1822 |
| 李　济 | 三 | 1768 |
| 李　铭 | 三 | 1826 |
| 李　璜 | 三 | 1762 |
| 李士群 | 三 | 1858 |
| 李公朴 | 三 | 1730 |
| 李书城 | 三 | 1870 |
| 李世甲 | 三 | 1852 |
| 李石岑 | 三 | 1847 |
| 李四光 | 三 | 1884 |
| 李仪祉 | 三 | 1903 |
| 李汉魂 | 三 | 1748 |
| 李延年 | 三 | 1896 |
| 李守信 | 三 | 1864 |
| 李更生 | 三 | 1724 |
| 李良荣 | 三 | 1809 |
| 李苦禅 | 三 | 1802 |
| 李叔同 | 三 | 1878 |
| 李国杰 | 三 | 1738 |
| 李国钦 | 三 | 1742 |
| 李鸣钟 | 三 | 1831 |
| 李宗仁 | 三 | 1920 |
| 李经羲 | 三 | 1788 |
| 李厚基 | 三 | 1756 |
| 李品仙 | 三 | 1834 |
| 李剑农 | 三 | 1782 |
| 李济深 | 三 | 1774 |
| 李根源 | 三 | 1718 |
| 李烈钧 | 三 | 1814 |
| 李烛尘 | 三 | 1908 |
| 李盛铎 | 三 | 1839 |
| 李康年 | 三 | 1798 |
| 李紫云 | 三 | 1915 |
| 李鼎铭 | 三 | 1698 |
| 李鼎新 | 三 | 1702 |
| 李景林 | 三 | 1792 |
| 李福林 | 三 | 1714 |
| 李德全 | 三 | 1693 |
| 李燮和 | 三 | 1892 |
| 连　横 | 三 | 1930 |
| 吴　虞 | 六 | 4004 |
| 吴　樾 | 六 | 4009 |
| 吴世荣 | 六 | 3970 |
| 吴有训 | 六 | 3999 |
| 吴光新 | 六 | 3911 |

| | | |
|---|---|---|
| 吴兆麟 | 六 | 4018 |
| 吴克仁 | 六 | 3939 |
| 吴旸谷 | 六 | 3980 |
| 吴奇伟 | 六 | 3961 |
| 吴国桢 | 六 | 3915 |
| 吴忠信 | 六 | 4028 |
| 吴佩孚 | 六 | 3952 |
| 吴经熊 | 六 | 3924 |
| 吴贻芳 | 六 | 3994 |
| 吴俊陞 | 六 | 3934 |
| 吴晋航 | 六 | 3920 |
| 吴铁城 | 六 | 3974 |
| 吴清源 | 六 | 3965 |
| 吴鼎昌 | 六 | 3905 |
| 吴景濂 | 六 | 3929 |
| 吴禄贞 | 六 | 3944 |
| 吴稚晖 | 六 | 4022 |
| 吴蕴初 | 六 | 4013 |
| 吴懋鼎 | 六 | 3948 |
| 吴耀宗 | 六 | 3987 |
| 岑春煊 | 一 | 143 |
| 邱菽园 | 五 | 2878 |
| 邱清泉 | 五 | 2872 |
| 何　键 | 二 | 1050 |
| 何　廉 | 二 | 1057 |
| 何北衡 | 二 | 1040 |
| 何成濬 | 二 | 1045 |
| 何应钦 | 二 | 1073 |
| 何香凝 | 二 | 1064 |
| 佟麟阁 | 六 | 3554 |
| 余日章 | 七 | 4677 |
| 余汉谋 | 七 | 4670 |
| 余芝卿 | 七 | 4679 |
| 谷正伦 | 二 | 930 |
| 邹　容 | 八 | 5554 |
| 邹　鲁 | 八 | 5547 |
| 邹韬奋 | 八 | 5559 |
| 冷　欣 | 三 | 1655 |
| 冷　遹 | 三 | 1663 |
| 汪大燮 | 六 | 3572 |
| 汪笑侬 | 六 | 3604 |
| 汪逢春 | 六 | 3580 |
| 汪康年 | 六 | 3598 |
| 汪精卫 | 六 | 3583 |
| 沙　逊 | 五 | 2958 |
| 沙千里 | 五 | 2950 |
| 沙彦楷 | 五 | 2964 |
| 沈从文 | 五 | 3002 |
| 沈克非 | 五 | 3031 |
| 沈知方 | 五 | 3044 |
| 沈钧儒 | 五 | 3020 |
| 沈鸿英 | 五 | 3015 |
| 沈鸿烈 | 五 | 3010 |
| 沈联芳 | 五 | 3035 |
| 沈缦云 | 五 | 3038 |
| 宋子文 | 五 | 3211 |

| | | | | | |
|---|---|---|---|---|---|
| 宋汉章 | 五 | 3161 | 张厉生 | 八 | 4965 |
| 宋则久 | 五 | 3204 | 张石川 | 八 | 5022 |
| 宋庆龄 | 五 | 3180 | 张东荪 | 八 | 4848 |
| 宋希濂 | 五 | 3197 | 张申府 | 八 | 5019 |
| 宋炜臣 | 五 | 3191 | 张永福 | 八 | 5086 |
| 宋美龄 | 五 | 3171 | 张发奎 | 八 | 4856 |
| 宋哲元 | 五 | 3207 | 张西曼 | 八 | 5038 |
| 宋教仁 | 五 | 3167 | 张百麟 | 八 | 4821 |
| 宋棐卿 | 五 | 3156 | 张竹平 | 八 | 5151 |
| 良　弼 | 三 | 1933 | 张自忠 | 八 | 5160 |
| 张　贞 | 八 | 5106 | 张志让 | 八 | 5139 |
| 张　勋 | 八 | 5065 | 张岚峰 | 八 | 4960 |
| 张　钫 | 八 | 4863 | 张作相 | 八 | 5180 |
| 张　继 | 八 | 4898 | 张作霖 | 八 | 5170 |
| 张　群 | 八 | 4997 | 张伯苓 | 八 | 4831 |
| 张　榕 | 八 | 5008 | 张君劢 | 八 | 4940 |
| 张　澜 | 八 | 4952 | 张灵甫 | 八 | 4972 |
| 张　謇 | 八 | 4910 | 张国淦 | 八 | 4883 |
| 张一麐 | 八 | 5078 | 张鸣岐 | 八 | 4976 |
| 张士秀 | 八 | 5028 | 张知本 | 八 | 5127 |
| 张大千 | 八 | 4836 | 张季鸾 | 八 | 4893 |
| 张之江 | 八 | 5134 | 张学良 | 八 | 5051 |
| 张开儒 | 八 | 4946 | 张治中 | 八 | 5144 |
| 张元济 | 八 | 5095 | 张宗昌 | 八 | 5165 |
| 张云山 | 八 | 5101 | 张绍曾 | 八 | 5013 |
| 张凤翙 | 八 | 4869 | 张恨水 | 八 | 4887 |
| 张文光 | 八 | 5035 | 张振武 | 八 | 5112 |
| 张本政 | 八 | 4826 | 张振勋 | 八 | 5116 |

| | | | | | |
|---|---|---|---|---|---|
| 张钰哲 | 八 | 5090 | 陈　策 | 一 | 187 |
| 张难先 | 八 | 4987 | 陈　群 | 一 | 375 |
| 张培爵 | 八 | 4993 | 陈　箓 | 一 | 321 |
| 张辅忠 | 八 | 4879 | 陈三立 | 一 | 384 |
| 张啸林 | 八 | 5046 | 陈万运 | 一 | 422 |
| 张絅伯 | 八 | 4936 | 陈天华 | 一 | 412 |
| 张敬尧 | 八 | 4929 | 陈友仁 | 一 | 444 |
| 张景惠 | 八 | 4916 | 陈少白 | 一 | 387 |
| 张道藩 | 八 | 4843 | 陈长捷 | 一 | 198 |
| 张福来 | 八 | 4874 | 陈公博 | 一 | 232 |
| 张静江 | 八 | 4923 | 陈去病 | 一 | 370 |
| 张嘉璈 | 八 | 4902 | 陈布雷 | 一 | 178 |
| 张镇芳 | 八 | 5121 | 陈立夫 | 一 | 309 |
| 张默君 | 八 | 4981 | 陈光远 | 一 | 245 |
| 张耀曾 | 八 | 5070 | 陈光甫 | 一 | 240 |
| 陆伯鸿 | 四 | 2363 | 陈朵如 | 一 | 228 |
| 陆宗舆 | 四 | 2396 | 陈启天 | 一 | 351 |
| 陆建章 | 四 | 2376 | 陈其尤 | 一 | 345 |
| 陆荣廷 | 四 | 2383 | 陈其美 | 一 | 340 |
| 陆费逵 | 四 | 2367 | 陈叔通 | 一 | 404 |
| 陆皓东 | 四 | 2373 | 陈果夫 | 一 | 250 |
| 陆徵祥 | 四 | 2390 | 陈明仁 | 一 | 326 |
| 阿　炳 | 一 | 1 | 陈宝琛 | 一 | 161 |
| 陈　仪 | 一 | 433 | 陈绍宽 | 一 | 392 |
| 陈　达 | 一 | 218 | 陈春圃 | 一 | 214 |
| 陈　诚 | 一 | 203 | 陈树人 | 一 | 409 |
| 陈　垣 | 一 | 460 | 陈树藩 | 一 | 398 |
| 陈　宧 | 一 | 440 | 陈炳焜 | 一 | 174 |

| | | |
|---|---|---|
| 陈炯明 | 一 | 302 |
| 陈济棠 | 一 | 269 |
| 陈家鼎 | 一 | 275 |
| 陈调元 | 一 | 416 |
| 陈铭枢 | 一 | 332 |
| 陈望道 | 一 | 426 |
| 陈焕章 | 一 | 264 |
| 陈渠珍 | 一 | 359 |
| 陈裕光 | 一 | 448 |
| 陈楚楠 | 一 | 210 |
| 陈锦涛 | 一 | 290 |
| 陈廉伯 | 一 | 316 |
| 陈嘉庚 | 一 | 283 |
| 陈蝶仙 | 一 | 224 |
| 陈鹤琴 | 一 | 259 |
| 陈璧君 | 一 | 168 |
| 邵力子 | 五 | 2986 |
| 邵元冲 | 五 | 2999 |
| 邵飘萍 | 五 | 2993 |

## 八　画

| | | |
|---|---|---|
| 武百祥 | 六 | 4033 |
| 苗杏村 | 四 | 2640 |
| 范汉杰 | 二 | 725 |
| 范光启 | 二 | 720 |
| 范旭东 | 二 | 733 |
| 范绍增 | 二 | 729 |
| 范筑先 | 二 | 744 |
| 范源濂 | 二 | 739 |
| 茅　盾 | 四 | 2603 |
| 茅以升 | 四 | 2610 |
| 林　文 | 四 | 2061 |
| 林　纾 | 四 | 2071 |
| 林　虎 | 四 | 2024 |
| 林　森 | 四 | 2052 |
| 林义顺 | 四 | 2068 |
| 林长民 | 四 | 2082 |
| 林文庆 | 四 | 2064 |
| 林可胜 | 四 | 2044 |
| 林白水 | 四 | 2009 |
| 林述庆 | 四 | 2057 |
| 林建章 | 四 | 2030 |
| 林柏生 | 四 | 2015 |
| 林觉民 | 四 | 2034 |
| 林语堂 | 四 | 2076 |
| 林砺儒 | 四 | 2047 |
| 林康侯 | 四 | 2040 |
| 林葆怿 | 四 | 2020 |
| 板垣征四郎 | 一 | 35 |
| 郁达夫 | 七 | 4720 |
| 欧阳予倩 | 五 | 2712 |
| 尚小云 | 五 | 2981 |
| 易培基 | 七 | 4623 |
| 罗　纶 | 四 | 2438 |
| 罗文幹 | 四 | 2449 |
| 罗君强 | 四 | 2427 |

| | | |
|---|---|---|
| 罗卓英 | 四 | 2459 |
| 罗佩金 | 四 | 2445 |
| 罗振玉 | 四 | 2455 |
| 罗家伦 | 四 | 2421 |
| 罗常培 | 四 | 2412 |
| 罗隆基 | 四 | 2432 |
| 罗福星 | 四 | 2416 |
| 竺可桢 | 八 | 5536 |
| 金仲华 | 三 | 1537 |
| 金岳霖 | 三 | 1531 |
| 金宝善 | 三 | 1516 |
| 金树仁 | 三 | 1527 |
| 金润庠 | 三 | 1522 |
| 周凤岐 | 八 | 5366 |
| 周西成 | 八 | 5399 |
| 周至柔 | 八 | 5425 |
| 周自齐 | 八 | 5437 |
| 周作人 | 八 | 5448 |
| 周作民 | 八 | 5443 |
| 周佛海 | 八 | 5370 |
| 周谷城 | 八 | 5385 |
| 周学熙 | 八 | 5416 |
| 周宝箴 | 八 | 5363 |
| 周建人 | 八 | 5389 |
| 周星棠 | 八 | 5410 |
| 周钟岳 | 八 | 5431 |
| 周信芳 | 八 | 5404 |
| 周瘦鹃 | 八 | 5395 |
| 周鲠生 | 八 | 5380 |
| 庞元济 | 五 | 2754 |
| 庞炳勋 | 五 | 2748 |
| 郑介民 | 八 | 5322 |
| 郑正秋 | 八 | 5347 |
| 郑汝成 | 八 | 5331 |
| 郑孝胥 | 八 | 5336 |
| 郑伯昭 | 八 | 5311 |
| 郑洞国 | 八 | 5316 |
| 郑振铎 | 八 | 5352 |
| 郑毓秀 | 八 | 5341 |
| 郑螺生 | 八 | 5328 |
| 冼星海 | 七 | 4094 |
| 冼冠生 | 七 | 4089 |
| 居　正 | 三 | 1556 |
| 孟目的 | 四 | 2636 |
| 孟恩远 | 四 | 2632 |


## 九　画


| | | |
|---|---|---|
| 项松茂 | 七 | 4101 |
| 赵　声 | 八 | 5283 |
| 赵　伸 | 八 | 5280 |
| 赵　倜 | 八 | 5294 |
| 赵元任 | 八 | 5303 |
| 赵凤昌 | 八 | 5262 |
| 赵寿山 | 八 | 5287 |
| 赵秉钧 | 八 | 5240 |
| 赵恒惕 | 八 | 5272 |

| | | |
|---|---|---|
| 赵棣华 | 八 | 5256 |
| 赵紫宸 | 八 | 5307 |
| 赵登禹 | 八 | 5250 |
| 赵燏黄 | 八 | 5298 |
| 赵戴文 | 八 | 5246 |
| 郝鹏举 | 二 | 1034 |
| 荀慧生 | 七 | 4373 |
| 荣宗敬　荣德生 | 五 | 2917 |
| 胡　风 | 三 | 1123 |
| 胡　适 | 三 | 1161 |
| 胡　琏 | 三 | 1152 |
| 胡　瑛 | 三 | 1187 |
| 胡　筠 | 三 | 1148 |
| 胡文虎 | 三 | 1179 |
| 胡汉民 | 三 | 1129 |
| 胡若愚 | 三 | 1157 |
| 胡宗南 | 三 | 1207 |
| 胡政之 | 三 | 1202 |
| 胡景伊 | 三 | 1137 |
| 胡景翼 | 三 | 1141 |
| 胡嗣瑗 | 三 | 1174 |
| 胡愈之 | 三 | 1193 |
| 胡毅生 | 三 | 1182 |
| 柯劭忞 | 三 | 1593 |
| 柏文蔚 | 一 | 27 |
| 柳亚子 | 四 | 2293 |
| 钟荣光 | 八 | 5358 |
| 钮永键 | 五 | 2701 |
| 秋　瑾 | 五 | 2867 |
| 段祺瑞 | 二 | 707 |
| 禹之谟 | 七 | 4716 |
| 侯西反 | 二 | 1120 |
| 侯德榜 | 二 | 1110 |
| 侯镜如 | 二 | 1116 |
| 俞庆棠 | 七 | 4694 |
| 俞佐庭 | 七 | 4703 |
| 俞承修 | 七 | 4683 |
| 俞济时 | 七 | 4687 |
| 俞颂华 | 七 | 4699 |
| 施　愚 | 五 | 3087 |
| 施从云 | 五 | 3073 |
| 施今墨 | 五 | 3084 |
| 施复亮 | 五 | 3077 |
| 施肇基 | 五 | 3092 |
| 奕　劻 | 七 | 4618 |
| 闻一多 | 六 | 3892 |
| 闻兰亭 | 六 | 3887 |
| 姜立夫 | 三 | 1428 |
| 姜桂题 | 三 | 1424 |
| 姜得春 | 三 | 1412 |
| 姜登选 | 三 | 1417 |
| 洪　深 | 二 | 1099 |
| 洪式闾 | 二 | 1106 |
| 宣铁吾 | 七 | 4341 |
| 费　巩 | 二 | 781 |
| 费孝通 | 二 | 785 |

| | | |
|---|---|---|
| 姚锡光 | 七 | 4579 |
| 贺衷寒 | 二 | 1092 |
| 贺衡夫 | 二 | 1081 |
| 贺耀组 | 二 | 1087 |
| 柔　石 | 五 | 2923 |
| 秦润卿 | 五 | 2849 |
| 秦德纯 | 五 | 2844 |


## 十　画


| | | |
|---|---|---|
| 载　沣 | 八 | 4757 |
| 载　涛 | 八 | 4762 |
| 袁世凯 | 七 | 4739 |
| 袁守和 | 七 | 4748 |
| 袁金铠 | 七 | 4729 |
| 袁祖铭 | 七 | 4752 |
| 袁履登 | 七 | 4735 |
| 都锦生 | 二 | 651 |
| 聂　耳 | 五 | 2690 |
| 聂云台 | 五 | 2695 |
| 莫荣新 | 四 | 2655 |
| 莫觞清　蔡声白 | 四 | 2666 |
| 桂永清 | 二 | 982 |
| 贾德耀 | 三 | 1378 |
| 夏　威 | 七 | 4072 |
| 夏　超 | 七 | 4053 |
| 夏之时 | 七 | 4083 |
| 夏丏尊 | 七 | 4063 |
| 夏斗寅 | 七 | 4057 |
| 夏曾佑 | 七 | 4077 |
| 夏瑞芳 | 七 | 4068 |
| 顾品珍 | 二 | 946 |
| 顾祝同 | 二 | 963 |
| 顾维钧 | 二 | 951 |
| 顾颉刚 | 二 | 938 |
| 顾毓琇 | 二 | 958 |
| 晏阳初 | 七 | 4439 |
| 钱　穆 | 五 | 2815 |
| 钱大钧 | 五 | 2808 |
| 钱玄同 | 五 | 2832 |
| 钱能训 | 五 | 2821 |
| 钱新之 | 五 | 2826 |
| 钱锺书 | 五 | 2838 |
| 倪映典 | 五 | 2686 |
| 倪嗣冲 | 五 | 2682 |
| 徐　润 | 七 | 4239 |
| 徐　堪 | 七 | 4224 |
| 徐　谦 | 七 | 4228 |
| 徐世昌 | 七 | 4248 |
| 徐永昌 | 七 | 4270 |
| 徐志摩 | 七 | 4275 |
| 徐宗汉 | 七 | 4281 |
| 徐绍桢 | 七 | 4242 |
| 徐荣廷 | 七 | 4233 |
| 徐树铮 | 七 | 4253 |
| 徐庭瑶 | 七 | 4257 |
| 徐恩曾 | 七 | 4206 |

| | | |
|---|---|---|
| 徐寄廎 | 七 | 4214 |
| 徐悲鸿 | 七 | 4201 |
| 徐锡麟 | 七 | 4262 |
| 徐新六 | 七 | 4266 |
| 徐镜心 | 七 | 4219 |
| 殷　夫 | 七 | 4629 |
| 殷汝耕 | 七 | 4636 |
| 翁文灏 | 六 | 3899 |
| 栾贵田 | 四 | 2408 |
| 高　旭 | 二 | 904 |
| 高星桥 | 二 | 900 |
| 高凌霨 | 二 | 895 |
| 高崇民 | 二 | 888 |
| 郭　乐 | 二 | 988 |
| 郭松龄 | 二 | 999 |
| 郭泰祺 | 二 | 1008 |
| 郭琳爽 | 二 | 993 |
| 唐文治 | 六 | 3487 |
| 唐生智 | 六 | 3476 |
| 唐绍仪 | 六 | 3470 |
| 唐拾义 | 六 | 3484 |
| 唐继尧 | 六 | 3456 |
| 唐群英 | 六 | 3464 |
| 凌鸿勋 | 四 | 2085 |
| 容　闳 | 五 | 2910 |
| 诸文绮 | 八 | 5532 |
| 谈荔孙 | 六 | 3376 |
| 陶成章 | 六 | 3492 |
| 陶行知 | 六 | 3505 |
| 陶希圣 | 六 | 3497 |
| 陶孟和 | 六 | 3511 |


## 十一画


| | | |
|---|---|---|
| 黄　自 | 三 | 1360 |
| 黄　兴 | 三 | 1319 |
| 黄　杰 | 三 | 1253 |
| 黄　侃 | 三 | 1268 |
| 黄　郛 | 三 | 1233 |
| 黄　维 | 三 | 1309 |
| 黄乃裳 | 三 | 1287 |
| 黄少谷 | 三 | 1297 |
| 黄百韬 | 三 | 1216 |
| 黄仲涵 | 三 | 1357 |
| 黄旭初 | 三 | 1325 |
| 黄远庸 | 三 | 1344 |
| 黄明堂 | 三 | 1275 |
| 黄季陆 | 三 | 1249 |
| 黄金荣 | 三 | 1259 |
| 黄炎培 | 三 | 1331 |
| 黄泽霖 | 三 | 1347 |
| 黄宗仰 | 三 | 1365 |
| 黄绍竑 | 三 | 1302 |
| 黄复生 | 三 | 1240 |
| 黄奕住 | 三 | 1340 |
| 黄焕南 | 三 | 1245 |
| 黄宾虹 | 三 | 1223 |

| | | |
|---|---|---|
| 黄展云 | 三 | 1351 |
| 黄琪翔 | 三 | 1291 |
| 黄楚九 | 三 | 1227 |
| 黄锡滋 黄明安 | 三 | 1315 |
| 黄慕松 | 三 | 1280 |
| 萧友梅 | 七 | 4126 |
| 萧长华 | 七 | 4136 |
| 萧龙友 | 七 | 4111 |
| 萧同兹 | 七 | 4114 |
| 萧则可 | 七 | 4131 |
| 萧佛成 | 七 | 4107 |
| 萧耀南 | 七 | 4119 |
| 萨本栋 | 五 | 2940 |
| 萨镇冰 | 五 | 2944 |
| 梅兰芳 | 四 | 2614 |
| 梅思平 | 四 | 2618 |
| 梅贻琦 | 四 | 2625 |
| 曹　禺 | 一 | 137 |
| 曹　锐 | 一 | 126 |
| 曹　锟 | 一 | 114 |
| 曹亚伯 | 一 | 131 |
| 曹汝霖 | 一 | 121 |
| 曹聚仁 | 一 | 109 |
| 龚心湛 | 二 | 914 |
| 盛世才 | 五 | 3054 |
| 盛丕华 | 五 | 3048 |
| 盛宣怀 | 五 | 3061 |
| 虚　云 | 七 | 4196 |
| 常荫槐 | 一 | 155 |
| 常燕生 | 一 | 148 |
| 康　泽 | 三 | 1586 |
| 康心如 | 三 | 1574 |
| 康有为 | 三 | 1579 |
| 康宝忠 | 三 | 1568 |
| 鹿钟麟 | 四 | 2401 |
| 章乃器 | 八 | 5200 |
| 章士钊 | 八 | 5207 |
| 章太炎 | 八 | 5214 |
| 章伯钧 | 八 | 5187 |
| 章宗祥 | 八 | 5233 |
| 章鸿钊 | 八 | 5194 |
| 章锡琛 | 八 | 5225 |
| 商　震 | 五 | 2967 |
| 阎宝航 | 七 | 4410 |
| 阎锡山 | 七 | 4416 |
| 盖叫天 | 二 | 879 |
| 梁　希 | 三 | 1983 |
| 梁士诒 | 三 | 1959 |
| 梁启超 | 三 | 1948 |
| 梁思成 | 三 | 1975 |
| 梁鸿志 | 三 | 1939 |
| 梁漱溟 | 三 | 1966 |
| 梁墨缘 | 三 | 1943 |
| 寇　遐 | 三 | 1620 |
| 续范亭 | 七 | 4334 |

## 十二画


| | | |
|---|---|---|
| 彭寿松 | 五 | 2762 |
| 彭泽民 | 五 | 2773 |
| 彭禹廷 | 五 | 2767 |
| 彭家珍 | 五 | 2757 |
| 斯　诺 | 五 | 3124 |
| 斯特朗 | 五 | 3130 |
| 黄延芳 | 三 | 1623 |
| 董　康 | 二 | 630 |
| 董作宾 | 二 | 647 |
| 董其武 | 二 | 637 |
| 董显光 | 二 | 642 |
| 蒋介石 | 三 | 1461 |
| 蒋方震 | 三 | 1439 |
| 蒋光慈 | 三 | 1447 |
| 蒋光鼐 | 三 | 1453 |
| 蒋廷黻 | 三 | 1488 |
| 蒋作宾 | 三 | 1506 |
| 蒋梦麟 | 三 | 1482 |
| 蒋翊武 | 三 | 1499 |
| 蒋维乔 | 三 | 1493 |
| 蒋鼎文 | 三 | 1434 |
| 韩永清 | 二 | 1029 |
| 韩复榘 | 二 | 1019 |
| 韩麟春 | 二 | 1023 |
| 辜鸿铭 | 二 | 922 |
| 覃　振 | 六 | 2854 |
| 喻培伦 | 七 | 4726 |
| 程　潜 | 一 | 483 |
| 程砚秋 | 一 | 489 |
| 程家柽 | 一 | 478 |
| 程德全 | 一 | 471 |
| 程璧光 | 一 | 465 |
| 傅东华 | 二 | 854 |
| 傅作义 | 二 | 871 |
| 傅抱石 | 二 | 851 |
| 傅斯年 | 二 | 859 |
| 傅筱庵 | 二 | 866 |
| 焦达峰 | 三 | 1512 |
| 舒新城 | 五 | 3119 |
| 鲁　迅 | 四 | 2350 |
| 鲁涤平 | 四 | 2344 |
| 曾　朴 | 八 | 4776 |
| 曾　琦 | 八 | 4779 |
| 曾昭抡 | 八 | 4802 |
| 曾昭燏 | 八 | 4808 |
| 曾俊臣 | 八 | 4772 |
| 曾养甫 | 八 | 4792 |
| 曾虚白 | 八 | 4788 |
| 曾毓隽 | 八 | 4796 |
| 温生才 | 六 | 3877 |
| 温宗尧 | 六 | 3880 |
| 谢　持 | 七 | 4140 |
| 谢无量 | 七 | 4157 |
| 谢奉琦 | 七 | 4145 |

| | | |
|---|---|---|
| 谢晋元 | 七 | 4152 |

## 十三画

| | | |
|---|---|---|
| 靳云鹏 | 三 | 1543 |
| 蓝天蔚 | 三 | 1633 |
| 蒲辅周 | 五 | 2799 |
| 蒲殿俊 | 五 | 2793 |
| 赖心辉 | 三 | 1628 |
| 虞洽卿 | 七 | 4707 |
| 简照南 简玉阶 | 三 | 1384 |
| 詹大悲 | 八 | 4811 |
| 詹天佑 | 八 | 4816 |
| 鲍威尔 | 一 | 52 |
| 鲍贵卿 | 一 | 48 |
| 慈 禧 | 一 | 518 |
| 溥 仪 | 五 | 2784 |
| 褚玉璞 | 一 | 511 |
| 褚民谊 | 一 | 504 |
| 褚辅成 | 一 | 497 |

## 十四画

| | | |
|---|---|---|
| 蔡 昌 | 一 | 72 |
| 蔡 翘 | 一 | 88 |
| 蔡 锷 | 一 | 81 |
| 蔡元培 | 一 | 103 |
| 蔡廷锴 | 一 | 94 |
| 蔡楚生 | 一 | 76 |
| 臧式毅 | 八 | 4767 |
| 廖 平 | 三 | 1992 |
| 廖 磊 | 三 | 1988 |
| 廖仲恺 | 三 | 2002 |
| 廖耀湘 | 三 | 1995 |
| 端 方 | 二 | 692 |
| 端 纳 | 二 | 701 |
| 阚朝玺 | 三 | 1561 |
| 谭人凤 | 六 | 3392 |
| 谭平山 | 六 | 3386 |
| 谭延闿 | 六 | 3406 |
| 谭浩明 | 六 | 3381 |
| 谭曙卿 | 六 | 3396 |
| 谭鑫培 | 六 | 3401 |
| 熊式辉 | 七 | 4182 |
| 熊成基 | 七 | 4167 |
| 熊庆来 | 七 | 4176 |
| 熊克武 | 七 | 4171 |
| 熊希龄 | 七 | 4189 |
| 缪云台 | 四 | 2650 |
| 缪培南 | 四 | 2646 |

## 十五画

| | | |
|---|---|---|
| 樊钟秀 | 二 | 715 |
| 黎元洪 | 三 | 1680 |
| 黎烈文 | 三 | 1676 |
| 黎锦熙 | 三 | 1669 |
| 滕虎忱 | 六 | 3515 |
| 颜惠庆 | 七 | 4430 |

颜福庆 七 4426
潘　复 五 2721
潘天寿 五 2744
潘公展 五 2731
潘光旦 五 2738
潘昌猷 五 2717
憨玉琨 二 1014

## 十六画

薛　岳 七 4365
薛明剑 七 4359
薛笃弼 七 4347
薛觉先 七 4354
穆藕初 四 2671

## 十七画

戴　笠 二 547
戴　戡 二 542
戴安澜 二 529
戴季陶 二 535
魏　如 六 3873

**图书在版编目(CIP)数据**

中华民国史.人物传/李新总主编;中国社会科学院近代史研究所中华民国史研究室编.—北京:中华书局,2011.7(2024.7重印)
ISBN 978-7-101-07999-9

Ⅰ.中…　Ⅱ.①李…②中…　Ⅲ.人物-列传-中国-民国
Ⅳ.①K258②K820.6

中国版本图书馆 CIP 数据核字(2011)第 094593 号

---

| | |
|---|---|
| 书　　名 | 中华民国史　人物传(全八册) |
| 总 主 编 | 李　新 |
| 编　　者 | 中国社会科学院近代史研究所中华民国史研究室 |
| 责任编辑 | 欧阳红 |
| 封面题签 | 赵朴初 |
| 责任印制 | 陈丽娜 |
| 出版发行 | 中华书局<br>(北京市丰台区太平桥西里 38 号　100073)<br>http://www.zhbc.com.cn<br>E-mail:zhbc@zhbc.com.cn |
| 印　　刷 | 三河市中晟雅豪印务有限公司 |
| 版　　次 | 2011 年 7 月第 1 版<br>2024 年 7 月第10次印刷 |
| 规　　格 | 开本/880×1230 毫米　1/32<br>印张 177⅞　插页 16　字数 5000 千字 |
| 印　　数 | 9801-10400 册 |
| 国际书号 | ISBN 978-7-101-07999-9 |
| 定　　价 | 680.00 元 |

中華書局
ZHONGHUA BOOK COMPANY

| | |
|---|---|
| 初版责编 | 罗丹妮 |
| 封面设计 | 毛　淳 |